浙江省旅游发展规划

（2007-2020 年）

中国城市规划设计研究院　编

The Commercial Press

2015 年·北京

图书在版编目(CIP)数据

浙江省旅游发展规划. 2007-2020年/中国城市规划设计研究院编. —北京:商务印书馆,2015
ISBN 978-7-100-10874-4

Ⅰ.①浙… Ⅱ.①中… Ⅲ.①地方旅游业-旅游规划-浙江省-2007-2020 Ⅳ.①F592.755

中国版本图书馆CIP数据核字(2014)第269584号

所有权利保留。
未经许可,不得以任何方式使用。

浙江省旅游发展规划(2007-2020年)
中国城市规划设计研究院 编

商 务 印 书 馆 出 版
(北京王府井大街36号 邮政编码 100710)
商 务 印 书 馆 发 行
北 京 冠 中 印 刷 厂 印 刷
ISBN 978-7-100-10874-4

2015年4月第1版 开本 880×1240 1/16
2015年4月北京第1次印刷 印张 39¼
定价:395.00元

《浙江省旅游发展规划(2007-2020年)》
编写人员

编制单位　中国城市规划设计研究院
协作单位　中国科学院地理科学与资源研究所
　　　　　安徽师范大学
　　　　　北京大地奇创旅游景观规划院
院主管总工　杨保军(教授级高级城市规划师)
主管所长　秦凤霞
所管主任工　罗　希(高级城市规划师)
编制组组长　周建明(教授级高级城市规划师)
编制组成员　牛亚菲(中科院地理所研究员)
　　　　　　谢丽波(城市规划师)
　　　　　　陆　林(安徽师范大学教授)
　　　　　　岳凤珍(高级园林工程师)
　　　　　　刘　晶(城市规划师)
　　　　　　王英杰(中科院地理所研究员)
　　　　　　吴必虎(大地奇创规划院教授)
　　　　　　佘卓渊(中科院地理所博士)
　　　　　　冉鈜天(园林工程师)
　　　　　　康永莉(经济师)
　　　　　　陈　勇(城市规划师)
　　　　　　刘翠鹏(城市规划师)
　　　　　　周杰民(高级城市规划师)
　　　　　　彭晓津(高级工程师)
　　　　　　孙　铁(助理规划师)

杨小兰(大地奇创规划院旅游规划师)
张改清(大地奇创规划院旅游规划师)
余　青(大地奇创规划院旅游规划师)
朱迎波(中科院地理所博士后)
耿建忠(中科院地理所硕士生)
宋　涛(中科院地理所硕士生)
朱迅轶(助理规划师)
葛敬炳(安徽师范大学硕士生)
赵金勇(浙江省旅游局局长)
朱红炜(浙江省旅游局副局长)
肖　歌(浙江省旅游局规划处处长)
金炳雄(浙江省旅游局规划发展处副处长)
骆文斌(浙江省旅游局规划处副调研员)
王银花(浙江省旅游局规划发展处副调研员)
Alastair M. Morrison(美国普渡大学教授)
Macia Codinachs(西班牙加泰罗尼亚科技大学教授)

前　言

改革开放以来至 21 世纪初，浙江省旅游业一直位居我国各省市区前列。但随着浙江省工业化、城镇化的快速推进以及全国各地旅游业的蓬勃发展，浙江省旅游业面临着资源与环境保护压力加大、产品结构老化、新景区开发潜力不足、旅游竞争力下降和产业效益提升乏力等问题。如何突破发展"瓶颈"、使浙江省旅游产业跨上新台阶，是浙江省政府在新形势、新条件下提出编制科学实用的全省旅游发展规划之根本目的。为此，浙江省旅游局采取全国邀标的形式，确定由中国城市规划设计研究院承担本规划的编制工作。

本规划编制之时，正是国际旅游业进入快速发展阶段，也是我国迈向世界旅游大国的关键时期。在各级政府高度重视并大力扶持下，旅游业快速发展，新产品、新业态、新地域类型不断涌现，为此，国家旅游局在《中国旅游业发展"十一五"规划》中提出了建设"旅游目的地"的概念。衔接于国家"十一五"旅游业发展规划，扎根于浙江省旅游发展的土壤，也纠偏于以往旅游发展规划与空间规划脱节的窠臼，体现旅游部门重视旅游业发展和建设部门关注规划落地的要求，本规划围绕将浙江省打造成为海内外旅游者首选旅游目的地之一、中国领先的旅游经济强省等发展目标，实施旅游发展五大战略，构建多层级的旅游目的地体系，构筑布局合理的旅游强省空间格局，发展产业互动、循环高效的综合服务体系，强化政府调控、引导、协调和服务职能，协调旅游开发与城镇建设的矛盾，有效保护旅游资源及其环境，为浙江省及其各地市与重点旅游区的发展提供具有前瞻性、可操作性的规划文件和开发指引。

本规划提出的主要经济技术指标是：5 年内投资 1 200 亿元，重点建设 35 个重大旅游项目，创建 10～15 个 4A 级以上旅游景区；至 2015 年旅游总收入接近 6 000 亿元，提供直接就业岗位约 170 万个；至 2020 年旅游总收入突破 8 000 亿元，相当于 GDP 的 19% 左右，提供直接就业岗位约 230 万个。从实施情况看，近期目标（"十一五"期间）圆满完成，"十二五"期间发展基本符合预期（2013 年实现旅游总收入 5 536 亿元，比上年增长 15.3%）。

"我国现已成为世界第一大出境旅游消费国和世界第三大入境旅游目的地。世界旅游业理事会预测，中国将在 2023 年成为世界第一大旅游经济体"。我国正在从世界旅游大国向世界旅游强国迈进，旅游业也已被定位为"国民经济的战略性支柱产业和让人民群众更加满意的现代服务业"【国发(2009)41号】。"加快旅游业改革发展,是适应人民群众消费升级和产业结构调整的必然要求"【国发(2014)31号】。作为龙头的旅游规划,正日益受到各级政府和旅游景区管理机构的重视,希望本书的出版能为今后的旅游发展规划提供可借鉴的经验。

目 录

前言

第一部分 总体规划

规划文本 ·· 3
说明书 ·· 45
规划图集 ·· 269

第二部分 附件

附件一 三大品牌旅游目的地概念性规划 ·· 287
附件二 地市旅游发展规划指引 ·· 327
附件三 专题报告 ·· 443
附件四 旅游资源管理信息系统建设 ·· 577

第一部分

总体规划

规 划 文 本

目 录

第一章 总则 …………………………………………………………………………… 5

第二章 发展目标与战略 ……………………………………………………………… 6

第三章 空间发展布局 ………………………………………………………………… 8

第四章 旅游目的地体系建设 ………………………………………………………… 11

第五章 旅游产品开发 ………………………………………………………………… 15

第六章 旅游市场、品牌形象与营销 ………………………………………………… 19

第七章 旅游产业配套体系 …………………………………………………………… 23

第八章 区域旅游协作 ………………………………………………………………… 28

第九章 近期行动计划 ………………………………………………………………… 30

第十章 规划实施保障 ………………………………………………………………… 38

第十一章 附则 ………………………………………………………………………… 43

第一章 总 则

第 1 条 为适应社会经济快速发展的需求,充分发挥政府对旅游业的调控引导、市场监管、行业管理和公共服务职能,构建富有竞争力的浙江旅游目的地体系,加快旅游经济强省建设的进程,保持浙江旅游健康、持续、快速发展的势头,特制定《浙江省旅游发展规划》(以下简称本规划)。

第 2 条 本规划依据《旅游规划通则》、《中国旅游业发展第十一个五年规划》、《长江三角洲地区区域规划纲要》、《浙江省国民经济和社会发展第十一个五年规划纲要》、《浙江生态省建设规划纲要》、《浙江海洋经济强省建设规划纲要》,以及《中共浙江省委关于加快建设文化大省的决定》、《中共浙江省委、浙江省人民政府关于建设旅游经济强省的若干意见》等重要规划和文件,并结合浙江省的实际情况而制定。

第 3 条 本规划范围为浙江省行政辖区,包括杭州、宁波、温州、湖州、嘉兴、绍兴、金华、衢州、舟山、台州、丽水各市和义乌,总面积36.18万平方公里,其中陆域10.18万平方公里,海域约26万平方公里。

第 4 条 本规划期限分为近、中、远期三个时段。近期为2007~2010年,中期为2011~2015年,远期为2016~2020年。

第 5 条 本规划是2007~2020年浙江省旅游发展的纲领性文件,体现全省社会经济发展宏观战略意图、市场主体行为导向和政府工作重点,是编制各类相关规划的重要依据。各类旅游开发活动也应符合本规划的原则要求。

第二章 发展目标与战略

第6条 指导思想

以邓小平理论和"三个代表"重要思想为指导,树立和落实科学发展观,贯彻实施"创业富民、创新强省"的发展战略,发展和完善"旅游与社会经济和城乡建设互动"的浙江旅游模式,以体制机制创新和科技创新为动力,加快推进旅游经济强省建设,不断提升浙江在国内外旅游客源市场的知名度,进一步提高旅游业对全省经济社会发展的贡献率。

第7条 基本原则

1. 强化特色原则

客观认识浙江旅游资源及其环境的性质和特点,深度挖掘地方特色,创新利用各类资源,打造具有鲜明特色和品牌化的旅游产品。

2. 市场导向原则

在强化政府宏观调控力度、完善调控手段、规范调控方式、提供优质公共服务的同时,坚持以市场作为资源配置的基础手段,实现资源、资本与创新"三轮"驱动的发展模式。

3. 可持续发展原则

充分发挥浙江省的经济建设成就、市场区位优势与资源环境优势,以永续利用为前提,在有效保护其旅游资源的前提下进行合理的开发利用,在产业发展过程中不断提高旅游的经济贡献率、社会贡献率和生态贡献率,促进产业经济效益、生态效益和社会效益的协调统一。

4. 产业互动原则

在充分发挥旅游对关联产业的强大带动力,对提升城市和区域知名度、打造城市和区域"名片"的独特作用的同时,注重本规划与相关规划的紧密衔接,强调旅游产业与城镇建设、与其他产业发展和布局的综合协调,促进旅游产业与工农业、商贸服务、科教信息、文化体育和城乡基础设施业的资源共享,实现互动互促的旅游产业循环经济模式。

5. 区域联动原则

从省域层面,建立以城市(镇)为中心、分工协作的区域旅游协作区,促进旅游客流、资金流、信息流的跨市(县、区)流动;从跨省区层面,积极推动长三角无障碍旅游区建设和浙、赣、闽、皖四省旅游合作区的联动发展,实现资源与市场共享、综合效益最大化。

第8条 旅游产业的地位和作用

旅游产业是促进经济增长的动力产业,是推动社会进步的和谐产业,是建设生态文明和促进区域协调发展的先导产业,是深化对外开放的窗口产业。加快发展旅游产业是实施"创业富民、创新强省"战略的需要,对全省社会经济发展具有全局意义和战略意义。

第9条 旅游发展目标

1. 总体目标

到2020年,把浙江建设成为全国领先的旅游经济强省,进一步把旅游业培育成为全省服务业的龙游目的地发展区块。包括浙北都市与特色文化旅游目的地区块、浙东海滨海岛旅游目的地区块、浙东南沿海旅游目的地区块、浙中商贸文化旅游目的地区块和浙西南山水生态旅游目的地区块。

第 13 条　浙北都市与特色文化旅游目的地

1. 范围：包括杭州、绍兴、嘉兴和湖州四个地市。

2. 发展定位：具国际影响力的文化旅游目的地，浙江旅游发展三大核心区域之一。

3. 发展目标：旅游产业高度国际化和现代化的重点区域。

4. 总体思路：以沪杭高速铁路建设、2010 上海世博会为发展机遇，以杭州国际旅游目的地城市为核心，以古越文化、江南水乡风情、运河古镇文化为支撑，挖掘城市特色与优势，强化旅游资源整合，加快形成休闲度假、旅游观光和商务会展三大功能相互协调、彼此促进的格局，形成组合有序、功能互补、布局合理的区域旅游产品体系，提高旅游产品在国内外市场的影响力和对全省旅游的带动力，构造长三角南翼的"黄金旅游产业区"。

5. 发展重点：优化总体旅游发展环境，按照国际标准建设旅游目的地，强化旅游产业与城市和生态的和谐发展；完善旅游发展的支撑要素建设，推进旅游产业集聚，培育具有国际竞争优势的旅游产业集群；联动发展城市现代服务业和休闲农业，促进旅游业的规模化和产业化发展进程；优化旅游产品结构，构建新型旅游产品体系；提升整个区域休闲旅游产品的目标市场与功能定位，大力发展休闲旅游、商务会展旅游，形成国内知名的高端旅游产品集聚区；结合浙江文化大省建设目标，深层次挖掘丝绸、茶、陶瓷、书画、刺绣、美食、宗教等特色文化内涵，培育具世界影响力的文化旅游精品；大力发展乡村生态休闲旅游，建设成为长三角重要的乡村休闲基地。

第 14 条　浙东海滨、海岛旅游目的地

1. 范围：包括宁波和舟山两个地市。

2. 发展定位：具国际影响力的海滨旅游目的地，浙江旅游发展三大核心区域之一。

3. 发展目标：我国高端休闲度假旅游目的地的品牌区域。

4. 总体思路：紧紧抓住杭州湾大桥、洋山东海大桥和舟山大陆连岛工程建设带来的发展机遇，充分发挥历史文化、宗教文化和海洋海岛旅游资源的优势，接轨上海，加大入境旅游市场的拓展力度，以质量效益型增长为目标，构建环境友好、绿色高效的旅游产品体系，大力发展以城镇、海岛、滨海、滨水地区和山地为依托的都市休闲、乡村休闲、商务会展、生态休闲、文化休闲、海洋海岛休闲度假、体育娱乐等旅游产品，重点培育和发展高端休闲度假和娱乐旅游产品，引领国内旅游消费新时尚，成为浙江旅游发展另一只新的"领头羊"。

5. 发展重点：以宁波国际化旅游目的地建设和都市旅游产品开发为核心，通过陆—岛联动，积极发展多样化的度假、休闲、娱乐旅游度假地，通过邮轮靠泊港或母港等配套设施的规划建设，稳健发展邮轮度假和海岛度假等高端度假旅游产品；通过生态环境的修复、岸线和海岛资源的划定保护，引导发展游艇、帆船、海钓、潜水等海洋休闲运动旅游及其相关服务业态；以普陀山为核心开发宗教圣地修身养性旅游产品，以特色城镇为依托开发渔家风情休闲度假旅游，以海岛良好的自然环境为基础发展海洋生态旅游；同时，发挥市场运作网络优势，不断包装推出特色旅游产品，创新提升旅游节庆活动。

第 15 条　浙东南沿海旅游目的地

1. 范围：包括温州和台州两个地市。

2. 发展定位：具国际影响力的海滨商务休闲旅游目的地，浙江旅游发展三大核心区域之一。

3. 发展目标：我国高端商务休闲度假旅游目的地的品牌区域。

4. 总体思路：依托海陆并举的资源环境优势，充分利用温台两市在改革开放中形成的市场知名度和体制优势，承接杭州湾大桥建成、以上海为核心的沪杭甬旅游圈的辐射带动和功能释放，加强资源与区域整合，在发展国内旅游基础上，积极开拓入境旅游市场，形成以海韵风情、商务休闲为特色，兼具观光、休闲度假、会展功能的滨海旅游区。

5. 发展重点：加快海陆空立体化旅游交通体系建设，提高区域的可进入性和直达性；围绕温州国际化旅游目的地建设目标，着力打造文化、商务、生态、海洋海岛四大系列旅游精品，建设国际豪华邮轮母港；以山海观光游览为最佳凸现点，以专项旅游为最主要卖点，以休闲度假旅游、商务会展旅游为最重要效益点，打造台州特色旅游目的地；整体打造雁荡—楠溪江景区型旅游目的地，提升旅游核心竞争力；差异化发展海滨休闲度假旅游，引导海洋生态旅游、海洋文化旅游、海上体育竞技、海岛主题度假、游艇等专项旅游产品有序发展。

第 16 条　浙中商贸文化旅游目的地

1. 范围：金华市。

2. 发展定位：以商贸、文化、温泉康体等旅游产品为主导的主题旅游区，浙江旅游发展的重点区域之一。

3. 发展目标：具国际影响力的商贸购物休闲旅游目的地。

4. 总体思路：构建独具特色的金华旅游吸引物体系，打造"传统与梦想"的浙中旅游目的地城市；结合功能明确的特色城镇群，打造主题型旅游城镇，推动旅游业与特色经济的结合，强化和提升旅游功能；突出区位优势，推动区域联合，打造跨区域旅游服务基地与组织集散中心。

5. 发展重点：以义乌—东阳商务娱乐旅游区为核心，以金华城区为集散、组织中心和服务基地，打造以商贸购物、古婺文化、影视文化、温泉康体为主，以山水风景名胜观光为辅的独具特色的金华旅游吸引物体系。加快旅游商品、纪念品的研究开发，积极发展旅游商业设施，鼓励开展旅游商品零售业务，大力开发商贸购物旅游产品；保护和精品化开发古村落文化旅游产品系列；深度开发影视文化旅游产品系列；建立旅游资源保护体系，保障旅游业的可持续发展。

第 17 条　浙西南山水生态旅游目的地

1. 范围：包括衢州和丽水两个地市。

2. 发展定位：以历史文化、生态旅游为特色品牌的旅游区，浙江省旅游西进重点建设区域。

3. 发展目标：长三角地区最有影响的生态休闲旅游目的地，浙赣闽皖四省边界旅游组织集散中心。

4. 总体思路：充分利用四省边际的区位优势，发挥生态环境优势和山水文化资源优势，强化区域合作，有效整合周边区域旅游资源，借力增强旅游综合竞争力；注重生态资源和环境的保护利用，实现旅游业的可持续发展；选择优势旅游资源打造特色品牌，进行重点突破，将风景名胜观光、文化旅游产品、生态休闲、康体休闲作为区域旅游的特色和亮点进行大力培育。

5. 发展重点：积极培育城市的旅游集散和服务功能，重点建设散客服务（包括自驾车旅游）设施体系。围绕衢州区域旅游目的地建设，重新整合、包装和提升风景名胜旅游产品，大力开发以传奇文化为亮点的文化产品，着力培育山地休闲度假产品，建设浙赣闽皖四省边界旅游组织集散中心。围绕丽水生态休闲旅游区目的地的建设，打造丽水城区旅游服务与休闲中心、仙都风景休闲旅游区、遂昌山水金矿旅游区、滩坑风情旅游区，大力开发线路型旅游产品，形成丽水旅游的核心吸引；整合类型丰富的自然和文化旅游资源；大力开发旅游商品，培育名牌商品。

第四章 旅游目的地体系建设

第 18 条 重点建设内容

1. 旅游目的地体系的市场细分：重点建设四大类面对不同旅游目标市场的旅游目的地，即国际市场型旅游目的地，国内长线市场型旅游目的地，长三角及其周边省份市场型旅游目的地，省内旅游市场型旅游目的地。

2. 旅游目的地体系结构完善：在提升现有观光型旅游目的地质量的基础上，大力发展都市型、商贸型、文化型、休闲型旅游目的地，形成多类型的旅游目的地类型体系。在继续提升环杭州湾地区旅游目的地的基础上，着力开发浙东沿海、浙中和浙西南地区新兴的旅游目的地。

3. 旅游目的地品牌体系建设：重点打造都市型、历史文化城镇型、商贸购物型、影视文化型、高端休闲型和乡村休闲型六大类旅游目的地品牌。

4. 旅游目的地交通服务网络建设：推动主要旅游目的地城市的旅游交通服务与国际接轨，完善提升区域对外及内部旅游交通网络，加快旅游集散中心和大型客运码头的建设，建立自驾车旅游交通服务体系。

5. 旅游目的地重要的配套要素建设：以全面提升旅游服务为重点，在现代信息化技术的支持下，更新旅游信息服务网络，规范提升目的地旅游饭店服务体系，发展旅游装备和旅游商品制造业，完善旅游目的地的要素结构。

第 19 条 目的地体系核心构成

以"一主三副"为基础，进一步优化全省旅游目的地体系，着力推动杭州、宁波、温州、金华—义乌等城市成为国际化旅游目的地，绍兴、衢州和丽水等城市成为区域性旅游目的地城市，嘉兴、湖州、舟山和台州等城市成为特色专项旅游目的地城市，乌镇—西塘—南浔、永康、横店、溪口等城镇成为特色旅游目的地城镇。以杭州大西湖、宁波象山湾、温州雁荡—楠溪江等旅游景区为重点，打造一批景区型旅游目的地。

第 20 条 国际化旅游目的地城市

1. 杭州　以建设国际化的风景旅游城市为目标，以全面实现旅游业的国际化为主要任务，整合、打造大西湖观光游览、休闲度假、商务会展旅游核心吸引物，挖掘丝·茶·国画艺术并包装落地于以大西湖为核心载体的地域。强化杭州在浙中、浙西南地区的旅游集散、组织与服务功能，包括旅游信息服务、交通服务、接待服务等方面与国际化标准对接。重点打造"中国山水文化经典——西湖"、"人类文明的曙光——良渚遗址"、"世界休闲博览园——杭州钱塘江国际休闲度假基地"、"运河文化旅游带"四个核心项目品牌。通过休闲旅游与国际标准的接轨、文化旅游产品的提升，将杭州建设成为以观光旅游、文化体验、会展交流、休闲度假为特色的现代化的国际旅游休闲中心和国际风景旅游城市。

2. 宁波　以建设我国东南沿海重要的国际化旅游目的地城市为目标，以继续强化中心城市的旅游功能，加快象山湾休闲度假旅游基地建设，打造我国高端休闲度假旅游的核心品牌区域和具国际影响力的专项会展城市作为旅游目的地建设的主要方向和重点内容。以"文化名城"建设为目标整合人文旅游资源,加大都市休闲、商务会展以及都市购物娱乐、餐饮等特色旅游吸引物的开发。发挥区位优势,深化区域旅游合作,与周边地区的旅游资源进行有效组合,延伸开发主题化、特色化的旅游精品。

3. 温州 以建设我国东南沿海重要的国际化旅游目的地城市为目标,以"雁荡—楠溪江世界自然与文化双遗产"的申报为驱动,整合景区和城市旅游资源,推动温州旅游品牌和形象的显著提升,增强温州旅游的核心竞争力和区域中心地位。加强核心旅游资源的品牌化开发,塑造旅游精品工程。借力营销,借助温州商业网络和商人网络在全球的影响力,提高温州旅游的国际知名度。

4. 金华—义乌 以建设"传统与梦想"为主题的国际化商贸型旅游目的地城市为目标,着力打造古婺文化、自然山水、影视梦想、商贸购物、温泉康体五大特色品牌。以旅游服务业作为旅游目的地建设的重点内容,将发达的商贸产业与旅游购物相结合,将购物街区作为城市的核心旅游吸引物,建设浙江中部的旅游服务业中心和购物旅游城市。改变目前金华市域各个城市独立发展旅游接待系统的不合理格局,强化金华市区的旅游接待功能,将其与衢州一道建设成为浙赣闽皖四省边缘区域的旅游综合服务基地和旅游组织与集散中心。将金华商业网络和旅游营销网络并轨,借助金华商业网络,尤其是义乌小商品网络在国际上的影响力,将金华旅游推向世界。

表 1-1-2 浙江省四大国际化旅游目的地城市发展方向

国际化旅游目的地城市	功能定位	核心旅游产品	支撑性旅游景区	目的地品牌建设目标
杭州国际旅游目的地城市	国际风景旅游、商务会展、休闲度假城市,浙江省旅游组织、集散中心与服务基地	风景旅游、商务会展、休闲度假、文化旅游	大西湖旅游区、良渚文化遗址、钱塘江、大运河、千岛湖	面向国际和国内远程市场的风景城市旅游品牌
宁波国际旅游目的地城市	我国东南沿海重要的国际化旅游目的地城市	高端休闲度假旅游、现代商务会展旅游	东钱湖旅游度假区、象山湾、宁波中心城区	面向国际、国内远程市场都市旅游品牌,中国海洋文化旅游名城
温州国际化旅游目的地城市	我国东南沿海重要的国际化旅游目的地城市	文化旅游、生态旅游、都市商务休闲旅游	温州城市旅游区、雁荡—楠溪江旅游区	面向国际和国内远程市场的都市旅游品牌
金华—义乌国际化旅游目的地城市	全国著名的商贸型旅游目的地城市,浙中城市群的旅游接待中心城市	宗教、文化观光、购物旅游、民俗文化旅游	金华双龙风景区、义乌国际商贸城、东阳横店影视城、武义温泉旅游度假区、诸葛八卦村	面向国际、国内市场的观光、购物、休闲旅游品牌

第 21 条 区域性旅游目的地城市

1. 绍兴 以"江南经典文化"旅游目的地城市为建设目标,以强化绍兴水城形象,营造江南水乡城市景观环境,打造以江南文化为底蕴,以古城为依托的特色文化旅游目的地作为旅游目的地城市建设的重要内容,着力打造"古越文化寻踪,文化名人探访,风情文化体验,江南名城观光"四张特色品牌,加强非物质文化遗产的旅游利用和旅游要素特色开发,使绍兴成为"江南传统文化展示的精华之城"。

2. 衢州 以建设"灵性与传奇"为主题的浙西旅游目的地城市为目标,重点打造"衢州古城"、"地质奇观"、"仙霞古道"、"钱江源头"四大特色品牌,改善与提升衢州旅游形象。从宏观区域发展角度重新认识区位优势,强化区域合作,借力增强旅游综合竞争力。完善城市接待服务功能,与四省世界级旅游地之间形成互补。有效整合周边区域旅游资源,建设跨区域旅游服务基地与组织集散中心,带动整个市域旅游产业的快速发展。

3. 丽水　以建设"山骨水形"为主题、长三角重要的生态休闲型旅游目的地城市为目标,全面塑造城市山景风貌、水景风貌,有效保护生态旅游资源和环境,重点打造生态、文化、特色商品三大品牌。加强中心城区和核心旅游景区的旅游设施建设,全面优化旅游环境。

第 22 条　特色专项旅游目的地城市

1. 湖州　以建设丝茶竹笔、生态滨湖为特色的旅游目的地城市为目标,着力打造"太湖度假、竹乡休闲、浙北生态、丝茶文化"旅游特色品牌。挖掘丝绸、茶、竹、太湖等的文化内涵,加强书画文化、湖商文化等非物质文化的挖掘,营造江南文化意境。加快构建生态休闲、文化休闲、美食休闲、运动休闲、时尚休闲等多样化的休闲度假旅游产品集群。积极推动长三角区域旅游合作,努力建设成为长三角地区重要的休闲旅游目的地。

2. 嘉兴　以建设红色摇篮和水乡风情为特色的旅游目的地城市为目标,以红色旅游、水乡景观、特色购物为重点发展方向,挖掘整合红色旅游资源、非物质文化资源、社会经济文化资源、休闲度假资源,打造具有地域特色和市场竞争力的旅游吸引物体系。突出提升旅游购物、娱乐功能和设施,实现旅游要素的特色化。加强旅游开发中社会经济要素的融入,延伸旅游产业链。

3. 舟山　以建设宗教文化和海洋休闲为特色的旅游目的地城市为目标,突出宗教文化和海洋休闲度假旅游为核心的产品体系构建。注重佛教文化氛围的营造,将佛教文化主题融入到城市景观的塑造和旅游要素的开发中,重点开发海钓、游艇、海洋主题公园等新"海"字系列旅游产品,海洋历史文化、海洋军事文化等特色产品,辅助于传统 3S 休闲度假,将舟山建设成为浙江省宗教旅游的核心旅游目的地和长三角区域性海洋运动休闲旅游度假中心。

4. 台州　以建设神奇山海和活力之都为特色的旅游目的地城市为目标,以山水风景资源、宗教文化资源、海洋海岛资源和民营经济产业观光组成主题旅游城市的内容,以营造海滨绿心城市优质的旅游环境质量为重点,将台州打造成为商贸经济旅游目的地城市。通过点轴扩张模式整合城市和周边地域旅游资源,打造主题旅游线路,形成台州旅游的核心吸引。

第 23 条　特色旅游目的地城镇

1. 乌镇—西塘—南浔　以江南古镇为代表的文化观光、休闲、民俗体验类旅游目的地城镇。以提供具有江南文化特色的民俗体验旅游活动为主,突出民俗文化特色的文化休闲空间,拓展古镇数量,建设江南文化古镇群旅游目的地,打造世界知名的古镇群旅游品牌。

2. 义乌—永康　商贸购物类旅游目的地城镇。构造完善的商贸旅游服务体系,包括为商贸游客提供的特色休闲服务、为观光游客提供的购物零售服务,打造中国商贸购物旅游第一城的城市旅游品牌。

3. 横店　我国代表性的影视文化类旅游目的地城镇。将影视文化作为旅游开发主题,打造我国影视旅游中心。

4. 溪口　特殊主题类旅游目的地城镇。将丰厚的民俗文化与历史事件结合,打造主题特色突出的旅游城镇。

第 24 条　核心旅游目的地景区

根据全省旅游资源赋存条件、旅游产业布局的空间结构特征和旅游经济强省的目标,率先打造大西湖、象山湾和雁荡—楠溪江三个在全国乃至世界有影响力的核心旅游目的地景区，形成带动全省旅游发展的极核。

1. 杭州大西湖　地域范围以西湖风景名胜区为核心，并包括周边的西溪、之江旅游度假区、湘湖等旅游区、城市特色景观风貌区、城市旅游功能区及生态控制区。将大西湖作为丝·茶·国画世界非物质文化遗产的主要承载地，推动丝·茶·国画和西湖申遗进程，为大西湖旅游区发展营造核心动力；以大西湖品牌整合西湖及杭州城区的历史、文化以及非物质文化遗产资源，加强旅游区与城市功能区和周边旅游地的功能衔接、景观互补和线路共组，实现城（中心城区）、湖（西湖）、景（周边景区）一体化发展。将大西湖旅游区打造成为代表杭州旅游以及浙江旅游品牌形象的世界级游览休闲胜地，社会、经济、生态、文化等综合效益显著的综合性旅游区。

2. 宁波象山湾　地域范围包括象山港、松兰山、石浦、蟹蚶港、三门湾等地域，以及周边海岛和特色旅游城镇。以"休闲、时尚、生态"为主题概念营造度假环境，强化主题性、景观性、康益性、舒适性、安全性五个方面的度假环境特征。重点开发度假置业、游艇、邮轮、主题公园等高端旅游产品，设计多样化的休闲旅游产品。将象山湾打造成为长江三角洲地区首选的休闲度假旅游目的地，新"海"字系列国际高端产品专项旅游目的地。

3. 温州雁荡—楠溪江　地域范围包括雁荡山、楠溪江。以申遗为抓手，进行两旅游区的资源整合和品牌打造。通过空间管治和合理的空间功能区划建立旅游资源和环境保护与利用的良性机制。加强两大旅游区开发过程中的相互借鉴与融合。在雁荡山—楠溪江山江一体化开发的基础上，加强与乐清湾（海）和温州城区（城）之间的联动开发。将雁荡—楠溪江打造成为以典型江南山水和文化意境为特色的国际旅游目的地。

第 25 条　重点旅游目的地景区

依托旅游目的地城市，重点建设一批旅游目的地景区，形成在国际或国内中远程市场具有较高知名度的品牌旅游区。包括：千岛湖、仙都、江郎山—廿八都、钱塘江潮—盐官、五泄—西施故里、四明山等综合性旅游目的地景区，普陀山、天台山—大佛寺等宗教型旅游目的地景区，南麂列岛、凤阳山—百山祖、天目山、长兴古生态、钱江源等生态型旅游目的地景区，九龙山、嵊泗列岛、大陈岛、洞头岛、杭州湾滨海休闲旅游区、武义温泉、泰顺温泉、东钱湖、环太湖、莫干山—下渚湖、瓯江—云和湖等休闲度假型旅游目的地景区，安吉、临安、遂昌等县（市）的乡村休闲型旅游目的地景区。

第五章　旅游产品开发

第26条　产品开发总体思路

进一步调整深化浙江省旅游产品开发思路。推动旅游产品开发从铺摊子式发展转变为重点突破提升，从注重景区景点建设转变为资源综合深度开发，从致力旅游产品开发转变为大力打造旅游精品，从重视发展观光旅游转变为旅游产品的多元化开发，从以面向国内市场的旅游产品为主的旅游产品结构转变为同时面向国际、国内两个市场的旅游产品结构。

以属性型产品、线路型产品、景区景点型产品、要素型产品、服务型产品、节庆活动产品为主要类别，构建多层次、多功能，结构优化、具有国际竞争力的旅游产品体系。

1. 高端化：以市场为导向进行高端旅游产品开发，提升浙江旅游产品档次水平，推进浙江省旅游产品体系进一步完善。

2. 特色化：旅游产品特色鲜明，具有特定主题，反映浙江地脉和文脉，带有鲜明的浙江地域色彩。

3. 精品化：打造旅游精品，塑造品牌项目，提升浙江旅游的美誉度和影响力。

4. 综合化：文化体验、环境意境与休闲度假、观光游览、商务会展等的有机融合。这是浙江旅游产品的最大特色。

5. 国际化：大力培育面向国际市场的旅游产品，提高浙江旅游在海外的认知度和影响力，推动浙江旅游国际化发展进程。

第27条　产品开发方向

1. 旅游产品类型结构

浙江主导旅游产品包括观光游览旅游产品、休闲度假旅游产品、文化旅游产品、商务会展旅游产品、海洋旅游产品、乡村旅游产品、生态旅游产品和红色旅游产品。辅助旅游产品包括养生保健旅游产品、现代游乐旅游产品、美食购物旅游产品、体育旅游产品、科技旅游产品、修学旅游产品及特种旅游产品等。

2. 旅游线路产品建设

建设多主题线路产品，注重主题线路产品的包装和市场营销。建设不同的区域线路产品，加强区域旅游资源的整合，注重交通组织的合理性。建设不同的时段线路产品，包括一日/半日观光游、周末二日游、全周游等产品。

3. 旅游产品品质提升

注重旅游活动的丰富和组合、资源环境的保护、配套服务的提升、景区管理的完善等方面工作。规范发展自然资源为主的景区，积极推进浙江省国家级和省级旅游度假区的建设和提升，深层次开发历史文化村镇类景区，提升发展博物馆、纪念馆、名人故居类景区和宗教寺庙类景区，谨慎发展主题公园类景区。

4. 旅游产品要素完善

依托旅游六要素的配套设施，挖掘浙江地域文化和特色旅游内容，将硬件设施环境与旅游功能相融合，通过包装和宣传促销，提升要素设施的旅游吸引力，成为旅游目的地系统的重要组成部分。重点扶持自驾车旅游,完善由旅游交通、旅游住宿、旅游餐饮、信息咨询、旅游安全等构成的浙江旅游自助服务体系。

5. 节事活动类旅游产品开发

通过政府引导、企业运作,加快形成大型旅游节庆活动,并以此为龙头,整合周边旅游资源和产品,着力提高旅游节庆活动的经济效益和社会效益。

第28条 产品开发重点

1. 积极培育以市场为导向的高端旅游产品

重点培育消费水平较高、环境条件较好、旅游服务规范、具有一定专业技术含量的高端旅游产品。主要包括高端运动型旅游产品、高端置业型度假产品、高端度假型产品、大型会展及节事等。

高端运动型旅游产品包括高尔夫、马术马球、狩猎、跳伞、滑翔、潜水、冲浪、游艇、私人飞机等。高尔夫产品开发中注重生态保护开发、节事促动开发和产品组合开发。

高端度假型产品包括豪华度假型酒店、保健疗养地、游艇度假地、海岛度假、邮轮度假等。按国际标准建立一定数量的游艇俱乐部,出台全省的游艇旅游发展专项规划,划定游艇项目的区域与航段,游艇基地选择要注意避开水源地和自然保护区,重点在杭州、舟山、温州、台州、宁波、嘉兴、湖州等沿海、沿江、沿湖有优良游艇港口条件及经济活跃的区域发展游艇度假。统一规划、布局邮轮母港,分期分批发展浙江邮轮旅游,出台浙江邮轮旅游发展管理的指导意见,开发至香港、东南亚和我国东南沿海主要城市的邮轮线路。

高端置业型度假产品包括时权酒店、投资型酒店公寓、养老型酒店、度假别墅等。为旅游置业产品购买者提供良好的配套服务与环境,在土地、税收政策上对比较有实力的旅游地产开发商予以一定的扶持,政府提供必要的法律保障。

大型会展及节事包括各种国际博览会、交易会、洽谈会、咨询会,国际展览,各种专业化的国际论坛,国际性文化、娱乐、体育节庆或赛事活动,大型纪念活动等。重点打造国际休闲博览会、杭州西湖博览会、杭州国际动漫节、宁波国际服装节、中国义乌国际小商品博览会、钱江国际观潮节、舟山国际沙雕节。着力培育金华黄大仙国际文化旅游节、绍兴江南水乡风情节、中国开渔节、中国农民旅游节等节事活动。

2. 提升和优化以资源、环境为基础的传统旅游产品

通过整合、深化、优化相关产品,增强产品内涵,突出地方性、文化性、体验性,带动全省旅游产品档次提高和资源环境可持续发展。传统旅游产品的提升和优化主要包括几个系列,即自然观光产品、文化旅游产品、都市旅游产品、乡村旅游产品、滨海旅游产品。在着力打造精品景区的同时,通过多样化的互动发展促进自然观光产品向复合型产品转变;加强物质文化与非物质文化的充分利用,深层次、多主题地表现文化旅游内容;充分利用城市基础设施与公共服务设施营造旅游环境,注重都市旅游产品的多功能性;深入挖掘乡村旅游的文化内涵,将民俗、风情、文化、节庆活动等有机联系起来,形成复合型乡村旅游产品;注重目标市场细分,有针对性地开发滨海旅游产品。

3. 重点开拓以社会经济、城镇发展为依托的特色旅游产品

大力发展商务会议、专业展览、产业观光、科技考察、商贸购物等多种形式的旅游活动,最大限度地把浙江各地的社会经济资源潜力有效转化为现实的旅游生产力。以温州、义乌、上虞、慈溪、海宁、余姚、路桥等市县为重点,开发商贸城镇旅游产品;依托全省4 000多家专业化的商品流通市场,以义乌、乐清、海宁、永康、诸暨、嵊州、吴兴、浦江等市县为重点,发展商贸购物旅游;以宁波、温州、金华、衢州、台州、义乌、海宁、永康、诸暨、嵊州等市县为重点,发展服装、皮革、小商品等各类专业会展和会展旅游;以

高科技企业、民营企业、展示古老传统技艺的老字号以及现代工业企业（集团）为基地，发展产业观光旅游，最终实现旅游产业与区域社会经济特色的整合。

第 29 条　主导旅游产品开发

1. 观光旅游产品：通过加强文化内涵的挖掘和基础设施的建设，进一步提升观光旅游产品质量，进行精品化开发；以西湖、千岛湖等精品景区为龙头，带动周边景区的开发，形成规模化的旅游景区；加强观光与休闲度假、康疗保健、生态旅游、科普、文化旅游等产品的结合，进行旅游产品的延伸开发。重点开发河湖观光、海洋海岛观光、山地/盆地/海岸特殊地貌观光、山水名胜观光、都市观光、古遗址观光、古村古民居观光、古运河观光、古廊桥观光、古代名人遗迹观光、产业观光旅游产品。

2. 休闲度假旅游产品：以杭州之江国家旅游度假区和已经批准建设的 15 个省级旅游度假区为主要基地，优化旅游度假区的市场与功能定位，因地制宜地开发各类休闲度假产品。重点扶持滨海休闲度假旅游、城郊休闲度假旅游、乡村休闲度假旅游、山水生态休闲度假旅游、都市休闲旅游产品，以及温泉度假、邮轮度假、游艇度假、海岛度假等专项度假旅游产品，拓展商务、会展、体育、现代娱乐等产品的休闲度假功能，打造长三角大中城市居民首选的近程休闲度假目的地，以及国内外知名的休闲度假旅游目的地。

3. 文化旅游产品：进一步整合文化旅游资源，实施系列化开发战略。保护开发河姆渡文化、良渚文化、吴越文化等地域型、民族性特色文化旅游资源，大力挖掘开发非物质文化，形成同类文化旅游景点的合力运作。通过全面宣传"文化浙江"和营造景区景点特定的文化氛围烘托文化氛围。加大文化旅游品牌在国内外的推介力度，避免同质旅游资源的重复开发，加强区域合作，形成高起点、高质量、有国际影响力的文化旅游精品、拳头产品。重点开发茶文化、丝绸文化、水乡文化、影视文化、古文化遗址、历史文化村镇、名人文化、宗教文化、民俗文化旅游产品。

4. 商务会展旅游产品：依托中心城市和商贸类城镇，以民营经济特色为基础，以商务活动和特色商品市场为主体，通过商务与旅游结合的途径，延伸出会展、考察、度假、游憩与旅游购物等系列化的产品与服务。以现有休博会、西博会、浙洽会为基础，培育大型、国际化、综合性会展，积极引进大中型专业会展；提升完善现有商务、会展旅游配套硬件设施；引进和培养专业化的商务、会展旅游人才、服务公司。加强省内各大展览城市的合作以及和上海会展机构的合作，积极加入有关国际会展组织。重点发展会展、商务考察、商务游憩、商务度假等产品。

5. 海洋旅游产品：将浙江海洋旅游分为三个区域，即杭州湾近海旅游区域（杭甬沿海、舟山定海区）、浙东南沿海旅游区域（温台沿海）和远洋旅游区域（嵊泗列岛、渔山列岛、南麂列岛等）。结合《浙江省海洋功能区划》，重点开发 18 个风景旅游区和八个度假旅游区，包括南北湖、普陀山、嵊泗列岛、桃花岛、岱山、临海桃渚、洞头列岛、滨海—玉苍山、南麂列岛、平湖九龙山、象山松兰山、瓯江等。面向旅游市场不断提高的需求，重点开发游艇、邮轮旅游，小岛屿高端度假等高端特色产品，以及海洋海岛观光、海洋休闲度假、海洋疗养保健、海洋康乐、渔业文化体验、海天佛国朝圣、海鲜美食购物、海洋生态等大众旅游产品。

6. 乡村旅游产品：整合乡村旅游资源，保护与开发结合，实施合理有效的监督和指导，稳步发展乡村观光旅游产品，大力提升乡村休闲、度假和体验旅游产品，多方面体现乡村地域的民族性、文化性特色。注重乡村自然景观的保护，避免乡村旅游地的城镇化。重点开发三个系列的乡村旅游产品，即依托自然生态资源而形成的乡村观光休闲度假旅游、依托农业资源形成的农业观光园区以及依托深厚文化底蕴而形成的古村民俗风情旅游。

7. 生态旅游产品：对浙江生态旅游资源进行整合，对产品进行深度开发。建设生态旅游产品示范区,重视生态旅游产品中的解说系统建设,发挥生态旅游对资源环境的积极保护作用。重点开发森林生态旅游产品、山岳生态旅游产品、湿地生态旅游产品和海洋生态旅游产品。

8. 红色旅游产品:以党的历史、革命历史人物、革命根据地为内容,开发红色体验旅游、红色观光旅游、红色修学旅游、红色追忆旅游等产品。将红色资源与其他旅游资源有机整合,如红绿(自然生态)结合、红古(历史文化)结合、红俗(民俗风情)结合,形成优势互补的综合性旅游产品。精心打造体验式参与旅游,动态展示红色旅游产品。

第30条 辅助旅游产品开发

1. 养生保健旅游:将中医、太极、气功、温泉、水疗以及健康膳食等资源包装成为世界级的旅游产品,主要产品包括中医文化展示、中医文化修学、太极气功体验、温泉养生休闲、森林氧吧疗养、健康膳食、水疗康体、养生节事等旅游产品。

2. 购物旅游:以区域特色产业为基础拓展旅游商品的开发范围,促进旅游商品的个性化和系列化;建立以旅游者需求为导向、产供销衔接的运作机制,充实旅游购物品研究设计的力量,丰富旅游购物品的品种和类型,提高旅游购物品的文化品位、技术含量和地方特色,形成一批在国内外客源市场具有竞争力的旅游纪念品、土特产品和实用工艺品。

3. 现代游乐旅游:以杭州、宁波等长三角核心城市群内的特大城市为核心,以主题公园为龙头打造长三角现代游乐产业集群。以历史文化(杭州)、海洋文化(宁波)为主题提升城市游乐旅游产品,塑造具有浙江地域文化特色的主题游乐旅游。以主题公园带动浙江大中城市的现代休闲游乐旅游产品开发,成为城市旅游的重要组成部分。

4. 美食旅游:以地域物产为基础,以美食节庆活动为载体,打造特色美食旅游产品。将文化、健康、休闲、养生、绿色、时尚等理念融入美食旅游产品,提倡文化美食、健康美食和休闲美食。

5. 科技旅游:充分利用浙江丰富的地质地貌,众多的动植物种类,多样的江河湖泊、海岸湿地,鼓励发展科技科普旅游,包括科普教育、科学探秘、科技探险等产品。

6. 修学旅游:依托高等院校、研究所、实验基地、产业园、科技园等社会资源,古遗迹、古村落、古民居和宗教文化资源,海洋科技、海洋文化资源,以展示、教育、体验、实践、科学研究为主要内容,积极开发国内外修学市场,有针对性地将观光旅游、休闲旅游、科技旅游与修学旅游相结合。

7. 体育旅游:依托太湖、天目山、莫干山、四明山、富春江、钱塘江、新安江、千岛湖、舟山群岛等风景优美、生态优良的山水及海洋资源,设计登山、骑马、山地自行车、拓展运动、生存训练、狩猎、钓鱼、游泳、滑雪、射箭、网球、武术健身等产品。

8. 特种旅游:促进极限旅游、探险旅游、激流旅游等旅游产品的成长发展,以俱乐部和节事活动的形式,组织开发攀岩、徒步、野营、高山探险、江河漂流、洞穴探秘、滑翔伞、潜水、冲浪、帆船、海底探险等多种形式的特种旅游,加强安全体系建设,完善基础设施配套建设,规范活动的组织和服务。

第31条 旅游产品集群的地域重组

在全省重点打造三大旅游产品集群:一是杭州湾历史文化旅游产品集群,主导产品包括历史文化和都市旅游产品,辅助产品包括休闲度假、乡村旅游、科技旅游、修学旅游产品等;二是浙东海洋旅游产品集群,主导产品包括海洋观光、海洋度假、海洋休闲、海洋生态、海洋文化等,辅助旅游产品包括海洋特种旅游、养生保健旅游等;三是浙西南山水生态旅游产品集群,主导产品包括山岳生态、森林生态、河湖生态、人文生态旅游产品等,辅助产品包括养生保健旅游、民俗旅游产品、乡村旅游产品等。

第六章　旅游市场、品牌形象与营销

第 32 条　目标市场定位

1. 入境旅游市场

浙江省的入境旅游市场可以分为三个层次。第一层次为港澳台、日韩、东南亚市场,为浙江省入境旅游核心客源市场;第二层次为欧洲、美洲、大洋洲、俄罗斯、中亚、南亚市场,为基础客源市场;第三层次是其他地区市场,为潜在客源市场。

浙江省入境旅游发展方针是"立足日韩港澳台,巩固东南亚,拓展欧美,培育澳非"。

发挥浙江与港澳台地区地缘相近、人缘相亲、经贸相连的优势,进一步挖掘港澳台地区的巨大市场潜力,巩固其作为浙江入境旅游第一大市场的地位。巩固以观光、探亲访友、寻根问祖为主的中老年市场,积极开发商务旅游市场和传统节日旅游市场,提高港澳台学生和青年到访人次,把浙江建设成为港澳台地区国内改革开放前沿的旅游主要目的地。

利用浙江健身养生资源和宗教文化资源丰富的优势,不断扩大日韩市场,创造独特的文化环境和购物环境,进一步开拓日韩女性市场,使日本和韩国继续稳定地成为外国人来浙旅游的第一大客源地;继续发展与东南亚国家旅游双向联系,把浙江建设成为日本、韩国以及东南亚国家华夏人文历史旅游的主要目的地。

提升浙江旅游在美国、加拿大、德国、法国、俄罗斯、澳大利亚等国家的知名度,增加北美、欧洲和大洋洲游客的到访份额,把浙江建设成为欧美国家来华旅游的重要目的地。

2. 国内旅游市场

浙江省的国内旅游市场可以分为三个层次。第一层次为江浙沪、皖赣闽地区,为浙江省国内旅游核心客源市场;第二层次为环渤海地区和珠三角地区,为浙江国内旅游基础客源市场;第三层次是其他地区市场,为浙江国内旅游潜在客源市场。

适应长三角经济一体化和游客消费需求的变化趋势,进一步体现生态特色和地方乡土文化特色,注重开发各种类型和不同档次的旅游商品和娱乐产品,大力发展商务旅游和休闲度假旅游,把浙江建设成为上海、江苏近程商务会议旅游和休闲度假购物旅游的首选目的地。

进一步重视中远程市场的开发,加强珠三角、环渤海和以大中型城市为重点的中西部地区国内客源市场的开发。注重开发各种类型和不同档次的旅游产品,大力发展商务旅游和休闲度假旅游,国内客源结构向观光、休闲度假和商务会展旅游多元化转变。

3. 出境旅游市场

依法规范出境旅游管理,强化标准的执行,加强出境旅游产品的促销引导和监控,对出境旅游进行有效约束,引导浙江公民赴境外旅游的健康消费。加强旅行社资质的审核和监督检查,增加出境组团社的数量,加强出境旅游者的监督检查。启动我省公民出境旅游目的地安全预警制度,加强旅游安全教育。将重点出境市场和重点入境市场有机结合,通过出境市场的快速有序发展带动入境旅游市场的发展。

第 33 条　旅游形象总体定位

1. 针对国内旅游市场的定位

　　诗画江南，山水浙江

2. 针对西方入境旅游市场的定位

　　Picturesque Zhejiang, Legendry Land

第 34 条　旅游品牌建设

围绕旅游经济强省的建设，积极配合相关部门做好自然遗产、文化遗产、非物质文化遗产等世界遗产的申报，加快推进浙江省丹霞地貌、大运河、西湖、江南水乡古镇等项目正式申遗工作，努力做好丝、茶、国画等非物质文化遗产申报，同时加大对遗产的宣传，使世界遗产成为浙江省未来旅游的重点品牌之一。

1. 产品品牌

表 1-1-3　浙江省主导产品品牌

主导产品	产品品牌
观光旅游产品	"山水浙江，人文大观"
休闲度假旅游产品	"闲适浙江，忘情假日"
文化旅游产品	"文秀浙江，雅致本色"
商务会展旅游产品	"焕彩浙江，流金盛会"
海洋旅游产品	"海富浙江，蔚蓝达远"
乡村旅游产品	"民生浙江，鱼米江南"
生态旅游产品	"纯美浙江，灵净自然"
红色旅游产品	"英华浙江，烽火东南"

表 1-1-4　浙江省重点培育品牌

重点产品	产品品牌
都市文化旅游品牌	"美丽浙江、天堂杭州、时尚宁波"
江南古镇旅游品牌	"浙江古镇——世界最美的水乡古镇群"
古人类文化旅游品牌	"浙江：人类文明曙光升起的地方"
名人名著文化旅游品牌	"名人荟萃、灵秀浙江"
戏曲与艺术旅游品牌	"戏曲之乡、艺术浙江"
特色产品旅游品牌	"天堂丝绸、儒雅茶都"
时尚文化旅游品牌	"东方风情、时尚浙江"
商务旅游品牌	"非凡浙江、商务新体验"
影视文化旅游品牌	"横店：东方好莱坞"
宗教文化旅游品牌	"佛宗道源、海天佛国、大仙祖庭"

2. 区域旅游品牌产品导向

表 1-1-5　浙江省区域旅游品牌产品导向

城市	主导旅游品牌产品
杭州	风景旅游、休闲度假、商务会展
宁波	休闲度假、商务会展
温州	文化生态、商务旅游
绍兴	文化旅游、城市旅游
金华	商贸影视、道教朝圣、温泉康体
嘉兴	休闲度假、商贸购物
湖州	休闲度假、文化生态
台州	宗教文化、山海观光
衢州	观光游览、人文生态
丽水	生态旅游、特色文化
舟山	宗教文化、海洋旅游
义乌	商贸购物旅游

3. 旅游企业与旅游服务品牌

浙江旅游服务品牌建设重点是创建和强化专业化、高质量、规范化、人性化和个性化服务品牌。针对不同的旅游产品和服务要求，加强专业化的旅游服务能力，重点建设专业化的商务旅游、会议旅游服务品牌，打造旅游服务专业化品牌；重点推行"旅游品质化服务"、"旅游诚信服务"，加强旅游服务质量监督，打造旅游服务质量品牌；突出服务的规范化，包括信守服务承诺、诚信公约等，打造旅游服务的规范化品牌；提供人性化的旅游服务，包括建设引导指示牌、实时查询系统、提供旅游咨询服务、游客安全疏导服务、汽车维修点服务等，设立人性化的旅游服务品牌；着力满足不同旅游者对旅游服务的不同要求，重点创建散客服务品牌、自驾车服务品牌，打造旅游服务的个性化品牌。

4. 品牌培育和传播

将品牌作为旅游产业的无形资产进行管理和经营，有步骤、分阶段、持续不断地进行旅游品牌建设，保持旅游品牌培育的长期性、系统性和持续性。围绕浙江整体的品牌理念，根据细分市场的消费价值取向构建由更有针对性的若干个分支品牌构成的完整的品牌体系，并围绕这一主品牌和若干分品牌进行营销传播。重点加强浙江旅游产品品牌、旅游企业品牌两个品牌要素的品牌传播。将品牌融入旅游形象中，使之成为旅游品牌的外在感知途径。建立完善的旅游品牌管理和监督体系，将旅游质量管理作为旅游品牌管理的关键，将旅游服务纳入旅游品牌培育范畴，规范旅游服务行为。

第 35 条　旅游市场营销系统建设

1. 总体营销战略

实施定向营销战略，根据不同目标市场的特性分别制定不同的营销目标和战略，在浙江旅游总体形象下推广更切合市场感知的分形象，提供不同的旅游产品系列，策划特殊的营销事件并采用具有针对性的策略进行市场开拓和巩固。实施品牌整合营销战略，以此带动区域联合，整体提升景区知名度和市场竞争力，为景区发展营造核心动力。实施"搭网营销"战略，实现浙商网络与浙江旅游营销网络的有机结合,通过遍及全球的浙商网络的影响力,建立浙江独特的国际旅游分销体系。实施互动营销战略,通过政府营销和企业营销的相互推动、社会经济、城镇和城市旅游营销的互动、传统营销和现代营销的有机结合、普通宣传和重点宣传的有机结合,多渠道、多方位、多手段地宣传浙江旅游。实施综合营销战略,综合运用媒体宣传和举办节事活动,形成叠加宣传效应和跟踪促销攻势。实施事件营销战略,充分运用奥运会、世博会两大国际活动的广泛曝光度和巨大影响力,提升浙江知名度和影响力。

2. 市场营销创新

加强理念创新,浙江旅游要形成中国现代化旅游方式的典范,其市场营销应注重服务理念的推广,强化最便捷、最舒适的旅游目的地的概念。加强机制创新,采用政府引导,市场运作的营销模式,加强营销的部门联合和区域联动。加强技术创新,发挥浙江旅游信息化平台的服务功能,实现对浙江省旅游的新型促销。

3. 市场销售渠道策略

提升浙江旅游在中远途入境市场的认知度,通过树立明确的旅游目的地形象、开发满足市场需求的特色旅游产品、增加营销投入、加强旅游合作等营销措施消除与客源地之间的信息障碍,加大该市场的开发力度。通过产品创新、服务创新以及旅游活动形式创新,不断制造传统市场的新兴奋点。通过省内旅游景区间的合作、与国内或世界其他旅游目的地的合作,实现多层次的区域联合,获得更大的市场份额。强化因特网的直接营销作用。通过构建快速交通网络,完善旅游标识系统、安全系统建设和服务体系建设,打造中国最便捷的旅游目的地,在国内的旅游目的地建设中起到示范作用。将省内重要旅游目的地城市作为营销重点和着力点,通过这些城市感召力的提高,增强浙江旅游在国际国内市场的整体竞争力。

第七章 旅游产业配套体系

第 36 条 旅游交通规划

1. 旅游交通发展战略

以多通道、多层次、多方位的交通发展模式对接上海,融入长三角区域旅游交通一体化进程,建立高效便捷、安全舒适、服务优质、功能齐全、立体化、现代化的区域旅游交通网络。依托区域高速公路网、快速铁路网、城际轻轨网、海港和河港及航道网,在交通管理调度上强化旅游服务功能,重点完善旅游集散网络和旅游通道网络的设施配套,加强各主要旅游城市与主要景区之间的道路交通建设,建设功能齐全的自驾车旅游服务系统,实现旅游交通服务系统的网络化和交通服务的优质化。

2. 旅游交通系统规划

(1) 航空规划:巩固和拓展国际航线,针对核心入境市场,增辟直达航线或加密现有的国际航班,针对基础客源和潜力客源入境市场,加快开通直达航线和旅游包机业务。强化杭州与港澳的直航联系,加强杭州、宁波、温州三大机场间的直航联系,形成浙江南北三大入境门户城市鼎力合作的格局。三大干线机场重点加强与国内热点旅游城市和旅游景区之间的直航联系,尤其是与相邻省份世界级旅游资源所在地的航空联系。加快支线机场升级或改扩建工程的规划建设,重点开辟区域化航线,增加特色化、商务化的包机服务。根据旅游发展需要,在滨海休闲度假旅游和南部山地生态旅游重点区域,规划建设旅游直升机机场,开辟直升机航线,形成面向高端市场的空中旅游服务网络。

(2) 铁路交通与轨道交通:充分发挥高速铁路和城际轨道交通的客运功能,开辟或增加长三角地区城市间和浙江省内主要旅游城市间快速客车和旅游专列的班次;增加和新辟跨省域、主题化的旅游专列数量;强化铁路和轨道交通枢纽与航空、公路、水运等交通方式的衔接和转换服务。

(3) 公路交通:进一步推进长三角一体化高速公路建设,加快浙江省贯通省外的高速公路通道和省内联网高速公路建设。加快高速公路与主要景区之间、城镇与主要景区之间、景区之间快速旅游通道或专用道,以及普通景区的专用公路的建设,构建高效便捷、互联互通、通向省外或省内的旅游交通服务网络。

(4) 城市公共交通:加快发展杭州城市轨道交通,适时启动温州、宁波城市轨道交通可行性论证,积极推进温州大都市区和台州都市区城际轨道交通前期研究工作。重点在杭州、宁波和温州等旅游城市引进城市观光巴士,推出一日、二日和三日旅游交通一卡通。

3. 旅游交通服务体系建设

建立以旅游集散中心为主导的,布局合理、功能完善的旅游散客运输网络体系,形成以旅游包车为基础,以市内、省际旅游专线、城市观光环线为补充的旅游客运服务格局,提高旅游运输组织、服务功能和服务水平,达到与国际接轨的交通服务标准要求。

完善旅游集散中心网络。加快建设和完善浙江省 11 个地市的旅游集散中心,增强旅游集散中心在交通集散、信息咨询、餐饮购物和游程安排等方面的服务功能,加强与公共交通枢纽和旅游景区之间的衔接。杭州、宁波、温州和金华等区域中心城市还应在辖区内市、区、县及重要旅游景区建立旅游集散次中心或服务站。加强与长三角、珠三角、环渤海等国内主要客源地和目的地城市旅游集散中心的双向合作，积极促进全国范围内区域旅游集散网络体系的建设。

完善交通标识系统和服务配套。构建旅游交通信息平台，实现旅游交通信息查询电子化。

第37条　旅游线路设计

1. 入境旅游线路

以杭州为核心，航空口岸为依托，文化和商务为切入点，区域协作为驱动，将浙江重点旅游城市逐步纳入国际旅游主要线路当中。重点推出山水园林之旅、"世界浙江"商务之旅、运河古镇之旅、古都之旅、宗教朝觐之旅、丝绸文化之旅、茶文化之旅。

2. 区域旅游线路

以跨省市大通道工程为基础，以上海为中心的长三角三小时（高速公路）交通圈和1.5小时轨道交通网络为依托，将其高品位的世界级旅游资源与浙江旅游资源进行有机组合，打造长三角区域的品牌旅游线路。重点推出华东经典旅游线路、名城—名湖—名山旅游线路、环太湖风情旅游线路、浙皖赣闽文化生态之旅。

3. 省内旅游线路

围绕浙江旅游形象和概念创意，打造品牌化经典旅游线路。重点推出环杭州湾诗画江南之旅、山水浙江之旅。

4. 主题旅游线路

重点推出海天佛国之旅、新天仙配长城作证之旅、东海渔家之旅、浙北生态滨湖休闲之旅、杭金丽温商贸休闲之旅、浙中南自然生态之旅、浙东南海洋生态之旅、浙东北海洋生态之旅、文化浙江之旅、中国最美古村落之旅、世界廊桥徒步旅行之旅、休闲浙江自驾之旅等。

第38条　旅游产业配套规划布局

1. 结构布局

根据浙江省旅游目的地的建设目标和重点内容，构建多目标市场的旅游产业配套体系。

（1）面向国际旅游市场的旅游产业配套，要应对旅游国际化要求，在旅游住宿、旅游餐饮、旅游购物、旅游娱乐、旅游咨询、旅游交通等硬件设施及管理服务方面与国际接轨，体现国际化的旅游目的地的旅游产业配套水平。

（2）面向国内远程旅游市场的旅游产业配套，主要依托浙江大中城市的旅游目的地建设，提升旅游产业配套设施硬件水平和管理服务质量，注重城市其他功能与旅游功能的结合、城市环境与旅游环境的融合，增强城市吸引力。

（3）面向省内及周边近程旅游市场的旅游产业配套，主要依托中小城镇和景区型旅游目的地的建设，提升旅游综合服务水平，对环都市游憩区、滨海旅游度假区、乡村休闲旅游区等旅游配套产业强化标准和规范管理，提供针对自驾车游客的相关服务。

2. 空间布局

根据浙江省旅游目的地的建设要求和建设布局，构建依托城镇和景区型旅游目的地的旅游产业配套体系。

（1）依托杭州、宁波、温州、金华—义乌等城市，建设旅游客流集散中心、都市旅游中心，完善旅游交通（国际空港、轨道交通、高速公路立体配套）、旅游住宿（星级宾馆、经济型酒店等多元配套）、休闲游憩

（餐饮、购物、娱乐设施综合配套）、旅游咨询（集散中心、咨询中心、游客中心、标识系统多层次配套）产业配套体系。

（2）依托绍兴、衢州、丽水、湖州、嘉兴、舟山、台州等城市，建设区域性旅游集散、组织中心，完善旅游接待服务功能，包括交通、住宿、餐饮、娱乐以及旅游信息服务功能，重点突出对周边景区的辐射带动作用，突出区域集散中心作用。

（3）重点进行文化观光—休闲—民俗体验、商贸购物、影视文化体验和特殊主题等特色旅游目的地城镇的旅游产业配套建设。

（4）重点配套核心旅游目的地景区和重点旅游目的地景区的旅游接待服务功能，提升可进入性，满足不同游客的消费需求。

第39条 旅游产业要素规划

1. 旅游住宿

强化政府服务职能，深化旅游饭店企业的多元化改制，培育市场化主体，通过市场引导酒店业的合理布局。引入大型集团与国际知名饭店集团投资经营，培育具有较强竞争力的旅游饭店企业。加强对旅游饭店的管理以及与相关部门的综合统筹和协调，进一步建立健全旅游饭店的质量监督管理体系，加强社会旅馆的标准化与规范化管理。逐步建立分时度假酒店、旅游房地产、家庭旅馆、汽车旅馆、青年旅社等行业标准和管理规范。

着力建设高中低档层次分明，结构合理，多样化、多层次的旅游住宿设施体系，推动发展豪华型饭店、分时度假酒店、旅游房地产和经济型酒店，提高浙江星级饭店的整体硬件设施和服务水平。逐步实现旅游饭店的主题化经营，推进旅游饭店业普及电子商务的步伐，形成内容丰富、方便快捷、功能强大、声誉优良的浙江旅游饭店预订网络。

表1-1-6 浙江省旅游星级饭店需求预测　　　　　　　　　　单位：家

	2006 年	2010 年	2020 年
总量	1 096	1 200～1 360	1 600～1 800
五星级	19	60～100	120～150
四星级	114	180～200	250～290
三星级	335	400～450	580～630
二星级	559	410～440	510～560
一星级	69	150～170	140～170

2. 旅行社

深入贯彻相关法规和国家标准，以及《浙江省旅行社管理办法》等地方标准，提高旅行社业的行业规范管理，加强检查和监督。加快旅行社体制改革，引导旅行社尽快建立与国际接轨的现代企业制度，进一步扩大旅行社的对外开放。鼓励联合、适度兼并，促进旅行社业规范化、集团化、网络化、专业化建设，增强国际国内市场竞争能力。

提高旅行社业务含金量，加强对商务、会议团队以及散客的专业化服务，积极组织自驾车团队旅游、散客租车旅游，规范一日/半日观光旅游市场。提高浙江旅行社在国际市场的客源开拓能力和国内市场的竞争能力，增强产品创新能力和开发能力，完善内部管理能力，增强旅行社企业素质。提高服务质量，加强导游队伍建设。充分发挥行业协会的作用,加强旅行社行业自律。

3. 旅游餐饮购物

充分挖掘地域饮食文化内涵,开发浙江特色名品、精品餐饮。通过就餐环境、就餐服务、特色菜品、文艺表演等载体,体现地方饮食传统、文化特色;充分发挥浙江区块特色经济发达的优势,推动旅游纪念品产业化发展,构建旅游商品产销体系,使旅游餐饮购物成为旅游吸引物体系的重要组成部分。

4. 旅游娱乐

突出民俗风情和地方文化特色,策划多种夜间主题娱乐产品,为游客的夜生活增添色彩,延长游客停留时间。行业之间、部门之间加强协调配合,加强对现有娱乐设施建设和娱乐活动的引导,促进旅游娱乐业健康发展。

5. 旅游咨询服务与标识体系

建设和完善省、市、县(市、区)三级旅游信息平台,建立旅游咨询服务机构,提供旅游市场信息服务。加快建设和完善全省11个市和重点旅游县(市)的旅游集散中心和咨询服务中心,增强其在交通集散、信息咨询、游程安排和受理投诉等方面的服务功能,形成比较合理的旅游咨询服务网络体系。

加快旅游交通标识系统建设,省市联动、分工协作,努力完成航空港、火车站、轻轨站、港口、长途汽车站、高速公路、一级公路、主要景区交通沿线的旅游标识牌设置工作;完善旅游饭店、旅游景区内的双语标识,杭州、宁波、温州可采用多语种标识;建设"浙江之旅"网站的多语种支持。

6. 旅游信息建设

大力推进以GIS为基础信息支撑,包括各类旅游属性、空间数据为一体的数字旅游工程建设;鼓励旅游服务领域积极应用信息技术,大力发展旅游电子商务。重点抓好旅游统计网络、旅游促销网络、散客服务信息系统、饭店预订网络、旅行社管理网络、旅游人才信息网络等旅游信息网络建设,推进浙江省数字旅游建设。

7. 旅游救援系统

推动建立旅游医疗与安全急救、旅游危机管理与游客反应快速应变双重旅游救援系统,提高在旅游经营中发生的各种危机事件的信息传递和快速反应能力。

第40条　旅游城镇建设

根据浙江省旅游发展总体思路,结合全省城镇发展规划,进一步优化省域旅游城镇等级体系(表1-1-7)。

表1-1-7　浙江省旅游城镇等级体系

地市名称	一级旅游中心城镇	二级旅游中心城镇	三级旅游中心城镇	四级旅游中心城镇
杭州	杭州市区		临安、建德、富阳、淳安、桐庐	良渚—瓶窑、淤潜镇、龙门镇
宁波	宁波市区		余姚、慈溪、奉化、象山	石浦镇、溪口镇、慈城镇、强蛟镇、大佳何镇、东钱湖镇、莼湖镇
温州	温州市区		洞头、泰顺、瑞安、永嘉、乐清	雁荡镇、大荆镇、南麂镇
金华	金华市区义乌城区		东阳、永康、浦江、磐安、兰溪、武义	横店镇、郑宅镇、方岩镇

续表

地市名称	一级旅游中心城镇	二级旅游中心城镇	三级旅游中心城镇	四级旅游中心城镇
绍兴		绍兴市区、绍兴县城	嵊州、诸暨、新昌	安昌镇、东浦镇
衢州		衢州市区	龙游、江山、常山、开化	石门镇、廿八都镇、保安乡、齐溪镇、七里乡、小南海镇
丽水		丽水市区	庆元、龙泉、缙云、松阳、云和、遂昌	百山祖乡、老竹、泉山、安民、大顺
嘉兴		嘉兴市区	海宁、桐乡	西塘镇、盐官镇、乌镇、乍浦镇
舟山		舟山市区	嵊泗	沈家门镇、桃花镇、朱家尖镇、高亭镇、菜园镇
湖州		湖州市区	安吉、南浔	莫干山镇、织里镇、天荒坪镇、水口乡
台州		台州市区	临海、天台、温岭、仙居玉环	桃渚镇、石梁镇、白塔镇、蛇蟠乡

第八章　区域旅游协作

第41条　区域旅游协作导则

1. 区域旅游协作原则与要点

坚持政府主导与市场运作相结合、以旅游城市为依托、以企业集团为区域旅游经济合作的主体、保持区域合作开放的战略性区域旅游协作原则。思路要点包括：建立区域旅游协调机制、制定多层次区域协作战略目标和发展规划、努力培育旅游协作的市场环境以及建立区域旅游协作监督保障系统。

2. 区域旅游协作战略步骤

近期（2007～2010年）：以区域旅游协作区（带）的旅游协作入手，按照资源和功能的互补性，分区域组织区域旅游协作；组建区域旅游协调机构，加快制定区域旅游规划；从旅游资源和旅游产品入手，通过政府引导旅游企业协作开发旅游景区（点）、区域旅游线路，并积极筹措建立跨地区旅游企业集团；推动区域旅游形象品牌打造和旅游联合促销工作；各地旅游行政主管部门密切协作协调，在旅游集散、咨询等旅游公共服务领域加强合作，塑造良好的区域旅游环境。

中远期（2011～2020年）：完善区域旅游保障制度，推行区域旅游标准化体系，建立区域旅游联络协调机制；构建旅行社业、旅游饭店业专项网络发展模式；推动区域旅游经济外向化，经济运行机制与国际旅游市场接轨；区域旅游形成较强的旅游经济发展抗风险能力，形成国际竞争优势。

第42条　区域旅游协作空间层次

1. 沿海协作带

以中心城市为依托，进一步加强与山东、江苏、福建等沿海省份的旅游协作，提升四省之间长期存在的传统合作关系，形成物资流、人流、信息流、货币流、人才流五流互动的沿海旅游协作带，为旅游业发展创造更加有利的环境条件，推动形成区域市场互育的良好局面。

2. 长三角无障碍旅游区

实施错位发展与组群城市发展策略。建立以上海为中心旅游城市的网络化等级体系，打造世界级的旅游城市集合；在沪杭快速铁路交通的基础上，整合环太湖、钱塘江北岸、天目山北缘的风景旅游、休闲度假资源，打造以上海、杭州为核心的环都市区域游憩带；与长三角旅游区主要目的地之间共育旅游市场，互为市场地；浙江省主要旅游城市通过差异化发展以及游线组合、景点联动、连锁服务等，形成旅游城市联盟，打造互补式的组群旅游城市；进入长三角竞合区域，与长三角旅游区其他主要旅游目的地错位发展，形成差异化旅游精品。

采取合作互动策略。通过加强与上海的互利合作，进一步提升入境旅游吸引力，大力拓展海外客源市场；与上海共同开发近距离客源市场，打造沪杭环都市区域游憩带，加速推进浙江旅游产品由传统观光型向休闲度假、商务会议、现代娱乐、运动康疗等多元化、组合型休闲游憩产品转变；通过长三角无障碍旅游圈的打造，在旅游基础设施和服务设施建设方面与上海接轨，改善浙江省旅游环境，促进浙江旅游服务标准的提升。

3. 浙赣闽皖旅游协作区

实施旅游资源空间无限化策略。利用空间上浙、赣、闽、皖的临近关系,形成旅游组合区域;进一步加大四省间旅游经济的交流合作,使浙江省的信息、管理、资本的优势得到充分发挥,以浙江旅游综合实力带动安徽、江西旅游发展;借赣、闽、皖的优势旅游资源,实现浙、赣、闽、皖优势互补,旅游发展"互利、共赢"局面。

实施要素集聚与组织、集散中心发展策略。针对旅游要素投资相对分散化的特点,利用浙江省民间资本雄厚的优势,在杭州、宁波、温州、衢州、湖州、金华建设六大旅游要素集聚基地,结合典型江南特色的生活文化旅游产品的开发,进行旅游资源的空间延伸和旅游线路的跨省组织,由此弥补浙江世界级旅游资源不足的劣势,实现旅游产业的分工与合理布局,形成长三角区域的旅游产业支持中心。

4. 浙闽台海洋旅游区

发展"旅游—经济—政治"联动模式,即旅游、经济、政治循环带动,相互促进模式。利用闽浙的特殊区位,取得中央政府的支撑,以海为纽带,以沿海大通道为轴线,通过台海两岸合力开发、闽浙资源互补,组建东南沿海黄金旅游线,实现该区域的旅游业快速发展。

5. 沿运河旅游协作带

以运河物质文化和非物质文化为载体,与山东省和江苏省共同开发旅游产品、共同举办旅游活动、共同拓展旅游市场,形成以运河为纽带的旅游协作带,进一步提升运河旅游的品位与形象,提高运河旅游在国内外客源市场的知名度。

6. 环太湖旅游协作区

依托湖州的丝茶竹笔文化和生态休闲产品,进一步加强与江苏的合作,依靠品牌特色提高在环太湖地区旅游发展中的分工地位,携手打造更具市场竞争力的环太湖旅游品牌。

第九章　近期行动计划

第43条　构建新旅游产品体系

1. 启动高端旅游产品建设项目

以高端旅游产品培育、传统旅游产品提升、特色旅游产品开发为重点，构建多层次、多功能，结构优化的旅游产品体系，重点沿杭州湾地带形成若干旅游产品集群，显著提高浙江旅游产品的国际竞争力。

培育和引导邮轮游艇旅游有序发展，近期做好邮轮停靠泊港岸线和用地的规划预留和开发的前期研究工作，在沿海、内河、内湖有控制地建设游艇基地；在国家宏观政策调控允许的情况下，积极推动高尔夫运动休闲项目的建设；发展高端度假型和高端置业度假型旅游产品，稳步发展会议商务型酒店、度假型酒店、产权型酒店、连锁型经济酒店等项目，逐步形成较大规模的酒店集群。

2. 提升和优化以资源、环境为基础的传统旅游产品

通过资源与环境的整合与优化，产品的地方性、文化性和体验性三大特征的强化，对自然观光、文化旅游、商务会展、乡村旅游和滨海休闲旅游等产品系列进行全面提升，重点加强文化观光、商务会展产品的开发。

实行文化观光产品的深度开发，注重与休闲度假产品的结合，有效利用非物质文化资源。大力推进都市文化旅游产品的建设，举办具有国际影响力的大型文化旅游活动，推动中心城市文化设施的旅游功能建设，提升城市的旅游知名度。

依托中心城市和商贸类城镇，以民营经济特色为基础，以商务活动和特色商品市场为主体，大力培育商务会展产品，加强商务、会展旅游软硬件环境建设。改善商务购物旅游环境，重点打造商务购物旅游。

构建具有时代精神和历史文化底蕴的特色旅游城镇群。进一步加强对历史文化风貌区和优秀历史建筑、历史文化名镇和有历史特色村镇的保护，将有历史文化价值的风貌区和建筑列入保护和旅游开发范围。根据各城镇的功能定位和环境资源优势，营造整体环境优良、城镇风貌特色鲜明的旅游城镇新景观。

第44条　率先形成八大旅游板块，20个重点旅游区

围绕全省建设"三带十区"旅游发展总体格局，以旅游经济强省建设为总目标，按照"布局优化、资源共享、优势互补、区域联动"的要求，以城市为中心，以优势旅游区和度假区建设为依托、以重点项目建设为抓手，加大开发力度，加快资源优势集聚，率先形成杭州国际休闲旅游、宁波港城商埠旅游、温州山水风情旅游、浙北古镇运河古生态旅游、绍兴文化旅游、浙中商贸文化旅游、舟山海洋佛教旅游和浙西南生态休闲游八个旅游板块，争取新创建5～10个5A级旅游景区。

1. 强化和提升优势旅游区建设

（1）杭州大西湖旅游区

围绕国际风景旅游城市建设目标和"东方休闲之都"旅游主题，整合西湖、西溪、运河以及之江旅游

度假区,打造观光、休闲和会展三位一体、具国际影响力的大西湖旅游品牌;大力发展商务会展业;完善博物馆、纪念馆、名人故居的建设配套;深度开发都市观光、购物、美食和文化旅游产品,建设环城休闲游憩带;建设旅游要素集聚区,促进旅游产业集群化发展。

(2) 天目山生态休闲旅游区

充分利用天目山优越的生态环境优势,大力发展观光休闲产业,重点推进天目山生态休闲度假产品的深度开发,打造具有国际影响力的生态旅游目的地。

(3) 宁波跨海大桥旅游区

充分利用杭州湾跨海大桥建设形成的发展新机遇,发挥两岸丰富的旅游资源优势,大力发展大桥观光、商务休闲度假、乡村生态休闲等旅游产业,打造成为新兴的商务休闲度假旅游胜地。

(4) 象山湾滨海度假旅游区

充分利用沿海交通廊道规划建设带来的发展契机,立足"长三角滨海第一度假地"的发展目标,以松兰山海滨旅游度假区和石浦渔港风情游览区的品牌提升和包装为核心,初步形成以海洋生态和渔文化为特色的度假旅游胜地。

(5) 雁荡—楠溪江文化生态旅游区

以打造"山水浙江"品牌的形象区域为目标,加强地域文化特征和景观特征的保护、旅游资源的整合、现有产品的提升、交通廊道的建设、高品质生态休闲与度假项目的引进,为申遗工作的开展奠定基础。

(6) 温州海岛海滨休闲旅游区

依托洞头、南麂岛以及苍南鱼寮等丰富的海岛海滨旅游资源,大力发展海滨休闲度假产业,打造具有区域影响力的海洋旅游目的地。

(7) 义乌永康商贸文化旅游区

充分发挥区域空港和公路枢纽的交通优势,以义乌中国小商品城、永康中国科技五金城和永康方岩等商贸与文化载体为核心,依托周边生态与度假资源,着力打造地域文化特色鲜明的国际性商贸与文化旅游目的地。

(8) 东阳横店影视旅游区

充分发挥横店影视城的规模集聚优势,继续推进大型影视旅游项目建设,打造国内规模最大、最具影响力的影视旅游基地。

(9) 绍兴水城越都旅游区

以水乡环境为背景,以绍兴古城为依托,围绕"水城越都,人文绍兴"旅游主题,以鲁迅故里、府山越国遗址、书圣故里、镜湖湿地等历史文化和生态资源为核心,打造国内外知名的文化旅游目的地品牌。

(10) 乌镇—南浔—西塘古镇旅游区

充分发挥优越的交通和市场区位条件,立足于区域协同发展,将南浔、乌镇、西塘与江苏的同里、周庄、角直,上海的朱家角等历史文化古镇整体打造成为以"中国江南水乡"为品牌、以江南水乡风情体验为特色、自然与人文和谐交融的文化休闲旅游功能地域。

(11) 嘉兴南湖红色旅游区

依托嘉兴南湖底蕴深厚的红色旅游资源,整合提升景区环境品位,形成国内知名的红色旅游区。

(12) 湖州自然生态旅游区

利用莫干山风景区、下渚湖湿地、长兴"金钉子"地质公园、银杏古生态自然环境以及安吉优越的生态旅游资源,进一步完善旅游服务设施和旅游休闲功能,形成国内品质一流的自然生态旅游区。

(13) 江郎山—廿八都风景旅游区

整合江郎山、仙霞关、戴笠老家、廿八都镇等资源,重点开发以江郎山为代表的山水风景旅游产品,以廿八都为代表的古村镇旅游产品,以戴笠老家为代表的传奇文化旅游产品。

(14) 龙游石窟运动休闲旅游区

在充分发挥龙游石窟景区现有品牌效应的基础上,大力拓展健身休闲运动旅游功能,进一步提升环境品位,打造具有国内影响力的特色旅游区。

(15) 缙云仙都风景旅游区

开发具有自然山水和乡村特色的休闲度假地域,并结合黄帝文化体验、风景名胜资源的观光游览与登山健身、休闲娱乐等活动,打造丽水旅游的核心景区。将现有过境路外迁,建设自驾车营地,完善旅游区配套设施建设。

(16) 遂昌山水金矿旅游区

充分发挥遂昌金矿、神龙谷以及南尖岩景区的旅游资源优势,大力推进度假休闲旅游设施建设,进一步加强旅游线路整合,形成具有区域特色的旅游品牌。

(17) 台州"天仙配"山水观光旅游区

加强"天仙配"品牌的整体包装,进一步强化天台、仙居、临海以及新昌的旅游资源与配套设施互补发展的合作伙伴关系。加快天台至仙居的高速公路建设,推进天台、仙居和临海的旅游环线建设,并配套建设临海综合接待中心,以及天台和仙居两个游客中心。

(18) 台州海滨—大陈岛旅游区

依托区域发达、成熟的旅游网络体系,充分挖掘地区商贸文化与渔业文化、红色文化,利用沿海优势与海岛资源,以海岛体验、海上游钓、海滨观光为主要产品特色,使之成为长三角地区著名的海洋海岛休闲度假旅游区。

(19) 普陀宗教文化旅游区

以普陀山、舟山渔港以及朱家尖为核心,进一步提升"舟山群岛—海天佛国、渔都港城"旅游形象,深度开发宗教旅游产品,重点打造海岛休闲和海鲜美食两大品牌,推动宗教文化与海洋文化的有机结合,成为在国内外有较大影响的宗教朝圣、海岛休闲基地。

(20) 嵊泗—洋山港休闲旅游区

以东海大桥为桥梁,以洋山深水港建设为机遇,充分挖掘渔乡文化与海岛海礁资源,以海港购物、海空漫游、外岛观光、海钓休闲为主要产品特色,进一步树立和明确"南方北戴河"、"天然海滨浴场、海鲜美食风情"等主题形象,使之成为连接上海与浙江的一颗"海上明珠"。

2. 进一步加强旅游度假区建设

(1) 千岛湖旅游度假区

在进一步有效保护千岛湖自然资源与环境的同时,提升和丰富旅游主题内容,深度开发生态观光、生态休闲和会议度假旅游,建设完善的旅游基础服务设施,发展高品位和个性化的主题酒店、度假村、游艇俱乐部等休闲度假项目,成为长三角地区湖滨型首选观光度假地。

(2) 湘湖旅游度假区

利用举办 2010 年世界休闲博览会的有利时机,充分挖掘度假区内的历史文化资源,整合东方文化园、休闲博览园等优势资源,在外部环境不断完善的基础上,加快星级酒店及休闲娱乐项目建设,依托杭州市的城市品牌和客源优势,将其打造成为国际休闲度假旅游基地。

(3) 东钱湖旅游度假区

依托东钱湖优美的山水风光及周边丰富的历史文化资源,结合宁波市的城市建设和发展,大力开发观光、水上运动、城郊休闲、高尔夫等项目,不断完善旅游基础设施和服务设施,将东钱湖打造成集观光、休闲、度假于一体的国家级旅游度假区。

(4) 湖州太湖旅游度假区

充分发挥湖州太湖旅游度假区紧邻江苏和上海的交通区位优势,加快发展体育运动、游艇俱乐部、会议度假、高尔夫等休闲度假项目,完善度假环境和旅游服务设施,使之成为我国著名的运动型旅游度假基地。

(5) 九龙山旅游度假区

充分利用优越的自然生态环境和区位优势条件,加快海水净化、度假酒店、游艇码头等工程项目建设,积极开发海上运动、邮轮游艇、高尔夫等高端休闲度假产品,发展成为面向高端消费群体的长三角著名滨海型旅游度假地。

(6) 会稽山旅游度假区

突出以大禹文化、古越文化、宗教文化、名士文化和山水文化为背景,依托大禹陵、香炉峰、宛委山、石帆山、越国遗址等优势资源,大力发展文化旅游度假、生态旅游度假、现代旅游度假等项目设施,建设长三角地区文化与山水相结合的特色旅游度假区。

3. 突出重点旅游项目建设

在大力推进八大旅游板块建设的同时,突出以重点项目建设为抓手。五年内,投资1 275亿元,重点建设35个投资规模大、覆盖区域广、项目类型优、带动能力强的旅游大项目,以此加快旅游资源优势集聚,进一步做大做强旅游产业规模,优化旅游产业结构,增强旅游产业优势。35个单体投资超10亿元的大项目中,休闲度假项目22个,总投资近860亿元。涵盖了保健康体、温泉养生、邮轮游艇、置业旅游、高尔夫旅游等一大批高端度假旅游产品,以及都市休闲、温泉休闲、海洋湖泊休闲、山地休闲、森林休闲、乡村休闲等适应大众休闲需求的系列旅游产品。在产业链条上,35个大项目主要涉及温泉酒店、休闲度假、商务旅游、旅游演艺等,将进一步丰富旅游产品的内涵和外延,拉长旅游产业链条,推动浙江旅游产业的转型升级;同时,为各地旅游经济新一轮的发展提供强大引擎,有助于在全省范围内建立起以精品和名品主导的旅游产品体系,加速形成格局特色、分工合作的"三带十区"旅游经济发展格局。

表1-1-8　近期重点建设项目　　　　　　　　　　　　　　　　单位:亿元

项目名称	总投资	项目名称	总投资
杭州紫金港旅游集散中心	20	宁波东钱湖旅游度假区	200
杭州西溪湿地二三期工程	100	宁波四明山度假基地	12
杭州湘湖度假区二期工程	40	宁波慈城古县城综合保护开发	25
温州三垟湿地	50	宁波象山半边山旅游区	20
温州瓯江旅游度假区	50	绍兴嵊州温泉湖旅游度假区	25
温州南塘街改建工程	30	绍兴会稽山度假区休闲项目	30

续表

项目名称	总投资	项目名称	总投资
湖州南浔古镇综合开发工程	23	绍兴镜湖城市湿地公园	50
湖州下渚湖湿地景区	14.6	绍兴柯岩—鉴湖度假区综合配套项目	15
湖州太湖旅游度假区	38	诸暨西施故里景区二期工程	15
湖州温泉高尔夫二期	10	嘉兴平湖九龙山度假区	12
湖州吴兴西山景区开发	10	嘉兴运河古城景区	16
东阳横店中国圆明新园	200	台州中国民营经济发展论坛	10
金华仙源湖度假区	25	台州神仙居旅游度假区	12
武义温泉度假区	12	舟山鲁家寺整岛开发	20
丽水滩坑水库景区	50	舟山朱家尖蜈蚣峙旅游集散中心	12
丽水市生态河川旅游区	50	衢州古城旅游区开发	20
丽水云和湖旅游度假区	25	开化浙皖赣旅游集散中心	18
缙云仙都景区深度开发	17		

第45条 着力培育强县强镇特色村

全面实施旅游"十百千"工程，着力培育一批旅游经济强县、旅游经济强镇和特色旅游村，为加快建成旅游经济强省奠定坚实的基础。以优化县域产业结构为切入点，以资源丰度高、发展动力强、发展速度快、发展潜力大的旅游大县为主要对象，创建10~20个名副其实的旅游经济强县；结合城镇建设，以城镇产业转型和结构优化为切入点，创建一批特色旅游强镇；结合社会主义新农村建设，以调整农村产业结构和帮助农民脱贫致富为重点，依托当地旅游资源和原有"农家乐"旅游的基础，培育一批特色旅游村。

第46条 做大做强重点旅游企业

提高旅游企业竞争力，是加快旅游经济强省建设的关键环节。为做大做强旅游企业，一方面，要大力实施"引进来"和"走出去"的双向开放战略。鼓励民营资本和外资对旅游企业进行收购、兼并。鼓励开元旅业集团等有影响力、有实力的旅游企业在全国率先走出去，构筑跨国、跨地区经营体系，把产业链及资源配置的范围扩大到海外，抢占国际旅游市场的制高点。另一方面，积极支持和培育杭州旅游集团、开元旅业集团等10大各种所有制旅游企业集团做大做强，尽快形成一批实力雄厚、竞争力强、在国内具有较高知名度和影响力的旅游大企业。积极鼓励旅游企业抢占资本市场，争取近五年内全省3~5家旅游企业上市。

第47条 大力推进旅游国际化

1. 着力提升旅游城市的国际化水平

以杭州、宁波、温州、义乌等国际化程度相对较高的城市为先导，大力推进旅游功能建设、产品建构、管理服务等方面与国际接轨。通过努力，率先打造杭州西湖—千岛湖休闲旅游、宁波—舟山宗教海洋旅游、温州国际商务旅游、义乌购物天堂旅游和绍兴文化旅游等一批重要的国际旅游目的地，形成浙江旅游个性鲜明的国际旅游发展新吸引点、兴奋点和突破点。

2. 加大国际旅游市场营销力度

本着务实高效的原则和"立足亚洲、拓展欧美、培育澳非"的总体营销策略,加大国际客源市场的宣传营销力度,根据不同国家和地区游客的需求特点,创新旅游营销方式,加强节庆、会展等旅游载体建设,提高旅游促销效果,努力实现入境旅游客源市场的多元化,提高浙江国际旅游的总体发展水平。

3. 主动对接奥运和世博,提升国际影响力

国家旅游局已分别启动了奥运旅游推广计划和世博全球旅游推广计划。应紧紧抓住这一难得的发展机遇,主动对接2008北京奥运会和2010上海世博会,共享奥运会和世博会带来的辐射效应和后续客源。一方面,要全力打造和组合推出更具市场吸引力的浙江奥运品牌、世博品牌的旅游精品;另一方面,要加强与奥运会、世博会举办城市的交流与合作,制订行动计划,广泛开展各类活动,借此提升浙江旅游的国际知名度。

(1) 面向2008年奥运会的事件响应计划

成立政府推动的奥运旅游联席会议,由两地政府直接领导,旅游局和相关部门积极参与。出台奥运会旅游合作的政策,签署协议,制订行动计划,并定期进行协商活动,实现互利互惠,共享奥运会带来的辐射效应和后续客源。

在政府的积极推动下,借助市场机制,开展政府、企业、社会等多层面的商业赞助和旅游经济合作运营。包括商业赞助运营、企业联盟、资源和信息共享、推出主题性组合产品和客源互动、畅通奥运金旅工程等方式。

根据北京·浙江两地旅游产品特色,进行联合营销活动。推出"千年古运河"北京·浙江文化月活动;实行优惠政策,两地相互开放媒体宣传资源,开展城市间的公共宣传合作,相互设立宣传窗口;策划整体产品组合,共同组团赴国外宣传,相互推出优惠政策,形成整体价格优势。

(2) 面向2010年世博会的事件响应计划

西博会与世博会战略合作:通过世博会与西博会联合营销、双方组委会智力和资源支持、场馆互设、互通网站、优惠联合等,利用西博会、世博会这两大平台把浙江旅游的信息和吸引力最直接、最有效地传递给它潜在的消费者。

浙江旅游世博会专项营销:发挥政府推动作用,与世博会展开多层面的推广合作。举办浙江东方生活艺术文化周、世博会浙江旅游版、世博游客贵宾计划、"浙江美景伴您同行"等活动,建立世博自助游黄金通道、立体化公共宣传,推出全新的产品和体验。借助世博会契机,大力营销浙江旅游,使浙江旅游国际化程度进一步提高。

第48条 不断强化旅游服务配套

1. 旅游交通

近期重点构造一个覆盖主要旅游中心城市和主要旅游景区的便捷、快速、立体的旅游交通体系,形成不同交通方式之间的良好衔接。

发挥杭州、宁波和温州三大机场的口岸优势,分别开通至欧美、澳新、东南亚等地的客运包机航班,新增或加密浙江与主要客源国之间的直飞航线或航班,进一步强化与国内其他航空门户城市或重点客源地区之间的空中快速联系。

结合浙江"4小时交通圈"建设工程,重点发展高等级公路,进行主要旅游城市与重要景区间的旅游专用路以及各类交通枢纽旅游功能的完善配套,各地市建成一处旅游集散中心,形成省内外联系便捷的

旅游交通服务网络。

强化杭州站等主要铁路客运站点的旅游服务功能,成为全省铁路旅游客运中心。发展城际铁路、市域轨道交通,推进城际快速旅游交通的建设,构建杭州与重点旅游城镇和景区之间的轨道交通联系。

完善重要旅游交通沿线、旅游景区的旅游交通标识和服务站点建设,满足散客和自驾车旅游者的需求。

2. 旅游住宿

以市场为导向,着力建设多样化的住宿设施,优化旅游星级饭店设施的结构、档次与空间分布,近期发展重点包括：

有序推进高星级酒店的建设,近期内规划新建四、五星级高等级酒店60～80家,进一步提升旅游接待设施的整体发展水平。

大力发展国际连锁酒店和商务型、度假型、观光型、会议型、保健型等特色主题酒店系列,实现酒店业的国际化,引导酒店业在重点旅游城市集群化发展。

针对自驾车游客的快速增加,在主要交通干线和重点景区,发展针对自驾车游客的汽车旅馆。

主要针对学生市场,发展青年旅社、露营地等经济型酒店。引进国际经济型酒店的管理模式,提供标准化的服务。

建立循环经济的发展模式,全面推行绿色饭店经营理念,强调管理规范化,服务标准化,建立资源节约型的酒店管理模式。

3. 旅行社

重点提高旅行社业的整体素质,包括旅行社品牌、规模、业务专长等,近期重点进行如下三方面的工作：

依托浙江旅行社现有的良好基础,继续发挥品牌优势,引进先进管理和经营理念,重视人才培养与交流,健全销售网络,创新服务,提高旅行社的行业规模、经营效益和服务水平,建立具有全国影响力的品牌旅行社。

针对生态旅游、乡村旅游、商务、会展旅游等不同的旅游市场,培育旅行社的专业化服务能力,积极应对浙江旅游多元化发展诉求,组建专业化旅行社。

加大旅行社改革力度,鼓励合资、独资旅行社进入浙江旅游市场,引导旅行社企业并购重组,走品牌化、集团化、网络化经营之路,强化旅行社行业管理。

4. 旅游餐饮与娱乐

充分挖掘浙江各地的饮食文化内涵,积极开展特色经营,开发名品精品,逐步建设统一规范的旅游团队餐馆。

继续发挥社会餐馆的优势作用,推出品牌化、主题化、连锁型的餐馆系列,满足旅游者对浙江美食的品尝需求。

结合地方民俗和文化特色,依托城市文化设施和城市游憩广场开展丰富多彩的文化娱乐活动,加快开发"印象西湖"等一批高档次的旅游文化娱乐项目,丰富休闲活动内容,增强旅游魅力。

5. 旅游商品与购物

充分发挥浙江区块特色经济发达的优势,加强商旅互动,结合各旅游城镇商业区、商业街建设,强化城市购物、观光、休闲等综合服务功能,营造特色购物环境。

积极引导开发特色旅游商品,扶持和建设集设计、生产和销售于一体的旅游商品生产基地,推出一批对国内外游客有吸引力的旅游纪念品、土特产品和实用工艺品。

加大监管力度,建立旅游商品市场的信用管理体系,完善旅游商品售后服务保障体系。

6. 旅游产品标准化与人才建设

推动旅游产品标准化建设,包括乡村旅游标准化、度假旅游标准化、生态旅游标准化和景区建设标准化。

与国际旅游相适应,培育一批符合国际水准,满足重大国际会议会展要求,能够申办、举办重大国际会议的人才队伍。

7. 其他旅游配套设施

大力推进各地市和重点旅游县(市)旅游信息咨询服务站点建设,重点加强旅游景区在交通集散、导游服务、游程安排和受理投诉等方面的服务功能,与旅游集散中心共同形成网络化的散客服务系统。

推广实施旅游厕所星级标准,在各旅游城市、重要旅游景区和主要交通沿线改建或新建一批生态化的旅游星级厕所。

完成高速公路、一级公路、主要景区交通沿线的旅游标识牌设置工作。

建设和完善省、市、县(市、区)三级旅游信息平台,推动旅游目的地营销系统建设,大力发展旅游电子商务、网上咨询和预订服务。

第十章　规划实施保障

第49条　旅游用地保障

1. 旅游用地控制与引导

对资源进行纵深化整合、空间横向化联合、功能多样化拓展。因势利导、因地制宜地合理划分用地结构，实现资源、环境、经济空间均衡化发展。与其他法定规划确定的用地性质相协调，实现城乡建设规划、土地利用规划和旅游规划统一。本着节约珍惜使用土地的国家政策精神，避免盲目扩张土地建设，积极挖掘内涵，科学制定旅游用地发展规模。将全省划分为西部山川丘陵区、东部沿海岛屿区、中部丘陵盆地区和北部平原水乡区四大分区，将旅游用地大致分成旅游资源用地、旅游设施用地和旅游兼用地等三种用地类型，进行分区分类用地控制与引导。

2. 西部山川丘陵区

① 旅游资源及其生态环境用地：注重旅游资源及其赋存用地的保护，注重风景、文化与景观生态功能的完好结合，重点培育黄山—千岛湖—新安江、富春江、杭州西湖地段的横向旅游空间，形成狭长的带状精品旅游开发带。保留和发展大面积的旅游资源赋存的生态环境用地，重点加强天目山脉和钱塘江中游的森林生态系统、千岛湖流域森林湿地生态系统的抚育规划，注重保护和营建大片区域的水源涵养林地，严格控制旅游生态区内的开发建设比例。

② 旅游接待设施用地：主要依托城市，部分依托旅游资源地域，少量的在旅游资源地域附近建设，旅游管理用地主要分布于旅游区，少量分布于城镇行政中心。

③ 旅游兼用地：主要集中于金衢丽的历史名城、旅游城镇、古村落和各类主题园区等处，形成多点分散、嵌入式的互补与依赖型的旅游用地。

3. 东部沿海岛屿区

① 旅游资源及其生态环境用地：多为海洋和近海岸山海岛屿区域，呈带状链珠式布局。加强对普陀山、东钱湖风景区的保护性建设和开发用地规模控制，海滨地带控制度假区项目规模数量以及主题功能。严格控制海岛旅游发展规模。

② 旅游设施用地：休闲度假用地重点分布在宁波、舟山、温州、台州的岛屿及沿海山地的用地区域。在规划期内，这类休闲度假建设用地控制在100平方公里以内，国家级、省级、地市级休闲度假区数量控制在20~50个。旅游接待设施用地主要依托各类休闲度假区布局，部分依托旅游城镇和风景名胜旅游资源地域，旅游管理用地主要在旅游区，少量在城镇行政中心。

③ 旅游兼用地：主要集中于旅游城镇、主题式的展览场馆、科技园区等产业园区。

4. 中部丘陵盆地区

① 旅游资源及其生态环境用地：重点强调风景旅游用地和文化遗迹的完美结合，突出自然、风景、文化与景观环境的集中建设。名人故居、文化名城、自然风水、主题园区、休闲娱乐、度假旅游形成点线结合布局，相对聚合，组合成稳定的区域专项旅游用地。斑状分布的生态环境资源，开发重点在于水域

生态廊道的贯通与高效利用,由此深入挖潜,重点控制建设规模。保留与贯通生态廊道,构成地区良好发展的生态环境和生态旅游网络。

② 旅游设施用地:在规划期内,这类休闲度假建设用地控制在30～50平方公里,国家级、省级、地市级休闲度假区数量控制在10～20个。旅游接待设施用地主要依托旅游城镇,部分依托休闲度假区和风景名胜旅游资源地域,旅游管理用地主要在旅游区,少量在城镇行政中心。

③ 旅游兼用地,主要集中于绍兴、金华(义乌)、丽水等市区内,为地区旅游用地的主要类型。

5. 北部平原水乡区

① 旅游资源及其生态环境用地:强化风景旅游与休闲度假用地功能,增加文化旅游区、休闲度假区的功能用地比例,突出自然、休闲与文化的结合,重点建设,集中发展。旅游资源依托的生态环境用地主要为区域地块中较为薄弱且日渐缩小的用地类型。扩大生态用地的比例,积极保护与抚育杭州西湖地段的生态湿地资源。

② 旅游设施用地:休闲度假用地以钱塘江北岸的一些湖荡湿地和丘陵山地为重点。在规划期内,这类休闲度假建设用地控制在100平方公里以内,国家级、省级、地市级休闲度假区数量控制在20～50个。旅游接待设施用地主要依托各类休闲度假区和旅游城镇布局,部分依托风景名胜、森林公园等旅游资源地域;旅游管理用地主要在旅游区,少量在城镇行政中心。

③ 旅游兼用地:主要集中于乌镇、南浔、西塘三大古镇,杭州城区,大西湖地区等。严格控制城市建设用地占用耕地、盲目扩大用地规模现象,实现旅游用地开发模式由空间扩展向内涵挖潜的转变,积极拓展高新技术产业园区的旅游产品,保证充裕的旅游发展功能用地。

第50条　旅游资源与环境保护

1. 旅游资源与环境保护目标

充分发挥区域经济特色和生态环境优势,加强生态环境建设,保护自然和人文景观,使全省各类景区景点水、气、垃圾和噪声等各项指标达到国家环境质量标准,旅游活动对环境的影响控制在容许值范围之内,旅游生态环境实现良性循环,全面推进"生态浙江"和旅游经济强省的建设进程,实现全省旅游业的可持续发展。

2. 加强生态环境的保护与治理

倡导生态、环保、节约型的旅游开发模式,进一步加强生态设施的推广与使用;注重旅游开发建设过程中的生态环境保护和协调,对高耗水、高耗能、环境污染和破坏较严重的旅游项目的规模、数量和布局选址进行有效控制;探索循环经济和旅游开发结合的有效途径;严格执行国家和浙江省有关污染防治的法律法规,开展旅游资源开发规划环评,严格控制旅游开发过程中的污染物排放总量,加强综合协调、分类指导和统一监督管理,加强旅游区环境污染的综合防治;加大旅游城镇的生态保护和生态建设力度,建设生态型村庄,积极发展生态农业,并和乡村旅游开发有机结合;加强旅游环境保护支撑系统的建设,包括建立健全旅游环境保护的机制体制、法规政策体系,加快形成生态补偿机制的基本框架,加强旅游生态环境的科学研究和生态监测工作,建立旅游区的环境资源成本核算体系,加强自然灾害的预报工作。

3. 加强旅游资源的分区、分级和分类保护,制定相应的保护措施

高度重视生态良好地区和重点资源开发地区的环境保护与生态建设,在具有重要生态功能的区域建立一批重要生态功能保护区,实施重点保护;对具有特殊生态功能、虽已受到一定程度损坏,但采取有

效措施可以恢复的,实施抢救性保护;保护文物、遗迹、人文旅游地及其周边环境;充分挖掘当地文化遗产,组织具有地方特色的民俗活动,展示和弘扬地方文化精华;挖掘地方特色的建筑、服饰、饮食、歌舞、体育竞技、节庆、习俗、手工艺品等,尤其重视非物质文化的挖掘,以开发促保护。

4. 分区保护规划

根据《浙江省生态旅游规划》,将全省分为六个旅游生态保护区,并分别制定相应的旅游资源、环境保育及旅游开发措施。

① 浙北平原水乡景观保护区,整合和严格保护文化资源,保护和逐渐恢复水乡景观特色,加强山岳景观资源保护,生态保护重点区域包括良渚—运河—古镇文化生态保护带、西湖—西溪湿地景观保护区、钱塘江潮—盐官历史名镇保护区、绍兴古城文化保护区。

② 浙西低山丘陵生态保护区,重点保护山水生态景观,科学测算景区环境容量,有效控制游客数量,生态保护重点区域包括千岛湖—富春江—新安江水系景观保护区、莫干山—天目山—浙西大峡谷山地生态保护带、衢州西部自然生态保护区、仙霞岭—廿八都历史文化景观保护区。

③ 浙中丘陵盆地生态保护区,重点保护历史文化资源、山岳风景资源,合理确定生态环境容量与旅游开发强度,生态保护重点区域包括兰溪古村落文化保护区、衢州古城历史文化保护区、武义—郭洞—俞源人文生态保护区。

④ 浙西南山地森林生态保护区,重点保护山岳风景资源和生态环境,严格保护森林生态系统和珍稀野生生物栖息地,科学治理水土流失,积极防治地质灾害,生态保护重点区域包括龙泉—凤阳山—百山祖—庆元生态保护带、方岩—仙都—仙居山地景观保护区。

⑤ 浙东丘陵沿海生态保护区,重点加强山水景观、文化生态、特色城镇风貌、宗教文化、海滨海岛等核心资源保护,生态保护重点区域包括北雁荡—楠溪江山水文化生态保护区、溪口—雪窦山特色城镇保护区、河姆渡—三江口—镇海口遗址文化保护区、大佛寺—天台山宗教文化保护区。

⑥ 浙东南海洋生态保护区,注重保护海岛自然生态系统的独特性和脆弱性,对部分区域适当限制开发的规模、种类和范围,科学确定旅游区的容量,禁止破坏性、掠夺性开发,开发与保护并重,生态保护重点区域包括南麂列岛海洋生态保护区、舟山海洋宗教文化保护区。

第51条 组织保障

加大政府主导力度,优化由浙江省人民政府牵头的旅游管理组织体系和工作机制。成立省旅游产业发展协调小组,统筹协调和领导省旅游发展工作。强化地、市、县各级政府对旅游业的领导,明确责任,加强绩效考核。明确政府、旅游管理主管部门和旅游企业在规划实施中的作用。进一步发挥旅游行业协会的桥梁和纽带作用。建立和完善协调省、市、部门联动机制,积极促进区域合作、部门合作、跨行业合作。

第52条 政策保障

大力支持旅游建设用地和社会公益旅游项目。对具有较好的经济效益、社会效益和环境效益的旅游建设项目优先列入省重点建设项目和各市县的重点建设项目,及时安排建设用地指标。对于具有社会公益性、符合审批条件的旅游项目,省、市各相关部门要在土地和海域使用、环保建设、文化建设等方面积极给予旅游产业支持和帮助。

加强政策协调。加强发展旅游与发展现代服务业等各项政策间的衔接协调,提升政策实施效果。加快制定有利于拉动消费、鼓励旅游、扩大旅游市场的发展政策。制定促进居民带薪旅游、福利旅游、企事业单位奖励旅游、跨区域修学旅游的发展政策。

第53条 机制保障

加快转变政府职能,发挥政府宏观调控和政策导向作用,加强公共管理机制体制创新,建立健全公众参与、专家论证和政府决定相结合的行政决策机制,实行依法决策、科学决策和民主决策。

进一步完善规划体系,编制好专项规划和项目规划,搞好各级各类规划间的衔接,在空间布局上相互协调,在时序安排上相互衔接。定期组织开展规划评估,全面分析检查规划实施效果及各项政策措施落实情况,及时提出评估改进意见,促进规划目标的实现。

广泛开展旅游区规划与管理、旅游企业管理等方面的国际合作,加快与外来企业、外来资本特别是国际旅游大集团的合资、合作。推进旅游信息化建设和法制化、标准化、规范化建设。建立规范的旅游市场运作规则,营造公平的市场竞争环境。

第54条 体制保障

做强做大旅游企业,实现旅游产业集群的优化发展。优化浙江省旅游产业集群内旅游产品结构,各旅游企业形成有序分工与合作。构建由各有关部门和机构组成的创新推动网络,增强旅游企业的持续创新能力。大力引进国外、省外的品牌旅游企业、先进的管理制度和管理经验、服务技术和服务标准。鼓励有条件、有潜力、有优势的旅游企业走出去开展国际竞争。鼓励组建专业化集团,实现全国性或区域性的网络化规模经营。发挥政府在旅游产业集群化发展中的支持和推动作用。大力倡导诚信文化、创新文化、合作文化。加快推进国有旅游企业体制改革。

加快旅游景区开发管理的体制创新。在符合国家有关政策法规和资源保护的前提下,探索政企分开,事企分开,所有权、管理权与经营权分离的途径;以项目为载体,引进国内外知名的优秀旅游品牌管理集团参与浙江省旅游资源的综合开发。允许各类资本进入旅游资源开发、建设和保护,鼓励民资、外资通过收购、兼并、参股或以特许、转让、承包、租赁等形式实现产权多元化。

第55条 投融资保障

各级财政要建立稳定、合理的导向性资金渠道,加大财政对旅游业的投入。进一步用好旅游发展专项资金,提高旅游资金利用效率。调整和优化财政支出结构,加强旅游重点区域的基础设施和配套服务设施建设。设立奖励基金,建立旅游优秀人才的奖励制度。探索以奖代投的模式,支持乡村旅游、旅游基础设施等方面的重点项目建设。

探索多元化的旅游投融资渠道,在积极争取旅游国债的同时,坚持社会化、市场化的旅游投资方针。积极申请国家旅游专项资金和生态环境建设资金,重视对旅游基础设施建设的持续投入。逐步加大对西南部欠发达地区旅游基础建设的资金投入,将交通、通信等基础设施建设,生态建设、扶贫项目等专项资金的投放与旅游发展项目捆绑运作。支持符合条件的旅游企业进入资本市场融资,积极申请亚行、世行以及国内大中银行的信贷资金。

第56条 项目保障

推进全省旅游基础设施、生态环境、公共服务及产业发展等重大工程项目的实施。建立和完善旅游项目库,合理安排建设时序,坚持以规划带项目、以项目定投资的原则,建立科学的项目支撑体系。

加强对重大项目建设的审核监督,规范建设资金的使用,制定项目建设的质量保障、安全保障、工期保障要求并监督实施。推进决策的科学化、民主化程序,提高项目论证与管理水平,完善项目评估制度。

第 57 条　人才保障

旅游主管部门做好人才战略与规划的编制与实施工作，树立大教育、大培训观念，创新培养方式，拓宽培养渠道，加大培养力度，提高全行业职工思想道德、科学文化和健康素质。

大力实施旅游业人才职业化工程。加强在职人员的教育培训和考核，以标准促提高；按照国家有关标准、现代企业制度和旅游岗位需求，制定并完善工作岗位规范，明确岗位职责、任职资格和条件；加强旅游职业技能鉴定工作，强化旅游行业职业资格认证制度。

重点培养提高旅游主管部门人才、高层次旅游经营管理者、旅游短缺专业人才、教育培训师资人才。

加快建立新型的旅游人才培训体系。充分利用现有教育资源扩大旅游教育规模，引导各类培训机构开展旅游产业发展中需要的专业性、技术性较强的培训，建设专业化、系统化的省、市、县三级立体旅游培训体系。加快建设一支精通旅游专业理论又有实战经验的高水平、复合型的师资队伍。改进旅游院校人才培养模式。

建设科学的旅游人才评价机制和评价体系。严格对旅游从业人员开展职业技能鉴定，对旅游业人才实施素质评价，对旅游组织人才开发工作进行科学评估，对旅游院校的教育培训进行及时反馈与评价。

制定并出台激励人才的有关政策，推进分配制度改革，建立完善的人才激励机制。完善选人用人机制，探索建立导游人员人才诚信管理制度。维护旅游从业人员合法权益，建立健全旅游从业人员的养老、失业和医疗等保障机制。

加快推进旅游人才标准、人才培养、人才引进、人才教育的国际化进程。以国际旅游产业、职业通用的人才标准育人、选人和用人；逐步实现职业认证的国际化；拓宽国际培训资源，进一步加强国际合作培训；积极开展国际交流与合作，吸引国外旅游高端人才到浙江就业；引进国际上先进的旅游院校管理方式和教学模式，促进旅游院校和国际旅游学院的学术交流。

积极推进旅游人才市场规范化，推进人才资源市场配置进程，加强旅游主管部门与人才市场的信息交流。全面落实人才建设信息化。进一步完善旅游从业人员统计工作，建立信息跟踪机制、强化信息共享机制。积极健全旅游就业信息网络，定时发布信息，完善旅游就业信息服务。

第十一章 附 则

第 58 条 本规划自批准之日起正式实施。

第 59 条 本规划一经批准,由浙江省人民政府授权浙江省旅游局组织实施。规划实施期间,省政府将根据实际执行情况对规划进行中期评估,并做适时调整和完善。

说 明 书

目 录

第一章	规划概述	47
第二章	旅游发展条件分析	55
第三章	旅游发展目标与战略	80
第四章	旅游空间发展布局	94
第五章	旅游目的地体系建设	106
第六章	旅游产品规划	126
第七章	旅游市场、品牌形象与营销规划	149
第八章	旅游用地发展引导	179
第九章	旅游交通与线路规划	190
第十章	旅游产业配套体系	196
第十一章	旅游资源与环境保护规划	214
第十二章	旅游业人力资源开发与培训规划	226
第十三章	区域旅游协作	237
第十四章	近期行动计划	250
第十五章	规划影响评估及实施保障	260

第一章 规划概述

一、项目背景

1. 导言

  浙江，一个面朝大海、务实外拓、与时俱进的省份

  浙江，一片山清水秀、钟灵毓秀、文化精深的沃土

  浙江，一个厚积薄发、充满东方艺术魅力的旅游目的地

  在我国全面贯彻落实科学发展观、坚持以人为本、转变发展观念、创新发展模式、提高发展质量、落实"五个统筹"、坚持经济社会全面协调可持续发展的宏观方略指导下，在"把旅游业培育成为国民经济重要产业、建设世界旅游强国"目标领引下，在浙江省推进"八八战略"、建设"平安浙江"的进程中，浙江旅游业发展正处在转型和提升的重要关键期。

  大力发展旅游业，是落实科学发展观的直接体现，全面建设小康社会的内在要求。长三角是我国经济最为发达的地区，"十五"期末已进入 GDP 人均 3 000 美元以上的发展时期，2010 年浙江全省人均 GDP 将超过 5 000 美元。随着长三角全面建设小康社会目标的基本实现，整个社会产业结构、投资结构和消费结构将发生巨大变化，旅游业作为一种综合性和关联性强的经济形态，将在扩大内需、改善投资环境、繁荣城乡经济、增加就业岗位、促进对外开放、推动社会事业进步等方面发挥独特作用。区域社会经济的发展对浙江旅游业的做大、做强和全面提升提出了迫切要求。

  建设旅游经济强省，是增强浙江国际竞争力的客观需要，是构建"生态省"和"文化大省"的重要内容。在全球化和信息化的今天，政府给企业提供竞争的外部环境的能力和企业竞争力（包括产品和服务）构成的整体竞争力是至关重要的，而与旅游活动直接或间接相关联企业和经济部门的产业化、国际化建设，无疑将对浙江国际竞争力提升起到不可忽视的示范和推动作用。浙江建设生态省，关键是从根本上转变经济增长方式，而发展注重资源可持续利用的旅游业是打造"绿色浙江"的一项必然选择；浙江通过加快建设"教育强省、科技强省、卫生强省、体育强省"和"八项工程"等措施打造"文化大省"，增强文化软实力，也将与共生互动的文化旅游、科技旅游、体育旅游相得益彰。

  经过多年的不懈努力，浙江旅游取得了骄人的成绩，已跨入全国旅游领先行列。2006 年接待入境游客从 2005 年居全国各省市自治区的第五位上升至第四位，旅游外汇收入保持全国排名第五位。然而，对应浙江快速和持续的经济发展，打造旅游经济强省和具有国际影响力的旅游目的地的工作仍旧任重道远。但是，我们坚信，浙江这块人文底蕴深厚、经济资源富集、区位条件优越、综合实力雄厚、体制富有活力的热土，正在迎来旅游跨越式发展的新时代，必将实现旅游业健康、可持续增长的宏伟目标！

2. 编制目的

  本规划为偏重于战略层面的区域旅游发展规划，属于区域规划中的专项规划范畴。同时本规划还

对重点旅游发展区域在操作层面上进行了重点规划。

编制《浙江省旅游发展规划》的目的在于：

- 体现全省社会经济发展宏观战略意图，确定浙江省旅游发展的总体部署和行动纲领，加快旅游经济强省建设的进程；
- 明确发展重点和任务，充分发挥政府对旅游业调控、引导、协调和服务职能，促进浙江省在全国旅游地位的进一步提升；
- 构建富有浙江特色的旅游目的地体系，显著增强浙江旅游的核心竞争力；
- 为下一层次的旅游规划编制、调整以及政府有效管理提供依据。

3. 工作基础

（1）已有工作基础

- 全省旅游资源普查

浙江省于2003年系统开展了全省旅游资源普查工作，形成了5 000万字的文字资料及10万余张的资源图片，编写了全省旅游资源普查成果总报告，绘制了《浙江省旅游资源电子地图》和《浙江省旅游资源地图集》。通过旅游资源普查，形成了一套较为完整的旅游资源基础资料，为全省旅游资源的保护与合理利用奠定了扎实的基础。

- 旅游发展"五年"规划与各类专项规划

在本规划编制工作启动之前，浙江省旅游局做了大量的前期准备工作，包括组织有关专家编制完成了《浙江省旅游发展纲要暨五年行动计划（2003～2007）》、《浙江省海洋旅游发展规划》、《浙江省生态旅游规划（2005～2020）》、《浙江省红色旅游规划》等；同时，各地市旅游局也积极组织编制完成了地市级及辖区或辖县的旅游发展规划，为本规划的编制创造了良好的基础条件。

（2）已有工作基础与本规划的关系

以上各项基础研究以及各个层次的规划对浙江省及各地市的旅游发展现状和在国民经济中的重要作用均有较全面、清楚的认识与把握，规划提出的许多建设性对策与思路在本规划中得到了体现和吸收，其中浙江城市发展的空间构架为旅游目的地体系建设布局提供了思路框架；构建杭州湾历史文化、浙西南山水生态和浙东沿海（海洋）三大旅游经济带的发展思路为浙江旅游产业空间布局与旅游产品选择提供了依据；大力发展第三产业，增强旅游产业与区域特色经济，以及与其他第三产业的协调互动为确定旅游产业的新定位提供了前提；继续加强与安徽、江西、福建等邻省的旅游合作，全力推动长三角无障碍旅游区建设等是区域旅游协作规划的依据。

同时，本规划在旅游项目的空间引导、旅游城镇发展、旅游交通等基础设施配套等方面力求与"浙江省城镇体系规划"、"浙江省土地利用总体规划"有机衔接，以增强本规划的可操作性。

二、规划范围与期限

1. 规划范围

规划范围为浙江省行政辖区，包括杭州、宁波、温州、嘉兴、湖州、绍兴、金华、衢州、舟山、台州、丽水各市和义乌，总面积36.18万平方公里，其中陆域10.18万平方公里，海域约26万平方公里。

2. 规划期限

规划期限分为近、中、远期三个时段。近期为2007～2010年,中期为2011～2015年,远期为2016～2020年。

三、规划依据

1. 相关法律法规与标准规范

- 《中华人民共和国城乡规划法》(2008)
- 《中华人民共和国文物保护法》(2002年修正)
- 《中华人民共和国土地管理法》(1998年修正)
- 《中华人民共和国环境保护法》(1989)
- 《风景名胜区条例》(2006)
- 《中华人民共和国森林法》(1998)
- 《中华人民共和国海洋环境保护法》(2000)
- 《中华人民共和国自然保护区条例》(1994)
- 《中华人民共和国野生动物保护法》(2004年修正)
- 《中华人民共和国水法》(2002)
- 《中华人民共和国水污染防治法》(1996年修正)
- 《中华人民共和国水土保持法》(1991)
- 《中华人民共和国海域使用管理法》(2001)
- 《旅游发展规划管理办法》(2000)
- 《旅游规划通则》(GB/T 18971-2003)
- 《旅游区(点)质量等级的划分与评定》(GB/T 17775-2003)
- 《浙江省旅游管理条例》(2000)

2. 相关政府文件与规划

- 《中国旅游业发展第十一个五年规划》(2006)
- 《长江三角洲地区区域规划纲要》(2006)
- 《浙江省国民经济和社会发展第十一个五年规划纲要》(2006)
- 《中共浙江省委、浙江省人民政府关于建设旅游经济强省的若干意见》(浙委【2004】23号)
- 《中共浙江省委关于加快建设文化大省的决定》(2005年7月29日)
- 《浙江生态省建设规划纲要》(浙政发【2003】23号)
- 《浙江海洋经济强省建设规划纲要》(浙政发【2005】24号)
- 《浙江省旅游业发展"十一五"规划》(2006)

四、规划指导思想与原则

1. 指导思想

以邓小平理论和"三个代表"重要思想为指导,树立和落实科学发展观,贯彻实施"创业富民、创新强省"的发展战略,发展和完善"旅游与社会经济和城乡建设互动"的浙江旅游模式,以体制机制创新和科技创新为动力,加快推进旅游经济强省建设,不断提升浙江在国内外旅游客源市场的知名度,进一步提高旅游业对全省经济社会发展的贡献率。

2. 基本原则

(1) 强化特色原则

客观认识浙江旅游资源及其环境的性质和特点,深度挖掘地方特色,创新利用各类资源,打造具有鲜明特色和品牌化的旅游产品。

(2) 市场导向原则

在强化政府宏观调控力度、完善调控手段、规范调控方式、提供优质公共服务的同时,坚持以市场作为资源配置的基础手段,实现资源、资本与创新"三轮"驱动,进一步发挥各类企业的积极性和创造性,不断推出符合市场需要的旅游产品和具有鲜明特色的旅游形象,策划创意具有很好市场卖点和较好经济效益的旅游项目,同时,进一步重视旅游开发中的社区参与,确保社区居民的合法权益。

(3) 可持续发展原则

充分发挥浙江省的经济建设成就、市场区位优势与资源环境优势,以永续利用为前提,在有效保护其旅游资源的前提下进行合理的开发利用,在产业发展过程中不断提高旅游的经济贡献率、社会贡献率和生态贡献率,促进产业经济效益、生态效益和社会效益的协调统一。

(4) 产业互动与协调原则

在充分发挥旅游对关联产业的强大带动力,对提升城市和区域知名度、打造城市和区域"名片"的独特作用的同时,注重本规划与相关规划的紧密衔接,强调旅游产业与城镇建设、与其他产业发展和布局的综合协调,促进旅游产业与工农业、商贸服务、科教信息、文化体育和城乡基础设施业的资源共享,实现互动互促的旅游产业循环经济模式。

(5) 区域联动原则

从省域层面,建立以城市(镇)为中心、分工协作的区域旅游协作区,促进旅游客流、资金流、信息流的跨市(县、区)流动;从跨省区层面,积极推动长三角无障碍旅游区建设和浙、赣、闽、皖四省旅游合作区的联动发展,实现资源与市场共享、综合效益最大化。

五、规划重点与技术路线

1. 规划重点

(1) 发展定位与战略思路

明确浙江旅游发展的主要问题,重新认识与定位浙江旅游业的产业地位,提出浙江旅游发展的宏观战略、目标与思路。

(2) 旅游产品提升与创新

把握旅游市场新的需求与走势,针对目前浙江省旅游产品存在的问题,确定全省旅游产品的提升和创新思路。

(3) 旅游目的地体系建设

从旅游目的地建设的思路出发,优化旅游产品和旅游目的地的空间布局,构建层次清晰、类型多样的旅游目的地体系。

(4) 区域旅游品牌塑造

针对差异化需求、目标市场和潜力市场,树立具有国际市场吸引力的浙江旅游新形象,打造特色化品牌系列。

(5) 近期行动计划

进行以市场需求为导向、以资源和环境为依托、以品牌突破为目标的近期建设安排,推动全省旅游发展上一个新的台阶,促进政府在推动旅游发展中创新机制的建立。

2. 编制方法与技术路线

(1) 分析方法

① 旅游资源分析评价的技术路线

旅游资源评价主要以浙江省旅游资源普查成果为依据,采取同类资源的对比分析、区域比较分析和定性的经验判断,对原有评价结论进行重新梳理、归纳和提炼。

② 旅游产业发展规划的技术路线

通过市场需求、区域比较和产业趋势比较,以及 RLMS 分析,确定旅游业的产业地位;通过产业对比分析和不确定性分析形成产业发展的多方案比较,确定旅游业的产业优势度,可能的发展规模,预测旅游业在浙江省未来经济发展中可能的地位。

③ 旅游市场规划的技术路线

根据全国旅游市场发展趋势,浙江在全国旅游市场中的地位和规模,长三角地区的竞争分析,预测浙江旅游业的市场潜力和市场环境。根据浙江省旅游资源特点和旅游产品特点及区域竞争与协作关系确定旅游市场的客源层次,包括确定目标市场和潜力市场。利用趋势分析法、相关分析法和市场份额法等对旅游客源市场进行规模预测,预测不同发展阶段的市场规模。根据现代市场营销理念和浙江省所处的市场区位条件确定旅游市场营销策略,制定市场营销的理念和手段。

④ 旅游目的地体系建设规划的技术路线

针对国内和国际两大市场需求以及旅游形象与品牌塑造的要求,进行多层次的旅游目的地体系建设规划,包括吸引物体系策划、设施配套和旅游项目开发设计,为实现浙江旅游的国际化战略提供良好的物质基础。

(2) 技术路线

浙江省旅游发展规划技术路线如图 1-2-1 所示。

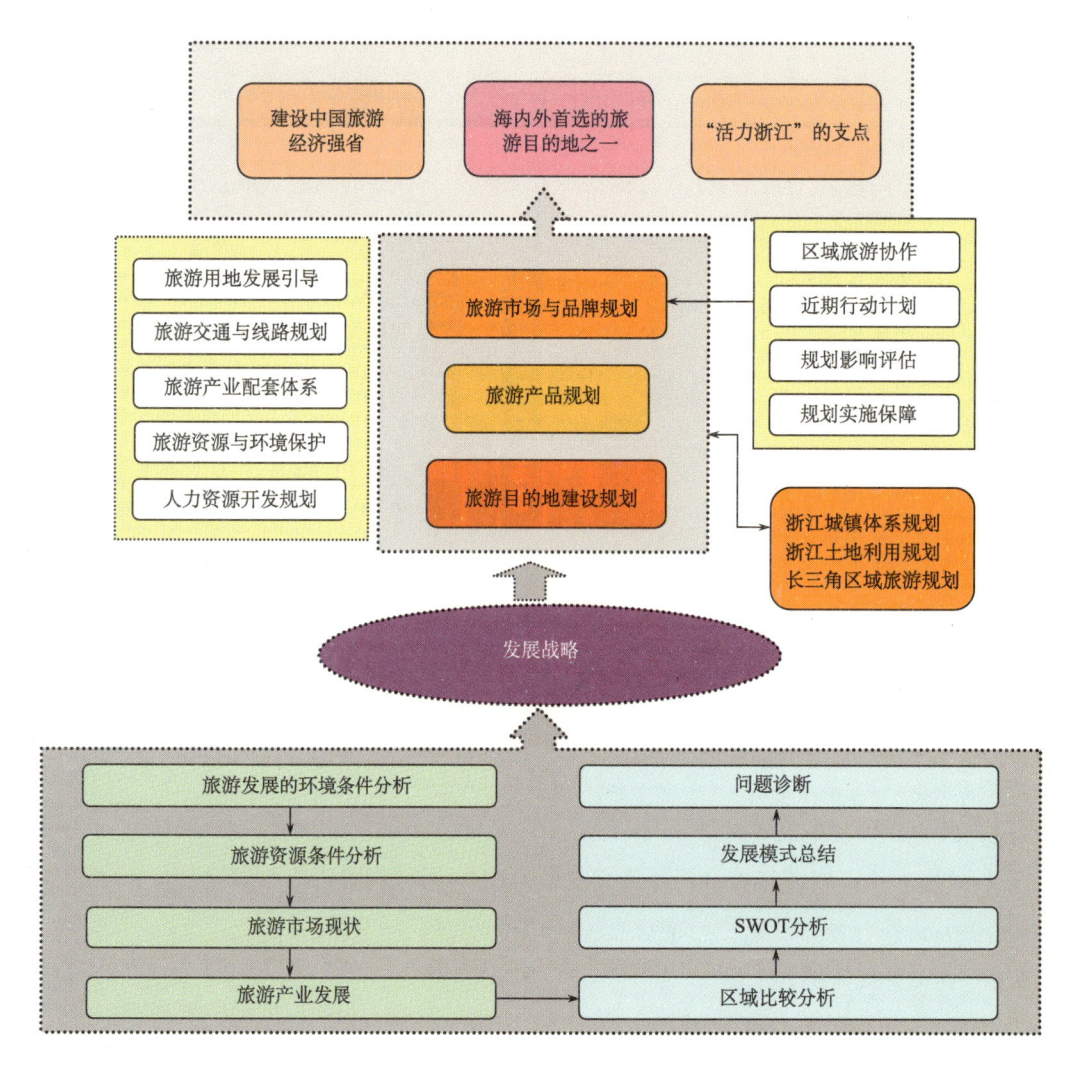

图 1-2-1　浙江省旅游发展规划技术路线

六、规 划 背 景

1. 以中国为首的亚太旅游区域正跻身全球旅游板块的重要位置

随着人们生活水平的不断提高和交通运输业的迅猛发展,旅游已经成为人们休闲生活的重要方式之一。旅游业不断发展带来的丰厚经济收入和良好社会效益使世界各国政府越来越重视发展旅游业。世界旅游组织的统计数字显示,2005 年全球国际旅游人数首次突破 8 亿人次,平均增长率高达 5.5%;全球旅游业收入预计将达到 60 210 亿美元,占全球生产总值的 10%,从业人员达 2.21 亿。世界旅游业已连续三年实现高速增长,正迎来高速发展期。在世界各大旅游板块中,亚太地区自 1990 年起成为全球最活跃的旅游区域,国际旅游人数保持年均 7.1%的增速,2006 年达到 7.6%,远高于 4.5%的全球平均增幅。而中国已跃居世界第四大旅游目的地国家,排在法国、西班牙和美国之后。据世界旅游组织预测,至 2020 年全球国际旅游人数将达到近 16 亿人次,其中欧洲为 7.17 亿人次,亚太地区为 4.16 亿人次,美洲地区为 2.82 亿人次,分别占总量的 45.9%、26.6%和 18.1%。该组织预测 2020 年中国将成为世界第一大旅游目的地和第四大客源地,2017年中国的国际国内旅游消费将增至5 088亿美元,成为世界第二大旅游消费国。

2. 中国开始进入全民旅游时代

据世界旅游组织多年的统计分析,旅游产业与宏观经济走势总体趋同,旅游总收入与GDP环比增长率关联系数为1.09。2006年我国人均GDP突破2 000美元,2010年有望达到3 000美元。研究表明,人均GDP 300美元时开始产生出游动机,800～1 000美元则观光游急剧扩张,2 000～3 000美元则休闲游迅猛发展,3 000～5 000美元则是度假游的界点。我国旅游业基本跨越起飞阶段,进入迅猛发展的黄金阶段。据预测,2015年我国真正的旅游人口将由目前的3亿人剧增至10亿人左右。低收入人群收入增长后将成为真正的旅游人口并形成量的增长,中等收入人群收入增长后将会提高旅游频次并拉动质的提升,高收入人群将会推动高端旅游项目的不断涌现并引导旅游消费的新潮流,为旅游产业的转型增效提供坚实的市场基础。

国内旅游发展目前表现出四个明显的特点:一是区域化趋势,如长三角地区"15+1"无障碍旅游区的形成,大珠三角区域旅游一体化进程的加速,带动了全国区域旅游合作的开展。二是覆盖广,新景区不断出现,至2005年年底,全国有A级旅游区/点2 250家,其中4A级671家,工农业旅游示范点462个,中国优秀旅游城市247个。三是多样化,以观光为主的旅游方式正在被观光、度假、商务、文化和专项旅游等多样化旅游方式所取代。四是集中化,大体上一年四个高潮,形成典型的节日旅游消费热潮。珠三角、长三角、京津环渤海地区和华中地区成为中国最重要的旅游客源地和目的地。

3. 长三角区域旅游发展特征

(1) 率先树立国内区域合作模式

以江苏、浙江两省和上海市为主体的长三角地区,是中国经济最发达的地区之一,三地地域相连、文化相近、人缘相亲、经济相融,历史上就联系紧密。近七年来,长三角地区年均生产总值(GDP)增长速度保持在两位数以上,2005年GDP达到33 963亿元,人均GDP在4万元左右。在全球经济一体化的背景下,长三角经济一体化进程得到积极推进,而其中最早形成共识、最快实现信息共享、市场互动的领域就是区域旅游合作。创办于2003年的首届"长三角旅游城市'15+1'高峰论坛"发表了《长三角旅游城市合作(杭州)宣言》,提出联手建立"长三角无障碍旅游区"的构想,随后的《黄山共识》、《无锡倡议》和《金华纲要》,不断将无障碍旅游区建设的进程推向深入,会员城市由最早的16个发展到如今的25个。从取消三地旅游团的地接地陪到旅游资源与信息的共享,从三地旅游集散中心的联网销售到共同组团参加国内外的旅游促销,从打通旅游人才流动通道到共同编制《长三角旅游精华景点导读》,从旅游管理部门定期召开联席会议到旅游企业在三地间的互相投资,长三角无障碍旅游区正不断向前迈进。

(2) 市场共拓和产品共建合作初步形成共赢局面

据统计,2005年上海接待的国内旅游者中,江浙两省游客量居前两位(分别为27.5%和19.5%),共占国内总接待量的47%。同样,江苏接待的国内游客中,长三角区域内的游客占江苏国内总接待量的50%以上,而这个数字在浙江省则高达65%。这些数据表明,长三角地区正相互成为最大的国内客源市场输出地和旅游目的地。随着旅游一体化的深入,长三角区域内的市场共享格局将继续保持并向周边地区拓展。

依托上海大都市、苏州园林和浙江山水的组合,推出中国东部旅游产品,并以"同游江浙沪,阳光新感受"为旅游促销口号,在西班牙、埃及等地进行联合促销,取得了轰动效应。同时,在国际国内各种旅游交易会上组织联合展台,突出展示中国东部旅游的整体形象,推出"名城名湖名山"等数十条精品线路。

(3) 产品结构转型:休闲时代到来

长三角经济的发展,城市化进程的加快,闲暇时间的增加,使得当地居民在观光旅游需求得到充分释放之后,开始转向休闲度假产品。顺应这一需求,"休闲度假"成为旅游产品开发的时尚主题、"主旋律","休闲名城"、"休闲度假旅游基地"等定位目标竞相涌现,三地政府均将打造长三角休闲度假目的地作为未来几年旅游业发展的重点。

长三角旅游产品的结构转型正在进行中。休闲需求的多元化,产生不同消费层次、不同休闲方式的细分市场,自驾车游、乡村游、滨海游、生态游、古镇/古村文化体验游等休闲旅游方式异彩纷呈,高尔夫度假游、游艇休闲游等高端休闲度假方式亦逐渐升温。

(4) 旅游业态创新:功能与规模的空间集聚

由于长三角经济的高速发展、旅游市场不断细分化、旅游投资开始升温,引发了一些功能综合性强、复合度高的大型旅游项目在资源和环境较优越地区的集聚,如滨湖地区、滨海地区、历史古镇等。这些项目采取的是"休闲度假+旅游地产"或"主题公园+主题地产"的开发模式,在项目区内集观光、休闲、度假、娱乐、商务、会议等功能为一体,同时延伸开发相关的文化创意、配套服务和地产等项目。通过发展旅游,促进项目区整体环境品质的提升,继而激活餐饮、购物、酒店等其他相关业态发展的商机。浙江乌镇二期、上海欢乐谷项目、宁波东钱湖旅游度假区等就是其中的例子。

4. 旅游业的宏观定位

党中央、国务院对旅游业的定位经历了从对外开放的窗口行业到国民经济新的增长点、国民经济重要产业的发展过程。在1998年召开的中央经济工作会议上,旅游业正式被确定为国民经济新的增长点。2003年,温家宝总理、吴仪副总理强调要"把旅游业培育成为中国国民经济的重要产业"。"九五"和"十五"时期(1995~2005年),已有24个省、自治区和直辖市先后把旅游业作为支柱产业、重点产业、先导产业来发展。

"十一五"是中国建设世界旅游强国的关键时期,结合贯彻落实科学发展观、全面建设小康社会、构建社会主义和谐社会的宏观背景,全国旅游业的工作思路是坚持"一个方针"、围绕"两个目标"、抓好"三项基本任务"。即以人为本、改革创新、统筹协调、联合协作、重点推进,转变增长方式,实现旅游业全面协调、可持续发展的方针;围绕把旅游业培育成为国民经济的重要产业、抓好旅游业发展的基础性工作两个目标;重点做好加快完善旅游产业体系、全面提升旅游产业素质、综合发挥旅游产业功能三项基本任务。

中共浙江省委、浙江省人民政府也在2004年提出了到2010年基本建成旅游产业发达、旅游设施完善、旅游产品丰富、旅游服务优良、开放程度较高、市场竞争力位居全国前列的旅游经济强省的目标,与全国旅游发展的目标定位不谋而合。

第二章　旅游发展条件分析

一、区域背景

1. 区域范围

浙江省地处中国东南沿海长三角南翼，地理坐标为东经118°00′～123°00′,北纬27°12′～31°31′。东临东海,南接福建,西与江西、安徽相连,北与上海、江苏接壤。全省陆域面积10.18万平方公里,占全国面积的1.06%,是全国面积较小的省份之一。海岸线长度6 500公里,岛屿3 000多个,海岸线长度和岛屿数量居全国之首。

2. 人口与政区

浙江现设杭州、宁波两个副省级城市,温州、湖州、嘉兴、绍兴、金华、衢州、舟山、台州、丽水九个地级市,32个市辖区、36个县、22个县级市。2006年末,全省常住人口4 980万人,人口密度为489人/平方公里,人口密度约为全国平均水平的3.6倍。

3. 自然环境特征

（1）地貌特征

浙江省地形以山地为主,平原次之。其中山地丘陵占全省面积的70.4%,平原盆地占22.4%,河流湖泊滩涂占7.2%。地势西南高,东北低,主要山脉呈西南—东北走向。西南主要山峰海拔均在1 500米以上,中部多为海拔100～500米的丘陵盆地,东北部为堆积平原,海拔大都在10米以下。全省分为浙北平原区、浙西中山丘陵区、浙东盆地低山区、浙中丘陵盆地区、浙南中山区和沿海半岛岛屿丘陵与平原区六个大的地貌单元。

浙北平原区包括杭嘉湖、宁绍和浦阳江等沿海平原。主要地形以堆积平原为主,零星分布有基岩孤丘和丘陵,如杭州半山、余杭临平山、海盐九龙山等。

浙西中山丘陵区地貌类型以丘陵山地为主。喀斯特丘陵和低山是本区独特的地貌现象,具有特色的喀斯特地貌景观有常山三衢山石林、金华北山双龙洞等。海拔千米以上的中山在本区所占面积虽然不大,但在地貌结构中占有特殊地位,著名的有天目山、金华山、百丈峰等。

浙东盆地低山区地貌类型以丘陵低山为主,山地与盆地相间存在。省内著名山地——会稽山、四明山、天台山和大盘山均位于此区。

浙中丘陵盆地区是全省红色盆地所占面积最大的地区。浙江境内的主要丹霞地貌,及以丹霞地貌景观为主的旅游风景区主要集中在本区域,如永康方岩山、石鼓寮,衢州烂柯山等,并由该类地貌景观为主形成两个国家重点风景名胜区——方岩风景名胜区和江郎山风景名胜区。

浙南中山区是省内山地面积最大、海拔最高的地貌区。包括括苍山、雁荡山、仙霞岭、大若岩—楠溪江、百丈漈—飞云湖等国家重点风景名胜区。本省主要的山地型、谷地型旅游地也都分布在这一区域。

沿海半岛岛屿丘陵与平原区位于浙东沿海的狭长地带。区内多为基岩岛屿,海岸以淤泥质海滩为主,其次为基岩海岸。砂质海岸不多,如普陀山的千步沙和百步沙、朱家尖、泗礁等地的沙滩。该区是浙江海洋旅游的基地,已经形成了普陀山和嵊泗列岛两个国家重点风景名胜区,以及国家海洋自然保护区南麂列岛等。

(2) 水系特征

浙江省有八大水系,其中独流入海的有钱塘江、甬江、灵江、瓯江、飞云江、鳌江;流入太湖的有苕溪;还有京杭运河等人工运河。全省可划分为浙北平原区、浙西南山区、浙中丘陵盆地区、浙东滨海岛屿区四大水文地理分区。其中浙北平原区是湖荡湿地集中分布的地区,主要湖泊西湖、南湖、南北湖、太湖、鉴湖、湘湖和东钱湖等皆在本区,而浙西南山区集中了浙江省主要的瀑布、跌水、潭池、岩壁与岩缝等旅游资源类型。

湖泊主要分布在杭嘉湖平原和宁绍平原,多数属海迹湖。杭州西湖、嘉兴南湖、绍兴东湖为浙江三大名湖,是著名的游览胜地。

浙江湿地主要分布于沿海和平原地区,100公顷以上的湿地总面积约80.2万公顷,相当于全省土地总面积的7.6%。湿地类型包括海岸湿地,河流、湖泊和沼泽湿地等,以海岸湿地面积最大,分布最为集中。重要湿地包括舟山群岛海岸湿地、杭州湾河口海岸湿地、象山港海岸湿地、温州湾海岸及瓯江河口三角洲湿地、南麂列岛国家级海洋自然保护区等。

浙江省浅海大陆架有22.27万平方公里,海岸线长度6 500公里,岛屿3 000多个,岸线长度和岛屿数量居全国之首。其中舟山群岛由939个岛屿组成,为我国沿海最大的群岛。全省有杭州湾、象山港、三门湾和乐清湾四大海湾,总面积5 941平方公里,其中杭州湾是全省最大的港湾。

浙江省入海河流、河口均有潮汐现象。以钱江潮最为典型,其次瓯江口、鳌江口和飞云江口潮汐现象也较为显著。

(3) 气候特征

浙江省属于亚热带季风气候区。气候总体特征是年温适中,四季分明,光照充足,热量丰富,降水充沛,空气湿润。年平均气温15~18℃,多年平均降水量1 604毫米。

浙江省天象与气候景观类旅游资源主要包括海市蜃楼、云雾、雾凇等特殊气象、气候景观。如杭州的平湖秋月、断桥残雪,湖州的莫干云雾,衢州的九华山、天台华顶山避暑地,舟山的海市蜃楼,临海、括苍山观日等。从分布看主要集中在高山和水域地。

从气候条件分析,浙江省旅游适游期长。浙江省春季和秋季,较北京分别长11天和9天,水上活动适宜期比辽宁、山东等名胜海浴地长约一个半月之久。气候灾害以台风、风暴潮灾害影响最为严重,梅汛期洪涝次之。

(4) 自然环境总体特征概述

对浙江省自然环境总体特征概述如下:

沿海中段,长江南翼;海陆交汇,山海兼备;

南山北原,山地为主;气候湿润,植被丰茂;

河网密布,流短量大;灾害较多,台风为首。

4. 历史与文化特征

（1）历史发展轨迹

浙江是我国重要的文明发源地和文化发达地区，历史悠久、文化深厚。主要历史发展轨迹为：

史前时代：全省境内已发现的新石器时代遗址达百处以上。主要集中于杭嘉湖和宁绍平原地区，跨湖桥遗址、河姆渡遗址、良渚文化遗址是其典型代表。

商周至春秋战国时期：浙江境内大部分属于诸侯国越国，少部分属于诸侯国吴国。浙江省是吴越文化的发祥地之一。青瓷和青铜文化成为典型代表。

秦汉南北朝时期：数学、史学、哲学方面有了较大的发展，涌现了王充、嵇康等科学家、哲学家。谢灵运的山水文学、王羲之的书法、青瓷文化成为典型代表。佛教初步发展，建寺200多所。

隋唐宋时期：天台宗创立。"浙学"形成。出现了喻皓的《木经》、沈括的《梦溪笔谈》、毕昇的活字印刷术等科学珍品。诗词、戏曲、工艺美术、绘画书法，以及丝绸文化、酒文化、茶文化在全国占有重要地位。北宋末年，金兵南侵，孔氏嫡系随驾南迁，在浙江衢州，设立家庙安家繁衍，自此，衢州成了孔氏的第二家乡，而南孔儒学亦对长三角地区产生深远影响。

元明清时期：学术思想、文学艺术、工艺美术进一步繁荣。佛教衰落。书院和藏书楼大量出现。"三雕一塑"、宁波天一阁、南浔嘉业堂成为其典型代表。

近现代：创新和改革成为浙江文化发展的主旋律，文学、艺术、美术等领域发展较快。出现了章太炎、蔡元培等一批革命家、思想家，鲁迅、茅盾、徐志摩等文学家，李叔同、夏衍、盖叫天、袁雪芬等艺术家，吴昌硕、丰子恺等书画家。

（2）传统文化特征

浙江省悠久的历史文化遗留下来丰富的文化遗存，物质文化（古遗址、特色城镇）与非物质文化（文学、艺术）同样深厚，其中宗教文化，丝绸、茶叶、青瓷等东方生活文化，教育科技文化艺术是主要的文化构成。

浙江省有佛教、道教、伊斯兰教、天主教、基督教五种宗教，以佛教影响最为深远。佛教自东汉末年传入浙江。三国、两晋、南朝时代，佛教发展，共建寺200余所，著名的如杭州灵隐寺、玉泉寺，宁波的阿育王寺等。隋唐时代，佛教昌盛，天台宗、曹洞宗创立。其中国清寺是日本天台宗的发祥地，天童寺是日本曹洞宗的发祥地。吴越、两宋时代，浙江一时成为全国佛教中心。元、明、清时代，佛教从总体上走向衰落，但浙江禅宗、天台宗却一直比较活跃。

东汉晚期，成熟青瓷在上虞烧造成功，浙江遂成为青瓷的故乡和主要产地。之后形成了越窑、婺州窑、瓯窑、德清窑、南宋官窑、龙泉窑等著名窑系，窑址遍及全省各地。约6 700年前，浙江先民已初步接触蚕丝，4 700年前已能完整地利用丝绸。浙江是茶树最适生产区之一，产茶历史悠久，名茶甚多。西湖龙井、安吉白茶等都是中国茶叶中的上等佳品。茶叶生产以绿茶为主，主要集中在浙西北、浙东、浙南三个茶区。

浙江教育、科技、文化艺术等事业一直颇为发达，文学、戏剧、绘画、书法、工艺美术等在全国有较大影响。越剧是中国的主要剧种之一，20世纪初发源于浙江嵊县（今嵊州市）。浙江历史上曾出现王羲之、俞世南、褚遂良等书画大家，现当代又出现了黄宾虹等知名书画家。浙江"五雕一塑"——东阳木雕、青田石雕、温州黄杨木雕、开化根雕、台州吴子熊玻璃雕塑和"瓯塑"蜚声中外。

（3）现代文化特征

浙江省人多地少，生存竞争激烈，加上地域文化传统与制度政策等因素影响，造就了浙江人精明睿智的商业头脑和务实进取的群体性格,成为浙江经济社会发展的独特人文优势。1978~2006年,浙江国内生产总值年均增长18.7%,高出全国平均增幅约4个百分点,经济增长速度为全国之冠。浙江经济的快速持续发展被称为浙江现象。

(4) 总体历史文化特征评价

对浙江省历史文化环境概括如下：

历史悠久,源远流长;遗存丰富,文化多元;
开放进取,名人辈出;非物质文化系列众多,等级极高。

5. 经济特征

(1) 总体经济特征

浙江省是我国经济发展水平较高的省区,区域综合竞争力强,主要经济指标在全国排在前列(表1-2-1)。2006年浙江省国内生产总值15 649亿元,人均GDP 31 424元,外贸出口总额1 008亿美元,三项指标均在全国排名第四位。城镇居民人均可支配收入连续六年、农村居民人均纯收入连续22年列全国各省区第一位。

2005年5月12日,作为全球最具权威的竞争力报告之一,瑞士洛桑国际管理学院(IMD)公布了一年一度的"全球竞争力年度报告"。中国区的浙江省排在第20位,竞争力超过了日本、德国、英国、法国等发达国家。

表1-2-1 浙江省主要经济指标在全国的地位

经济指标	2006年	在全国的位次
GDP(亿元)	15 649	4
人均GDP(元)	31 424	4
外贸出口总额(亿美元)	1 008	4
城镇居民人均可支配收入(元)	18 265	1
农村居民人均纯收入(元)	7 335	1

(2) 产业结构特征

2006年,浙江省三产比例为5.9∶53.9∶40.2,"十五"时期三产年均分别增长3.6%、14.0%和13.7%。表现出一产比重低、增长慢,二、三产业为主导、增长快的产业结构特点和产业发展趋势。浙江经济正从初级发展阶段向现代发展阶段转变,具体表现在：

第一产业比重低,已接近发达国家水平。

第二产业比例高,在国民经济中占主导地位。从二产内部结构看,化学原料及化学制品制造业、通用设备制造业、交通运输设备制造业、电气机械及器材制造业、电子通信、化学工业等产业的工业总产值居前列。产业结构表现出由劳动密集型向技术密集型和知识密集型的方向发展、外向型特征明显等特点。但目前第二产业结构仍存在科技含量低、经济效益差、资源消耗高、环境污染大等问题,要求在未来发展中找准产业结构优化升级的方向,实现产业的可持续发展。

第三产业以贸易和餐饮业、交通运输和仓储业、邮电通信业为主。第三产业各部门的影响力系数呈上升趋势。但总体来看,目前第三产业占GDP比重40%稍多,就业比重占30%多一点,仅相当于中低收入国家水平,与浙江省经济水平相比相对滞后。

(3) 经济发展的区域差异

浙江省地区间的总体经济差距显著。全省 GDP 的 80% 以上集中在环杭州湾经济区、温台沿海经济区和金衢丽高速公路(铁路)沿线地区。从空间结构分析,浙江经济已经形成以上述三大类经济区为主体的集中化发展格局。各个经济区内部地区单元之间的经济差距呈现多样化:环杭州湾经济区和金衢丽内陆经济区存在比较显著的"俱乐部趋同"趋势,而温台沿海经济区却存在差距拉大的趋势。

(4) 经济体制特征

浙江经济具有高度开放性特点,对外出口依存度很高;陆域与海洋经济并举;民营经济发达,是我国民营经济的摇篮和最发达的省份,民营经济成为浙江省国民经济发展的重要组成部分。

(5) 城镇化特征

浙江省处于我国三大城镇密集带之一的长三角城镇连绵带区域,城镇化发展速度相对较快,是中国大陆城镇化程度和城镇密度最高的省份之一。

"十五"期间浙江省 100 万以上人口的大城市已经达到 3 个;50~100 万人口的大城市达到 6 个;20 万~50 万人口的中等城市达到 12 个;5 万~20 万人口的小城市(镇)达到 51 个。主要中心城市的现代化水平高;中小城镇经济发展速度快。2005 年浙江省城市化水平达到 56%,比世界平均水平高 9 个百分点,比全国平均水平高 13 个百分点。同年,据国家统计局公布,浙江省 11 个设区城市中有 9 个进入全国综合实力百强城市,30 个县市进入全国百强县,268 个小城镇进入全国"千强镇",均位居全国之首。2006 年 11 月,世界银行公布了中国 120 个城市投资环境评价报告,杭州和绍兴分居全国第一位和第三位。此外,杭州、宁波、温州、绍兴、嘉兴等城市在人才、资本、结构、环境、文化、制度竞争力等方面具有优势。城镇主要集中于两条轴线带(钱塘江两岸、沿海)区域,其他地区相对比较分散。

二、旅游资源条件

1. 旅游资源类型特征

(1) 类型完整,自然人文旅游资源兼优

根据旅游资源普查结果,浙江省旅游资源 8 个主类,31 个亚类全部具备;155 个基本类型中拥有 153 种,旅游资源类型完整,且自然、人文资源基本类型数量比例为 1:1.22,自然、人文资源大体相当(表 1-2-2)。

表 1-2-2 浙江省各层次旅游资源数量统计

评价指标	类型丰度	自然、人文资源基本类型数量比例
全国	主类 8,亚类 31,基本类型 155	1:1.2
浙江省	主类 8,亚类 31,基本类型 153	1:1.22
评价标准	基本类型数量大于 80% 说明该地区旅游资源属于丰富级	1:1~1:1.2 说明该地区自然、人文资源并重
评价结果	浙江省旅游资源丰度属于丰富级	浙江省自然旅游资源和人文旅游资源大致相当

(2) 类属丰富,历史人文与现代文化呼应

除了很多传统的旅游资源外,浙江还产生了诸多与社会经济发展密切相关的旅游资源。如特色城镇、商贸节事等。

(3) 系列清晰,优势资源突出

浙江省旅游资源类型十分丰富。由若干旅游资源类型在空间上的组合,能够形成具有强大优势的旅游资源系列。主要资源系列包括:

- 自然与文化高度融合——风景旅游资源;
- 旅游与社会经济活动的互动促进——现代商务会展旅游资源;
- 丝、茶、江南音乐艺术与民俗文化深厚——非物质文化遗产旅游资源。

以上三个主导系列是浙江最具有特色和潜在竞争力的资源,资源在全国具有明显比较优势,此外,历史沿革、名人盛事、休闲度假、海洋、城市五个系列资源整体具有区域比较优势,其中一些支脉特色突出,资源等级较高,具有全国比较优势。

2. 旅游资源品质特征

(1) 平均品质高

浙江省优良级旅游资源多,且有为数不少的特品级旅游资源。浙江省总共有 3 917 个优良级旅游资源单体,占全部旅游资源单体数的 1/5 左右(表 1-2-3)。

表 1-2-3　浙江省旅游资源单体等级构成

等级	优良级旅游资源			普通级旅游资源	
	五级	四级	三级	二级	一级
数量	252	678	2 987	6 708	9 645
比例	1.24%	3.34%	14.74%	33.09%	47.58%

(2) 缺乏世界级震撼力的旅游资源

浙江省旅游资源的数量和丰度仅次于四川,且门类齐全,但是却缺乏像江苏、云南、四川等省所拥有的稀缺性强的拳头型资源。目前为止浙江省尚未有一处世界遗产,而江苏、云南、四川都已有多处景区景点进入世界遗产名录。

3. 旅游资源的空间分布特征

(1) 旅游资源丰度和品质存在空间差异

在浙江省 11 个地市中,旅游资源基本类型以杭州、衢州、台州较为丰富,旅游资源总储量以温州、杭州、丽水较为丰富,优良级旅游资源单体数量则以温州、杭州、宁波、金华较为丰富(表 1-2-4)。

(2) 旅游资源呈现带状结构、圈层组合的空间特征

钱塘江—杭州湾、曲折绵长的海岸与岛屿两条轴带构筑了浙江旅游资源的空间格局,杭嘉湖平原、宁绍平原、金衢盆地、温台地区构成了不同的文化单元。杭州湾—钱塘江资源带,舟甬台温海滨资源带,和杭州湾、乐清湾、金衢盆地三个圈层组合构成了浙江旅游资源的空间框架。

表 1-2-4　浙江省各地市旅游资源比较

项目	资源丰度		资源品质			
	基本类型数	总储量占全省百分比(%)	平均品质分	优良级单体数	五级单体数	优良级资源单体占全部单体比例(%)
浙江省	153	100.00	2.56	3 979	254	18.54
杭州市	125	12.75	2.59	475	41	17.55
宁波市	115	8.95	2.59	388	27	20.42
嘉兴市	95	7.01	3.29	318	16	27.51
湖州市	115	7.15	2.50	274	20	17.93
绍兴市	110	8.73	2.56	357	26	19.18
舟山市	—	5.13	2.77	221	17	21.56
金华市	95	9.84	2.75	382	25	19.59
衢州市	124	5.63	1.96	210	16	13.38
丽水市	121	10.15	2.34	353	25	14.93
温州市	120	15.82	2.51	649	25	19.79
台州市	123	8.89	2.68	292	16	16.38

(3) 形成若干生态环境优势区域和文化资源富集区域

浙江自然生态环境优势区域包括以下三个区域：

• 浙西北山地丘陵生态区：包括天目山、千岛湖、钱塘江中游地区。该区是杭嘉湖水源供给地和浙北地区重要的生态屏障。

• 浙西南山地生态区：包括乌溪江流域、瓯江流域、飞云江流域。浙江省山地面积最大、海拔最高的山区，华东地区著名生态高地。

• 浙东近海及岛屿生态区：包括舟山、台州、温州六个海岛县(区)在内的所有海域和岛屿。包括舟山群岛、嵊泗列岛、南麂列岛等岛屿区。

浙江文化资源富集区域主要集中在以下三个地区：

• 环杭州湾综合文化区：包括杭州东部、宁波北部和中部、绍兴北部、舟山、嘉兴、湖州东部。是浙江省文化资源最富集地区。主要文化资源类型包括古镇文化、宗教文化、历史文化、遗址文化、海洋文化、名人文化等。

• 浙中文化区：包括绍兴南部、台州北部、金华，以古村落文化、影视文化、商贸文化为主。

• 浙东南文化区：主要指温州东部、台州东部，以古村落文化、商贸文化为主。

4. 旅游资源优势

(1) 类型丰富的旅游资源

浙江区域地质结构复杂，形式多样，许多优质旅游资源出其间。浙江的大陆海岸线和海岛岸线长度居中国第一，同时是中国岛屿最多的一个省份。海岸线曲折，岛屿众多，具有国内少有的最富变化和最生动的基岩海岸景观。

(2) 水资源、水环境、水景观形成优良的景观环境

浙江省水资源类型丰富，极大地优化了浙江全省的区域旅游环境，生发了大量旅游资源。江河、湖泊、河口海岸、湿地的水文态势、水文景观以及与水有关的风景名胜、水上活动显示出了鲜明的特色。这些水域，对于丰富和美化各地的景观环境起了重要的作用。水体还营造了浙江很多地方的水乡环境，以绍兴市水乡特色最为突出。

(3) 人文资源构成丰富

浙江省人文旅游资源是支撑全省旅游资源体系的重要组成部分，包括各个时期的遗址遗迹类、建筑与设施类、旅游商品类、文化活动类旅游资源，构成一个相对完整、分布地区广阔、不少质量上乘的人文旅游资源的庞大体系。

区域经济强势发展带动新旅游资源的形成：近几十年来，在浙江城乡迅速出现了一批特色区域，包括文化的、自然保护的、居住环境的、经济发展的各种系列实体，并且具有体系完整、整体质量较好、区域相对集中、发展迅速四大特点。这类区域数量很多，总体质量上乘，成为开展高层次旅游不可或缺的要素。

(4) 旅游资源的时序提升衔接紧密

杭州西湖、温州北雁荡、舟山普陀山构成了浙江传统旅游景点(景区)的三个地标；杭州宋城、义乌中国小商品城、杭州淳安千岛湖构成了浙江现代旅游的三大亮点；宁波象山湾、杭州湾、温州楠溪江有条件形成浙江未来旅游的三大品牌。

三、旅游市场现状

浙江旅游业呈现出稳定发展的良好态势，产业规模不断扩大，作为旅游业腾飞两翼的入境旅游与国内旅游，均呈现快速增长态势。

1. 入境旅游市场

(1) 入境旅游增长迅速

浙江省入境旅游增长迅速，1990～2006年，接待入境旅游者总量的平均增长率为14.4%，旅游外汇收入平均增长率为25.8%；2000～2006年，接待入境旅游者总量的平均增长率为25%，旅游外汇收入平均增长率为27%，入境旅游增长迅速（图1-2-2、1-2-3）。

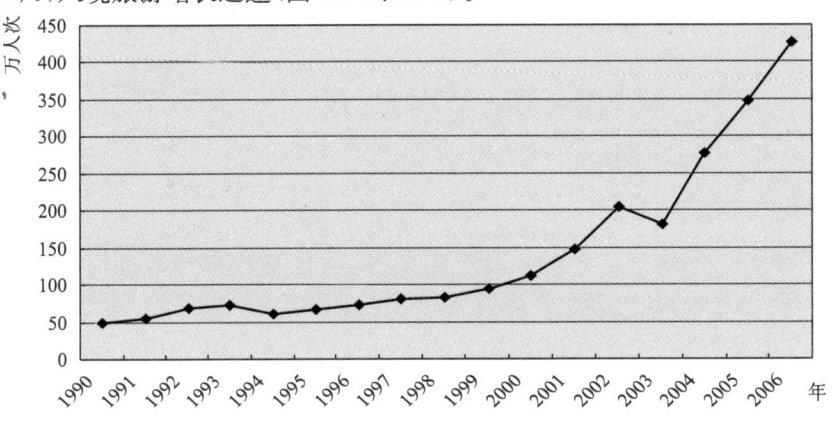

图1-2-2 1990～2006年浙江省入境旅游者总量变化

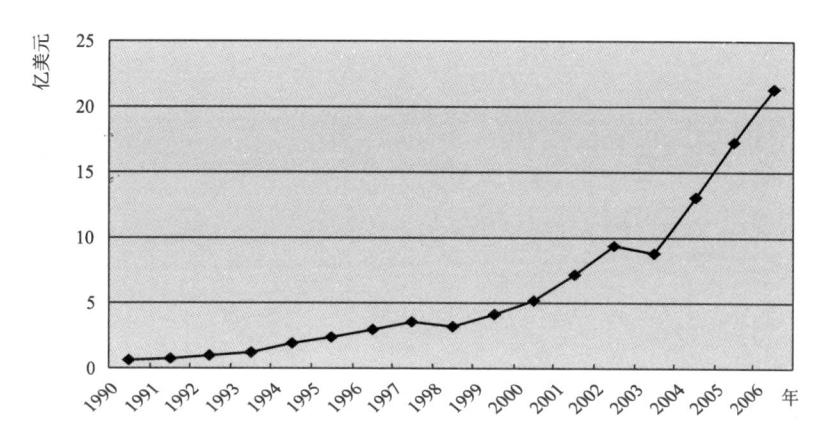

图 1-2-3　1990~2006 年浙江省旅游外汇收入变化

(2) 入境旅游在全国排名形势并不乐观

2006 年,浙江省接待入境旅游者数量首次超越北京,仅次于广东、上海、江苏,居于全国第四位;旅游外汇收入仅次于广东、北京、上海、江苏,在全国排名第五位(图 1-2-4)。

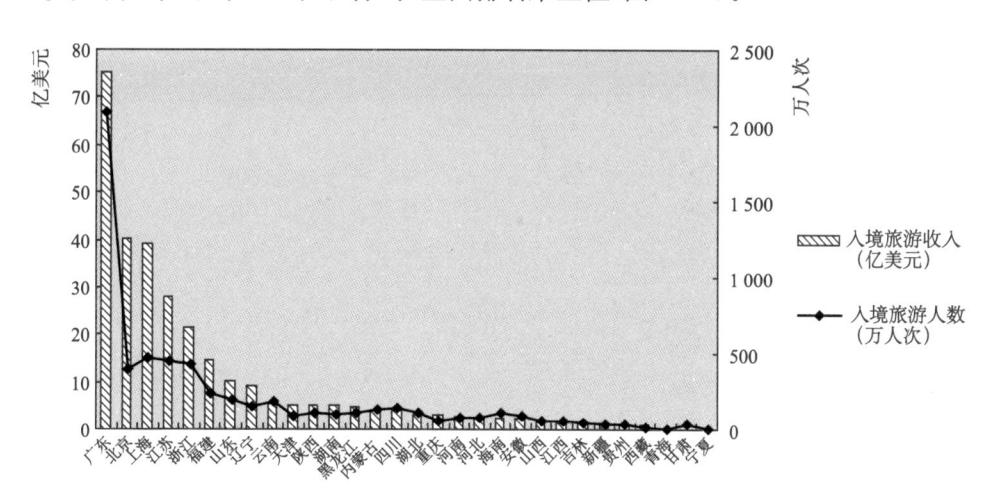

图 1-2-4　2006 年全国各省份入境旅游接待情况

浙江省入境旅游在全国排序属于第二梯队,这个位置显著体现在旅游外汇收入上。处于第一梯队的广东、北京和上海旅游外汇收入均在 30 亿美元以上,广东省更高达 70 多亿美元,而处于第二梯队的江苏、浙江、福建三省旅游外汇收入均在 30 亿美元以下。浙江超越江苏的难度大,福建"侨乡"又有再次超越的可能。综合来看,浙江入境旅游与广东、北京、上海相比有很大的差距,江苏、福建又都是具有强大旅游竞争力的省区,与浙江相比差距很小。

(3) 入境市场结构以东北亚为主

浙江入境旅游市场一直增长缓慢,直到近几年才出现了比较高的增长速度,但主要集中在东北亚地区,远距离欧美市场仍然增长缓慢。客源构成多年来没有明显变化,外国人市场一直保持 50% 以上的比重,与全国水平相比,浙江港澳市场所占份额偏低。

入境游客构成相对稳定。不同于全国入境旅游市场结构,外国人数量显著高于港澳台地区;海外旅游者的构成没有显著的变化,亚洲市场占主体地位。2006 年浙江省入境客源国前十名分别是日本、韩国、美国、马来西亚、新加坡、泰国、德国、意大利、法国和澳大利亚(表 1-2-5)。

表 1-2-5 2006 年浙江省入境旅游主要客源国情况

排序	国家	人数（万人次）	同比增长（%）
1	日本	53.03	25.64
2	韩国	50.83	11.83
3	美国	21.6	22.25
4	马来西亚	16.27	−8.54
5	新加坡	11.21	3.17
6	泰国	8.89	12.62
7	德国	8.41	16.93
8	意大利	7.49	20.15
9	法国	6.63	18.59
10	澳大利亚	6.11	32.98

港澳台市场是内地重要的入境客源基础，也是浙江省最大的入境旅游市场。日本多年来一直是浙江省的最大国外市场，韩国来浙江省旅游人数增长迅速，直追日本。马来西亚、泰国、新加坡、菲律宾是"非典"后亚洲客源市场主要增长源。美国、德国、意大利、法国、澳大利亚以及英国、西班牙、俄罗斯、加拿大等欧美市场和大洋洲市场来浙旅游人数有大幅增加。

（4）区域分布呈现以杭州为中心的集聚现象

从全省各市入境旅游接待总量来看（图 1-2-5、1-2-6），杭州的游客量占全省的比例近年有所下降，

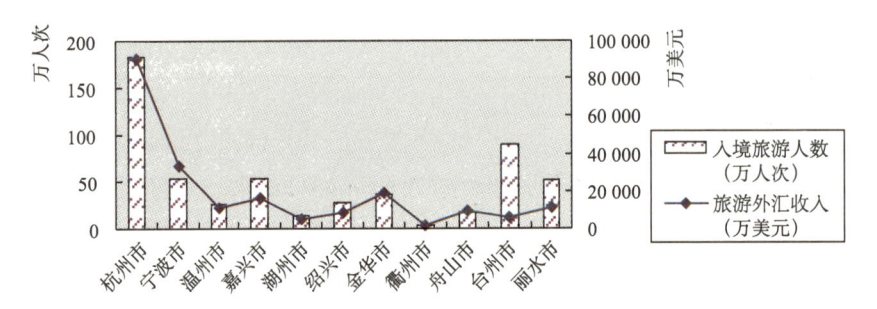

图 1-2-5 2006 年浙江省各市入境旅游接待情况

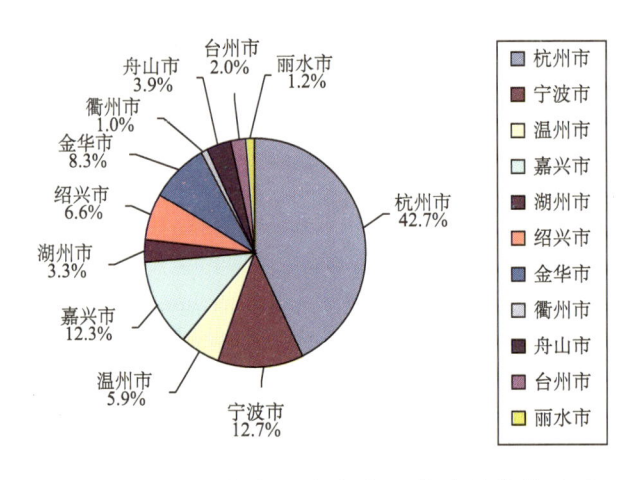

图 1-2-6 2006 年浙江省各市入境旅游接待比重

但仍遥遥领先;宁波位居第二位,接待的入境游客量占全省的比例略有增长,但不够显著;嘉兴、金华位于第三梯队,增长速度较快。但总体上杭州"一轮独大"的格局仍然没有改变。

(5) 入境旅游效益明显

2006 年,浙江省国内旅游人次是入境旅游的 37.48 倍,但人均旅游收入入境旅游则是国内旅游的 3.99 倍,入境旅游所带来的经济效益明显。

(6) 停留时间短和消费水平不高

浙江入境旅游者平均停留时间一般为 2.6 天,停留时间不长。

入境旅游者消费水平不是很高,2006 年浙江入境旅游者人均每天消费 193.87 美元,其中购物占第一位,长途交通占第二位。

(7) 旅游目的以商务活动与观光为主

2006 年,来浙江的入境旅游者中,商务活动占 49.5%,观光游览占 32.4%,休闲度假占 6.4%,会议占 3.2%(图 1-2-7)。浙江省开发商务旅游、会议旅游具有很好的资源环境基础,针对入境旅游市场,以浙江经济为特色的商务、会议旅游市场有很大的潜力空间,而目前的现状尚开发不足。

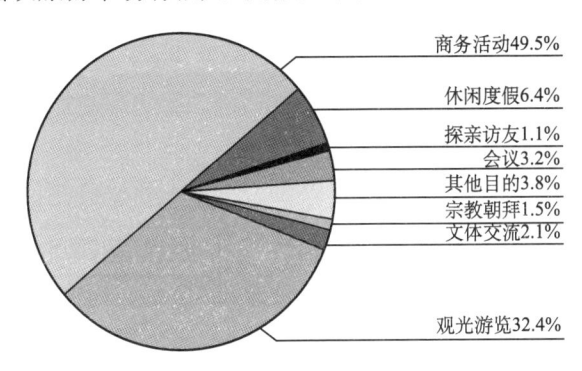

图 1-2-7 2006 年浙江省入境旅游者出游目的构成

2. 国内旅游市场

(1) 旅游市场持续快速增长

国内旅游增长方面,1990～2006 年,接待国内旅游者总量的平均增长率为 13.9%,国内旅游收入平均增长率为 31.1%;2000～2006 年,接待国内旅游者总量的平均增长率为 18.4%,国内旅游收入平均增长率为 23.4%(图 1-2-8、1-2-9)。较之于入境旅游的增长,浙江省国内旅游在近五年间的增长不如入境旅游迅猛,但大幅度增长点较早,快速增长时期较长。

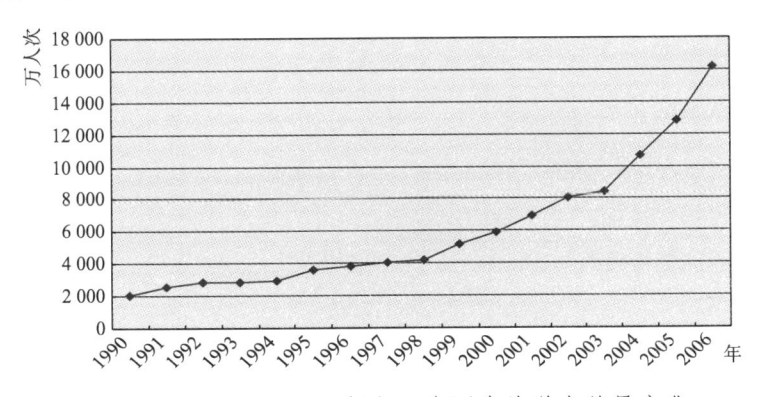

图 1-2-8 1990～2006 年浙江省国内旅游者总量变化

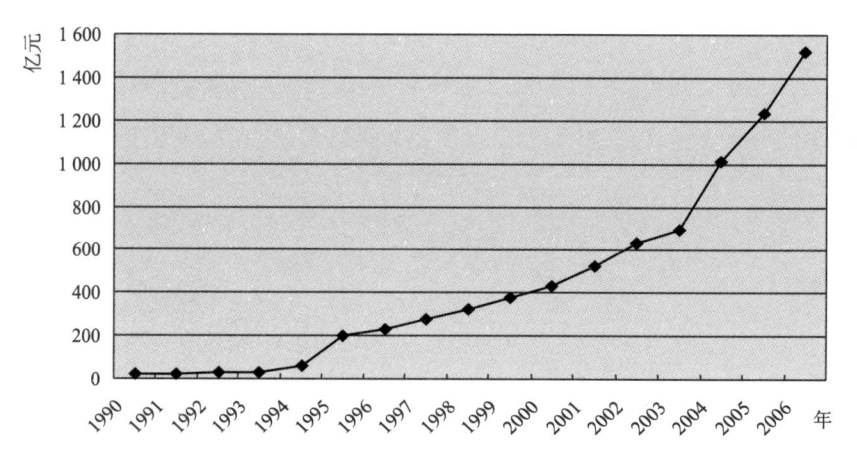

图 1-2-9　1990~2006 年浙江省国内旅游收入变化

(2) 在全国排名上升

2006 年,浙江省国内游客总量在全国排名第五位,落后于广东、江苏、山东、四川,领先于北京、上海;国内旅游收入首次超过北京、上海,仅次于江苏、广东,在全国排名第三(图 1-2-10)。

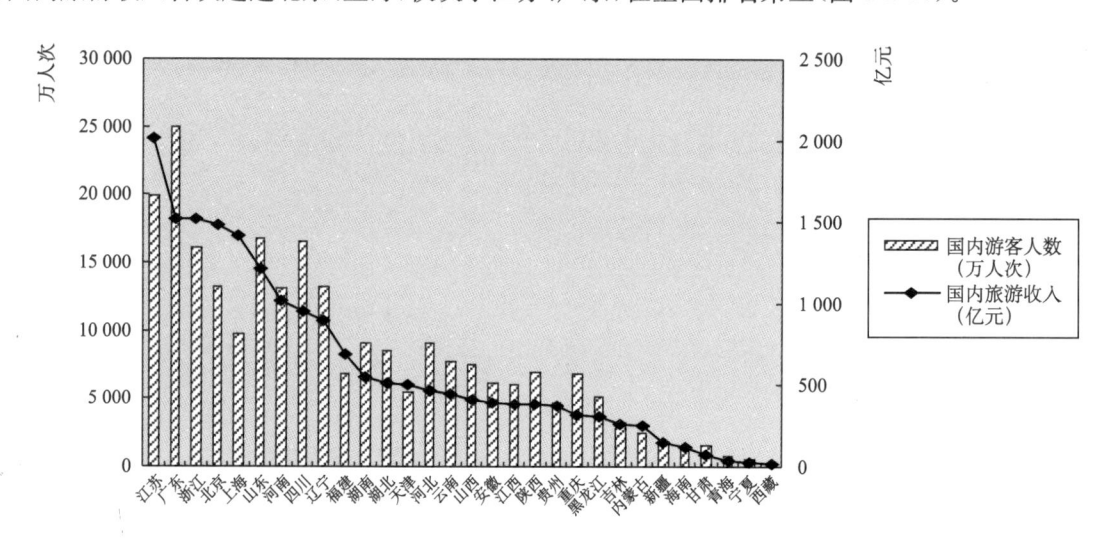

图 1-2-10　2006 年全国各省份国内旅游接待情况

(3) 本省游客比重较大

浙江省国内旅游的最大客源市场是本省居民,省外市场主要集中在华东地区,华东六省一市每年为浙江省输送 79% 左右的国内旅游客源。

• 一级市场

浙江市场。 浙江本省居民是省内旅游最大客源市场,2006 年,本省游客达到 6 492 万人次,占全部国内旅游者的 40.2%。

上海市场。 上海市是浙江省外最大国内客源市场,2006 年来浙江的上海游客达到 2 632 万人次,占全部国内旅游者的 16.3%。

江苏市场。 江苏为浙江省第三大国内旅游客源市场。2006 年江苏游客达到 2 019 万人次,占全部国内旅游者的 12.5%。

- 二级市场

广东、北京、山东是浙江省发展较快的几个国内市场,近年来游客量呈稳步增长趋势,是值得继续大力开拓的市场。2006年三地来浙江的国内游客旅游者分别达到了711万、678万和646万。

- 三级市场

安徽、福建、江西、四川来浙江的国内游客所占份额为2%~3%,这几个省是近年来稳居浙江国内旅游前十位的客源市场。2006年四省来浙江的国内旅游者分别达到了420万、371万、339万和323万。

浙江省国内旅游市场的客源结构具有两个特点。第一,国内旅游的主要部分是近距离的出游者,远程市场增长速度缓慢。第二,浙江省的主要客源地也是全国主要的客源产生地,如浙江、上海、江苏的人均可支配收入水平在全国均名列前茅,出游率都超过全国的平均水平。这一方面说明,浙江省在中国主要国内市场上具有一定的竞争优势(靠近主要客源发生地),另一方面也说明在更广的范围内,浙江省旅游促销力度还有待加强,如在广东这样的经济强省,应该有更大的市场份额。

(4) 时空分布为春夏秋三季

浙江国内旅游全年接待主要分布于春夏秋三季,春节前后出现一个小旺季,全国延长法定假日后,在五一、国庆前后出现游客爆满的黄金周。从1999年以后,除12月、2月出现人次稍微下降外,全年已基本没有淡季。

(5) 区域分布呈现以杭州为中心向外扩展的趋势

区域分布的发展趋势表现为,由原来的杭州一枝独秀,向全省范围内遍地开花的方向转变。从1996年到2006年,杭州接待国内游客量占全省的比例从53%下降到22.9%。宁波第二,2006年接待国内游客量占全省比例为16.6%。其他国内旅游接待量较大的城市如温州、嘉兴、湖州、绍兴、金华,2006年各自接待的国内游客量占全省的比例分别为11.4%、10%、8.0%、11%、10%。丽水和义乌的国内旅游发展相对落后(图1-2-11)。

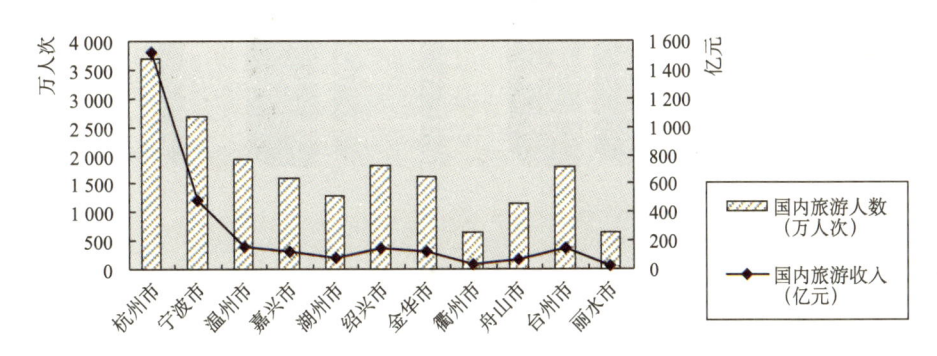

图1-2-11 2006年浙江省各市国内旅游接待情况

(6) 消费水平与周边地区接近

浙江省国内旅游者消费水平不是很高,人均消费偏低,2006年浙江国内旅游者人均每天消费940.96元,其中购物223.9元,占第一位,住宿占第二位,为195.7元(图1-2-12)。总体消费水平与上海、江苏等省市还存在一定差距。

(7) 旅游目的以观光和商务为主

2006年来浙江的国内旅游者仍然以观光型为主,度假休闲类客流量有所上升,观光游览占45.6%,

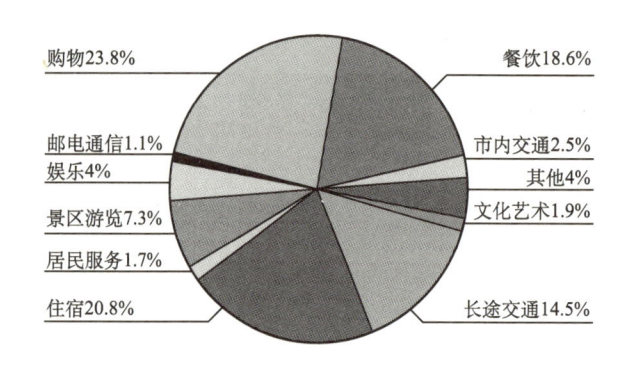

图 1-2-12 2006 年浙江省国内旅游者人均天花费构成

休闲度假占 29.3%。商务会展占 8.3%,会议培训占 5.2%。作为已经表现出巨大发展潜力的健身疗养旅游的游客量比例也很低,只占 1.7%。这说明,浙江旅游产品结构和客源结构都有待作出较大的调整。

3. 出境旅游市场

随着出境旅游目的地的不断扩大、海峡两岸互访机会的增多、赴港澳台便利措施的出台,"十五"期间浙江出境旅游保持良好的增长势头(图 1-2-13)。2006 年,浙江省有组织出境旅游者 28.9 万人次,同比增长 26.1%。其中,出国游人数占 49.3%,港澳游占 51.7%。出国游以东南亚(新加坡、泰国、马来西亚)为主,前往日韩旅游的浙江游客也较多。

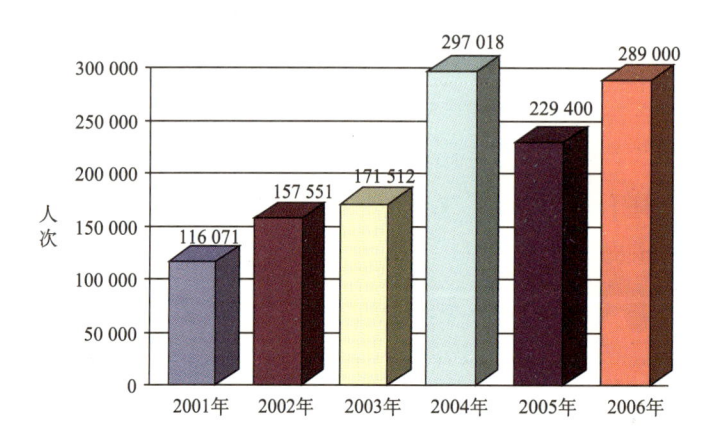

图 1-2-13 2001～2006 年浙江省出境旅游情况

四、旅游产业发展特征分析

1. 旅游产业发展历程

浙江旅游产业发展分为三个阶段。

(1) 起步阶段(1990 年以前)

旅游接待以入境旅游为主,接待量逐年缓慢上升;国内旅游规模较小,且缺乏数据统计。至 1990 年年末,浙江省接待入境旅游者约 50 万人次,旅游外汇收入 5 440 万美元,均居全国第六。1985～1990 年浙江省旅游投入基本依靠政府投入，民间资本占总投资的比重不到 2%。

(2) 发展阶段(1990~1999 年)

旅游业已经成为浙江省国民经济的增长点和新兴的支柱产业。"九五"期间，浙江省入境旅游者、国内旅游者和旅游总收入年平均增长率分别为 11.48%、11.68%、16.55%，旅游接待量和旅游收入稳步增长。开发了宋城、西塘、乌镇等一大批新景区景点，已基本形成以杭州为中心，向四周辐射的旅游布局。旅游星级饭店数量名列全国第二，百强旅行社数量居全国第三。外资和民间资本成为旅游投入的主体。1990~1995 年外向型经济大发展，外资投入比重占到 2/3，民间资本占 6.9%；1996~1999 年，民间资本大量涌入，四年内政府投入 13 亿元，民资投入达 42 亿多元，占到总投入的近一半。

(3) 快速增长阶段(2000 年至今)

浙江省"十五"期间入境旅游者 1 148.5 万人次，旅游外汇收入 54.3 亿美元，国内旅游者 4.66 亿人次，国内旅游收入 4 106.1 亿元，旅游总收入 4 551.1 亿元。旅游产业规模迅速扩张，主要指标年均增长 20% 以上。旅游产品开始向多元化发展，旅游基础设施、服务设施、政策法规、规划管理等旅游支撑系统日益完善。积极推动长三角旅游一体化进程发展；颁布并实施了多项旅游业地方标准和管理条例，并于 2005 年起全面改革创新旅游标准化体系。

2. 旅游业发展的政策轨迹

(1) 1998 年提出"国民经济支柱产业"的产业定位

1998 年 10 月省委、省政府召开全省旅游工作会议，在全国较早地提出旅游是国民经济的支柱产业，是浙江省国民经济的重要增长点，是第三产业龙头的战略思想，确立了浙江省旅游业在国民经济中支柱产业的地位。

(2) 2001 年提出"旅游翻番计划和旅游经济强省"的发展目标

2001 年省政府提出了浙江旅游翻番计划和建设旅游经济强省的战略目标。在《浙江省旅游发展规划思路暨五年行动纲要(2003~2007)》中进一步明确了"五年初步建成旅游经济强省，十年完成从旅游大省向旅游强省的跨越，使浙江省真正成为国际知名、国内一流的旅游目的地"的总体目标。

(3) 2004 年确立"最具潜力的战略性支柱产业"地位和"旅游经济强省"发展目标

2004 年，省委、省政府确立了旅游产业是新世纪最具潜力的战略性支柱产业地位，明确了浙江省旅游工作的重点、"三带十区"的旅游经济发展格局和打造五大品牌的任务，提出了到 2010 年把浙江建成旅游经济强省的目标。陆续出台了《关于建设旅游经济强省的若干意见》、《浙江省旅游资源整合方案》，于 2005 年编制完成了《浙江省旅游业"十一五"规划与 2020 年旅游发展规划纲要》。

3. 旅游产业总体发展特征

(1) 总体规模

2006 年，浙江省接待入境旅游者 426.82 万人次，实现旅游外汇收入 21.33 亿美元，接待国内旅游者 1.6 亿人次，实现国内旅游收入 1 520 亿元，实现旅游总收入 1 690 亿元，相当于全省 GDP 的 10.8%。旅游业已经成为国民经济的支柱产业。

(2) 旅游产品结构

浙江省主要旅游产品类型已从单一的观光产品向观光、休闲度假、人文遗迹、宗教文化、商务会展、购物娱乐、节庆活动等综合旅游产品方向发展。山水观光、文化旅游、生态旅游和休闲度假旅游为目前浙江省主导旅游产品。

(3) 旅游产业发展的地域分异特征

旅游产品开发较为成熟的地区主要分布在以杭州湾为核心的中心城市及周边地区,尤其集中于杭州、绍兴、宁波三市。金华、丽水、衢州等市,以及远离中心城市的地区旅游资源开发程度相对较低。

旅游产业规模呈现空间分布的不均衡性,呈现三个阶梯。

第一阶梯:杭州、宁波。以旅游市场占有量和旅游产业成熟度的绝对优势占据第一集团的位置。其中杭州旅游,尤其是入境旅游在全省更处于绝对领先的地位。2006年杭州市入境旅游接待总量占全省份额达到42%以上。

第二阶梯:台州、温州、绍兴、金华、嘉兴。旅游业发展水平较为相近,旅游产业之间竞争激烈,处于全省第二集团位置。

第三阶梯:丽水、衢州、舟山、湖州。区位条件和旅游资源条件在全省不具优势,旅游业发展在全省处于相对落后的地位,突出体现旅游业创收规模上。

(4) 旅游产业在全国的地位特征

浙江省旅游经济整体实力较强,主要指标居全国前列。2006年旅游经济综合实力和旅游总收入、接待国内游客、入境游客及旅游外汇收入仅次于广东、北京、上海和江苏,居于全国第五位。旅游企业经济效益居全国第四位。

4. 旅游产品建设现状

(1) 总量特征

2006年,浙江省共有国家级旅游区(点)183家,其中4A级旅游区(点)64个,占全国4A级旅游区(点)总量的9%以上,总数仅次于江苏省居全国第二。其中4A级、3A级旅游区(点)共接待游客8 934万人次,实现门票收入189 933万元。

(2) 旅游产品结构特征

浙江省现有旅游产品以山水观光、生态产品、文化产品、休闲度假产品为主(表1-2-6)。传统的旅游产品类型——山水观光、人文遗迹和宗教文化旅游产品开发起步较早,并出现了分流。一些产品由于旅游资源和环境受到不可逆的破坏,产品内容和形式一成不变,产品逐渐衰落;另一些产品由于注重了其环境、资源的保护,产品形式和内容的不断丰富和更新,逐渐发展成为浙江省旅游名牌。另一方面,近年来,浙江省旅游产品向多元化发展。休闲度假旅游、商贸旅游、会展旅游、乡村旅游、节庆活动等产品开发已然成为热潮,而海洋旅游、生态旅游、现代娱乐等专项旅游产品正在兴起。

5. 主要旅游线路结构特征

全省已初步形成以杭州为中心,以浙东水乡佛国游、浙西名山名水游、浙南奇山秀水游、浙北丝乡古镇游为代表的东南西北四条各具特色的旅游线路和全省旅游网络。由于旅游业发展的地域差异,又可分为旅游热线和温冷线两种类型的旅游线路。其中旅游热线主要集中于杭州、嘉兴、宁波、绍兴、金华、舟山、温州、台州等地市。旅游温冷线主要集中于湖州、衢州、丽水等地市(表1-2-7)。

表 1-2-6 2006 年底浙江省国家级、省级旅游产品结构

旅游产品大类	旅游产品子类	国家级	省级	附注
山水观光类	风景名胜区	17	40	数量居全国之首
	水利风景区	12		
度假类	旅游度假区	1	15	
生态类	森林公园	31	64	
	自然保护区	9	7	南麂列岛加入联合国世界人类生物圈保护组织
	地质公园	4	2	雁荡山为世界地质公园
文化类	历史文化名城	5	12	
	历史文化名镇(村)	8		
	国家级文保单位	132	382	
	爱国主义教育基地	9	100	
	重点寺观	14		
其他	工业旅游示范点	23		
	农业旅游示范点	23		

表 1-2-7 浙江省旅游线路分类

线路	旅游热线	旅游温冷线
东	杭州—绍兴、杭州—普陀山—朱家尖	杭州—奉化—溪口、杭州—嵊泗列岛、象山—石浦—松兰山
南	杭州—雁荡山—楠溪江、新天仙配风情旅游线等	杭州—天台新昌、杭州—缙云仙都、杭州—南麂列岛、方岩—俞源
西和西南	杭州—千岛湖—黄山、杭州—横店—义乌、杭州市区—临安、杭州—金华—衢州、杭州—江山—婺源	金衢丽风情旅游线、武义—横店、横店—兰溪—诸葛、江郎山—龙游石窟
北	杭州—乌镇—嘉兴南湖、杭州—安吉	海盐—南北湖
其他区域	新江南秀丽山水旅游线、环太湖风情旅游线	
专项旅游线	文化浙江旅游线、商贸浙江旅游线	红色旅游线、生态浙江旅游线、休闲浙江旅游线
区际旅游线	活力浙东南区域合作线路、浙皖赣闽边际休闲游、浙闽边际山海旅游线	

6. 旅游接待设施发展现状

浙江省各地结合当地实际加大了旅游设施建设力度,宾馆饭店和旅行社快速发展,建成了会展、休闲度假等一批上档次、上规模的旅游项目和配套设施,旅游接待能力不断增强。

截至 2006 年年底,浙江省共有星级饭店 1 096 家,总数仅随广东之后,居全国第二位。旅行社 1 258 家。

7. 旅游形象与宣传促销现状

(1) 旅游形象塑造

浙江省确定了"诗画江南,山水浙江"的旅游形象口号和以钱江潮与西湖风光为寓意的旅游图形标

识。这一形象用精练的语言概括了浙江旅游资源特点，并符合受到中国传统文化熏陶和影响的亚洲旅游者的心理需求，因此在亚洲市场取得了较好的市场效果。但该形象没有考虑到西方文化语言与中国文化语言的衔接，对入境市场吸引力不足。

（2）旅游宣传促销

浙江省长期以来一直重视旅游宣传促销，宣传促销经费居全国前列，仅杭州市每年的促销经费就高达4 000万元，旅游宣传促销效果显著。近年来浙江省旅游宣传促销活动主要有以下两个特点：

区域联手合作营销。包括省内联合和省际联合两个层面。省内重点推出"新江南秀丽山水浙江旅游线"和"新江南秀丽山水浙江深度旅游线"，以及"浙江农村百姓生活游"等多项国际旅游线路，省际加强长三角、江浙沪、浙赣闽皖等区际联合营销力度。浙江省层面的区域联合营销步入实质性阶段。

充分利用各种平台。例如加强主要客源市场宣传促销力度；策划"百名记者看浙江"、"全国百强社浙江行"、"春满浙江全国电视异地采访活动"等各类主题活动；重视媒体营销，其中浙江及浙江各市在中央电视台做旅游形象广告位居全国第一；重视节事活动营销，2005年举办了杭州西湖博览会等20多项重大节庆会展活动等、2006年举办了杭州世界休闲博览会等重大节庆会展活动。

8. 旅游节庆活动

浙江的节庆活动数量众多，休博会、西博会、浙洽会、宁波国际服装节已成为具有全国影响力的综合节庆活动。此外，各个县市都有一批涵盖文化、工业、农业、商业、民俗、宗教等多个领域的节事与节庆活动，代表性节庆包括中国国际钱江观潮节、舟山国际沙雕节、湖州国际湖笔文化节、宁波国际服装节、普陀南海观音文化节、孔子文化节、中国（衢州）华东旅游交易会、天台山云锦杜鹃节等。

2005年浙江省共举办20余项主要节庆活动，时间上主要集中在4月份、9月份和10月份，类型上主要集中于商业商贸类型，组织形式上以政府、企业联办为主，以群众性文化活动和大型文艺演出为载体。这些节庆活动，使地区知名度迅速提升，推动了地区形象的形成和品牌的树立，推动了地方招商引资。但也存在着节庆活动经费投入太大、内容重复、缺乏创意、群众参与率不高等问题。

五、区域竞合分析和 SWOT 分析

1. 国家旅游发展格局中的浙江区域竞合分析

在国家旅游发展格局中，浙江省与广东、北京、上海、江苏、安徽六省市占据第一梯队位置。与全国各主要省市的入境旅游人数相比，自2002年起，浙江省超过福建省，连续四年位居全国第五位，次于广东、北京、上海和江苏。

上海、江苏和安徽等周边省市与浙江省之间在合作的大前提下存在着较强的竞争关系，而京、粤、浙三省市之间则呈现出较强的资源互补、客流互送的良性互动关系。浙江与北京、广东之间距离较远，资源禀赋又具有较大的差异性，北京、广东均以人文资源为主，浙江则自然、人文资源并重，其中山水风景资源对京粤两地居民具有较强的吸引力。市场方面，广东、北京是浙江省发展较快的几个市场之一，近几年来到浙江省的国内游客基本呈稳步增长态势，市场份额为3.5%～4.5%，是浙江省重要的潜在客源市场。

2. 区域旅游发展格局中的浙江区域竞合分析

(1) 浙江省与周边省市的区域旅游竞争态势

从区域旅游发展格局分析,浙江省位于长三角旅游圈和浙赣闽皖旅游区内。该区域内各省市因为地域相近,旅游资源和产品都有一定的雷同,旅游竞争较为激烈。竞争主要体现在以下几方面:

- 客源市场竞争

该区域在旅游客源市场方面有着相同的客源腹地,尤其是国内旅游客源市场。因此,各地在拓展各自的客源市场时存在着激烈竞争。目前,在该区域客源竞争中,无论是入境旅游还是国内旅游,上海都明显高于浙江和其他省,充分证明了其在区域旅游系统中的核心地位。

- 旅游产品竞争

该区域旅游产品总体上表现出了较高的竞争力,但是亦存在着以下问题:景区景点的重复开发建设导致旅游产品风格雷同、档次下降和各景区景点之间的恶性竞争;旅游资源开发深度不够,旅游线路组织缺乏新意,活动内容单调;部分旅游产品呈现老化趋势等。

- 旅游服务竞争

旅游服务在市场竞争中的地位和作用日趋凸现,并逐渐成为该区域旅游业竞争的新焦点。目前,该区域的旅游服务竞争主要体现在服务流程、服务标准、服务考核以及服务培训等方面。

- 旅游营销竞争

该区域旅游营销的竞争主要体现在价格竞争和非价格竞争两个方面。价格竞争在过去很长一段时间内一直是该区域旅游营销竞争的主要手段,但是过分削价往往导致恶性竞争和行业整体利润下降,影响整个行业的可持续发展。非价格竞争是更高层次上的竞争,主要包括品牌竞争、信誉竞争、人力资源竞争、管理制度竞争等形式。

(2) 浙江省与周边省市的区域比较分析与竞合分析

- 浙江 VS 上海

上海是我国最重要的旅游目的地,华东地区的旅游中转站、集散中心和旅游辐射中心。上海最具特色的旅游资源系列包括建筑文化、都市水系、现代都市风情、商业旅游资源、现代娱乐文化等,明显以人文、社会资源见长。旅游产品的功能定位是会议旅游、商务旅游、购物旅游、事件旅游、都市观光游。

从经济格局、地理格局和旅游市场格局来看,浙江与上海两地之间为门户与腹地、核心区和协同区的相互依存关系。沪浙两省相比,浙江相对优势体现在其小桥流水的江南风情、山水风景资源优势,上海相对优势体现在现代化大都市特征和风貌突出的近现代人文资源优势,完善的旅游设施和服务,与国际接轨的旅游环境,以及对外交通优势。两地之间互补大于竞争,上海是浙江最重要的旅游客源地和集散地,两地具备联合发展的前提和利益基础。

- 浙江 VS 江苏

江苏省最具特色的旅游资源包括水乡文化、古城文化、现代游乐文化,旅游产品以民俗风情、风景观光、休闲度假、文化娱乐旅游为主。

苏浙两省相比,浙江省的相对优势表现为山水风景资源突出,江苏省相对优势体现在园林文化和现代游乐文化载体较多。两省经济实力、经济体制相近,旅游资源禀赋、重点客源市场相似,且都以上海为主要对外门户,这决定了两地在开发水乡旅游、商业旅游、古城镇旅游等同类旅游产品和争取上海客源市场方面存在着激烈的竞争。但另一方面,由苏沪浙共同组成的长三角地区在打造整体旅游目的地、共同争取对外合作机会、共抗市场风险等方面存在着巨大的合作机会和空间,而两地的水乡古镇、大运河等旅游产品也具备联合打造世界品牌的条件。

- 浙江 VS 安徽

安徽旅游资源特色和品牌主要体现在山岳风光、徽州文化、宗教旅游、珍奇动植物等方面。全省有两个世界遗产,九个国家级重点风景名胜区,三个国家历史文化名城,宏村、西递等36个全国重点文物保护单位,五个全国红色旅游经典景区,12个全国重点红色旅游区。旅游产品以山地观光休闲、文化旅游为主。

浙皖两省相比,浙江省的相对优势体现在现代休闲娱乐文化、发达的商业文化和高水平的旅游设施和服务,安徽的相对优势则体现在拥有世界级旅游资源,独特的徽文化,以及由于经济的相对滞后而保存较好的自然和人文景观风貌。浙皖两省在山地观光、宗教旅游、古村落等主导产品上的相似性使得两地之间存在着一定的竞争,但两地之间旅游资源的等级差异、旅游消费能力的差异及旅游服务设施和水平的差异使得两地之间存在着较强的旅游流,尤其杭州—黄山一线是该区域最重要的旅游流之一,这为两地之间建立旅游战略伙伴关系奠定基础。

- 浙江 VS 闽赣

江西具有自然山水、陶瓷文化、宗教文化、革命胜迹四大特色旅游资源和品牌优势。现有对外开放的风景名胜区(点)400多个,其中有一处世界文化遗产,四个国家重点风景名胜区,三个国家历史名城。

表 1-2-8 浙江省旅游发展条件的 SWOT 分析

优势	劣势
• 中国自然风光与人文积淀完美结合的区域,风景名胜区数量居全国之冠。 • 历史文化底蕴深厚,现代商业文化非常突出,遍布全国乃至世界的浙商网络。 • 观念与体制优势。民营经济全国领先,创新能力与开放意识突出。 • 经济发达,投资强劲,渠道多元,交通、通信、金融等基础设施和服务设施完善。 • 在亚洲国家已经具有相当高的认知度。 • 营销意识先进,能够快速把握旅游市场变化的脉搏。 • 区位优势突出:处于国内出游能力最强的客源区,中国大陆最大的区域经济体与国际口岸群地区。	• 省域内缺乏国际性的垄断性旅游吸引物。 • 省级政府旅游主管部门的事权有限,调控与组织能力较弱。 • 由于东西方文化存在较大差异性,浙江旅游在欧洲及北美等国家的消费者中没有足够影响力。 • 浙江旅游业突出的全国性地位与在浙江经济中较低的产业地位的反差。
机会	威胁
• 中国旅游在整体上处于快速上升阶段。 • 长三角区域经济与旅游共同体的形成。 • 国家和浙江省政府层面对旅游产业发展的重视。 • 杭州湾跨海大桥、沪杭磁悬浮高速列车、长三角城际快速轨道交通建设。 • 2008年奥运会、2010年上海世博会等重大节事活动的带动。 • 与浙江毗邻的闽赣皖三省边缘区域有世界级的自然与文化遗产,但经济发展水平不高,可进入性差,与浙江形成极强的互补性。	• 来自国内外其他重点旅游目的地的竞争压力。 • 与江苏、上海的旅游资源具有一定相似性。 • 快速城镇化和工业化对资源保护和旅游产业发展的挤压。

旅游产品以山地度假、红色旅游、科考旅游、特色旅游为主。

福建以山海奇观、百越文化为资源特色,有九个国家重点风景名胜区,四个国家历史文化名城。自然风光、世界遗产、海洋、文化为福建四大核心品牌。旅游产品以山地生态旅游、滨海旅游为主。

浙闽赣三省相比,浙江省的相对优势体现在民营经济高度发达的经济优势、商贸旅游优势,以及山水风景名胜资源和江南水乡古镇风情资源优势,江西省的相对优势体现在红色文化、陶瓷文化等方面,福建省的相对优势体现在衔接长三角和珠三角的核心地段的区位优势、侨乡优势以及滨海旅游优势。三省之间旅游合作大于竞争,在共同打造旅游组合区域、共组省际旅游线路方面具有巨大的合作空间。

3. 浙江旅游发展的 SWOT 分析

综合以上分析,对浙江旅游发展条件进行 SWOT 分析,可以发现浙江旅游的优势、劣势、机会与威胁(表 1-2-8)。

六、旅游发展经验和模式总结

浙江省在旅游业的发展过程中,积累了很多宝贵的经验,并创建了一些在全国具有领先地位的独创的发展模式。

1. 旅游发展经验

地方旅游主管部门的体制改革。浙江省多数县(市)都实行了风景旅游一体的管理模式,将风景名胜区和原属于多个不同部门或跨区域的景区(点)统一划归旅游部门管理,将旅游资源保护利用、旅游品牌申报与市场营销有机组合。

发挥浙江特色和优势,实现旅游领域的投资多元化。民营经济大量投入旅游业。以旅游资源开发、旅游项目建设和宾馆饭店等旅游要素配套为特色的旅游投入大量增加。

实现旅游与社会经济的良性互动发展。结合社会主义新农村建设契机,大力发展乡村旅游。

政府重视,注重规划的宏观调控与引导作用。省旅游局及地方旅游主管部门编制了大量的旅游规划。政府加大力度开展旅游品牌打造、旅游市场营销、旅游资源普查等一系列工作。

突出旅游的综合作用。除了旅游业的经济效益外,重视旅游业在实现社会经济的可持续发展、构建和谐社会、提高品牌与知名度、改善投资环境、建设创新型国家中的综合作用。

完善以高速公路网建设为依托的旅游设施建设,包括旅游标识系统和游客中心、旅游厕所等设施建设。

2. 发展模式

过去 20 年浙江省在旅游发展方面不断探索在市场经济的前提下旅游发展的新方向,在很多方面形成创新性的发展模式,为其他地区和本地区未来旅游发展提供了有价值的借鉴。

(1) 杭州模式——旅游带动城市品牌推动城市产业发展

破除门票制,重视旅游综合效益。杭州市对西湖沿线八大公园、市属博物馆等实行免票,成为全国唯一一个破除门票制的 4A 级旅游区及国家重点风景名胜区。由此每年门票收入减少 2 600 万元,加上维护管理费的投入,每年总计减收 5 200 万元左右。但该措施使西湖的美誉度以及杭州市的整体城市形象大幅度提升,旅游业的综合带动效应得到充分发挥。仅以 2004 年为例,杭州市宾馆、饭店房价比前年增长11.4%,出租率增长5.8%,星级宾馆、酒店入住率达90%以上,游客在杭州平均逗留时间延长至两天。杭州市旅游总收入实现410.73亿元,比上一年增加80亿元。

加强城市社会资源的旅游利用,大力发展城市旅游。2004年年底,杭州市开始实施将城市社会资源转化为旅游产品的方案,提出将杭州城市的部分社会资源转化为可供接待海内外游客的国际旅游产品,展示城市化、社会建设和精神文明建设的重要成就,全面构筑国际风景旅游城市。这一举措将实现杭州从"旅游城市"到"城市旅游"的重要转变,并有效提升杭州城市形象和城市品牌。

(2) 义乌模式——商贸+旅游

充分发挥市场特色,积极发展商贸购物旅游。义乌市以规模庞大、种类齐全的小商品市场名扬海内外,市场是义乌最大的特色。义乌市政府结合这一实际,明确提出依托市场发展购物旅游业。

以商贸旅游为基础,全面推进旅游业发展。义乌市政府构建了旅游发展总目标:按照建设国际性商贸城市的要求,优化整合、合理开发旅游资源,重点发展购物旅游,积极发展商务会展旅游和城市休闲旅游,加快开发一批融参与性、知识性、娱乐性于一体的现代新型综合旅游项目,完善旅游服务体系,推进旅游产业化。

(3) 横店、宋城模式——民营资本,高度市场化模式

民营投资成为旅游开发主导,投资类型、投资领域覆盖面广。截至2004年年底,浙江投入旅游业的民营资本已经超过200亿元;80%以上的休闲旅游项目、娱乐项目和社会餐馆由民营资本参与操作;大多数的旅游出租公司、大型游乐场、主题公园和旅游商品店等属于股份制或私营性质。民营经济投资旅游的类型已实现了从单纯的观光旅游向综合性休闲度假旅游的重大跨越,投资领域覆盖了"吃、住、行、游、购、娱"各个环节。

寻找最佳切入点,民营经济多渠道介入旅游。浙江民营经济介入旅游的方式和途径主要有以下几种:以住宿餐饮等中小型旅游服务业为切入点,以大中型休闲观光农业、文化旅游业、自然旅游资源产品为切入点。介入旅游业的民营企业类型包括合作开发型、主导业务型、产业转移型。

(4) 其他模式——温州、金华、千岛湖等

- 经济带动旅游发展与产业集群形成——温州、金华经济引动型旅游发展模式。
- 古城保护、文化发展与旅游发展有机结合——绍兴,政府主导下的古城保护模式。
- 依托核心旅游资源的保护性利用带动区域旅游发展——嘉兴、湖州古镇旅游发展模式。
- 以优良的旅游环境打造国际知名旅游品牌——千岛湖旅游发展模式。
- 新天仙配旅游线路的开发——台州联合绍兴的区域旅游资源整合模式。
- 城市建设与旅游发展的互动模式——绍兴城市旅游发展模式。
- 综合型旅游发展模式——宁波成功打造浙江旅游的第二极核。
- 与农村生态建设相结合的乡村旅游发展模式——安吉乡村旅游发展模式。

七、旅游发展问题诊断

1. 省级旅游发展的调控和引导能力较弱

浙江省主要旅游城市的旅游产业发展较快,政府的产业支持力度较大,旅游发展战略较清晰,但省级旅游主管部门行业事权的缺位与旅游规划的非法定性,旅游经费投入力度的不足,以及全省旅游发展总体

规划编制工作的滞后,使得省旅游局缺乏行政、投资引导和规划调控等手段,对全省旅游资源的整合力度不足,省内丰富的社会、经济、文化资源未得到很好的开发利用;对全省旅游发展的区域协调与调控能力也明显不足,行政区域的组织与开发模式难于打破,难于组织起按旅游规律形成的目的地体系。

2. 缺乏有国际竞争力的旅游目的地

从全省层面看,浙江旅游产业的国际化程度不高,服务质量距国际水准较远,国际市场对浙江旅游的认知度较低。虽然2006年浙江省接待入境旅游人数在全国排名第四,外汇收入在全国排名第五位,但总量不高,与广东、北京、上海差距较大。入境和国内旅游收入之比仅为1:9,远低于全国平均水平(1:2.3)。

浙江旅游之所以在国际市场上,尤其是在欧美市场上难以突破,主要有三点原因:一是缺乏成熟的国际或国家级旅游目的地,缺少具有世界影响力的旅游精品品牌,突出表现在目前全省尚无一处世界遗产;二是对外宣传通道不畅;三是现有主导旅游产品结构与国际客源市场产品需求之间存在错位。

3. 旅游强省的空间格局不完善

浙江是我国经济发展水平较高的地区,宁波、温州等经济强市的经济规模更是居全国前列。在过去相当长一段时间内,浙江一些城市经济的快速发展和政府对经济工作的高度重视在一定程度上忽视了旅游发展,因此浙江旅游发展始终是单极性的。迄今为止,除杭州已成为较为成熟的国家级旅游目的地外,其他地市基本上还处于分散的旅游景区开发的初始阶段。2005年度杭州入境旅游人数占全省入境游总人数的43.52%;国内旅游人数占了25.60%;旅游总收入占了全省的33.73%。宁波、温州的旅游集散功能一直得不到发挥,杭宁温三城市间的差距较大,扩散效应小于极化效应;资源共享和客源共享度差,跨行政区的旅游分工协作体系不健全。旅游空间格局的不完善,严重影响了浙江省旅游业的增长空间。

通过旅游资源的优势度与旅游产业成长度的对比分析(表1-2-9),可以看出浙江旅游发展的巨大潜力,即浙江具备形成多个国家级乃至世界级旅游目的地的条件和潜力,可以形成相对均衡的旅游发展空间格局。

表1-2-9 浙江省各地市旅游资源优势度和旅游产业成长度

项目	优良级单体数	2001~2006年国内旅游收入增长率(%)	2001~2006年旅游外汇收入增长率(%)
浙江省	3 917	23.5	24.7
杭州市	475	16.8	19.0
宁波市	388	18.3	36.4
嘉兴市	318	21.2	21.8
湖州市	274	22.4	29.4
绍兴市	357	18.1	40.0
舟山市	221	17.2	30.4
金华市	382	24.7	30.0
衢州市	210	29.1	47.4
丽水市	353	24.6	21.9
温州市	649	25.0	36.2
台州市	292	33.0	27.2

4. 旅游产业成熟度不高

浙江省旅游产业要素配套程度较低,主要旅游城市与旅游地之间、旅游要素之间没有形成旅游产业集群,旅游经济的总体效益不够理想。游客在浙江境内的人均消费偏低,2006年全省的国内旅游者人均消费为940.96元,远低于上海和江苏。旅游收入中各要素比例不够均衡等结构性问题突出,近三年入境旅游者和国内旅游者在浙人均花费,"游、购、娱"的平均比重不足40%(表1-2-10、表1-2-11)。旅游企业"低、小、散、弱"的状况没有得到根本改变,在数量快速增长的态势下,质量与效益没有同步提升,缺乏具有国际竞争力的现代旅游大企业。旅游产业成熟度不高,从而造成旅游产业和产品竞争力相对较低。与邻近的上海、江苏相比,这个问题显得尤为突出。

造成以上问题的原因有三:一是以民营投资为主体的市场化模式尚不成熟,政府宏观调控力度不足,使得产业集群发展存在着一定程度的盲目性和短视行为,旅游企业的低水平竞争和无序竞争严重;二是在新产品开发、旅游企业制度、旅游管理手段和技术等方面创新能力较弱;三是旅游企业间相互信任度不高,缺乏旅游品牌培育的合作意识,竞合关系不畅。

表1-2-10　入境旅游者在浙人均每天花费构成

项目	人均每天花费(美元)	比重(%)
总计	193.87	100.0
购物	57.58	29.7
长途交通	37.80	19.5
住宿	24.23	12.5
餐饮	15.90	8.2
娱乐	12.80	6.6
邮电通信	7.75	4.0
景区游览	6.79	3.5
市内交通	3.30	1.7
其他	27.72	14.3

资料来源:《浙江省旅游概览2006》。

表1-2-11　国内旅游者在浙人均每天花费构成

项目	人均每天花费(元)	比重(%)
总计	908.97	100.0
购物	223.95	24.6
住宿	195.72	21.5
餐饮	175.02	19.3
长途交通	136.44	15.0
景区游览	68.69	7.6
娱乐	37.64	4.1
市内交通	23.52	2.6
邮电通信	10.35	1.1
其他	37.64	4.1

资料来源:《浙江省旅游概览2006》。

5. 旅游资源保护与经济发展、城镇建设的矛盾突出

浙江陆域面积只有 10.18 万平方公里,人口稠密、城镇化程度高、工业布局相对分散。一些旅游区与城(村)镇和开发区的边界日益模糊与渗透,对旅游资源及其环境的保护产生了较大的威胁。浙江高等级旅游资源普遍处在生态较脆弱的山地或改造力度很大的城镇中,旅游资源保护与开发利用的难度较大。浙江拥有全国最多数量的国家重点风景名胜区,但这些风景名胜区的多数位于城镇边缘或近郊,快速城镇化对这些风景名胜区的资源与环境保护产生了较大的压力,也在某种程度上对具有传统特色风貌的城(村)镇旅游资源产生了一定的影响。

近年来浙江旅游投资主体的多元化和大量民营资金进入旅游资源开发,使浙江呈现出强劲的旅游开发热。这一方面是浙江省旅游发展的优势所在;另一方面从高位发展来看也存在着隐患。70%~80%的风景名胜资源出让、转让的现状,与整合旅游资源、打造旅游精品的要求之间,民营经济对旅游资源开发规模扩张的要求与旅游资源环境约束日益加强的趋势之间存在着一定的矛盾。与此同时,旅游资源的多头管理以及旅游要素多元利益主体客观上导致矛盾的多重性、复杂性,加上管理体制不顺、规划开发缺乏有效监督、相关法律法规与管理措施不到位等,导致旅游资源保护与利用的矛盾日益突出。

第三章　旅游发展目标与战略

一、旅游产业地位与作用分析

1. 产业链(群)构架分析

旅游地的旅游产业发展取决于其资源、区位、市场和地方政府制定的社会经济发展战略等诸多因素，此外，国家宏观战略与政策、地方政府对旅游产业地位和作用的认识也是其中的重要因素。综合分析浙江省产业发展的条件，其产业结构的选择应能充分认识其资源和环境特点及发展的条件，发挥浙江省的比较优势，形成技术结构层次较高，符合时代发展方向（生态化、科技化、文化型），强调可持续发展（主导产业突出且结构多样化，社会经济发展与生态环境保持相协调），以及比例协调、效益较好（绿色结构综合效益与结构消耗产出率指数高）；能形成很好产业集群的产业结构体系。

根据《浙江省城镇体系规划 2006～2020》，从市场竞争力、盈利能力、生产效率、产业集中度和外向度、研发能力、专业化程度等多个角度综合比较浙江省各产业门类，确定浙江省除继续大力发展轻纺加工行业、机械制造业等传统优势产业外，将旅游产业、仪器仪表及文化办公用机械制造业、电子及通信设备制造业、交通运输设备制造业、医药制造业和化学原料及制品作为潜在优势产业加以重点培育。

2. 旅游业产业地位和作用分析

（1）加快发展旅游经济，是突破资源约束、优化产业结构的重要途径

当前浙江省的经济发展已经明显遇到了资源的硬约束，缺电、缺煤、缺油、缺地，矛盾非常突出。要保持浙江省经济平稳快速发展，必须要努力加大基础设施建设的投入，保障资源要素供给，强化浙江省发展的硬支撑，同时，也必须加快转变经济增长方式，改变目前的粗放型产业增长模式，提高资源要素的集约利用率，减少对环境的污染。旅游业以其消耗低、污染少、产业关联度大的特点，能较好地发挥浙江省区位、科技、生态、人力资源等优势，有效解决浙江省人口和资源、环境的矛盾，实现经济的可持续发展。因此旅游业应是浙江省优先考虑的重点产业之一。

（2）发展旅游经济，是坚持以人为本、全面协调可持续的科学发展观的战略选择

多年的实践证明，发展旅游产业，对于解决农村富余劳动力的转移，推动农村经济结构的调整，有着很重要的促进作用。浙江省有相当一部分旅游资源都分布在经济欠发达的地区，比如生态旅游资源、海洋旅游资源，充分发挥这些旅游资源的优势，大力发展欠发达地区的旅游业，对于促进区域经济的协调发展有着十分重要的作用。从长远的经济和社会发展来看，必须要把旅游产业作为浙江省重要的战略产业，作为浙江省促进经济健康可持续发展和维护社会和谐稳定的战略举措，作为浙江省树立和落实科学发展观和深入实施"八八战略"的重要工作来加以推进，加快旅游经济的发展。

（3）发展旅游经济是保护和传承地方优秀传统文化、推进文化产业全面发展的需要

浙江省有着深厚的历史文化积淀和大量珍贵物质文化和非物质文化载体。但是快速城镇化和工业

化发展趋势使得这些传统文化正在日益受到严重威胁。通过发展旅游业可有效促进传统文化资源的挖掘、整理和保护,促进优秀文化,尤其是非物质文化的传承,并为传统文化注入现代气息,形成古今文化交融的新的特色地域文化,从而推动文化产业的进一步发展。

(4) 发展旅游经济是推动城市建设和经济发展的有效途径

开发浙江省旅游资源,形成产业集聚优势,打造浙江省旅游名片,对浙江省城镇建设具有内在推动作用。表现在:城市文化旅游资源的保护将促进城市特色的继承和发扬;城市旅游所要求的优美的城市环境、舒适的生活空间、配套的服务设施同样也是现代宜居城市和良好的投资环境的要求,城市旅游的发展将推动城市环境建设;旅游业将对城市知名度的提高和城市形象的塑造起到巨大的推动作用;旅游发展对城市的产业聚集发挥着巨大的联动作用。因此,浙江省应重点发展旅游产业,以实现完善城市功能、提升城市形象、优化城市环境、推动城市建设和经济发展的要求,以旅游发展撬动城市整体发展。

3. 旅游业的发展阶段与发展趋势

(1) 浙江旅游产业的发展阶段

以罗斯托的经济成长阶段论为基础,参考筱原两准则和赫希曼产业成长阶段划分标准,针对旅游产业特点,将其发展过程划分为"起步阶段、成长阶段与成熟阶段"三个基本阶段,分别用旅游资源优势度(资源综合加权值),旅游产业产值(用增加值指标)与增速、景区景点(标准)单位的旅游收入与就业数、游客人均消费额、旅游产业(要素)结构效益指数、游客满意度、旅游管理质量与效率等优势度、成长度、成熟度指标来确定浙江旅游产业的发展阶段。

因资料的缺乏,只能是定量与定性相结合的框架性判断。根据前面对浙江旅游发展问题与条件中对其旅游产业发展状况的初步分析,可以认定目前浙江旅游产业处于"快速成长阶段"的中后期,旅游经济已进入发展转型阶段。

(2) 浙江旅游产业的发展趋势

因浙江旅游资源量多面广;旅游产业领域的市场化程度高,机制与体制较全国其他省市自治区先进;加上独具浙江特色的"旅游+经济"高效互动的旅游发展模式(杭州、义乌、横店等)。综合评判规划期内浙江旅游产业的发展趋势是:依然处在高成长性阶段,到后期将向成熟期过渡;旅游产业将成为浙江产业结构提升的引领产业。

二、旅游发展定位与总目标

1. 产业定位

浙江品牌提升、特色强化和投资环境优化的引擎,浙江产业结构调整与升级的战略性产业;近期旅游业成为浙江省国民经济的增长型主导产业,远期成为浙江省国民经济的重点支柱产业。

2. 性质定位

以观光游览、休闲度假、商务会展、文化旅游、海洋旅游、乡村旅游、生态旅游、红色旅游为主导方向,以东亚太区域和浙沪苏闽赣皖区域为核心客源市场的海内外首选旅游目的地之一,长三角旅游区中的山水观光、休闲度假旅游地和国际游客出入境辅助口岸,浙赣闽皖旅游协作区的组织中心和服务基地。

3. 总体目标

到2020年,把浙江建设成为全国领先的旅游经济强省,进一步把旅游业培育成为全省服务业的龙头产业和国民经济的重要支柱产业,使浙江成为国内一流、国际知名的重要旅游目的地。

4. 阶段目标

近期目标(2007～2010年):长三角国际旅游目的地的核心之一;我国知名的观光旅游目的地;长三角地区的休闲度假旅游目的地;浙赣闽皖旅游协作区的组织中心、接待基地和集散中心。2010年旅游总收入突破3 300亿元,旅游总收入相当于全省GDP的12%,初步建成我国旅游经济强省。

中远期目标(2011～2020年):海内外旅游者首选的旅游目的地之一;我国知名的观光游览、文化旅游、商务会展和海洋海岛生态旅游胜地;长三角、珠三角和闽赣皖地区的休闲度假旅游目的地。到2012年率先建成全国旅游经济强省,旅游总收入突破4 000亿元;到2015年,旅游总收入超过6 000亿元;到2020年全面实现总体目标,旅游总收入近10 000亿元,旅游总收入相当于全省GDP的22%,旅游业对促进省域经济增长、推动社会进步和建设生态文明的贡献更加显著。

三、分项发展目标

1. 经济指标

常用的旅游规模预测方法包括增长率趋势分析法、市场份额法和相关分析法三种。以增长率趋势分析法为主,以市场份额法和相关分析法为辅,对浙江省旅游经济规模预测如下:

(1) 增长率趋势分析法

以浙江省现状旅游规模以及过去十年的旅游产业发展速度为基础,运用增长率趋势分析法,确定预测模型,进行规模预测。

- 浙江旅游总收入预测模型

$$\text{LOG}(X) = 3.773\,868\,798 + 0.175\,900\,231\,5 \times (t-1986)$$

$$\text{或 } X_t = 43.38 \times 1.22^{(t-1986)}$$

模型的拟合优度为0.985,模型解释了浙江旅游外汇收入变化的98.5%,用来衡量预测效果的指标平均绝对百分误差(MAPE)为5.5。

- 浙江旅游外汇收入预测模型

$$\text{LOG}(Y) = -0.981\,949\,109\,5 + 0.194\,319\,702\,8 \times T$$

$$\text{或 } X_t = 0.38 \times 1.21^{(t-1986)}$$

模型的拟合优度为0.965,模型解释了浙江旅游外汇收入变化的96.5%,用来衡量预测效果的指标平均绝对百分误差(MAPE)为10.6。

根据以上预测模型,预测浙江省2007～2010年旅游总收入与旅游外汇收入结果见表1-2-12。

表 1-2-12 2007～2010 年浙江省旅游收入预测

年份	旅游总收入(亿元)	旅游外汇收入(亿美元)
2007	1 750.705	22.170 55
2008	2 087.399	26.925 78
2009	2 488.845	32.700 95
2010	2 967.498	39.714 79

(2) 市场份额法

综合考虑浙江旅游发展在全国竞争性地位的提升以及与上海和江苏之间的区域竞合关系,浙江省旅游经济发展规模的预测要充分考虑到规划期内上海和江苏的旅游发展速率和规模。

上海市计划到 2010 年,接待入境旅游者 900 万人次,旅游外汇收入 87 亿美元,接待国内旅游者突破 1.5 亿人次,旅游总收入达到 3 300 亿元,旅游业增加值占全市 GDP 的 9.5%。到 2020 年接待入境旅游者超过 1 600 万人次,国内旅游者突破 2 亿人次。

江苏省预计到 2010 年,全省旅游总收入力争达到 1 000 亿元,创汇 14 亿美元。2010～2015 年入境旅游人数、旅游外汇收入、国内旅游人数、国内旅游收入年均增长率计划达到 6.5%、10%、7.5%、11.5%,2015～2020 年入境旅游人数、旅游外汇收入、国内旅游人数、国内旅游收入年均增长率计划达到 5.5%、8.5%、7%、7.5%。

(3) 相关分析法

参照《浙江省旅游业发展"十一五"规划》、浙江省旅游产业发展目标和国民经济发展目标,确定未来浙江旅游产业经济目标如表 1-2-13。

表 1-2-13 2007～2020 年浙江省旅游产业发展指标

年份		2005	2010	2015	2020
旅游总收入(亿元)		1 378.8	3 300	6 200	9 800
总游客量(万人次)		13 106.3	29 700	54 000	76 000
国内旅游	收入(亿元)	1 239.7	2 840～3 220	5 300～6 100	8 400～9 600
	平均收入(亿元)		3 030	5 700	9 000
	速度(%)		18～21	12～15	8～11
	游客(万人次)	12 758.3	28 000～30 000	49 000～56 000	70 500～81 000
	平均游客量(万人次)		29 000	53 000	75 000
	速度(%)		17～19	11～14	6～9
入境旅游	收入(亿美元)	17.16	37～43	70.5～80.5	116～133
	平均收入(亿美元)		40	75	125
	速度(%)		17～20	12～15	9～12
	游客(万人次)	348	640～730	1 050～1 200	1 500～1 700
	平均游客量(万人次)		690	1 130	1 600
	速度(%)		13～16	9～12	6～8

注:美元对人民币汇率按 2010 年平均汇率计算,即:美元按 1∶6.7 折合人民币。

《浙江省旅游业"十一五"发展规划》中提到：浙江省到"十一五"期末，国内旅游人数2.54亿人次，国内旅游收入2 300亿元人民币，入境旅游人数达到780万人次，旅游创汇达到40亿美元，全省旅游总收入超过2 500亿元人民币，旅游总收入相当于全省GDP的13%。

综合上述三种预测方法的预测结果，浙江省2010年接待国内外游客达到近3亿人次，旅游总收入达到3 300亿元，旅游总收入相当于全省GDP的12%，相当于第三产业增加值的28%。2015年接待国内外游客总数达到5.4亿人次，旅游总收入达到6 200亿元。2020年接待国内外游客总数达到7.6亿人次，旅游总收入达到9 800亿元，旅游总收入相当于全省GDP的22%，相当于第三产业增加值的40%（表1-2-13、表1-2-14）。

表1-2-14　2007～2020年浙江省旅游收入在国民经济中的地位指标

计划指标	2006年基数	2010年	2020年
GDP（亿元）	15 649	27 000	45 000
第三产业增加值（亿元）	6 288	12 000	24 000
旅游总收入（亿元）	1 690	3 300	9 800
旅游总收入相当于GDP比例（%）	10.8	12	22
旅游总收入相当于第三产业增加值比例（%）	26.9	28	40

注：GDP和第三产业增加值2020年的预测指标采用了《浙江省城镇体系规划》中的规划指标。

2. 区域地位目标

接待旅游者人数和旅游收入（包括国内、入境分项）进至国内各省区市的第三位。

3. 市场目标

针对浙江旅游市场特点及旅游产业发展目标，规划期内浙江旅游市场的总体思路是：提升优化国内市场，大力拓展海外市场，规范推进出境市场。

4. 品牌目标

（1）世界级品牌的包装与申报

在规划期内，浙江省可以包装与争取申报的，与旅游相关的世界级品牌如下：

- 世界非物质文化遗产：丝·茶·国画等文化艺术；
- 世界自然与文化遗产：雁荡—楠溪江；
- 世界文化景观遗产：杭州西湖；
- 世界文化遗产：大运河（与北京市、天津市、河北省、山东省、江苏省、安徽省和河南省整体申报），江南水乡古镇：乌镇、西塘、南浔（与江苏昆山市周庄和苏州市吴中区甪直整体申报），良渚遗址（杭州市余杭区、德清县），丝绸之路中国段·海路部分（与福建泉州市整体申报），河姆渡文化遗址，廊桥（与福建省整体申报）；
- 联合国宜居城市：杭州、宁波、绍兴等。

（2）国家级品牌的包装、申报与建设

在规划期内，浙江省可以争取申报以下几大系列的国家级旅游品牌：

- 中国最佳旅游城市：宁波、温州、绍兴（新增）；
- 国家5A级旅游区（点）：10～15处（新增）；
- 国家4A级旅游区（点）：50～60处（新增）；
- 中国优秀旅游城市；
- 国家重点风景名胜区；
- 国家级旅游度假区；
- 国家地质公园与矿产遗址公园；
- 国家森林公园；
- 国家级生态旅游示范区；
- 国家级产业旅游示范点。

5. 社会目标

形成和强化浙江的品牌形象，提升浙江的知名度；增强浙江人民的凝聚力和归属感；拓展浙江居民的信息与市场渠道；提高浙江居民的国际化、现代化观念意识。

提供大量就业岗位。至2010年提供直接就业岗位100万～140万个，全部就业岗位400万～560万个；至2020年提供直接就业岗位230万～280万个，全部就业岗位920万～1 120万个。

使旅游业成为创建"平安浙江（和谐浙江）"的重要因子，社会主义新农村建设的推动力量。

6. 旅游环境目标

通过发展旅游业，提供具有较好的舒适性、康益性和安全性的自然和人文旅游环境，促进浙江生态环境质量的提高，使得旅游业成为环境友好型产业，成为改善生态环境，优化产业结构的首选产业。

通过发展旅游业，扩大旅游地、旅游通道的绿化面积比例，尤其是旅游城市、旅游度假区等接待服务基地、风景名胜区和西南山地等生态敏感区的绿地覆盖率，提高人们改善旅游生态环境的认识，美化旅游地以及重要旅游交通线路两旁的环境。

通过旅游业的发展，逐步淘汰旅游重点地域和潜力地区有污染的企业，控制生活污水的无处理或不达标处理的排放，实现生态环境的良性循环。

7. 文化目标

通过发展旅游业推动浙江特色文化的挖掘、继承与发展，从经济和社会两个方面推动"文化浙江"的建设。

四、制定战略的路径

1. 突破难点

（1）突破缺乏世界级震撼力的旅游资源群体的难点

浙江省旅游资源的数量和丰度仅次于四川，且门类齐全，但是却缺乏像苏州古典园林、丽江古城、张家界等稀缺性强、具有世界级震撼力的资源群体，不利于打造独具特色、垄断性强的世界级旅游产品，从而制约了浙江国际化旅游品牌的形成以及浙江旅游进一步走向国际化。通过国际化旅游战略的选择、较高的投入和集中建设,形成新的世界级的旅游产品,实现旅游产品的提升。如丝·茶·国画等世界级非物质文化遗产的挖掘、包装、申遗和展示利用,雁荡—楠溪江旅游资源整合、申遗与开发。

(2) 突破海洋旅游资源转化为产品的难点

虽然浙江省海洋旅游发展与苏、沪相比具有区域比较优势,但资源在全国不具独特优势,资源开发难度较大。浙江海岸以基岩海岸和泥质海岸为主,优良沙滩少,制约着以3S资源为基础的传统海滨休闲度假产品的发展;海水质量档次不高,近海水环境不佳,制约着高品质海洋活动的开展;发达的海洋渔业等其他产业对海洋资源和环境的破坏、风暴潮等灾害性天气以及台海关系的不稳定性成为海洋旅游业可持续发展的潜在威胁。海洋旅游资源开发以"滨海选址,开发陆上马术、房车营地等高端休闲度假项目、环境营造、水上游艇、海岛海洋游"的组合产品为切入点,并积极预防自然灾害,提升海洋旅游抗风险能力,全面启动海洋休闲度假旅游产品建设。

(3) 突破旅游规划可操作性不强的难点

旅游规划不是法定规划,是软规划。浙江省旅游发展总体规划需要与省域城镇体系规划和土地利用总体规划等法定规划紧密结合。一方面,旅游规划中旅游资源和环境保护、旅游要素配套都需要城镇体系(包括城市规划)才能实施,土地利用和城市功能定位也都需要通过旅游规划与城镇体系规划和土地利用规划之间的协调来解决。另一方面,城市资源的旅游利用也需要二者紧密协调。如通过城市规划中对建筑、广场、绿地等的建设,以及城市文化的挖掘、特色风貌的恢复,创造新的旅游景区、景点,无论对城市发展及旅游地发展都很有意义。因此,如何改变目前普遍存在的城市规划与旅游规划脱节现状,加强旅游规划的可操作性,成为规划的难点之一。

(4) 突破与周边地域产品同质化的竞争环境

浙江周边的上海、江苏等省市近年来旅游业发展迅速,入境旅游人数均居全国前五名;福建、江西、安徽也在大力追赶中。上述省市与浙江在旅游产品开发和形象塑造方面存在着严重的同质化现象。浙江旅游产品建设需体现浙江特色,与其他区域形成互补,变同质竞争为共同发展。

2. 突破途径

(1) 制度创新,创造一流的发展环境

通过旅游管理体制和机制创新,强化省级旅游行政主管部门的调控能力与公共服务职能,从市级政府主导的旅游开发模式转变为省级旅游行政主管部门对全省旅游进行调控、引导、协调与服务的全省旅游一体化开发新体制。

(2) 提高认识,实现资源保护、产品开发与市场需求的高度结合

从市场需求、区域比较和产业趋势角度而并非纯资源角度认识浙江旅游业发展,认识浙江旅游产品的开发与供给;从专家—政府—投资商—当地居民相结合角度而并非纯投资商角度认识旅游资源的开发价值与保护重要性;从全省社会经济发展战略层面而并非纯景区、景点层面重新认识浙江旅游业的发展条件与潜力;从旅游业在浙江社会经济中的作用而非纯经济效益认识旅游业。

(3) 品牌突破,重塑浙江国际旅游新形象

针对西方旅游者对中国旅游的差异化需求,推出表达东方休闲要素的品牌形象,塑造浙江作为中国最具典雅东方情趣和现代商业奇迹的形象;针对特定潜力市场,实现动态化的形象塑造,改变长期不变的旅游形象。加快申报世界遗产步伐,响亮地提出"申遗工程";通过资源整合联合打造特色品牌;特色旅游城市品牌打造;新的大型游乐园类型的特色品牌打造。

包含了浙江悠远神奇的文化传说以及浙商创造的现代商业奇迹,并以此为窗口概括了浙江文化的神奇魅力。

(4) 产品突破,建设国际化系列旅游产品

浙江省目前旅游产品以大众旅游产品为主,未来旅游产品开发要实现四个突破。一是突破目前大众产品比例过重现状,在继续大力开发大众旅游产品的基础上,重点培育面向高端市场的高端产品体系;二是突破目前缺乏世界级品牌现状,在全省范围内打造2～3个世界级的旅游目的地,形成带动全省旅游发展的精品品牌;三是突破目前旅游产品雷同现状,大力开发特色产品;四是突破目前传统产品老化现状,进行传统产品的提升,近期重点实现观光产品向休闲度假产品的突破,延长游客逗留时间。通过这四个突破,打造多层次、多功能、结构优化,具有国际竞争力的旅游产品体系。

(5) 区域协作突破,实现省内整合和省外延伸发展

利用浙江的中心城市、口岸和通道优势,通过要素集聚、游线组织将浙江周边省市的世界级旅游资源组合和延伸进来,实现优势互补,共赢发展的空间格局。

3. 创新点

(1) 发展模式与体制创新

强化浙江旅游的三大支撑点:政治、文化和生态。重点进行三方面创新,包括以旅游为纽带、台海稳定为卖点、经济实力为支撑的政治经济联动模式的创新(政治);城市与景区的经营管理模式、开发营销模式的创新;以旅游管理体制和现代企业制度为重点的体制改革和机制创新,形成具有国际竞争力的现代旅游企业为龙头的多元化投资结构。

(2) 旅游空间发展格局创新

构建"三带十区"的旅游产业发展格局。打破以资源为导向的传统旅游空间布局模式,实施城市导向型旅游目的地体系的旅游空间发展战略,构筑"一湾两翼五区多中心"的旅游目的地空间发展格局和"两带三区"省际旅游协作区的空间发展格局。

(3) 旅游产品和品牌创新

形成以山水风景和特色文化为基础,以市场需求为导向,社会经济实力和城市为支撑和依托的具有国际竞争力的旅游产品体系;并通过品牌包装及品牌与目的地的融合式营销创建浙江旅游的特色品牌。

(4) 旅游目的地体系创新

建设包括旅游产品、旅游城镇、旅游服务、旅游管理为一体的旅游目的地体系,提升浙江旅游核心竞争力。

针对浙江旅游资源单体较为薄弱但整体旅游环境条件优越、人文底蕴丰厚的特点,以江南人文意境营造为灵魂,以旅游线路组织为主要途径,以旅游目的地建设为纽带,对旅游资源进行整合创新。

构筑以重点旅游项目为支撑、旅游城镇为载体、关联性产业配套的旅游产业集群。注重旅游要素产品化,挖掘地方民俗与文化,将具有地方文化特色的"饮食"、"娱乐"、"交通"、"住宿设施"和"商品"在作为旅游要素利用的同时,强化它的特色,使其同时成为很好的旅游吸引物。接轨国际水准,加强和提升浙江旅游行业整体服务水平。

五、发展战略

1. 目的地体系战略

（1）战略基础

旅游目的地建设是以目标市场需求为导向，以旅游地空间组织为途径，以旅游效益提升为目标的政府推动旅游产业发展的有效行为模式。杭州旅游之所以能成为浙江的龙头，重要原因之一是其为浙江目前唯一较成熟的国内旅游目的地。

浙江建设旅游目的地体系的基础：浙江旅游市场的距离层次结构非常突出（省内近距离市场、长三角市场、国内市场、海外市场），不同距离层次的游客对浙江旅游产品的需求也存在明显的分层结构。浙江有众多优良级的旅游资源，众多类型不同的优良级旅游资源为浙江建设多样化、不同等级的旅游目的地体系奠定了资源基础；浙江经济发达，资源密集，城镇化水平高，旅游区、点建设基础好，省域内外快速交通网络已经形成，为旅游目的地体系建设打下了良好的经济与交通基础。

（2）战略思路

浙江建立旅游目的地体系的具体思路为：在保护生态环境的前提下，应对市场需求、区域与产业发展趋势，以目标市场需求为导向，以旅游地空间组织为途径，以旅游效益提升为目标，以政府对旅游业发展有效推动为目的。通过以核心旅游资源整合为主要途径的"'造月'工程"，打造旅游极核，在此基础上进行差异化旅游精品开发与品牌、产品与景区（点）的全面提升。重点培育以城市为核心的旅游目的地，形成国际化的旅游目的地、国家级旅游目的地、区域级旅游目的地和地方级旅游目的地四个等级层次，打造与国际接轨、综合竞争力强、区域优势互补与共赢发展的省域旅游目的地体系。

（3）战略对策

建设杭州、宁波、温州、金华四大国际化旅游目的地城市，绍兴、衢州、丽水三个区域性旅游目的地城市，嘉兴、湖州、舟山、台州四个特色专项旅游目的地城市，五个特色城镇类旅游目的地，以及杭州大西湖、宁波象山湾、温州雁荡—楠溪江三个核心旅游目的地景区，22个重点旅游目的地景区，共同构成浙江省完善的旅游目的地体系。

2. 品牌带动战略

（1）战略基础

浙江省自然和文化遗产资源蕴藏丰富，绚丽多彩的自然风光与内涵丰富的人文景观交相辉映，物质遗产与非物质遗产互补并存。浙江拥有河姆渡文化遗址、良渚文化遗址、京杭大运河和茶、丝绸、地方戏曲等世界级旅游资源，风景名胜区、历史名城等国家级遗产资源。这些遗产资源可以为游客提供包含着很高的历史体验和人文感受价值的系列化旅游产品，形成独具浙江特色的遗产旅游品牌。

浙江海岸线长度居全国第一位，岛屿数量居全国之首，沿海地貌形态多样，拥有潮汐、台风等自然奇观和钱塘江河口地貌、基岩海岸及岛屿的海蚀地貌等多种地质地貌景观，加上浙江沿海文化积淀深厚，民俗风情浓郁，旅游市场区位优越，易于开拓国内外客源市场，打造海洋旅游知名品牌。

目前浙江省已经初步形成了西湖等具有一定知名度的国家级旅游品牌。但与周边省市相比，缺乏世界级的旅游精品。另一方面，浙江省具有一批质量上乘的旅游资源，完全有条件打造成为世界级和国家级的旅游精品品牌。通过实施品牌化战略,将使一流的资源转化为一流的产品和一流的品牌,实现资源优势向产业优势的转化,并形成带动全省旅游发展的极核。

(2) 战略思路

浙江虽有很多旅游资源,而且类型十分丰富,但就单个旅游资源区、点而言,其旅游价值都不是很高,没有像张家界、九寨沟、黄山、泰山、桂林山水等世界级震撼力的旅游资源,因而需要通过旅游资源的整合来提升其旅游产品的价值,并通过主题型旅游产品打造著名旅游目的地,在全省形成若干旅游知名品牌。

以浙江国际旅游新形象的塑造和世界遗产申报为核心,重点打造旅游产品、旅游服务和旅游企业三大要素品牌体系,形成不同地域层次和不同领域的旅游品牌体系,包括整体旅游品牌、区域旅游品牌、城市旅游品牌、景区旅游品牌、企业旅游品牌等。积极推进旅游产品和企业网络化、集团化经营,引进先进服务技术和服务标准,创新服务产品,促进规模经营,开发特色优势产品、时尚产品,打造国际化旅游精品。增强品牌意识,建立品牌培育、发展和保护体制机制。形成一批国内外知名的、具有明显竞争优势的旅游产品品牌和旅游企业品牌,一批具有较大影响力的旅游城市和区域品牌,推动浙江旅游品牌的全面创新与突破。

遗产资源的利用方式采用保护性利用、多元化利用、精品化利用、组群式利用、组合式利用等。出台浙江省遗产资源保护与利用的管理办法,以保护为前提,对浙江省各类遗产资源进行分类评估与利用策划,开发多元化的遗产旅游产品。针对浙江省遗产资源空间分布相对集中的特点,进行组群式开发,形成规模,强化特色品牌,形成产业集群。注重物质遗产与非物质遗产的组合利用,形成浙江遗产利用的组合优势。

在海洋旅游产品开发中,应当秉承海洋旅游作为高档休闲旅游的高品质特性,全方位发掘各项海洋文化,与海洋自然旅游资源进行有机整合。以海岛为重点,打造"海富浙江,蔚蓝达远"的形象品牌和知名产品品牌,形成独具浙江特色的海洋旅游竞争力。

(3) 战略对策

整合思路主要包括:围绕浙江旅游品牌对全省旅游资源进行有机整合。围绕主题旅游线路对全省旅游资源进行整合。围绕世界级或国家级精品旅游项目进行整合。

通过对浙江遗产资源的评估,筛选出世界级的遗产资源,按照世界遗产申报标准,对良渚、京杭大运河、江南古镇等物质遗产资源进行保护性规划,采取环境整治等综合性措施;对楠溪江流域自然生态与传统文化村落结合雁荡进行整合包装;对蜚声世界的丝、茶等江南非物质文化遗产进行挖掘、整理、包装,申报相应类别的世界遗产;对杭州西湖申遗转换思路,申报"世界文化景观遗产";对大运河、江南古镇、廊桥等跨省区的遗产资源采取联合申报方式。

与市场需求趋势相结合,策划远海垂钓、潜艇、海底观光等海洋旅游项目、以潮汐等特殊自然现象的体验为内容的主题园项目以及海滨与近海的邮轮旅游、海滨度假、海洋康乐与生态、海洋文化、海洋产业旅游等项目。加强以主岛群、沿海城镇和港口码头为基地的旅游软硬件设施建设。

3. 旅游国际化发展战略

(1) 战略基础

浙江旅游在国际旅游市场的认知度较低,旅游产业国际化程度不高。这一问题长期困扰着浙江旅游的发展,并已成为影响未来浙江旅游业做大做强的关键问题。国际化战略的实施将使这一瓶颈问题找到解决的突破口,切实推动浙江省旅游国际化发展进程。

（2）战略思路

通过产品国际化、交通国际化、营销国际化、服务国际化,全面推进浙江旅游的国际化发展道路。针对国际市场的产品需求特色,打造世界遗产地,大力开发非物质文化产品和高端度假旅游产品。借"船（上海）"出海,借道上海直接打开浙江的国际通道。通过国际营销网络体系,大力引入世界级的旅游企业与世界浙商网络的搭网营销,建立浙江独特的国际旅游分销体系,打通浙江旅游产品对外销售的国际通道。

（3）战略对策

申报雁荡—楠溪江世界双遗产,打造世界级的旅游目的地,迅速提高浙江省在国际市场的知名度和美誉度。

大力开发对国际市场有较强吸引力的丝—茶非物质文化,作为浙江省改造传统旅游地和提升休闲度假旅游地档次的切入点,以及浙江省第二张世界品牌,有效增强浙江省对海外旅游者的吸引力。

积极培育高端旅游产品,在象山湾等区域打造游艇、国际邮轮母港等高端旅游产品集聚区,以较低消费（较之于国际市场）、特色化的优质服务,形成吸引海外旅游者的强大动力。

强力推进长三角区域及浙赣闽皖区域旅游资源整合,通过区域旅游精品的整合和旅游功能互补,联合打造较大地域范围内的世界级旅游目的地,并以其强动力带动浙江旅游,尤其是国际旅游的发展。

与国际接轨,引入国际化的综合性旅游企业集团,构建现代旅游企业经营体系,增强企业竞争力。

推进旅游服务的特色化、国际化、个性化建设,加强浙江旅游与国际旅游平台的接轨,营造良好的人文环境。

浙商网络与浙江旅游营销网络的有机结合,通过遍及全球的浙商网络的影响力,将浙江旅游推向世界。

4. 区域协作发展战略

（1）战略基础

浙江处于我国经济发展速度最快、综合竞争力最强、一体化程度最高的长三角区域内。长三角旅游资源、经济资源和社会环境存在高度互补性,区域旅游协作日益频繁。另一方面,浙江省与周边地区以及国内其他地区的区域旅游协作也广泛开展起来。目前,长三角和浙赣闽皖四省旅游合作体系已基本形成。

（2）战略思路

利用经济优势,与周边省市一起构筑旅游协作区,推动浙江旅游的空间延伸。重点推出跨区域精品旅游线路新产品,通过线路组合推动区域旅游合作的进一步形成。

区域旅游协作包括沿海协作带合作、长三角无障碍旅游区合作、浙赣闽皖旅游协作区合作、浙闽台海洋旅游区合作、沿运河旅游协作带合作和环太湖旅游协作区合作六个层次。针对不同层次和不同的旅游协作地域,浙江省应采取不同的区域旅游协作应对策略。

（3）战略对策

重点建设"两带三区"的旅游协作地域,包括沪杭环都市区域游憩带、沪浙闽沿海旅游协作带、苏浙环太湖旅游协作区、浙赣闽皖边界旅游协作区和浙南—闽北旅游协作区。

从地域整合重点分析,浙北整合重点为环太湖和江南古镇的资源整合,浙西整合重点为以金华、衢州为中心,进行福建武夷山、安徽黄山、江西景德镇和婺源等的功能组合;浙南整合重点为温州、丽水与闽北自然山水和廊桥等资源整合。

重点推出跨区域精品旅游线路新产品,通过线路组合推动区域旅游合作的进一步形成。精品旅游线路包括上海—嘉兴—杭州湾跨海大桥—宁波(舟山)—台州—温州—福建沿海的区际旅游线,环太湖—古运河江南段—绍兴的江南水乡旅游线,杭州湾—钱塘江—千岛湖—安徽黄山旅游线,丽水—温州—宁德—武夷山—衢州—金华的跨省旅游南环线等。

5. 城市导向型旅游发展战略

(1) 战略基础

浙江城镇建设历史悠久,曾经形成了一大批独具特色的历史文化名城、名镇、名村,现又有一批优秀旅游城市,风景名胜旅游资源多依托或环绕城市赋存。此外,浙江省多数城市经济实力较强,基础设施与服务设施较好,可以为其辐射区域的旅游发展提供较好的服务支撑。实施"城市导向型旅游战略",可以充分保护、发掘与利用浙江城镇的历史文化、特色风貌;利用城市的社会经济资源进行以旅游要素布局为主要内容的功能配套,形成最有效的空间组织模式以减少旅游开发成本,同时有利于旅游景区资源和环境的保护,更有利于旅游产业集群的形成。

城市是历史文化遗存的重要载体,更是文化创造的主要发源地。浙江有五个国家历史文化名城,乌镇、西塘、南浔、盐官、皤滩、廿八都等众多文化名镇、名村,实施城市导向型战略,不仅可以发展文化旅游产业,更可以保护资源并进行文化创造,实现建设浙江文化大省的目标。

浙江是我国民营经济的发祥地,民营经济是浙江经济的生力军,也是浙江发展商务会展旅游的内聚核。实施城市导向型的商务旅游发展,打造以民营经济为特色的商务会展旅游产品,对于完善浙江的商务功能,发挥旅游与经济的互促作用,具有十分重要的意义。

浙江省旅游资源优势不仅体现在传统的观光、休闲度假等传统资源,还体现在民营经济资源、商贸资源、丝—茶非物质文化遗产、江南人文意境等特色资源方面。构建以城市为依托的全要素特色化服务体系将促进这些经济、社会、人文、产业等方面的优势要素转化为特色旅游资源,服务于旅游业,同时以旅游业发展延伸产业链,实现旅游产业与区域社会经济特色的整合。

(2) 战略思路

以重点旅游城市为核心辐射展开旅游资源开发,挖掘特色城镇的地脉、文脉与史脉,将城市规划与旅游规划,特色城镇景观风貌规划有机结合,在开发利用其自然景观的基础上,营造其特色化的文化景观(特色城乡风貌)。对城市及周边的观光、休闲、购物、娱乐等资源进行有机整合,开发城市特色景观风貌观光、现代休闲娱乐以及环城主题度假产品。

加强以特色旅游要素为基础的旅游基础设施和服务设施建设,营造良好的旅游接待服务环境,强化旅游城市的接待服务功能,实现城市带动与服务区域旅游发展的作用。提升完善现有商务、会展旅游配套硬件设施,引进和培养专业化的商务、会展旅游人才,鼓励发展以会展旅游、商务旅游为中心的专业化服务公司,提供优质、多样化、个性化和人性化的服务。

以城市为载体,以商务活动和特色商品市场为主体,体现浙江民营经济特色,通过商务与旅游的结合,延伸形成会展、考察(学习)、度假、游憩与旅游购物等系列化的产品与服务。

(3) 战略对策

选择杭州、宁波、温州、金华等国际化旅游目的地城市,绍兴、衢州、丽水区域性旅游目的地城市,嘉兴、湖州、舟山、台州、义乌特色专项旅游目的地城市,作为浙江城市导向型旅游发展的主要依托。

通过差异化、特色化的旅游城镇发展及旅游线路组织,形成浙江基点—网络式城市导向型旅游发展空间新模式。

通过旅游服务基地与旅游吸引物体系的合成,推动浙江旅游城镇接待服务功能的强化和区域带动作用。

促进社会经济资源对公众的进一步开放,搭建社会经济资源的旅游利用平台,制定社会经济资源旅游利用的优惠政策,探索多元化的转化途径和方式,全面促进社会经济资源的旅游化利用。

以旅游城市为重点,加强对浙江乃至江南特色旅游要素的汇聚与利用,形成旅游城市的特色旅游要素集聚区。重视丝—茶非物质文化遗产、江南人文意境等特殊文化资源的开发,并将其作为特色旅游要素融入到旅游城市的环境营造和旅游活动策划中,同时以文化要素的旅游开发带动文化资源和环境的保护以及特色文化的传承,实现旅游产业与文化产业的良性互动。

对接国际标准,完善不同档次的旅游服务设施,提升服务质量,通过旅游解说、旅游信息咨询等系统建设,营造人性化的旅游环境,强化城镇的旅游功能。

六、旅游发展模式与机制

1. 旅游发展模式——旅游发展与社会、经济、城市发展互动模式

与很多经济不发达地区将旅游业作为拉动地方经济发展的支柱产业不同,在长三角、珠三角等经济发达地区,旅游业相对经济地位并不突出,但关联效应极强,因此除了将旅游业作为增加地方财政收入的经济产业外,更重要的是将其作为提高地区品牌形象、增加地区文化内涵,实现地区以人为本、可持续发展和构建和谐社会等社会发展目标的有效途径。

浙江省现在已处于工业化后期,作为我国经济发达地区的典型代表,浙江省旅游发展应该突破常规旅游发展模式,探索具有浙江特色的旅游发展新模式——旅游发展与社会经济和城乡建设互动发展模式。通过旅游业的发展带动区域产业集群的发展,区域生态环境和传统文化的保护,区域形象和品牌的提升,区域投资环境的优化,特色乡村的建设,从而推动社会经济和城乡建设的全面发展,反过来,浙江省社会经济的发展又将进一步推动旅游业的发展,从而实现旅游与社会经济和城乡建设的互动发展,对全国同类地区旅游业的发展起到示范作用。

2. 旅游发展机制——内外双向驱动机制

根据现有的资源、环境条件、旅游业发展阶段及存在问题,浙江省应大力培育"内动力为主、外动力为辅的内外双向驱动"的旅游发展机制,即通过内外动力在短期内形成大的双向合力,使旅游业在规划期内迅速成长为支柱产业。

(1) 内部动力

通过民营经济、多元投资,提供坚实的资金保障;通过旅游与社会经济和城乡建设互动的旅游发展模式,实现旅游综合效益的提高;通过以体制和机制创新为重点的现代企业制度改革,培育大型旅游企业为龙头的旅游企业集团,实现浙江省旅游产业集群的优化发展;通过申报世界级、国家级旅游品牌,打造浙江省旅游精品品牌,提升浙江省知名度,推动浙江省旅游的国际化发展。

(2) 外部动力

外部动力主要指泛长三角地区旅游目的地间的捆绑战略与市场带动及中央财政支持,是浙江旅游发展的辅助动力。要使资源条件较好的浙江省旅游业更快发展,在依靠内部动力的基础上,必须充分依托外部动力,与上海、黄山、杭州、苏州等著名旅游目的地捆绑带动,通过游线组织与市场填充(市场需求与周边其他旅游目的地旅游资源和产品供给间缺口的填充)将这些旅游目的地的旅游空间扩展到浙江,从而增强这些地区的吸引力,也带动浙江旅游业的发展,形成相互间的双向联动。另外,浙江可以通过项目的形式向中央申请财政或政策支持,重点解决浙江旅游的环境保护和治理及区域协作等问题。

第四章　旅游空间发展布局

一、旅游产业布局结构

在全省范围内逐步建成一个布局合理、运行畅通,各旅游城市、旅游景区和旅游点有机连接的旅游线路与网络,构筑"三带十区"的全省旅游发展空间格局。

1. 加速构建三大旅游经济带

在全省范围内加快构建三大旅游经济带,通过在全省范围内三大旅游带建设,形成全省旅游区域分工合作、产业协调互动的新格局。

(1) 率先建设杭州湾文化休闲旅游经济带

充分发挥旅游资源丰富、经济实力雄厚、区位条件优越和立体交通发达的综合优势,完善配套旅游休闲服务体系,营造更加宜人的旅游休闲环境,努力打造长三角黄金旅游圈的核心区;以杭州为中心,深度挖掘城市特色与优势,强化旅游资源整合,加快形成休闲度假、旅游观光和会展商务三大功能相互协调、彼此促进的格局,充分发挥杭州湾文化休闲旅游带在国内外市场的影响力和对全省旅游的带动力,将杭州湾旅游带打造成为长三角世界级黄金旅游目的地的核心组成部分、国际旅游的率先接轨区和国内高端旅游示范区。

(2) 加快建设浙东沿海海洋旅游经济带

以宁波为中心,积极发挥温台舟的海洋旅游资源优势、紧靠上海和连接国外的区位优势、独有的体制先发优势和海陆空立体化交通网络优势,充分发挥普陀山世界级旅游品牌的极核辐射作用,建成以瓯越风情、海韵渔情、现代商情为特色,兼具旅游观光、休闲度假、商务会展功能的滨海旅游区;利用温台两市在改革开放中形成的知名度,在发展国内旅游基础上,积极拓展国际旅游市场,将浙东沿海海洋旅游带打造成为全省旅游创新的重要基地、高端度假旅游产品的先发区。

(3) 努力培育浙西南山水生态旅游经济带

充分利用四省相接的客源市场优势和商贸繁荣、文化发达、生态良好的自身优势,继续强化与相邻省内外旅游目的地的双向联系,在做大做强国内旅游的基础上,积极开拓港澳台、东亚和东南亚客源市场,以开放促发展,以合作求效益,努力把巨大的旅游资源优势转化为旅游产业优势,逐步形成功能强大、特色鲜明的商贸、文化和生态旅游区,推动浙江中西部地区旅游经济跨越式发展,将浙西南旅游带打造成为全国旅游经济的新增长点、长三角生态旅游的主要目的地和全国生态旅游示范基地。

2. 重点建设十大旅游区

按照"区域联动、优势互补、资源共享"的原则,以城市为中心,以资源为依托,以项目为支撑,整合全省旅游资源,重点建设十大旅游区,包括杭州国际休闲旅游区、宁波河姆渡—东钱湖旅游区、温州雁荡山—楠溪江旅游区、浙北古镇运河旅游区、绍兴古越文化旅游区、金华商贸文化旅游区、衢州南孔家庙—石窟文化旅游区、舟山群岛旅游区、台州天台山—神仙居旅游区、丽水绿谷风情旅游区,将十大旅游区建设成为展示浙江旅游形象的平台、旅游创新探索的基地。"三带十区"旅游产业布局结构见图1-2-14。

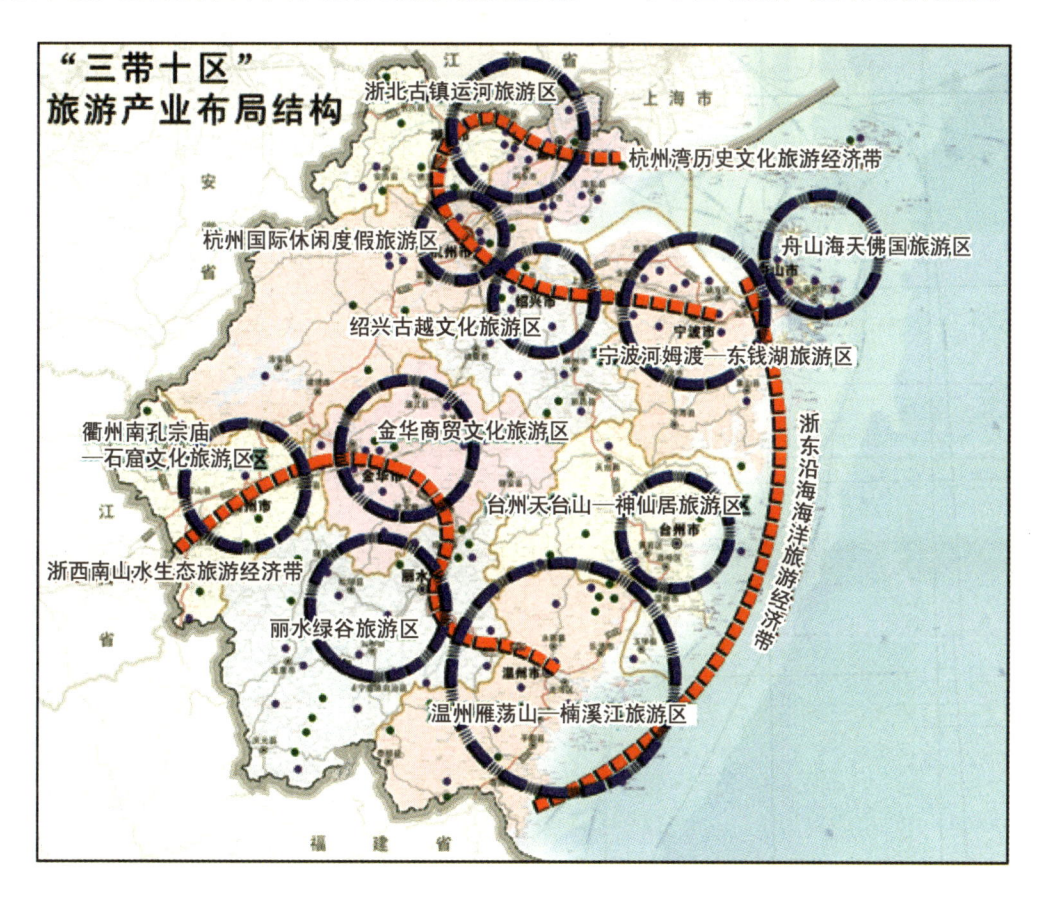

图 1-2-14　浙江省"三带十区"旅游产业布局结构

二、旅游目的地体系空间格局

1. 构造旅游目的地空间格局

依照"三带十区"的全省旅游产业布局结构,对浙江核心旅游资源进行差异化旅游精品开发,并进行以旅游目的地为纽带的资源整合,以效益为目标的旅游产业集群式布局。据此,与"三带十区"的旅游发展空间布局相对应,按照不同的主题定位和发展方向,将全省划分为浙北都市与特色文化旅游目的地区块、浙东海滨海岛旅游目的地区块、浙东南沿海旅游目的地区块、浙中商贸文化旅游目的地区块和浙西南山水生态旅游目的地区块五大旅游目的地发展区块(图1-2-15)。通过五大旅游区块建设,形成均衡性的旅游开发格局。五大旅游目的地发展区块核心城市、核心旅游吸引物、主导旅游产品和重点建设方向见表1-2-15。

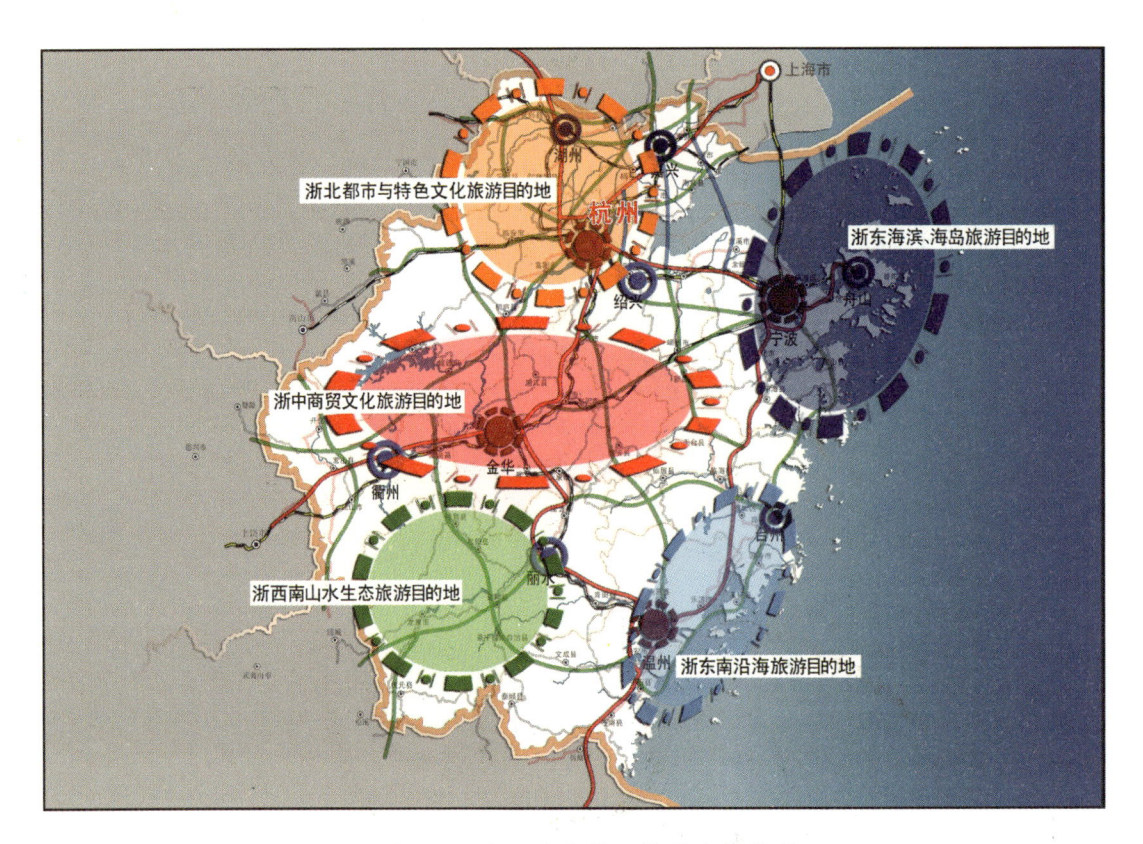

图 1-2-15　浙江省旅游目的地空间格局

表 1-2-15　浙江省五大旅游目的地区域划分

旅游目的地区块	核心旅游城市	核心旅游吸引物	主导旅游产品	重点建设方向
浙北都市与特色文化旅游目的地	杭州、绍兴、嘉兴、湖州	杭州都市旅游区、绍兴古越文化旅游区、三大古镇、千岛湖	都市旅游、古镇旅游、江南民俗旅游、会展、会议旅游、休闲旅游	标准化、国际化
浙东海滨、海岛旅游目的地	宁波、舟山	宁波都市旅游区、普陀山、溪口、象山度假组团、河姆渡—姚江旅游带	休闲、娱乐旅游、商贸旅游、会议旅游、宗教旅游	提升档次，发展高端休闲、娱乐旅游
浙东南沿海旅游目的地	台州、温州	温州城市旅游区、台州城市旅游区、雁荡—楠溪江、南麂列岛、"天仙配"风景旅游区	海岛、海洋休闲度假、商贸旅游、自然生态观光	提升旅游品牌效应，开拓国际旅游市场
浙中商贸文化旅游目的地	金华、义乌	金华城市旅游区、义乌—永康、横店、兰溪	商贸旅游、影视文化旅游、民俗文化旅游	整合资源，加强商业和文化产业的旅游利用
浙西南山水生态旅游目的地	衢州、丽水、龙泉	衢州历史文化名城、丽水城市休闲旅游区、仙都、凤阳山—百山祖、瓯江休闲旅游带	生态旅游、文化旅游、休闲旅游、科普旅游	加强四省旅游集散中心建设，完善景区基础设施和服务设施

2. 构筑省际旅游目的地合作发展空间格局

通过快速交通网络，旅游设施与服务的一体化，上海口岸与旅游入口通道、门户的共享等措施，形成浙江省与周边省市的省际旅游目的地合作发展的态势。

三、浙北都市与特色文化旅游目的地

1. 范围与发展条件

范围包括杭州、绍兴、嘉兴、湖州四个地市。这一区域不仅是浙江现代化进程最快的区域，也是我国经济最为发达的地区之一。作为旅游目的地，主要发展优势包括：

区位条件优越。这一区域以杭州为中心，受到杭州的旅游交通辐射以及上海大都市圈的辐射，具有良好的交通区位和经济区位条件。随着杭州湾跨海大桥、沪杭高速铁路等重大交通项目的规划与建设，已经形成强烈的"同城效应"。

综合经济实力强。环杭州湾地区特色经济在全国乃至全球市场上已经占有重要地位，为培育具有国际竞争力的旅游产业提供了坚实基础。

旅游经济体制富有活力。环杭州湾地区民营经济充满活力，旅游市场体系较为发达，旅游开发的市场化进程快，形成了充满创新活力的旅游产业基础。

2. 发展定位、目标与思路

（1）发展定位

具国际影响力的文化旅游目的地，浙江旅游发展的三大核心区域之一。

与长三角的核心城市上海及长三角北翼的苏州、无锡等城市共同打造具有世界影响力的都市旅游中心和浙江旅游的标志性品牌区域。

（2）发展目标

旅游产业高度国际化和现代化的重点区域。

（3）总体思路

以沪杭高速铁路建设、2010上海世博会为发展机遇，以杭州国际旅游目的地城市为核心，以绍兴古越文化、江南水乡风情、运河古镇文化为支撑，挖掘城市特色与优势，强化旅游资源整合，加快形成休闲度假、旅游观光和商务会展三大功能相互协调、彼此促进的格局，形成组合有序、功能互补、布局合理的区域旅游产品体系，提高旅游产品在国内外市场的影响力和对全省旅游的带动力，构造长三角南翼的"黄金旅游产业区"。

3. 发展重点

充分发挥杭州及其周边地区旅游资源丰富、经济实力雄厚、区位条件优越和立体交通发达的综合优势，以城市为核心，环境意境营造为基础，文化体验、商务会展、休闲度假、事件策划为方向，重点加强以下七个方面的建设：

（1）优化总体旅游发展环境

按照国际旅游目的地建设标准，重视旅游发展环境建设，强化旅游产业与城市和生态的和谐发展。

依托已有城市设施和功能,强化城市服务功能与人居功能,将旅游发展与创造绿色生产和适宜人居的环境目标结合,形成人、城市与自然和谐的优美景观区,成为以杭州湾及两岸特色风貌为重点的示范区。建立绿色生态旅游景观,重视主要旅游区之间、重要旅游交通干线两侧绿色景观廊道的建设,建设立体化、便捷高效的现代化综合旅游交通网。重视旅游资源的集约利用,大力推进旅游经济增长方式的转变,不断提高旅游区的水、土地、能源等重要和稀缺资源的利用效率,提高旅游经济的增长质量。

(2) 培育具有国际竞争优势的旅游产业集群

完善旅游发展的支撑要素建设,推进旅游产业集聚,培育具有国际竞争力的旅游产业集群的发展。强化旅游产业要素的整合提升,探索现行区划下,不同区域的协调发展与旅游线路整合思路,提高旅游资源整合水平,实现协同发展。

构建新型旅游产业体系,奠定具有国际影响的浙江旅游产业的核心区地位。进行旅游产品创新与新型旅游产品建设,建立起适应国际市场需求、符合国际经济惯例的旅游产品体系,形成完善的现代旅游产业结构。建立经济效益好、资源消耗低、环境污染少、人力资源优势得到充分发挥的新型旅游发展模式。

(3) 构建新型旅游产品体系

改造提升传统特色优势旅游产品,大力发展新型旅游产品,有重点地开拓滨江环湖休闲旅游。重点培育休闲、会议、会展等产品,优化旅游产品结构,构建新型旅游产品体系。

(4) 打造国内知名的高端旅游产品集聚区

充分利用优良的休闲环境和休闲资源,提升整个区域的休闲旅游产品的目标市场与功能定位,大力发展休闲、会议、会展旅游产品,建立强大的品牌效应与营销网络,发展成为我国会议会展旅游中心、长三角重要的休闲中心、国内有重要影响的观光旅游中心,争取成为我国旅游产品升级的先行区和国内知名的高端旅游产品集聚区。

(5) 培育具有世界影响力的文化旅游精品

充分发挥这一区域人文历史优势,全力发展特色文化游,尤其是道教文化游、佛教文化游、茶文化游、美食文化游。结合浙江文化大省建设目标,深层次挖掘丝绸、茶、陶瓷、书画、刺绣、石雕、木雕、美食、宗教等特色文化内涵,培育具有世界影响力的文化旅游精品,增强旅游产品吸引力和发展后劲。在对传统文化的进一步挖掘和弘扬的基础上,进行文化旅游产品创新,打造文化旅游精品,用文化旅游品牌提升旅游产品层次,始终将文化内涵和文化品位、文化服务贯穿于旅游产品建设中,形成比较优势。

(6) 建设长三角重要的乡村休闲基地

将新农村建设、生态环境建设与旅游开发结合,拓展原有乡村旅游产品的休闲度假功能,重点扶持以自然山水与聚落风貌为特色的乡村度假旅游,实现乡村旅游开发的产业化、特色化、规模化发展,建设成为长三角重要的乡村休闲基地。在环杭州湾西翼丘陵山区,重点发展以竹林、山地蔬菜、中药材等生态经济兼顾型特色休闲农业;在平原及滨湖地区,重点发展以水产、蔬菜瓜果、花卉苗木等为特色的乡村旅游产品。环都市周边,以都市休闲农业为龙头,向高科技农业产业领域延伸,与上海共同构筑环都市区的休闲农业产业基地。

(7) 联动发展现代旅游服务业

强化现代服务业对旅游产业发展的支撑作用,突出强化杭州中心城市的旅游服务中心的功能,大力发展旅游管理咨询、旅游金融服务、教育培训、文化传媒等现代生产型旅游服务业,促进旅游业的规模化和产业化发展进程。

4. 发展构架

（1）总体发展构架

以杭州、绍兴、嘉兴、湖州四个旅游目的地城市为核心，建设嘉兴—湖州、千岛湖、天目山、九龙山、古镇运河和浙北杭州湾旅游带六个特色旅游目的地，由此形成具有不同功能和层次的旅游目的地体系。

（2）旅游目的地建设

嘉兴—湖州生态休闲与古镇文化旅游目的地：充分利用紧邻沪苏和江南水乡的优势条件，培育旅游休闲度假胜地，大力开发生态休闲旅游，重点建设南太湖旅游度假区，成为长三角重要的休闲观光基地。

千岛湖观光、休闲旅游目的地：目前千岛湖高档休闲度假旅游已经起步，有三个高级游艇俱乐部和十几艘豪华游艇。但是目前千岛湖旅游主要还是依赖观光旅游支持经营。加快千岛湖区内外，特别是联结黄山的旅游交通等基础设施建设，大力发展度假休闲、康体娱乐及会议旅游，实施千岛湖旅游与大企业的强势联合，促进旅游业高标准建设。加强水质和生态环境保护，扩大提高千岛湖品牌在国内外的知名度。

天目山生态旅游目的地：天目山脉是浙江重要的山地生态区，自然生态旅游资源丰富，有国家级自然保护区天目山自然保护区，有大型水电项目天荒坪蓄能电站。沿天目山脉，从莫干山—天目山—浙西大峡谷，构造一条东北—西南走向的生态旅游带，大力发展生态休闲旅游。

九龙山高端休闲度假旅游目的地：目前九龙山旅游度假区正在开发建设中。今后应面向上海为核心的长三角休闲度假市场，建设游艇俱乐部、五星级度假酒店、商务会所等度假设施，发展成为杭州湾北岸的高档海滨休闲度假区。

古镇—运河文化休闲旅游带：京杭大运河是浙江特色传统文化的代表，以京杭大运河为中心，沿途分布着文化古城绍兴、乌镇、水乡名镇嘉兴、南浔古镇、西塘水乡、织里蚕村。以京杭大运河为轴，大力发展以民俗风情为主体的"江南水乡"旅游，充分挖掘江南古镇建筑艺术、风土人情等民间文化遗产，形成"运河古镇文化"旅游带。将历史文化城镇的开发作为京杭大运河旅游带的核心旅游吸引物，结合不同特色城镇的优势，整合出全省的精品古村落，挖掘不同古村落文化特色，大力发展体验性、参与性、娱乐性文化休闲性项目，形成差异化的古镇旅游产品。通过联合促销，共同塑造古镇文化旅游品牌。

浙北杭州湾旅游带：包括杭州、嘉兴、绍兴等地区的环杭州湾一线。杭州湾大桥建设使杭州湾南北两翼城市的交通格局发生重大变化。因此，要抓住杭州湾跨海大桥建成通车的机会，重新规划旅游路线，重点开发环杭州湾地区和沿海地区的旅游资源，在钱塘江观潮旅游的基础上，大力发展休闲度假旅游，形成新的旅游线路。

四、浙东海滨海岛旅游目的地

1. 范围与发展条件

范围包括宁波和舟山两个地市。这一地带是我国海岛旅游资源最为丰富的地区，汇集了海、江、湖、溪、山、岛等多种自然景观。丰富的旅游资源，为发展海滨和海洋旅游奠定了坚实的基础。

由于杭州湾的阻隔，杭州湾北翼的上海、江苏等地区的游客要绕道杭州才能进入宁波。随着杭州湾大桥的建设，长三角和上海的游客可以直接进入浙东地区，尤其宁波、舟山旅游发展的区位条件将发生重大改变,这一区域与上海的交通距离将大大缩短,进入上海都市旅游辐射的范围。这将改变环杭州湾地区的旅游空间结构,形成全新的滨海旅游带和滨海旅游线路体系。

虽然海洋旅游资源丰富,但是总体看,这一区域的优良的海洋旅游资源优势没有得到充分的发挥,滨海旅游区的产品开发尚停留在初级的观光型阶段,活动内容单调。海洋游船旅游、海洋体育旅游、海洋保健旅游等海洋专项旅游产品,以及海洋秘境旅游、大洋海底旅游、海洋探险旅游等特种旅游产品开发滞后,没有形成很有市场号召力的知名海洋旅游品牌。

2. 发展定位、目标与思路

(1) 发展定位

具国际影响力的海滨旅游目的地,浙江省旅游发展三大核心区域之一。

(2) 发展目标

以海洋、海滨休闲度假旅游产品为主导产品,提升旅游产品档次,适应消费升级需求,争取建设成为我国高端休闲度假旅游目的地的品牌区域和先行发展的样本区。

(3) 总体思路

紧紧抓住杭州湾大桥、洋山东海大桥和舟山大陆连岛工程建设带来的发展机遇,充分发挥历史文化、宗教文化和海洋海岛旅游资源的优势,接轨上海,加大入境旅游市场的拓展力度,以质量效益型增长为目标,构建环境友好、绿色高效的旅游产品体系,大力发展以城镇、海岛、滨海、滨水地区和山地为依托的都市休闲、乡村休闲、商务会展、生态休闲、文化休闲、海洋海岛休闲度假、体育娱乐等旅游产品,重点培育和发展高端休闲度假和娱乐旅游产品,引领国内旅游消费新时尚,成为浙江旅游发展另一只新的领头羊。

3. 发展重点

充分利用杭州湾跨海大桥的建设,提升旅游产品等级,调整旅游产品结构。以休闲度假基地选择和项目策划为重点,大力开发高端海滨海岛休闲度假、海洋娱乐旅游产品,探索发展邮轮旅游和游艇旅游的途径,引领国内新的旅游消费时尚。

以宁波国际化旅游目的地建设和都市旅游产品开发为核心,通过陆—岛联动,积极发展多样化的度假、休闲、娱乐旅游度假地,通过邮轮靠泊港或母港等配套设施的规划建设,稳健发展邮轮度假和海岛度假等高端度假旅游产品;通过生态环境的修复、岸线和海岛资源的划定保护,引导发展游艇、帆船、海钓、潜水等海洋休闲运动旅游及其相关服务业;以普陀山为核心开发宗教圣地修身养性旅游产品,以特色城镇为依托开发渔家风情休闲度假旅游,以海岛良好的自然环境为基础发展海洋生态旅游;同时,发挥市场运作网络优势,不断包装推出特色旅游产品,创新提升旅游节庆活动。

4. 发展构架

(1) 总体发展构架

以宁波、舟山两个旅游目的地城市为核心,建设溪口—雪窦山特色城镇旅游目的地,以及象山—石浦、舟山群岛、嵊泗海岛等三个景区型旅游目的地,由此形成具有不同功能和层次的旅游目的地体系,共同构成浙东海滨海岛旅游目的地的旅游发展核心节点。

(2) 旅游目的地建设

溪口—雪窦山特色城镇旅游目的地:以溪口蒋氏故居建筑群为资源依托,塑造具有浓郁地方文化特色的"民国风情第一镇"旅游目的地品牌；以雪窦山为核心，发展生态休闲旅游产品，配套旅游接待服务设施，打造特色城镇型旅游目的地。

象山—石浦海滨休闲度假旅游目的地：以高端休闲度假旅游产品为核心产品，利用宁波北仑港，发展国际邮轮母港、游艇基地，建设滨海休闲度假型旅游目的地，逐步形成松兰山海滨旅游度假区、石浦渔港风情游览区、滨海大道旅游线、环海岛旅游线的格局，营造以浓厚海洋文化为特色的休闲旅游产品品牌。

舟山宗教与海岛休闲旅游目的地：以"海天佛国，渔都港城"为旅游目的地品牌，以普陀山为依托的佛教文化、以海洋海岛风光为依托的滨海休闲文化、以海鲜美食为依托的饮食文化为旅游吸引，建设由海天佛国普陀山、碧海金沙朱家尖、桃花传奇桃花岛三大旅游资源为支撑的海岛型旅游目的地。

嵊泗海岛生态休闲旅游目的地：依托上海大旅游市场，以海洋娱乐、海洋文化为核心，发展以休闲娱乐运动、高档次的游艇消费活动为特色的旅游目的地。

五、浙东南沿海旅游目的地

1. 范围与发展条件

范围包括温州和台州两个地市。温台两市位于浙江东南沿海，长江三角洲地区南缘，是浙江省民营经济最活跃和最发达的地区。城市经济实力雄厚，综合竞争力强，商业网络遍及全球。杭州湾跨海大桥建成后，温台两市与上海的公路交通距离将大幅度缩短至三小时车程内，对其核心客源市场长三角市场来说，处于周末可以到达的出游范围之内。

温台两市旅游资源丰富，主要资源类型包括商贸旅游资源、风景旅游资源、文化生态旅游资源、海滨海岛资源等。其中既有雁荡—楠溪江、南麂列岛等世界级旅游资源，也有百丈漈—飞云湖、天台山长屿硐天等国家级旅游资源，高等级的旅游资源为高品位的旅游产品的打造奠定了资源基础。

虽然该区域旅游资源丰富，但是总体看，这一区域的优良的旅游资源优势没有得到充分的发挥，旅游资源的开发存在着以下问题：商贸资源优势没有得到充分发挥；传统产品老化，新产品开发不能满足市场需要；旅游资源共享和客源共享度差，资源开发利用和区域整合不足；自然灾害影响旅游业的可持续发展等问题。

2. 发展定位、目标与思路

（1）发展定位

具国际影响力的海滨商务休闲旅游目的地，浙江旅游发展三大核心区域之一。

（2）发展目标

我国高端商务休闲度假旅游目的地的品牌区域。

（3）总体思路

依托海陆并举的资源环境优势，充分利用温台两市在改革开放中形成的市场知名度和体制优势，承接杭州湾大桥建成、以上海为核心的沪杭甬旅游圈的辐射带动和功能释放，加强资源与区域整合，在发展国内旅游基础上，积极开拓入境旅游市场，形成以海韵风情、商务休闲为特色，兼具观光、休闲度假、会展功能的滨海旅游区。

3. 发展重点

加快海陆空立体化旅游交通体系建设,提高区域的可进入性和直达性;围绕温州国际化旅游目的地建设目标,着力打造商务会展、海洋旅游、休闲度假、山水观光和瓯越文化五大旅游精品,建设国际豪华邮轮母港;以山海观光游览为最佳凸现点,以专项旅游为最主要卖点,以休闲度假旅游、商务会议会展旅游为最重要效益点,打造台州特色旅游目的地;整体打造雁荡—楠溪江景区型旅游目的地,提升旅游核心竞争力;差异化发展海滨休闲度假旅游,引导海洋生态旅游、海洋文化旅游、海上体育竞技、海岛主题度假、游艇等专项旅游产品有序发展。

4. 发展构架

(1) 总体发展构架

以温州、台州两个旅游目的地城市为核心,建设雁荡—楠溪江、洞头岛、天台山、南麂列岛四个景区型旅游目的地。

(2) 旅游目的地建设

雁荡—楠溪江文化生态旅游目的地:作为温州国际化旅游目的地城市的核心旅游吸引,申报世界文化与自然双遗产,同时作为以休闲度假为重要功能的副接待中心。

洞头岛休闲度假旅游目的地:作为浙江省重点工程的温州半岛工程与杭州湾跨海大桥、宁波跨舟山的金塘大桥工程为浙江省的三大陆海对接工程。2006年温州半岛工程中的五岛连桥工程通车,实现了洞头岛与陆地的连接。工程建成后为洞头状元岙深水港的开发建设创造了有利的条件,也为洞头岛发展海洋休闲度假旅游提供了良好的交通和社会环境。

天台山宗教旅游目的地:充分利用天台山的宗教影响,建设宗教旅游目的地,与普陀山宗教旅游目的地共同构成浙江省两大宗教主题型旅游目的地。

南麂列岛生态旅游目的地:在可持续发展和有效保护的前提下进行精品建设,保持其自然生态的特色,开发海洋、海岛风光旅游、海洋生态旅游、海洋生态度假等产品,使之成为世界最纯净的海洋生态旅游目的地。

六、浙中商贸文化旅游目的地

1. 范围与发展条件

范围包括金华市。

经济条件:以金华为中心的区域商贸经济发达,义乌是全国闻名的中国小商品集散地,已经发展成为一个新兴的国际型商贸城市。永康是全国闻名的五金之都,东阳是著名的建筑雕刻之乡,浦江是著名的书画之乡。形成了金兰、金义、东浦、永武四大产业带以及一批块状经济和小企业群。义乌、东阳、永康连续多年是全国的百强县市。由于浙中不同城市的产业划分和专业化分工越来越细致,产业的集聚化特点越来越显现,由此形成新的产品配套程度很高的企业集群。除了自身的生产价值外,旅游吸引价值也日益凸现。

区位条件:金华是浙江省重要的交通枢纽,有六条高速公路穿过金华。形成以浙赣铁路、金温铁路、杭金衢高速公路、金温高速公路、甬金高速公路、330国道为骨干的交通网络。

旅游资源：金华拥有国家重点风景名胜区两个、国家级自然保护区一个、国家级文物保护单位十个、中国历史文化名村两个，省级风景名胜区八个、省级旅游度假区三个。影视文化、生态休闲、度假会务、人文山水、民俗艺术的旅游特色，温泉康体构成旅游产品的主体。

2. 发展定位、目标与思路

（1）发展定位

以商贸、文化、温泉康体等旅游产品为主导的主题旅游区，浙江旅游发展的重点区域之一。

（2）发展目标

具国际影响力的商贸购物休闲旅游目的地。

（3）总体思路

构建独具特色的金华旅游吸引物体系，打造"传统与梦想"的浙中旅游目的地城市；结合功能明确的特色城镇群，打造主题型旅游城镇，推动旅游业与特色经济的结合，强化和提升旅游功能；突出区位优势，推动区域联合，打造跨区域旅游服务基地与组织集散中心。

3. 发展重点

以义乌—东阳商务娱乐旅游区为核心，以金华城区为集散、组织中心和服务基地，打造以商贸购物、古婺文化、影视文化、温泉康体为主，以山水风景名胜观光为辅的独具特色的金华旅游吸引物体系。加快旅游商品、纪念品的研究开发，积极发展旅游商业设施，鼓励开展旅游商品零售业务，大力开发商贸购物旅游产品；保护和精品化开发古村落文化旅游产品系列；深度开发影视文化旅游产品系列；建立旅游资源保护体系，保障旅游业的可持续发展。

4. 发展构架

（1）总体发展构架

以金华旅游目的地城市为核心，建设义乌—永康、横店、兰溪三个特色城镇型旅游目的地，以及武义温泉景区型旅游目的地，形成城市型和景区型旅游目的地相互配合的旅游目的地体系。

（2）旅游目的地建设

义乌—永康特色城镇旅游目的地：以义乌市为依托，以义乌中国小商品城为核心，整合义乌各大专业市场、义乌品牌企业、义乌农庄等旅游资源，发展商贸购物游、会展商务游、都市农庄休闲游、工业考察游等产品，树立和展现商贸文化旅游主题和旅游品牌。以永康市为依托，以永康方岩风景名胜区为核心，整合中国永康科技五金城、永康五金工业园、永康后吴村古建筑、盘龙谷生态旅游区等旅游资源，发展丹霞山水览胜游、胡公朝圣游、五金购物游、五金产业集群考察游等产品，树立和展现五金文化、胡公文化和理学文化旅游主题和旅游品牌。

横店特色城镇旅游目的地：以中国影视旅游城为核心，整合三都—屏岩风景区、社姆山—落鹤山风景区、东白山、卢宅、东阳木雕、东阳竹编等旅游资源，发展影视文化游、度假休闲游、古建文化游、工艺品购物游等产品，树立和展现影视文化旅游主题和旅游品牌。

兰溪特色城镇旅游目的地：以兰溪市为依托，以诸葛八卦村、芝堰古商道文化为内涵，加快建设兰溪省级旅游度假区，整合兰江河道、六洞山省级风景区、诸葛—长乐古村、芝堰古村、兰溪古城、兰花村、芥子园等旅游资源，发展古建文化游、水上休闲游、溶洞探奇游等产品，树立和展现古村落文化主题和旅游品牌。

武义温泉度假旅游目的地：以武义县城为依托，以武义温泉旅游度假区为核心，整合郭洞、俞源民俗文化、武义畲族风情等旅游资源，发展温泉度假游、名村访古游、民族风情游、生态休闲游等产品，树立武义温泉养生度假休闲旅游主题和旅游品牌。

七、浙西南山水生态旅游目的地

1. 范围与发展条件

范围包括衢州、丽水两个地市。该区位于浙江西南地区。从区位条件分析，一方面距离上海、苏南、杭州、宁波等核心客源市场较远，与其接壤的周边地区总体上也都属于经济发展相对滞后区；另一方面，该区域在浙江省又具有十分特殊的区位条件。衢州市处于浙赣闽皖四省边界，周边有武夷山、黄山、婺源、景德镇等世界级的旅游资源，其本身的区域中心区位和周边世界级的旅游品牌为衢州打造区域旅游服务基地创造了极佳的条件。

区域生态环境优势突出。丽水是全省的生态环境高地，并承担着全省经济社会可持续发展的生态屏障功能，整体生态环境质量名列全省第一，被誉为"浙江绿谷"，衢州也是浙江省生态环境质量较为优良的区域。

该区域旅游资源特色鲜明，拥有一批独特的高品位的旅游资源，旅游资源类型主要包括以凤阳山—百山祖为代表的生态旅游资源，以缙云仙都、江郎山为代表的风景旅游资源，以衢州古城、两子文化、剑瓷文化、黄帝文化为代表的文化旅游资源。

2. 发展定位、目标与思路

（1）发展定位

以历史文化、生态旅游为特色品牌的旅游区，浙江省旅游西进重点建设区域。

（2）发展目标

长三角地区最有影响的生态休闲旅游目的地，浙赣闽皖四省边界旅游组织集散中心。

（3）总体思路

充分利用四省边际的区位优势，发挥生态环境优势和山水文化资源优势，强化区域合作，有效整合周边区域旅游资源，借力增强旅游综合竞争力；注重生态资源和环境的保护利用，实现旅游业的可持续发展；选择优势旅游资源打造特色品牌，进行重点突破，将风景名胜观光、文化旅游产品、生态休闲、康体休闲作为区域旅游的特色和亮点进行大力培育。

3. 发展重点

积极培育城市的旅游集散和服务功能，重点建设散客服务（包括自驾车旅游）设施体系。围绕衢州区域旅游目的地建设，重新整合、包装和提升风景名胜旅游产品，大力开发以传奇文化为亮点的文化产品，着力培育山地休闲度假产品，建设浙赣闽皖四省边界旅游组织集散中心。围绕丽水生态休闲旅游区目的地的建设，打造丽水城区旅游服务与休闲中心、仙都风景休闲旅游区、滩坑风情旅游区、遂昌山水金矿旅游区，大力开发线路型旅游产品，形成丽水旅游的核心吸引；整合类型丰富的自然和文化旅游资源；大力开发旅游商品，培育名牌商品。

4. 发展构架

（1）总体发展构架

以衢州、丽水两个旅游目的地城市为核心，建设缙云仙都、江郎山—廿八都、凤阳山—百山祖、瓯江—云和湖、钱江源五个景区型旅游目的地。

（2）旅游目的地建设

缙云仙都风景休闲旅游目的地。以仙都风景区为特色品牌，以观光游览与登山健身、科普考察、探险猎奇、休闲娱乐等活动结合为内涵，开发仙都文化与山水观光旅游产品，打造内容丰富、功能多样的旅游吸引物体系。

江郎山—廿八都风景旅游区。整合江郎山、峡口水库、仙霞关、戴笠老家、廿八都镇等资源，开发山水风景观光、名人文化追踪、文化体验等旅游产品，加强旅游标识系统和自助游服务体系建设。

凤阳山—百山祖生态旅游目的地。利用丽水市海拔高、生态环境优越的优势，以凤阳山—百山祖生态旅游区为旅游产品品牌，开发度假、疗养、会议等山地休闲度假旅游产品。

瓯江—云和湖滨水休闲旅游目的地。以瓯江两岸、云和湖滨水地带为轴线，发展滨水休闲度假产品，使之成为丽水生态休闲旅游的品牌产品，一个以大面积水域为依托的滨水休闲度假基地。

钱江源生态旅游目的地。以钱江源为核心，以马金溪—南华山—古田山生态旅游为辅助，发展生态科普旅游、生态休闲旅游和乡村生态旅游，形成浙江省西部生态旅游目的地。

第五章 旅游目的地体系建设

一、旅游目的地界定

1. 旅游目的地概念界定

旅游目的地是满足旅游者旅游需求的服务和设施的提供中心,完整的旅游目的地包括旅游吸引物系统、旅游服务与接待设施系统、旅游目的地管理和旅游目的地品牌形象四个方面。

旅游吸引物是旅游目的地的核心要素,它决定了目的地的层次、主导功能、发展规模和品位,是目的地竞争力的重要影响因素。旅游吸引物是旅游活动产生的根本动因,也是旅游服务设施和基础设施存在的前提。所以旅游目的地首先要包含旅游吸引物。

旅游设施是旅游吸引物转变为旅游产品的前提条件,旅游设施建设是旅游目的地建设的最主要内容。

旅游业经营和管理是旅游活动组织,协调人与自然、人与人和部门与部门间关系的重要方面。旅游经营和管理以旅游活动为中介,形成旅游功能区。良好的旅游业经营和管理系统是旅游目的地有序发展的基本保障。

旅游目的地品牌形象是决定旅游目的地市场竞争力的最直接要素。旅游目的地的形象是吸引游客最关键的因素,是旅游整体营销中的重要一环,旅游品牌形象的塑造是旅游目的地建设的重要内容。

2. 省域旅游目的地体系规划内容界定

旅游目的地的建设与发展既是区域旅游建设的主题,也是区域旅游规划的重要内容。加强旅游目的地的管理,改善旅游目的地环境,形成满足游客需求的旅游目的地,全面培育旅游目的地的特色形象,是提升区域旅游竞争力的核心任务。

在省域旅游发展中,旅游目的地系统建设是旅游产品建设的核心。在区域旅游发展中,将旅游目的地建设作为区域旅游开发建设和旅游要素配套的核心,从传统的以旅游景区景点建设为核心,转向以旅游目的地建设为核心,构造旅游配套设施完善、旅游服务功能强大、特色突出的旅游目的地体系,是优化旅游发展的空间布局、实现旅游产品升级、提升省域整体旅游竞争力的重要途径。

所以,省域旅游目的地规划首先是大空间尺度上的目的地空间布局规划,然后是不同层次的目的地的发展方向规划,由此确定全省旅游目的地体系建设总体布局和建设重点,构造空间上布局合理、结构完善、特色突出的旅游目的地体系。

浙江旅游业发展已经走过以数量扩张为主的初级发展阶段,步入了以质提升为特征的转型发展期,旅游产品开发面临着由粗放开发向精品化、集约化、系列化开发的转型,面临着由以单一观光旅游产品为主导向以享受性和体验型旅游产品为主导的复合型旅游产品转型。旅游发展的空间格局正由以若干中心城市为依托的旅游向覆盖整个省域的大区域旅游发展转化,旅游开发建设正由单纯的旅游景区开发向旅游目的地建设转型。

在浙江省旅游发展由主要旅游城市的基点发展向整个省域强烈扩张的发展趋势下,通过不同地域层次的旅游目的地体系建设,推进浙江旅游产业内部的整合优化、产业外部的扩张融合,形成以都市为核心的国际化、系列化的旅游目的地体系,是未来浙江旅游实现向高层次发展的重要途径。

二、旅游目的地建设条件与必要性

1. 城市化与旅游目的地建设

(1) 我国城市化水平最高的地区之一

浙江省是我国城市经济最为发达的省份之一,是我国城市化水平较高的省份,2006年浙江省城市化水平已经达到56%。浙江省较高的城市化水平决定了都市旅游在全省旅游开发中的重要地位。较高的城市化水平为全面整合城市的资源,构建城市的综合旅游功能,形成以城市为核心的旅游目的地体系提供了条件。

(2) 四大城市群崛起

在城市化的推动下,浙江省已经形成四个城市群,即以杭州为中心的浙北城市群、以宁波为中心的浙东城市群、以温台沿海为中心的浙南城市群、以金华为中心的浙中城市群。四大城市群由一大批在全国具有重要经济影响的大中城市和小城镇组成。城镇规模和数量的快速增加推动特色旅游城镇的发展。

(3) 环杭州湾城市密集带的形成

在我国的城市密集区中,包括杭州和宁波两个城市群的环杭州湾地区是我国城市和人口的高度集聚区,这一地区包括了杭州、宁波两个300万~500万人口的城市,还包括了嘉兴、绍兴、湖州、舟山四个50万~200万人口的城市,嘉善、平湖、桐乡、海宁、富阳、上虞、诸暨、余姚、慈溪、长兴等一批中等城市与小城市。这一区域的陆域面积占浙江省的44%,人口占浙江省的51%,创造了全省65%的国内生产总值,是浙江省现代化进程最快的区域,也是我国城乡一体化程度最高的地区之一。

(4) 城市型旅游目的地

浙江省较高的城市化水平,以及蕴含在城市现代化之中的丰厚的历史文化内涵,使得浙江的城市既是具有强烈旅游需求的地方,又是吸引旅游投资的重要场所,城市在旅游发展中的核心地位将更为突出,城市的旅游发展正在面临前所未有的大好发展机遇,城市型旅游目的地应是未来浙江旅游目的地建设的重点。因此,浙江旅游发展应突破传统的旅游发展思路,创新旅游发展模式,逐步从旅游景区、景点等资源开发主导型发展模式向旅游目的地建设主导型旅游发展新模式转变,进一步重视城镇旅游功能的培育和强化,打造以城市为核心的旅游目的地体系。

浙江省城市型旅游目的地的确定必须要参考浙江省城镇体系发展思路以及各地市城镇体系规划中对城镇职能和发展方向的规定。

浙江省城镇体系发展思路:根据规划,浙江省初步确定依托五个层次的城市等级体系来促进浙江省城乡空间的全面协调持续发展(表1-2-16)。

表 1-2-16 浙江省城镇体系

城市等级	城镇数量(个)	主要城市
区域中心城市	2	杭州、宁波
省域中心城市	3	温州(瑞安)、金华—义乌、嘉兴(嘉善)
地区中心城市	21	6座地区中心城市：绍兴中心城市(含绍兴县)、台州中心城市、湖州中心城市、衢州中心城市、丽水中心城市、舟山中心城市；15个左右地区副中心城市：平湖、海宁、桐乡、富阳、长兴、慈溪、临海、温岭、乐清、嵊州、诸暨、永康、东阳、江山、龙游等县市域中心城市，以及平阳—苍南组合城市
县(市)域中心城市	38	临安市、建德市、桐庐县、淳安县、余姚市、奉化市、象山县、宁海县、洞头县、永嘉县、文成县、泰顺县、嘉善县、海盐县、德清县、安吉县、上虞市、新昌县、兰溪市、武义县、浦江县、磐安县、常山县、开化县、岱山县、嵊泗县、玉环县、三门县、天台县、仙居县、龙泉市、青田县、云和县、庆元县、缙云县、遂昌县、松阳县、景宁自治县
省域重点镇	100	—

2. 经济发展与旅游目的地建设

（1）经济结构调整

浙江省作为我国经济最为发达的省份之一，经济发展水平已经达到世界上的中等收入国家或地区的水平。

在新的发展阶段，浙江的发展面临经济增长方式、经济体制和社会结构的全面转型，现代物流、金融、房地产、旅游、信息服务等服务业迅速崛起，特别是以旅游业为主体的休闲产业已经成为浙江经济新的增长点。在这种发展的大背景下，如何提高服务业水平是关系到浙江经济未来是否可持续发展的关键。在浙江省的"十一五"规划纲要中提出"十一五"期间要大力发展现代服务业，服务业在三次产业中的比重要达到45%左右。

（2）经济增长方式的转变

未来浙江省服务业发展方向已经明确定位于商业物流、金融保险、旅游、会展、文化和房地产等优势服务业，以及信息、科教、中介、社区和公共服务等新兴服务业。2006年浙江旅游业总收入已经相当于GDP的10.8%，旅游产业对服务业的拉动作用十分明显。在浙江省经济发展模式转化、大力发展现代服务业的重要时期，与旅游产业之间相关的服务业发展能否上一个新的台阶，直接关系到能否全面提高浙江服务业发展的整体水平。所以在旅游目的地建设方面，旅游服务业的发展是旅游目的地建设的重要内容。

（3）民营企业发展壮大

浙江旅游企业经过十多年的发展，整体实力不断增强，已成为浙江旅游经济的重要支柱。民营企业投资旅游业的意向已经在很大程度上对浙江省的旅游业布局产生重要影响，使得新的旅游目的地分布并不完全与旅游资源的空间分布相一致，如九龙山海滨休闲度假景区、宋城、横店影视城等项目都对旅游目的地空间分布格局产生重大影响。未来民营企业的旅游投资布局也将左右着浙江省旅游目的地的空间格局，海滨地区、环境良好的绿色生态地区、大都市郊区将成为具有旅游投资吸引力的重点区域。

3. 新交通格局与旅游目的地建设

(1) 高速公路网的形成

浙江省已形成覆盖全省的高速环网。2002年,杭金衢、金丽高速公路建成通车,在全省范围内形成"4小时公路交通圈";2005年,金丽温、杭千、甬金三条高速公路相继全线通车,金丽温高速、甬台温高速、杭甬高速、杭金衢高速串成浙江省第一个高速公路大环网。2006年投资287亿元,建成总长度361公里的八个高速公路新项目。到2008年,贯穿浙江省、连接大上海及周边省市的特大高速环网将成形,到2010年,浙江省高速公路总里程将超过3 500公里。

(2) 杭州湾跨海大桥的建设

预计2008年竣工的杭州湾跨海大桥的建成将对浙江现有旅游空间布局和旅游交通网络产生重大影响,使浙江旅游目的地体系的空间布局和发展条件产生重大变化。杭州湾大桥北起嘉兴海盐,南到宁波慈溪市。杭州湾大桥建成后,将大大缩短杭州湾南翼和浙江东南的宁波、舟山、绍兴、台州、温州地区与杭嘉湖地区、上海,以及长三角其他地区的陆上距离,使旅游交通成本大大降低,使游客的相对流动更加便利,两地互为客源地和目的地的程度将大大加强。环杭州湾地区也将融入"上海一日旅游圈"。此外,杭州湾大桥全长36公里,是世界上最长的跨海大桥,投资超百亿元,曾引起国内外新闻媒体的高度关注,本身就成为一个有吸引力的新景点。全省骨干交通格局的变化将极大地改变目前浙江省的旅游空间格局,使得旅游目的地体系的空间布局将从以杭州为旅游中心转向多旅游中心的更为均衡的方向发展。

4. 新的省域功能区划与旅游目的地体系建设

根据浙江省域的功能定位和差异化发展思路,对不同的区域确定了不同的功能定位和发展思路,按照全省的功能区划,框定了不同功能区旅游目的地建设的主导方向:

(1) 环杭州湾地区——构建现代旅游服务业的高度集聚区

这一区域在整体功能上属于浙江省的优化开发区域,由于开发密度已经较高,资源环境承载能力开始减弱,现在面临着产业结构调整要求。未来这一地区的主要发展方向是强化城市功能,加快发展现代服务业、高新技术产业和先进制造业,提高增长质量。在空间发展上,主要任务是限制城市空间的过度和无序扩张,疏解老城区过高的人口密度,强化区域空间的整合,培育城市群。所以重视现代旅游服务业的发展,推动杭州、宁波、温州等大城市逐步形成以旅游服务为主的产业结构,打造现代旅游服务业的高度集聚区是这一区域旅游目的地建设的主要方向。

(2) 滨海地区——现代休闲产业的集聚区

包括环杭州湾和温台沿海地区的滨海地区,这些地区的旅游环境承载能力较强,经济条件和环境条件都较好,是浙江省未来的重点发展地区,也是浙江省旅游度假、娱乐型旅游目的地建设条件最好的区域。加快这一区域的旅游基础设施建设,创造良好的旅游投资环境,积极发展与国际接轨的现代休闲产业,建设休闲产业基地,加快休闲产业的集聚,成为全省休闲经济新的增长点,是这一区域旅游目的地建设的主要任务。

(3) 生态保护地区——生态旅游发展区

包括浙江省的西部、西南部的江河水系源头地区、重要水源保护区、自然灾害频发区等。这些区域资源环境承载能力较弱、大规模集聚发展的经济环境条件不够好,并且这些区域是全省乃至更大区域范围的生态屏障,其生态环境质量状况直接关系到较大区域范围的生态安全。所以,坚持保护优先、适度开发,有选择地发展特色优势产业是这些区域未来发展的主要方式。从旅游功能划分上,这些区域应作为浙江省新型的生态旅游、乡村旅游目的地建设的主要区域。

(4) 典型的旅游功能区——旅游景观的重点保护区

包括国家级和省级自然保护区、历史文化遗产、重点风景名胜区、森林公园、地质公园等依法设立的各类自然保护区域。这些区域是浙江省品牌旅游景区建设的核心,是全省旅游目的地建设的核心吸引物。对这些区域的开发要依据法律法规和相关规划,严禁不符合主体功能定位的其他开发活动,并要将这些区域内的人口逐步转移到更适宜生活和生产的地区,降低人为破坏的危险。

综合以上内容,浙江省旅游目的地体系发展的动因见表1-2-17。

表1-2-17 浙江省旅游目的地体系发展的动因

影响因素	特 点	对旅游目的地建设的影响
城市化发展	城市化远高于全国平均水平	都市型旅游目的地建设将成为目的地建设的重点
现代服务业发展	现代服务业是浙江的新经济增长点	旅游服务业将成为浙江省旅游目的地建设的重要内容
跨海大桥建设	杭州湾大桥是我国最长的跨海大桥	东部沿海的更多地区将融入上海"一日旅游圈"
民营经济投资旅游	民营经济具备强大的旅游业投资能力	滨海地区、绿色生态区和大都市郊区将成为旅游投资的重点地区
新的省域功能区划	全省划分为四个不同定位的功能区	旅游目的地类型的空间分异将更为突出

三、旅游目的地体系建设目标与重点内容

1. 旅游目的地体系的市场细分

按照世界旅游组织的定义,旅游目的地是游客至少停留一个晚上的空间,包括了旅游产品的支持性服务和旅游吸引物。旅游目的地具有一定的地理和行政界线,并能以此来影响市场。根据地域范围的大小,旅游目的地分为国家(地区)旅游目的地、城市型旅游目的地、乡村型旅游目的地、山地型旅游目的地和海滨型旅游目的地。旅游目的地建设内容包括了旅游吸引物、住宿、交通、形象以及其他服务与设施的综合发展。

浙江省作为一个省级区域,旅游目的地必将由一个完整的、不同层次的旅游目的地体系构成。不同的旅游目标市场对应不同的目的地类型。按照旅游的目标市场,浙江省要重点建设四大类面对不同旅游目标市场的旅游目的地:

(1) 国际市场型旅游目的地

应对旅游的国际化要求建设的旅游目的地,主要建设内容包括加快推进高端旅游项目建设,建设标准与国际接轨。

(2) 国内长线市场型旅游目的地

应对全国旅游市场需求建设的旅游目的地,这类旅游目的地以浙江的大中城市为核心进行建设,主

要任务是提升传统旅游产品质量,开发具有吸引力的新旅游产品。

(3) 长三角及其周边省份市场型旅游目的地

对应短程市场需求建设的旅游目的地,这类旅游目的地以主要旅游产品和服务为核心进行建设。丰富旅游产品类型、提升服务质量是旅游目的地建设的主要内容。

(4) 省内旅游市场型旅游目的地

主要对应周边地区以及省内休闲市场需求建设的旅游目的地,重点建设区域为环都市游憩区、海滨游憩区和乡村旅游区。提升旅游服务质量,尤其是针对自驾车游客的服务体系是目的地建设的核心重点内容。

2. 旅游目的地体系结构完善

根据资源条件和市场导向,优化旅游目的地类型结构、空间结构和要素结构,提升旅游目的地的吸引力和竞争力。

(1) 提升旅游目的地的类型结构

在提升现有观光型旅游目的地质量的基础上,大力发展都市型、商贸型、休闲型、生态型旅游目的地,形成多类型的旅游目的地类型体系。

(2) 均衡旅游目的地的空间布局

在继续提升环杭州湾地区旅游目的地的基础上,均衡全省旅游业发展的空间布局,发展新兴的旅游目的地,着力开发浙东沿海、浙中和浙西南地区新兴的旅游目的地,形成以城市为中心的旅游目的地城市群。

(3) 完善旅游目的地的要素结构

以全面提升旅游服务质量为核心,在现代信息化技术的支持下,提升旅游信息服务、交通服务质量。推进省域旅游基础设施的一体化,缩短城市群内各城市的交通距离,建设区域间的快速交通通道,合理布局公共服务网、整合区域的旅游信息资源,打造旅游信息港,提高整个地区的整体旅游承载力。

3. 旅游目的地品牌体系建设

旅游目的地形象是旅游者选择旅游地的关键因素。目的地形象是目的地的资本和战略性资源,提升目的地形象档次,形成鲜明的旅游目的地品牌体系应作为未来浙江省旅游目的地建设的重要内容。在旅游目的地建设中,通过积极强势的品牌形象塑造浙江省旅游目的地的品牌体系,包括旅游目的地的名称、形象、标识语、符号、口号、包装等。按全省旅游资源优势,重点打造下列六大类型的旅游目的地品牌:

(1) 都市型旅游目的地品牌

都市旅游品牌是浙江省旅游品牌的最主要构成。不断提升杭州风景旅游城市的品牌影响,将杭州打造成为世界旅游城市品牌,同时重点进行宁波、温州、金华三大城市的旅游目的地城市的品牌塑造,形成浙江省四大都市型旅游目的地品牌城市。

(2) 历史文化城镇型旅游目的地品牌

古镇旅游是浙江省旅游的主要特色和优势。在绍兴、乌镇、西塘、南浔等古城、古镇旅游品牌建设的基础上,通过大量的古镇保护和古镇旅游开发,将浙江省塑造成为我国江南传统民俗文化旅游中心,形成在国际上具有相当影响力的古镇旅游品牌。

(3) 商贸购物型旅游目的地品牌

将商贸旅游品牌作为全省未来旅游品牌建设的重要组成,塑造浙江商贸旅游品牌形象。以义乌小商品、乐清低压电器、海宁皮革服装、永康五金制品、诸暨珍珠和嵊州领带、浦江水晶工艺品等专业化市场为基础,探索建立以旅游者需求为导向、产供销衔接的旅游购物运作机制,逐步提高旅游购物在旅游收入中的比例。

(4) 影视文化型旅游目的地品牌

浙江省很多地区是我国影视拍摄的重要场所,遍布全省的历史古迹、古镇等是很多电影、电视的拍摄基地,尤其是横店影视城,已经成为我国最大的影视拍摄基地。将影视拍摄与旅游发展结合,以横店影视基地为基础,在浙江省打造中国的好莱坞,塑造浙江省作为全国性的影视拍摄文化中心的旅游目的地品牌。

(5) 高端休闲型旅游目的地品牌

不论从经济发展水平,还是从资源环境条件方面分析,浙江省具有发展高端休闲旅游产品的良好条件。要对应旅游产品升级要求,以舟山—宁波为核心,以高端旅游产品建设为切入点,打造高端海滨休闲旅游品牌,建设和塑造我国海滨高端休闲旅游的核心区域,应成为未来浙江新旅游目的地品牌塑造的重要方向。

(6) 乡村休闲型旅游目的地品牌

浙江省的乡村旅游发展已经走在全国的前列,按照未来需求的发展趋势,可以预见浙江省的乡村旅游需求和乡村旅游的供给都将大幅度增加,乡村旅游将成为浙江省乡村经济的重要组成部分,乡村型旅游目的地也将成为目的地体系中不可或缺的类型构成。针对浙江乡村旅游发展要求,树立规范服务、乡村特色突出的乡村旅游品牌。

4. 旅游目的地交通服务网络建设

完善的旅游交通服务体系是旅游目的地建设的基本前提,浙江省作为经济较为发达的省份,总体交通条件相对较优,但是作为旅游交通,整体服务功能仍然有待完善。在交通网建设方面,虽然近几年交通条件有很大改善,尤其是高速公路的建设和杭州湾大桥的建设,使全省的公路交通网络更为完善。但就旅游发展需求看,浙江旅游交通在交通网络密度、交通工具数量和交通服务质量,尤其是在各种交通方式的有效衔接方面还不能适应旅游发展的需要,没有形成立体化、便捷化、高效化的旅游交通网络。为实现旅游目的地的建设目标,重点实施如下交通建设工程:

(1) 推动主要的旅游目的地城市的旅游交通服务与国际接轨

推动主要的旅游目的地城市的旅游交通服务与国际接轨,尤其是杭州、宁波、温州、金华等旅游目的地城市,要重点加快国际机场、港口大型客运和高速公路交通的网络化建设。强化三大旅游航空枢纽的客流集散功能,重点进行杭州萧山机场、宁波栎社机场扩建。同时强化义乌机场的旅游集散功能,使其成为浙中地区的旅游交通集散枢纽。借助于浙江民营航空业的发展,大力发展支线航空旅游交通方式。

(2) 建设区域内部快速通道网

尽快实施连通重要旅游目的地的交通通道工程,包括舟山大陆连岛工程、杭甬高速公路拓宽工程、甬台温沿海高等级公路、杭宁高速公路拓宽等工程。加紧建设沪杭等城际客运专线或高速铁路。建设连通主要中心城市和重点景区之间的快速轨道交通,如杭州—千岛湖、温州—雁荡山、宁波—象山等连通旅游目的地城市和核心旅游区之间的快速轨道交通。

(3) 适应国际海上旅游船舶趋向大型化发展趋势

加快大型客运码头的建设,满足大型国际游船的停靠,是适应海洋旅游业发展的需求。特别是具有优越的海洋和海岛旅游资源的宁波和温州,要将海洋旅游和海上客运结合,重点建设满足大型国际游船停靠的游船码头,形成对国内外旅游者具有很大吸引力的水上交通方式。

(4) 建立自驾车旅游交通服务体系

针对自驾车游客数量大幅度增长的趋势,建立完善的自驾车交通服务体系,形成连贯的道路指示和标牌系统,建立统一的服务于自驾车游客的加油、维修、故障处理系统等服务。积极鼓励发展汽车旅馆,在城郊和主要旅游区附近,建设汽车旅馆基地。

5. 旅游目的地重要的配套要素建设

(1) 完善旅游信息服务网络

旅游信息服务是现代旅游目的地不可或缺的产业要素,同时由于旅游信息服务具有一定的公益性,所以应将旅游目的地信息平台的构建作为一项重要的政府工程,联合旅游管理部门、交通部门、公共安全部门、卫生部门、新闻媒体、电信部门、旅游企业、银行系统、信息产业部门,共同打造具有强大服务功能和时效性的浙江旅游信息服务品牌,形成集旅游咨询服务中心、旅游电话呼叫中心、移动服务中心和网络服务中心于一体的综合旅游服务平台,为旅游管理部门、旅游企业和游客建立互动的桥梁。

同时,旅游信息服务平台也要具备为旅游企业提供服务和进行相互沟通的功能。旅游信息服务要以游客咨询中心、旅游呼叫中心、旅游网络发布平台为核心,通过电话服务、网络服务、移动短信服务等在线服务手段和现场服务,实现包括旅游咨询、旅游商务预定、旅游投诉、旅游救援、旅游信息发布、个性化游程设计等全方位的旅游信息服务。

(2) 发展旅游装备和旅游商品制造业

对应浙江省发达的经济、快速城市化的发展趋势,配合全国和全省旅游和休闲产业的飞速发展,依托全省发达的制造业和高度专业化的市场,大力发展旅游休闲装备制造产业,引进先进的生产装备与先进技术,创建休闲装备产业基地,争取为成为全国的旅游装备制造业中心,同时为休闲产业发展提供先进的设施和设备。

扶持游艇制造与设计产业的发展。游艇制造业在浙江已有一定基础,浙江有发展游艇制造业所需的机电、化工工业和设计技术人才,但浙江的游艇业现状规模偏小。发挥浙江劳动力成本低的优势,扶持游艇业的发展,改变较高档游艇依赖进口的局面,发展中高档游艇生产的企业,形成自己的品牌,为浙江发展海洋游艇休闲旅游提供支撑。

扶持户外休闲运动装备和服装等产业的发展,包括高档户外休闲服装、野营帐篷等产品的生产。

(3) 形成品牌化的节庆活动

旅游节庆活动不仅是重要的旅游内容,也是旅游目的地品牌推广的重要途径。目前,由于各县市、景区及社会单位所举办的特色节庆活动缺乏统一的整合包装,没有打造成具有突出特色的节庆活动品牌,社会资源没有得到有效、充分的利用。充分整合各类节庆活动,形成内容丰富、具有品牌效应的节庆活动应成为旅游目的地建设的重要内容。突破政府办节庆的运作模式,探索"政府组织、企业参与、市场运作"的节庆运作方式。

综合以上内容,浙江省旅游目的地建设内容与目标见表1-2-18。

表 1-2-18　浙江省旅游目的地建设内容与目标

建设内容	分类	建设目标
完善旅游目的地体系	国际市场型旅游目的地	建设与国际接轨的旅游目的地
	国内长线市场型旅游目的地	形成全国重要的旅游目的地
	长三角及其周边省份市场型旅游目的地	形成长三角地区休闲度假旅游的重要目的地
	省内旅游市场型旅游目的地	建设都市游憩带,满足都市休闲旅游需求
优化旅游目的地结构	提升类型结构	大力发展都市型、商贸型、休闲型、生态型旅游目的地
	均衡空间结构	加强沿海和浙西南旅游目的地建设
	完善要素结构	成为全国旅游服务质量和水平最高的省份
塑造旅游目的地品牌	都市型旅游目的地品牌	塑造世界著名的都市旅游品牌
	历史文化村镇型旅游目的地品牌	塑造世界著名的江南古镇文化品牌
	商贸购物型旅游目的地品牌	塑造全国著名的商贸旅游品牌
	影视文化型旅游目的地品牌	塑造全国著名的影视文化旅游品牌
	高端休闲型旅游目的地品牌	打造全国性的高端休闲度假旅游品牌
	乡村休闲型旅游目的地品牌	建立规范化的乡村休闲旅游品牌
建立高效的旅游交通服务体系	航空交通	强化三大航空港的旅游集散功能,发展支线航空
	水路交通	大力发展满足大型国际游船停靠的客运码头
	公路交通	实施主要旅游通道扩建工程,进行自驾车服务系统建设
	铁路交通	建设连通中心城市和主要旅游区的快速铁路轨道交通
多功能的信息服务平台	针对游客的信息服务	公益化、时效性、网络化
	针对旅游企业的信息服务	
全国旅游装备制造中心	休闲旅游装备	为旅游产业升级提供必要的、先进的装备设施和产品
	游艇制造与设计	
品牌化的旅游节庆活动	旅游节庆活动	实现资源整合,创建品牌化的节庆活动
	旅游品牌推广活动	广泛的品牌宣传

四、旅游目的地体系建设布局

1. 旅游目的地体系核心构成

（1）旅游目的地体系布局思路

以"一主三副"为基础,进一步优化全省旅游目的地体系,改变长期以来浙江省旅游布局为以杭州为单一中心的空间结构不均衡的现状,构建以杭州、宁波、温州、金华为四大主中心,以大量二级旅游城市为支撑点的旅游目的地体系。强化杭州作为省域旅游的组织中心、服务中心、高端旅游产品供给中心和国际游客接待中心的地位,以国际旅游目的地城市为发展目标,大力打造以旅游观光、休闲度假、会展商务为主要功能的旅游区。同时,大力推动宁波、温州、金华三大新的国际化旅游目的地城市建设,优化全省旅游目的地空间结构,均衡旅游发展的空间结构。

(2) 旅游目的地体系总体布局

浙江省目的地体系包括城市型旅游目的地、景区型旅游目的地两种类型,其中城市型旅游目的地包括国际化旅游目的地城市、区域性旅游目的地城市、特色专项旅游目的地城市和特色旅游目的地城镇。景区型旅游目的地包括核心旅游目的地景区,以及重点旅游目的地景区。

建设四个国际化旅游目的地城市。在全省范围内,着力推动形成杭州、宁波、温州、金华—义乌四个国际化旅游目的地城市,使之成为全省的国际和国内旅游吸引中心和旅游客流集散中心、都市旅游中心。

建设三个区域性旅游目的地城市。重点建设绍兴、衢州、丽水三个二级旅游中心城市,作为区域性的旅游集散和组织中心。

建设四个特色专项旅游目的地城市。积极培育嘉兴、湖州、舟山、台州四个特色专项旅游目的地城市。

建设四类特色城(乡)镇型旅游目的地。充分发挥浙江拥有大量特色城镇的优势,以民俗文化为基础,建设以乌镇—西塘—南浔古镇群、永康、横店、溪口为代表的四类(文化观光—休闲—民俗体验类、商贸购物类、影视文化类、特殊主题类)特色旅游目的地城镇,形成旅游目的地的多个支点。

建设三个核心旅游目的地景区。在全省率先打造杭州大西湖、宁波象山湾、温州雁荡—楠溪江三个核心旅游目的地景区,打造全省旅游发展的旅游极核。

建设 27 个重点旅游目的地景区。在全省范围内,以旅游目的地中心城市为中心,重点建设 27 个游览和接待功能完备的重点旅游目的地景区,构成全省旅游目的地建设的吸引物体系和浙江省旅游品牌。旅游区建设要按照旅游目的地建设要求,自身既要有独立的旅游吸引,又要具备完善的旅游接待功能,能够满足不同游客的消费需求,并成为具有独立品牌的旅游景区。

浙江省旅游目的地体系总体布局见表 1-2-19。

表 1-2-19　浙江省旅游目的地体系总体布局规划

旅游目的地等级	数量(个)	名称	方向
国际化旅游目的地城市	4	杭州、宁波、温州、金华—义乌	国际化
区域性旅游目的地城市	3	绍兴、衢州、丽水	核心化
特色专项旅游目的地城市	4	嘉兴、湖州、舟山、台州	特色化
特色旅游目的地城镇	4(类)	乌镇—西塘—南浔古镇群、义乌—永康、横店、溪口(代表性城镇)	特色化
核心旅游目的地景区	3	杭州大西湖、宁波象山湾、温州雁荡—楠溪江	品牌化
重点旅游目的地景区	27	旅游目的地城市的支撑景区	品牌化

2. 国际化旅游目的地城市

(1) 遴选条件与发展思路

国际化旅游目的地城市建设的最直接需求来自于入境旅游的发展。浙江省良好的入境旅游发展趋势,以及城市强劲的经济和文化发展态势是建设国际化的都市型旅游目的地的重要前提,以国际化旅游城市为核心的旅游目的地体系建设是浙江省未来旅游发展的主导格局。

作为统领全省旅游业发展的国际化的旅游目的地建设要满足三个基本条件：第一具有交通中转中心功能，有机场、铁路等对外交通，具有航空港是最基本的条件；第二具有重要的旅游吸引物；第三具有完善的旅游住宿、娱乐接待设施。国际化旅游目的地城市不仅自身要形成强大的旅游吸引力，而且要具有承担全省旅游的管理组织、客流集散、信息服务的功能，形成以中心城市为核心，以众多不同类型的二级、三级旅游目的地为支撑的旅游目的地体系，成为全省旅游目的地建设的核心。

浙江省满足建设成为国际化旅游目的地条件的城市包括杭州、宁波、温州和金华。

杭州、宁波、温州三大机场是全省的航空枢纽，已有通往香港、澳门的地区航班和首尔、吉隆坡、曼谷等包机航线。这三个城市也是全省的三大经济中心城市，在全省城市和经济发展格局中占据重要地位。2006年，杭州、宁波、温州三市实现生产总值分别占全省的22％、18.3％和11.7％。

与杭州、宁波、温州不同，金华是专项（商贸型）国际化旅游目的地城市。金华拥有义乌机场，开通了多条航线。金华是浙江省小商品专业市场代表性区域，已经形成了义乌、东阳、永康等一批专业化市场。其中义乌入境游客数量居浙江之首。"义乌·中国小商品价格指数"的推出，标志着义乌成为国际小商品市场的"风向标"。

这四个城市同时也具备良好的旅游资源条件，具有建设旅游目的地的资源基础。目前杭州市已经发展成为浙江省的核心旅游目的地，而宁波、温州、金华不论在旅游产品建设和配套设施建设方面都不能满足国际化要求。

未来依托杭州、宁波、温州、金华四大城市强劲的经济发展态势和现代化的空港建设，建设四个面向国际旅游市场的旅游目的地城市，是优化全省旅游业布局，提升旅游产业发展水平的关键。

杭州、宁波、温州、金华作为全省旅游发展的管理、接待、集散和辐射中心，同时也是省内客源的主要产出地，国际旅游与国内旅游共同发展、本市居民的休闲活动与外来游客的旅游活动高度交织，因此，对城市的总体发展水平和管理水平提出了较高的要求，要求这四个城市在功能、城市面貌、城市设施及城市社会氛围等方面必须适应国际化要求，需要运用现代城市经营的理念来改造城市，发掘城市的内在价值。在四个国际化旅游目的地城市建设中，要充分发挥各自城市的特点，形成差异化的目的地。

(2) 杭州

• 功能定位

以观光旅游、文化体验、会展交流、休闲度假为特色的现代化国际旅游休闲中心和国际风景旅游城市。

• 总体思路

以建设国际化的风景旅游城市为目标，以全面实现旅游业的国际化为主要任务，整合、打造大西湖观光游览、休闲度假、商务会展旅游核心吸引物，挖掘丝·茶·国画艺术并包装、落地于以大西湖为核心载体的地域，强化杭州作为浙中、浙西南地区的旅游集散、组织与服务功能，全面实现旅游业的国际化，提升文化旅游产品，打造中国最具吸引力的会议旅游目的地是杭州作为国际化的旅游目的地的主要任务。

• 建设重点

全面实现旅游国际化：按照国际化要求，在旅游信息服务、交通服务、接待服务等方面对接国际化标准,全面实现旅游业的国际化。营造国际化的城市环境,促进交通口岸的国际化,增强国际游客的可达性。创建国际标准的城市图形标识系统,中外文对照的指示牌和商店招牌;针对国际游客的外语广播电视,外文出版地图和旅游宣传品;在居民中普及外语和国际礼仪常识,培养市民的国际意识。

形成畅通的旅游交通网:由于杭州城市交通负荷不断增加,城市道路拥挤、交通阻塞、乘车难、行车难、停车难等问题日益突出,影响了整个旅游交通的通畅性。将实现交通畅通作为杭州实现国际化旅游目的地城市的重要内容,大力发展城市立体交通网和地下交通。解决杭州市旅游交通网络与游客出行之间的结构性矛盾,完善旅游交通网络的连接程度,形成一个便捷畅通的旅游交通网络。改善梅家坞与灵隐寺等重要景区景点之间的道路联系,沟通南北线交通,减少断头路,优化旅游交通线路,改善旅游交通工具,缓解旅游交通压力。对一般交通与旅游交通进行分流,增加公共旅游交通,减轻风景区主要道路的交通压力。

休闲旅游与国际接轨:杭州发展休闲旅游具有良好的环境条件,在浙江省的旅游产品结构调整中,向建设成为国内外重要的休闲基地的目标努力。世界休闲博览会在杭州的举办使浙江获得国际娱乐与休闲界的合作与支持,有利于浙江的休闲度假产品进入国际市场,推动杭州休闲旅游发展与国际接轨。以杭州乐园、之江度假区等为基础,整合旅游休闲资源,发展高端休闲旅游产品,建设钱塘江休闲产业带。完善休闲设施,提升交通、通信、宾馆、饭店、公园、会展中心、游乐场、步行街、文化体育、娱乐、健身等基础设施,增强城市的旅游休闲功能。把休闲产业纳入城市经济社会发展计划,将购物、茶楼、酒吧、美容、足浴、文化、娱乐、体育、健身等纳入休闲产业范围,从经济政策、社会发展政策、文化产业、政策层面扶持休闲产业的发展。按照数字化、国际化的要求,搞好影剧院、博物馆、科技馆、体育馆、会展中心的配套建设,为打造东方休闲之都提供一流的设施。

打造中国最具吸引力的会议旅游目的地:作为国际化旅游目的地城市,国际交流活动是城市走向国际化的重要途径,在休博会、西湖博览会的基础上,通过重大的国际会展活动,提升城市的国际化水平,提升国际接待能力、国际知名度和国际城市形象,将杭州打造成中国最具吸引力的会议旅游目的地,世界上最受欢迎的会议旅游目的地之一。

提升文化旅游形象:包括茶文化、丝绸文化等。充分挖掘和体现"茶都"、丝绸之都的旅游价值,建立特色旅游品牌。

(3) 宁波

• 功能定位

我国东南沿海重要的国际化旅游目的地城市,长三角高端休闲型旅游目的地。

• 总体思路

以建设我国东南沿海重要的国际化旅游目的地城市为目标,以继续强化中心城市的旅游功能,加快象山湾休闲度假旅游基地建设,打造我国高端休闲度假旅游的核心品牌区域和具国际影响力的专项会展城市作为旅游目的地建设的主要方向和重点内容。以"文化名城"建设为目标整合人文旅游资源,加大都市休闲、商务会展以及都市购物娱乐、餐饮等特色旅游吸引物的开发。发挥区位优势,深化区域旅游合作,与周边地区的旅游资源进行有效组合,延伸开发主题化、特色化的旅游精品。

• 建设重点

推进宁波都市文化旅游区的建设:重视古城文化资源的挖掘,形成以传统风貌街区为主体的观光组团,营造古城的整体风貌,强化宁波作为国际化的旅游中心城市的游览功能。以宁波城区的中央游憩区为核心,重点开发都市休闲、商务会展产品,并加强都市购物、娱乐、餐饮等特色旅游吸引物的开发,强化中心城市旅游服务功能,凸现都市作为宁波旅游的第一目的地和集聚核心的地位。

强化都市休闲游憩功能。以东钱湖为依托,重点发展都市度假休闲、会议展览、旅游观光、商务旅游、人文旅游、水上娱乐等旅游产品。

发展宗教旅游。整体规划和包装天童景区、阿育王寺景区,与普陀山宗教旅游结合,打造国际宗教旅游目的地。

整合姚江旅游文化带,建设姚江—三江口—甬江旅游带。以姚江为轴,重新整合包装河姆渡、天下玉苑、慈城、梁祝文化公园、宁波三江口、镇海口海防遗址等沿岸景区,发展姚江水路旅游,作为宁波城市旅游目的地的重要旅游吸引带。

(4) 温州

• 功能定位

我国东南沿海重要的国际化旅游目的地城市。

• 总体思路

以建设我国东南沿海重要的国际化旅游目的地城市为目标,以"雁荡—楠溪江世界自然与文化双遗产"的申报为驱动,整合景区和城市旅游资源,推动温州旅游品牌和形象的显著提升,增强温州旅游的核心竞争力和区域中心地位。加强核心旅游资源的品牌化开发,塑造旅游精品工程。借力营销,借助温州商业网络和商人网络在全球的影响力,提高温州旅游的国际知名度。

• 建设重点

将城市建设与旅游目的地建设结合,通过旅游目的地建设,加强旅游吸引物体系建设,改善城市的生态环境质量,人文环境质量,完善城市综合服务功能。加强都市观光、都市休闲、都市娱乐等都市旅游产品开发,大力开发商务会展产品,开发传统历史街区观光、瓯江滨水休闲、湿地生态休闲等系列项目。

注重城市软环境建设,构建旅游标准化体系,提升城市的国际化程度。

(5) 金华—义乌

• 功能定位

全国著名的商贸购物、影视文化旅游目的地。

• 总体思路

以建设"传统与梦想"为主题的国际化商贸型旅游目的地城市为目标,着力打造古婺文化、自然山水、影视梦想、商贸购物、温泉康体五大特色品牌。以旅游服务业作为旅游目的地建设的重点内容,将发达的商贸产业与旅游购物相结合,将购物街区作为城市的核心旅游吸引物,建设浙江中部的旅游服务业中心和购物旅游城市。改变目前金华市域各个城市独立发展旅游接待系统的不合理格局,强化金华市区的旅游接待功能,将其与衢州一道建设成为浙赣闽皖四省边缘区域的旅游综合服务基地和旅游组织与集散中心。将金华商业网络和旅游营销网络并轨,借助金华商业网络,尤其是义乌小商品网络在国际上的影响力,将金华旅游推向世界。

综合以上内容,浙江四大国际化旅游目的地城市功能定位、核心产品、支撑景区和建设目标见表1-2-20。

表 1-2-20 浙江省四大国际化旅游目的地城市发展方向

国际化旅游目的地城市	功能定位	核心旅游产品	支撑性旅游景区	目的地品牌建设目标
杭州国际旅游目的地城市	国际风景旅游、商务会展、休闲度假城市,浙江省旅游组织、集散中心与服务基地	风景旅游、商务会展、休闲度假、文化旅游	大西湖旅游区、良渚文化遗址、钱塘江、大运河、千岛湖	面向国际和国内远程市场的风景城市旅游品牌
宁波国际旅游目的地城市	我国东南沿海重要的国际化旅游目的地城市	高端休闲度假旅游、现代商务会展旅游	东钱湖旅游度假区、象山湾、宁波中心城区	面向国际、国内远程市场的都市旅游品牌,中国海洋文化旅游名城
温州国际化旅游目的地城市	我国东南沿海重要的国际化旅游目的地城市	文化旅游、生态旅游、都市商务休闲旅游	温州城市旅游区、雁荡—楠溪江旅游区	面向国际和国内远程市场的都市旅游品牌
金华—义乌国际化旅游目的地城市	全国著名的商贸型旅游目的地城市,浙中城市群的旅游接待中心城市	宗教、文化观光、购物旅游、民俗文化旅游	金华双龙风景区、义乌国际商贸城、东阳横店影视城、武义温泉旅游度假区、诸葛八卦村	面向国际、国内市场的观光、购物、休闲旅游品牌

四大国际化旅游目的地城市开发重点见图 1-2-16。

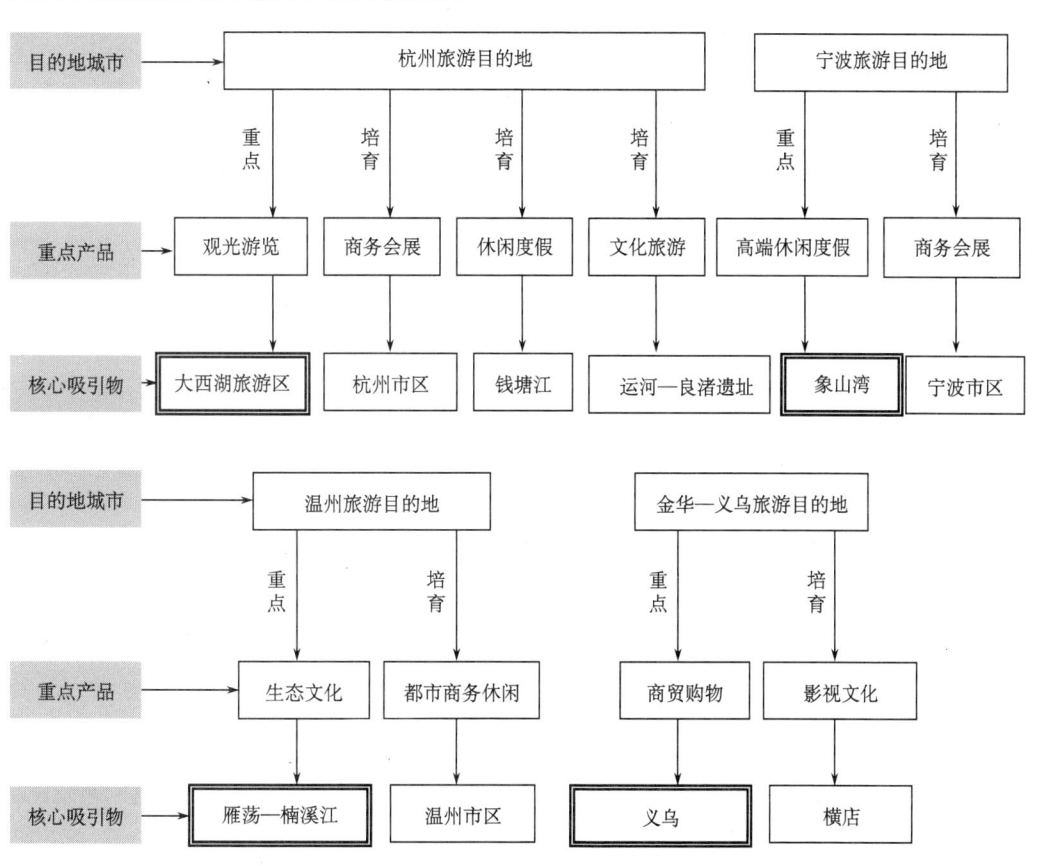

图 1-2-16 浙江省四大国际化旅游目的地城市旅游开发重点框架

3. 区域性旅游目的地城市

(1) 遴选条件

区域性旅游目的地城市是全省的旅游集散中心和旅游吸引中心，在功能上要求同时具备三个功能：第一，是全省旅游吸引的核心城市，自身具备完善的旅游吸引物；第二，具有完善的旅游接待服务功能，包括餐饮、住宿、娱乐，以及旅游信息服务功能；第三，能够对周边景区起到辐射带动作用，是周边景区的集散中心。根据全省的城市体系特征和城市旅游发展状况，重点建设三个二级旅游目的地城市：绍兴、衢州、丽水。

(2) "江南经典文化"旅游目的地城市绍兴

以"江南经典文化"旅游目的地城市为建设目标，以强化绍兴水城形象，营造江南水乡城市景观环境，打造以江南文化为底蕴，以古城为依托的特色文化旅游目的地作为旅游目的地城市建设的重要内容，着力打造"古越文化寻踪"、"文化名人探访"、"风情文化体验"、"江南名城观光"四个特色品牌，加强非物质文化遗产的旅游利用和旅游要素特色化开发，使绍兴成为"江南传统文化展示的精华之城"。

(3) "灵性与传奇"的浙西南旅游目的地城市衢州

以建设"灵性与传奇"为主题的浙西旅游目的地城市为目标，重点打造"衢州古城"、"地质奇观"、"仙霞古道"、"钱江源头"四大特色品牌，改善与提升衢州旅游形象。从宏观区域发展角度重新认识区位优势，强化区域合作，借力增强旅游综合竞争力。完善城市接待服务功能，与四省世界级旅游地之间形成互补。有效整合周边区域旅游资源，建设跨区域旅游服务基地与组织集散中心，带动整个市域旅游产业的快速发展。

(4) "山骨水形"的生态休闲型旅游目的地城市丽水

以建设"山骨水形"为主题、长三角重要的生态休闲型旅游目的地城市为目标，全面塑造城市山景风貌、水景风貌，有效保护生态旅游资源和环境，重点打造生态、文化、特色商品三大品牌，加强中心城区和核心旅游景区的旅游设施建设，全面优化旅游环境。

综合以上内容，浙江省三大区域性旅游目的地城市功能定位、核心产品、支撑景区和建设目标见表1-2-21。

表 1-2-21 浙江省区域性旅游目的地城市

旅游目的地城市	功能定位	核心旅游产品	支撑性旅游景区	目的地品牌建设目标
绍兴古城文化型旅游目的地城市	在全国具有重要地位的历史文化旅游名城	文化观光、休闲度假	古城景区、兰亭、鉴湖	面向国际和国内远程市场的历史文化名城旅游品牌
衢州历史文化名城旅游目的地城市	长三角地区新兴的历史文化旅游目的地城市，浙江省旅游西进重点建设的旅游目的地城市	古城观光旅游，特色文化旅游、都市娱乐	衢州古城、烂柯山	面向中远程市场的文化观光和都市娱乐旅游品牌
丽水生态型旅游目的地城市	长三角地区重要的生态型旅游目的地城市，浙江南部生态休闲旅游重要依托城市	生态休闲旅游	瓯江生态休闲旅游带、缙云仙都	面向近程休闲旅游市场的旅游目的地城市

4. 特色专项旅游目的地城市

（1）遴选条件

特色专项旅游目的地城市是全省中具有一定特色的目的地城市，要求具备以下功能：第一，具有开发为特色旅游产品的特色旅游吸引物；第二，是区域性的旅游接待和集散中心；第三，能够对周边景区起到辐射带动作用，是周边景区的集散中心。根据全省的城市体系特征和城市旅游发展状况，重点建设四个特色专项旅游目的地城市：湖州、嘉兴、舟山、台州。

（2）以丝茶竹笔、山水湖州为特色的旅游目的地城市湖州

以建设丝茶竹笔、生态滨湖为特色的旅游目的地城市为目标，着力打造"太湖度假、竹乡休闲、浙北生态、丝茶文化"旅游特色品牌。挖掘丝绸、茶、竹、太湖等的文化内涵，加强书画文化、湖商文化等非物质文化的挖掘，营造江南文化意境。加快构建生态休闲、文化休闲、美食休闲、运动休闲、时尚休闲等多样化的休闲度假旅游产品集群。积极推动长三角区域旅游合作，努力建设成为长三角地区重要的休闲旅游目的地。

（3）以红色摇篮和水乡风情为特色的旅游目的地城市嘉兴

以建设红色摇篮和水乡风情为特色的旅游目的地城市为目标，以红色旅游、水乡景观、特色购物为重点发展方向，挖掘整合红色旅游资源、非物质文化资源、社会经济文化资源、休闲度假资源，打造具有地域特色和市场竞争力的旅游吸引物体系。突出提升旅游购物、娱乐功能和设施，实现旅游要素的特色化。加强旅游开发中社会经济要素的融入，延伸旅游产业链。

（4）以宗教文化、新"海"字系列为特色的旅游目的地城市舟山

以建设宗教文化和海洋休闲为特色的旅游目的地城市为目标，突出宗教文化和海洋休闲度假旅游为核心的产品体系构建。注重佛教文化氛围的营造，将佛教文化主题融入到城市景观的塑造和旅游要素的开发中，重点开发海钓、游艇、海洋主题公园等新"海"字系列旅游产品，海洋历史文化、海洋军事文化等特色产品，辅助于传统 3S 休闲度假，将舟山建设成为浙江省宗教旅游的核心旅游目的地和长三角区域性海洋运动休闲旅游度假中心。

（5）以海韵绿城和活力之都为特色的旅游目的地城市台州

以建设神奇山海和活力之都为特色的旅游目的地城市为目标，以山水风景资源、宗教文化资源、海洋海岛资源和民营经济产业观光组成主题旅游城市的内容，以营造海滨绿心城市优质的旅游环境质量为重点，将台州打造成为商贸经济旅游目的地城市。通过点轴扩张模式整合城市和周边地域旅游资源，打造主题旅游线路，形成台州旅游的核心吸引。

综合以上内容，浙江四大特色专项旅游目的地城市特色定位、核心产品见表 1-2-22。

表 1-2-22　浙江省特色专项旅游目的地城市

旅游目的地城市	特色定位	核心旅游产品
湖州	以丝茶竹笔、山水湖州为特色的旅游目的地城市	丝茶文化、生态休闲、文化休闲、美食休闲、运动休闲、时尚休闲
嘉兴	以红色摇篮和水乡风情为特色的旅游目的地城市	红色旅游、休闲度假、商贸购物

续表

旅游目的地城市	特色定位	核心旅游产品
舟山	以宗教文化、新"海"字系列为特色的旅游目的地城市	宗教文化、新"海"字系列旅游产品、海洋历史文化、海洋军事文化产品、休闲度假
台州	以海韵绿城和活力之都为特色的旅游目的地城市	山水观光、宗教文化旅游、海岛观光休闲、产业旅游

5. 特色旅游目的地城镇

特色城镇是浙江省具有竞争力的旅游资源,也是浙江旅游目的地建设的重点区域。根据城镇文化特色和旅游产品建设现状,重点建设四大类特色旅游目的地城镇:

- 文化观光、休闲、民俗体验类旅游目的地;
- 商贸购物类旅游目的地;
- 影视文化类旅游目的地;
- 特殊主题类旅游目的地。

浙江省四大类特色旅游目的地城镇代表城镇、主导产品和建设目标见表1-2-23。

表1-2-23 浙江省特色旅游目的地城镇

目的地类型	代表性旅游目的地城镇	主导旅游产品	目的地品牌建设目标
文化观光、休闲、民俗体验类	乌镇—西塘—南浔江南古镇文化类旅游目的地城镇	以提供具有江南文化特色的民俗体验旅游活动为主,突出民俗文化特色的文化休闲空间,拓展古镇数量,建设江南文化古镇群旅游目的地	打造世界知名的古镇群旅游品牌
商贸购物类	义乌—永康商贸购物类旅游目的地城镇	构造完善的商贸旅游服务体系,包括为商贸游客提供的特色休闲服务,为观光游客提供的购物零售服务	打造中国商贸购物旅游第一城的城市旅游品牌
影视文化类	横店影视文化类旅游目的地城镇	将影视文化作为旅游开发主题,打造我国影视旅游中心	打造"中国好莱坞"旅游品牌
特殊主题类	溪口特殊主题类旅游目的地城镇	将丰厚的民俗文化与历史事件结合,打造主题特色突出的旅游城镇	打造特殊主题的旅游品牌

6. 核心旅游目的地景区

根据全省旅游资源赋存条件、旅游产业布局的空间结构特征和旅游经济强省的目标,率先打造大西湖、象山湾、雁荡—楠溪江三个在全国乃至世界有影响力的旅游目的地景区,形成在品牌旅游目的地带动之下的、布局合理的旅游目的地体系。

(1) 杭州大西湖

地域范围以西湖风景名胜区为核心,并包括周边的西溪、之江旅游度假区、湘湖等旅游区、城市特色景观风貌区、城市旅游功能区及生态控制区。将大西湖作为丝·茶·国画世界非物质文化遗产的主要承载地,推动丝·茶·国画和西湖申遗进程,为大西湖旅游区发展营造核心动力;以大西湖品牌整合西湖及杭州城区的历史、文化以及非物质文化遗产资源,加强旅游区与城市功能区和周边旅游地的功能衔接、景观互补和线路共组,实现城(中心城区)、湖(西湖)、景(周边景区)一体化发展。将大西湖旅游区打造成为代表杭州旅游以及浙江旅游品牌形象的世界级游览休闲胜地,社会、经济、生态、文化等综合效益显著的综合性旅游区。

(2) 宁波象山湾

地域范围包括象山港、松兰山、石浦、蟹钳港、三门湾等地域,以及周边海岛和特色旅游城镇。以"休闲、时尚、生态"为主题概念营造度假环境,强化主题性、景观性、康益性、舒适性、安全性五个方面的度假环境特征。重点开发度假置业、游艇、邮轮、主题公园等高端旅游产品,设计多样化的休闲旅游产品。将象山湾打造成为长三角地区首选的休闲度假旅游目的地,新"海"字系列国际高端产品专项旅游目的地。

(3) 温州雁荡—楠溪江

地域范围包括雁荡、楠溪江。以申遗为抓手,进行两旅游区的资源整合和品牌打造。通过空间管制和合理的空间功能区划,建立旅游资源和环境保护与利用的良性机制。加强两大旅游区开发过程中的相互借鉴与融合。在雁荡—楠溪江山江一体化开发的基础上,加强与乐清湾(海)和温州城区(城)之间的联动开发。将雁荡—楠溪江打造成为以典型江南山水和文化意境为特色的国际旅游目的地。

7. 重点旅游目的地景区

依托旅游目的地城市,重点建设一批旅游目的地景区,形成在国际或国内中远程市场具有较高知名度的品牌旅游区。

在空间布局上,以11个旅游枢纽城市为依托,重点建设综合类、宗教类、生态类、休闲度假类、乡村休闲类五大类共27个重点旅游目的地景区,形成在国际或国内中远程市场具有相当知名度的品牌旅游区。

按照旅游目的地建设要求,每一个旅游区不仅要具备完善的游览功能或游憩功能,而且要具备完善的接待服务设施、丰富的游憩活动、便利的交通条件,能够提供具有很强时效性的旅游信息服务。

建设六个综合型旅游目的地景区。重点打造千岛湖、缙云仙都、江郎山—廿八都、钱塘江潮—盐官、五泄—西施故里、四明山六个综合性旅游目的地景区。以已经形成一定品牌的观光类资源为依托,完善旅游综合服务功能,塑造独立的旅游目的地品牌,并能够辐射周边旅游区点,形成二级旅游接待中心。

建设两个宗教型旅游目的地景区。重点建设普陀山、天台山—大佛寺两个宗教型旅游目的地景区,形成具有全国品牌影响的宗教型旅游目的地。

建设五个生态型旅游目的地景区。重点打造南麂列岛、凤阳山—百山祖、天目山、长兴古生态、钱江源五个生态型旅游目的地景区,按照生态旅游开发要求,建设具有完善的生态科普、生态观光设施及生态型接待设施的生态旅游区。

建设11个休闲度假型旅游目的地景区,包括滨海休闲度假、滨湖休闲度假、温泉度假等三个类别。重点打造九龙山、嵊泗海岛、大陈岛、洞头岛、杭州湾滨海休闲旅游区、武义温泉、泰顺温泉、东钱湖、环太湖、莫干山—下渚湖、瓯江—云和湖11个休闲度假型旅游目的地景区,形成具有综合服务功能、娱乐功能、游览功能的旅游目的地,同时也是全省的二级旅游接待服务中心。

建设三个乡村休闲型旅游目的地景区。重点打造安吉、临安、遂昌三个县市的乡村休闲型旅游目的地景区。

综合以上内容,浙江省五大类重点旅游目的地景区主导旅游产品和目的地品牌建设目标见表1-2-24。

表 1-2-24　浙江省重点旅游目的地景区

目的地类型	旅游目的地景区	主导旅游产品	目的地品牌建设目标
综合型旅游目的地景区（6个）	千岛湖观光、休闲旅游区	自然与文化观光、宗教观光、休闲度假旅游	国际、国内远程市场著名都市旅游品牌;面向国内市场的宗教观光旅游品牌
	缙云仙都风景旅游区	观光游览、文化体验、休闲度假	面向国际特殊市场和国内旅游市场的黄帝文化旅游品牌;面向国内市场的山地休闲度假旅游品牌
	江郎山—廿八都风景旅游区	观光游览、文化旅游、自助游	面向全国旅游市场的风景观光、文化体验旅游品牌
	钱塘江潮—盐官历史名镇旅游区	自然观光旅游、文化观光旅游	面向国际、国内旅游市场的自然奇景、民俗文化旅游品牌
	五泄—西施故里山水文化旅游区	自然观光旅游、文化观光旅游	面向国内中远程市场的文化品牌
	四明山生态休闲旅游区	山地生态、休闲度假、红色旅游	面向国内市场的山地生态休闲度假和红色旅游品牌
宗教型旅游目的地景区（2个）	普陀山—朱家尖宗教文化、休闲旅游区	宗教观光旅游、文化观光旅游	面向全国旅游市场的宗教旅游品牌
	天台山—大佛寺宗教旅游区	宗教观光旅游、文化观光旅游、影视文化旅游	面向全国旅游市场的宗教旅游品牌
生态型旅游目的地景区（5个）	南麂列岛生态旅游区	生态旅游、海洋休闲旅游、海岛观光旅游	面向中远程市场的生态旅游品牌
	凤阳山—百山祖生态旅游区	生态科普旅游、休闲度假旅游、剑瓷文化旅游	面向中远程市场的生态观光、科普旅游品牌
	天目山生态旅游区	生态旅游、休闲度假旅游、乡村旅游	面向国内中远程市场的生态科普旅游品牌
	长兴古生态旅游区	古文化观光、考古科普	面向中远程市场的生态科普旅游品牌
	钱江源生态旅游区	生态旅游、休闲度假旅游、乡村旅游	面向国内中远程市场的生态旅游品牌

续表

目的地类型	旅游目的地景区	主导旅游产品	目的地品牌建设目标
休闲度假型旅游目的地（11个）	九龙山高端旅游度假区	滨海休闲度假旅游	面向中高端市场的知名度假品牌
	嵊泗海岛生态休闲旅游区	海岛、海洋探险旅游、海洋运动休闲旅游产品	面向国内和国际特殊旅游市场的知名度假品牌
	大陈岛海岛生态度假旅游区	海岛生态度假、休闲观光、红色旅游、科考修学	国内著名的海岛休闲度假品牌
	洞头岛滨海休闲度假区	会议、休闲度假、高端休闲旅游产品	国内著名的滨海休闲度假品牌
	杭州湾滨海休闲旅游区	滨海休闲度假、会议旅游	国内著名的滨海休闲度假品牌
	武义温泉旅游度假区	康体、休闲、度假、娱乐旅游	面向国内中远程市场的温泉度假旅游品牌
	泰顺温泉旅游度假区	康体、休闲、度假、娱乐旅游、廊桥文化观光	面向国内中远程市场的温泉度假旅游品牌
	东钱湖休闲度假旅游区	文化休闲、观光游览	面向中、近程市场的文化休闲旅游品牌
	环太湖旅游度假区	休闲度假、乡村旅游	面向中、近程市场的休闲旅游品牌
	莫干山—下渚湖山水休闲度假区	山地休闲度假、湿地观光休闲	面向中、近程市场的休闲度假旅游品牌
	瓯江—云和湖滨水休闲旅游区	休闲度假旅游、乡村旅游	面向中、近程市场的休闲旅游品牌
乡村休闲型旅游目的地（3个）	安吉乡村休闲旅游区	乡村旅游、生态旅游	面向长三角和周边其他地区的乡村旅游品牌
	临安乡村休闲旅游区	乡村旅游、自然观光旅游	面向长三角和周边其他地区的乡村旅游品牌
	遂昌乡村休闲旅游区	乡村旅游、山地观光休闲、购物旅游	面向长三角和周边其他地区的乡村旅游品牌

第六章 旅游产品规划

一、规划目标与原则

1. 总体思路

进一步调整深化浙江省旅游产品开发思路,推动旅游产品开发从铺摊子式发展转变为重点突破提升,从注重景区景点建设转变为资源综合深度开发,从致力旅游产品开发转变为大力打造旅游精品,从重视发展观光旅游转变为旅游产品的多元化开发,从以面向国内市场为主的旅游产品结构转变为同时面向国际、国内两个市场的旅游产品结构。

以属性型产品、线路型产品、景区景点型产品、要素型产品、服务型产品、节庆活动产品为主要类别,构建多层次、多功能、结构优化、具有国际竞争力的旅游产品体系。

在分析浙江省旅游资源本底和旅游市场前景的基础上,确定全省旅游产品开发的总体发展思路和发展目标为:

高端化、特色化、精品化、综合化、国际化

以此为目标的旅游产品体系是浙江省打造旅游经济强省和海内外首选的旅游目的地之一的基础。

- 高端化:以市场为导向进行高端旅游产品开发,提升浙江旅游产品档次水平,推进浙江省旅游产品体系进一步成熟。
- 特色化:旅游产品特色鲜明,具有特定主题,反映浙江地脉和文脉,带有鲜明的浙江地域色彩。
- 精品化:打造旅游精品,塑造品牌项目,提升浙江旅游的美誉度和影响力。
- 综合化:文化体验、环境意境与休闲度假、观光游览、商务会展等的有机融合。
- 国际化:大力培育面向国际市场的旅游产品,提高浙江旅游在海外的认知度和影响力,推动浙江旅游国际化发展进程。

2. 具体目标

浙江省现有的传统旅游产品开发相对较成熟,山水观光、古镇(古城、古村落)观光等产品已经有很高的市场知名度。但缺少垄断型、拳头型产品,现有产品在更新升级与市场需求方面存在脱节,开发深度、特色挖掘不够,与周边区域雷同项目较多,市场竞争优势不突出,尤其对国际市场吸引力严重不足。针对浙江旅游产品现状特点和存在问题提出旅游产品规划的具体目标:

(1) 优化产品结构,形成具有国际竞争力的旅游产品体系

以高端旅游产品培育、传统旅游产品提升、特色旅游产品开发为重点,以观光游览、休闲度假、文化旅游、商务会展、海洋旅游、乡村旅游、生态旅游和红色旅游产品为主导,以属性型产品、线路型产品、景区景点型产品、要素型产品、服务型产品、节庆活动产品为主要类别,构建多层次、多功能、结构优化、具有国际竞争力的旅游产品体系。

（2）调整产品开发导向，探索多元化的产品开发机制

根据产品的市场认知程度，决定产品开发的优先秩序。通过产品的分期开发，逐步实现产品开发导向由现有的资源导向向资源导向、市场导向相结合方向转变。除现有的资源型产品外，探索资本型产品、创意产品等多元化的产品开发动力机制。

（3）重组优势地域，以培育国际、国家级旅游目的地为目标建设旅游产品集群

以培育浙江省国际旅游目的地为目标，依托旅游资源、客源市场、区位交通、经济支撑等条件，按照旅游产品在空间上的优势聚集地域，整合旅游资源，组合旅游产品属性，打造支撑国际、国内、区域旅游目的地的旅游产品集群。

3. 规划原则

（1）品牌塑造

旅游产品的品牌是旅游目的地参与市场竞争的主要载体。旅游品牌的形成，有助于扩大旅游产品在广大范围内的宣传，加强游客的主观印象，对旅游者在旅游目的地的选择上，有着明确而积极的影响。为此一个优秀的旅游目的地，必须形成自己独有的旅游产品品牌，以影响更大范围的游客。同时对于不断发展着的旅游活动，只建立起旅游产品品牌还不够，还应该建立起在原有资源基础上不断创新，不断突出自身特色的旅游产品系统，以应对不断变化的旅游者的需求。重点开发、提升一批较为成熟的旅游产品，塑造五到六个代表浙江特色的产品品牌，建立具有地域特色和主导旅游产品属性的精品旅游区，营造精品化的服务与精品化的旅游感受。

（2）因地制宜

对于旅游目的地而言，旅游资源的开发、优化和创新都离不开自身所拥有的旅游资源和本身的环境要素以及旅游者的需求，离不开地域的文脉（经济、文化、社会等人文环境特征）和地脉（地质、水文、气候、土壤等自然地理环境特征）基础，包含了综合的、地域性的自然地理、历史文化传统和社会心理积淀的时空组合。任何当地旅游资源的开发与旅游产品创新，都要充分考虑到当地的文脉和地脉的继承与发展。因地制宜的旅游产品提升才能充分发挥出本地域特色，取得理想的效果。

（3）品位提升

在各种旅游资源中，文化含量越丰富，就越具有吸引力，文化品位越高，旅游产品的品位也就越高，因此在旅游产品的提升中要做到对高质量和高品位的追求，克服低水平重复建设和亦步亦趋的弊端。对于传统的旅游产品，要根据不同发展时期游客的消费诉求，在把握未来消费走向的基础上，进行合理延伸和创新，预见性地推出创新的旅游产品。对于周边类似的旅游产品，要强调内容、环境以及品位档次的差异性，才能在竞争中取胜。

（4）组合开发

在全省范围内打造完整的旅游产品体系，完善旅游产品种类。按照旅游产业集聚区域组合各类旅游产品，打造以旅游目的地建设为目标的旅游产品集群。依靠观光旅游资源和传统的旅游产品发展旅游，难以满足目前浙江省旅游市场的需求。旅游资源的开发与提升应以创新为手段，加快开发休闲旅游、度假旅游、商务旅游、疗养旅游、会议旅游、科考旅游等非观光性旅游产品，努力开发品种多样、内涵丰富、品位高雅的旅游产品和旅游项目，主动适应旅游市场发展需求。

(5) 生态保护

保护旅游赖以生存的资源环境,保持人地关系和谐,生态系统可持续发展,保证浙江旅游产品开发的社会效益和生态效益。

二、规划重点

1. 积极培育以市场为导向的高端旅游产品

(1) 市场基础

目前,高端旅游产品已经成为世界旅游发展的新方向。高端旅游产品直接面向富裕市场,以顶级的旅游环境、旅游设施、旅游服务组合成豪华旅行。开发高端旅游产品带来的利润空间巨大,包括品牌提升、形象塑造的综合效益和行业辐射效应很强。对于浙江来说,开发高端旅游产品是提升产品结构体系和旅游品牌,提升经济效益,增加入境旅游份额,打造国际旅游目的地的有效保证。

全球最大的资产管理公司之一的美林集团发表的《2006年度全球财富报告》和《亚太地区财富报告》显示,中国内地的富裕人士(即扣除自住的房地产外,拥有超过100万美元金融资产的个人)数量达到32万人,财富总额为1.59万亿美元。同时有资料显示,中国目前有50万的千万富翁人群,更有远远超过百万的人群有能力接受豪华旅游计划。这部分人群是浙江高端旅游产品的直接指向市场。

其次,由于商务旅游者有公司(政府)的资金支持,对价格不敏感,对服务设施条件要求较高,在旅游消费上具备高端市场的特征。浙江省及周边地区经济发达,商贸商务活动频繁,城市商务、会议、展览设施有一定基础,这部分商务市场也较为庞大,是浙江开发高端旅游产品的主要市场。

此外,根据对北京市的高端旅游市场的研究,高端旅游消费群体包括中产阶层。而有调查报告预计,未来五年内中国将有两亿人口进入中产。这部分中产阶层市场对浙江高端旅游产品是一个具有挖掘潜力的巨大市场。

(2) 开发方向

根据浙江旅游资源环境基础,针对市场特征,重点培育消费水平较高、环境条件较好、旅游服务规范、具有一定专业技术含量的高端旅游产品,主要包括高端运动型旅游产品、高端置业型度假产品、高端度假型产品、大型会议或事件等。

- 高端运动型旅游产品:包括高尔夫、马术马球、狩猎、跳伞、滑翔、潜水、冲浪、游艇、私人飞机等。
- 高端度假型产品:包括豪华度假型酒店、保健疗养地、游艇度假地、海岛度假、邮轮度假等。
- 高端置业型度假产品:这类产品主要依托旅游资源环境而建,位于著名的风景区、温泉度假区、海滨度假区、休闲旅游区等旅游区内。主要的产品类型包括时权酒店、投资型酒店公寓、养老型酒店、度假别墅等。
- 大型会展或事件:包括各种国际博览会、交易会、洽谈会、咨询会,国际展览,各种专业化的国际论坛,国际性文化、娱乐、体育节庆或赛事活动,大型纪念活动等。

(3) 开发重点

- 高尔夫产品

目前浙江省建设了杭州西湖国际高尔夫乡村俱乐部等一批高尔夫俱乐部(表1-2-25),其中已经建成达到国际标准的高尔夫球场有三个,在全国28个拥有达到国际标准高尔夫球场省区市中排第15位(表1-2-26),这与浙江作为中国长三角经济强省的地位不符。为了规范高尔夫休闲度假产业的发展,2003年浙江省计委等六部门提出《适度建设浙江省高尔夫球场项目的指导意见》,制定《浙江省高尔夫球场建设项目用地控制指标(试行)》,提出了政府规划引导、市场化运作的发展模式,选择在经济相对发达、旅游资源丰富、对外开放程度较高的地区,适度建设一批高尔夫球国际标准比赛场、普通场地以及配套的训练、休闲场地,促进浙江省高尔夫运动有序发展。随着社会经济以及浙江旅游的发展,高尔夫旅游的市场规模一定会继续扩大,对促进当地经济发展和就业起到积极推动作用。

但由于国内目前存在的高尔夫球场建设无序、强占耕地、违规开发等现状问题,国务院办公厅于2004年1月对各省、自治区、直辖市人民政府及国务院各部委、各直属机构发布了《关于暂停新建高尔夫球场的通知》,提出暂停新建、清理已建在建、规范已建运营、加强督促检查和指导的四项通知。高尔夫旅游产品开发受国家宏观调控及土地、税收政策影响较大,近期内应根据国家政策控制高尔夫球场的新建,对现有已建和在建的高尔夫球场进行审批检查、规范运营,从生态保护、节事促动、产品联动等方面将高尔夫旅游产品开发带入规范轨道。

表1-2-25 浙江省高尔夫球场情况

名称	地点	开业时间	规模	球洞数
杭州西湖国际高尔夫乡村俱乐部	杭州	1997年	4 000亩	36洞(规划)
浙江杭州富春山居高尔夫球场	杭州	2001年	6 684亩	18洞
浙江海宁尖山高尔夫俱乐部	嘉兴	2003年	3 600亩	36洞
浙江宁波启新绿色世界高尔夫俱乐部	宁波	1999年	1 800亩	18洞
浙江宁波东方高尔夫俱乐部	宁波	—	1 500亩	18洞
浙江温州东方高尔夫俱乐部	温州	—	1 200亩	18洞
浙江绍兴鉴湖高尔夫俱乐部	绍兴	2005年	7 435亩	18洞

表1-2-26 全国28个省区市国际标准高尔夫球场数量统计

省区市	球场	省区市	球场	省区市	球场
广东	42个	云南	5个	安徽	1个
北京	23个	河北	4个	贵州	1个
上海	17个	辽宁	4个	新疆	1个
深圳	12个	云南	5个	黑龙江	1个
海南	11个	浙江	3个	吉林	1个
山东	10个	湖北	3个	河南	1个
福建	8个	重庆	2个	内蒙古	1个
江苏	7个	四川	2个	江西	1个
广西	5个	湖南	2个	平均值	6.63个
天津	5个	陕西	2个	—	—

高尔夫旅游产品开发思路：

生态保护开发：高尔夫建设过程中大量填土方、疏水路的工程很容易对水源造成污染，并破坏山体结构。在高尔夫球场的后续维护阶段，少数商家可能为降低维护成本，使用毒性强烈、不易分解的药物，这也会造成严重的污染问题。因此，在开发高尔夫旅游中必须注重生态保护，避免产生外部不经济性。

节事促动开发：高尔夫旅游市场客源不充裕与其自身是一项高消费的项目有关，同时也由于高尔夫旅游未被消费者认识与接受或者即使被知晓但是认识不全面，相对于其他传统旅游产品来说知名度远远不够。浙江省节事活动众多，可以借助节事活动中人员众多、影响力大的优势，对高尔夫旅游进行广泛推介，或直接以高尔夫旅游为主题举办节事活动，更能够达到引起关注、迅速传播的良好效果。

产品联动开发：高尔夫产品联动开发策略主要包括两个方面：一方面，是为了弥补产品形式单一的弊端，利用高尔夫旅游展开自身所依托的优美景色，开发与观光、休闲、度假、游艇等产品组合的复合型产品；另一方面，由于其知名度不足，应借助高尔夫球场（俱乐部）周边热点景区（点）的"旅游热"，带动高尔夫旅游的发展壮大。

- 游艇产品

浙江省近几年游艇经济已开始起步，仅千岛湖就拥有游艇俱乐部三家，而当地生产的第一艘豪华游艇也已投入使用。浙江的游艇展已成为中国五大著名游艇展（上海/杭州/广州/青岛/大连）之一，政府、企业对游艇业的热情普遍升温，杭州、宁波、嘉兴、舟山和温州等地都有发展游艇业的思路和规划。浙江省于2006年7月1日出台了国内第一个有关游艇管理的省级政府性文件——《浙江省游艇俱乐部项目发展指导意见》，该意见提出到2010年浙江省游艇俱乐部总量控制在15个以内，对游艇俱乐部项目的用地将严格控制，游艇项目建设不得用政府性资金等措施。

浙江省发展游艇度假拥有巨大的潜在消费人群，但是游艇市场正处于起步阶段，发展游艇度假应从以下几个方面着手：

加强配套设施建设，完善相关服务体系，重点是按国际标准建立一定数量的游艇俱乐部。俱乐部建设可采取引进国外知名游艇投资商的策略，借助其雄厚的资本和管理经验。俱乐部提供的主要设施与服务包括：游艇专用码头、游艇租售、维修养护、驾驶培训、领航开航及配套休闲娱乐等服务。

出台全省的游艇旅游发展专项规划，划定游艇项目的区域与航段，加强区域合作，统一全省的游艇航道管理，消除省内不同地区对游艇驾照的使用限制。

游艇基地选择要注意避开水源地和自然保护区。重点在杭州、舟山、温州、台州、宁波、湖州等沿海、沿江、沿湖有优良游艇港口条件及经济活跃的区域发展游艇度假，主要包括：杭州"三江一河"地区、湖州太湖旅游度假区、千岛湖旅游度假区、宁波象山港休闲旅游目的地、舟山朱家尖旅游度假基地、嵊泗和岱山特色海洋休闲旅游区、温州市区、苍南滨海度假基地、台州三门湾等。

- 邮轮产品

作为国际旅游市场一项高端旅游项目，邮轮旅游一直被认为是休闲度假和观光旅游的完美结合，据预测未来十年全球邮轮游客将会由目前的400万人次增加到超过1 600万人次。中国邮轮经济正在蓄势待发，近年来，中国的邮轮旅游人数以8.1%的速度逐年增长，高于国际每年4%的增长速度。我国大部分沿海港口城市的人均GDP均已超过3 000美元，随着经济实力的发展，我国居民对邮轮旅游的兴趣会不断加大。

2006年11月，"2006年中国邮轮游艇发展大会"在上海举行，会议阐述了各部委在我国邮轮、游艇产业发展方面的政策,介绍了各地发展邮轮、游艇产业的规划和思路,提出了国际邮轮公司进军中国市场的战略构想,促进了国内外邮轮产业交流与合作,将邮轮游艇定位为我国极具有发展潜力的朝阳产业。

近两年来,上海、天津、大连、青岛、厦门、三亚、秦皇岛、威海等港口城市越来越重视邮轮产业的发展;尤其在环渤海区域内,各港口城市已将区域联动发展邮轮产业,定位为打造环渤海旅游圈的重要引擎之一;上海作为中国最大的港口城市,正致力于建设上海国际航运中心,其建设邮轮母港、打造世界著名邮轮中心城市的步伐也逐步加快。浙江省作为中国经济发展实力位居全国第四的省份,已经具有发展邮轮旅游产品的实力与需求,且具有发展海上邮轮旅游的良好基础,包括优越的地理位置,良好的港口条件,完善的大型购物、餐饮与宾馆设施,周边大量的优质旅游资源等。

浙江省邮轮旅游产品的发展思路为:

依托浙江沿海的国际化旅游目的地城市宁波、温州优良的港口、港湾条件发展邮轮旅游,开发至香港、东南亚和我国东南沿海主要城市的邮轮线路,进而成为浙江发展境外旅游的一个重要通道。

统一规划,布局邮轮母港,控制港口用地及周边服务配套用地,分期分批重点发展浙江邮轮旅游,避免重复建设;出台浙江邮轮旅游发展、管理的指导意见,做好市场监督管理工作,避免盲目、无序发展。

加强人才培训和专业旅行社的培育。引进并培育邮轮旅游专业管理人才、服务人才,加强人力资源管理;引导建立邮轮旅游专业旅行社,为邮轮旅游配套完善的综合服务体系。

• 置业型度假产品

依靠得天独厚的旅游资源优势和快速发展的旅游产业,近年来浙江置业型度假产品取得了较快的发展,尤其是产权式酒店项目在全国范围内发展早,发展速度快,影响力较大。

未来浙江省置业型度假产品主要开发类型包括依托自然资源(滨海、滨湖、山地)的置业产品和依托高端运动(高尔夫、游艇)的置业产品。可选择在宁波象山、东钱湖,舟山朱家尖、嵊泗列岛,温州苍南、洞头列岛、南麂列岛,台州大陈岛、大鹿岛,杭州湘湖、千岛湖,嘉兴平湖,湖州太湖,金华仙源湖、三门蛇蟠岛等区域重点开发。

整合旅游六要素,着力打造浙江省旅游度假置业产品品牌。完善包括饭店、度假区、产权酒店、旅行社、景区开发等在内的旅游产业链,为旅游置业产品购买者提供良好的配套服务与环境。在土地、税收政策上对比较有实力的旅游地产开发商予以一定的扶持,同时推广代表性旅游地产企业的成功经验。

建立和健全浙江省分时度假旅游房地产度假使用权交换网络。浙江省休闲度假旅游资源丰富,可进行省内和长三角区域分时度假旅游房地产度假使用权的交换。通过建立交换公司或成立度假联盟,浙江省可以加强经营商之间的联合,提升产品的价值,充分体现其可交换性的魅力,满足消费者多样化的度假需求。

政府应提供必要的法律保障。加紧对旅游房地产市场的规范和管理,尽快出台并完善有关法律法规,如对旅游房地产业务的界定,开发商、销售商、交换商资格的审定,融资过程的管理,信息明示的规定,合同规范化管理,房产开发、交易、转让、租赁行为的规范,营销方式的管理,会员卡的管理,消费者期权、所有权、使用权的保护等方面的法律法规。

2. 提升和优化以资源、环境为基础的传统旅游产品

(1) 开发现状

从目前浙江省旅游资源类型和已开发的旅游景点分析,依托资源、环境的传统产品类型以观光旅游产品为主,主要包括山水观光、人文遗迹和宗教文化旅游产品等,还有部分乡村休闲、滨海度假产品,景点数量较多,开发较为成熟。

随着国内外旅游需求的增长和提高,开发较早的浙江传统旅游产品面临着产品老化、吸引力下降的问题。许多自然观光类产品的开发过于粗糙,文化类产品开发浮于表面,乡村旅游缺乏规范,旅游季节集中,旺季时超负荷运转等现象严重。总体来说,一些传统旅游产品尚处于粗放式的开发状态,对资源环境保护的意识不强,随着设施的陈旧、新景点的更替,吸引力将逐渐下降,迫切需要对其进行提升和优化。

(2) 开发方向与重点

传统旅游产品的提升和优化主要包括几个系列,即自然观光产品、文化旅游产品、都市旅游产品、乡村旅游产品、滨海旅游产品。通过整合、深化、优化相关产品,增强产品内涵,突出地方性、文化性、体验性,带动全省旅游产品档次提高和资源环境可持续发展,使浙江省传统的旅游区(点)重新焕发活力。

- 自然观光产品:提升自然观光产品,打造精品景区。进一步加强自然旅游资源和生态环境的保护,避免过度开发破坏自然生态环境;针对早期开发的山岳、森林、洞穴、湖泊等自然观光产品老化问题,加强自然观光与文化观光的结合,加强观光与休闲、度假产品的结合,通过多样化的互动发展促进自然观光产品向复合型产品转变,促进产品结构的升级换代;重视参与性活动的策划和个性化设计;加强旅游服务配套设施标准建设和旅游安全系统建设。

- 文化旅游产品:深层次开发文化旅游产品,完善旅游环境。加强对热点景区的容量监控和疏导,加大文化旅游资源保护力度;对浙江省古城、古镇、古村、古运河、名人故居、博物馆等文化旅游产品,深入挖掘文化内涵,通过对物质文化与非物质文化的充分利用,深层次、多主题地表现文化旅游内容,并通过创新展陈方式和表现手法,规范解说系统,提升服务配套设施建设,创造良好的文化旅游环境。

- 都市旅游产品:深化杭州、宁波、温州、金华、绍兴等市的都市旅游,从都市观光向都市休闲、商务会展、旅游购物、美食餐饮、文化娱乐等多功能复合型转变,充分利用城市基础设施与公共服务营造旅游环境,注重城市功能与旅游功能的融合。

- 乡村旅游产品:加强乡村旅游资源整合,加快散点旅游景点(景区)与当地乡村旅游点发展的融合,形成产业化、标准化的乡村旅游区域;深入挖掘乡村旅游的文化内涵,将民俗、风情、文化、节庆活动等有机联系起来,形成复合型乡村旅游产品。

- 滨海旅游产品:充分利用丰富的滨海岸线、海洋环境资源,分区域、分档次开发包括滨海度假、休闲、水上娱乐、海岛观景、观鸟、海浴、沙浴、日光浴等旅游项目;保护滨海旅游环境,控制滨海岸线用地和滨海景观轴线。

3. 重点开拓以社会经济、城镇发展为依托的特色旅游产品

(1) 条件依托

浙江省在社会经济、城镇发展方面具有显著的地域特色,将这些地域特色转化为旅游资源,开发为浙江特色旅游产品,不仅可以丰富浙江旅游产品结构体系,与周边地域形成差异化发展,还可以构建旅游产业与工、农、渔等其他产业的双向循环,实现旅游产业与区域社会经济特色的整合。

(2) 开发方向与重点

依托民营经济领先、制造业发达、城镇化迅速和商品市场繁荣的优势,大力发展商务会议、专业展览、产业观光、科技考察、商贸购物等多种形式的旅游活动,最大限度地把浙江各地的社会经济资源潜力

有效转化为现实的旅游生产力,形成具有浙江特色的旅游产品系列。主要包括:

• 商贸城镇旅游产品:以义乌、温州、上虞、慈溪、舟山、海宁、余姚、吴兴、路桥等市县为重点,开展商贸类城镇旅游。加强与商务、会展、购物、工业旅游产品的结合,完善城镇的商务、游憩和旅游功能,重点推出现代购物区、休闲游憩区、产业观光园区等典型区域。

• 商贸购物旅游产品:依托浙江商贸流通业发达的优势,依托全省4 000多家专业化的商品流通市场,以义乌、乐清、海宁、永康、诸暨、嵊州、浦江等市县为重点,发展商贸购物旅游。以区域特色产业为基础拓展旅游商品的开发范围,促进旅游商品的个性化和系列化。

• 专业会展旅游产品:依托浙江民营经济和产业优势,以义乌、温州、金华、衢州、海宁、永康、诸暨、嵊州、台州等市县为重点,发展服装、皮革、小商品等各类专业会展,开发会展旅游产品,配套旅游服务。

• 产业观光旅游产品:依托浙江发达的民营经济和丰富的现代工业名牌资源,以高科技企业、民营企业、展示古老传统技艺的老字号以及现代工业企业(集团)为发展基地,通过对工业企业传统和现代工艺流程、生产环境、生产线的展示,组织工业旅游,并将企业文化、现代企业管理制度的推介融于观光之中。

三、旅游产品开发方向

1. 旅游产品类型结构

在服务经济向体验经济发展的时代背景下,面对不断细分的市场和多元化的需求,围绕"诗画江南、山水浙江"的主题形象,将旅游产品从初级的观光向精品观光、休闲度假、商务会展、购物娱乐、节庆活动等各类综合性项目发展,积极探索旅游产品的升级和创新。按照属性分类,浙江旅游产品结构为:

• 主导旅游产品:包括观光游览旅游产品、休闲度假旅游产品、文化旅游产品、商务会展旅游产品、海洋旅游产品、乡村旅游产品、生态旅游产品和红色旅游产品。

• 辅助旅游产品:包括养生保健旅游产品、现代游乐旅游产品、美食购物旅游产品、体育旅游产品、科技旅游产品、修学旅游产品及特种旅游产品等。

2. 旅游线路产品建设

浙江省现已形成了多种线路型旅游产品,但还存在市场化不够、主题不鲜明等问题。

浙江线路型旅游产品的开发应结合浙江旅游区(点)的分布以及整个区域旅游发展的整体布局;针对特定旅游市场的需求意愿和旅游者行为法则的差异,设计不同的旅游线路产品;考虑旅游交通条件便捷,景点之间连接顺畅,旅行总时间与交通所需时间的比例恰当;注重线路上风景与名胜、山岳与湖泊等旅游资源的互补;注重旅游活动承接的合理,如观光与购物、休闲与度假、会议与都市观光休闲等;推出符合市场需求、空间组织合理的线路型旅游产品。

主要开发方向包括:

建设多主题线路产品:注重主题线路产品的包装和市场营销,宣传浙江旅游产品,提升浙江旅游品牌吸引力。重点主题线路为:世界浙江商务之旅、海上丝绸之路之旅、古越文化之旅、世界遗产之旅、水乡古镇之旅、海洋生态之旅、宗教文化之旅、红色之旅等。

建设不同的区域线路产品:按空间划分的旅游线路要落实地域,加强区域旅游资源的整合,注重交通组织的合理性。重点区域线路为:长三角区域旅游线路体系、浙赣闽皖区域旅游线路体系、浙苏环太湖风情旅游线、浙东风情旅游线、浙西山水旅游线、浙北运河古镇旅游线、浙中南生态文化旅游线、金衢丽风情旅游线、浙南瓯江旅游线、浙东沿海旅游线等。

建设不同的时段线路产品：按时间划分的旅游线路要充分市场化，针对不同客源市场设计不同游线，注重旅游景点游览、住宿、餐饮、交通、购物等旅游活动的组织，通过旅行社和散客咨询服务体系直接面向市场。重点建设线路为：一日/半日观光游、周末二日游、全周游。

3. 旅游产品品质提升

在浙江省5A级和4A级旅游区（点）中，风景名胜旅游区占一半以上（60%），主题公园和古镇古村旅游区较少，占16%和10%，而旅游度假区仅占6%。景区、景点产品存在结构不合理、景点老化、服务不配套等问题。应注重旅游活动的丰富和组合、资源环境的保护、配套服务的提升、景区管理的完善等方面工作，主要开发方向包括：

规范发展风景名胜、森林公园、地质公园、自然保护区等自然资源为主的景区，以自然资源和生态环境的可持续发展为基础，合理规划游览路线，完善旅游标识和配套服务系统，注重人工设施与自然环境的协调。

积极推进浙江省国家级和省级旅游度假区的建设和提升，注重度假环境营造和休闲项目策划，培育国际标准的度假区精品项目，配套服务设施和服务质量水平逐步与国际接轨。

深层次开发历史文化村镇类景区，对古村、古镇的整体风貌与环境氛围、空间格局、重要街区、重要节点进行科学保护与利用，深入挖掘文化内涵，注重参与性和体验性设计，营造文化旅游氛围。

提升发展博物馆、纪念馆、名人故居类景区，注重文物保护，进行主题延伸、扩展内涵，丰富展陈内容，加强景区、景点旅游解说系统建设。

提升发展宗教寺庙类景区，从格局、建筑、绿化、装饰等方面营造宗教文化环境氛围，开发佛事活动、禅茶文化、素斋素点、宗教纪念品等旅游产品，开拓港澳台、日韩、东南亚等宗教旅游专项市场。

谨慎发展主题公园类景区，主题公园投入高，风险大，回报期长，需在充分市场调查和行业调查后，谨慎发展，合理布局，避免同类产品的重复建设和无序竞争；大型主题公园宜选择在杭州、宁波等长三角核心城市群内的特大城市；针对具有浙江地域文化特色的主题内容，如山海经神话文化、海洋文化等，依托浙江省主要旅游目的地城市（杭甬温台）适度开发主题公园类景区。从时序上分析，浙江主题公园的成长期应在2010年以后，"十一五"期间上海主题公园的发展和上海世博会可作为浙江发展主题公园的重要参照。

4. 旅游产品要素完善

依托"食、住、行、游、娱、购"旅游六要素的配套设施，挖掘浙江地域文化和特色旅游内容，将硬件设施环境与旅游功能相融合，通过包装和宣传促销，提升要素设施的旅游吸引力，成为旅游目的地系统的重要组成部分。

根据游客出行方式的不同，除发展为团队游客服务的要素产品外，还要发展为散客服务的要素产品，尤其要扶持自驾车旅游。针对长三角地区越来越多的自驾车、背包族等自助游客，完善由旅游交通、旅游住宿、旅游餐饮、信息咨询、旅游安全等构成的浙江旅游自助服务体系。

要素产品开发方向包括：

- 住宿类产品包括具有地方文化特色或特定主题的住宿设施，如海洋文化主题酒店、神话主题酒店、海底酒店,以及水乡特色、古村落特色的民俗客栈等。

- 餐饮类产品包括具有地方文化特色或特定主题的餐饮街区、餐厅和特色美食,如酒吧街、美食街、海鲜街以及音乐餐厅、影视餐厅、艺术餐厅、水上餐厅、海底餐厅等。
- 购物类产品包括休闲购物街区、市场和特色旅游商品,如各类专业市场、民俗购物街、现代商贸街区以及各种小商品、服装、工艺品、纪念品、土特产品等。
- 交通类产品包括邮轮、游艇、特色游船(如乌篷船)、观光巴士等。

5. 节事活动类旅游产品开发

浙江省近年来也承办了一批国际性的节事活动,主要涉及商务、休闲、体育、文化等方面,以会展为主体的节事旅游有所发展。未来主要开发方向包括:

通过政府引导、企业运作,加快形成具有广泛影响力和持久生命力的"观光、休闲、会展"一体的大型旅游节庆活动,并以此为龙头,整合周边旅游资源和产品,着力提高旅游节庆活动的经济效益和社会效益,不断提升浙江旅游在国内外市场的知名度。大型会展及节事包括各种国际博览会、交易会、洽谈会、咨询会,国际展览,各种专业化的国际论坛,国际性文化、娱乐、体育节庆或赛事活动,大型纪念活动等。重点打造国际休闲博览会、杭州西湖博览会、杭州国际动漫节、宁波国际服装节、中国义乌国际小商品博览会、钱江国际观潮节、舟山国际沙雕节。着力培育金华黄大仙国际文化旅游节、绍兴江南水乡风情节、中国开渔节、中国农民旅游节等节事活动。

依托杭州、宁波、温州、金华等城市良好的商贸基础、经济环境、区位条件以及丰富的旅游资源条件,以现有休博会、西博会、浙洽会、博览会等会展活动为基础,培育大型、国际化、综合性会展,积极引进大中型专业会展,营造会展活动必备的学术氛围,提升旅游服务环境和休闲环境,加快发展会展旅游。

以杭州黄龙、宁波北仑为重点引进世界级体育赛事,扩大浙江体育赛事的影响力,将杭州和宁波打造成为长三角南翼赛事中心;提升临安、安吉、龙游的全国体育赛事等级,向国际化方向发展。

重点在舟山、宁波象山等地,利用已有的海洋旅游节事活动及海洋运动赛事品牌,进一步发展海洋旅游,依托海钓、沙雕、冲浪、潜水、热气球等项目提升节庆、赛事活动,并结合滨海度假基地联合开发。

挖掘浙江丰富的文化旅游资源,如吴越文化、戏曲文化、丝茶文化、名人文化、影视文化、宗教文化、民俗文化等,在现有湖州国际湖笔文化节、普陀南海观音文化节、衢州孔子文化节基础上,开发相应的区域性旅游节庆活动,丰富浙江节事旅游内容,提高知名度和影响力。

四、旅游产品结构优化

1. 主导旅游产品开发

(1)"山水浙江,人文大观"——观光旅游产品

观光旅游产品是浙江省的传统优势旅游产品,资源丰富,景区众多,包括自然观光和人文观光两大类,目前部分观光旅游产品面临着产品老化、旅游内容单一、吸引力下降等问题。规划对观光游览旅游产品进行优化和提升。通过加强文化内涵挖掘和基础设施的建设,进一步提升观光旅游产品质量,进行精品化开发;以西湖、千岛湖等精品景区为龙头,带动周边景区的开发,形成规模化的旅游景区,并建设配套的旅游服务基地;在发挥传统的观光旅游产品的同时,注意与休闲度假、康疗保健、生态旅游、科普、

文化旅游等其他类型的旅游产品相结合,通过旅游产品的延伸开发,丰富旅游内容、延长旅游时间,增加景区效益。

- 河湖观光旅游产品

以杭州西湖、绍兴鉴湖、嘉兴南湖、千岛湖为湖泊旅游开发重点,以钱塘江、瓯江为河流旅游开发重点,开发河流、湖泊观光旅游。将湖区水景资源和湖区的历史积淀、人文传说,集成为充满情景感的观光景区,从景观和情节两个方面为游客制造愉悦;保护河湖水资源和水环境,协调河湖生态保护与旅游开发间矛盾;开辟景观通道,塑造水体景观。

- 海洋海岛观光旅游产品

以浙江东部沿海地区和近海海岛为重点,开发观光游览旅游产品。保持海洋旅游资源的原始风貌和原汁原味的地域文化,避免自然美的过分修饰和地域文化的过度商业化,深层次挖掘具有海洋文化、渔业文化特色的观光旅游产品,增加海洋观光内容的科技和文化含量。

- 山地、盆地、海岸特殊地貌观光旅游产品

依托浙江山丘连属、富于变化的地貌形态,开发山地、盆地、海岸特殊地貌及景观观光游。主要包括浙西南山地观光、浙西北岩溶地貌观光、浙中东部山地盆地丹霞地貌观光、浙东基岩海岸观光等,注重科普内容的设计。

- 山水名胜旅游产品

以自然山水为主打,通过对历史遗迹、文化体验等主题进行整合,将自然山水赋予性格和灵气,使之差异化于国内外其他山水名胜,为游客提供独特的观光体验。

- 都市观光旅游产品

将杭州、宁波、温州、绍兴、嘉兴等城市整体风貌、标志性建筑、代表性区域和地段作为都市观光旅游吸引物,以形象、活动、设施、景观与环境、氛围、服务打造都市观光旅游品牌。重点开发现代建筑景观群、现代商业街区、新型社区、历史文化街区、城市公园与绿地、高科技产业园区等。

- 古遗址观光旅游产品

主要包括良渚文化遗址、河姆渡文化遗址、越窑遗址、湖州古遗址等,为游客提供原真的遗址视觉冲击以及具有表现力的文化展示,使遗址千年积淀的历史和文化能够为普通游客感受和认识。

- 古村古民居旅游产品

浙江现存有约30处古村和古民居,大抵有农耕型、商富型、文仕型三大类,古民居建筑多为明清格局,白墙、黑瓦、立柱给人以质朴本真的印象。古村古民居旅游产品应突出浙江先民耕读、节庆、婚丧、宗族、方言、信仰、民间美术、民间戏曲等方面丰厚的民俗文化积淀。

- 古运河观光旅游产品

运河观光旅游产品以运河及两岸风光、市井民俗风情为基础,利用古游船、古仪式表演以及古代手工制造交易场景再现等方式,为游客展现繁华江南的古风俗、运河文化和运河历史故事等。

- 古廊桥观光旅游产品

保护并开发温州、丽水两地的古廊桥,构建由廊桥观光、廊桥古村民俗体验、廊桥徒步旅行等组成的古廊桥旅游产品。

- 古代名人遗迹旅游产品

以浙江文化名人为主,以故居、纪念地、展示馆、纪念活动等为载体,开发名人遗迹旅游产品,为游客

提供更具实景感受的人文文化体验,是人文观光的重要方式。

• 产业观光旅游产品

依托浙江发达的民营经济和丰富的现代工业名牌资源,以高科技企业、民营企业、展示古老传统技艺的老字号以及现代工业企业(集团)为发展基地,通过对工业企业传统和现代工艺流程、生产环境、生产线的展示,组织工业旅游,并将企业文化、现代企业管理制度的推介融于观光之中。

(2)"闲适浙江,忘情假日"——休闲度假旅游产品

浙江省生态环境优美,山河湖海资源丰富,具有发展休闲度假旅游的良好基础和条件。跟踪研究国内外休闲度假旅游的市场需求与发展趋势,以杭州之江国家旅游度假区和已经批准建设的14个省级旅游度假区为主要基地,优化旅游度假区的市场与功能定位,因地制宜地开发各类休闲度假产品。重点扶持滨海休闲度假旅游、城郊休闲度假旅游、乡村休闲度假旅游、山水生态休闲度假旅游,以及温泉度假、邮轮度假、游艇度假、海岛度假等专项度假旅游产品,拓展商务、会展、体育、现代娱乐等产品的休闲度假功能,打造长三角大中城市居民首选的近程休闲度假目的地,以及国内外知名的休闲度假旅游目的地。

• 滨海休闲度假旅游

发展方向是精品化、市场细分化、活动多样化、特色化,并注重度假环境和氛围的塑造,以人为本的配套服务等。以宁波、舟山、温州、台州滨海及海岛地域为主,深度开发海滨休闲度假旅游产品,借鉴国内外先进经验,尤其是淤泥质海滩开发的经验,注重人文资源与自然资源的结合,注重海水、生态、城市、度假区的环境融合。策划四季皆宜、参与性强的大型旅游项目,以及大型旅游节庆活动。

• 山水生态休闲度假旅游

选择杭州千岛湖、湘湖、天目山,宁波东钱湖,湖州太湖、莫干山,金华仙源湖,衢州九龙湖等山水条件较好、可进入性好、环境优美、气候适宜的区域,开发休闲度假旅游产品。选择风景旅游区或生态环境良好的区域,开发具有生态特色的休闲度假旅游产品,开发娱乐、健身、度假、疗养、保健等多种功能。山水休闲度假旅游产品开发的适宜区域包括省内的风景名胜区、森林公园等。

• 城郊休闲度假旅游

主要面向公务员、企事业单位、使馆人员、外事人员等特殊人群。结合浙江省大中城市的商务、会展、体育旅游等,推出具有特定功能的休闲度假旅游产品,如商务度假、会议度假等。这类休闲度假产品的开发在硬件设施和软环境塑造上向国际化标准靠拢。另外,在城市郊区开发以现代休闲娱乐为特色的度假旅游产品,作为新增时尚项目吸引省内外游客。

• 乡村休闲度假旅游

以浙江省优越的乡村生态环境和乡村民俗风情、历史文化为依托,充分利用地理区位优势,挖掘浙江省乡村旅游自然生态与特色文化资源,以农业景观、农业生产活动及农村文化习俗为主要内容,以旅游引力强、开发潜力大的景区(如安吉、临安)为基点,开发融观光、度假、休闲、科普、体验、生产、购物于一体的乡村休闲度假旅游产品。主要满足省内和周边近距离游客假日休闲的需要。

• 专项休闲度假旅游

包括邮轮度假、游艇度假、温泉度假等产品,重点开发杭州"三江一河"地区游艇度假基地、湖州太湖游艇度假基地、千岛湖游艇度假基地、宁波象山港度假基地、舟山朱家尖度假基地、嵊泗和岱山度假基地、温州苍南度假基地、台州三门湾度假基地、武义温泉度假区、泰顺温泉度假区等。完善配套设施,提升服务档次,加大产品的宣传促销工作。

- 都市休闲旅游产品

依托杭州、宁波、温州、金华等旅游目的地城市内丰富的休闲旅游资源,"山—水—城"格局的空间特色,开发包括文化街区、购物游憩区、美食餐饮街、文化博物馆等文化休闲、娱乐休闲、艺术休闲、商务休闲等产品,以城市休闲业态的出现,营造和传递悠闲、舒适、放松的城市整体休闲氛围。

(3)"文秀浙江,雅致本色"——文化旅游产品

浙江省历史文化悠久,文化底蕴深厚,人文资源蕴藏丰富。但现有的文化旅游产品存在经营零散、缺乏整合、宣传促销不够、产品竞争力不强等问题。

浙江省文化旅游产品的开发,首先应进一步整合文化旅游资源,实施系列化开发战略。保护开发河姆渡文化、良渚文化、吴越文化等地域型、民族性特色文化旅游资源,适度开发浙江历史文化名城游、宗教文化游、名人故居游、美食文化游等文化旅游产品,大力挖掘开发非物质文化,形成同类文化旅游景点的合力运作,增大同质旅游产品的吸引强度。其次要烘托文化氛围。文化旅游者的旅游动机是鉴赏、体验和感受旅游地文化的深厚内涵,文化氛围的营造对旅游满意度指标有很大影响,可通过全面宣传"文化浙江"和营造景区景点特定的文化氛围来实现。再次,由于文化旅游产品对国际旅游者的吸引力较大,应加大文化旅游品牌在国内外的推介力度,提升浙江文化旅游产品的美誉度和竞争力。挖掘浙江省本土特色文化旅游资源,避免同质旅游资源的重复开发,加强区域合作,形成高起点、高质量、有国际影响力的文化旅游精品、拳头产品。

- 茶文化旅游产品

从生活文化的角度重新诠释茶的价值,面向国际游客充分展示中国茶文化的精髓,弘扬茶文化的精神。以中国茶叶博物馆和各大名茶产区为主要基地,展示中国的茶叶、茶具、茶习俗、制茶工艺等,挖掘茶文化内涵;以西湖龙井产地(梅家坞、龙井村、狮子峰)为主要地域,以开化茶及其他浙江名茶产地为辅助地域,开发茶文化休闲、采茶体验、茶道修学体验旅游及茶文化节事旅游产品。

- 丝绸文化旅游产品

依托浙江悠久深厚的丝绸纺织历史和中国唯一的国家级丝绸博物馆展开设计,旨在满足国际、国内游客对丝绸文化的了解需求,弘扬丝绸文化背后的中国传统生活理念。杭州作为发展核心,逐步形成以点带面覆盖其他丝绸产区的发展态势;以绸、缎、绫、罗、锦、绣等实物展示使游客获得感性体验,同时以高科技的手段展示丝绸的织造工艺、刺绣技术,以及相关历史等,使游客对丝绸有更系统全面的认识;注重丝绸文化的内涵,探索丝绸文化旅游的利用形式,采用现代的声、光、电技术,展示丝绸之美,创新参与性的旅游项目;开发丝绸织造体验旅游、丝绸购物旅游、海上丝绸之路旅游、丝绸文化节事旅游产品。通过旅游区(点)服务设施的丝绸装饰和管理服务人员丝绸服饰的穿戴,活化丝绸文化,体现丝绸文化的无穷魅力。

- 运河、水乡文化旅游产品

展示运河和水乡的饮食、建筑、交通以及生产方式等,挖掘并整理现有的乡土建筑、民间节庆、地方饮食(酒、茶)、民间礼仪、表演艺术、民间游乐、民间工艺(绘画、根雕、陶瓷、剪纸)、民间文学(谚语、歌谣、故事),在各地建设现场观摩地,展示演示场所、生产与销售场所,构成一个系统的运河和水乡文化区。

- 影视文化旅游产品

依托浙江横店、象山、西塘、南浔、桃花岛、新昌、安吉等影视基地,利用电影、电视作品的品牌影响力,开发影视文化旅游产品。开放部分拍摄地作为旅游观光点,配套旅游服务设施,开发相关旅游纪念品,满足影视剧组和游客的需要。

- 艺术文化旅游产品

依托浙江省丰富的艺术文化内涵,以地方戏曲和书画艺术为重点挖掘对象,以环杭州湾地区为重点地域,加强音乐、舞蹈、戏剧、曲艺、杂技、国画、书法、诗词、瓷器、民间绘画、民间手工艺等艺术文化与旅游活动、旅游要素的融合,成为具有典型地域文化特色的重要旅游吸引物。

- 古文化遗址旅游产品

深入挖掘浙江古文化遗址旅游产品(良渚文化、河姆渡文化、吴越文化等)。对于较大型的古代聚落,一般可在遗址保护区外围建立遗址公园、博物馆等,配合古遗址进行旅游活动。在展示内容上,要坚持科学、客观、准确、充实、求精的质量要求;在表现形式上,要大力度地采用现代科技手段,如虚拟现实技术、激光成像技术、多媒体技术等;在运作方式上,要动静结合,加大参与性项目的比重。对于只有文化层的小规模遗址,可以在现场设立观光点,完善旅游标识。对所有遗址遗迹提出分类保护、容量控制和旅游方式等要求,探索可持续利用的新途径。

- 历史文化村镇旅游产品

依托浙江省众多的历史文化名城、名镇、名村以及历史文化保护区开展文化旅游活动,在有效保护文物古迹和历史文化街区的基础上,维护古镇风貌特色,建立古镇风貌展示和风情体验体系,完善旅游接待服务设施,提升旅游服务档次。从整体风貌与环境氛围、周边自然环境、空间格局、传统街区与重要节点、重点院落与建筑单体、传统文化资源等各个层次加强历史文化类村镇资源保护力度,对历史文化村镇整体景观与环境意境进行恢复建设;从"时间—历史的文脉"和"地区—环境的文脉"两个方面挖掘历史文化城镇的内涵,注重历史文化的挖掘与整体展示;加强非物质文化的挖掘与展示,重点挖掘非物质文化中可供参与体验的内容,包括传统食品、手工艺、服饰、婚礼仪俗、体育项目等。

- 名人文化旅游产品

选取有代表性和遗存丰富的名人故居、纪念地等进行旅游开发,挖掘文化内涵,以观光、科教为主要功能,加强与红色旅游、节庆活动等产品的结合。建设观光游憩长廊,以浙江历代杰出人士为主题,以时间为脉络,通过诗、书、画等形式,展现人物生平、作品、功绩等内容。

- 宗教文化旅游产品

对于宗教文化类旅游产品,要注重宗教文化氛围和寺庙园林景观环境塑造,与山岳、海洋、湖泊、江河、民俗、艺术等产品组合开发。提升普陀山南海观音文化节、金华国际黄大仙道教文化节,打造浙江省宗教朝圣旅游品牌,对特定细分市场进行宣传促销,扩大其知名度和影响力。重点打造普陀山、天台山的佛教文化品牌以及金华黄大仙道教文化品牌。

- 民俗文化旅游产品

以浙中南地区的特色民俗文化为重点,以"原真性"为原则,对民俗文化旅游资源进行保护性开发。对具有民俗特色的建筑、服饰、生产生活设施等各类有形物强调在保护的前提下加以利用,对传统风俗习惯、历史文化等无形资源通过挖掘和旅游化包装,将民俗乡情、自然景观、文化氛围和生活方式有机结合,进一步增强民俗旅游产品的体验性和可参与性,打造民俗文化旅游品牌。

(4)"焕彩浙江,流金盛会"——商务会展旅游产品

随着现代服务业的加快发展,会展经济已成为浙江各地经济增长的新亮点。据统计,2005年浙江省杭州、宁波、温州、义乌等地共举办各类展览430个,平均每天1.17个,其中冠有"国际"名称的67个,比上年增加11个,占15.6%;展览直接收入近3亿元人民币。在硬件设施方面,2006年,浙江省拥有旅

游星级饭店1 096家,客房数约14万间,床位数25万张,为大型商务、会议、展览活动的举办提供了充足的接待保障。目前,浙江省已经形成三大会展经济区域,其中杭州、宁波、义乌会展业背倚旅游、港口和商品大市场,已经成为浙江省会展业的龙头。

积极发展以民营经济为特色的商务会展旅游产品,根据浙江省商贸经济的特点,依托中心城市和商贸类城镇,以民营经济特色为基础,以商务活动和特色商品市场为主体,通过商务与旅游结合的途径,延伸出会展、考察(学习)、度假、游憩与旅游购物等系列化的产品与服务;提升完善现有商务、会展旅游配套硬件设施,引进和培养专业化的商务、会展旅游人才,鼓励发展以会展旅游、商务旅游为中心的专业化服务公司,提供优质、多样化、个性化和人性化的服务。

• 会展旅游产品

大型洽谈会、交易会和投资说明会的举办,拉近浙江与世界的距离,为"中国制造"加重砝码。继续开展杭州西湖博览会、浙江投资贸易洽谈会、中国义乌国际小商品博览会、中国五金博览会等大型会展活动。利用省会杭州和其他地级城市现有的国际会展中心,加强会展软件设施的建设,配套以专业的会展服务公司,组织一系列经济论坛、会展、会议和节事活动,打造高品质的浙江会展旅游产品。协调航空公司、旅行社、饭店、会展中心、汽车公司和会展服务公司等相关部门,加强省内各大展览城市的合作以及和上海会展机构的合作,积极加入有关国际会展组织,借助这类平台承办国际型的大型会展。

• 商务考察产品

浙江发达的民营经济成为全国学习的榜样,随之而兴起的商务考察活动成为浙江商务旅游的重要组成部分。以"温州模式"为代表的经济发展经验是商务考察的重要内容,浙江省内的大型企业集团是商务考察的载体。商务考察旅游产品应当不断地对原有的"经济探秘"加以创新和升华,通过解说系统的提升,解读浙江商业文化的内涵,将浙江历史遗产与现代经济发展相结合,组织各种学术活动、论坛、考察、节庆等主题性活动,扩大浙江商务考察旅游的内涵和深度。

• 商务游憩产品

整合城市风光、CBD资源和休闲娱乐设施,为国际国内的商务人士提供各种休闲游憩服务,通过基础设施和配套服务的完善,发挥浙江旅游更强大的商务游憩功能。

• 商务度假产品

在城市功能完善、自然风光优美、私密度较高的地区,通过引进国际连锁酒店集团,建设高档主题式度假酒店,开发各种休憩运动项目,如健身俱乐部等,打造浙江商务度假基地,推出符合国际标准的高品质商务度假产品。

(5) "海富浙江,蔚蓝达远"——海洋旅游产品

21世纪是海洋的世纪,海洋和海岛的开发是未来经济发展的大趋向,而与"海"有关的旅游项目的开发,亦将成为21世纪旅游休闲业发展的一大新热点。

目前,浙江省有七个沿海市、37个沿海县(市、区)具备发展海洋旅游的条件。依托沿海城市和中心大岛,根据地理位置、资源分布和区域经济联系三方面的相近性和紧密性,将浙江海洋旅游分为三个区域,即杭州湾近海旅游区域(杭甬沿海、舟山定海区)、浙东南沿海旅游区域(温台沿海)和远洋旅游区域(嵊泗列岛、渔山列岛、南麂列岛等)。结合《浙江省海洋功能区划》,重点开发18个风景旅游区和八个度假旅游区,包括南北湖、普陀山、嵊泗列岛、桃花岛、岱山、临海桃渚、洞头列岛、滨海—玉苍山、南北麂列岛、平湖九龙山、象山松兰山、瓯江等。

浙江海洋旅游开发要注重深层次挖掘具有海洋文化特色的旅游资源,以特色产品为依托,以旅游品牌为突破,在市场上树立鲜明的形象,打造"精品"、"名品"。精心选择真正有吸引力的旅游项目,使旅游经历体验化、主题化、个性化,打造具有独特吸引力的海洋海岛旅游目的地。面向旅游市场不断提高的需求,重点开发游艇邮轮旅游、小岛屿高端度假、滨海休闲度假、海洋观光、海洋生态、海洋美食购物、海洋疗养保健、渔业体验、海洋专项旅游等产品。

- 海洋海岛观光旅游

以浙江东部沿海地区和近海海岛为重点,开发观光游览旅游产品,重点开发滨海和近海岛屿的风景旅游区,包括桃花岛、定海古城、岱山岛、大陈岛、三门蛇蟠岛、乐清湾、桃渚、温岭东南、大鹿岛、滨海玉苍山等风景旅游区。

- 海洋休闲度假旅游

包括滨海休闲度假、邮轮游艇度假和小岛屿高端度假旅游产品。重点开发九龙山、松兰山、瓯江、苍南霞关旅游度假区;在宁波(象山)、舟山(朱家尖、岱山、嵊泗等)、台州(三门湾、大陈岛等)、温州(苍南、洞头等)适合海域规划邮轮/游艇度假基地;以市场为导向,培育小岛屿(无人岛)高端度假旅游产品。

- 海洋疗养保健旅游

利用海水、海岸独特的地理地貌特征,按照高标准、多功能、现代化的规划方案设计海水浴、沙疗、日光浴、沙浴等海滨浴场,增加海洋的医疗保健功效。

- 海洋康乐旅游

以象山港、三门湾、嵊泗、玉环、岱山、苍南、朱家尖等海洋海岛区域为重点,开发水上运动培训、水上活动赛事、远洋海钓、海洋世界探秘、水上体育运动休闲等传统项目,探索热气球海上探险等新型水上活动项目,打造内容丰富、形式多样的海洋康乐产品项目群。

- 渔业文化体验旅游

在现有杭州白马湖渔村、西湖区绿慧生态休闲农庄、绍兴嵊州市剡溪渔业园、宁波象山县北黄金海岸休闲渔业基地、舟山普陀区东港塘头休闲渔业基地、舟山嵊泗县五龙乡休闲渔业基地、嘉兴海盐南北湖风景区休闲渔业基地等省级休闲渔业示范基地的基础上,积极培育休闲渔业示范旅游点,规范发展"渔家乐"项目。以石浦、沈家门、坎门渔港为重点,依托浙江发达的海洋产业以及先进的海洋捕捞、海洋养殖技术,根据海洋生产作业活动,划分都市型、生态型休闲渔业区,推出一系列游客参与性的海洋生产体验项目。

- 海天佛国朝圣旅游

打造浙江"海天佛国"的宗教朝圣旅游品牌,对特定细分市场进行宣传促销,扩大其知名度和影响力。深入挖掘普陀山佛教文化和洞头妈祖文化,展现中国千年渔家文化的厚重积淀,配合大型的宗教节事活动进行开发。

- 海鲜美食购物旅游

展示浙东沿海得天独厚的海鲜美食资源,为游客提供具有浓郁海洋海岛特色的饮食、海产及旅游纪念品。将浙江的海鲜美食购物与渔港文化体验、滨海休闲度假、美食节庆活动、土特商品展销等产品组合开发,增加浙江海鲜的知名度和吸引力,打造独特的要素吸引物。

- 海洋生态旅游

依托浙江海洋海岛自然保护区,包括南麂列岛、苍南、洞头、七星列岛以及温州红树林保护区等,在大力加强海岛、海洋生态保护的前提下,发展海洋生态旅游,丰富海洋生态旅游项目,完善灾害预报预警系统。

(6)"民生浙江,鱼米江南"——乡村旅游产品

浙江省的乡村旅游业发展起步于20世纪90年代,随着物质文化生活水平的提高,居民消费水平的提升和农村经济社会稳定快速增长,乡村旅游已具备相当的基础,成为带动农业增长、农民收入提高和全省旅游发展构成中不可或缺的重要组成部分。据浙江省农办2005年11月初对浙江省34个相关县的最新调查统计显示,目前浙江省已有各种类型的乡村旅游经营户1 500余户,投资总额达1.4亿元;此外还有各类休闲观光农渔业园区近400个,投资规模24.45亿元。乡村休闲旅游从业人员达13 070人,共接待游客1 385万人次,营业总额达7.34亿元。浙江乡村旅游的投资主体包括农户个体投资或合股投资经营、乡村集体经济、农业龙头企业、工商企业和个体私营经营户等,形式多样。从最初一些城郊农户创办农家餐馆,为城市消费者提供吃农家菜、住农家屋等简单服务起步,逐步向利用田园景观和农业资源,提供观赏、采摘、垂钓、游乐等体验性休闲活动拓展,兴起了一批全国农业旅游示范点、浙江省星级乡村旅游点、省级"农家乐特色示范村",初步形成了浙江乡村旅游的拳头产品。

乡村旅游是未来浙江旅游发展体系中的重要组成部分,对乡村旅游产品的开发与提升关系到全省的旅游发展和市场竞争。未来的乡村旅游产品开发思路为:在目前已有的基础上,保护与开发结合,稳步发展观光旅游产品,大力提升休闲、度假和体验旅游产品,多方面体现乡村地域的民族性、文化性特色,加强特色旅游产品的开发和建设。重视农耕文化与旅游结合,注重乡村自然景观的保护,避免乡村旅游地的城镇化。整合乡村旅游资源,形成规模,实施合理有效的监督和指导。因地制宜地结合具有一定知名度的旅游风景区进行乡村旅游产品的开发与提升,与景区有机联合。大力开发浙江乡村旅游产品,实现以旅游发展促进、带动农业和农村经济发展,从而推进社会主义新农村的建设。

浙江省乡村旅游产品主要分为三个系列,即依托自然生态资源而形成的乡村观光休闲度假旅游、依托农业资源形成的农业观光园区以及依托深厚文化底蕴而形成的古村民俗风情旅游。

- 乡村观光休闲度假旅游

乡村观光休闲度假旅游产品的开发注重农作物生产情景与大自然优美生态环境相结合,注重农事活动与旅游活动的结合,注重在观光游览的基础上强化游客的参与性和娱乐性。利用湖泊、鱼池、蔬菜园、果园和茶园等农村资源开展各种参与性农事活动,结合农时,开发如种菜、植树、采茶、瓜果采摘、垂钓休闲等农事体验乡村旅游项目,让游客在亲身参与中深切体验乡村劳作之趣,满足不同消费水平,不同消费群体对乡村旅游产品的需求。乡村观光休闲度假旅游产品的开发地域一般位于城市近郊以及风景名胜区的周边区域。浙江省乡村观光休闲度假旅游的重点开发地域主要分布于环杭州湾的余杭、富阳、临安、桐庐、慈溪、奉化、安吉、长兴、德清、嘉善等县市/区。

- 农业观光旅游产品

依托自然山水与乡村聚落特色风貌,以生态农业、生态林业为主要载体,开发农业观光旅游产品系列。大力发展生态农业、科技农业,选择基础条件较好的农业园区、科技企业,作为农业观光旅游的切入点和重要节点,建立产业体验观光园或特色农庄,包括特色农庄、自采果园、自采花园、农业教育实习基地、农业科普示范园等。积极申报全国农业旅游示范点,做好乡村旅游点的星级评定、审查工作。重点建设地域包括杭州、宁波、温州等浙江大中城市市区以及杭州萧山区、湖州安吉县等地。

• 古村民俗风情旅游

浙江古村落历史久远、民情独特，主要分布在浙东沿海（鄞县、宁海）、浙南温台（泰顺、永嘉、苍南、仙居）、浙中金华（武义、兰溪、浦江、东阳）、浙西衢州（建德、龙游、江山）、浙西南丽水（景宁、庆元、龙泉）等区域。深入挖掘浙江古村落深厚的历史文化和人文积淀，通过挖掘民俗风情、农耕文化，开展访古、探幽、赏景等古村落民俗风情休闲游。

重点塑造一批具有特色文化内涵的村落旅游点，如杭州梅家坞茶文化村、杭州龙井茶文化村、桐庐县畲族民俗村、奉化滕头生态村、温州楠溪江古村、金华芝堰古村、诸葛八卦村、郭洞/余源古村、泰顺廊桥古村等。

(7) "纯美浙江，灵净自然"——生态旅游产品

浙江省生态旅游资源与环境的质量与等级基础为浙江省开展生态旅游奠定了坚实基础，尤其是浙江西南部生态旅游资源极其丰富。近几年浙江省开始启动生态旅游，制定了《浙江省生态旅游规划（2005～2020）》，初步形成了浙西南山水生态旅游经济带，"绿色浙江"成为浙江省塑造其整体旅游形象的品牌之一。但由于起步较晚，浙江的生态旅游无论是旅游设施还是对于生态旅游景区的建设都处于起步阶段，存在着生态景点城镇化、产品开发单调、生态保护不力、管理体制不完善、人才缺乏等问题。

浙江省生态旅游资源丰富，从空间地域上可以划分为浙西南山水生态旅游产品、浙东近海海洋生态旅游产品、环杭州湾湿地生态旅游产品三个集群。应充分利用生态资源的多样性特征，对旅游资源进行整合，对产品进行深度开发。建设生态旅游产品示范区，重视生态旅游产品中的解说系统建设，发挥生态旅游对资源环境的积极保护作用。根据浙江省旅游资源的生态多样性条件，开发森林生态旅游产品、山岳生态旅游产品、湿地生态旅游产品和海洋生态旅游产品。

• 森林生态旅游产品

浙江的森林旅游主要依托森林景观资源，主要载体是森林公园和自然保护区。以富春江国家森林公园、千岛湖国家森林公园、兰亭国家森林公园、大奇山国家森林公园、溪口国家森林公园、天童国家森林公园、钱江源国家森林公园为重点，着力开发森林观光、森林避暑、森林度假、野生动植物观赏、森林修学、森林生态考察、森林体育旅游为主要内容的森林生态旅游。根据浙江省森林旅游资源的分布特征、地理地貌、市场需求、客源市场，浙江森林旅游的重点开发方向包括：

森林度假旅游产品：森林的独特小气候、清新空气非常适宜开展森林度假游，在保持环境质量的前提下，完善度假接待设施，并引进参与性、体验性的娱乐设施。

野营旅游产品：加强为露营服务的配套基础设施和服务设施建设，包括上下水设施、供电设施、停车场、露营地、公共活动场所等。

森林观光旅游产品：开发地貌、水文、气象、生物观光，尤其是动植物资源观光。

森林体育类旅游产品：开展徒步游、山地车游、登山、漂流等体育类活动。

• 山岳生态旅游产品

进一步深挖山岳生态旅游的开发层次，丰富山岳生态休闲的产品格局，着力培养六大产品体系，即山岳休闲观光游、山岳文化生态旅游、山岳科考旅游、体育旅游、体验旅游、生态度假旅游。依照浙江省山脉的西南—东北主要走向，分别重点建设三个山岳型生态旅游带：

天目山脉、里岗山脉生态旅游带：开发重点侧重于度假休闲、文化旅游、动植物科考观光。面向自驾车游客和背包游客，重点加强野营住宿地、绿色饭店等接待设施和基础设施建设。在娱乐设施上依条件

建设动物观景点、露天舞会、篝火晚会、露天剧场、生态美食广场等。在产品的营销上注重对中青年生态旅游者、家庭旅游者的营销。

天台山、四明山和会稽山脉生态旅游带：开发重点侧重于山岳文化生态游、山岳体育游和度假旅游。近期建设重点是丰富生态旅游区的项目种类，在文化观光的基础上增加其他娱乐、度假设施，加强景区内部的生态旅游景观和旅游城镇的景观改造。

洞宫山脉、雁荡山脉和括苍山脉生态旅游带：对于南、北雁荡山的生态旅游改造，应该把科考旅游、体验旅游、休闲度假旅游作为重点。在景区的开发模式上，要从以往的以观光讲解的形式为主逐渐转变为体验型、教育型的生态旅游形式。对于浙江南部的洞宫山脉、括苍山脉的生态旅游景点开发首先要改善区域交通条件，通过外部交通条件和景区游径的改善带动生态旅游的发展。

- 湿地生态旅游产品

湿地生态旅游产品开发要最大限度地保持生态原貌，任何开发行为都要服从于生态效益，并通过采取生态解说、宣传的途径让游客从中获得关于湿地动植物知识、环保知识的学习机会。近期重点建设舟山市秀山岛湿地公园、下渚湖湿地公园、西溪国家湿地公园、慈溪杭州湾湿地公园。湿地生态旅游重点开发方向包括：

观鸟生态游：利用湿地是多种水鸟栖息、越冬及繁殖的重要场所的特点在南麂列岛、秀山岛等地开展观鸟旅游。注意观鸟位置和时间的正确选择，配备专业导游讲解和解说标识牌。

湿地观光游：开展湿地观光、游览项目，如湖水、河流等原生态旅游资源观光、湿地高效的生态农业模式观光等。

湿地文化体验游：开展乡俗体验、文化参观等人文生态游，注重游客参与项目的设计。

湿地科学考察游：以生物多样性极为丰富的湿地生态系统为基础开展科研、修学游。

湿地节事活动：通过举办"浙江湿地观鸟节"和承办"世界鸟类科学研究大会"等多种形式的鸟类节事活动推广"湿地生态旅游"品牌。

- 海洋生态旅游产品

浙江未来的海洋生态旅游产品开发要重点建设以下几个系列：

海洋生态观光：提升海洋生态观光的内容和形式，包括自然风光、海洋动植物和人文资源观光，产品类型可以细分为海洋植物观光、海底观光、海洋动物观光、海滩地貌观光等。

海洋地质科考游：浙江的海洋具备海洋地质调查、海岸带研究、海洋油气勘查、海底矿产勘查等多方面的海洋地质科考价值，可开发地质科考游，吸引专业科学工作者，也可以开展青少年海洋地质夏令营活动。

海洋动植物科考游：浙江的许多海岸湿地生物物种丰富，是多种水禽的越冬地和候鸟迁徙的停息地，另外海洋中也分布着许多珍贵的动植物资源，可开发海洋动植物科考旅游。

（8）"英华浙江，烽火东南"——红色旅游产品

浙江省是中国共产党领导革命斗争的重要区域之一，革命遗址遗迹丰富奠定红色旅游发展的坚实基础，人文山水优势强化红色旅游发展的环境支持。浙江省各级党委和政府十分重视红色旅游发展，红色旅游投入不断增加，革命传统教育活动日益深化。2006年组织编制了《浙江省红色旅游发展规划》。嘉兴南湖的沪浙红色旅游区，是《全国红色旅游发展规划纲要》确定的12个重点红色旅游区之一，温州市浙南（平阳）抗日根据地旧址等五个红色旅游景区，列入国家百个"红色旅游经典景区"。

以党的历史、革命历史人物、革命根据地为内容,开发红色体验旅游、红色观光旅游、红色修学旅游、红色追忆旅游等产品。将红色资源与其他旅游资源有机整合,如红绿(自然生态)结合、红古(历史文化)结合、红俗(民俗风情)结合,形成优势互补的综合性旅游产品。精心打造体验式参与旅游,动态展示红色旅游产品。从目的地营销的角度看,将浙江省红色旅游产品分为地带性旅游产品、线型旅游产品和场地旅游产品。

- 地带性旅游产品——七大经典景区

重点提升和建设七个红色旅游经典景区。加强景区建设衔接,突出主题和特色,增强综合功能,形成景区之间相互促进、共同发展的整体格局。充分发挥南湖风景名胜区对我省发展红色旅游的示范作用,打造红色旅游景区开发、建设的典范。

七个红色旅游经典景区分别是嘉兴市南湖风景名胜区、绍兴市鲁迅故居及纪念馆、台州市解放一江山岛战役纪念地、温州市浙南(平阳)抗日根据地旧址、宁波市浙东(四明山)抗日根据地旧址、长兴新四军苏浙军区纪念馆及司令部旧址、永嘉楠溪江红十三军军部旧址。

- 线型旅游产品——12条精品线路

着力整合和推广12条精品线路。依据资源、交通、市场等综合条件,全省组织规划12条红色旅游精品线路。加强12条红色旅游精品线路的有机结合,形成浙东、浙南、浙西、浙北等红色旅游干线,注重与长三角地区和周边省市红色旅游线路的融合贯通。科学设计精品线路,强化干线特色,提升干线深度,协调关联景点景区的开发建设,形成干线带动景区,景区激活线路,红色旅游与观光休闲相结合的发展格局。

12条精品线路包括:

"党的诞生与红色浙江"之旅:上海—嘉兴—平阳;

"名人故里"之旅:绍兴—诸暨—新昌;

"一江山岛战史"之旅:台州椒江—一江山岛—大陈岛;

"红色边区"之旅:平阳凤卧—山门—南雁荡;

"四明山抗日堡垒"之旅:余姚梁弄镇—四明山景区;

"红色要津"之旅:长兴槐坎—莫干山白云山馆—安吉姚家大院—孝丰;

"浙南红军寻踪"之旅:温州—永嘉五尺乡—楠溪江景区;

"英烈光辉"之旅:杭州云居山—萧山衙前—富阳受降镇—桐庐新合;

"星火燎原"之旅:丽水—松阳安岱后—遂昌王村口—龙泉—庆元;

"浩然正气"之旅:金华—义乌—东阳—永康方岩—武义;

"浙西红区"之旅:衢州—江山—常山—开化;

"海上游击"之旅:舟山定海—普陀—岱山。

- 场地旅游产品——40个重要景点

积极保护和培育40个重要景点。这些重要景点未列入省红色旅游七个经典景区之中,相对比较分散,但意义重要、开发价值较高、多数位于12条精品线路之中。着重加强重点文物的修缮和保护,景区基础设施建设,进景点的交通设施建设;改进陈列布展方式,适当发展餐饮、住宿和商贸设施等。

40个重要景点包括:

环杭州湾地区(18个):杭州市区云居山浙江革命烈士纪念馆、萧山衙前农运纪念馆、桐乡乌镇茅盾故居、德清莫干山白云山馆周恩来与蒋介石谈判旧址、浙西特委旧址、安吉反顽自卫战指挥部旧址(姚家大院)、诸暨俞秀松烈士陵园及故居、新昌梁柏台故居及纪念亭、浙东人民解放军第二游击纵队成立旧址、舟山市区大鱼山烈士纪念碑、岱山金维映故居、东海工委旧址、慈溪浙东区党委成立旧址、三北游击司令部成立旧址、象山贺威圣烈士墓及故居、王嘉谟烈士墓及故居、殷夫故居、奉化卓兰芳纪念馆。

温台沿海地区(8个):温州市区江心屿温州革命烈士纪念馆,泰顺闽浙边临时省委成立旧址及红军挺进师纪念馆,瑞安浙南特委、浙南游击纵队司令部旧址,乐清永乐人民抗日游击自卫总队纪念馆,三门亭旁农民暴动旧址,温岭红十三军第二师革命烈士陵园及纪念馆,玉环潘心元烈士墓,仙居皤滩红十三军第三团旧址及纪念设施。

金衢丽地区(14个):金华市区台湾义勇队旧址、金东施存统故居、永康方岩刘英烈士陵园、武义徐英烈士故居及纪念馆、义乌陈望道故居、冯雪峰故居、日军侵华细菌战纪念馆、开化库坑闽浙赣省委旧址、福岭山浙皖特委旧址、丽水市区厦河中共浙江省委机关旧址、松阳安岱后革命遗址、遂昌王村口革命遗址群、龙泉住龙—宝溪系列革命旧址、庆元红军挺进师斋郎战斗旧址。

2. 辅助旅游产品开发

(1) 养生保健旅游

将中医、太极、气功、温泉、水疗以及健康膳食等资源包装成为世界级的旅游产品,满足国际游客对东方神秘生活文化的向往,主要产品包括中医文化展示、中医文化修学、太极气功体验、温泉养生休闲、森林氧吧疗养、健康膳食、水疗康体、养生节事等旅游产品。

(2) 购物旅游

依托浙江商贸流通业发达的优势,以及专业化的商品流通市场,发展商贸购物旅游。以区域特色产业为基础拓展旅游商品的开发范围,促进旅游商品的个性化和系列化;建立以旅游者需求为导向、产供销衔接的运作机制,充实旅游购物品研究设计的力量,进一步挖掘各地民间资源,不断丰富旅游购物品的品种和类型,提高旅游购物品的文化品位、技术含量和地方特色,形成一批在国内外客源市场具有竞争力的旅游纪念品、土特产品和实用工艺品。

(3) 现代游乐旅游

以主题公园为龙头开发浙江现代游乐旅游产品,以杭州、宁波等长三角核心城市群内的特大城市为核心打造长三角现代游乐产业集群。以历史文化(杭州)、海洋文化(宁波)为主题提升城市游乐旅游产品,塑造具有浙江地域文化特色的主题游乐旅游。以主题公园带动浙江大中城市的现代休闲游乐旅游产品开发,成为城市旅游的重要组成部分。

(4) 美食旅游

以地域物产为基础,以美食节庆活动为载体,打造特色美食旅游产品。将文化、健康、休闲、养生、绿色、时尚等理念融入美食旅游产品,提倡文化美食、健康美食和休闲美食;以审美性为开发原则,打造味觉、视觉、听觉等方面"尽善尽美"的美食旅游,让美食旅游者体验到完美的浙江美食印象;营造主题饮食环境;适应美食旅游市场的要求,使浙江美食旅游产品不断推陈出新。

(5) 科技旅游

充分利用浙江丰富的地质地貌,众多的动植物种类,多样的江河湖泊、海岸湿地,鼓励发展科技科普旅游,包括科普教育、科学探秘、科技探险等产品,突出浙江旅游的科学价值。

（6）修学旅游

依托高等院校、研究所、实验基地、产业园、科技园等社会资源,古遗迹、古村落、古民居和宗教文化资源,海洋科技、海洋文化资源,以展示、教育、体验、实践、科学研究为主要内容,积极开发国内外修学市场,有针对性地将观光旅游、休闲旅游、科技旅游与修学旅游相结合,丰富旅游内涵。

（7）体育旅游

利用黄龙体育中心、杭州奥体中心、省体育运动训练中心、各高校体育运动场馆等体育设施,在现有国际体育交流基础上,积极开展马拉松长跑、赛艇、摩托车、跳伞、航模、拳击、围棋、钓鱼、自行车、龙舟、武术、徒步、旅游等专项体育旅游活动。针对大众的青年一族和城市上班族,依托风景优美、生态优良的山水风景区,开展体育健身、休闲项目。依托太湖、天目山、莫干山、四明山、富春江、钱塘江、新安江、千岛湖、舟山群岛等山水资源,设计登山、骑马、山地自行车、拓展运动、生存训练、狩猎、钓鱼、游泳、滑雪、射箭、网球、武术健身等产品。

（8）特种旅游

促进极限旅游、探险旅游、激流旅游等旅游产品的成长发展,依托浙江山岳、湖海资源,以俱乐部和节事活动的形式,组织开发攀岩、徒步、野营、高山探险、江河漂流、洞穴探秘、滑翔伞、潜水、冲浪、帆船、海底探险等多种形式的特种旅游,加强安全体系建设,完善基础设施配套建设,规范活动的组织和服务。

五、旅游产品集群的地域重组

1. 杭州湾历史文化旅游产品集群

（1）资源依托

杭州湾地区包括杭州湾北部、西部和南部的地域范围,从行政地域上包括杭州市东部、宁波市西北部以及嘉兴、湖州、绍兴大部分的地域范围。该地域集中分布了丰富的人文旅游资源,以历史文化类为主,包括历史文化名城、古镇、古遗迹、古运河、越文化等。此外,杭州都市旅游资源也比较突出。

（2）产品集群体系

主导旅游产品:历史文化和都市旅游产品。辅助旅游产品:休闲度假、乡村旅游、科技旅游、修学旅游等。

（3）主要目的地产品集群

杭州—大西湖国际旅游目的地:以都市旅游、商务会展、历史文化、休闲度假旅游为主导,辅助开发名人文化、城郊休闲文化、乡村旅游、商贸购物、美食休闲旅游产品。

绍兴古城文化旅游目的地:以文化观光、文化休闲、休闲度假为主导,辅助开发都市观光、商务会展、美食购物旅游产品。

湖州—嘉兴环太湖旅游目的地:以水乡古镇、休闲度假、红色旅游、乡村旅游为主导,辅助开发都市观光、美食购物、历史文化旅游。

2. 浙东海洋旅游产品集群

（1）资源依托

浙东沿海地区包括宁波市东部、台州市东部、温州市东部沿海区域和舟山群岛。该地域以海洋滨海风光、海岛风情、海洋生态、宗教文化等为主要特色资源。

（2）产品集群体系

主导旅游产品：海洋旅游产品，包括海洋观光、度假、休闲、生态、文化旅游产品。辅助旅游产品：海洋特种旅游、养生保健旅游等。

（3）主要目的地产品集群

宁波—象山港国际旅游目的地：以象山高端休闲度假旅游产品和宁波都市旅游产品为主导，包括都市休闲、邮轮度假、游艇旅游、海岛旅游等，以现代娱乐、海鲜美食、渔业文化、影视文化旅游产品为辅助。

普陀山—朱家尖旅游目的地：以"海天佛国"宗教文化、新"海"字系列和传统3S组成的休闲度假旅游产品为主导，以节庆旅游、影视文化、民俗文化旅游产品为辅助。

温台都市—沿海旅游目的地：以文化生态、商务旅游、休闲度假旅游产品为主导，以都市观光、海岛观光、海洋生态、古村落旅游产品为辅助。

3. 浙西南山水生态旅游产品集群

（1）资源依托

浙西南地区包括杭州市西部、台州市西南部、丽水市北部以及温州、金华、衢州的大部分地域。该地域以自然山水、风景名胜、植被生态、生态古村落、民俗风情为主要特色资源。

（2）产品集群体系

主导旅游产品：生态旅游产品，包括山岳生态、森林生态、河湖生态、人文生态旅游产品。

辅助旅游产品：养生保健旅游、民俗旅游、乡村旅游等。

（3）主要目的地产品集群

雁荡—楠溪江国际旅游目的地：重点开发山水自然生态、古村落人文生态观光旅游产品，以休闲度假、养生保健旅游为补充。

千岛湖旅游目的地：重点开发休闲度假、生态观光旅游产品，以体育旅游、养生保健旅游等为补充。

衢州历史文化古城旅游目的地：重点开发历史文化、儒家文化、围棋文化旅游产品，以都市旅游、休闲度假、生态旅游、古村落观光旅游为补充。

金华商贸旅游目的地：重点开发商贸旅游、影视文化、古镇古村文化旅游产品，以宗教文化、餐饮美食、民俗文化旅游产品为补充。

丽水生态旅游目的地：重点开发生态休闲、风景旅游、休闲度假产品，以乡村旅游、文化生态旅游、畲族民俗文化旅游产品为补充。

第七章　旅游市场、品牌形象与营销规划

一、旅游市场趋势分析

1. 影响旅游市场趋势的因素

影响旅游市场趋势的因素包括旅游者主观因素和外部客观因素两方面，其中国内旅游市场趋势主要受旅游者主观因素影响较大，相比之下，入境旅游市场趋势则受外部客观因素影响较多。

(1) 主观因素

- 旅游动机

旅游者外出旅游除了受经济、政治、时间等因素影响外，更重要的是旅游动机。旅游动机是旅游者产生旅游的最基本的因素，历来倍受各国旅游业经营管理者的重视。旅游动机因民族、职业、生活习惯的不同而有差异，动机可以分为：社会动机（探亲访友、寻根旅游、故地重游、体验异地风情等）、身心动机（避寒避暑、医疗治病、登山滑雪、寻求宁静等）、文化动机（学术交流、访古觅胜、科学考察等）和经济动机（洽谈贸易、购买商品等）。

- 年龄因素

由于年龄不同，旅游需求也不相同。青少年、中年人、老年人对旅游活动、内容、方式的喜好各有不同。

- 性别因素

性别因素对旅游者的兴趣爱好、审美意识、服务标准等方面有重要影响。

- 其他因素

其他主观因素还包括家庭状况、经济收入、空余时间、特殊情怀、身体健康等多种主观因素。

(2) 客观因素

- 经济环境因素

旅游人数增长率与国内生产总值的增长率有着密切的联系。据世界旅游组织分析表明，1975年至2000年，国际旅游人数年均增长4.8%，高于同期国内生产总值3.4%的年均增长率，旅游业增速比GDP快35%；当GDP增长速度超过4%，国际旅游将会快速发展，GDP增速低于2%，国际旅游将会慢速发展。

一般来说，人均国内生产总值达到300美元就会兴起国内旅游；达到1 000美元，就会有出境游的需求；达到1 500美元以上，旅游增长更为迅速。

- 时间因素

闲暇时间为旅游活动的开展提供了时间保障。欧洲和北美等经济发达的国家实行5天工作日及带薪休假的制度，如德、英、法和美国年休日均达104天，其中德国年带薪假期时间最长，为29天，年闲暇

时间总计157天,其出国人数也居欧洲各国之首,出游密度高居世界前列。

- 政治因素

旅游业的发展与客源国的政治法律密切相关。政局是否稳定,往往会造成一个国家或地区的旅游客流量的大起大落。政府的法令条例,特别是有关旅游业的经济立法,对旅游市场需求的形成和实现具有不可忽视的作用。此外,两国之间的外交关系对两国互送旅游客源影响显著。

- 特殊事件吸引因素

特殊事件吸引因素包括重大会展、赛事、论坛、交流、培训等节事活动,以及促销、优惠等特殊活动。

- 其他不可抗因素

主要指消极方面的不可抗因素,包括疾病、战乱、自然灾害等。

2. 入境市场趋势分析

根据目前市场发展趋势,浙江省入境游客总量将进一步增长,入境游客比例将大幅上升。中国具有东方神秘色彩的五千年历史文化、丰富多彩的旅游产品、极具竞争力的旅游价格等,吸引了更多的国际游客;市场需求和利益驱动也使旅行商投入更多的精力和财力来宣传中国旅游,成为国际旅华市场稳步增长的保证;中国与世界更加深入的经济、文化交流和商业互动,使得国际赴华商务旅游大幅增长;中国是世界旅游安全岛的宣传深入人心,越来越多的国际公司和国际组织、行业协会挑选中国为会议和奖励旅游的目的地。

在入境市场中港澳台地区入境人数、日韩入境人数以及东南亚入境人数不断上升,占入境客源总数的极大部分。其中,在正常情况下,日韩仍将是入境的主流客源国。因此,未来15年内浙江省的入境客源市场仍然以亚洲为主。亚太地区的澳大利亚、新西兰、印度等国家可能成为这一地区新的增长源头。

欧美等客源国在浙江省的入境市场中还有很大的潜力,将会成为浙江入境旅游新的增长点,其总体比例将继续增加,传统的美国、德国、英国、法国、加拿大等主要客源国仍将占据主导地位,但客源国的多元化趋势可能会更加明显,北欧国家、意大利与西班牙、俄罗斯等国家的客源将可能出现较大增长。浙江省今后在巩固发展亚洲市场的同时,需积极开拓欧美市场,给入境旅游市场持续增长提供动力。

浙江省主要入境客源市场趋势特征如下:

(1) 港澳台市场

港澳台市场是浙江省最大的入境旅游市场。2006年,港澳台地区赴浙江省旅游的数量为694 898人次,占入境旅游者总量的16.3%。其中台湾地区赴浙江旅游的数量为559 786人次,是浙江省入境旅游规模最大的地区,占浙江省入境旅游者总量的14.8%;香港游客数量为45万人次,与韩国、日本的游客数量相当,占浙江入境旅游者总量的13%左右;澳门游客数量最少,为5.95万人次。

随着中国"入世"后,内地发展机遇增多,港澳台地区居民往内地的商务合作、学习交流、购物置业等增多,以及内地和港澳台"双向旅游"进一步发展,港澳台地区居民赴内地旅游市场将保持良好的发展态势。

- 台湾市场

台湾游客以观光客和商务游客为主,来大陆的旅游客源市场以中老年为主,21~40岁年龄段来大陆的游客不到30%。据台湾中信旅行社的分析,近年到大陆旅游的客源结构已发生很大变化,由先前的退伍老兵、退休职员、家庭主妇等扩展到文职人员、教师乃至官方人员以及工商巨贾等,尤其是投资商务类客源已占到绝大部分。

台湾出岛旅游总趋势是:"更短、更小、更低、更少",即停留时间更短、出游半径更小、价格更低、提前付钱的活动内容更少。多次出游者和工薪阶层偏爱单点(一座城市)停留、短期休假和散客旅行。

• 香港市场

香港赴内地旅游的主要目的包括探亲访友、过境购物、商务活动,此外近距离的度假旅游市场也正在形成。香港市场出游总体特征包括以个人旅行为主,其消费约占港人赴内地消费的63%;短线的旅行团受青睐;旅游购物包括茶叶、烟酒、中药材、食品、古董、书画、民间工艺品等;重大节日是赴内地旅游的好时机;安全性是优先考虑的因素。

香港来内地市场客源结构中,除过境购物、探亲访友、在内地办厂开公司而带来的多次往返商务客外,有两部分正在增长,一是粤港澳三角洲的客流量。来内地的香港同胞中,60%以上在广东省活动,其中包括越来越多的商务往来和周末、节假日的过境消费客流;二是往内地旅游度假的客源,这部分客流约占总量的30%。针对香港同胞往内地旅游的再访率较高这一特点,浙江应该抓住商务、度假这两个增长点挖掘香港市场的潜力。

(2) 日韩市场

日本和韩国长期以来就是我国内地最重要的海外客源国,也是浙江省最重要的客源国。2006年韩国和日本赴浙江旅游者数量分别为50.84万人次、53.03万人次,分别占浙江省入境旅游者总量的11.9%、12.4%,则日韩市场占浙江入境旅游的比例有1/4左右。

"近、低、短"旅游产品在日韩旅游市场向来备受欢迎,随着中日韩国家之间的经济、文化交流日益增多,国家旅游局和各地旅游局、旅游企业纷纷赴日韩促销宣传、中日韩之间国际航线运力的不断增加,旅游签证手续的放宽,均对日韩游客旅华市场的开拓与发展产生积极作用。

• 日本市场

中国是日本的第一大出游国。根据2005年日本出境游统计,在日本出境游客中,男性旅游者数量高于女性,其中30～60岁男性所占份额大,女性则以20～40岁所占份额最大;近几年日本老年人出国旅游的增长率高于日本出境旅游人数的平均增长率。到中国内地旅游的日本游客中,中年男性比例突出,其次是高年男性和中年女性,青年人和高龄女性所占比例较小。有八成游客的出游目的是历史文化观光旅游;此外,日本游客对中国的自然风景观光、美术馆和博物馆、特色美食、旅游购物、戏剧表演、高尔夫运动等也表现出较浓郁的兴趣;参与性旅游、探险旅游、修学旅游、商务旅游、蜜月旅游等专项产品越来越受日本游客的欢迎。

小报价、个性化的产品越来越受到日本游客的欢迎,散客数量将持续增多,团队的规模则趋于小型化;从旅行次数和逗留时间看,日本人出游的次数在增加,但是在一地的逗留时间有缩短的趋势,对经济实惠型产品的需求呈现增长趋势。从访华旅游目的地的分布来看,以京、沪、广三地为主的东南沿海地区及通航的口岸城市仍将是日本人的主要旅游目的地,同时随着西部大开发的开展,以丝绸之路为主的西部地区将进一步受到欢迎。从出入中国的途径来看,从日本直接访华的团体游客和商务游客大幅度增加,而经第三国或地区尤其是中国香港、澳门等进入中国的游客将大幅减少;而从中国直接回国的日本人则有增加的趋势,说明中国对日本游客的吸引力日趋增强。

• 韩国市场

韩国自1992年与中国建交以来,两国在政治、经济、文化以及旅游等方面的交流进入了高速增长的时期,1993年由我国的非主要客源国发展成为五大客源国之一,至2001年成为我国第二大旅游客源国,仅次于日本,而2001年中国超过日本,成为韩国最大的旅游目的地国。

韩国的首尔、釜山、大邱和仁川四个百万人口以上的大城市是出境游的重点客源市场。与日本市场不同,韩国出境旅游的主要是中青年游客,占出境旅游人数的五成以上。同时,仍以男性游客为主,但是所占比例有下降趋势,女性游客比例则逐年上升,且增幅较大。韩国游客大都喜欢短期旅游,不超过一星期的旅行较受欢迎,尤其是2～3天的物美价廉的休闲旅游很受欢迎。韩国文化受中国文化影响较大,韩国人的民族传统服装、礼仪风俗、生活习惯都受到了汉民族的影响,文化的同根性使韩国游客愿意从历史文化的角度欣赏中国。

在出游兴趣方面,韩国游客对中国的历史文化旅游最为感兴趣;韩国人中有近40%信仰佛教,对我国的佛教文化和佛教圣地感兴趣;出国留学研修人员增加迅猛,赴中国的商务旅游和修学旅游将持续增长;由于注重身体保养,对中国的中医中药有浓厚兴趣;由于价格低廉,很多韩国人热衷到中国打高尔夫球。

(3) 东南亚市场

东南亚五国(新加坡、马来西亚、泰国、菲律宾和印度尼西亚)是中国传统旅游客源市场。"低价格"导向和中短程的出行距离,使得马来西亚、新加坡、泰国等东南亚国家赴浙江旅游的规模增长较大。2006年,东南亚五国赴浙江旅游人数达到443 850人次,增长1.6%,占浙江省入境旅游者总量的10.4%,占全部外国人市场的15.8%,占亚洲市场的26.4%。总体来看,包括港澳台、日韩和东南亚五国的赴浙江旅游的游客总量达到177.8万人次,占入境游客总量的41.7%;其中日韩、东南亚五国的外国入境游客量为108.3万人次,占外国入境游客总量的25.4%。

东南亚市场距离浙江近,海外华人数量较多,外籍华人华裔成为东南亚游客旅华的重要组成。尤其浙江省近现代商贸发达,有很多浙籍华人在海外发展定居,这些人成为东南亚国家赴浙江旅游的重要组成。东南亚游客来华旅游的主要原因是回乡访祖和语言相通,他们对观光、探亲、寻根、宗教、商贸旅游的需求较为强烈,客源流向变化周期短,再访率较高。一般来说,东南亚地区游客来中国旅游的时间集中在春季和秋季,分4～6月和9～12月两个时期,其中4月、6月和12月为高峰月。东南亚地区游客的出境旅游,大多数是为了观光、消遣娱乐和舒适,同时也寻求新的体验。随着中国与东南亚国家之间"双向旅游"的发展、旅游签证手续的便捷、旅游宣传促销力度的加大,东南亚国家游客旅华的数量规模将进一步增加。

(4) 欧美市场

• 欧洲市场

2006年欧洲游客赴浙江旅游的数量为52.7万人次,同比增长10.2%,增长幅度不高。其中来浙江的德国游客达到8.4万人次,在欧洲市场中比重最高;法国、意大利、英国紧随其后,来浙江的游客数量也各自达到5万～7万人次。

欧洲作为浙江省的重要入境市场,它的出境旅游新变化是:南欧出境游人数迅速增加,这一出境游市场至今还未饱和;北欧出境旅游者也出现较高的增长;西欧出境游继续增长,但速度低于欧洲的平均增长速度;中欧出境游继续增长,但增长速度比前几年缓慢。欧洲高速增长的两个细分市场是日益增长的欧洲老年人市场和25～40岁的女性市场。

欧洲出国旅游的主要目的地是包括地中海地区在内的欧洲各国,依次为西班牙、法国和意大利。到前南斯拉夫地区、英国和丹麦的游客也有较大增长。欧洲境外的旅游目的地中以美国和南部非洲增长幅度最大,到亚太地区的出国旅游略有增长。

• 北美市场

美国出国旅游者平均消费较高,美国市场是一个含金量比较高的市场。美国25～34岁的人旅行多于其他年龄段的人,35～44岁年龄段的人商务旅行多于其他年龄段的人,55岁以上的美国人,拥有较强的财力和充足的时间,是最具有吸引力的客源层;美国出境游客的平均外出时间出现增长趋势;游客中散客有大幅度增长,美商赴中国投资积极性高涨,商务旅游会持续增长。

(5) 大洋洲等其他市场

大洋洲是浙江省新兴的客源市场,近年来一直保持良好的增长速度,2006年大洋洲游客赴浙江旅游的数量达到6.4万人次。非洲及其他地区的入境游客也占到了浙江外国游客总量的6%以上。

3. 国内市场趋势分析

从国内市场看,浙江省重要的腹地市场,大长三角地区(包括浙江全省)仍将是最主要客源市场,预计其总体比例仍可能维持目前的数字。在这一地区,客源城市还将逐步向二级、三级城市发展;其消费趋势将向休闲、度假、会议、会展等转变,在城市或都市圈周边地区的周末旺季现象可能会更加明显,自驾车客源将呈明显上升态势。珠三角、京津两大都市圈的客源人数可能继续保持增长。中国其他地区的游客数量虽然保持增长,但客源城市可能出现由中心城市向二级城市转变的势头,形成中心城市与二级城市共同发展的态势。浙江省主要国内客源市场趋势特征如下:

(1) 浙江省内市场

从近几年的旅游统计数据来看,浙江省最大的国内客源地为本省地区,这与本省经济实力的增强以及出游能力的增强有非常密切的关系。根据调查,浙江城市居民用于旅游的消费逐年增加,特别是在参观游览、购物娱乐方面的消费支出上涨幅度较大;新型旅游消费在居民的生活消费中的比重悄然增长。

从浙江省出游人群分类来看,青年与中年人是浙江目标市场的主体;管理人员、学生和一般工作人员居多;中等收入水平为目标市场的主体构成;三口之家是目标市场最主要的家庭形式。

从浙江省人群出游特征来看,省内游选择比例依然很高;团体旅游是城市居民外出旅游的主要方式;出境旅游迅速增长;出游安排越来越理性化,对旅游信息服务需求逐步提高。

浙江省主流市场的人群心理特点包括,除风景观光外,游客更加注重休闲、健康和生态游,喜欢自然景观;中青年人偏好文化的体味和心理上的彻底放松;年轻人偏好接近自然的活力运动;老年人偏好恬静的并富有乐趣的旅行。

(2) 上海市场

由于上海巨大的人口基数和相对较高的收入,上海已经成为中国最大的客源市场。据调查结果显示,上海87%的出游者目的地为华东地区。在对浙江省进行的潜在客源市场调查中,上海排名第一。2006年上海游客数量占浙江国内旅游总量的16.3%,为2 632万人次。

从上海出游人群分类来看,青年与中年人是上海目标市场的主体,两者之和占到68%;管理人员、学生和一般工作人员是目标市场的主体,管理人员(企事业/公司管理人员、专业技术人员、国家公务员)占23%,一般工作人员(企事业/公司职员、工人)占总数的33%,学生占总数的22%;中等收入水平为目标市场的主体构成;三口之家是目标市场最主要的家庭形式。

从上海人群出游特征来看,基本以短途旅行为主,在外停留时间以两天和三天的比例最高;随着家庭规模的扩大,旅游花费逐渐减少;男性在出行上比女性活跃,旅游花费也高于女性;青少年和中老年由于经济和身体的原因,出行频次总体小于青年和中青年;由于时间、费用的原因,华东地区还是上海旅游者的首选,但从长期来看,客源的分流是趋势。

上海主流市场的人群心理特点包括,倾向于休闲度假型的旅游体验;喜欢自然景观;男性偏好文化的体味;女性偏好心理上的彻底放松;年轻人偏好接近自然的活力运动;老年人偏好恬静的并富有乐趣的旅行。

(3) 江苏市场

江苏为浙江省第三大国内旅游客源市场,2006年江苏游客数量为2 019万人次,占国内游客总量的12.5%。浙江、上海、江苏三地的客源构成浙江省国内旅游的一级客源市场。

江苏市场以观光、游览为目的的近距离出行总体上比重最大,尤其是省内旅游,如苏南、苏北的互动旅游;到海滨、乡村度假比重在逐步增加。男性更偏好历史名胜等具有一定文化内涵的旅游景区;女性对海滨、购物街、城市建筑等放松休闲类旅游景区更有兴趣;年轻人偏重于观光休闲类景区;老年人偏好于观光历史文化类景观。旅游者出游选择比较理性,重视旅游的休闲性,重视旅行社的品牌,自主意识强,不迷信旅游广告。购买旅游纪念品是必要项目。

(4) 皖赣闽市场

皖赣闽市场人均出游率居于全国的中等水平,但地域上临近浙江省,是浙江在中远期内可以适度开拓的市场之一,可成为浙江省坚实的基础客源市场。2006年,皖赣闽三省来浙江旅游的游客量分别为420万人次、339万人次和371万人次。皖赣闽地区居民的出游方式仍以散客为主,但团体游客比重有所增长;在各年龄段的出游者中,尽管25～44岁出游者所占比例超过1/3,但更高年龄段45～60岁的出游人数比例大幅度上涨;就出游者的家庭月收入而言,尽管诸多资料显示出近年富裕家庭和"成功者"家庭正在剧增,但在实际生活中选择旅游的家庭却仍然多是中等收入家庭。

(5) 珠三角市场

2006年广东来浙江旅游的游客量为711万人次,在浙江国内旅游数量规模上排第四位。广东省出游率最高的地区当属经济最发达的珠三角。

珠三角地区的社会环境正日趋都市化,生活的文化品位和档次逐步提升,居民出游愿望强烈;出游以本省其他地区和华南为主,其出行的旅游半径基本上在本区域范围内;由于距离香港较近,出境游的比例高于国内其他城市;喜欢二人世界的旅游方式;游客的出行目的有很大比例是休闲放松;旅游者外出旅游更钟情于自然风光,要去有名的目的地,喜欢热闹,讲究饮食和娱乐;游客讲求旅游的舒适感受,更倾向于选择豪华型住宿设施(四星或四星以上饭店);从出行方式来看,乘飞机出行的比例为68%,虽然还有相当一部人选择火车作为出行工具,但是由于当前的观光旅游正向舒适型的观光休闲旅游演变,以火车作为出行工具的游客会越来越少。

(6) 京津环渤海市场

2006年北京来浙江旅游的游客量为678万人次,这个数字略低于广东省,排第五位;此外,山东省2006年来浙江旅游的游客量为646万,排第六位。京津环渤海市场是国内重要的高频出游区域,也是浙江国内旅游的重要市场之一。京津环渤海都市圈地区人均GDP不是全国最高,但集中了最多数量的外企员工(25万),有大量的白领阶层(外企白领12万),他们从事于IT业或工作在文化/艺术/体育界,另外还有许多富有的商界人士以及外国驻华使节、跨国公司驻华人员,这些人多是旅游市场上的高消费群体。

京津环渤海市场旅游者的出游目的已经由观光旅游转变为观光、休闲和文化等不同形式的旅游,外出旅游更讲究经历与体验,注重文化品位;出游最具个性和时尚,94%的家庭选择自助旅游而不愿受到旅行团的约束;在出游方式上,家庭度假是主流,72%的人外出旅游是与家人同行;非黄金周的出游率高于黄金周,尤其暑期(7~8月)是出京游的高峰期;出行的交通方式多样化,火车、飞机、长途汽车、自驾车比例较为平均,自驾车出游渐成时尚;在景区选择上,户外旅游是北京人的最爱,具有优美的自然风光但不荒凉的地方比较有吸引力;旅游者出游的首要吸引因素是旅游景点本身的景致,其次才是"安全性"、"旅游消费"和"景点知名度";在住宿设施需求上,大多数游客会选择实惠型和舒适型饭店。

(7) 其他市场

主要包括四川等其他省市地区,为浙江国内旅游未来开拓的潜力市场。其中四川市场近年来稳步上升,2006年已达到323万人次,略低于江西省。

华东五省一市的游客量占据了浙江省国内游客总量的70%以上,即近距离和中短距离的客源占绝大部分。但由于浙江省发达的经济基础,其商业联系网络遍及全国。广泛而频繁的经济交流活动将促进商务旅游和观光、休闲、度假等多种旅游活动的发展,使浙江省能够突破距离的制约,开拓更大范围的国内远距离市场。

二、目标市场规划

1. 入境旅游市场

(1) 市场定位

入境旅游市场是浙江省近期需要重点开拓的市场,是浙江旅游实现"国际化"的重要策略。浙江省的入境旅游市场大致可以分为两大板块,即亚洲入境市场板块和西方国家入境市场板块。亚洲入境市场占主体地位,该市场可细分为日韩市场、东南亚市场及港澳台地区市场。西方国家入境市场潜力很大,重点为西欧、北美市场。未来入境游客总量将进一步增长,客源国的多元化趋势将更加明显。

浙江省的入境旅游市场可以分为三个层次。第一层次为港澳台、日韩、东南亚、俄罗斯市场,为浙江省入境旅游核心客源市场;第二层次为欧洲、美洲、大洋洲、中亚、南亚市场,为基础客源市场;第三层次是其他地区市场,为潜在客源市场(表1-2-27)。不同规划期内,对浙江入境市场的开发重点进行进一步细分。

表1-2-27 浙江省入境旅游市场定位

	核心客源市场	基础客源市场	潜在客源市场
近期 (2007~2010年)	港澳台、日韩客源市场	东南亚、西欧、北美客源市场	大洋洲、南美等其他地区客源市场
中期 (2011~2015年)	港澳台、日韩及东南亚地区客源市场	西欧、北美、大洋洲、中亚、南亚地区客源市场	南美、非洲及中东地区客源市场
远期 (2016~2020年)	港澳台、日韩、俄罗斯及东南亚地区客源市场	欧洲、美洲、大洋洲、中亚、南亚地区客源市场	其他地区市场

港澳台市场：港澳台市场在近中远期均为浙江的入境的核心客源市场。继续发挥浙江与港澳台地区之间地缘、人缘、经贸密切的优势，进一步挖掘其巨大的市场潜力，巩固其作为浙江第一大入境旅游市场的地位。

日韩市场：是浙江外国市场的主要客源国家。通过提升浙江的旅游产品，巩固提高日韩客源市场的比重，作为核心客源市场重点开拓。继续以中老年消费者和商务客人为重点，着力发展青少年修学、新婚旅游等，使日本、韩国稳定地成为外国人来浙旅游的第一大客源地。

东南亚市场：规划中远期，东南亚市场将作为核心客源市场重点开拓。深度开发东南亚华人圈市场，大力开拓非华人市场，努力拓展商务旅游市场和传统节日旅游市场，扩大市场份额。

欧洲市场：德国、法国、英国、意大利、西班牙、俄罗斯、瑞士、瑞典、荷兰等国家构成的欧洲市场是浙江旅游的基础客源市场，应该积极开拓，提高市场占有率。建立欧洲大市场整体概念，将德国、法国设定为重点目标市场，开发俄罗斯商贸购物旅游市场。

北美市场：对包括美国、加拿大的北美市场，应增加市场营销手段和措施，努力拓展针对美国市场的销售渠道，与国外大旅行批发商建立联系，提高占有率。

其他地区市场：通过逐步渗透打入其他客源市场，扩大浙江的入境客源市场范围。着力开发中东商贸旅游，积极培育南非、南亚、澳新等客源市场，力争使这些新兴市场早日启动。

（2）市场开发战略目标

实现近距离日韩休闲度假市场和远距离欧美观光市场齐头并进，双轮驱动的局面。

实现从纯观光型旅游的"大流量、低效益"向"高流量、高效益"型的旅游模式转变，即从"数量型"向"数量与质量并重型"的转变。

实现浙江国际旅游可持续、稳健增长，能够在"十一五"期间，国际旅游接待人次和外汇总收入稳住第五位，力争第四位，十年后进入中国前三甲。

（3）市场开拓重点

浙江省入境旅游发展方针是"立足日韩港澳台，巩固东南亚，拓展欧美，培育澳非"。

发挥浙江与港澳台地区地缘相近、人缘相亲、经贸相连的优势，进一步挖掘港澳台地区的巨大市场潜力，巩固其作为浙江入境旅游第一大市场的地位。巩固以观光、探亲访友、寻根问祖为主的中老年市场，积极开发商务旅游市场和传统节日旅游市场，提高港澳台学生和青年到访人次，把浙江建设成为港澳台地区国内改革开放前沿的旅游主要目的地。

利用浙江健身养生资源和宗教文化资源丰富的优势，不断扩大日韩市场，创造独特的文化环境和购物环境，进一步开拓日韩女性市场，使日本和韩国继续稳定地成为外国人来浙旅游的第一大客源地；继续发展与东南亚国家旅游双向联系，把浙江建设成为日本、韩国以及东南亚国家华夏人文历史旅游的主要目的地。

提升浙江旅游在美国、加拿大、德国、法国、澳大利亚等国家的知名度，增加北美、欧洲和大洋洲游客的到访份额，把浙江建设成为欧美国家来华旅游的重要目的地。

2. 国内旅游市场

（1）市场定位

浙江省的国内旅游市场可以分为三个层次。第一层次为江浙沪、皖赣闽地区，为浙江省国内旅游核心客源市场；第二层次为环渤海地区和珠三角地区，为浙江国内旅游基础客源市场；第三层次是其他地区市场,为浙江国内旅游潜在客源市场(表1-2-28)。不同规划期内,对浙江国内市场的开发重点进行进一步细分。

表1-2-28 浙江省国内旅游市场定位

	核心客源市场	基础客源市场	潜在客源市场
近期 (2007~2010年)	长三角地区客源市场	珠三角、皖赣闽地区以及北京、天津客源市场	其他地区客源市场
中期 (2011~2015年)	北京、上海、浙江、江苏、广东客源市场	珠三角、皖赣闽地区以及北京、天津、山东、四川、河北客源市场	其他地区客源市场
远期 (2016~2020年)	长三角、珠三角、京津环渤海地区及其之间的沿海地区市场	华中地区客源市场	华北、华南、东北、西北、西南等其他地区客源市场

长三角市场:长三角是国内主要的客源市场输出地,尤其以上海、杭州、南京等大中型城市出行客源为主。浙江本省居民、上海、江苏三地是浙江省国内旅游的最大客源市场。应该积极巩固省内市场和上海、江苏市场,提高重游率。

广东、北京、山东市场:珠三角和环渤海区域也是国内主要的客源市场输出地,其在浙江省的市场份额近几年呈稳步增长态势,是值得继续大力开发的市场,应加强市场营销力度,提高市场占有率,使之成为规划末期核心客源市场的重要组成部分。

安徽、福建、江西、四川市场:这几个省是近几年稳居浙江省国内旅游前十位的客源市场,特别是安徽、福建、江西与浙江的区域合作进一步加强,应积极开拓,成为浙江旅游基础客源市场的重要组成部分。

华中市场:河北、河南、湖北、湖南等省是浙江旅游的潜在客源市场,应努力培育开发。

东北、西北、西南、华北、华南市场:通过逐步渗透增加边远地区市场,扩大浙江国内客源市场范围。

(2) 市场开发战略目标

在保持本省和长三角区域客源稳定增长的同时,开发国内远距离旅游市场和商务会议旅游等新兴市场;

实现国内客源结构从观光型旅游"一轮独大",向观光、休闲度假和商务会展旅游"多轮驱动"的局面转变;

实现国内旅游由"数量型"向"效益型"转变,实现旅游资源、社会和环境的协调发展;

实现浙江旅游从"杭州主导"向"全省多极增长"的方式转变。

(3) 市场开拓重点

适应长三角经济一体化和游客消费需求的变化趋势,进一步体现生态特色和地方乡土文化特色,注重开发各种类型和不同档次的旅游商品和娱乐产品,大力发展商务旅游和休闲度假旅游,把浙江建设成为上海、江苏近程商务会议旅游和休闲度假购物旅游的首选目的地。

进一步重视中远程市场的开发,加强珠三角、环渤海和以大中型城市为重点的中西部地区国内客源市场的开发。注重开发各种类型和不同档次的旅游产品,大力发展商务旅游和休闲度假旅游,国内客源结构向观光、休闲度假和商务会展旅游多元化转变。

3. 出境旅游市场

依法规范出境旅游管理,强化标准的执行,加强出境旅游产品的促销引导和监控,对出境旅游进行有效约束,引导浙江公民赴境外旅游的健康消费。

加强旅行社资质的审核和监督检查,增加出境组团社的数量,加强出境旅游者的监督检查,增强企业自律行为。

启动我省公民出境旅游目的地安全预警制度,加强旅游安全教育,增强我省出境旅游者的自我保护意识和应变能力。

将重点出境市场和重点入境市场有机结合,通过出境市场的快速有序发展带动入境旅游市场的发展。

4. 旅游产品对应的市场定位

(1) 观光旅游产品

虽然观光旅游产品在浙江省旅游发展战略中不再是首位的产品,但由于现状基础较好,规模较大,在未来一段时间内仍将占据较高的市场份额。由于观光旅游产品对于游客的普遍适应性,是适合所有客源市场的旅游产品。尤其文物古迹观光、宗教场所观光对港澳台、日韩、欧美等入境市场具有较高的吸引力。

(2) 文化旅游产品

文化旅游一直被树立为浙江旅游的品牌之一,未来客源市场覆盖面较广。如面向长三角近距离游客的文化休闲旅游;面向国内中远程市场和入境市场的古村镇、文化遗产、江南水乡旅游;面向宗教、艺术专项旅游者的文化专项旅游等。

(3) 生态旅游产品

浙江省拥有丰富的自然环境资源,随着21世纪生态旅游越来越被人们所关注,热度提升,其生态旅游客源市场有很大挖掘潜力。浙江省的生态旅游市场主要是面向长三角近距离客源市场的生态观光、运动休闲旅游;面向国内中远程客源市场的生态观光度假、科考旅游以及海洋生态旅游;浙江的海洋生态旅游对入境旅游市场也具有一定的吸引力。

(4) 商贸购物旅游产品

商贸购物旅游包括商务旅游、会议旅游、展览旅游、购物旅游等。其中商务会展旅游主要面向专项旅游者,国内外商务客人;购物旅游则具有普遍适应性,面向广阔的国内及入境客源市场。

(5) 休闲度假产品

休闲度假将成为浙江的主要旅游产品品牌之一,开发档次高低有别,以满足不同类型游客的需要。以长三角地区客源为基础,逐步扩展至环渤海、珠三角以及港澳台、日韩客源市场。浙江乡村旅游,市场前景较为乐观,对近距离客源市场,尤其是省内城市居民具有较强的吸引力。

三、旅游品牌建设

1. 品牌对比分析

(1) 文化旅游:浙江 VS 江苏

江苏省的旅游资源绝大多数散落在长江和古运河两岸及沪宁铁路沿线,以园林、文物、水乡、古都和主题公园等人文见长,历朝历代的名胜古迹,反映一方风俗的市肆长街民居,以及城墙、桥梁、运河,散溢出浓郁的文化底蕴,近年新建的现代游乐景区景点也具有强烈人文气息,"文化"是江苏旅游主打的一张牌。浙江历史文化悠久,文化旅游资源丰富,以"道教文化、佛教文化、水文化、茶文化、美食文化"的古迹和典故较多,拥有历史文化遗产、民间工艺美术、中国十大戏剧之一的"越剧"、专业博物馆等。可以看出,江、浙的文化旅游资源基础有很高的相似性,比较起来不相上下。

其实,江苏与浙江不仅在文化源脉上,在自然山水、社会经济发展上都有较多的相似之处,两省的品牌形象,"梦江苏——情与水的中国文化之乡"和"诗画江南,山水浙江"也具有相似性。鉴于两地在公众心目中可并列于"江南"之列,其旅游品牌形象更有必要加以区分。

(2) 红色旅游:浙江 VS 江西

江西是浙江的邻省,是红色旅游资源大省,红色旅游资源数量多,等级高,被誉为"红色摇篮"。江西省红色旅游开发起步较早,至今已成为红色旅游热点地区,具有很强的红色旅游品牌效应,尤其以井冈山、瑞金的红色旅游知名度最高,影响力和吸引力最强。浙江省的红色旅游数量也较多,以五处"全国百个红色旅游经典景区"品质最高,其中嘉兴南湖中共"一大"旧址知名度最高。但总体来看资源品质与江西相比差距较大,红色旅游发展也一直不温不火。作为相邻省份同时推出红色旅游品牌形象,江西省无疑会占尽上风。

(3) 海洋旅游:浙江 VS 山东

浙江的海洋旅游优势主要集中在文化底蕴丰厚、空间广阔、经济发达、体制灵活等方面。劣势主要体现在海洋水环境较山东逊色,且缺乏特色海洋旅游城市的基础而显得较为单薄。相比之下,山东省以青岛市旅游业为龙头的奥运效应更具魅力。奥运会在给北京带来发展机遇的同时,也将给予山东省及青岛市以极大的惠泽。

(4) 生态旅游:浙江 VS 皖、闽

与浙江相邻的安徽和福建两省拥有丰富的山水旅游资源,拥有世界级旅游品牌,具有生态旅游环境优势。安徽的旅游资源特色主要体现在山岳风光、生态古村方面,如黄山、九华山、宏村、西递等,是自然生态与人文生态并重的旅游地;福建的旅游资源特色体现在山海风光,包括武夷山、清源山等。浙江省生态旅游集中在东部沿海海洋生态和西南部山地生态两条轴带上,山水风光优美,自然资源丰富,但缺乏具有震撼力的品牌资源,尤其缺乏世界级品牌,且由于浙江经济发达,城镇化水平高,发展生态旅游的环境在省域范围内将日益缩小。相比之下,浙江的生态旅游品牌不具有区域比较优势,不足以成为具有强大号召力的旅游品牌。

(5) 商贸旅游:浙江 VS 上海

浙江省依托民营经济领先、区块经济发达和商品市场繁荣的自身优势,发展参观、考察、会议、展览等各种形式的商务旅游,最大限度地把浙江商务旅游资源转化为旅游生产力,市场大省为争创旅游大省提供充分基础。相比之下,两大机遇正在帮助上海日益成为中国商贸旅游的排头兵。一是 CEPA 加强了沪港旅游合作;二是世博会为上海发展商贸旅游提供了优质的平台。世博会召开将带来国际游客和商务游客的大幅度增长,其间将有近 200 个国家、地区和国际组织以及 7 000 万国内外游客参加和参观。此外,筹办世博会是一个很好的契机,上海可以全面提升会展设施建设、运营管理、会议组织和配套服务的水平,为其成为亚太地区会展中心奠定坚实的基础。商务会展的带动作用还将覆盖和推动场馆、饭店、旅游、商业、金融等行业的发展,为拉长上海旅游产业链提供了机遇。

2. 品牌提升战略

战略定位:在市场引导下,提升浙江省整体的旅游品牌,体现浙江旅游资源环境特色,强化该品牌在区域范围内的比较优势。

战略步骤:分析品牌现状,调查分析市场认知,梳理地脉文脉基础,考虑区域条件,塑造旅游品牌。

战略目标:提升浙江旅游发展竞争力,巩固并进一步拓展成熟的国内旅游市场,提高在入境市场尤其是欧美等西方市场的认知度。

品牌使命:能够综合表达浙江旅游特色,提升浙江旅游吸引力,引导塑造浙江旅游形象和促销口号。

3. 品牌体系构建

在省域范围,旅游品牌是一个包含多要素、多层次的品牌体系。浙江省旅游品牌体系包括旅游产品品牌、旅游服务品牌和旅游企业品牌等。

(1) 产品品牌

- 产品品牌要素提炼

山为骨,水为形,浙江旅游体现山水旅游的极致美感;

文化为魂,浙江旅游是江南文化的集大成者,包含物质的体验和非物质的感悟;

浙江拥有最为多样化、便捷化、完善化、人性化的商务服务,也拥有为紧张的商务活动放松身心、舒缓心情的休闲体验;

自然与文化融合的休闲度假体验,表达出浙江旅游最具魅力的特质,一种于山水间畅享东方文化、闲逸生活的境界;

有城市、城郊、乡村、海洋、山地、湖泊多种休闲度假地域,有游艇、健身、娱乐、购物多种休闲度假方式;

荟萃东方生活情趣,注重对中国元素的渲染,表明浙江是非常符合中国人传统理想的地方,充满了追求和想象。

山水、文化、商务、休闲、度假、海洋、生态都是浙江旅游产品的特征要素,但就区域比较优势而言,山水、文化、休闲、度假应该是更具有优势性和可塑性的要素。

- 产品品牌体系构建

围绕旅游经济强省的建设,积极配合相关部门做好自然遗产、文化遗产、非物质文化遗产等世界遗产的申报,加快推进我省丹霞地貌、大运河、西湖、江南水乡古镇等项目正式申遗工作,努力做好丝、茶、国画等非物质文化遗产申报,同时加大对遗产的宣传,使世界遗产成为我省未来旅游的重点品牌之一。

以建设高品质和系列化的旅游产品为手段打造旅游产品品牌,重点打造都市旅游、文化旅游、休闲旅游、生态旅游、红色旅游、会展旅游等旅游品牌,以高品质、系列化旅游产品带动整个旅游产品品牌的形成。重点培育的旅游品牌和品牌形象如下:

观光旅游产品——"山水浙江,人文大观"

  品牌支撑景区:西湖、千岛湖、雁荡山、楠溪江。

休闲度假旅游产品——"闲适浙江,忘情假日","江南水乡,蓝色海滨,休闲浙江"

  品牌支撑景区:千岛湖度假区、象山滨海度假区、舟山群岛海岛度假区、大陈岛度假区、洞头岛度假区、太湖旅游度假区。

文化旅游产品——"文秀浙江,雅致本色"
   品牌支撑景区:大运河、乌镇、西塘、南浔、廊桥、良渚遗址、河姆渡文化遗址。
商务会展旅游品牌——"焕彩浙江,流金盛会","非凡浙江,商务新体验"
   品牌支撑产品:义乌商务之旅、温州商务之旅、永康商务之旅、东阳商务之旅。
海洋旅游品牌——"海富浙江,蔚蓝达远"
   品牌支撑产品:宁波、舟山海洋之旅,温台海洋之旅。
乡村旅游品牌——"民生浙江,鱼米江南"
   品牌支撑产品:余杭、富阳、临安、桐庐、慈溪、奉化、安吉、长兴、德清、嘉善、柯城等县市的乡村旅游。
生态旅游目的地品牌——"纯美浙江,灵净自然","绿色浙江、生态之旅"。
   品牌支撑产品:丽水生态之旅。
红色旅游目的地品牌——"英华浙江,烽火东南","红色浙江,摇篮门户"。
   品牌支撑产品:嘉兴南湖、绍兴鲁迅故居及纪念地、余姚红色古镇梁弄、台州椒江一江山岛战役
       纪念地、浙南(平阳)抗日根据地旧址等红色旅游景区和精品游线。
其中文化产品品牌又可细分为以下子品牌:
都市文化旅游品牌——"美丽浙江、天堂杭州、时尚宁波"
   品牌支撑产品:现代国际旅游大都市杭州、宁波。
江南古镇旅游品牌——"浙江古镇——世界最美的水乡古镇群"
   品牌支撑产品:乌镇、西塘、南浔等历史文化名镇、名村。
古人类文化旅游品牌——"浙江:人类文明曙光升起的地方"
   品牌支撑项目:河姆渡遗址、良渚遗址。
名人名著文化旅游品牌——"名人荟萃、灵秀浙江"
   品牌支撑产品:"鲁迅故里"、"汤显祖—牡丹亭"、"梁山伯与祝英台"、"白蛇传"、"衢州孔氏南宗
       家庙"。
戏曲与艺术旅游品牌——"戏曲之乡、艺术浙江"
   品牌支撑内容:以昆曲、越剧等非物质文化遗产旅游为核心,形成以地方戏曲、民间曲艺、民间
       舞蹈、民间音乐、民间造型艺术、民俗风情等具有浙江区域文化特色的非物质文
       化旅游构成的旅游产品品牌。
特色产品旅游品牌——"天堂丝绸、儒雅茶都"
   品牌支撑内容:丝绸文化、茶文化。支撑品牌活动:西湖艺术博览会,丝绸文化博览会,天堂丝
       绸时尚文化节,杭州茶文化节,开化龙顶茶节。
时尚文化旅游品牌——"东方风情、时尚浙江"
   品牌支撑活动:中国国际香水及彩妆展览会,世界小姐大赛。
影视文化旅游品牌——"横店:东方好莱坞"
   品牌支撑产品:横店影视城。
宗教文化旅游品牌——"佛宗道源、海天佛国、大仙祖庭"
   品牌支撑产品:普陀山、天台山、金华山等宗教旅游胜地。

(2) 区域旅游产品品牌

根据不同区域的旅游资源条件和市场条件,构造差异化的区域旅游产品品牌(表1-2-29)。

表1-2-29 浙江省区域旅游品牌产品导向

城市	主导旅游品牌产品
杭州	风景旅游、休闲度假、商务会展
宁波	休闲度假、商务会展
温州	文化生态、商务旅游
绍兴	文化旅游、城市旅游
金华	商贸影视、道教朝圣、温泉康体
嘉兴	休闲度假、商贸购物
湖州	休闲度假、文化生态
台州	宗教文化、山海观光
衢州	观光游览、人文生态
丽水	生态旅游、特色文化
舟山	宗教文化、海洋旅游
义乌	商贸购物旅游

(3) 旅游企业与旅游服务品牌与品牌定位

旅游服务品牌包括住宿、餐饮、交通等服务要素的品牌,旅游服务品牌是旅游品牌的重要组成,是旅游品牌的生命力所在,在品牌建设中占据重要地位。旅游企业是创建旅游产品品牌的实践者和拥有者,所以旅游服务品牌的创建要建立在旅游企业品牌创建的基础上,一方面要以现代企业制度治理企业,另一方面要通过收购、兼并等手段形成大型旅游企业集团,使其成为国内乃至国际知名企业。浙江旅游服务品牌建设重点是创建和强化专业化、规范化、人性化和个性化服务品牌。

旅游服务的专业化品牌:针对不同的旅游产品和服务要求,加强专业化的旅游服务能力。重点建设专业化的商务旅游、会议旅游服务品牌。

旅游服务的高质量品牌:重点推行"旅游品质化服务"、"旅游诚信服务",加强旅游服务质量监督,以良好的职业道德形象和优质的服务,打造旅游服务质量品牌。

旅游服务的规范化品牌:企业的经营行为和员工的从业行为符合旅游行业国家标准和行业标准,突出服务的规范化,包括信守服务承诺、诚信公约等。

旅游服务的人性化品牌:提供人性化的旅游服务,方便游客。通过各种形式的服务为游人提供便利,包括建设引导指示牌、实时查询系统、提供旅游咨询服务、游客安全疏导服务、汽车维修点服务等,建立人性化的旅游服务品牌。

旅游服务的个性化品牌:充分利用网络信息服务技术,了解收集旅游市场动态,满足不同旅游者对旅游服务的不同要求。重点创建散客服务品牌、自驾车服务品牌。

4. 品牌培育和传播

旅游品牌意识培育:从"品牌经营"的高度认识旅游品牌的战略意义。将品牌作为旅游产业的无形资产进行管理和经营,有步骤、分阶段、持续不断地进行旅游品牌建设,保持旅游品牌培育的长期性、系统性和持续性。

旅游品牌传播意识培育：围绕浙江整体的品牌理念，根据细分市场的消费价值取向构建由更有针对性的若干个分支品牌构成的完整的品牌体系，并通过大众传播媒体，运用广告、公关等营销手段，围绕这一主品牌和若干分品牌进行营销传播。重点加强浙江旅游产品品牌、旅游企业品牌两个品牌要素的品牌传播。

旅游品牌形象培育：将品牌融入旅游形象中，使之成为旅游品牌的外在感知途径。

旅游品牌管理体系培育：建立完善的旅游品牌管理和监督体系，将旅游质量管理作为旅游品牌管理的关键，将旅游服务纳入旅游品牌培育范畴，规范旅游服务行为。

5. 品牌管理

成功打造旅游品牌是一个系统、漫长而复杂的过程。确定品牌定位及品牌体系只是一个良好的开端。要取得持续的品牌竞争力，还必须持之以恒地对其进行有效管理。

（1）设立专门的品牌管理机构

目前，很少有旅游目的地设有专门的品牌管理机构，品牌通常仅仅停留在口号的阶段。在品牌口号提出的一段时间之后，随着旅游环境的变化以及新旅游产品的开发，旅游品牌就会逐渐迷失方向，变得模糊而毫无意义。

随着旅游行业市场化程度的不断提高，品牌在市场竞争中的作用日益凸现，建立专门的品牌管理机构来维护品牌将是旅游目的地保障核心竞争力的有效途径。

浙江作为一个旅游目的地，应当成立专门的品牌管理机构，由政府主管部门负责统筹，组建品牌委员会，任命专人担任品牌项目经理（品牌经理）对品牌负责。也可以利用外部品牌管理专业机构介入的方式，请他们担任品牌管理与部分执行工作的代理人。例如香港品牌的管理由政府新闻处负责统筹，新闻处与公私营机构紧密合作，确保有效运用香港品牌向全世界宣传香港，它的成功经验很值得浙江参考。

（2）外部咨询合作系统

随着市场环境的发展，发展咨询委员会组织机构，引进外界的力量，解决疑难问题。

与外部专家、机构形成长期合作关系，对浙江旅游发展等方面提出宝贵建议。

品牌管理机构需要担负与旅游品牌相关的管理和营销责任，对于浙江旅游而言，想要提升在欧美等远程入境客源国的认知度，首先有必要对主要客源国进行人员访问和商务考察，可以在浙江旅游品牌管理机构的组织下，带领各市县旅游局以及旅游企业，参与国际性的旅游交易展览活动，进行切实有效的专项调研工作。此外，还可以组织重点客源国家的旅游代理商代表来浙江进行参观和热身旅游。

（3）管理媒介与三大网络渠道管理

品牌的传播和推广过程需要借助各种媒介来完成，这些媒介包括：媒体广告（报纸、广播、电视、互联网、户外广告、手机短信等）、促销活动、大型事件、俱乐部、公共关系等。并不是所有的媒介活动都能天然地与旅游目的地品牌保持一致。因此，应当采取有力的协调措施，确保这些媒介活动能够形成品牌识别的一致性。

构筑由三大网络组成的品牌管理平台，其中三大网络包括：

96118旅游呼叫中心——将旅游信息服务、旅游援助、预订和投诉接待集中到一起。

浙江旅游专家——设计浙江旅游专家课程，此课程是专为旅行社业者设计，借由网络课程让从业人员对浙江各地旅游、地理风貌、季节变换、气候特征、特色旅游景点及旅程安排等方面学习到更专业的技能,成为游客旅行决策最好的"智囊团"。

网站品牌推广——注册 elegantchina 域名,丰富精致生活类旅游产品。

实现多平台无缝对接,三网合一。旅游呼叫中心推荐浙江旅游专家;Wi-Fi 手机移动平台向每个来浙人员推广旅游呼叫中心、浙江旅游官方网站的使用;广告、公关宣传最终落实到增加旅游呼叫中心、浙江旅游官网的使用率;加强旅游官方网站对其他平台的推广。

(4) 管理品牌资产

浙江旅游品牌能否成为强势品牌,取决于它是否拥有足够的品牌资产。衡量品牌资产主要有四个系列的维度:

差异性:浙江旅游品牌与其他旅游目的地品牌(如上海、江苏等)相比,所具有的特色。

相关性:对国内及入境目标市场旅游者而言,品牌价值是否有意义。

尊重:浙江旅游品牌是否能够得到潜在旅游者很好的评价,品牌的受欢迎程度。

认知:目标市场旅游者对浙江旅游品牌内涵的理解程度。

浙江品牌管理机构应当通过塑造品牌差异性以及建立品牌与旅游者的相关性增强品牌实力,同时,通过多样化的营销努力赢得旅游者对品牌的尊重并拓展认知,树立品牌的地位,从而,将浙江旅游品牌打造为一个真正强势的品牌。

(5) 反馈控制与危机管理

通过与旅游者的沟通得到有效的市场反馈,分析品牌现状的优势和缺憾,判断出原有品牌方案的得失,进行合理调整。

品牌管理机构应当有足够的危机管理能力,预先设计出有效的危机管理方案,面临有可能对品牌造成威胁的事件时,快速响应,协调各种媒介,控制事件对品牌的不良影响。

四、旅游形象塑造

1. 现状分析

(1) 现状评价

"诗画江南、山水浙江"旅游形象是对浙江核心旅游资源的精确概括,构成了江南水乡、文化之邦、名山名湖、海天佛国浙江旅游总体形象的理念基础。

围绕"诗画江南,山水浙江"这个主题,现行旅游形象系统是以浙江现有和即将开发的旅游产品主题为纽带,山水为卖点,文化为亮点,商务为重点,海洋为增点,着力打造文化旅游、红色旅游、海洋旅游、生态旅游、商贸旅游、休闲旅游六大品牌,整合形成一批在国内外具有影响力、兼具观光游览、休闲度假和康体养生功能的旅游产品,进一步凸显浙江旅游的独特魅力。

根据对浙江省旅游品牌形象游客满意度的调查,认为"诗画江南、山水浙江"贴切地概括出浙江旅游特色的游客比例达到 75%(图 1-2-17)。"十五"期间,这一形象口号对提高浙江在国内外市场的知名度起到了积极作用,结束了浙江旅游长期以来缺少主题形象的历史。

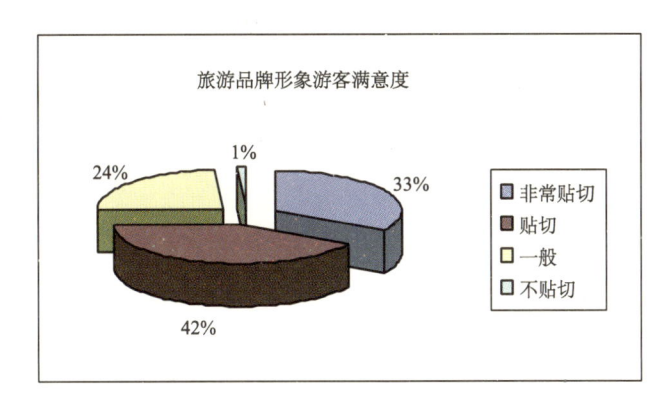

图 1-2-17　浙江省旅游品牌形象游客满意度

（2）存在问题

对旅游资源的文化内涵挖掘不够：杭州、宁波文化底蕴深厚，但两大旅游中心城市在形象理念传达上，却没有彰显出其独特的历史文化底蕴，历史背景下的文化内涵有待挖掘。

国际形象不鲜明，游客认知度低：海外游客与国内游客的文化背景与认知习惯不同，要求旅游目的地的形象也要进行细分，浙江要发展成为国际旅游目的地，需要明确且具有针对性的国际形象口号。省内主要旅游城市绍兴、舟山、金华没有明确的国际形象口号，宁波的国际形象口号也比较含糊，不够鲜明，国际形象口号上的劣势必然会影响其对远程客源市场的旅游吸引力。

旅游形象没有形成体系：浙江省是旅游资源大省，旅游资源、旅游文化要素太多，每一个文化元素诸如西湖、龙井茶、钱江大潮、南宋古城、佛教文化（东南佛都）、良渚文化、丝绸文化、爱情文化、美食文化等，都在全国叫得很响亮，二级形象宽泛，却导致主导形象不鲜明，旅游形象没有形成体系，旅游形象含糊。

2. 基础分析

（1）资源本底分析

浙江旅游资源本底特征，具有形成多种旅游形象的资源条件，包括特色文化旅游形象、自然旅游形象等（表 1-2-30）。

表 1-2-30　与旅游形象相关的资源特征

——千古流传的"天堂"美誉	"人间天堂"之称的西湖，中国最美五大湖之一 "鱼米之乡" "文化之邦" "丝茶之府"
——宜人的江南景致	秀丽柔美的自然山水 中国最典型的水乡风貌 江南水乡的玲珑和纤秀，细腻而含蓄
——海韵渔情	中国最美十大海岛 中国最长海岸线 精品海产

续表

——文化大观	丰富的文化积淀和人文背景 代表性人类历史文化:河姆渡文化、良渚文化 孔子文化 江南士大夫文化
——人才荟萃	哲学、美学、绘画、山水诗
——衣装礼品	丝绸、皮革、真丝工艺画
——佳饮	中国古茶道的精髓《茶经》 西湖龙井、安吉白茶、杭白菊 现代茶叶博物馆 茶道,茶中生活真味,细节讲究
——美食	"八大菜系"之浙菜,由杭州、宁波、绍兴、温州等地风味构成 浙东海味、金华火腿、杭州菜、宁帮菜(甬菜) 菜式小巧玲珑,清俊逸秀
——瓷器	两座"中国五大官窑",龙泉(中国青瓷之乡)和越窑青瓷 创新现代龙泉青瓷和发展传统龙泉青瓷产品
——古镇	江南水乡六大古镇之乌镇、西塘、南浔 纯正水乡,旧时江南的历史缩影 小桥、流水、古宅的江南古镇风韵 古镇生活节奏,文人、士大夫生活文化的历史见证
——现代时尚	最具活力的现代商会中心 "宁波帮"、温州商人 高档运动休闲、时装盛宴 数字娱乐中心,动漫游戏、数字娱乐生活方式 创意产业中心

(2) 形象认知分析

国内市场、东南亚市场、以欧美为主的西方市场对与浙江省旅游形象认知见表1-2-31。

表1-2-31 重点市场对浙江省形象认知

——国内及受中国文化影响至深的东南亚市场认知	风景大观荟萃 经典江南水乡,雅致文化之邦 商务经济交流,现代休闲胜地 世外海天佛国,钱江涌潮奇观
——以欧美为主的西方市场认知	东方典雅生活和文化 神秘东方的想象 自然山水风景 中国经济代表

(3) 主要城市旅游形象梳理

浙江省主要城市旅游形象见表1-2-32。

表 1-2-32　浙江省主要旅游城市形象现状情况

城市	城市形象	促销口号	海外促销宣传
杭州	东方休闲之都	激情杭州、浪漫天堂； 东方休闲之都、人间幸福天堂	休闲之都、人间天堂(日韩、东南亚、台港澳及海外华人)； 东方休闲之都、人间华贵天城(欧洲)； 东方休闲之都、人间和谐天堂(北美)； 魅力中国、精彩杭州(俄罗斯、中东、印度等其他市场)
宁波	东方商埠，时尚水都	ALA 宁波	—
温州	流金海岸，忘情山水； 时尚之都，山水温州	流金海岸，忘情山水； 游东瓯山水，探神秘温州	古越东瓯(东方市场)； 世界温州·商务家园(华侨华裔市场)； Wenzhou: vigour creative(西方市场)
金华	仙乡文化名城，休闲购物天堂	浙江人游金华	—
嘉兴	水都绿城、休闲嘉兴	经典嘉兴·文化休闲	—
湖州	笔墨江南、清丽湖州	山水清远/清丽/清幽； 写意/适意/快意/休闲湖州	Balcony of Shanghai Start Land of the Silk Road
台州	神奇山海，活力台州	山海美景，佛道胜地； 休闲游、天仙配、山海经	—
衢州	神奇山水、名城衢州	休闲衢州、观光四省	神奇山水、名城衢州
丽水	秀山丽水、浙江绿谷、六江之源	秀山丽水、浙江绿谷、六江之源	—
舟山	海天佛国、渔都港城	海天佛国、渔都港城	—

3. 形象定位

(1) 国内及东亚市场

诗画江南，山水浙江

国内及东亚市场的形象口号：根据定位理念，维持"诗画江南，山水浙江"不变。

此形象具有广泛的认知度，是浙江核心旅游资源的精彩概括，符合当今汉文化区游客的需求特点。这一形象精练地概括了浙江拥有的风景名胜区总量居全国之冠的旅游资源特点，以诗画江南升华了山水浙江，对"自然和人文完美结合"的特性进行了较好的描述。此外，这一形象符合受到中国传统文化熏陶和影响的亚洲旅游者的审美意趣和人文情怀。山水、诗画与江南在游人中的印象符合，具有深远的想象空间，易于引发游客共鸣。

(2) 西方入境市场

西方市场构建明确统一的形象口号，表达东方休闲要素。面向入境市场(特别是西方市场)的浙江旅游形象，应避开对资源本身的直接描述，而是应从浙江如何代表中国角度去考虑。

Picturesque Zhejiang, Legendry Land

形象诠释：

Picturesque Zhejiang 与诗画江南相对应，勾勒了浙江如诗如画的山水景观，Legendry Land 则包含了浙江众多悠远神奇的文化传说以及浙商创造的现代商业奇迹,并以此为窗口概括了浙江文化的神奇魅力。

4. 形象支撑体系

目前我国旅游正在从观光时代向休闲度假时代转变,随着休闲市场的逐渐成熟,单纯的风景和文化旅游已经难以适应新时代的需求,旅游产品开发正由游览观光向复合型、多功能的产品系列发展,城市旅游和旅游目的地城市建设逐渐成为重点。因此,旅游形象中需要更多地融入休闲、度假、都市旅游的内涵。

分析整合浙江省的优势旅游资源,在总体品牌形象"诗画江南、山水浙江"的基础上,针对休闲度假、商务会展、文化艺术、海洋旅游、生态旅游等专项市场,构建支撑浙江旅游形象的五大支撑体系。

(1) 休闲度假——闲情浙江,忘情假日

都市休闲度假:融于自然山水的江南都市休闲逍遥游;

时尚体育:最高端、最时尚的体育健身、运动休闲;

游乐购物:购物狂和游乐狂,服装、香扇、湖笔、丝绸、菱笋、海鲜大采购,玩转主题乐园;

闲情自驾:带着爱车去旅行,行遍江南好山水。

打造东方多样化的休闲度假旅游目的地。浙江除山水和文化的显著优势之外,还有众多能够满足不同旅游者兴趣的旅游吸引物,如美食、运动、购物等。从"杭帮菜"到东海海鲜、从廊桥徒步越野到豪华高尔夫赛、从宁波女装到温州工艺品,浙江充满了值得探究和尝试的闪光点,众多旅游吸引物的相互辉映更好地体现了浙江旅游品牌的理念:艺术与生活。

(2) 商贸旅游——焕彩浙江,流金盛会

会议展览:世博会、休博会、服装展、用品展……行业聚首,经济璀璨;

商务度假:人性服务,个性打造;

奖励旅游:全程订购,高枕无忧;

投资移民:活力浙江,人居天堂。

打造中国最具活力的商务、会展旅游目的地。浙江 GDP 总量处于中国各省份排名的前列,经济活力十分旺盛。杭州、宁波和温州三驾马车强劲的商贸发展势头带动了浙江全省的商务、会展旅游。拥有强大的经济后盾,浙江的各项商务会展设施发展快速,服务日趋完善,有资格称为中国最具活力的商务、会展旅游目的地。

(3) 文化旅游——文秀浙江,雅致本色

文化观光:文化遗产、历史遗迹、古镇古村、都市文化、人文景观观光;

生活体验:茶、丝绸、青瓷、宝剑、围棋、水乡、美食等东方生活艺术体验;

艺术感悟:国画、越剧、古乐、影视、诗歌等神秘东方艺术感悟;

宗教朝觐:具有江南要素的佛释道宗教文化体味。

打造现代时尚并与传统相得益彰的江南文化旅游目的地。在浙江,处处可以体味生活中的艺术、文化中的生活,精致、绝妙、高雅,且包含了深刻中国哲学文化理念。

(4) 海洋旅游——海富浙江,蔚蓝达远

海岛度假:享受"Sea,Sun,Sand"海岛惬意生活;

海洋休闲:汇聚海钓、潜水、帆板、直升机、滑沙等海洋休闲运动;

豪华邮轮：中国顶级邮轮泊港，豪华游憩体验；

私家游艇：私家海岛、私家海滩、私家游艇，绝对私人的海洋空间。

打造东海时尚、活力的海洋旅游目的地。大力发展远海邮轮、游艇、垂钓、潜艇、海底观光等高端旅游项目，将会吸引长三角、环渤海以及日韩的大批游客。通过"海富浙江，蔚蓝达远"形象品牌的打造，将其发展成为独具吸引力的海洋旅游目的地。

（5）生态旅游——纯美浙江，灵净自然

生态观光：海洋、山水、森林、丘陵等纯美自然生态观光游览；

生态度假：亲近生态、回归自然、天人合一的度假体验；

户外健身：在自然的山林、绿野中挥洒汗水，享受负氧离子空气；

科普科教：在旅游中学习生态保护、生态修复、生态警示等知识，更好地融入自然。

打造纯美天然的生态旅游目的地。浙江自然神秀，山水旖旎，有名震中外的京杭大运河，千年来被无数骚人墨客赞美的西湖，南浔、西塘、乌镇等著名的江南古镇，还有雁荡山、楠溪江、莫干山、龙王山、南北湖等雄奇的山水，如诗如画，构筑了浙江独特的自然生态和人文生态。

五、旅游市场营销系统建设

1. 营销目标

旅游目的地市场营销的主要目的在于提高目的地的旅游效益。衡量旅游效益的主要指标包括游客数量、平均停留天数、每日平均花费、旅游需求的季节波动情况和重游率。市场营销活动就是要在浙江省既定的旅游资源、旅游设施以及服务水平基础上，瞄准重点目标市场，吸引更多能够为浙江省旅游业带来旅游效益的旅游者；提升浙江省旅游在国际和国内的认知度，创造更大的旅游影响力。

（1）入境市场营销目标

• 保持全国入境游客总人数位于前五位的入境旅游地位，通过旅游资源整合、旅游产品创新、旅游交通改善以及旅游服务水平提高，促使入境游客总数量实现持续增长；

• 平衡区域入境旅游市场和远距离入境旅游市场的游客数量，使浙江省拥有更加多元化的入境旅游市场；

• 增加入境旅游市场游客在浙江省的平均停留时间；

• 通过丰富旅游消费中的娱乐、休闲、购物等要素，提高入境旅游市场游客在浙江省的日平均消费水平；

• 使浙江省旅游在入境市场的知名度得到提升；

• 具有国际影响力的旅游节庆数量有所增加；

• 成为远距离来华入境游客重要的旅游目的地之一。

（2）国内市场营销目标

• 实现国内游客数量的有序增长，实现国内旅游总收入的持续增长；

• 针对国内市场游客的兴趣潮流开发新的旅游产品，不断制造浙江旅游的新热点；

• 在旅游旺季和淡季以不同的策略促销不同的旅游产品，使国内市场游客对浙江旅游的各种需求在全年内更均衡地分布；
- 提供更好的旅游服务，有效提高国内游客的重游率；
- 提高国内旅游市场游客在浙江省的日平均消费水平；
- 使浙江省成为国内品质最高的旅游目的地之一。

(3) 省内市场营销目标
- 开发等级较低的旅游资源，作为省内居民日常游憩地，活跃省内旅游市场；
- 通过提供更多的游憩娱乐产品和综合休闲设施，以本地游憩和短途旅游替代省内居民的省际旅游需求；
- 为省内居民在旅游淡季提供更优惠的旅游价格，进一步提高浙江旅游承载量。

2. 营销战略

浙江省营销战略包括六大战略。

(1) 定向营销战略

随着旅游竞争的日益加剧以及旅游市场需求的日益多样化，一种营销模式已经很难满足所有目标市场的消费需求，因此需要根据细分市场的消费价值取向设计更有针对性的营销方式，使营销活动直接面向市场进行。因此，在浙江旅游目的地营销过程中，需要对目标市场进行360°的目标市场解读，包括目标市场人群的人口统计特征以及旅游消费特征等。然后根据不同目标市场的特性分别制定不同的营销目标和战略，在浙江旅游品牌总体形象下推广更切合市场感知的分形象，提供不同的旅游产品系列，策划特殊的营销事件并采用具有针对性的策略进行市场开拓和巩固。

(2) 品牌整合营销战略

浙江省拥有种类丰富、数量众多的旅游资源，但是目前尚缺乏具有垄断性吸引力的单体（如世界自然与文化遗产），无法通过单个吸引物的强烈个性形成旅游品牌，因此，浙江旅游需要整合区域内各种旅游资源，塑造出不同于其他旅游目的地的大旅游品牌。实施品牌整合营销战略，以此带动区域联合，整体提升景区知名度和市场竞争力，为景区发展营造核心动力。

(3) "搭网营销"战略

实施"搭网营销"战略，实现浙商网络与浙江旅游营销网络的有机结合，通过遍及全球的浙商网络的影响力，建立浙江独特的国际旅游分销体系。

(4) 互动营销战略

实施互动营销战略，通过政府营销和企业营销的相互推动、社会经济、城镇和城市旅游营销的互动、传统营销和现代营销的有机结合、普通宣传和重点宣传的有机结合，多渠道、多方位、多手段地宣传浙江旅游。

(5) 综合营销战略

实施综合营销战略，综合运用媒体宣传和举办节事活动，通过最佳营销时机的强势营销形成叠加宣传效应和跟踪促销攻势。

(6) 事件营销战略

国际性的大型赛事和博览会不仅能够为举办城市带来数量可观的客源和经济效益，而且可以通过客流的疏散影响举办国的其他区域。2008年北京奥运会和2010年上海世博会即将召开，浙江作为中国经济最发达和旅游资源最丰富的区域之一，可以作为两大国际活动重要的客源分流地，吸引国际和国内游客进行旅游、商务等活动。因此浙江应当充分运用两大国际活动的广泛曝光度和巨大影响力,提升自身知名度和影响力。

3. 市场营销创新

(1) 理念创新

品牌理念:旅游品牌理念使得旅游者感受到强烈的情感联系,从而产生巨大的吸引力。围绕"诗画江南,山水浙江"品牌理念,根据国内、国际市场以及按旅游产品细分的客源市场的不同需求,制定由若干个分支品牌构成的完整的品牌体系,并围绕这一主品牌和若干分品牌进行营销传播。

服务理念:浙江旅游要形成中国现代化旅游方式的典范,其市场营销应注重服务理念的推广,强化最便捷、最舒适的旅游目的地的概念。体现在营销过程中,就是通过精致实用的宣传材料,丰富有效的宣传标识,个性化、人性化的宣传服务手段等来实现。

(2) 机制创新

政府引导,市场运作:浙江省旅游市场营销行为必然是在政府引导下的市场运作,即运用政策手段激发企业参与旅游、宣传旅游的积极性。具体体现在:用新线优惠、降低成本的办法,激发旅行社的营销积极性;用规模进入、增加旅游总量的办法,激发旅游景区(点)宣传促销的积极性。

部门联合,区域联动:通过联合开发、创造条件的办法激发海外旅行商和旅游宣传媒体及驻外机构加强同浙江旅游联合的积极性,通过省内旅游景区间的合作、与国内或世界其他旅游目的地的合作,获得更大的市场份额。重点加强与上海、江苏的旅游区域协作,全方位打造"长三角无障碍旅游区",加强特色游线、产品组合、旅游节事活动的开发,有效增强浙江旅游对游客,主要是国际游客的吸引力。

(3) 技术创新

浙江旅游信息化平台的充分应用:经过若干次完善和提升的浙江旅游政务网 www.tourzj.gov.cn 和浙江之旅 www.tourzj.com 两个网站,其平均日点击量和页面浏览量已在我国省级旅游门户站点中位居前列。充分利用浙江旅游网络传播的现状优势,发挥浙江旅游信息化平台的服务功能,成为浙江旅游宣传的第一大门户。

借用浙江省旅游呼叫中心的促销宣传:96118 已成为覆盖全省的旅游服务热线,但目前对其的宣传并未十分到位。在 96118 旅游综合服务平台全面升级的基础上,强化在旅游咨询、投诉、商务、预订、救援等方面的人性化服务,并保持资料信息的经常更新。借宣传 96118 全省旅游服务热线的方式,实现对浙江省旅游的新型促销。

4. 市场销售渠道策略

(1) 提升中远途入境市场的认知度

浙江旅游在国内和亚洲客源国已经具有相当大的知名度,西湖以及"人间天堂"杭州对国内、港澳台和东亚、东南亚游客有着很强的吸引力,但是对于中远距离的入境市场(如北美和欧洲)而言,由于历史文化方面的差异性,他们对浙江缺乏足够的了解,赴浙江旅游的欧美游客占游客总数的比例极少。

随着旅游目的地之间的竞争日趋激烈,浙江旅游必须重视北美和欧洲等中远距离入境市场,通过营销努力消除与客源地之间的信息障碍,以明确的旅游目的地定位和全新的市场推广措施开发此类市场。

提升浙江旅游在中远途入境市场的认知度,其主要策略有:树立明确的旅游目的地形象,以区别于国内和国际的其他旅游目的地;为中远途入境市场游客提供符合其旅游需求的特色旅游产品;增加在中远途入境客源国的营销投入;与重点客源国的旅游组织机构、旅行社建立良好的关系;建设多语种的面向入境游客的浙江旅游网站,提供即时、有效、丰富的旅游信息,消除与客源地之间的信息障碍,加大该市场的开发力度。

(2) 制造传统市场的新兴奋点

浙江旅游在过去20多年的发展中,接待了众多游客,对于国内游客甚至亚洲入境游客而言,已经是一个极为熟悉的旅游目的地。国内、港澳台、日韩等传统市场对浙江旅游逐渐失去新鲜感,再加上山水观光型的旅游活动本身很难获得回头客,浙江旅游在传统市场将受到新兴旅游目的地的挑战。因此,只有不断制造出新的兴奋点,才能持续吸引传统市场的游客,保证浙江旅游在此类市场的强大感召力。

浙江旅游对于传统市场的新兴奋点可以通过产品创新、服务创新以及旅游活动形式创新得以体现。

(3) 实现多层次的区域联合

浙江可以通过省内旅游景区间的合作、与国内或世界其他旅游目的地的合作,获得更大的市场份额。

省内各旅游城市的景区景点,按照一定的主题组合成主题旅游线路,如宗教游、唐诗游、水乡游、古镇游等,在旅游城市之间组建联盟,增强区域间的合作交流。

浙江还可以与国内其他重要观光旅游目的地、历史文化旅游目的地、商务旅游目的地城市组建联盟,通过借力于国内其他重要入境旅游目的地,如上海、北京和西安等国际商务、文化交流极为频繁的城市,打开中远距离的入境市场,使浙江旅游更趋国际化。如借"船(上海)"出海,借道上海直接打开浙江的国际通道;与江苏和上海建立新的合作关系,组成一个以江南韵味为主要特征的战略联盟,开发新的路线、产品组合和体现"中国江南"概念的活动和节目,更有效地增强浙江旅游对游客,主要是国际游客的吸引力。

(4) 强化因特网的直接营销作用

网络蕴藏着巨大的市场机会,新兴的中产阶层网络使用频率逐渐加快,网络已经成为极为重要的信息来源渠道。目前,浙江旅游官方网站 www.tourzj.com 仅有简单的简体中文介绍,没有其他语种版本,旅游信息的网络传播极为有限,潜在游客,尤其是国际游客很难在网络上找到关于浙江作为一个旅游目的地的全面、权威和官方的信息。

聘请专业的网站制作机构,建设多语种浙江旅游网站,根据不同国家和地区的网络阅读习惯进行版面设计,并与潜在客源国的官方网站、旅游行业门户网站设置链接。及时更新旅游信息,安排专业人员负责网络互动交流。此外,发送电子邮件资讯也可以作为网络营销的一种方式加以应用。

(5) 打造中国最便捷的旅游目的地

便捷的旅游目的地,对于旅游者而言,通常更容易到达、更易于旅游活动的开展、能够提供更高的体验价值。

浙江是中国经济最发达的区域之一,交通、通信、商业、金融各方面都具有既定的优势。通过构建快速交通网络,完善旅游标识系统、安全系统建设和服务体系建设,打造中国最便捷的旅游目的地,在国内的旅游目的地建设中起到示范作用。

建设最便捷旅游目的地所需要做出的努力包括：
- 在重点城市开设与主要客源国之间的直飞航班；
- 与国内其他航空门户城市或重点客源地区之间有良好的快速交通网络；
- 在浙江省内推行"一卡通"或者其他形式的旅游卡，使游客能够持卡走遍浙江省区域内的任何一个城市的景区景点，能够在省内的各种交通工具之间换行，免去小额支付的麻烦；
- 为入境游客提供多语种的信息提示以及道路、景区和活动的各种指示，让入境游客完全了解浙江旅游环境。

（6）将省内重要旅游目的地城市作为营销重点

浙江拥有如杭州、宁波和温州等重要的旅游目的地城市，这些城市在国际和国内已经具备相当的认知度和影响力，应当将它们作为浙江旅游的营销重点和着力点，通过这些城市感召力的提高，增强浙江旅游在国际国内市场的整体竞争力。

通过对国际大型旅游批发商发出旅游考察和热身旅游邀请等方式，使浙江省内重要旅游目的地城市纳入国际旅行商的中国游线路；

通过重要旅游目的地城市的辐射带动效应，使周边的旅游景点景区或次级旅游城市实现更好的旅游效益；

集中力量打造省内重点旅游目的地城市的垄断性吸引物，扩展重点旅游目的地城市的客源半径，从而带动浙江省旅游整体市场范围的扩大。

5. 针对重点市场的营销行动计划

（1）8P营销计划

浙江营销目标的实现需要一份契合实际的行动计划来完成。

产品——浙江旅游应该为不同需求的游客提供何种设施和产品组合；

合作——区域内外景区之间的联合，以及旅游产业与其他产业之间的联合等战略性的合作，其意义在于获取更大范围的目标市场；

人本——在旅游产品和旅游服务供给过程中，从业人员的角色扮演；

项目包装/活动策划——从旅游者的需求和愿望出发，进行营销导向的服务及设施供给；

分销——如何协调与旅游代理商、旅游策划机构之间的关系，如何在散客旅游的潮流下加强直接营销的效果；

促销——安排浙江旅游的广告、人员推销、优惠活动、宣传以及公共关系，确保这些工具之间实现有效的互补而不是冲突；

价格——利用价格的杠杆调节作用，促进旅游效益的最大化。

（2）整体市场营销计划
- 与产品相关的策略

浙江省品牌形象与旅游产品匹配方案见表1-2-33。根据不同产品推出相应的品牌形象并进行营销。

表 1-2-33　浙江省品牌形象与旅游产品匹配方案

品牌形象	主推产品系列
诗画江南,山水浙江——诗画般的自然人文旅游目的地	以遗产旅游为特色的观光产品
文秀浙江,雅致本色——东方艺术化生活体验目的地	以丝绸、茶为代表的生活文化产品
闲情浙江,忘情假日——多样化的休闲度假旅游目的地	以环城主题度假区为特色的现代休闲娱乐产品
焕彩浙江,流金盛会——中国最具活力的商务、会展旅游目的地	以民营经济为特色的商务会展产品
海富浙江,蔚蓝达远——时尚、活力的海洋旅游目的地	极具潜力的海洋旅游产品

- 与人本相关的策略

游客将对目的地的素质和旅游发展水平产生口碑效应,影响城市的旅游业发展。实施"城市窗口微笑服务"工程,改善旅游服务质量,增加好客度。

- 与价格相关的策略

根据旅游市场的实际情况,通过听证会、民意调查等方式,科学定价,合理调节,使市场达到最大收益。

(3) 入境市场营销计划

入境市场营销计划见表 1-2-34~38。

表 1-2-34　浙江省港澳台市场营销计划方案

市场特征	营销战略	主要市场	营销策略
• 旅游的主要目的包括探亲访友、过境购物、商务活动,近距离的度假旅游市场正在形成,这部分客流占香港出境游总量的 31.6% • 安全性是香港游客出游优先考虑的因素,优美的风景、旅游价格以及旅游服务质量次之,而游憩与运动设施、目的地距离不是香港游客重点考虑的因素 • 台湾市场以观光客和商务游客为主,来大陆的市场以中老年为主 • 近年到浙江旅游的客源结构已发生很大变化,由退伍老兵、退休职员、家庭主妇等扩展到文职人员、教师、官方人员以及工商巨贾等,投资商务类客源已占到绝大部分	• 以古典和现代的双重魅力感染港澳台市场 • 提供契合市场需求的多层次旅游产品组合 • 改善交通设施和服务水平,促成旅游需求和供给的有效匹配	• 观光市场 • 商务旅游市场 • 休闲市场 • 文化旅游市场	• 繁体中文网页提供完善的网络信息和服务功能 • 重点发展港澳台与浙江重点口岸城市如杭州、宁波、温州等的直通航线 • 和港澳台市场旅游组织机构(旅行社等)建立良好的合作关系 • 为港澳台游客量身订制的旅游信息服务
旅游产品			
针对各细分市场推广相应的旅游产品			
撬动企划活动			
"悦读江南,酷乐行游"主题活动 面向港澳台市场发起主题活动,用现代感较强的方式轻松解读浙江,主旨在于使人文历史成为与山水一样易于感知的吸引物,拉动该市场的积极发展。			

表 1-2-35　浙江省日本市场营销计划方案

市场特征	营销战略	细分市场	营销策略
• 42%居住在东京、大阪都市圈 • 年龄在65岁以上的人占17.9%,在2015年将超过1:4的比率,这一批人有着越来越多的空闲时间 • 出国游增速逐渐加快 • 66.5%的出国游是单纯旅游。11.6%是为了商务目的,探亲访友占了5.7% • 组团为市场主流,占据了整个出境游市场的48.2%,散客游开始上升,占据了37.1%,团队游下降到6.2% • 游客开始自主安排旅程,并寻求生活方式的体验 • 到中国的游客以中老年男性和中年女性为主 • 中国是日本的第一大出游国	• 从整体上提升浙江省的旅游产品品质、优化旅游线路 • 以便捷的交通、体贴的服务赢得日本市场游客的满意度,达到提高重游率以及通过口碑开拓新市场的目的	• 观光旅游市场 • 文化旅游市场 • 宗教旅游市场 • 商务市场 • 特殊兴趣旅游市场	• 改进浙江旅游网的日文版网站,增强日文网页信息的即时性和有效度 • 促销活动主要针对出境旅游比例较高的大东京都区和关西地区,以大都市作为巩固市场的重点地区 • 应当重视新产品的开发,吸引回头客 • 以针对女性市场设计的旅游产品满足此类出游潜力很大的市场 • 为日本游客提供高附加值的旅游服务 • 加强宣传品制作,设计一系列印刷精美、品质上乘的宣传画册在日本市场发放 • 日本出境游中包价旅游和团体旅游所占比重较高,旅行社掌握着大部分客源,因此要与日本旅行社建立良好的合作关系 • 开通各重点旅游客源城市到浙江的直飞航班,减少日本市场游客到浙江旅游的交通障碍
旅游产品			
针对细分市场推广相应的旅游产品			
撬动企划活动			
"'越'悠长,'越'优雅"主题活动 由于日本市场对中国古文化较为熟悉,围绕古越文化开展活动,营造浙江优雅形象,使之与日本旅游者的消费偏好相契合			

表 1-2-36　浙江省韩国市场营销计划方案

市场特征	营销战略	细分市场	营销策略
• 出境游游客数量稳步增长。24.2%的出境旅游韩国人是到中国,他们还喜欢到菲律宾和泰国,增长分别为37.7%和30.1% • 观光休闲旅游是出境游的主要组成部分(48.3%),接下来是商务(22.9%),探亲访友(8.8%),学习(4.6%),其他(18%) • 组团游依然是韩国的主流,但是散客,特别是背包族的人数在不断增长,尤其是在Online代理商方面 • 互联网开始变成了最重要的分销工具手段。韩国现在变成了世界上使用互联网比率最高的国家 • 韩国人每年有25天假期。五天工作日意味着韩国人更有机会进行短程旅游	• 针对韩国市场的特征设计系统性的产品组合、渠道组织和促销方案 • 扩大浙江旅游知名度,提高赴浙江旅游韩国游客占韩国赴华游客比率	• 观光旅游市场 • 文化旅游市场 • 宗教旅游市场 • 商务市场 • 特殊兴趣旅游市场	• 改进浙江旅游网的韩文版网站,增强韩文网页信息的即时性和有效度 • 在韩国重点出境游城市如首尔、釜山、仁川和大邱等地开办浙江旅游展览,在韩国国民中传播深化浙江旅游的品牌形象 • 深入研究韩国民众对中国文化的了解程度和兴趣存在点,以此切入展开营销活动 • 录制浙江形象旅游宣传片,在韩国的大众媒体播放 • 参加韩国旅游博览会,发放浙江旅游的宣传册和旅游服务手册 • 邀请韩国出境旅行商和媒体记者来浙江进行深度体验旅游考察。增加浙江旅游在韩国媒体的曝光度 • 选取韩国前三家旅游批发商,对其进行重点促销,以优惠的批发价格打开韩国批发商的大门 • 加强韩语导游人员的素质培训,为韩国游客提供高质量的讲解和导游服务
旅游产品			
针对细分市场推广相应的旅游产品			
撬动企划活动			
"中韩互动——浙江亲善大使" 邀请中韩两国最具人气的演艺新星,充当浙江旅游大使,进一步扩大浙江在韩国的知名度			

表 1-2-37　浙江省东南亚市场营销计划方案

市场特征	营销战略	细分市场	营销策略
• 来华旅游的主要原因是回乡访祖和语言相通 • 观光、探亲、寻根、宗教、商贸旅游的需求较为强烈,再访率较高 • 来中国旅游的时间集中在春季和秋季,分4~6月和9~12月两个时期,其中4月、6月和12月为高峰月 • 游客的出境旅游,多数是为了观光、消遣娱乐和舒适,同时也寻求新的体验	• 东方传统文化主题式营销,再现记忆中的生活 • 量身打造的商务探秘旅游线路和产品,展现今日活力与风采	• 华侨华裔市场 • 宗教旅游市场 • 观光市场 • 商务旅游市场	• 设计面向东南亚市场的旅游网站,重点宣传浙江的祖庭寺院、休闲度假资源和旅游产品 • 设计并制作与品牌形象相吻合的宣传图册、招贴画等材料,向各国的旅游运营商发放 • 在每个国家选定两至三个特定的旅游运营商,开展密切合作,建立长期稳定关系 • 着重促销娱乐性和体验性强的旅游产品
旅游产品			
针对细分市场推广相应的旅游产品			
撬动企划活动			
"佛在路上佛乐会" 为东南亚居士安排以浙江礼佛为主、包含各旅游要素的活动组合,提供便利的旅游服务等 通过东南亚地区的寺院和佛教机构进行宣传			

表 1-2-38　浙江省北美和欧洲市场营销计划方案

市场特征	营销战略	细分市场	营销策略
• 美国经济复苏推动出游人数增加 • 中国是美国旅行商和公众公认的世界上的旅游安全岛。反恐战争、中东危机等诸多不安定因素都将对美国公众出游,特别是远程旅游的心理产生不良影响 • 短期内,美出境旅游市场会受到美国国内旅游市场的有力挑战,而出境市场上,欧洲、亚洲又会受到近距离目的地加拿大、墨西哥、加勒比甚至中南美洲的挑战 • 欧洲市场旅华人数增长显著 • 欧洲传统的中、远途旅游目的地很多成了旅游风险区,一批新的旅游批发商开始看好中国市场	针对欧美游客的兴趣设计的以可体验的东方生活为主题的产品组合、渠道组织和促销方案	• 文化旅游市场 • 特殊兴趣市场 • 观光市场 • 商务旅游市场	• 建设时效性强的英文版浙江旅游网,提供丰富的英语旅游信息服务 • 重点打造两个以上的标志性旅游点,加强北美游客对浙江旅游的印象,并通过景点间的线路联合从整体上增强浙江旅游的吸引力 • 和北美市场的旅游组织机构、旅行社建立良好的合作关系 • 在交通枢纽设立醒目的英文路标、导游交通图、指示牌等,清晰地标示各游览点的地点、方位和距离,在景区配备国际标准的信息标志以及各种指示,让游客完全了解所处环境,减少北美游客在浙江旅游的陌生感 • 设计并组织面向北美游客的参与性旅游活动,延长游客在浙江的停留时间 • 提高游客服务从业人员的英语水平,创造宾至如归的旅游氛围
旅游产品			
针对细分市场推广相应的旅游产品			
撬动企划活动			
"Tender life(柔性生活)"体验团 策划以浙江生活文化旅游产品,如丝绸、茶叶、中药、养生等为主的体验团,邀请欧美旅行批发商参加, 争取使杭州等重点城市纳入欧美旅行商中国游主要线路			

(4) 国内市场营销计划

国内市场营销计划见表 1-2-39~42。

表 1-2-39　浙江省长三角市场营销计划方案

市场特征	营销战略	细分市场	营销策略
• 出游需求强烈,是国内各旅游目的地的重要客源输出地 • 仍以观光旅游为主,但休闲旅游增长很快。出行目的也从观光旅游转变为观光、休闲和文化等不同形式的旅游;到海滨、乡村度假比重逐步增加 • 男性更偏好历史名胜等具有一定文化内涵的旅游景区;女性对海滨、购物街、城市建筑等放松休闲类旅游景区更有兴趣;年轻人偏重于观光休闲类景区;老年人偏好于观光历史文化类景观 • 重游率较低,从众心理强烈,容易受到时尚风潮的影响,喜好热闹 • 旅游者在外出旅游时,更倾向于和父母、爱人、小孩一同出行 • 外出旅游讲究实际,对时间、费用(住宿、交通)、便利程度有精打细算的安排计划 • 旅游者的出游选择比较理性,重视旅游的休闲性,重视品牌,自主意识强,对旅游服务要求比较高 • 购买旅游纪念品是必要项目之一	• 突出文化、生态、商务旅游产品在江南地区中的差异性,以特色占领认知市场 • 针对周末休闲度假市场进行专门的营销和旅游线路设计	• 观光市场 • 周末休闲市场 • 文化旅游市场 • 自驾车市场 • 商务旅游市场	• 利用国内权威旅游杂志、网站以及具有影响力的媒体节目,凭借更高一级的平台不断形成旅游热点,引动市场升温 • 精心选择旅游产品体系中的差异化产品,精心包装产品每一个环节,打造精装版线路,最大程度满足游客的高要求 • 客户关系营销,通过旅行社这一产品分销渠道吸引团队进入。在渠道管理方面采用关系管理的理念,以保障长期稳定的客源输入 • 提供优惠价格组合

旅游产品

针对细分市场推广相应的旅游产品

撬动企划活动

"近邻友好计划"

通过旅行社和网络预订对江苏和上海居民实行特殊优惠政策,带动近距离市场的进一步扩大。

表 1-2-40　浙江省珠三角市场营销计划方案

市场特征	营销战略	细分市场	营销策略
• 文化品位和档次逐步提升,居民出游愿望强烈 • 出游以本省其他地区和华南为主,出境游的比例高于国内其他城市 • 喜欢二人世界的旅游方式 • 游客的出行目的有很大比例是休闲放松,户外旅游市场是主流市场,都市旅游也有相当大的市场份额 • 外出旅游更钟情于自然风光,要去有名的目的地,喜欢热闹,讲究饮食和娱乐 • 游客讲求旅游的舒适感受,更倾向于选择豪华型住宿设施(四星或四星以上饭店) • 从出行方式来看,乘飞机出行的比例为68%。以火车作为出行工具的游客会越来越少	• 融入江南风格尊贵品质、高档形象的现代休闲游憩项目 • 以优质服务为核心,逐步接轨国际水准,提高旅游的舒适度和满意度	• 观光市场 • 休闲度假市场 • 商务旅游市场 • 文化旅游市场	• 高端带动,在产品和服务上取得高端优势,然后逐渐渗透至大众旅游消费者 • 实行贵宾礼遇制度。推出贵宾路线,聘请当地高素质导游全程接待陪同,通过地接旅行社为游客提供个性化服务 • 深度开发并满足本地居民的旅游需求,在游客认知上放大浙江旅游的吸引力 • 面向旅游者实行服务满意承诺,主动维护旅游者的合法权益。收集旅游者反馈信息并进行统计分析,了解旅游者对旅游服务的满意度,并及时规范不合格服务行为

旅游产品

针对细分市场推广相应的旅游产品

撬动企划活动

"'醉美江南,至尊享受'贵宾旅游邀请"

为珠三角游客提供高便利舒适度的旅游产品组合,通过航班、俱乐部、商会等高端渠道推荐推广

表 1-2-41　浙江省环渤海都市圈市场营销计划方案

市场特征	营销战略	细分市场	营销策略
• 有大量的白领阶层等高消费群体,是国内重要的高频出游区域 • 出游目的由观光旅游转变为观光、休闲和文化等不同形式的旅游。外出旅游更讲究经历与体验,注重文化品位 • 出游最具个性和时尚,94%的家庭选择自助旅游而不愿受到旅行团的约束 • 家庭度假是主流,72%的人外出旅游是与家人同行;同时,也愿意选择与朋友一同出游 • 非黄金周的出游率高于黄金周,尤其暑期(7~8月)是出游的高峰期 • 出行的交通方式多样化,火车、飞机、长途汽车、自驾车比例较为平均;自驾车出游渐成时尚 • 出游的旅游路线选择,首要因素是旅游景点本身的景致,其次才是"安全性"、"旅游消费"和"景点知名度" • 在住宿设施需求上,大多数游客会选择实惠型和舒适型饭店	• 以高品质、多样化的旅游产品组合破除远距离障碍,打造综合性旅游目的地 • 山水和文化产品完美融合,为游客构造一个纯江南的新奇体验环境	• 观光市场 • 休闲度假市场 • 商务旅游市场 • 文化旅游市场	• 整合丰富多样的旅游产品,在宣传上定位于提供全方位旅游体验的独立旅游目的地。以高品质的旅游产品破除距离障碍 • 在产品组合上选取符合此类市场需求的代表性旅游产品,同时面向大众市场推出经济型价格。选取两至三条经典路线,进行重点推荐 • 保持市场的曝光率,通过报纸、杂志、网络等媒体将旅游信息传递到目标大众。并且,与此类市场内的旅行社建立联系,搭建交换旅游供给和需求的市场信息通道,准确了解旅游市场状况 • 在北京、大连和石家庄等几个大型中心城市集中进行宣传,依靠大城市对中小城市的旅游活动示范带动作用,将旅游影响力渗透至整个环渤海都市圈
旅游产品				
针对细分市场推广相应的旅游产品				
撬动企划活动				
成立"爱江南游社" 由浙江旅行社发起,面向环渤海都市圈自助游客的社团,定期组织各种主题的浙江旅游,带动该市场出行潮流				

表 1-2-42　浙江省本地市场营销计划方案

市场特征	营销战略	细分市场	营销策略
• 随着经济实力的增强,出游能力大大加强,旅游市场十分火爆 • 目的地选择中,省内游比例依然很高 • 外出旅游已经成为浙江居民消费领域的一个消费热点,团体旅游是城市居民外出旅游的主要方式 • 出境旅游迅速增长 • 城市居民用于旅游的消费逐年增加。特别是在参观游览、购物娱乐方面的消费支出上涨幅度较大 • 旅游的形式也趋向多样化,除风景观光外,游客更加注重休闲、健康和生态游 • 新型旅游消费在居民的生活消费中的比重悄然增长 • 出游安排越来越理性化,对旅游信息服务需求逐步提高	• 以商业为纽带,强化浙江人开拓和团结精神,寻求文化的感染力和凝聚力。 • 适应本地人休闲度假需要,在旅游产品组合、宣传和旅游服务供给上突出乡土特色和国际时尚的均衡	• 周末休闲市场 • 近程观光市场 • 文化旅游市场 • 商务旅游市场	• 深度挖掘文化传统,开发特色旅游产品,通过大型旅游节庆,集聚本地游客人气,使传统文化在旅游中发挥活力 • "快速自驾通道":为自驾游客提供便捷信息、停车住宿优惠等特色服务,促进自驾旅游发展 • 赋予产品以浙江文化内涵,以文化感染旅游者,获得认同感,促进省内旅游发展 • 数据库营销,为大量的本省旅游者建立基本资料数据库,以便于设计个性化旅游产品和服务,定期提供多样化的休闲信息
旅游产品				
针对细分市场推广相应的旅游产品				
撬动企划活动				
"爱浙江,游浙江"旅游卡 面向本省居民发行省内旅游卡,以优惠价格和便利服务促进省内旅游发展				

第八章　旅游用地发展引导

一、基　本　概　念

1. 基础认识

基于国际国内旅游经济的迅速发展与其重要意义,使得旅游发展战略规划成为目前各类综合规划中必不可少的专项规划内容。将旅游发展规划与城市规划(全省城镇体系规划)、土地利用规划进行科学合理的"三合一"统筹,成为政府宏观调控的有力措施之一。

根据全省旅游规划的宏观战略与发展思路,浙江旅游将从观光游览为主导向观光游览、休闲度假、商务会议等多元并重、质量和效益提升的方向发展。为此,在部分已开发旅游区功能拓展的同时,需要增加包括休闲度假、商务会议等需求增速较快的旅游产品的用地。根据规划组两次在浙江各地的实际调查,将近有 1/4 的县市正在努力开发一定规模的休闲度假区。如何积极引导和规范管理地方政府发展旅游业的行为,大大提高项目建设实施的可操作性和科学合理性,需要有旅游用地方面的积极引导。

旅游规划属于市场行为的专项规划,需要政府大力扶持的行业性规划,是需要与土地利用规划、城市规划等法定规划紧密结合才能有效实施的专类规划。拓展旅游用地,将之纳入到城镇(体系)规划和土地利用规划的法定体系中,强化土地利用规划的市场约束作用,实现资源与产品、项目与环境、市场与经济在空间上的均衡发展,真正使之具有实际操作意义。

2. 概念定义

独立地段的旅游观光与休闲娱乐地、风景名胜区、古典园林、名胜公园、文物古迹、旅游度假区、主题园区;以及 70% 对外开放的各类森林公园、自然保护区、地质公园等;兼有旅游功能的博物馆、古村落、文化娱乐设施、历史与文化名城等构成旅游经济活动的各项城镇建设设施用地,均属于旅游用地(包括部分兼用地)的范畴。

3. 旅游用地构成分类

旅游规划属于专项规划,旅游产业渗入到国民经济的各个行业中。旅游用地复杂多样,并附属于其他法定性的用地规划中。

浙江省人多地窄,"七山一水两分地"的浙江又因其民营经济一枝独秀而得到快速发展。从 20 世纪 90 年代到现在,伴随着高速工业化和城市化,土地资源供应短缺并出现土地退化现象。近几年随着生态大省建设目标的确定,浙江经济发展模式和产业结构正发生着重大的变化,旅游业等新兴服务业正成为浙江经济发展的新热点。民营资本在浙江旅游产业方面的投资也跃居全国首位。在资金涌入、市场需求预期良好的双重作用下,浙江省一些县市尤其是沿海、沿江(钱塘江)县市踊跃设立以休闲度假为主要功能的旅游区,土地利用成为主要的约束条件。

在已实施的《土地管理法》中确定三级分类体系。一级类设农用地、建设用地和未利用地三个;二级类设15个;三级地类设71个。因旅游业用地定义不够确切,同时随着服务行业的发展,将原来的旅游业用地改为餐饮旅馆业和其他服务业用地;原有的绿化用地作地类名不合适,故改为瞻仰、景观与休闲用地。

全省旅游规划用地旨在宏观层面上的旅游产业与资源空间整合,侧重旅游功能性用地。旅游用地分类体系,主要是在分析研究旅游功能空间与产业发展布局关系的基础上,重点研究其旅游结构的历史变化规律以及未来发展规模预测基础上进行。依据旅游资源的开发程度、可接纳游客数量和功能主导关系,将旅游用地大致分成旅游资源用地、旅游设施用地和旅游兼用地等三种用地类型。

(1) 旅游资源及其环境用地

可以对游人开放的、处于独立地段的旅游观光地与度假设施区,以及70%以上对外开放的各类生态环境保护区,可对应于其他法规用地类型。如风景区、度假娱乐区、森林公园和自然保护区、野生动植物园等。此外,旅游资源用地还包括资源所依托的各类生态环境保护与安全防护区,包括各类自然保护区、生态廊道、安全防护的绿色通廊等用地,可对应于其他法规性用地类型。

(2) 旅游设施用地

严格地说应该包括严格意义上的"旅游设施用地"和作为"以人工开发建设为主的旅游吸引物的建设项目"两部分。严格意义上的旅游设施用地包括旅游资源开发成产品并完成旅游活动所必需的旅游要素用地和旅游管理用地。旅游要素用地如满足"食、住、行、游、购、娱"等用地;旅游管理用地如旅游区内及区外专门用于行政管理的设施用地。包括旅游基础设施用地和旅游服务设施用地,主要依托于城市和旅游资源地域,还有少部分单独用地(旅游标准服务区)主要布局于(旅游)交通线路上和一些需要重点保护的旅游资源(自然保护区、文保单位及部分国家重点风景名胜区等)的附近。以人工开发建设为主的旅游吸引物用地主要是指休闲度假旅游用地、主题公园旅游用地等。这部分用地主要不是基于传统意义上的旅游资源地域,而是基于市场需求以旅游产品开发为目的的用地。

(3) 旅游兼用地

旅游兼用地是参观游览和吸引游客的各类城乡设施用地、产业观光用地和具有其他主导功能但可以将旅游作为辅助功能的用地。因这类用地的主要功能作为《土地利用规划》的相应归类,故不单独将其作为旅游用地列出。如城乡各类文化娱乐、餐饮酒店、体育场馆等设施以及可对外开放的水利交通、商贸等公共设施、军事娱乐基地等;工业旅游区、农业旅游区、城乡景观风貌区等。

二、现状特征分析

在市场经济条件下,土地供给和利用是多种因素作用和多重利益集团的矛盾冲突的焦点。为加速旅游产业良性化的健康发展,需要在全省范围内对旅游用地进行很好的规范和引导,并通过法定规划的形式予以保障。这是本次旅游用地规划引导的重要意图和目标之一。

一般而言,规划是在现状基础上进行的,如果现状信息失真或现状信息不对称,则很难使所编制的规划有较好的科学性和可操作性。在调研过程中,由于全省正在编制新一轮的土地利用规划,尚未有正式成果出台,但考虑到本次阶段任务需要,能为政府部门及时提供科学合理的参考依据,将旅游发展战略意图能够很好地在空间层面和土地使用上予以充分保证,规划组排除诸多困难,在现有资料基础上展开宏观层面分析,希望能够引起政府及各部门的高度重视与强有力的配合支持,以便更好地掌握科学准确的基础信息。

1. 基本分析

(1) 省域用地形态分析

浙江省是我国江南丘陵地的典型区域,地势总体平缓。区域地貌结构形态复杂多样,平原、盆地、丘陵、低山、中山、岛屿等地貌形态俱全。浙江北部、中部、西部、东部呈现不同的地貌特征、资源特征和空间特征(图1-2-18)。

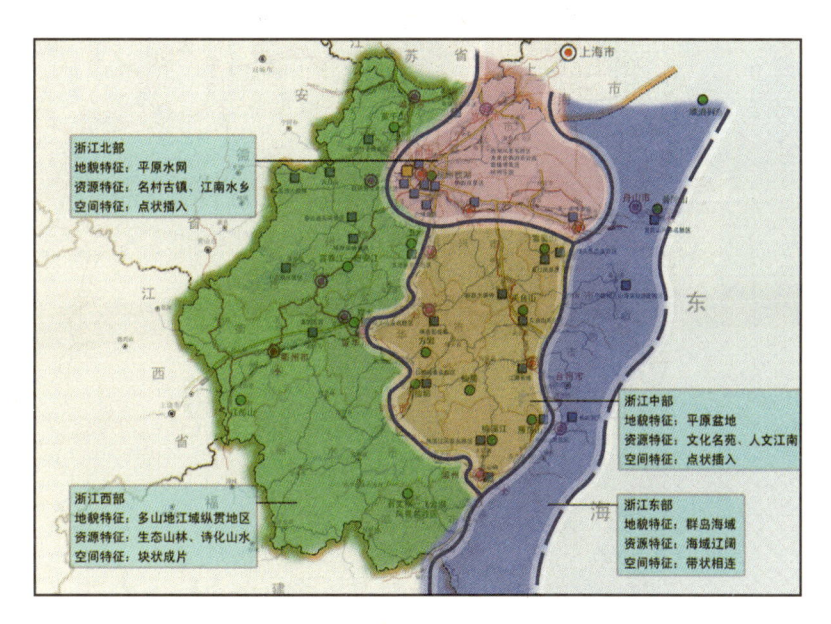

图 1-2-18　浙江省现状旅游用地形态

(2) 省域旅游资源分析

浙江是我国旅游资源和旅游基础条件最优越的地区之一,拥有各级旅游资源单体2万多个。在全省10.18万平方公里的11个地市级管辖范围内,其自然保护区、森林公园、风景名胜区占全省国土面积的10%。各地市旅游资源丰度存在明显差异,杭州和温州地区则为全省旅游资源分布数量最多的地区。浙江省各片区呈现各异的旅游资源地域特征(图1-2-19)。

(3) 省域精品旅游金三角格局分析

浙江省山水并济,人杰地灵,人文历史蕴藏丰富久远,富水地区的水运环境,又极大地优化了浙江全省的区域旅游空间,主要集中在杭州西湖、温州雁荡山、绍兴市区等区域;浙江省经济发达,主要城镇集中于钱塘江两岸及沿海区域的两条轴线带上,其他地区则相对比较分散,基本呈现大分散与小集中的空间格局。大分散意指浙江"西山东海、南岭北水"山海割据,资源跨度较大的特征;小集中意指旅游空间相对呈点状聚合特征。此外两翼发展的浙赣闽皖区域间的旅游合作,星带状扩展特征明显。

全省精品旅游空间形态,主要集中于杭嘉千岛湖—黄山—线、金华义乌—衢丽温—线、温州楠溪江雁荡山—绍兴—线,构筑了浙江旅游精品资源的金三角构架(图1-2-20),基本涵盖了"山水浙江、诗画江南"的地域人文化的山水特征和"浙商经济"商贸旅游潜力资源的空间形态。

图 1-2-19　浙江省旅游资源地域特征

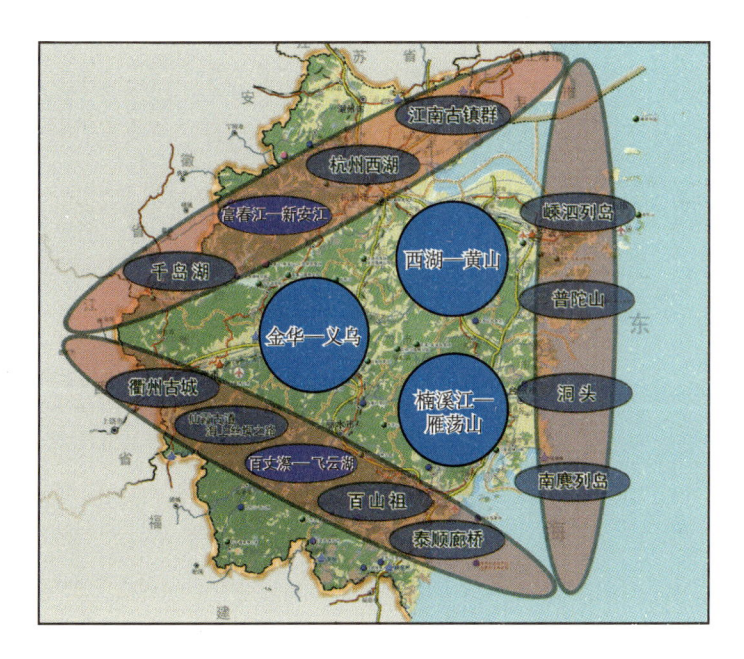

图 1-2-20　浙江省旅游发展空间

2. 主要问题分析与技术路线

（1）主要问题

省域土地资源紧缺、挤压旅游用地现象明显。地处沿海经济发达地区的浙江省域，人多地少，耕地资源十分紧缺，截至 2006 年年末，全省常住人口 4 980 万人，占全国总人口的 3.79%，平均每平方公里高达 489 人，人均土地 0.20 公顷，是全国人均土地的 1/4、世界的 1/10，出现人地矛盾突出、后备资源不足等现象。在城镇建设规模受到压缩、基本农田得到严格保护的基本原则下，挤压强占各类旅游用地现象层出不穷。目前全省有90%的土地均得到不同程度的开发和利用,土地供需紧张,造成全省旅游资源保护用地更加紧缺,呈现地域差异大、瓶颈化严重、缺少科学预测等特征,致使用地出现土地供需失调、重复性建设与优化配置不足等问题。

山海格局鲜明,旅游空间发展不均衡性现象突出。无疑,旅游用地与旅游资源空间的分布密切相关。全省11个地市,旅游资源总储量丰度排序为温州市(占全省总储量的15.82%)、杭州市(12.75%)、丽水市(10.15%)、金华市(9.84%)、宁波市(8.95%)、台州市(8.89%)、绍兴市(8.73%)、湖州市(7.15%)、嘉兴市(7.01%)、衢州市(5.63%)和舟山市(5.13%);从全省三大旅游区比较来看,则环杭州湾旅游区资源储量最高(占全省的52.47%),其次为金衢丽旅游区(占26.89%)、温台沿海旅游区最少(占25.50%)。地域资源储量分布与旅游区块空间密度不完全吻合,出现较大偏差,显示出旅游战略空间的倾斜与失衡。

广度扩张,类型多样,渗入各个领域的旅游职能化明显增强。随着市场开发进度的加速发展,旅游吸引物不断增强,已逐渐扩充到城乡建设的各个领域中,反之城乡建设中也有越来越多的用地逐步在向旅游功能化转变中。目前浙江全省从单一的自然保护区、森林公园、风景名胜区、度假区扩展到历史名城、历史文化保护区、国家水利风景区、爱国主义教育基地、全国重点寺观以及全国优秀旅游城市等;开发范围不断扩张,每年增加100个旅游景点,目前全省各类旅游区点已超过3 000个。

深度增强,结构多元化,与市场经济发展同步,地域差异化现象突出。目前全省多种类型的旅游组合产品层出不穷。经济发达的东(南)部沿海地区,旅游市场活跃,在旅游经济收入明显高于内陆经济落后山区的同时,旅游商贸等社会经济资源类的新型旅游资源、设施转化为旅游产品、功能的速度快,且旅游收益明显,具有引领带头作用。西(北)部地区近年来城镇建设规模速度相对较快,而旅游经济效益也显著增强。但与东(南)部地区相比,西部因区位相对封闭、经济相对滞后,在全省旅游格局中旅游用地规模有被挤压萎缩倾向。中南部地区,尚属发展初期阶段,旅游经济发展速度相对滞后。

旅游建设用地主要靠"借道发展(归属其他类型用地)",管理体制不畅,缺乏市场应变能力。首先旅游用地没有纳入到国家法定性规划文件(《土地利用规划》和《城市用地分类标准》)的相应类属中,即没有归口,未能在全省土地利用规划中集中体现;旅游资源地界不清,用地比例明显不均,也未形成合理空间结构。更为重要的是,旅游用地依赖性强,旅游用地与其他功能用地之间功能化区域重叠。

(2) 技术处理路线

优先发展主导单元的旅游功能:针对构成地区旅游资源的丰度、密度以及资源分布地域规模的不同,重点加强研究地区旅游资源区域保护与利用的影响分析,把握地区主导旅游产业方向与用地构成类型。

重点引导与重构旅游空间:根据全省旅游规划提出的发展战略,理顺现状与未来发展重点,保留、整合、引导与调整重构旅游资源空间与产业发展关系,使之顺应区域主导功能和积极促进开发建设方向。

多功能重叠区域的分项分析:旅游业发展是一个复杂的、多元化发展的综合体,具有依附其他资源及设施用地特征、开发利用适宜性及多变性特征等。按照对地域功能重叠形成的影响力度考虑,可分为依赖性、互补性、兼容性和排他性功能复合区域,并以此作为划分旅游用地类型的标准。

三、旅游用地控制与发展引导

1. 规划指导思想与原则

（1）指导思想

以科学发展观为指导，以旅游资源的地域分布为基础，以旅游产业发展规划确定的空间配置为依据，科学预测和合理规划全省旅游用地。在大区域空间层面上进行功能性用地整合，满足环境保护与节约用地的基本原则，在省域范围内形成城乡一体的旅游网络化区域空间。将旅游中心地、旅游线路和旅游区域，与各个风景名胜区、森林公园、自然保护区以及旅游度假区、主题乐园、水利风景区的绿色走廊、国家文保单位等一切可对游人开放的旅游资源地相结合，形成点线面有机结合的网络体系。

（2）控制与引导原则

依据浙江旅游发展规划总目标，合理界定各级各类旅游规划用地，统筹兼顾旅游用地与其他用地关系，改善用地结构和功能布局，满足旅游业发展对用地发展的合理要求，提高土地产出效率，实现社会经济环境综合效益的协调统一，为全省旅游业的蓬勃发展和国民经济持续、快速、健康发展提供土地保障。具体原则如下：

对资源进行纵深化整合、空间横向化联合、功能多样化拓展，形成点线面网络规划体系。

因势利导、因地制宜地合理划分用地结构，实现资源、环境、经济空间均衡化发展。

与其他法定规划确定的用地性质相协调，实现城乡建设规划、土地利用规划和旅游规划上的统一。

本着节约珍惜使用土地的国家政策精神，避免盲目扩张土地建设，积极挖掘内涵，科学制定旅游用地发展规模。

2. 区划形态构成

遵循区域土地资源的宏观调控原理，因地制宜的指导土地利用结构调整，制定土地利用管理原则，在全省旅游格局呈现东部海域带状相连、中部平原点状插入、西部块状成片的用地形态基础上（图1-2-21），根据土地自然、社会经济条件、旅游产业布局与旅游功能特性，围绕金三角式的旅游精品空间，将全省旅游用

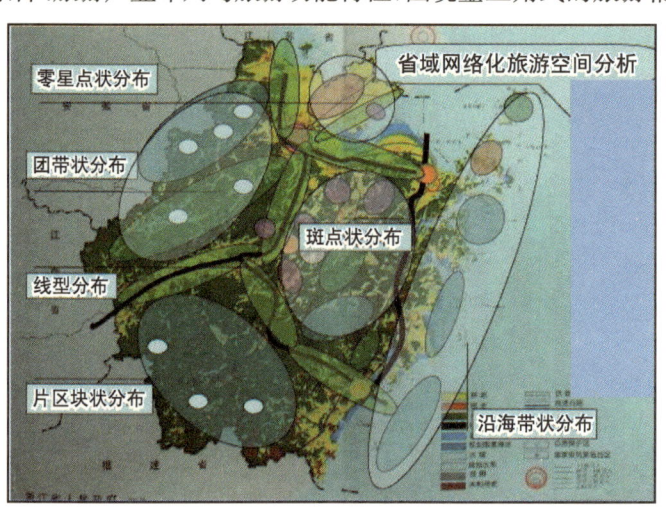

图 1-2-21 浙江省点线面网络化发展的有机复合空间

地划分为西部南北两段、中部、北部、东部沿海等四大区域。

3. 分区用地控制与发展引导

充分考虑地域资源、社会与经济属性，根据全省旅游发展战略布局，按照保护资源、积极合理利用、发挥最大综合效益原则，提出科学合理的、与全省土地利用规划相协调的旅游区划用地，按照凸显山海形胜的地域单元特征，共划分为四大片区，即西部山川丘陵区、东部沿海岛屿区、中部丘陵盆地区和北部平原水乡区。四个片区旅游用地构成如图1-2-22所示。为地方政府部门加强对旅游资源利用与合理开发，按功能实施有效管理提供实际可行的参考依据。

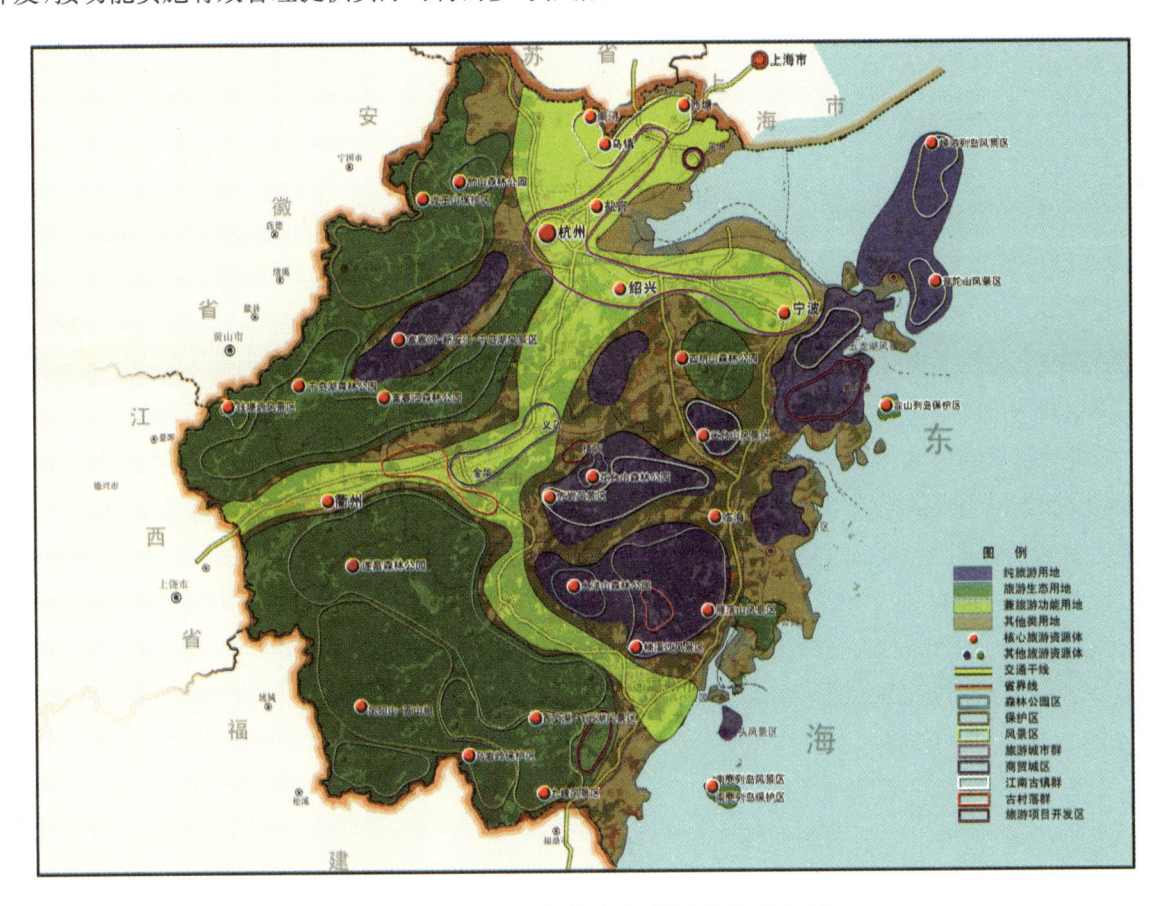

图1-2-22 浙江省省域旅游用地构成空间

（1）西部山川丘陵区

• 地域范围

以G330国道、G104杭州以北上段为界，至浙江西部边界处。包括湖州、金华、衢州、温州、丽水等地区内的安吉、德清、临安、富阳、桐庐、淳安、建德、衢州市、龙游、兰溪、遂昌、云和、文成、苍南、平阳、庆元、龙泉市、泰顺等县市。

• 体系构成

山水复合型风景区用地五处、自然生态保护区五处、森林公园十处、度假区两处以及历史名城和古村落等其他资源体。

• 旅游单元

新安江—富春江、千岛湖、百丈漈—飞云湖风景区；凤阳山—百山祖、龙王山、乌岩岭自然保护区；竹乡、遂昌森林公园以及衢州历史名城和诸葛八卦村等。

- 区划功能

该区是杭嘉湖地区水源供给地和浙北地区重要的生态屏障,也是我省生态环境较好的地区和"黄金旅游"之地。

- 用地形态

点轴结构,片区扩展。

- 发展引导

旅游资源及其生态环境用地:是构成片区旅游用地的基础和主要类型之一。规划应注重旅游资源及其赋存用地的保护,注重风景、文化与景观生态功能的完好结合,重点培育黄山—千岛湖—新安江、富春江、杭州西湖地段的横向旅游空间,形成狭长的带状精品旅游资源地带,在大型山水景观资源骨架中,彰显与突出诗画江南的内涵与气韵。此类用地是构成该区域旅游用地的主导类型,依附旅游生态环境基本呈现轴带状连接的块体分布。

此外,保留和发展大面积的旅游资源赋存的生态环境用地,重点加强天目山脉和钱塘江中游的森林生态系统、千岛湖流域森林湿地生态系统的抚育规划,注重保护和营建大片区域的水源涵养林地,提倡以保护生物多样性和保持水土等功能为主,局部地段兼具旅游开发功能的生态产业化发展原则,严格控制旅游生态区内的开发建设比例。

旅游接待设施用地:西部山川丘陵地中以人工开发建设为主的旅游吸引物不是区域发展重点。旅游接待设施用地主要依托城市,部分依托旅游资源地域,少量的在旅游资源地域附近建设,旅游管理用地主要分布于旅游区,少量分布于城镇行政中心。

旅游兼用地:主要集中于金衢丽的历史名城、旅游城镇、古村落和各类主题园区等处。规划除加强重要生态功能区的保护与建设外,还要积极鼓励村民下山脱贫和外迁内聚,积极发展生态工业、生态农业,大范围地积极倡导生态旅游,形成多点分散、嵌入式的互补与依赖型的旅游用地。同时突出历史名村的市场拉动效应,促进乡村旅游经济发展。用地形态以零星点状分布为多。

- 用地构成指标

主要资源区约 27 处,总面积 4 995 平方公里。其中旅游设施用地占 6% 左右,旅游资源及其依托的生态环境用地占 94%。

(2) 东部沿海岛屿区

- 地域范围

以 G104 国道以东,至宁波东北海域。包括温州、台州、宁波、舟山市沿海地区的苍南、平阳、龙湾、温岭、三门、宁海、象山、镇海、北仑、舟山、普陀、岱山、嵊泗等县市岛屿。

- 体系构成

古村落三处、海岛自然保护区两处、山海复合型风景区七处、森林公园一处以及度假区和各类旅游产业园区等。

- 旅游单元

普陀山、嵊泗列岛、东钱湖、南麂列岛海洋自然保护区、韭山列岛海洋生态自然保护区等。

- 区划功能

该区主导功能是保护海域及近海岸的生物多样性,维护河口、港湾生态环境,发展生态型经济和海洋生态旅游业。

- 用地形态

基岩型海岸带延伸,山海岛湾与列岛平行相峙。

- 发展引导

旅游资源及其生态环境用地:多为海洋和近海岸山海岛屿区域,呈带状链珠式布局。规划重点是注重风景、海洋渔业、生态旅游与宗教、民俗文化等的结合,加强对普陀山、东钱湖风景区的保护性建设和开发用地规模控制,总体突出世外桃源式的海岛风光。海滨地带控制度假区项目规模数量以及主题功能。生态环境方面需要加强保护区域内良好的海域生态环境质量,加大综合治理力度,维系海洋生态与海岸生态系统的平衡,重点建立南麂列岛等海洋生态特别保护区;建立沿海防护林,减少灾害性的地质气候影响;推进渔业农牧化,不断改善海洋经济发展环境和海洋生态旅游环境;严格控制海岛旅游发展规模。

旅游接待设施用地:该区域中以人工开发建设为主的旅游吸引物是区域发展重点。其中休闲度假用地重点分布于宁波、舟山、温州、台州的岛屿及沿海山地的用地区域。在规划期内,这类休闲度假建设用地控制在100平方公里以内(国家级、省级、地市级休闲度假区数量控制在20～50个)。旅游接待设施用地主要依托各类休闲度假区布局,部分依托旅游城镇和风景名胜旅游资源地域,旅游管理用地主要在旅游区,少量在城镇行政中心。

旅游兼用地:主要集中于旅游城镇、主题式的展览场馆、科技园区和海上牧园观光等产业园区。规划将积极拓展各种形式的旅游项目,将海洋渔业、生态农业、滨海资源与旅游业相结合,优化区域产业布局与结构,积极倡导产业经济的旅游功能化。

- 用地构成指标

主要资源区约有九处,总面积2 190平方公里。其中生态环境外延滞后的旅游资源及其生态环境总用地占整个旅游用地比例的86%左右;旅游接待用地占14%左右。

(3) 中部丘陵盆地区

- 地域范围

以G330、G320和G104国道围合区域。包括温州、金华、绍兴地区的上虞、奉化、新昌、诸暨、天台、仙居、缙云、永康、义乌、东阳、武义等市县。

- 体系构成

古村落11处、山水复合型风景区八处、森林公园六处以及旅游城镇等。

- 旅游单元

五泄森林公园、雁荡山—楠溪江、四明山国家森林公园、西雁荡森林公园、双龙洞、仙都、仙居、方岩、横店影视城、绍兴文化名城等。

- 区划功能

该区主导功能为增强推广生态化的建设区域,扩充后备资源用地,促进可持续发展。

- 用地形态

点状分散布局。

- 发展引导

旅游资源及其生态环境用地：重点强调风景旅游用地和文化遗迹的完美结合，突出自然、风景、文化与景观环境的集中建设。将市场多元化的系列专项旅游产品形成空间网络，名人故居、文化名城、自然风水、主题园区、休闲娱乐、度假旅游形成点线结合布局，相对聚合，组合成稳定的区域专项旅游用地。斑状分布的生态环境资源，开发重点在于水域生态廊道的贯通与高效利用，由此深入挖潜，重点控制建设规模。保留与贯通生态廊道，构成地区良好发展的生态环境和生态旅游网络。

旅游设施用地：休闲度假用地重点分布在东南部的滨海、岛屿和中部的山地。在规划期内，这类休闲度假建设用地控制在30～50平方公里（国家级、省级、地市级休闲度假区数量控制在10～20个）。旅游接待设施用地主要依托旅游城镇，部分依托休闲度假区和风景名胜旅游资源地域，旅游管理用地主要在旅游区，少量在城镇行政中心。

旅游兼用地，主要集中于绍兴、义乌、丽水等市区内，为地区旅游用地的主要类型。依托市区各类设施，发展旅游业。拓展商贸、工农业多项产业并进发展的旅游园区，形成多元化的综合旅游基地面貌。

- 用地构成指标

主要资源区14处，总面积2 339平方公里，加上生态环境的延伸部分，用地比例占旅游总用地的92%～95%。旅游建设用地占5%～8%；城镇型的旅游兼用地比例较高。

(4) 北部平原水乡区

- 地域范围

G104、G318、G329国道围合的杭嘉湖区域。包括嘉善、海宁、平湖、桐乡、余姚、慈溪、萧山、余杭等。

- 体系构成

古村落三处、山水复合型风景区一处、度假区两处和历史村落等。

- 旅游单元

杭州—西湖、乌镇、南浔、西塘、海宁古镇、萧山度假区。

- 区划功能

城镇密集型的高新技术产业和现代服务业共生的生态经济聚集区，保护古文化遗址和湿地资源，积极发展产业化旅游区域和人文化生态旅游区域。

- 用地形态

点线结合布局。

- 发展引导

旅游资源及其生态环境用地：强化风景旅游与休闲度假用地功能，增加文化旅游区、休闲度假区的功能用地比例，突出自然、休闲与文化的结合，重点建设，集中发展。旅游资源依托的生态环境用地主要为区域地块中较为薄弱且日渐缩小的用地类型。应扩大生态用地的比例，着力恢复地域生态环境。尤其杭州西湖地段的水域生态环境，积极保护与抚育生态湿地资源，为恢复水乡泽国风貌奠定基础环境。

旅游设施用地：以人工开发建设为主的旅游吸引物是本区域的发展重点。其中休闲度假用地以钱塘江北岸的一些湖荡湿地和丘陵山地为重点。在规划期内，这类休闲度假建设用地控制在100平方公里以内（国家级、省级、地市级休闲度假区数量控制在20～50个），旅游接待设施用地主要依托各类休闲度假区和旅游城镇布局,部分依托风景名胜、森林公园等旅游资源地域;旅游管理用地主要在旅游区,少量在城镇行政中心。

旅游兼用地:这类用地已成为该地区的主要旅游用地形式。主要集中于乌镇、南浔、西塘三大古镇、杭州城区、大西湖地区等,形成全面开花的旅游风貌格局。提高地区大中城市经济辐射力,严格控制城市建设用地占用耕地、盲目扩大用地规模现象,实现旅游用地开发模式由空间扩展向内涵挖潜的转变,积极拓展高新技术产业园区的旅游产品,保证充裕的旅游发展功能用地。

- 用地构成指标

主要资源区三处,总面积179平方公里。旅游设施用地占3%～5%,旅游生态用地比例偏低,城镇型、产业型的旅游功能用地占用比例较高。

第九章　旅游交通与线路规划

一、旅游交通规划

1. 旅游交通发展战略

以多通道、多层次、多方位的交通发展模式对接上海,融入长三角区域旅游交通一体化进程,建立高效便捷、安全舒适、服务优质、功能齐全、立体化、现代化的区域旅游交通网络。依托区域高速公路网、快速铁路网、城际轻轨网、海港和河港及航道网,在交通管理调度上强化旅游服务功能,重点完善旅游集散网络和旅游通道网络的设施配套,加强各主要旅游城市与主要景区之间的道路交通建设,建设功能齐全的自驾车旅游服务系统,实现旅游交通服务系统的网络化和交通服务的优质化。

2. 旅游交通系统规划

(1) 航空交通

至2006年末,浙江省有七个机场(表1-2-43),其中杭州萧山机场开通国内外44条航线,宁波机场开通21条航线(表1-2-44)。《浙江省"十一五"民航运输机场建设规划和2020年布局展望》提出至2010

表1-2-43　2006年浙江省主要机场概况

机场名称	技术级别	旅客吞吐量(万人次)	全国排名	备注
杭州萧山国际机场	4E级	991.95(占全省总量57%)	8	国内重要干线机场、上海浦东国际机场的主备降机场。2010年空港设计能力2 500万人次。规划建成长三角地区国际航空港之一,辐射浙北、苏南及安徽东部的区域性枢纽机场
宁波栎社机场	—	297.24	28	远期设计吞吐能力1 500万人次
温州永强机场	4D	304.59	27	远期设计吞吐能力1 100万人次,飞行区技术等级指标达到4E级
台州黄岩机场	—	约20	—	目前机场运力已远远不能满足当地经济发展状况,已选定路桥区金清镇为台州新机场场址,正进行前期论证
舟山机场	4D	32.10	61	普陀山机场的建成使用,为沿海开放城市——舟山市插上了腾飞的翅膀,同时也标志着舟山对外开放进入了一个崭新的阶段
义乌机场	4C	32.76	60	
衢州机场	4C	3.01	118	衢州民航的开通,极大地方便了衢州与外地的经济、文化和人员往来,对于改善衢州周边交通状况,提高城市品位,把衢州建设成为四省边际中心城市具有十分重要的作用

资料来源:2006年中国民航机场生产统计公报(民航总局政府网站)。

年工作重点是:"强化枢纽,发展干线,扶植支线",即强化杭州萧山国际机场作为全国重要的区域性枢纽机场的地位,发展宁波、温州两个干线机场,扶植舟山、义乌、台州、衢州四个支线机场。航空基础设施的大力发展,为浙江旅游的整体提升创造了良好的条件。

表1-2-44　2006年浙江省夏秋季主要机场航班一览表

始发站	（经停站）到达站
杭州萧山机场	首尔、新加坡、曼谷、东京、大阪、釜山、香港、澳门、北京、天津、广州、深圳、珠海、汕头、海口、三亚、武汉、郑州、合肥、长沙、张家界、贵阳、昆明、南宁、桂林、太原、兰州、银川、西安、乌鲁木齐、成都、重庆、大连、沈阳、哈尔滨、长春、济南、青岛、南昌、福州、武夷山、厦门、晋江、温州
宁波栎社机场	首尔、香港、北京、(长沙)成都、(南昌)成都、大连、福州、广州、(武汉)贵阳、(沈阳)哈尔滨、(长沙)昆明、青岛、三亚、汕头、上海虹桥、上海浦东、深圳、(郑州)太原、(西安)乌鲁木齐、厦门、(长沙)重庆
温州永强机场	香港、杭州、海口、重庆
义乌机场	上海虹桥、北京、广州、深圳、厦门、汕头
台州黄岩机场	上海虹桥、杭州、北京、广州、武汉、深圳、厦门、长沙、汕头*、青岛*
衢州机场	北京、深圳、广州、上海
舟山机场	上海虹桥、北京、晋江、厦门、武夷山、香港(包机)

注:带*为待定航班,()为经停站。
资料来源:根据各机场网站航班时刻表整理。

浙江省航空交通发展重点是:

巩固和拓展国际航线:充分发挥杭州作为国际航空港和区域枢纽机场的功能和作用,挖掘宁波和温州两大干线机场的区位优势,显著提高浙江省与主要海外客源国之间的国际航线数量。针对韩国、日本、东南亚和港澳台等传统客源国或地区,增辟直达航线或加密现有的国际航班;针对市场发展潜力较大的欧洲、美国、中东、澳大利亚、新西兰等国家,加快开通直达航线和旅游包机业务,提升浙江作为具国际影响力的旅游目的地的综合竞争力。

强化杭州与港澳的直航联系:作为浙江旅游门户的杭州在借势上海发展的同时,应通过与北京、香港两大国际化旅游中心城市建立巴士化的航空交通联系,弱化上海对杭州空港的强势辐射,间接分流上海的入境和国内客源。

加强三大机场间的直航联系:随着杭州萧山机场和宁波栎社机场的扩建以及温州机场迁、扩建工程的推进,三大机场的通航能力将显著提高,国际航线数量增加。结合浙江省建设国际旅游目的地的战略目标和旅游线路的组织,应加强干线机场之间的直航联系,形成浙江南北三大入境门户城市鼎力合作的格局。

加强与外省主要旅游城市或重要景区间的航线联网:三大干线机场要重点加强与国内热点旅游城市和旅游景区之间的直航联系,尤其是与相邻省份世界级旅游资源所在地的航空联系,通过优质服务拓展浙江旅游的空间。

支线机场要发挥依托城市的对外地缘和经贸联系等优势,加快机场升级或改扩建工程的规划建设,合理分工协作,重点开辟区域化航线,增加特色化、商务化的包机服务。

适时开辟直升机航线,建设配套设施:根据旅游发展需要,在滨海休闲度假旅游和南部山地生态旅游重点区域,规划建设旅游直升机机场,形成面向高端市场的空中旅游服务网络。

(2) 铁路与轨道交通

浙江省现有铁路干支线十条,由沪杭、浙赣"一纵"和宣杭、杭甬、金千、金温"两横"构成,除台州、舟山地区尚无铁路外,其余九个地市均有铁路。新长铁路的引入,形成了省内杭州、金华、长兴三大枢纽。

《环渤海京津冀地区、长江三角洲地区、珠江三角洲地区城际轨道交通网规划》提出,建设以上海为中心,沪宁、沪杭(甬)为两翼的城际轨道交通主构架,覆盖区内主要城市,到2020年基本形成以上海、南京、杭州为中心的"1~2小时交通圈"。针对浙江省现状存在的铁路复线率不高、电气化和网络化程度低、通道不畅等问题,浙江省铁路网规划提出,2010年前重点解决对外大通道建设,即现有干线提速改造和新建区域性路网干线,2010年至2020年,重点建设城际铁路和加密路网结构。至2020年,形成以杭州为中心、覆盖全省地级城市(除舟山外)的"2小时交通圈",规划建成沪杭、杭甬、浙赣、沪甬、甬台温五条高速铁路,甬金九(宁波—金华—九江)等其他铁路线,杭州国家级铁路枢纽和宁波、金华、长兴、温州等省级铁路枢纽,沪杭甬、宁杭和苏嘉绍等城际轨道线,形成对外连接上海、南京、合肥、黄山、南昌、福州,对内连接除舟山外其他所有地级城市的铁路交通网络。

结合铁路网络的建设,浙江旅游交通的发展重点是:充分发挥高速铁路和城际轨道交通的客运功能,开辟或增加长三角地区城市间和浙江省内主要旅游城市间快速客车和旅游专列的班次;增加和新辟跨省域、主题化的旅游专列数量;强化铁路和轨道交通枢纽与航空、公路、水运等交通方式的衔接和转换服务。

(3) 公路交通

浙江省目前公路网络由高速公路、国道、省道干线公路和县际公路等构成,初步形成以杭州为中心,外连相邻省市,内接主要乡镇的公路交通网。

根据《浙江省公路水路交通建设规划纲要》,浙江省将实施公路畅通战略,形成杭州、宁波、金华、温州四个国家级公路主枢纽,嘉兴、绍兴、台州三个国家二类公路主枢纽。根据《浙江高速公路建设规划方案》,至2010年重点建设杭州湾三通道,宁波、温州绕城高速路,申嘉湖(杭)、杭徽、甬金、杭浦(沪杭复线)、杭(州)—新(安江)—景(德镇)、台缙、申苏浙皖、黄衢南(黄衢段)以及沿海高速公路(甬台温复线)部分路段和舟山大陆连岛公路等。至2020年建成申嘉湖(杭)高速公路嘉兴至杭州段、杭绍甬高速公路、诸永高速公路、杭长高速公路、临金高速公路、沿海高速公路(甬台温复线)、龙丽温高速公路和丽龙庆高速公路,完成杭金衢高速公路拓宽工程,形成"两纵两横十八连三绕三通道"的高速公路网骨架。

结合以上规划,进一步推进长三角一体化高速公路建设,加快浙江省贯通省外的高速公路通道和省内联网高速公路建设。加快高速公路与主要景区之间、城镇与主要景区之间、景区之间快速旅游通道或专用道,以及普通景区的专用公路的建设,构建高效便捷、互联互通,通向省外或省内的旅游交通服务网络。

(4) 城市公共交通

加快发展杭州城市轨道交通,适时启动温州、宁波城市轨道交通可行性论证,积极推进温州大都市区和台州都市区城际轨道交通前期研究工作,优化区域城际交通组织。

按照国际旅游城市惯例,重点在杭州、宁波和温州等旅游城市引进城市观光巴士,推出一日、二日和三日旅游交通一卡通,促进城市旅游的健康发展。

3. 旅游交通服务体系建设

建立以旅游集散中心为主导的,布局合理、功能完善的旅游散客运输网络体系,形成以旅游包车为基础,以市内、省际旅游专线、城市观光环线为补充的旅游客运服务格局,提高旅游运输组织、服务功能和服务水平,达到与国际接轨的交通服务标准要求。

(1) 完善旅游集散中心网络

加快建设和完善浙江省11个地市的旅游集散中心,增强旅游集散中心在交通集散、信息咨询、餐饮购物和游程安排等方面的服务功能,加强与公共交通(公交汽车、轨道等)枢纽和旅游景区之间的衔接。杭州、宁波、温州和金华等区域中心城市还应在辖区内市、区、县及重要旅游景区建立旅游集散次中心或服务站。加强与长三角、珠三角、环渤海等国内主要客源地和目的地城市旅游集散中心的双向合作,积极促进全国范围内区域旅游集散网络体系的建设。

(2) 完善交通标识系统和服务配套

沿主要干线公路和旅游景区道路,建立指向明确、简明规范、与环境相协调的旅游交通标识系统,同时,配套完善标准化、功能齐全又不失个性的公路服务区或服务站,在道路沿线的重要观景地段设置停车和休息设施,满足团队游客和自驾车旅游者在旅途中的基本需求,成为体现旅游服务品牌化的核心组成部分。

(3) 实现旅游交通信息查询电子化

构建旅游交通信息平台。依托现有省、市旅游门户网站,对旅游要素尤其是旅游交通信息数据进行动态更新和完善补充,增加路线设计功能,为潜在的旅游者或现实中的旅游者提供有感召力或准确、细致、贴心的网络信息服务。

二、旅游线路设计

1. 指导思想

旅游线路设计的目的是将资源要素地位、产品类型及组合、市场需求、直达性、游客消费行为、旅游成本等因素进行综合权衡后形成主题突出、多层次、个性化的线路系列,从而推动浙江旅游产品结构的不断升级和完善。

由于浙江地域范围较小,同时缺乏世界级旅游资源的支撑,因此现有旅游线路存在数量少、内容单一、分布集中、国际化程度低等问题。为此,规划将以周边地区世界级资源和省内特色资源的线路整合为重点,充分发挥浙江交通发达的优势,提高浙江入境旅游线路的国际影响力,推动浙江旅游景点的深度和广度开发,打造特色鲜明、突出浙江旅游形象的旅游产品。

2. 入境旅游线路

设计要点:以杭州为核心,航空口岸为依托,文化和商务为切入点,区域协作为驱动,将浙江重点旅游城市逐步纳入国际旅游主要线路当中。

(1) 经典中国之旅

山水园林之旅:北京—苏州—杭州—上海

丝绸文化之旅:杭州、宁波—上海—苏州—北京

京杭大运河之旅:杭州—上海—苏州—无锡—扬州—北京

六大古都之旅:杭州—南京—开封—洛阳—西安—北京

(2)"世界浙江"商务之旅

日本、韩国—上海—杭州—绍兴—宁波—上海

日本、韩国—杭州—金华、义乌—杭州—上海

日本、韩国—宁波—台州—温州—香港/澳门

马来西亚、新加坡—香港、澳门—温州—杭州

3. 区域旅游线路

设计要点：以跨省市大通道工程为基础，以上海为中心的长三角三小时（高速公路）交通圈和1.5小时轨道交通网络为依托，借势将其高品位的世界级旅游资源与浙江旅游资源进行有机组合，打造长三角区域的品牌旅游线路。

(1) 华东经典旅游线路

南京—无锡—苏州—杭州—上海

南京—苏州—嘉兴—湖州—杭州—上海

南京—苏州—上海—杭州—绍兴—宁波—舟山

杭州—苏州—上海

(2) 名城—名湖—名山旅游线路

上海—杭州西湖—千岛湖—黄山

上海—武夷山—千岛湖、西湖/杭州

上海—温州（雁荡山）—千岛湖—西湖/杭州

(3) 环太湖风情旅游线路

上海—苏州—无锡—宜兴—湖州—嘉兴—杭州

上海—湖州—杭州

(4) 浙皖赣闽文化生态旅游线路

杭州—安徽歙县—江西婺源—衢州（古城）—杭州

杭州—福建武夷山—江西婺源—安徽黄山—杭州

4. 省内旅游线路

设计要点：围绕浙江旅游形象和概念创意，打造品牌化经典旅游线路。

(1) 环杭州湾诗画江南之旅

杭州东方休闲之都—南浔/乌镇/西塘江南水乡—钱江观潮—杭州湾大桥—绍兴江南水城—宁波商埠水都（—杭州）

(2) 山水浙江经典之旅

杭州（大西湖）—千岛湖—楠溪江、雁荡山—宁波/杭州

(3) 山水浙江之旅

宁波—溪口—天台山—临海—雁荡山、楠溪江—温州

温州—瓯江—丽水仙都—金华武义（温泉）—绍兴（兰亭）—杭州

宁波—新昌—东阳—金华—衢州—杭州

杭州—兰溪—江郎山—千岛湖—杭州

5. 主题旅游线路

（1）文化浙江之旅

杭州（茶博物馆、丝绸博物馆、良渚遗址）—绍兴（古城、兰亭）—余姚河姆渡遗址—奉化—宁波（天一阁）

杭州（灵隐、古镇、运河）—南浔—乌镇—西塘—嘉兴—杭州

杭州—丽水龙泉博物馆—剑池古迹—大窑青瓷古窑址—温州

海天佛国之旅：杭州灵隐寺—新昌大佛寺—宁波天童寺/阿育王寺—舟山普陀山—宁波/杭州

新天仙配长城作证之旅：杭州—新昌大佛岩—天台（石梁飞瀑、国清寺）—仙居（神仙居）—临海（江南古长城）—温州/宁波/杭州

东海渔家之旅：（上海）洋山—舟山沈家门—象山石浦

世界廊桥徒步旅行之旅：丽水廊桥—泰顺廊桥（薛宅桥、仙居桥、文兴桥、溪东桥、北涧桥）—宁德廊桥

（2）商贸之旅

金丽温商贸休闲之旅：杭州—金华（方岩山、武义温泉、义乌中国小商品城）—丽水（仙都、石门洞、景宁）—温州（生态园、欧丽斯展示中心和民营企业）

杭州—温州（楠溪江、欧丽斯展示中心）—丽水（纳爱斯、景宁畲族婚礼、仙都）—金华（永康五金商品城、双龙洞、义乌中国小商品城）

（3）生态之旅

浙北生态滨湖休闲之旅：西湖—下渚湖—南湖—太湖

浙中南自然生态之旅：杭州—东阳—武义—缙云—丽水—青田—温州

杭州—衢州—兰溪—武义—缙云—丽水—青田—温州

浙东南海洋生态之旅：温州—洞头—玉环大鹿岛—温岭—台州大陈；温州—洞头—南麂列岛—瑞安—温州

浙东北海洋生态之旅：杭州—宁波—舟山（普陀、岱山、嵊泗）；杭州—宁波—象山—石浦—宁海—宁波/杭州

（4）中国最美古村落之旅

乌镇—西塘—南浔

兰溪诸葛八卦村—武义县俞源、郭洞古村—东阳卢宅

楠溪江古村落群（埭头古村、芙蓉古村、丽水街、苍坡古村、岩头古村、林坑古村）

（5）休闲浙江自驾之旅

杭州—安徽黄山—江西婺源—衢州江山—金华兰溪—千岛湖—杭州

杭州—衢州龙游—遂昌—龙泉—云和—丽水—缙云—金华/杭州

杭州/宁波—象山—宁海—临海—天台—新昌—嵊州—杭州

杭州—绍兴—台州—温州—永嘉—仙居—东阳—诸暨/杭州

第十章　旅游产业配套体系

一、旅游产业配套规划思路

1. 现状特征

(1) 旅游产业配套总量规模大

在多年的发展过程中,浙江全省各地结合当地实际加大了旅游服务设施建设力度,建成了大批星级饭店、社会旅馆、旅行社、旅游商店、餐馆、娱乐城等配套服务设施,全省旅游业已形成了相当的产业规模,具备了多元化、多层次的综合接待能力。截至 2006 年年底,浙江省共有星级饭店 1 096 家,总数仅随广东之后,居全国第二位;共有旅行社 1 258 家,比 2005 年增加 154 家。

(2) 旅游产业结构逐步优化

从旅游产业整体发展来看,浙江旅游六要素"食、住、行、游、娱、购"的结构不断调整优化,产业配套体系不断完善。游、娱、购所占比重由 2000 年的 29%,提高到 2005 年的 39.8%。旅游餐饮业、宾馆饭店业、旅游交通业、旅行服务业、旅游商贸业和旅游娱乐业等旅游配套产业呈现多元化发展。

浙江省的商品流通非常发达,全省共有四千多家专业化的商品流通市场,具有较高的国际、国内知名度。很多商品市场发展购物旅游,推进"以游促商、以商带游"的模式,提高了旅游购物消费指数。2006 年浙江旅游者人均每天的购物花费占据消费结构第一位,其中入境旅游者的购物花费为 57.58 美元,国内旅游者为 223.95 元。

(3) 旅游企业经营机制灵活,民营经济广泛参与

浙江省旅游饭店等旅游企业经营体制有了新的突破,加快推进公有制旅游企业改革激发了产业活力,提高了企业的经济效益和服务质量。目前全省国内旅行社改制企业已达 62%,国际社改制企业已达 93% 以上。除此之外,旅游企业的投资主体也趋于多元化,越来越多的私有民营资本进入旅游产业要素体系,产权交易活跃。2001~2003 年三年间,民营企业对浙江旅游业的投入金额超过 200 亿元,而根据浙江旅游局 2006 年最新公布的统计数据显示,浙江商人在旅游产业的投资已超过千亿元,其中,宁波市超过 100 亿元。目前全省 80% 以上的娱乐项目、社会餐馆由民营资本参与操作,旅游出租公司、大型游乐场、旅游商品店大多属于股份制或私营性质,宾馆业中民营企业占据了半壁江山。

2. 存在问题

(1) 旅游企业空间集聚度不高,缺乏规模大、实力强的旅游龙头企业

浙江星级宾馆和旅行社等企业数量规模大,但就市场占有率显示的空间集聚度不高,单体上规模、上效益的旅游企业数量较少,缺乏大型龙头企业,在资本运作、营销策划等方面均显力薄,后劲不足。这也是我国旅游企业面临的共性问题。据调查显示,目前我国最大的旅游企业尚不及美国运通旅游公司规模的 1%。根据浙江接待入境旅游者前 18 位的国际旅行社以及营业收入前 18 位的星级饭店测算出

的市场集中度显示,浙江省国际旅行社属于中下集中寡占型,其企业数目较多,市场集中度处于中下水平,星级饭店属于完全竞争型,其企业数目极多,不存在集中现象。

浙江省旅行社、旅游饭店、旅游车队等旅游企业经过几年的体制改革和体制创新,活力有所增强,但"低、小、散、弱"状况没有得到根本改变。档次低、规模小、经营散、实力弱的旅游企业占了绝大部分,旅游企业市场竞争力弱。2004年浙江旅行社平均固定资产规模为237万元,只有广东省平均水平的1/4,居全国第13位;星级饭店平均客房90间,低于全国平均水平,居第22位。

(2) 旅游企业市场竞争不成熟,产业整合度低

浙江旅游企业,特别是旅行社之间,由于档次不高,差异性不大,经营方向、分类分工形式不明,相互之间争夺人才资源、客户资源的竞争激烈,以价格为手段的市场竞争机制不成熟。

浙江省各旅游企业表现为竞争有余,合作不足,没有很好地发挥整体的组合优势。旅游企业缺乏旅游品牌培育的合作意识,企业之间也缺乏有效的信息沟通与协调机制,产业整合度低,严重影响了浙江省旅游企业整体的持续发展能力。

(3) 经营效益不高,赢利能力不强

浙江旅游配套产业还存在效益不高,赢利能力不强问题。旅游产业结构虽然逐渐优化,但由于"游、购、娱"产业收入份额长期偏低,总体消费水平与上海、江苏等省市还存在一定差距。游客在浙江境内的人均消费偏低。浙江省在人均旅行社数量远远低于国外旅游发达国家的情况下,市场竞争已经进入白热化阶段,行业亏损面大大超过旅游发达国家的旅行社行业。

3. 规划目标

以建立优化、高效、先进的旅游产业要素体系为目标,形成比较完整的旅游产业链条,吃、住、行、游、购、娱等要素得到明显发展。实现旅游配套产业与其他第三产业的整合,与区域特色经济的整合,与区域基础设施建设的协调发展,最终形成产业互动、循环高效的旅游产业综合服务体系。

近期(2007~2010年)目标:主要旅游城镇和旅游区的配套设施基本完善,旅游业的品牌化、信息化、集约化经营初步形成;全省旅游工业、旅游农业、旅游交通、旅游商贸、旅游文化、旅游科技、旅游教育等旅游产业群和产业带逐步形成;旅游经济效益有明显增长。

中期(2011~2015年)目标:全省基本形成完善的旅游服务体系;旅游产业结构更趋合理、更加高级,旅游产业链的作用进一步加强;旅游经济效益实现全面较高的增长。

远期(2016~2020年)目标:全省形成产业互动、循环高效的旅游产业体系,旅游基础设施发达,旅游业的产业功能和经济优势得到充分有效的发挥,推动区域经济发展。

4. 思路要点

充分发挥政府调控、引导、协调和服务职能,以市场为导向,加快浙江旅游产业内部结构的科学调整和优化;针对入境、国内、省内三大市场的不同需求,调整旅游业产业要素的比重关系,充分发挥旅游产业的关联带动效应,拉动消费,提高收益,在区域内形成完整的旅游产业链和产业带,促进经济总量的扩张。

全面提高服务质量,实现旅游服务优质化、个性化、效益化。全面提高浙江省旅游企业的综合服务水平和服务质量,与旅游强省、国际旅游目的地建设相适应;针对入境、国内、省内客源的不同需求,提供

个性化的旅游服务,积极建设为散客服务的旅行咨询、行程预订、景点推荐、导游服务、车辆租赁等人性化、网络化、标准化的配套服务体系。

推动旅游产业要素整合,打造旅游产业地域集群。以构建浙江省旅游目的地体系为目标,以目的地体系中城市目的地、旅游区目的地为重点,依托地域客源市场、区位交通、经济支撑、文化底蕴、旅游资源环境等基础条件,完善目的地的"食、住、行、游、娱、购"旅游要素,建设支撑浙江旅游目的地体系的旅游产业配套体系,形成旅游产业集中分布的集群地域。

5. 要素结构

根据浙江省旅游目的地建设目标和重点内容,构建多目标市场的旅游产业配套体系。

(1) 面向国际旅游市场的旅游产业配套

主要包括杭州、宁波、温州、金华。应对旅游国际化要求,在旅游住宿、旅游餐饮、旅游购物、旅游娱乐、旅游咨询、旅游交通等硬件设施及管理服务方面与国际接轨,体现国际化旅游目的地的旅游产业配套水平。

(2) 面向国内远程旅游市场的旅游产业配套

主要依托浙江大中城市的旅游目的地建设,提升旅游产业综合配套设施硬件水平和管理服务质量,注重城市其他功能与旅游功能的结合、城市环境与旅游环境的融合,以旅游要素综合配套增强目的地吸引力。

(3) 面向省内及周边近程旅游市场的旅游产业配套

主要依托中小城镇和景区型旅游目的地的建设,以旅游资源为基础,旅游要素建设要体现地域的资源环境特色。不追求综合性配套,以合理的结构、优质而个性的服务为建设重点,为旅游目的地建设提供支撑和保障。

6. 空间布局

根据浙江省旅游目的地的建设要求和建设布局,构建依托城镇和景区型旅游目的地的旅游产业地域集群。

(1) 杭州、宁波、温州、金华—义乌等国际化旅游产业地域集群

依托杭州、宁波、温州、金华—义乌等国际和国内旅游吸引中心和旅游客流集散中心、都市旅游中心,完善旅游交通(国际空港、轨道交通、高速公路立体配套)、旅游住宿(星级宾馆、经济型酒店等多元配套)、休闲游憩(餐饮、购物、娱乐设施综合配套)、旅游咨询(集散中心、咨询中心、游客中心、标识系统多层次配套)产业配套体系。

杭州:全面实现旅游产业配套的国际化,创造国际化的城市环境,包括旅游信息服务、交通服务、接待服务、宣传服务等方面实现国际化标准。重点形成畅通的城市旅游交通网,大力发展城市立体交通网和地下交通;完善城市休闲设施,提升交通、通信、宾馆、饭店、文化、体育、娱乐、公园、会展中心、影剧院、博物馆、科技馆、游乐场、步行街等公共服务设施的休闲功能;着力打造具有江南特色的旅游要素集聚区,重点推进商业特色街区的建设,深入开发和挖掘特色旅游商品;完善杭州旅游集散中心及旅游咨询服务中心网络化布点建设,完善多语种标识系统;逐步完善金融货币兑换、旅游巴士临时乘车卡、游客医疗保障、文化演出外语同步翻译解说等方便国际游客自助旅游和休闲的具体措施。

宁波：营造国际化港口城市氛围，强化都市休闲游憩功能，重点启动高端现代休闲旅游产品的产业配套建设。以地方特色的宁波城区中央游憩区为核心，北仑港渔人码头现代休闲娱乐区为辅助，引导城市服务业与旅游业融合，配套都市观光、购物、娱乐、餐饮等设施；尽快建成以港口为龙头，公、铁、水、空四路并进的现代化立体交通网络，使宁波的旅游交通由运量保障型向舒适快捷网络型发展；建设包括游客中心站，机场、港口、火车站、汽车站游客服务中心、各旅游区游客信息中心及旅游信息服务平台等游客集散服务系统工程。

温州：重点进行休闲、商务、商贸旅游产业配套建设，强调工农业、服务业等相关产业与旅游业的相互促进，提升旅游产业系统素质。尽快完善配套设施的建设，加强航空、铁路、公路、水路等运输部门的协调与合作，构筑便捷、高效的旅游交通网络和高水平服务体系，实现与我国主要旅游客源地的交通接轨；培育具有可持续创新活力的旅游企业集团，建立具有国际竞争优势的旅游产业集群；建设多级旅游集散中心和服务接待中心，提升旅游信息服务水平，形成完善的集散系统；以时尚、专业精品以及礼品类为重点，配套旅游商贸购物产业体系。

金华—义乌：旅游服务是目的地建设的重要内容，重点建设商贸购物、旅游餐饮产业配套。将发达的商贸与旅游结合，将购物街区作为城市的核心旅游吸引物进行建设；提高目的地的可进入性，完善住宿、餐饮、娱乐、信息、安全等基础接待设施，促进金华旅游产业要素的全面提高。

(2) 绍兴、衢州、丽水、湖州、嘉兴、舟山、台州等区域性旅游产业地域集群

依托绍兴、衢州、丽水、湖州、嘉兴、舟山、台州等区域性旅游目的地城市和旅游集散、组织中心，完善旅游接待服务功能，包括交通、住宿、餐饮、娱乐以及旅游信息服务功能，重点突出对周边景区的辐射带动作用，突出区域集散中心作用。

绍兴：重点发展文化观光、休闲度假旅游产业配套，提升旅游产业综合素质，完善接待服务设施，强化绍兴水城形态和历史文化名城的文化特质，将城市景观环境与城市基础设施、服务设施良好融合。

衢州：以旅游交通、旅行社、旅游饭店、旅游商品为四大支柱，完善城市旅游功能，突出城市历史文化氛围，强化衢州中心城区的旅游接待功能和对周边区域的辐射带动作用，突出区域旅游集散中心功能。

丽水：积极培育丽水市区的旅游集散和服务功能，建设生态休闲型旅游配套产业体系。提升和新建四星级以上宾馆，提高旅游接待能力和接待档次；加强城市商业街区建设，初步形成中心城市旅游商务区的框架；继续加强旅游集散中心建设，进一步发挥在集散组织、交通服务、信息咨询和投诉接待等方面的作用。

湖州：对湖州城区重点进行特色商业街建设、历史文化街区建设、环城水上游线组织、江南水乡城市景观塑造等，强化旅游要素设施建设，以长三角特色生态城市为目标，打造湖州旅游的中心特色城市、旅游服务与组织集散中心。

嘉兴：利用嘉兴的发展优势和条件，通过旅游与文化、娱乐、特色产业等的融合联动，延伸旅游产业链，突出提升购物、娱乐功能和设施，拉动旅游消费，实现旅游要素结构的高级化，实现旅游发展与地方文化、城市建设、特色产业的融合共生发展。重点构建基于城市功能与文化的专业化旅游休闲街区；建立以嘉兴市区为中心的放射状旅游集散网络体系，建设嘉兴旅游集散中心，实现区域机场、铁路、公路、轨道交通、城市内部交通的高效联系与便捷换乘；针对快速增长的区域自驾车游客提供完善服务，打造长三角区域的自驾车旅游服务基地。

舟山：以定海古城为核心，建设以舟山主要岛屿（包括朱家尖、桃花岛、岱山岛、嵊泗岛等）为基点的旅游要素集聚区，作为独立的旅游区、游客服务基地，以及游客参观周边岛屿的交通中转站，以海洋海岛为特色配套旅游要素设施及服务。

台州：以营造海滨绿心城市优质的旅游环境质量为重点，完善城区重点地段的景观环境设计，综合餐饮中心、城市高档酒店区、旅游客运交通体系、特色购物等配套建设。

（3）特色旅游城镇产业地域集群

重点进行文化观光—休闲—民俗体验、商贸购物、影视文化体验和特殊主题等特色城镇类旅游目的地的旅游产业配套建设。

（4）旅游目的地景区产业地域集群

重点配套旅游区（目的地）的旅游接待服务功能，提升可进入性，满足不同游客的消费需求。

重点进行杭州大西湖、宁波象山湾、温州雁荡—楠溪江三个核心旅游目的地景区的旅游目的地产业配套建设。

重点进行重点旅游目的地景区的产业配套建设。

二、产业要素规划

1. 旅游住宿

（1）发展现状

近年来，浙江省星级饭店以每年10%以上的速度增长，饭店业规模不断扩大（表1-2-45）。截至2006年年底，浙江省星级饭店总量达到1 096家，总数仅随广东之后，居全国第二位。其中五星级19家，四星级114家，三星级335家。

表1-2-45　2000～2006年浙江省旅游星级宾馆发展情况　　　　　　　　　　单位：家

年份	合计	五星级宾馆	四星级宾馆	三星级宾馆	二星级宾馆	一星级宾馆
2000	407	3	25	127	221	31
2001	616	4	38	168	329	77
2002	730	7	46	199	381	97
2003	830	8	57	230	436	99
2004	905	9	74	252	489	81
2005	1002	16	88	300	514	84
2006	1096	19	114	335	—	—

资料来源：《浙江省旅游概览2005》、《2006年浙江省旅游经济形势分析》。

2006年，浙江全省宾馆饭店平均客房出租率63.2%，平均房价266.5元。自2002年至2006年，浙江省旅游饭店的客房出租率呈小幅度的下滑趋势。2005年底实现营业收入145.12亿元，营业税金7.03亿元，净利润3.54亿元，2006年基本持平（表1-2-46）。

表 1-2-46 1995～2006 年浙江省旅游饭店经营情况

年份	营业总收入（亿元）	营业税（亿元）	客房出租率（%）	平均房价（元/间·天）
1995	34.4	1.82	64.4	288.4
1996	42.6	1.38	56.9	285.4
1997	52.2	2.25	55.2	262.4
1998	57.4	2.67	58.6	243.5
1999	61.2	2.96	59.7	223.0
2000	68.5	3.26	64.5	214.1
2001	90.9	4.05	65.8	236.6
2002	100.4	4.72	68.6	228.6
2003	112.06	4.56	66.6	248.5
2004	132.9	6.85	66.6	266.2
2005	145.12	7.03	64.1	267.2
2006	—	—	63.2	266.5

资料来源：《浙江省旅游概览 2005》、《2006 年浙江省旅游经济形势分析》。

浙江省杭州市星级饭店数量在全省排名第一，在全国也仅居于北京、上海之后，排名第三。此外，杭州市五星级、四星级、三星级和二星级饭店的数量均居全省第一位。浙江省五星和四星等高星级饭店主要分布在杭州、宁波、温州、绍兴、金华和台州等市（表 1-2-47）。

表 1-2-47 2006 年浙江省及其各市的旅游星级饭店情况　　　　　　　　　　　　　　单位：家

省、市	合计	五星级宾馆	四星级宾馆	三星级宾馆	二星级宾馆	一星级宾馆
杭州市	240	9	30	85	111	5
宁波市	203	5	16	45	117	20
温州市	82	1	14	38	26	3
嘉兴市	62	0	7	29	23	3
湖州市	58	0	4	16	35	3
绍兴市	83	4	4	35	34	6
金华市	111	0	13	25	65	8
衢州市	43	0	5	9	24	5
舟山市	64	0	3	17	43	1
台州市	68	0	10	17	37	4
丽水市	53	0	2	13	27	11
浙江省	1096	19	114	335	559	69

资料来源：《浙江省旅游概览 2006》。

(2) 发展规划

转化政府管理职能，从制定产业政策的角度对旅游饭店实施有效管理。深化改革旅游企业的多元化改制，推进旅游饭店业的市场化过程；推行产权主体多元化，尽量避免更多的非独立经济实体的存在，鼓励将国有旅游饭店业改造为混合所有制的企业,吸收社会中各种经济主体,培育市场化主体。

近几年来,浙江省星级饭店建设发展突飞猛进,总量规模已经很庞大,但星级饭店的投资欲望很高,建设热潮仍然不减。据旅游局提供的数据,浙江省已动工的或将要动工的五星级酒店有近50个,届时浙江省五星级酒店的数量将达到70家左右。"一窝蜂"地建设新饭店会造成浙江省旅游饭店市场供求失衡,竞争过度,导致经营业绩下滑,低水平建设、效益低下、饭店缺乏个性和特色。从浙江省星级饭店市场供需平衡的角度,规划期内应对全省星级饭店总量增长采取控制性措施,从政策上引导星级饭店数量规模既符合全省旅游产业发展形势的需要,又避免盲目建设引发的资源浪费、恶性竞争等后果。根据总量控制的思路,规划提出至2020年浙江省星级饭店总量达到1 500~1 700家(表1-2-48)。

在总量控制的同时,对浙江省星级饭店体系内部的星级结构进行优化(表1-2-48),逐步改善目前全省高星级饭店(三星级及以上饭店)比重较低现状(约占星级饭店总量的43%,而广东、北京等地均占50%以上),对部分二星、一星级饭店进行软硬件提升,提高浙江星级饭店的整体硬件设施和服务水平。

表1-2-48 浙江省旅游星级饭店需求预测　　　　　　　　　　　　　　　　单位:家

	2006年	2010年	2020年
总量	1 096	1 150~1 300	1 500~1 700
五星级	19	40~60	70~100
四星级	114	150~180	220~260
三星级	335	400~450	600~650
二星级	559	410~440	500~550
一星级	69	150~170	140~170

此外,还应进一步强化政府服务职能,定期向社会公布饭店业的数量、规模、比例与供需状况,通过市场引导酒店业的合理布局。根据客源市场导向,依托旅游城市、旅游城镇、主要旅游区(目的地)布局旅游住宿设施。

着力建设高中低档层次分明,结构合理,多样化、多层次的旅游住宿设施。在杭州、宁波、温州、金华四个国际化旅游目的地城市推动豪华型饭店建设;加快发展分时度假酒店、旅游房地产等新型旅游住宿设施;鼓励现有低星级饭店、社会旅馆和家庭旅馆在硬件设施和软环境建设两方面进行改建提升;积极发展经济型酒店,包括汽车旅馆、家庭旅馆、青年旅社等,并逐步形成网络。

引入大型集团与国际知名饭店集团投资经营,培育具有较强竞争力的旅游饭店企业。以品牌化、集团化、网络化为目标,通过对现有饭店企业的改造、分工和组合,促使饭店规模集团化;培育浙江旅游饭店品牌企业,连锁经营,扩大品牌效应,逐步形成具有国内外影响力的旅游饭店品牌效应。

逐步实现旅游饭店的主题化经营。引导旅游饭店企业与浙江地域文化特色相结合,实现旅游饭店的主题化经营,大力引导特色鲜明、定位差异化的观光型酒店、度假型酒店、会议型酒店、商务型酒店的建设,形成多种主题酒店系列。

推进旅游饭店业普及电子商务的步伐,建立一个有商业运作模式的外部网络。联合起各类型饭店,采用集约化管理模式,从网络订房入手,建立快捷、灵活的信息沟通渠道来完成饭店产品的销售,最终形成内容丰富、方便快捷、功能强大、声誉优良的浙江旅游饭店预订网络。

加强对旅游饭店的管理以及与相关部门的综合统筹和协调。进一步建立健全质量监督管理体系,加强星级饭店和旅游区等级的评定与复审工作;对已经评定星级的饭店,要严格依照国家旅游住宿设施的星级评定制度,加强复核和审核,对不符合标准的饭店要适时淘汰,促进服务质量进一步提升;加强社会旅馆的标准化与规范化管理;逐步建立分时度假酒店、旅游房地产、家庭旅馆、汽车旅馆、青年旅社等的行业标准和管理规范。

2. 旅行社

(1) 发展现状

截至 2006 年年底,浙江省共有旅行社 1 253 家,其中国际旅行社 61 家,国内旅行社 1 192 家,出境社 33 家(表 1-2-49)。2006 年,浙江省国际旅行社有组织接待入境旅游者达 99.46 万人次,占全省接待入境旅游者总量的 23.3%。全省国际旅行社外联入境旅游者 62.56 万人次,占全省接待入境旅游者总量的 14.7%。

表 1-2-49　2000～2006 年浙江省国际、国内旅行社发展情况　　　　　　　　　　单位:家

年份	旅行社数量合计	国际旅行社	国内旅行社
2000	540	46	494
2001	663	46	617
2002	691	46	645
2003	856	46	810
2004	995	51	944
2005	1 104	56	1 048
2006	1 253	61	1 192

资料来源:《浙江省旅游概览 2005》、《2006 年浙江省旅游经济形势分析》。

从各地市旅行社拥有量看,杭州的旅行社数量遥遥领先,占全省旅行社总数的 30%(表 1-2-50)。2005 年度,浙江省共有八家国际旅行社进入全国国际旅行社 100 强,总数位列广东、北京、上海之后,居全国第四位;共有 18 家国内旅行社进入全国国内旅行社百强,总数紧随上海之后,居全国第二位。浙江省国际和国内旅行社主要为主导业务为旅游业的综合性企业,企业实力雄厚,员工众多,一般包括饭店、酒店、宾馆、旅行社等资产,在我国的主要客源国以及国内各主要城市设立分部。

表 1-2-50　2006 年浙江省及其各市的旅行社情况　　　　　　　　　　单位:家

省、市	总数	国际社总数	全国百强国际社	国内社	全国百强国内社
杭州市	388	36	8	352	11
宁波市	174	6	—	168	2
温州市	119	4	—	115	2
嘉兴市	75	2	—	73	—
湖州市	49	2	—	47	1
绍兴市	89	5	—	84	1
金华市	82	1	—	81	1
衢州市	57	0	—	57	—
舟山市	90	1	—	89	—
台州市	102	4	—	98	—
丽水市	28	0	—	28	—
浙江省	1 253	61	8	1 192	18

资料来源:《浙江省旅游概览 2006》。

2006年,浙江省国际旅行社有组织接待入境旅游者99.46万人次。全省国际旅行社外联入境旅游者62.56万人次。其中外国人33.24万人次,港澳同胞11.88万人次,台湾同胞17.44万人次。

2006年全省国际旅行社实现营业收入65.7亿元,同比增长91.5%。从营业收入的增长率来看,浙江省的增长率高于全国平均水平,但低于北京、江苏。

(2) 发展规划

加大体制改革力度,进一步扩大旅行社的对外开放。引导旅行社尽快建立现代企业制度,尽快建立与国际接轨的市场化制度,减少对市场活动的行政性干预,禁止各种形式的垄断、区域割据等阻碍市场自由、完全竞争的措施;积极引进国际旅行社;加快建立中外合资旅行社的步伐,允许试办国外独资旅行社;支持省内主要国际和国内旅行社按照"规模化经营、网络化发展"的原则,在主要客源国和全国建网布点,拓展国际和国内市场。

鼓励联合、适度兼并,促进旅行社业规范化、集团化、网络化、专业化建设,增强国际国内市场竞争能力。鼓励大型旅行社集团化发展,鼓励组建以大型旅行社为主体,融旅行社、旅游饭店、汽车公司、旅游商店甚至旅游景区于一体的旅游集团企业;鼓励中型旅行社在经营产品上体现专业化,如组建商务旅行社、会展旅行社等;鼓励小型旅行社通过网络化向代理方向发展,最终建立结构优化、分工明确的旅行社服务体系。

提高旅行社业务含金量,加强对商务、会议团队以及散客的服务。挖掘商务、会议市场的潜力,组建专业化旅行社,提供专业化服务,积极推进浙江商务城市的建设;充分发挥旅行社的作用,进一步完善旅游咨询中心体系,积极组织自驾车团队旅游、散客租车旅游,规范一日/半日观光旅游市场。

深入贯彻相关法规和国家标准,以及《浙江省旅行社管理办法》等地方标准,提高旅行社业的行业规范管理。加强检查和监督,建立健全导游执业的准入机制、激励机制、保障机制和责任追究制度,促使旅行社合法、诚信经营,优化业内市场竞争秩序;开展旅行社资质等级评定、业绩排名,建立和完善旅行社和旅行社经理信用档案制度;通过旅行社业务年检登记、违法违规公告等,形成优胜劣汰的市场机制。

增强素质,提高服务质量,加强导游队伍建设。通过多方面的工作措施,努力提高旅行社在国际市场的客源开拓能力和国内市场上的竞争能力,增强产品创新能力和开发能力,完善内部管理能力,从而使企业素质得到根本性的提高;不断提高各个旅行社管理人员和员工的素质,进行知识更新,加大改革力度,以应对加入WTO后的挑战,谋求长远发展;加强导游员的素质、业务、技能培训及管理考核,促进导游员的规范服务;制定科学、规范的导游管理制度,实行分级管理,按市场经济要求逐步形成竞争、激励、监督相结合的机制。

充分发挥行业协会的作用,加强旅行社行业自律。旅行社的行业管理应该协会化、市场化。在社会主义市场经济新体制下,政府的主要职能应该是制定法规规章,而由行业协会去组织、遵循、实施这些法律法规。旅行社协会可以在规范协会成员从业行为,维护全体旅行社的合法利益方面发挥作用,同时,也对全行业形成不同层次、不同形式的自律、自护机制发挥积极的作用。

3. 旅游餐饮

(1) 发展现状

截至2005年底,浙江省共有超过16万家餐饮类企业,其中中华餐饮名店78家,浙江餐饮名店140家,2005年度中国餐饮百强企业10家。从投资模式上来看,小型餐饮企业以农户家庭或合股经营为主;大中型餐饮企业主要以企业法人投资为主。从经营模式上看,包括农户自主经营和企业投资自主经营等。浙江省餐饮企业的 80% 都为民营企业,有的餐饮企业为连锁专业餐饮企业,在全国多个主要城市设立分部;有的餐饮企业是集餐饮、住宿、娱乐为一体的集团公司。浙江省餐饮企业大多依托已开发的景区景点或城市。

(2) 发展规划

充分挖掘饮食文化内涵,开发特色名品、精品餐饮。推出全国独有的餐饮品牌,如浙菜、甬菜等;推出地方特色浓厚的餐饮品牌,如西湖船菜、东海海鲜、磐安药膳等;与当地文化相结合,赋予餐饮文化内涵。通过就餐环境、就餐服务、特色菜品、文艺表演等载体,体现地方饮食传统、文化特色,使旅游餐饮成为旅游吸引物体系的重要组成部分。

打造多层次、多样化旅游餐饮体系,满足不同旅游者需求。鼓励、培育国际化、品牌化的餐饮企业,发挥示范效应,树立品牌,强化其在游客心目中的印象;逐步建立全省统一规范的快餐和连锁餐馆,成为浙江旅游形象的重要组成部分;继续发挥社会餐馆的优势作用,与宾馆酒店、旅游区(点)餐馆形成三个层次的旅游餐饮体系,满足旅游者的多种需求。

进行整体促销,强化和营造浙江旅游餐饮整体形象。分省市两级进行旅游餐饮的对外营销,设计制作可携带的浙江餐饮宣传资料如美食手册、美食杂志、精品菜式传单、美食地图等,在地方级别的资料上还要注意体现全省旅游餐饮的统一标志,以有助于形成整体形象。

优化餐饮环境,提高旅游团队餐饮的质量。旅游餐饮设施的建设,需符合环保、城建、景区景点的要求,尊重游客的行为特征,注意餐饮点建筑与当地民间建筑协调,努力创造浓厚的、全方位的地方特色;旅游区(点)餐饮和团队餐饮要突出快速和特色,提高游客的旅游体验,使旅游餐饮变成浙江的特色旅游产品。

加强监督管理,提高服务质量,保证餐饮卫生。加强对旅游餐饮业的标准化、规范化管理;严格监控餐饮企业的卫生状况,保证游客餐饮卫生安全;加强培训工作,提高旅游餐饮业的总体经营水平和服务质量。

4. 旅游购物

(1) 发展现状

浙江省的商品流通非常发达,其旅游购物企业主要包括综合性集团企业和专营企业两种形式。浙江省的商品流通市场数量多,以义乌中国小商品城为代表的很多市场在全国很有名气。

(2) 发展规划

加强商旅互动,打造浙江商贸旅游品牌,全面带动商贸新兴业态的发展。充分发挥浙江区块特色经济发达的优势,依托义乌中国小商品城和全省各地众多的专业市场,依托各旅游城镇的商业区、商业街建设,通过调整经营结构,实行错位经营,注重特色,提升档次,完善购物、观光、休闲综合服务功能,大力发展商贸旅游,形成商贸浙江的旅游品牌。在旅游产品(线路)开发中,将景区点与休闲场所、特色购物街、商业老字号等有机结合在一起,丰富旅游产品,提高旅游购物对游客的吸引力。

积极开发和挖掘特色商业内涵。充分利用传统特色商业、商业老字号,让旅游者领略风味特色的同时,体会浙江历史文化内涵;通过现代特色商业,如特色市场和特色商店,满足休闲旅游者购物的现实需求;鼓励以丝绸、茶叶等为重点的具有地域特色旅游商品的开发和升级;改造特色商业区的购物环境,突出文化氛围,提升服务水平。

大力开发特色旅游购物商品,形成地方特色产品体系。建立以旅游者需求为导向、产供销衔接的运作机制,充实旅游购物品设计研究的力量;适应长三角经济一体化和游客消费需求的变化趋势,依托区域特色产业拓展旅游商品的开发范围,促进旅游商品的个性化和系列化,注重开发各种类型和不同档次的旅游商品;进一步挖掘各地民间资源,不断丰富旅游购物品的品种和类型,提高旅游购物品的文化品位、技术含量和地方特色,形成一批在国内外客源市场更具竞争力的旅游纪念品、土特产品和实用工艺品,逐步提高旅游购物在旅游收入中的比例。

推动旅游纪念品产业化发展,构建旅游商品产销体系。以突出特色、加强引导、产销随市的发展思路,借助社会的各方力量加强对旅游商品的开发、生产和销售,培育品牌旅游商品,鼓励工商企业参与,实现旅、工、贸结合,产、供、销一体。利用浙江各地市传统优势产业,重点扶植、培育一批旅游用品、旅游食品和旅游纪念品的生产企业、骨干企业,进一步强化旅游商品定点企业的选择、管理工作,建设旅游商品基地,形成有效的旅游商品供给体系。同时,一方面加大对外的宣传促销力度,另一方面,统筹规划,合理布局,在各个有条件的旅游城镇建设旅游购物街,在各主要景区发展旅游定点商场,并配套建设若干非定点购物点。

实施政府主导战略,大力扶持、引导旅游购物业的发展,为旅游购物发展提供良好的软环境。出台旅游商品开发的鼓励政策,提高旅游商品开发设计、生产、销售企业的积极性;鼓励和支持旅游购物企业上档次、上规模、上水平;加大监管力度,建立旅游商品市场的信用管理体系,完善旅游商品售后服务保障体系;制定和实施更加稳定合理、与国际惯例接轨的旅游购物退税制度,鼓励海外游客增加购物消费;鼓励企业申请产品认证和原产地域保护,培育地方优势品牌和国家级强势品牌。

5. 旅游娱乐

(1) 发展现状

浙江省的旅游娱乐分为三个层次。第一层次主要包括游乐园、主题公园等;第二层次为旅游饭店、旅游景区、餐饮企业的文化娱乐设施;第三层次为公共服务的文化娱乐场所,包括公益性和营利性场所。

(2) 发展规划

突出民俗风情和地方文化特色,营造旅游文化氛围。利用浙江各旅游城镇的文化娱乐设施以及商业区、景点周围的城市广场等城市公共空间,开展丰富多彩的文化娱乐活动,加快开发"印象西湖"等一批高档次的旅游文化娱乐项目,增强旅游魅力。重点推出夜间服务系统,策划多种夜间主题娱乐产品,为游客的夜生活增添色彩,延长游客停留时间。

加强对现有娱乐设施建设和娱乐活动的引导,促进旅游娱乐业健康发展。加强市场规范和法规建设,对现有相对集中的旅游文化娱乐场所,加强调查,摸清现状,通过行政手段和市场手段提升文化功能品质和接待服务水平。确定合理的发展规模,制定完备的行业规范,实施严格的工商监督,发挥其对提高目的地的旅游吸引力的积极作用。

行业之间、部门之间加强协调配合。包括旅行社与目的地之间通过路线、行程设计协调合作,旅游主管部门与工商、税务、建设等其他政府部门的协调配合。

6. 其他配套

(1) 旅游咨询服务体系

建设和完善省、市、县(市、区)三级旅游信息平台,建立旅游咨询服务机构,提供旅游市场信息服务。加快建设和完善全省11个市和重点旅游县(市)的旅游集散中心和咨询服务中心,增强其在交通集散、信息咨询、游程安排和受理投诉等方面的服务功能,形成比较合理的旅游咨询服务网络体系。

（2）旅游标识系统

加快旅游交通标识系统建设，省市联动、分工协作，努力完成航空港、火车站、轻轨站、港口、长途汽车站、高速公路、一级公路、主要景区交通沿线的旅游标识牌设置工作；完善旅游饭店、旅游景区内的双语标识，杭州、宁波、温州、金华可采用多语种标识；建设"浙江之旅"网站的多语种支持。

（3）旅游信息建设

利用多媒体和网络技术，建立覆盖面更大的旅游促销网络，提高促销力度；大力推进以 GIS 为基础信息支撑，包括各类旅游属性、空间数据为一体的数字旅游工程建设；鼓励旅游服务领域积极应用信息技术，包括电子可视和导游系统、电子票务管理系统等；大力发展旅游电子商务，鼓励各类企业设立旅游电子商务平台，逐步实现网上交易；重点抓好旅游统计网络、饭店预订网络、旅行社管理网络、旅游人才信息网络等，大力开发面向全球的酒店客房预订系统、电子旅游商务系统、旅游散客服务信息系统等旅游信息网络，推进数字旅游的建设。

（4）旅游救援系统

旅游医疗与安全急救服务系统建设。进行游览安全、医疗急救设施建设和安全部门的设置。建立省市两级的旅游快速救援队伍。各级医院要积极配合，逐步实行游客医疗保障；针对山区、海岛等进入性较差的旅游区域，在旅游旺季配备急救人员和设备。

旅游危机管理与游客反应快速应变系统建设。逐步建立突发性事件危机预警系统和灾难应急系统，形成高效的风险防范控制系统和严格的风险预警制度，特别是要提高在旅游经营中发生的各种危机事件的信息传递和快速反应能力。

三、旅游城镇建设

1. 影响因素分析

城镇是旅游要素集中的地域。浙江是城镇化发展程度较高，城镇旅游特色最突出的省份之一。浙江省旅游服务体系需要依托其旅游城镇进行规划布局。

（1）浙江省城镇体系空间分布格局

在总结二十几年的经济社会发展经验基础上，结合当前的宏观发展背景和实际省情，2005 年，浙江省"十一五"规划确定了最新的省域经济与城镇区域发展思路：全省形成"一域、四核、三带、两翼"的空间发展架构。

根据浙江省城镇发展思路，初步确定将全省划分为五个层次的城镇等级体系（图 1-2-23），包括杭州、宁波两个区域中心城市，温州（瑞安）、金华—义乌、嘉兴（嘉善）三个省域中心城市，绍兴、台州、湖州、衢州、丽水、舟山等 21 座地区中心城市，临安市、建德市、桐庐县等 40 个县（市）域中心城市，以及 100 个省域重点镇。

（2）浙江省交通体系

在《浙江省国民经济和社会发展第十一个五年规划纲要》中提出构建综合运输体系，加强运输通道和枢纽建设，加快形成"两纵"（沿海和沪浙赣通道）"三横"（浙北、杭甬舟和浙南通道）、"双枢纽"（杭州以客为主、宁波以货为主）、多节点的综合运输网络。航空方面，推进浙港合作，加快杭州萧山机场扩建；改

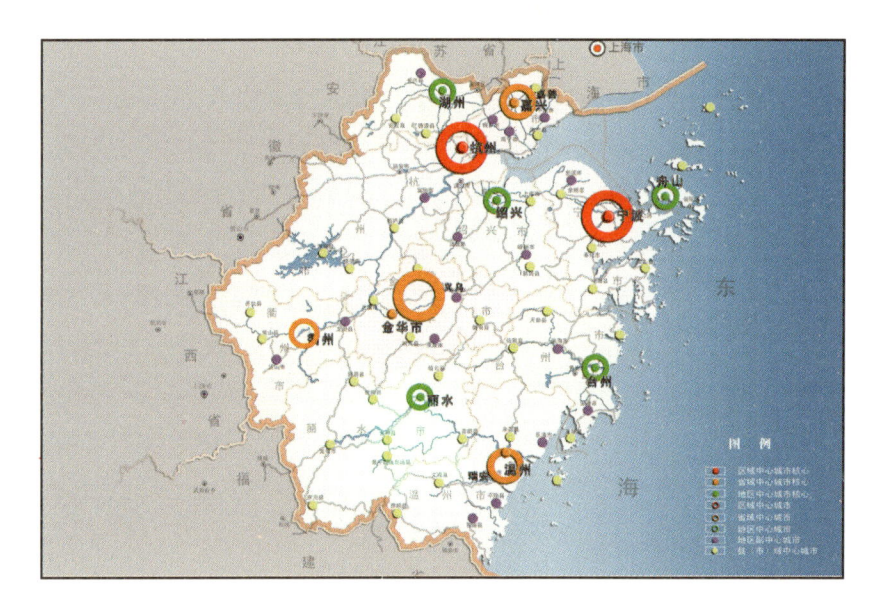

图 1-2-23　浙江省城镇体系规划

扩建宁波栎社、温州永强机场,形成以杭州萧山机场为重点,宁波、温州机场为骨干,其他机场为补充的空港布局。

在《浙江省公路水路交通十一五规划》中提出,重点建成杭州湾跨海大桥及南北接线、舟山大陆连岛工程,以及申苏浙皖、杭浦、申嘉湖(杭)等一批高速公路建设;加快欠发达地区高速公路建设。整合交通资源,实现和长三角的有效接轨,包括分别以四条高速公路接轨上海和江苏,分别以三条高速公路接轨安徽和福建,以两条高速接轨江西。

根据以上思路,初步确定三级省域交通枢纽城市(图1-2-24)。

一级枢纽城市:杭州、宁波、金华—义乌、温州。

二级枢纽城市:嘉兴、衢州、绍兴、台州、湖州、丽水、舟山。

三级枢纽城市:嘉善、长兴、慈溪、嵊州、临海、永康、江山、龙游。

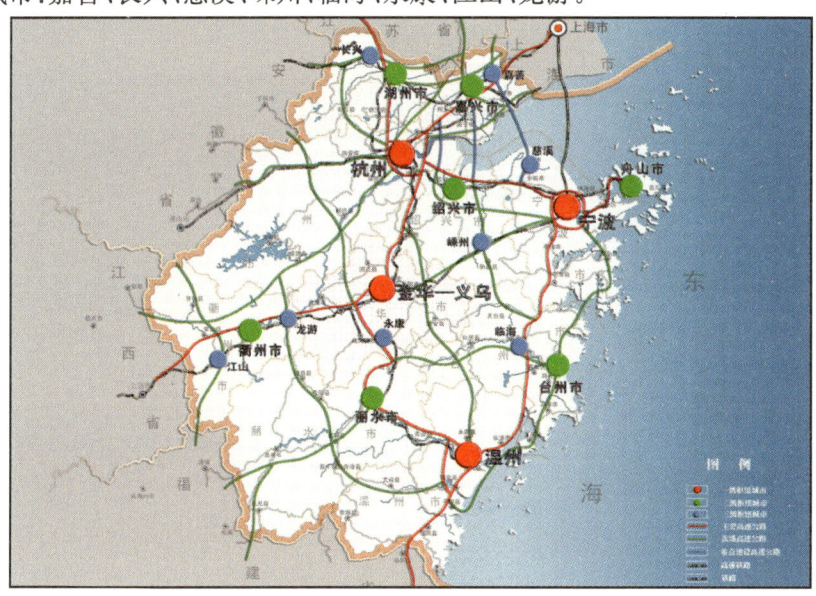

图 1-2-24　浙江省交通枢纽规划

2. 旅游城镇空间结构

通过"一湾一带两区"的空间体系架构引导省域旅游城镇发展(图1-2-25)。

图 1-2-25　浙江省旅游城镇空间结构规划

一湾：环杭州湾旅游城镇带，包括环杭州湾的杭州东部、绍兴北部、宁波北部重点旅游城镇。

一带：浙东滨海海岛旅游城镇带，包括舟山、宁波、台州、温州的滨海和岛屿地带的重点旅游城镇。

两区：浙中南金衢盆地城镇密集区和浙北旅游城镇密集区，其中浙中南金衢盆地旅游城镇密集区包括金华、衢州东部、丽水北部的重点旅游城镇，浙北旅游城镇密集区包括嘉兴、湖州的重点旅游城镇。

3. 旅游城镇类型

将全省旅游城镇按照其主要职能划分为综合型、服务型和景区型三种类型，如图1-2-26所示。

(1) 综合型旅游中心城镇

综合型旅游中心城镇是指旅游资源数量较为丰富，整体资源质量较高，同时兼以提供旅游服务功能的旅游城镇。在其城镇旅游功能中游览功能和旅游服务功能并重。

该类城镇具有以下特点：具备旅游景区型与旅游服务型城镇的双重特点；旅游区位和交通区位条件较好；旅游资源开发较为成熟，同时具备比较完善的接待设施；旅游业对小城镇其他相关产业的带动作用明显；旅游产品中都市旅游占据较重份额。

该类城镇主要包括杭州、宁波、绍兴、温州四个城市的中心区以及一些产业城镇。

(2) 服务型旅游城镇

旅游服务型城镇是指旅游区所在城镇，旅游业的兴旺带动本区域内其他产业的发展。

该类城镇具有以下特点：旅游城镇为旅游区提供一定的服务，从而成为旅游区发展的依托；一般距离县城较近，或是某一区域范围的政治、经济文化中心；本身旅游资源特色不突出，但作为旅游接待地，它的特色景观在于优美整洁的城镇环境景观、协调的建筑景观以及完善的配套服务体系。

图 1-2-26　浙江省旅游城镇建设

该类城镇主要包括衢州、丽水等中心城区以及江山等县市。

(3) 景区型旅游城镇

景区型旅游城镇是指旅游资源在某一特定城镇密集分布和集中,在地理空间上形成一个该类资源富集的区域,而城镇社会经济的形成和发展又特别依赖或受制于这类特定资源的城镇。在其城镇旅游功能中以游览功能为主,以旅游服务功能为辅。

该类城镇具有以下特点:以旅游资源为主要吸引物,且旅游资源具有较高的资源等级和价值;旅游服务体系随着旅游资源的开发和旅游品牌的提升而不断完善,但始终处于从属地位;旅游产业是城镇的主导产业和拉动城镇经济发展的动力产业。

该类城镇主要包括一些历史文化城镇、风景城镇、生态城镇、产业城镇等。

4. 重点旅游城镇建设

浙江省旅游资源极为丰富,其中不少城市、县镇拥有丰富的旅游资源数量和高品位的旅游资源等级,具有开发优质旅游产品的条件和潜力。因此须在全省范畴内遴选出其中最具有发展潜力,最需要重点发展的地区,作为全省的地区旅游中心城市与重点旅游村镇,进行政策、资金、财政等方面的重点扶持。

(1) 遴选标准

开发现状。现有的 17 个国家级、省级历史文化名城,21 个优秀旅游城市,8 个国家级历史文化名镇(村)以及全国农业旅游示范点中的部分地区因为其较丰富的旅游资源和较完善的旅游功能,可以纳入重点开发范围。

城镇定位。开发重点的确定要参考各地市城镇体系规划中对城镇职能和发展方向的确定,将具有旅游城镇职能的城镇进行初步筛选,结果见表 1-2-51。

表 1-2-51　浙江省各地市具有旅游功能的城镇

地市名称	中心城市	县域中心城市	中心镇和重点镇
杭州	杭州市区	富阳、临安、桐庐、建德、淳安	塘栖—仁和、良渚—瓶窑、转塘(之江)、胥口—龙门(两江一湖)、昌化(临安)、富春江、瑶琳、梅城、汾口、威坪、姜家、文昌
宁波	宁波市区	余姚、慈溪、奉化、象山	梁弄、观海卫、慈城、溪口、岔路
温州	温州市区	乐清、瑞安	雁荡、大荆、珊溪、岩头、龙湖(寨寮溪)、雅阳、水头(南雁荡)
绍兴	绍兴市区	诸暨、嵊州、新昌	五泄、镜岭、崇仁、东白湖、同山、金庭、枫桥、牌头
金华	金华建成区	兰溪、义乌、东阳、武义、浦江、磐安	横店、诸葛
衢州	衢州市区	江山、龙游、开化、常山	湖南、石门—廿八都、齐溪、马金、苏庄
丽水	丽水市区	缙云、龙泉、遂昌、松阳、庆元、景宁	老竹、紧水滩、大洋、滩坑、安仁、锦滨、住龙、石塘、渤海
嘉兴	嘉兴市区	海宁、桐乡、海盐	西塘、盐官、乌镇
舟山	舟山市区	岱山、嵊泗	桃花、秀山、嵊山—枸杞
湖州	湖州市区	安吉县、长兴县、德清县	莫干山镇、天荒坪镇、南浔城区
台州	台州市区	临海、天台、仙居、温岭	桃渚镇、石梁镇、白塔镇、蛇蟠乡、清港镇、新河镇、大溪镇

与浙江省旅游目的地体系相呼应。在浙江省目的地体系中确定了五类特色旅游目的地城镇、三个核心旅游目的地景区、22 个重点旅游目的地景区,其中五类特色城镇可以直接纳入,其他景区确定其主要依托或带动的旅游城市、村镇,作为目的地体系的依托城镇进行重点开发。因为旅游度假区相对封闭,对周边城镇的依托和带动作用不明显,因此选择资源、环境和区位条件较好的纳入重点开发体系中,结果见表 1-2-52。

表 1-2-52　浙江省重要旅游目的地景区依托城镇

旅游目的地景区	依托城镇
大西湖休闲旅游区	杭州市区、龙门、之江、转塘、梅家坞村、龙井村
象山湾休闲度假旅游区	象山县、石浦、强蛟镇和大佳何镇
雁荡—楠溪江文化生态旅游区	苍坡村、芙蓉村、岩头村、雁荡镇、大荆镇、乐清市、永嘉市
千岛湖观光、休闲旅游区	淳安县
缙云仙都风景旅游区	缙云县
江郎山—廿八都风景旅游区	廿八都镇、石门镇、保安乡
钱塘江潮—盐官历史名镇旅游区	盐官镇、海宁
五泄—西施故里山水文化旅游区	诸暨市、五泄镇
普陀山—朱家尖宗教文化、休闲旅游区	朱家尖镇、普陀山镇
天台山—大佛寺宗教旅游区	天台县、新昌县、临海市
南麂列岛生态旅游区	南麂镇
凤阳山—百山祖生态旅游区	龙泉市、庆元县、百山祖乡
天目山生态旅游区	淤潜镇、西天目乡

续表

旅游目的地景区	依托城镇
钱江源生态旅游区	开化县、齐溪镇（钱江源位于其内）
九龙山高端旅游度假区	乍浦
嵊泗海岛生态休闲旅游区	嵊泗菜园镇
洞头岛滨海休闲度假区	洞头县
杭州湾滨海休闲旅游区	慈溪市
武义温泉旅游度假区	武义县
泰顺温泉旅游度假区	泰顺县城
东钱湖休闲度假旅游区	宁波市区
瓯江—云和湖滨水休闲旅游区	云和县
安吉乡村休闲旅游区	安吉
临安乡村休闲旅游区	临安

（2）重点旅游城镇遴选结果

根据浙江省城镇发展总体思路以及旅游发展总体思路，将城镇空间分布、旅游目的地空间分布、交通分布、旅游者空间行为分析等要素进行空间叠合，并按照综合型、景区型、服务型的旅游中心城镇类型进行归类，得到浙江省重点建设的旅游城镇如表 1-2-53。

表 1-2-53　浙江省重点建设的旅游城镇

地市名称	综合型旅游中心城镇	景区型旅游城镇	服务型旅游城镇
杭州	杭州市区	良渚—瓶窑、梅家坞村、龙井村、龙门、之江	临安、建德、富阳、淳安、桐庐、淤潜镇、西天目乡
宁波	宁波市区	石浦、滕头村、溪口镇、慈城镇、强蛟镇、大佳何镇	余姚、慈溪、奉化、象山、东钱湖镇、莼湖镇
温州	温州中心城区、泰顺	雁荡镇、大荆镇、南麂镇、苍坡村、芙蓉村、岩头村、洞头县	瑞安、永嘉、乐清
绍兴	绍兴市区、绍兴县、嵊州	安昌、五泄	诸暨
金华	金华市区、义乌、东阳、永康、浦江	磐安、俞源、郭洞、长乐—诸葛八卦村、芝堰	兰溪市、横店镇、武义
衢州	衢州市区	廿八都镇、保安乡	开化、齐溪镇、石门镇
丽水	—	庆元	丽水市区、龙泉、缙云、松阳、云和县、百山祖乡、遂昌
嘉兴	—	西塘、盐官、乌镇	嘉兴市区、海宁、桐乡、乍浦
舟山	—	沈家门镇	舟山市区、嵊泗、桃花镇、普陀山镇、朱家尖镇
湖州	—	南浔、织里蚕村	湖州市区、莫干山镇、安吉县
台州	—	桃渚镇、石梁镇、白塔镇、蛇蟠乡	台州市区、天台县、温岭市、临海市、仙居县、玉环县

(3) 重点旅游城镇等级划分

将以上旅游城镇按照旅游城镇等级进行重新划分,可划分为四个旅游城镇等级(表 1-2-54)。其中一级旅游城镇包括杭州、宁波、温州市区、金华四个国际化的旅游城市,是全省的旅游吸引中心、交通中转中心和旅游集散中心,对全省旅游业发展具有统领全局的作用;二级旅游城镇包括绍兴、衢州、丽水、嘉兴、舟山、台州、湖州市区和义乌,是全省的旅游吸引中心和旅游集散中心,具有完善的旅游接待服务功能,并能对周边景区起到辐射带动作用;三级旅游中心城镇包括临安、永嘉、安吉等 35 个县级旅游中心城市,是辐射和带动县域旅游经济发展的中心城镇;四级旅游中心城镇包括梅家坞村、龙井村、俞源、郭洞等旅游中心村镇,为县(市)域单元内以游览和旅游服务为主要功能的村镇。

表 1-2-54 浙江省旅游城镇等级体系

地市名称	一级旅游中心城镇	二级旅游中心城镇	三级旅游中心城镇	四级旅游中心城镇
杭州	杭州市区	—	临安、建德、富阳、淳安、桐庐	良渚—瓶窑、淤潜镇、龙门镇
宁波	宁波市区	—	余姚、慈溪、奉化、象山	石浦镇、溪口镇、慈城镇、强蛟镇、大佳何镇、东钱湖镇、纯湖镇
温州	温州市区	—	洞头、泰顺、瑞安、永嘉、乐清	雁荡镇、大荆镇、南麂镇
金华	金华市区义乌城区	—	东阳、永康、浦江、磐安、兰溪、武义	横店镇、郑宅镇、方岩镇
绍兴	—	绍兴市区、绍兴县城	嵊州、诸暨、新昌	安昌镇、东浦镇
衢州	—	衢州市区	龙游、江山、常山、开化	石门镇、廿八都镇、保安乡、齐溪镇、七里乡、小南海镇
丽水	—	丽水市区	庆元、龙泉、缙云、松阳、云和、遂昌	百山祖乡、老竹、泉山、安民、大顺
嘉兴	—	嘉兴市区	海宁、桐乡	西塘镇、盐官镇、乌镇、乍浦镇
舟山	—	舟山市区	嵊泗	沈家门镇、朱家尖镇、桃花镇、高亭镇、菜园镇
湖州	—	湖州市区	安吉、南浔	莫干山镇、织里镇、天荒坪镇、水口乡
台州	—	台州市区	临海、天台、温岭、仙居玉环	桃渚镇、石梁镇、白塔镇、蛇蟠乡

第十一章　旅游资源与环境保护规划

浙江省于2005年制订了《浙江省生态旅游规划》。规划提出了"把浙江省建设成为华东地区秀美的生态旅游乐园、国内领先的生态旅游示范地和世界闻名的生态旅游目的地"的总体发展目标，并提出在全省打造浙东北水网平原区、浙西北中山丘陵区、浙中丘陵盆地区、浙西南山地区、浙东沿海及近岸区、浙东近海及岛屿区六大生态旅游建设区。在这一规划基础上，对浙江旅游资源和环境提出保护规划。

一、旅游生态环境现状

1. 生态环境总体特征

浙江省拥有森林、海洋、湿地等生态系统，生态系统多样性丰富。全省森林覆盖率60.5%，居全国前列，但总体质量欠佳。林业用地面积占全省土地总面积的64%。森林资源80%以上分布在浙南和浙北地区。全省面积在100公顷以上的湿地共有80.2万公顷，其中近海与海洋湿地约57.4万公顷，河流、湖泊湿地12.2万公顷，库塘10.6万公顷。

2. 生态环境质量状况

（1）江河湖泊总体水质良好，部分河段和近海海域超标严重

浙江省八大水系、运河、湖库有64.9%的断面水质达到国家一至三类水质标准，但杭嘉湖等平原河网的水质超标严重。全省地下水水质基本稳定，但沿海一些平原地区过度超采和不合理使用地下水，造成比较严重的地面沉降。

浙江省沿海经济发展对海洋生态环境造成严重威胁。浙江省87%的近岸海域受到污染，70%以上属于中度污染和严重污染区域，且严重污染面积增幅较大。海水水质以Ⅳ类和超Ⅳ类为主，富营养化程度居全国前列。近海赤潮发生的海区由北至南逐渐推进和加剧，在时间上首次出现冬季赤潮，并出现新记录种类和有毒种类赤潮。2005年，有毒赤潮来袭浙江高达10次，累积面近1万平方公里。海洋环境的恶化导致海洋生物多样性衰减。

（2）城市主要环境指标达标

城市生态环境得到改善。"十五"期间，全省城市公园面积增加1.2倍，新增城市公共绿地6 398万平方米。2005年，人均公共绿地达到9.3平方米。全省29个省控城市空气质量均达到国家二级标准，主要污染物化学需氧量、烟尘排放量和工业粉尘排放量分别比"九五"末降低了5%、17%和53%。影响城市环境空气质量的首要污染物是可吸入颗粒物。城市总体声环境质量低于国家控制值，噪声污染处于轻度—中等污染水平。城市污水处理率、城市生活垃圾无害化处理率分别为55%和90%。但另一方面，二氧化硫排放总量未实现有效控制，2005年共排放86.0万吨，比"九五"末增加了45.1%，酸雨污染呈现加重趋势。

(3) 自然灾害频繁发生，损失巨大

浙江省自然灾害以台风、风暴潮灾害影响最为严重，梅汛期洪涝次之。农林病虫害、赤潮、冰雹、地质灾害等也时有发生。2006年，全年因洪涝和干旱造成的直接经济损失13.54亿元；因洪水和沿海风暴潮死亡人口219人；全年共发生各类事故43 410起，造成7 756人死亡，直接经济损失达35 736.5万元。全年农作物受灾面积1 093千公顷。全年全省海域共发现赤潮33次，累计赤潮面积约910多平方公里。

3. 生态保护、建设措施和效果

"十五"规划以来，浙江省高度重视环境保护工作，采取了一系列的生态保护和建设措施，取得了良好的成效。

(1) 生态环境建设成效明显

根据全国各县(市)生态环境质量排序，浙江省有15个县排在了全国前50名，其中庆元县获得全国生态环境质量第一的排位。

浙江在2004年中国可持续发展战略报告中，环境支持能力排在西藏、海南之后，居全国第三位。

2006年，15个城市被命名为省级和省级以上园林城市，杭州、宁波、绍兴等城市荣获国家环保模范城市称号，杭州、绍兴市荣获国家"节水型城市"称号。39个县(市)获得国家级生态示范区的验收命名。

(2) 加强政策法规建设，加大生态投入

省委、省政府就环境保护作出了一系列重大部署。2003年启动了生态省建设，提出了浙江生态省的建设目标、功能分区、主要任务和重点建设领域。2004年10月正式启动了"811"环境污染整治行动。"811"是以钱塘江等八大水系和11个省级环保重点监管区为主要对象的环境污染整治行动，确定了从源头上防止和控制新污染，核心加强污染监管和基础设施建设的治理方针。《太湖流域水污染治理"十五"计划》、《浙江省固体废物污染防治条例》等专项计划条例也纷纷出台。

全省环境保护投入进一步加大，五年累计投入达到998.9亿元，2005年环境污染治理投资218.4亿元，主要用于城市环境基础设施建设、老工业污染源治理、建设项目"三同时"环保投资等方面。

(3) 进一步加强自然生态环境保护和治理

积极推进集约用地，严格按照"控制增量、盘活存量、管住总量、集约高效"的原则，盘活存量土地、最大限度地发挥土地的集聚效应。全面推进"百矿示范，千矿整治"活动。累计治理废弃矿506个，治理面积13 980亩，累计投入治理资金达2.1亿元。制定并实施"绿色矿山标准"，完善矿山自然生态环境治理备用金制度。继续加强水土流失综合治理工作，突出对生态脆弱区和水土流失重点区域进行治理。继续推进以人工造林、封山育林为主要内容的生态公益林建设，促进城镇、平原绿化，重点实施万里绿色通道、退耕还林、沿海防护林和长江中下游防护林、水源涵养林建设等重点生态工程，抓好自然保护区和森林公园的建设管理。

(4) 加快重点领域和重大项目的建设

主要包括三方面举措。一是把"811"环境污染整治作为生态省建设的基础性、标志性工程来抓。二是把发展循环经济作为建设生态省和环境友好型社会的重大措施来落实。三是布置安排了一批生态省建设重大投资项目，加快"百亿帮扶致富工程"、"百亿生态环境建设工程"的建设进程，有序推进生态保护和建设工程。

(5) 加强农村环境管理

围绕社会主义新农村和生态省建设,深入开展"千村示范、万村整治"工程,加快生态乡镇(村)建设。至 2005 年年底,累计创建全国环境优美乡镇 24 个,名列全国第二。大力开展农业面源污染整治。在杭嘉湖地区建立了 15 个农业面源污染治理千口平衡施肥示范区。至 2005 年年底,全省累计认定省无公害农产品产地 1 641 个,1 260 个产品通过国家无公害农产品认证,400 多个产品通过绿色食品认证。

4. 旅游发展的环境影响现状评价

(1) 旅游开发本身对自然和人文生态环境的影响

旅游开发本身所产生的垃圾、噪声、废水、废气等污染对生态环境敏感脆弱的地区的资源环境将会造成一定的破坏,而且这种破坏往往是不可逆的。这种破坏以开发较早的溶洞地区最为典型,如杭州的瑶琳仙境、通天河景区、金华的双龙洞等。

旅游业开发和游客的进入导致自然生态系统受到了较多的人为干扰,从而影响了生态环境的完整性、物种的丰富性以及生态过程的连续性,降低了生态环境质量。

旅游业的发展在促进传统文化传承与保护的同时,也客观上会对接待地的文化带来一定程度的影响。大量旅游者的涌入和旅游开发设施的涌入使古老的人文生态旅游地中传统的生活方式受到冲击,生活环境发生改变,人文生态资源遭受一定程度的破坏。

(2) 不恰当的旅游开发行为对自然生态景观和环境的破坏

生态景观城镇化现象突出。由于浙江旅游 80% 以上来自于民营投资,而以民营经济投资为主的旅游开发模式所产生的弊端之一就是重经济效益,轻环境效益,重视观光、休闲度假价值的开发,轻视生态环境的保护。因此很多原生态景观出现了公园化、时尚化、城镇化、人工化的开发取向。与旅游开发相配套的大量宾馆饭店、餐饮娱乐设施、道路交通设施等的建设降低了风景资源的观赏价值和生态价值,同时带来了环境污染和破坏。在部分旅游区,由于工程规划建设不当,影响了旅游区周围景观和谐及建筑原有风格意境。

环境污染加重。由于一些旅游区的环境保护设施不配套,对旅游活动产生的污水、废气和固体废物不能进行有效的处置,造成了水体污染、土壤污染、局部大气污染、化学性污染、噪声污染,影响到旅游业的发展。

对生态资源环境的简单粗暴开发。部分地区,尤其是中西部生态环境较好的地区,由于资金限制,旅游资源开发还仅限于观光产品的开发,缺少其他产品类型的开发,缺乏文化内涵的开发,缺乏深层次的开发。这种低层次、粗放、近距离雷同开发的开发模式也对旅游资源和环境造成较大破坏,从而降低了旅游资源质量。如嘉兴九龙山在 20 世纪 90 年代所建的旅游设施,很多现在已废弃,严重影响了旅游景观。中雁荡建筑景观混乱,与其较高的资源品质不对称。

(3) 旅游过度开发造成传统文化消退和人文资源破坏

人文环境和资源破坏。由于旅游开发中缺乏对人文资源和人文环境的保护措施,造成传统风貌、文物建筑、城市肌理等人文环境和资源的破坏。旅游所产生的生活垃圾、噪声、污水等,对人文资源所依托的生态环境也造成破坏。

商业化倾向严重,使得历史城镇的社会结构、经济格局、景观环境都发生一系列变化,并造成了外来人口和外来文化的入侵。过度的社会文化和环境的改变,直接导致了旅游情境的丧失,削弱了历史城镇对外界的吸引力。

传统文化发生同化和变异,传统文化消退,一些非物质文化面临失传危险。传统的手工艺和家庭作坊由于旅游经济效益较低,越来越不受重视并有失传的危险;部分文化产品因为适应市场需求发生文化内涵的变异和产品的庸俗化和泛滥化;原有的家庭结构和邻里关系受到经济利益的驱使,出现了恶性竞争带来的人情冷漠和唯利是图;对游客的拉客宰客现象愈演愈烈,严重破坏了传统地区纯朴民风在游客心目中的印象。传统文化特色消退,导致文化断层出现,从而造成人文资源旅游吸引力的下降和缺失。

部分历史文化城镇旅游人数超载现象严重,如乌镇、西塘、南浔等热点古镇在旅游旺季超负荷运转现象严重,由此产生旅游环境和资源的破坏、旅游质量下降等突出问题。

二、保护的指导思想、原则与目标

1. 指导思想

以邓小平理论和"三个代表"重要思想为指导,按照中央关于构建和谐社会、建设社会主义新农村、发展循环经济、建设资源节约型和环境友好型社会,以及《全国生态环境保护纲要》的要求,紧紧围绕"八八战略"的战略部署,以落实《浙江生态省建设规划纲要》为主线,以"811"整治工程和"千村示范、万村整治"工作为依托,分类指导,加强旅游资源与生态环境保护与管理,全面推进生态省建设和"绿色浙江"的建设。

2. 保护原则

(1) 持续发展的原则

把握环境与经济协调发展的基本原则,将旅游生态环境建设与优化旅游生产力布局、实现旅游产业升级结合起来,将加快旅游开发与社会主义新农村建设结合起来,将发展循环经济、资源节约理念引入旅游开发中,变生态优势为经济优势。着力推进机制创新,进一步转变经济增长方式,切实贯彻可持续发展理念,促进区域经济社会的可持续发展。

(2) 保护、利用并重原则

严格执行国家和浙江省有关生态环境和资源保护等方面的法律、法规和条例,保护有价值的自然与文化景观资源以及生态环境。妥善处理环境保护与旅游开发的相互关系,坚持旅游环境保护与旅游开发利用并重原则,建立保护与旅游开发利用的良性互动关系,实现综合效益的提高。

(3) 统筹规划、分类指导、点面结合原则

根据全省生态环境现状和社会经济发展的需求进行统筹规划。依据生态功能分区和各地特点,将全省重点地区和突出生态环境问题的重点治理和全省全面治理相结合,点面结合,分类指导,分期进行,循序渐进地全面推进,最终实现全省生态环境的彻底改善。

3. 保护目标

(1) 总体目标

充分发挥区域经济特色和生态环境优势,加强生态环境建设,保护自然和人文景观,使全省各类景区景点水、气、垃圾和噪声等各项指标达到国家环境质量标准,旅游活动对环境的影响控制在容许值范围之内,旅游生态环境实现良性循环,全面推进绿色浙江和旅游经济强省的建设进程,实现全省的可持续发展。

（2）主要量化指标

大气环境质量：按中华人民共和国《环境空气质量标准(3095－1996)》要求各旅游区大气环境质量均达到一级标准。

水环境质量：旅游区的地表水应达到中华人民共和国《地面水环境质量标准(GB 3838－2002)》规定的一类水体指标，与人体直接接触的娱乐水体达到《景观娱乐用水水质标准(GB 12941－1991)》A类标准。污水处理率达到100%。

噪声振动：达到居民文教区或特殊住宅区的要求，即昼间55分贝以下、夜间45分贝以下。

公共场所卫生：达到《公共场所卫生标准(GB 9633－9673、16153－1996)》。

固体废弃物处理率：在旅游区的建设过程中，"三同时"与环境影响评价执行率达到100%。

旅游区环境管理体系认证的通过率：100%。

生物多样性的恢复与保护指数：接近1。

三、旅游生态环境保护与治理

1. 实现旅游开发模式的转变

倡导生态、环保、节约型的旅游开发模式，加强旅游和其他产业的结合，实现旅游开发模式的转变，促进旅游生态环境的保护。

旅游开发以尽量不破坏生态景观和生态环境的原始风貌为前提，注重旅游开发建设与原生生态环境的协调，避免自然生态环境和人文环境的城市化、人工化现象。对已存在的对环境破坏较严重的旅游设施，根据情况进行拆除、美化或改造。

进一步加强生态设施的推广与使用。在旅游开发过程中推广普及生态设施的使用，包括生态交通设施、生态餐饮设施、生态型住宅、生态能源、生态环保设施的使用等。倡导绿色消费。

实行旅游项目的有效控制。对高耗水、高耗能、环境污染和破坏较严重的旅游项目的规模、数量和布局选址进行有效控制。鼓励、培育资源消耗低、环境污染少、附加值高的优势项目和优势产品。

树立循环经济理念，推动"资源—产品—污染排放"所构成的传统模式，向"资源—产品—再生资源"所构成的循环经济模式转变。探索循环经济和旅游开发结合的有效途径。

积极发展生态农业，并将生态农业和乡村旅游开发有机结合。

2. 加强旅游区环境污染的综合防治

严格执行国家和浙江省有关污染防治的法律法规，开展旅游资源开发规划环评。严格控制旅游开发过程中的污染物排放总量，加强综合协调、分类指导和统一监督管理，抓好旅游污染防治工作。

（1）加强水污染综合治理

大力加强主要旅游区域的环卫和排水基础设施建设，提高旅游区的污水处理能力，强调对旅游区的污水、垃圾等进行无害化处理。全面推动以近岸海域环境整治和生态修复为重点的碧海建设工程，控制游艇旅游、滨海休闲度假旅游等项目对水环境的污染，加强海上倾废管理，防治赤潮灾害，逐步恢复海洋生物资源，确保重点河口、港湾环境质量明显好转。

(2) 继续治理大气污染

严格控制旅游区各类大气污染物排放,尤其是餐饮、汽车等污染气体的排放。加强旅游交通运输和旅游项目建设施工过程的防尘、抑尘管理。控制旅游餐饮业油烟污染。推进清洁能源的使用,增加城乡绿地面积。

(3) 搞好噪声污染和尾气污染综合治理

调整城镇和交通道路系统,尽量避免过境车辆穿行城镇主要旅游功能区和主要旅游区(点),减少车辆的尾气和噪声污染,防治工业交通噪声,加强饮食服务、娱乐场所等生活噪声的控制。

(4) 加强固体废弃物控制与管理

建设全省旅游区和主要旅游通道沿线的固体废弃物管理网络,完善回收利用和交换系统,加快实现资源化、减量化、无害化。加强固体废弃物管理,禁止未经处置直接排入江河和露天堆放。

3. 加大旅游城镇的生态保护和生态建设力度

加强旅游小城镇的环境保护,塑造环境优良,富有特色的生态城镇。重视保护历史文化遗产,提高城镇文化品位,强化和完善城镇功能。旅游开发与城市建设相结合,加强公园、绿化带等绿地的建设和自然风景的保护,确保一定比例的公共绿地和生态用地。巩固杭州、宁波、绍兴国家级环境保护模范城市的建设成果,继续深入开展创模活动。加强城市环境综合整治,积极打造城市品牌,构建良好的城市旅游环境。

建设生态型村庄,推进农村新社区建设。围绕"千村示范、万村整治"工程建设,将生态公益林、万里清水河道、万里绿色通道、生态家园富民计划等进行整合,推进农业和农村基础设施建设,建设生态型村庄,为乡村旅游的发展提供良好环境。

4. 优化城市社会环境和人文环境

加强社会环境综合治理,采取法律、经济、行政、教育等多种手段共同创造和维护安定的社会环境,保障正常的旅游活动。

完善旅游标识系统、解说系统、集散中心等配套设施建设,整治旅游市场环境,加强旅游环境保护的宣传教育,引导当地居民形成热情好客的待客风气,构建服务完善、设施配套的良好的人文旅游环境。

5. 加强旅游环境保护支撑系统建设

(1) 建立健全旅游环境保护的机制体制、法规政策体系

强化政府在旅游环境保护方面的综合协调能力,切实解决政出多门、责任不落实、执法不统一等问题。对目前海岸带旅游开发的管理体制、自然保护区的建设和管理体制等重大体制和机制问题,提出协调与解决方案。加大生态环境保护的政策扶持力度。对环境影响小、环境效益好的旅游项目优先列入省重点建设项目,优先保证用地,并在税收等方面给予优惠支持。制定自然资源与环境有偿使用政策,对资源受益者征收资源开发补偿费和生态环境补偿费。严格执法,强化旅游环境保护和生态建设的法律监督。对严重违反环境保护、自然资源利用等的重大项目,坚决禁止和查处。

(2) 加快形成生态补偿机制的基本框架

以重要生态旅游功能区为主要对象,逐步增加生态环境保护专项资金的额度。进一步加强各种环境费的征收使用和管理工作,加大用于旅游开发的生态补偿支出比重,加快形成生态补偿机制的基本框架。

（3）加强旅游生态环境的科学研究和生态监测工作

重点开展旅游区的环境容量测算、环境影响测算、环境保护规划等研究。建设和完善生态环境动态监测网络和"绿色浙江"环境资源数据库，实现信息资源共享和监测资料综合集成，不断提高生态环境动态监测和跟踪评价水平。加强旅游业开发的生态监测工作，侧重分析旅游区的环境质量变化，从而对旅游开发进行实时监控。对于生态型旅游区实施容量控制管理，限定最大日容量。

（4）建立旅游区的环境资源成本核算体系

根据循环经济理论和生态省建设要求，探索建立旅游开发建设环境资源成本核算体系和以生态旅游为主要内容的开发体系。在旅游环境影响评价基础上，加强旅游建设项目的生态环境影响评价工作，研究和建立科学和操作性强的生态环境影响评价方法。

（5）加强自然灾害的预报工作

建立突发性事件危机预警系统和灾难应急系统，形成高效的风险防范控制系统和严格的风险预警系统，减轻环境灾害对旅游业的冲击。重点建立台风、洪水、赤潮等常见灾害的长效监控、预报体系。

四、旅游资源的保护

1. 自然资源保护

（1）总体保护思路

自然类旅游资源的保护可采用分等定级的方法，确定不同级别的保护区，制定相应的保护措施。在具有重要生态功能的区域建立一批重要生态功能保护区，实施重点保护。对具有特殊生态功能、虽已受到一定程度损坏，但采取有效措施可以恢复的，应实施抢救性保护。

高度重视生态良好地区和重点资源开发地区的环境保护与生态建设。浙西北山地丘陵生态区和浙西南山地生态区是我省重要的江河源头保护区和以森林为主体的绿色屏障，要严格保护森林生态系统和珍稀野生生物栖息地，科学治理水土流失，积极防治地质灾害。东南海洋生态保护区拥有众多环境优良、生态脆弱的岛屿。注重保护海岛自然生态系统的独特性和脆弱性，对部分区域适当限制开发的规模、种类和范围，科学确定旅游区的容量，禁止破坏性、掠夺性开发，开发与保护并重。

分布在全省各地的各类自然保护区、风景名胜区、森林公园和部分海域是重要的生物多样性保护区。加强自然保护区的建设和管理，抓好博物馆、水族馆、标本室、物种基因库等设施建设；加强保护区中各类活动的环境监督，防止生态破坏；保护珍稀野生生物栖息地与集中分布区；保护鱼虾类繁育区和鱼虾贝藻类养殖场的生态环境；防止外来物种入侵。

（2）重要自然资源保护

地文景观资源保护：在以观赏地文景观为主的地区，保持地质地貌景观和自然植被的原始风貌和整体性与观赏性。旅游设施建设尽量与周围的地文景观环境相协调。开发旅游项目应进行建设项目环境影响评价工作，建筑所需石材，采石场应安排在景区之外开发。避免地文景观开发过程中的城镇化现象。加强地文景观的科学研究和科学内涵的展示。

水域风光资源保护：搞好以小流域治理为主要内容的钱塘江、瓯江及其他流域中上游水土保持，建设一批生态功能保护区、生物多样性保护区和自然保护区，做好地质灾害防治工作。对杭州湾、象山港、三门湾和乐清湾实施海湾生态修复计划；加强海洋生物资源保护与恢复，建立海洋资源保护区。严格控制入海污染物排放总量，防止海域水体富营养化，建立海洋生态自然保护区和海洋生物特别保护区。高度重视湿地和湖泊保护，建立各种类型的湿地自然保护区，严格保护涉及世界濒危鸟类栖息地的重要湿地。

生物景观保护：加强森林资源保护。加快、加强林草建设，治理水土流失，增加地面植被。制定完善的景区森林保护条例。建立统一的森林管护机构。旅游活动以不破坏天然林木生长为前提，旅游设施建设尽量减少对森林的砍伐。加强对游客的宣传和引导。进一步做好珍稀濒危物种的抢救与保护，加大生物多样性自然保护区的保护力度。在物种丰富、具有自然生态系统代表性、资源未受破坏的地区，合理增建森林、野生动植物、湿地和海洋等自然保护区，积极创建一批自然保护小区。

2. 人文资源保护

（1）总体保护思路

保护文物、遗迹、人文旅游地及其周边环境。充分挖掘当地文化遗产，通过发展旅游业，组织具有地方特色的民俗活动，展示和弘扬地方文化精华。挖掘地方特色的建筑、服饰、饮食、歌舞、体育竞技、节庆、习俗、手工艺品等，尤其重视非物质文化的挖掘，以开发促保护。

（2）重要人文资源保护

遗址遗迹资源的保护：坚决贯彻执行"抢救第一，保护为主，合理开发，永续利用"的方针，严格遵守"修旧如旧"的原则，禁止遗址遗迹的随意拆迁和异地复制。禁止人为增减古迹和随意修缮，在古建筑附近控制建设与之不相称的建筑物和项目，确实需要维修的，应遵循"两保持、两保存"的原则，即保持原来的形制、结构，保存原来的材料、工艺的原则。对某些目前无条件难以修复的历史遗址，保存真实的残缺原貌，切实保护好文物古迹。

古镇资源的保护与利用：加强古镇整体风貌与环境氛围、古镇空间格局、重点街区与重要节点、重点院落与建筑单体、古镇非物质文化等不同层次的资源保护。完善古镇保护规划和相关制度。改善古镇人居环境及基础设施条件。多渠道筹集古镇保护资金。鼓励古镇保护的公众参与。在一些传统文化保持较好的古镇，建立相对封闭的文化生态保护区，保持乡土文化的特性和淳厚的传统文化氛围。控制古镇主要商业街的商业密度，控制热点古镇的旅游容量。

非物质文化资源的保护与利用：保护传统生活习惯、生产方式、节庆典礼、传统服饰、烹调技艺、宗教信仰、音乐歌舞等非物质文化资源。重点加强丝、茶、江南音乐艺术与民俗等非物质文化的保护。加强非物质文化资源的保护与旅游开发利用的结合，探索非物质文化的实体化、旅游吸引物化、产业化途径，以开发促保护，增强其生命力并带来持久的经济效益。积极扶持民间艺人，集中展示传统民间工艺，加强非物质文化传统工艺抢救与人才培养。

五、旅游资源和环境的分区保护规划

《浙江生态省建设规划纲要》中将全省分为六大生态功能区。据此将全省分为六个旅游生态保护区，并提出相应的旅游资源、环境保育及旅游开发措施。

1. 浙北平原水乡景观保护区

(1) 区域范围

包括浙江北部平原地区的杭州市、嘉兴市、湖州市、宁波市及绍兴市的多个县(市、区)。

(2) 区域概况

该区是浙江地势最为平坦的区域,海拔多在十米以下,孕育了众多湖泊,有"水乡泽国"之称。该区也是全国著名的鱼米之乡、丝绸之府。

(3) 生态保护重点

整合和严格保护文化资源,保护和逐渐恢复水乡景观特色,加强山岳景观资源保护,生态保护重点区域包括良渚—运河—古镇文化生态保护带、西湖—西溪湿地景观保护区、钱塘江潮—盐官历史名镇保护区、绍兴古城文化保护区。

(4) 生态资源和环境的保育措施

整合良渚—运河—古镇文化资源,提升文化产品档次。

整合大西湖景区,加强湿地文化、茶文化、丝文化的保护与内涵挖掘。

加强绍兴古城文化资源的保护,重点保护其水乡整体形象及重点文化景点。

做好莫干山、西塘水乡、织里蚕村、南湖风光等生态旅游风景区的生态建设规划。

做好钱江观潮的生态恢复及水土流失多发区的水土流失防治工作。

做好生态脆弱区的洪涝潮灾的防御。

加强城市绿色走廊景观的建设,保证道路两侧的绿色指标。

严格控制大气污染物的排放,完善污水处理系统。

重视生态农业旅游产品的开发。

2. 浙西低山丘陵生态保护区

(1) 区域范围

包括浙江西部丘陵地带的杭州市、衢州市、金华市及绍兴市的多个县(市、区)。

(2) 区域概况

该区的主要山系是天目山脉和千里岗山,主要水系有钱塘江水系的富春江、新安江、分水江和太湖水系的东西苕溪,是浙江省山水型生态旅游资源的主要分布区和开发区。目前的富春江、新安江、千岛湖、瑶琳仙境等资源的开发较为成熟,兰溪诸葛八卦村、廿八都等景点有待于进一步的规划与开发。

(3) 生态保护重点

重点保护山水生态景观,科学测算景区环境容量,有效控制游客数量,生态保护重点区域包括千岛湖—富春江—新安江水系景观保护区、莫干山—天目山—浙西大峡谷山地生态保护带、衢州西部自然生态保护区。

(4) 生态资源和环境的保育措施

加强对钱塘江、富春江、新安江、千岛湖等水体生态旅游资源的水体质量监测和生态保护工作。

加强对山岳型生态旅游资源的保护,遏止破坏性的开发。

做好对山水型生态旅游资源的生态旅游控制性和建设性详规。

科学测算生态旅游景区环境容量,严格控制游客数量。

对生态环境破坏较严重的地区开展生态景观恢复工作。

保护山岳型生态旅游景区的山形、绿色植被、生物生境。

3. 浙中丘陵盆地生态保护区

(1) 区域范围

包括浙江中部丘陵、盆地集中分布的绍兴市、金华市、台州市、宁波市的多个县（市、区）。

(2) 区域概况

该区的主要水系有钱塘江水系的金华江、浦阳江，曹娥江及椒江水系的始丰溪、永安溪，以及甬江水系的奉化江，山系有会稽山、四明山、华顶山等。

(3) 生态保护重点

重点保护历史文化资源、山岳风景资源，合理确定生态环境容量与旅游开发强度，生态保护重点区域包括兰溪古村落文化保护区（诸葛—长乐、芝堰、兰花村）、衢州古城历史文化保护区、武义—郭洞—俞源人文生态保护区、河姆渡—三江口—镇海口遗址文化保护区、仙霞岭—廿八都历史文化景观保护区。

(4) 生态资源和环境的保育措施

加强对衢州古城、古村落、遗址文化、历史文化等文化旅游资源的保护，重点保护其整体风貌、外部环境、总体格局，控制近期旅游发展规模。

做好山岳型生态旅游资源的生态旅游规划。加强对山岳型生态旅游资源的保护，遏止破坏性的开发。

注重生态农业区、农业观光园等农业生态旅游景观的建设。

加大对金华江、浦阳江等水资源的保护力度，构建滨河景观。

整合交通、市政等基础设施景观，构筑生态城市发展景观。

确定生态环境容量与开发强度，降低旅游开发对生态环境的破坏。

4. 浙西南山地森林生态保护区

(1) 区域范围

包括浙江西南部森林山地地带的丽水市、衢州市、金华市及温州市的多个县（市、区）。

(2) 区域概况

该区在浙江省的所有分区中平均海拔最高，山地面积最大。山脉主要包括洞宫山脉、南雁荡山脉、北雁荡山脉、括苍山脉等。该区不仅拥有浙江省的最高峰和第二高峰，而且还拥有"中国生态环境第一县"——庆元县。丰富的森林山地资源使得该区生态环境优良，动植物资源丰富。

(3) 生态保护重点

重点保护山岳风景资源和生态环境，严格保护森林生态系统和珍稀野生生物栖息地，科学治理水土流失，积极防治地质灾害，生态保护重点区域包括龙泉—凤阳山—百山祖—庆元生态保护带、方岩—仙都—仙居山地景观保护区。

(4) 生态资源和环境的保育措施

加强对仙都、双龙洞等生态旅游景区的生态和景观恢复工作。

做好对森林型生态旅游资源的保护，严禁破坏生态环境的行为。

做好对森林生态旅游景区的生态旅游规划、生态保育规划。

开展生态旅游区动植物研究和监测的工作。

做好生态旅游的科普教育工作,建设青少年活动教育基地。

广泛开展社区参与,促进当地人参与环境保护。

提高林分质量,调节涵养水源,减少水土流失。

注重生态群落研究,促进生态群落向物种多样化、景观复合化方向发展。

5. 浙东丘陵沿海生态保护区

(1) 区域范围

包括温瑞平原和温黄平原上沿海的温州市、台州市和宁波市的多个县(市、区)。

(2) 区域概况

该区地势低平,海拔多在300米以下。该区的水系有甬江、椒江、瓯江、飞云江和鳌江等五大入海河流的河口,并且沿海共有潮间带滩涂资源2 886平方公里,滩涂资源非常丰富。

(3) 生态保护重点

重点加强山水景观、文化生态、特色城镇风貌、宗教文化、海滨海岛等核心资源保护,生态保护重点区域包括雁荡—楠溪江山水文化生态保护区、溪口—雪窦山特色城镇保护区、大佛寺—天台山宗教文化保护区。

(4) 生态资源和环境的保育措施

加强雁荡地质景观和楠溪江古村落文化景观的保护。

加强天台山佛教文化和自然生态资源的保护。

加强溪口—雪窦山特色城镇风貌及山水环境景观的保护,重点保护蒋氏故居等核心文化资源。

优化产业结构和布局,对环境污染实施综合治理。

加强生态农业、生态养殖业与生态旅游的结合。

重视对海滨生态旅游开发的规划,重视生态旅游环境影响分析。

加强海滨休闲生态旅游带的景观修复,整治违章设施。

重视湿地生物多样性的研究,开展海洋动植物的科普教育。

加强对海啸、赤潮、台风等自然灾害的预测与监测。

6. 浙东南海洋生态保护区

(1) 区域范围

包括舟山市、台州市、宁波市和温州市的所有海域和岛屿。

(2) 区域概况

该区岸线包括海岛线总长6 486公里,内海面积为3.09万平方公里,该区拥有众多的岛屿,其中南麂列岛国家级海洋自然保护区被纳入联合国"人与生物圈"计划。该区的渔业资源丰富,舟山群岛是中国最大的海洋渔业基地。

(3) 生态保护重点

注重保护海岛自然生态系统的独特性和脆弱性,对部分区域适当限制开发的规模、种类和范围,科学确定旅游区的容量,禁止破坏性、掠夺性开发,开发与保护并重,生态保护重点区域包括南麂列岛海洋生态保护区、舟山海洋宗教文化保护区。

（4）生态资源和环境的保育措施

重视海岛生态旅游开发的可行性研究和环境影响研究。

加大对陆源污染物和海洋污染物的监测和治理力度。

加强海洋自然保护区的规划和管理，防止自然保护区的过度开发。

注重海洋经济产业与生态旅游的有机结合。

重视海洋生物多样性的研究与考察，开展海洋生物科考游。

加强清洁能源、环保材料的开发和应用。

重视对海洋生物的保护性开发，注重对青少年的教育和宣传。

第十二章　旅游业人力资源开发与培训规划

一、旅游业从业人员与人才队伍现状分析

1. 旅游产业从业人员和旅游人才的界定

根据联合国《国际产业划分标准》，结合旅游业的实际情况和旅游活动内容，狭义的旅游产业包括以饭店为代表的住宿业、餐饮业、旅行社、交通运输业、旅游用品和旅游纪念品生产销售业、游览娱乐业。这些行业与旅游者直接发生联系并提供旅游服务，是旅游企业的总体集合，构成了旅游业中的基本行业。根据上述概念，旅游从业人员应该包括住宿业、餐饮业、旅行社、景点景区的从业人员和旅游购物、休闲娱乐、交通等行业的部分从业人员以及与旅游业相关的行政管理部门的人员等。

参照浙江省旅游局关于《浙江省旅游业现状分析》研究课题及杭州市旅游管理委员会2005年所完成的《旅游商贸专业技术人才队伍建设调研报告》中有关旅游商贸专业技术人员的界定，本规划所指的旅游人才是指：在宾馆饭店、旅行社、景区景点、餐饮、娱乐场所、购物场所、休闲场所等行业及旅游主管部门中，具有中专以上学历、获得专业技术职称或虽没有技术职称，从事专业技术工作、有相应独立工作能力的人员。分为行政管理人才、经营管理人才、专业技术人才、旅游服务技能人才四大类。

2. 2005年浙江省旅游从业人员和人才队伍总量分析

（1）旅游从业人员队伍现状

改革开放以来，特别是"九五"到"十五"期间，浙江省旅游人力资源开发和教育培训工作取得了明显成效，旅游行政管理干部队伍综合素质显著提高，企业经营管理人才队伍不断壮大，产业队伍规模快速发展，整体实力不断增强。根据本规划组测算，截至2004年12月，浙江省旅游从业人员约64万人，其中旅游宾馆饭店约15万人、旅行社约1.7万人、旅游区点约3.8万人，旅游餐饮、商贸、交通等从业人员共约43.46万人（表1-2-55）。

表1-2-55　2004年浙江省旅游业从业人员状况

旅游行业	法人单位数量	从业人员（万人）	数据来源
住宿业	2 711	15	2004年浙江省经济普查数据
其中：星级饭店	933	12	
社会旅馆	1 724	3	
其他设施	54	0.1	
旅行社	998	1.7	2004年浙江省旅游统计年鉴
其中：国际社	52	0.3	
国内社	946	1.4	

续表

旅游行业	法人单位数量	从业人员（万人）	数据来源
旅游区点： 旅游度假区15个，工农业旅游示范点30家，4A级旅游区(点)50	127 38 23	3.8	根据统计年鉴和按照平均300人规模抽样调查估算
旅游餐饮	2 366	2.11	同上，按照花费调查比例估算（10.69乘以0.198）
旅游购物	5.78	35.4	同上，(168乘以0.211)
休闲娱乐 康体保健	0.38	0.53	同上(6.44乘以0.082)
旅游交通		5.37	同上(34乘以0.158)
邮政电信、金融服务等其他		0.053	同上(3.29乘以0.016)
合计		63.96	

注：浙江省旅游从业人员现状是本规划组根据浙江旅游统计年鉴、浙江省统计年鉴、2004年浙江省经济普查公报及杭州市旅游委《2005年旅游商贸专业技术人才队伍建设调研报告》等相关资料进行的估算数据。

(2) 旅游人才队伍现状

旅游人力资源开发和教育培训工作取得了明显成效，2005年浙江省持导游证人员27 169人，持IC卡人数为16 459人。其中外语类导游1 544人，仅占导游总数6%。导游人员中，本科以上人员4 068人，占总数的15%。旅行社管理人员（含总经理、副总经理、部门经理）4 047人。星级饭店有908家，饭店从业人员15万人。

(3) 旅游教育培训情况

旅游教育培训向规范化、制度化发展。企业岗前培训、上岗培训、轮岗培训、管理人员持证上岗等制度基本形成，并逐步走向规范化，2004年旅游从业人员参加培训达102 610人次。旅游行业从业人员资格考试和认证体系不断深化改革，并逐渐趋于完善。

旅游院校建设快速发展，据不完全统计，截至2005年年底，浙江省的旅游教育院校共有86所，其中高等旅游院校32所，在校生10 222人；中等旅游职业学校54所，在校生56 278人。2006年浙江省旅游院校共有旅游专业教师1 264人，其中旅游高等院校747人，旅游中等职业学校517人。其中浙江省旅游局隶属的旅游职业学院创建于1983年，是浙江省唯一一所独立设置的公办旅游高等院校，学院下设酒店管理学院、旅行社管理系、旅游规划系、外语系、艺术系、基础部、国际教育学院、成人教育学院等八个二级院（系），以及图书信息中心和国家职业技能鉴定所。拥有较强的师资队伍和学科专业体系，成为浙江省旅游高等教育中心、旅游科研中心、浙江省旅游教育对外交流的重要窗口。

总体来看，浙江省旅游人力资源开发和人才队伍建设取得了可喜成就，旅游职工队伍学历结构有所改善，能级结构趋于合理，总体素质有所提高。

3. 抽样调查分类分析

本规划组结合规划考察任务于2006年3月对全省饭店、景点、旅游行政管理等行业和部门进行了一定规模的抽样调查。在调查人员样本中，饭店业占34%，旅行社占3%，景区(点)占22%，管理机构占40%，其他占3%。根据抽样调查和对饭店、景区(点)等典型旅游企业、旅游院校等事业的调查，对浙江省旅游人才队伍现状初步分析如下：

- 性别结构：从业人员中男女性别比例构成基本正常，男性占49.3%、女性占50.7%，饭店业中女性占73.7%，男女差别较大。按照工作岗位划分，服务人员、营销人员女性比例超过75%，管理岗位的男性则超过60%。
- 学历结构：从业人员学历结构相对偏低。研究生及以上学历者占3%，大学本科学历者占24%，大学专科占29%，中专占12%，高中及以下学历者占32%。其中大学本科学历以上者饭店业为5.3%，旅行社业为20%，景区（点）为13.2%，管理机构为38%。按照工作岗位分类：从事技术人员学历最高，为44%，营销人员为33%，服务岗位人员中，大学本科以上只有5%。
- 年龄结构：从业人员以中青年为主。25岁及以下占30.2%、26～35岁占27.3%、36～45岁占30.1%，46～55岁占11.3%，56岁以上占1.1%。其中饭店从业人员最年轻，25岁以下的人员占63%；旅行社人员最多的年龄段是26～30岁，占比高达60%；景区（点）25岁以下的人员占36.8%，26～35岁人员占37%，管理机构人员最多的年龄段是36～45岁，占47%，46～55岁占23%。56岁以上者占10%。
- 职务结构：专业技术人才队伍中，高级职称级别9%、中级级别33%、初级级别41%、未聘任专业技术职务17%。旅游局提供的资料表明：导游人员中，男性7 601人，女性19 568人。按照学历分析，大学本科及以上学历的研究生硕士有4 068人，占全部人数15%，大专8 570人，占总数32%，普高14 531人，占总数53%。按照语种分析，外语类1 544人，占总数9%。其中小语种仅有293人，占导游总数1.08%（由于统计资料有限，仅以杭州旅游委提供的调研报告资料说明）。

调查表明：在旅游人才队伍中男女比例大致相近，年龄结构基本合理，学历构成相对偏低，受高层次教育的人员和受系统专业技术培训的人员明显偏少。在被访问人员中，有67%的人员对从事的旅游工作满意或比较满意，29%的人员认为一般，4%的人员不满意或很不满意。薪酬水平和领导水平被认为是影响所在地区和单位旅游人才发挥特长的主要因素，其次是提升机会。有32%的人员没有参加过进修或培训经历，有33%的人员参加过1～3个月的培训，参加半年以上进修或培训的人员仅占26%。

有62%的人员认为浙江省应引进国际管理理念，绝大多数人员认为应引进师资、引进资本并通过国际人员交流和合作办学提高旅游教育国际化程度。被访人员中认为所在地区旅游人才素质较低的人员占总数62%，认为较高的人员占21%。认为高的人员占8%，认为很低的人员占9%。在"浙江省与北京、上海、香港等旅游城市和地区比较，浙江旅游业的优势"的调查问卷中，有63%和67%的人员分别认为是地域优势和人文优势。

二、旅游人才建设存在的主要问题

浙江省人才队伍建设虽然取得显著成效，但从发展的眼光看，还存在一些问题和差距，人才总量、结构和素质以及人员培训等还不能适应浙江省旅游快速发展的需要，甚至已经成为阻碍产业升级和建设旅游强省的"瓶颈"。主要表现在以下几个方面：旅游人才建设工作相对薄弱，旅游人才短缺且造成人才供需与结构性矛盾突出，旅游从业人员持证率不高；旅游人力资源开发投入不足；创新不够等。

1. 旅游人力资源开发和建设滞后于产业发展

旅游从业人员规模与产业地位不匹配。浙江省旅游总收入、接待国内游客、入境游客均列全国第五位,旅游企业经济效益排在全国第四位。但旅游从业人员数量仅占全国直接就业人数的5.5%,明显落后于北京、广东、江苏等省市。旅游专业人才缺口近30%,不能满足产业发展需求。

2. 职业化人才紧缺、职业化水平有待进一步提高

非旅游专业的人才、没有经过系统培训的从业人员成为旅游从业人员主体。适合旅游业各个层次、各个岗位的人才紧缺,旅游业最需要的有国际知识、文化底蕴,具备国际水准的经营管理人才,具有熟练职业技能的餐饮服务人才、外语人才、公关销售人才、旅游电子商务及网络信息技术人才、旅游策划及景观设计人才等都供不应求。造成这一局面的原因除社会认知、管理体制、法规建设等方面不同程度地存在着不足以外,主要原因是旅游行业工资收入待遇偏低,职业社会声望不高,企业偏小等,行业吸引力下降。饭店行业表现最为突出,近十年浙江省星级饭店以平均每年20%的速度持续增长,但具备现代饭店专业素养的高品质、强能力、精专业的职业型人才短缺,饭店供职的从业人员综合素质下滑,饭店的高品质与从业人员低素质的矛盾凸现,出现了高星级饭店低层次管理的现象。在调查问卷中,认为旅游业人才能力发挥程度较低的占65%,认为所在单位薪酬水平和其他行业相比,较高水平的占5%,较低水平的占73%;而60%从业人员认为薪酬水平是影响旅游人才作用发挥的主要因素。由于薪酬以及其他各种因素,旅游业特别是饭店员工平均流动率高,有个别地区竟达到25%~30%,大大高于正常水平。由于流动率高,五年以上工作经验的和接受过国外专业培训的人员数量明显偏少,极大影响了企业整体素质。旅行社行业中,导游人员队伍规模小、总体素质较低,中高级导游人数不足5%,还有相当大比例的从业人员是无职称或低职称者。虽然近4年来,参加导游考试人数快速递增,但韩语、泰语、俄语等导游不足10人,整个外语导游也只占导游总数的不足10%。能熟练掌握出境业务的旅行社经理以及擅长组织境外旅游的导游人员紧缺。

概括起来,目前浙江省旅游业最缺少的人才是:从事境内外旅游策划、旅游信息分析、旅游项目开发的策划、规划、投资分析人才;小语种导游、宾馆饭店、旅行社总经理和副总经理;销售、公关、餐饮、客户服务、人事、财务等部门经理;中西餐厨师、通信技术维护、餐饮客房、服务、前厅礼仪接待等技能型操作人才。

3. 人力资本投入不足且受用人机制的制约

尽管各级旅游主管部门和企业都开始重视对人力资本的投资,但是其水平仍然低于全国领先水平,更低于世界平均水平。旅游发展资金中,用于人力资本的投资明显偏少。用人的主体单位特别是企业,存在"重招不重育、重招不重用、重招不重留"三大误区,由于观念和效益等原因,对人力资本的投资远不到位。用人机制、薪酬体系应尽快完善。

4. 旅游行政管理部门对人才培养的重视程度有待提高

旅游强省的核心资源是人才。随着旅游业迅猛发展,旅游行业管理对象超速增加,面临旅游发展的新形势、新业态、新任务,旅游行政管理部门对提高培育旅游强才的重视程度仍有不足,没有把人才管理、人才队伍建设置于建设旅游强省的当务之急的战略地位给予高度重视。在旅游行业管理等工作中,应从宏观上进一步加强对旅游人才需求的把握,具体工作中进一步提高创新能力、服务能力、专业水平。

5. 高层次和技能型人才偏少,国际化水平较低

旅游队伍中学历构成虽然有所提高,但受过高层次教育(研究生及以上教育)的人才,特别是顶级人才、高端人才、大师级人才仍然短缺,具有综合竞争力、协调能力、战略发展能力、创新能力的高层次经营管理人才数量严重不足,专业技术人才更明显偏少。在浙江省典型企业人才抽样调查中,受过研究生及以上教育的人员仅占总量5%,有高级职称的人员比例也明显偏小。

6. 职业技术教育相对滞后,职业认证体系不健全

对旅游从业人员的管理还处于粗放型,没有全面系统的职业教育培训制度和职业资格考试与认证体系。旅游职工教育培训总量虽逐年增加(表1-2-56),但与北京、广东、江苏、上海等省市相比有差距,培训的国际化有待加强。

表1-2-56 2001～2006年浙江省旅游行业职工教育培训基本情况

年份	旅游饭店	旅行社	旅游区(点)	车船公司	行政部门	其他人员	总计	增长率%
2001	16 082	9 356	—	17	104	0	25 559	3.2
2002	17 479	10 391	—	21	123	0	28 014	9.6
2003	36 513	23 909	5 484	44	1 315	2 567	69 832	149.3
2004	40 168	26 301	6 034	44	1 450	2 824	76 821	10.0
2005	45 230	32 350	6 760	65	1 630	3 520	89 555	16.6
2006	116 890	23 162	6 586	2 593	1 484	428	151 143	68.8

三、旅游业人力资源的人才培养与供应环境

1. 旅游教育机构的人才供应状况

旅游院校一直是培养旅游人才的重要基地。伴随着浙江省旅游业的快速发展,浙江省已经形成研究生、本科、专科(含高职)和中等职业教育四个培养层次。截至2006年年底,浙江省共有高、中等旅游院校(包括完全的旅游院校和只开设有旅游系或旅游专业的院校)90所,其中高等院校35所,中等职业学校55所。

2. 旅游人才到位多途径化,市场平台正在完善之中

随着旅游企业的发展,旅游人才的到位途径不断增多,其中人才市场、社会办学、人才中介机构等都为旅游人才开发和配置发挥了作用。在规划组进行旅游人才抽样调查的"获取工作方式"一栏中,调动占28%,毕业分配占18%,应聘占44%,其他占10%。由此看到,旅游人力资源的开发与市场化的大背景有着紧密联系。

3. 旅游业教育培训的主要问题

旅游专业培训相对薄弱,与浙江省旅游发展需求不相适应。浙江省旅游业职工培训总量一直处于全国中等水平,旅游院校数量与浙江省旅游经济发展不相符合。从2001年到2005年国家旅游局的有关统计数据看,浙江省职工培训数量和旅游专业教育人数排列于前六名以后,旅游院校少于北京、河北、辽宁、黑龙江、江苏、安徽、福建、山东、河南、湖北、湖南、广东、四川等省市。

培训内容不完全适应旅游业发展需要,针对性、激励性和技能性不足。专业设置和课程内容需要调

整和创新。岗位需要的业务知识和能力培训、技能应用培训、职业化素质培训有待加强。缺少职业发展激励性的培训内容。

缺乏系统性、持续性的培训，培训时间得不到有效保证，培训力度亟待加强，培训方式有待丰富。受岗位性质和工作时间、培训经费、市场竞争因素的制约，旅游业培训需求不能得到完全满足。

旅游院校师资力量薄弱，专业结构不合理，培养目标、培养重点缺乏紧密型的市场定位。

四、旅游从业人员需求预测

参照国家发展和改革委员会、国家旅游局编写的《中国旅游就业目标体系与战略措施研究》对于旅游就业增长潜力的预测办法，参照旅游收入的增长速度，并考虑到旅游就业的增长速度，确立几个不同时期的旅游就业增长水平。年均增长3%，相当于旅游总收入年均增长5%；年均增长6%，相当于旅游总收入年均增长9.8%；年均增长9%，相当于旅游总收入年均增长14.8%；年均增长12%，相当于旅游总收入年均增长19.6%。旅游从业人员与旅游总收入增长率之间的比率为3/5。

浙江省2004年旅游从业人员数63.96万人。通过旅游总收入增长率，推算2010年浙江省旅游从业人员约120万人，2015年旅游从业人员约190万人，2020年旅游从业人员约250万人（表1-2-57）。

表 1-2-57　浙江省旅游从业人员预测

年份	2010	2015	2020
旅游总收入增长率（%）	19	13.5	9.5
旅游从业人数增长率（%）	12	8.2	6
旅游从业人数（万人）	120	190	250

五、人才开发的指导思想与目标任务

1. 指导思想

坚持人才强省的战略思想，树立以邓小平理论和"三个代表"重要思想为指导，坚持科学发展观和人才观，将旅游人才发展战略与建设旅游强省目标紧密结合，大力实施"人才强旅"战略，以改革创新为动力，以全面提升旅游从业人员素质、促进产业发展为导向，以培养高层次和短缺人才为重点，创造人才发展环境，优化行业人才结构，增强人才流动活力，提高国际化程度，将浙江省建设为国际化、现代化的旅游人才聚集地，为浙江省旅游发展提供人力人才保障。

2. 目标任务

注重人力资源的全面开发与协调发展，加快建设一支既了解世界旅游发展趋势又掌握中国旅游发展规律、既熟悉旅游业运行环境又具有较强组织能力和管理能力、既掌握丰富的旅游专业知识又富有开拓创新精神的企业经理人队伍，加快培养一批数量充足、结构合理、素质优良的旅游专业人才队伍，加快建设培养体系完善、评价和使用科学的工作新机制,尽快形成与旅游业发展相适应的人力资源和旅游人才和谐合理格局。

(1) 总量目标

浙江省直接从业人员总量目标为 2010 年达到 110 万人,2015 年达到 170 万人,2020 年达到 230 万人。浙江省旅游业人才总量目标为:2006~2010 年年平均增长率接近 7%,2010 年达到 20 万人。力争旅游人才占从业人员的比例达到 18% 左右。2010~2020 年年平均增长率约 7%,2020 年接近 40 万人。旅游人才占从业人员的比例接近在 18%。根据全省旅游发展需要,在环杭州湾地区、温台沿海地区、金衢丽地区要形成旅游人才密集区。

(2) 素质目标

继续保持旅游人才队伍的年轻化,35 岁以下者占 60%,同时,促进高层管理人员的年轻化,45 岁以下占 60%。全面开展人才素质培训,努力提高人才技能。星级饭店和国际旅行社实现全员轮训率不低于 95%,实现全行业岗位持证上岗;旅行社经理和部门经理资格考试合格率达到 100%;在岗培训通过率达 100%;大力提高主要技术工种的职业技能水平,其中高级工及以上水平者达到 20%,中级工达到 50% 以上。三星级以上饭店 80% 员工要获得外语等级证书。加强旅游业人才专业教育,努力提高旅游业人才的学历水平。旅游人才大学本科及以上学历达到 25%,大学专科 35%。其中高层管理人才研究生学历达到 5%。

六、人才队伍建设的具体对策

1. "以人为本,和谐开发",确立人才建设科学化理念

优化旅游人才发展环境,确立"人才强省"的发展战略。加强人才工作的组织领导。切实把提高旅游队伍的整体素质与落实科学发展观、增强全省旅游业核心竞争力、建设旅游强省紧密联系起来,确立以人为本、和谐开发的战略理念,坚决贯彻尊重劳动、尊重知识、尊重人才、尊重创造的方针,增强做好旅游人才工作的责任感和紧迫感,开创旅游人才队伍建设的新局面。旅游主管部门要做好人才战略与规划的编制与实施工作,树立大教育、大培训观念,创新培养方式,拓宽培养渠道,加大培养力度,提高全行业职工思想道德、科学文化和健康素质。

2. 大力实施旅游业人才职业化工程

加强在职人员的教育培训和考核,以标准促提高。按照国家有关标准、现代企业制度和旅游岗位需求,制定并完善工作岗位规范,明确岗位职责、任职资格和条件。

加强旅游职业技能鉴定工作,强化旅游行业职业资格认证制度。加强与劳动管理部门的统筹协调,进一步做好旅游行业技能鉴定工作,规范旅游业职业行为,提高旅游行业各工种技能人才的总体水平。推行职业认证制度,提高从业人员的持证上岗率。完善导游年审制度,进一步规范导游资格考试、等级考试。按照国家旅游局要求,制定年审培训制度,各地根据实际情况安排淡季脱产集中培训,但不得少于七天,其中职业道德教育不得少于三天。每年的年审培训以 1~2 个主题为主,主要以知识更新、提高文化内涵和职业道德水平为目的。年审培训制度与导游证换发的工作相结合,从而保证后续的监控、考核工作得到落实,真正起到提高整个导游队伍的素质的作用。

3. 大力实施"人才培养四大工程"

重点培养旅游主管部门人才。强化各级旅游管理部门人员学习,加大理论教育、专业培训和实践锻炼力度,加强公务员队伍专业化、效能化建设,全面提高公务员依法行政、公共服务、学习创新等业务素质和行政管理能力。加强中青年后备干部的教育培训,选派优秀干部到党校、行政学院、高等院校和国外政府部门、名牌大学、跨国公司学习培训,拓展业务知识,提高旅游行业管理能力。

重点培养高层次旅游经营管理者。包括旅游企业的总经理、副总经理、技术总监等。以提高战略开拓能力和现代化经营管理水平为核心,对高层经营管理人才进行多形式、多层次、多途径的培训,以适应提升企业核心竞争力和可持续发展能力的要求,培养一批具有国际战略眼光、市场开拓创新能力、现代经营管理水平和社会责任感的优秀企业家,逐步建立一支既了解世界旅游发展趋势又掌握中国旅游发展规律、既熟悉旅游业运行环境又具有较强组织能力和管理能力、既掌握丰富的旅游专业知识又富有开拓创新精神的企业经理人队伍。

重点培养旅游短缺专业人才。包括传统的专业技术人员和新型旅游专业技术人员,如:高级厨师、工程师、高级翻译、旅游策划营销人员、电子商务人才、会展人才、媒体宣传人才等。

重点培养教育培训师资人才。加快培养造就一批旅游学科带头人。

4. 加快建立新型的旅游人才培训体系

强化旅游主管部门对人才教育培训工作宏观调控、公共服务和市场监管职能。强化旅游主管部门对人才教育的核心管理能力,加大人才培训工作的力度,有效引导和监控旅游人才与教育培训两个市场,全方位、系列化、多层次开展人才开发与交流、职业教育与岗位培训工作。

建立新型的旅游人才教育培训体系。充分利用现有教育资源扩大旅游教育规模,并适当扩大规模,增加旅游教育院校和教育培训机构。重点建设浙江大学、浙江工商大学和浙江旅游职业学院等旅游院校(系)专业,力争把浙江旅游职业学院办成国内一流的旅游院校。办好各级旅游培训中心,积极引导各类培训机构开展旅游产业发展中需要的专业性、技术性较强的培训,建设专业化、系统化的省、市、县三级立体旅游培训体系。

加强师资队伍建设。加快建设一支精通旅游专业理论又有实战经验的高水平、复合型的师资队伍。增加教师人数,增加旅游教育基地,充分调动培训中心、旅游院校参与人才开发的积极性、主动性、创造性,拓展旅游人才开发的国际渠道,积极开展境外培训。旅游院校要进一步调整教育结构,规范办学方向培养标准。要以市场需求为导向,深化教学改革,紧密结合企业技能岗位的要求,确定和调整各专业的培养目标和课程设置,与合作企业共同制定培训方案,采取全日制与非全日制、导师制等多种方式实施培养。

改进旅游院校人才培养模式。旅游院校要进一步调整教育结构,规范办学。实施校企资源整合与优势互补,产、学、研一体化教育模式,加强校企合作,适度开展"订单式"教育,实现教学、实践和就业的一条龙。发展旅游网络教育培训,建立以旅游人才教育为核心的网络教学体系。根据旅游业需求确定和调整人才培养社会相关培训机构,共同营造旅游人才培训网络。

5. 建设科学旅游人才评价机制

根据德才兼备的要求,从岗位规范、职业标准入手,建立以业绩为重点,由职业道德专业知识水平、能力等要素构成的人才评价指标体系。完善并加强导游资格考试、外语等级考试以及有关的上岗培训证书制度,严格对旅游从业人员开展职业技能鉴定,对旅游业人才实施素质评价,对旅游组织人才开发工作进行科学评估,对旅游院校的教育培训进行及时反馈与评价。

6. 推进分配制度改革,建立完善的人才激励机制

改革现有的薪酬机制,实施科学合理的收入分配制度。加快建立重实绩、重贡献、以业绩为取向的有利于留住人才、吸引人才的收入分配机制,充分调动人才的积极性,提高凝聚力。

制定并出台激励人才的有关政策,进一步完善人才激励机制,建立合理的激励体制,加大对人才的奖励力度,有效提高人才自主创新能力。积极引导旅游企业将培训纳入企业激励机制,建立培训档案,把员工培训成绩纳入考核评价指标,建立与职务晋升挂钩的培训制度。

完善科学的选人用人机制。加大对旅游单位和企业人才资源开发、使用和管理的指导,构建旅游人才创业的平台。建立以职业能力为导向,以工作业绩为重点,注重职业道德和知识水平的技能人才评价体系,突破比例、年龄、资历和身份界限选人用人。

探索建立导游人员人才诚信管理制度,逐步建立诚信档案,通过职业诚信与职业资格、职业活动管理相衔接的机制,在旅游行业管理中推行信用监督和失信惩戒制度,开发人才诚信服务产品。

7. 维护旅游从业人员合法权益,建立健全人才保障机制

完善旅游从业人员的养老、失业和医疗等社会保障制度,按照有关政策,完善从业人员福利体系,不断改善生活待遇。

8. 加快推进旅游人才队伍国际化进程

推进人才标准的国际化。以国际旅游产业、职业通用的人才标准育人、选人和用人。逐步实现职业认证的国际化。以集聚高层次人才和提升本土人才国际化素质为重点,建设高开放度、高融合度、吸引力强、培育力强的旅游人才高地。

推进人才培养的国际化。拓宽国际培训资源,进一步加强国际合作培训,选送优秀人员出国进行长期或中期培训,吸引国外一流旅游类院校到浙江建立分校或建立培训机构,积极开展高层次专业技术和管理培训,与海外知名大学、科研机构和国际联合企业积极开展交流。

推进人才引进的国际化。积极开展国际交流与合作,吸引国外旅游高端人才到浙江就业。强化人才市场吸纳国际全球人才的功能,加大多层次、多渠道、多种所有制单位项目引进、智力引进、专利引进以及人才引进的力度,特别是要加强对香港旅游管理人才的引进。

推进人才教育的国际化。引进国际上先进的旅游院校管理方式和教学模式,促进旅游院校和国际旅游学院的学术交流。在现有旅游学科和专业的基础上,尽量开设国际旅游与酒店专业的必修课。引进国际旅游高等教育的毕业和学位证书培训项目,增设国际承认的各类旅游专业资格证书培训课程,促进旅游从业人员在服务理念、专业知识和技能上实现与国际接轨。逐步开放教育培训市场,引进国际资本进入教育培训领域。

9. 积极推进旅游人才市场规范化

按照管办分离、政事分开的原则,推进旅游行政主管部门所属的人才服务机构的体制改革和企业化、市场化进程。政府主管部门、行业协会依托内部的培训机构为旅游企业提供技能性、实用性强的系统培训,为从业人员创造更多自我学习、自我发展的机会。加快形成政府行业主导、市场主体公平竞争、中介组织提供服务的人才市场运行格局。

建立机制健全、功能完善、法规配套、服务规范、科学管理的旅游人才市场,推进人才资源市场配置进程。推动旅游人才服务体系向国际化、专业化、法制化、信息化的方向发展,进一步消除人才流动的各种障碍,形成单位自主用人、人才自主择业的用人机制,真正体现人才价值。

加强旅游主管部门与人才市场的信息交流,建立良好的信息互动机制。开辟旅游紧缺人才板块和举办定期旅游人才招聘活动,引导人才市场关注企业用人需求。

10. 全面落实人才建设信息化

发挥旅游行业的网络优势和信息传递快捷的优势,适应旅游业人才流动性大的特点,进一步完善旅游从业人员统计工作,建立信息跟踪机制、强化信息共享机制,为旅游管理部门把握人才走向、及时调整人才政策提供依据。

积极健全旅游就业信息网络,定时发布信息,完善旅游就业信息服务。充分利用网络及时收集、发布、传递全行业的就业和人才需求信息,提供职业介绍、劳务派遣、劳动保障事务代理、职业咨询指导、就业信息服务、职业培训等。

七、实施旅游人力资源开发规划的保障措施

1. 强化旅游主管部门对人才教育培训工作宏观调控、公共服务和市场监管职能

加强对《行政许可法》实施后对于新形势下的旅游人才教育和培训方式、培训重点、培训内容等相关工作的研究,做好旅游从业人员与旅游人才总量的预测和宏观规划,充分调动和发挥政府、行业协会、教育机构的作用。

加强与旅游院校的沟通,采取行之有效的手段搭建服务平台,增强旅游企业与旅游院校以及社会旅游培训机构之间的联系,切实密切产、学、研关系。

组织和协调社会培训机构,积极促进跨区域、跨省市的人才交流、信息交流,开展咨询服务。

加强与国际旅游、教育等多方面的合作与交流,积极开展境外培训,为培养国际化的师资和旅游人才创造条件。

2. 建立多元化的人才投入机制

对人才培养采取积极的财政政策支持。加大省政府、省旅游局和各级财政投入力度,根据旅游业发展需求,各级财政应把旅游教育经费列入预算,用于高层次人才、紧缺人才的培养教育工作。建立政府、企业、社会多渠道筹措培养旅游人才的资金投入机制,为人才培养、引进和奖励提供资金保障。

引导和鼓励企业和用人单位增加人才开发资金的投入,设立人才发展、自主、定向培养等专项资金。加快推进政府、企业和个人共同出资合作开发人力资本及专业化学习培训。旅游企业应按规定提取职工教育经费(职工工资总额的1.5%~2.5%)。

加大高技能人才培养投入。制定并落实高技能人才的培训计划,强化岗位技能培训。企业应确保对职业技能培训的投入,争取使政府、企业和个人分担的学习培训经费达到企业工资总额的8%~10%。企业应确保60%以上的教育经费用于职工,特别是高技能人员和一线人员的教育和培训。

相关部门也要加大旅游教育培训投入。要从国家安排的职业教育基础设施建设专项经费中,择优支持对高技能人才培养成效显著的职业院校。

3. 完善科学的选人用人机制

建立以职业能力为导向,以工作业绩为重点,注重职业道德和知识水平的技能人才评价体系,深化旅游业用人制度改革,注重培养品德、知识、能力兼优的青年人才。

4. 建立健全长效激励机制

提高技能人员的人才待遇水平。出台激励人才的有关政策,完善旅游行业的奖励措施,做好"优秀导游员评选"、旅游职工技术技能大赛等工作,增强旅游职工的责任感和荣誉感。旅游主管部门进一步加大对旅游单位和企业人才资源开发、使用和管理的指导,引导企业完善企业人才激励机制,构建旅游人才创业的平台。

5. 积极为非公有制旅游企业的人才开发提供服务

营造有利于非公有制旅游企业人才成长的政策环境。加强政策引导,进一步破除体制障碍,为非公有制旅游企业人才健康成长创造公平竞争的良好环境。鼓励和引导非公有制企业加强人才资源开发,充分发挥人才交流服务机构和人才市场的作用,为非公有制旅游企业引进急需人才。

第十三章　区域旅游协作

一、区域旅游协作背景分析

1. 区域旅游协作进程

(1) 在区域经济合作基础上区域旅游协作初步展开

长三角地区是我国经济、科技、文化最为发达的地区之一,各城市间具有联动发展的历史渊源和现实条件。改革开放之后,区域经济协作蓬勃兴起,长三角城市间的合作关系更为紧密。

20世纪80年代,长三角地区的协作主要以定牌生产、联营开店办厂为主,多少带有经济体制转轨时期的痕迹。90年代初,以浦东开发开放为龙头带动长江流域经济腾飞的战略决策,使得长三角城市经济合作出现了新的飞跃,江浙两省企业纷至沓来,抢滩上海,寻求发展;上海的企业也纷纷走出城门,到长三角城市建网布点,合作形式由政府行为逐步向市场行为转变。

20世纪末本世纪初,长三角区域合作跃上一个新的高度,高层协商机制、部门间协调机制逐步形成,市场运作机制趋向成熟,专项合作稳步推进,在交通、人才、旅游等方面取得重大进展,经济联动发展步伐明显加快。这一区域已发展成为我国当今一体化程度最高、综合竞争力最强、经济发展最快的地区之一。

(2) "非典"后区域旅游协作广泛开展

2003年春天在中国爆发的"非典"疫情被认为是中国旅游业的灾难。在"非典"肆虐的相当长一段时间内,中国旅游业"颗粒无收"。但是,正是"非典"却催生了区域旅游合作。灾难来临时,人们想到的首先是"自救",当"自救"的力量不足以抵御外来的侵扰之时,"互救"就成为必然。浙江旅游区域协作正是在2003年"非典"之后,变得"领域更高、规模更大、措施更实"。

2003年7月,首届"长三角旅游城市'15＋1'高峰论坛"在杭州举行,江浙沪15市与黄山联手发布了《长江三角洲旅游城市合作宣言》(杭州宣言)。宣言达成了"取消旅游壁垒与进入障碍,建成中国首个无障碍的跨省市旅游区,最终成为世界级旅游目的地"的共识,提出构建交通无障碍、服务无障碍、投诉无障碍及资源共享、市场共享、基础设施共享、品牌共享和信息共享的"长三角无障碍旅游区"。这届高峰论坛是长三角旅游区域合作的标志性事件,在国内外产生了相当大的影响。

随后,2004年10月在安徽省黄山市召开"长三角旅游城市高峰论坛——黄山峰会",形成《长江三角洲旅游城市"15＋1"高峰论坛黄山共识》。2005年9月,在无锡举行的"2005长江三角洲旅游城市高峰论坛"上,24个城市的旅游主管官员在《无锡倡议》上签字,承诺资源共享、错位发展,合力打造"中国长江三角洲旅游城市圈"品牌。江浙沪三地的政府、企业层面的旅游协作逐渐频繁。

在这个时期,为提高旅游产品的知名度和提升区域旅游的竞争力,浙江省与周边省份(闽、赣、皖)以及国内外其他地区的区域旅游协作也广泛开展起来。目前,浙赣闽皖各省进一步打破行政区域的界限,消除人为的壁垒和障碍,切实推进区域旅游的合作,四省旅游合作体系初步形成。

2. 区域旅游协作条件分析

(1) 国际都市群建设环境背景

长三角区域范围包括上海市,江苏省的苏州、无锡、常州、南京、镇江、扬州、泰州、南通等8市和浙江省的杭州、嘉兴、湖州、宁波、绍兴、舟山等6市。在全国经济实力最强的35个城市中,长三角地区占了10个;在全国综合实力百强县中,该地区占有一半;在最新选出的全国综合竞争力10强市中,该地区占了4个。

长三角在较短的时间内成为全国发展速度最快、开放程度最高、投资环境最佳、经济内在素质最好的地区,形成了梯度发展的多层次的城镇体系,是我国最具实力与竞争力的经济区域之一,也是世界上公认的第六大都市群。长三角也是我国最大的城市(镇)连绵带,世界各大河三角洲人口数量最多、密度最高和城镇数量最多的地区。

近年来,长三角城市发展也呈现新的趋势和特点。以上海为中心,形成一批经济实力强、社会发展水平高、投资环境优越的城市群。区域城市化进程加快,向巨型大都市连绵带发展。区域经济的发展为区域在各个经济领域和社会领域的合作奠定了基础,也为区域旅游产业的发展提供了经济保障。

随着长三角一体化进程加快,上海"世界城市"功能提升,"长三角"的传统地区范围将向安徽、江西及浙江省的温台、金衢地区扩展,形成"泛长三角"地区的整体发展,对浙江省旅游产业的区域合作、功能延伸、对外通道等提出新的要求。

(2) 区域基础设施条件的支撑

长三角一体化的城际交通网,以上海国际航运深水港为中心的港口体系、长江口和杭州湾的越江通道建设成为推动长三角区域经济合作的重要支撑,使得浙江与上海以及长三角北翼城市的联系日趋紧密。

长三角城市交通网络正在进行新的规划和建设,新长铁路、宁杭高速公路、苏嘉杭高速公路、京沪高速铁路、沪杭高速铁路相继上马和建成,必将对区域内城市之间物流和客流,以及城市经济关系和产业整合产生重要的影响,将会扩大长三角的辐射范围,把苏北、皖东等地区纳入其中,有力地推动城市化的发展和区域经济一体化,形成城市和区域经济发展的新格局。

以把上海建设成为国际航运中心为目标,抓紧建设国际航运中心深水港以及发达的集疏运体系,包括长江口航道的整治、千吨级内河航道整治、长江口越江工程和杭州湾跨海工程等。浙江的沿海港口深水泊位建设,以宁波、舟山港口一体化为中心,以温台港口、浙北港口为两翼,进一步开发专业性功能,与沪、苏港口之间协调配合,发挥更大的整体效益。

长江口的越江通道和杭州湾的越江通道将是三角洲地区高速公路网络工程中最浩大的工程项目。为了沟通南北,发展苏北、崇明和杭州湾南岸地区,两项越江工程必会尽快列入议事日程,而且其对于整个长三角地区经济发展具有重大的意义。

此外,浙江与安徽、福建等省也加快了跨区域的交通设施建设,如黄衢南高速公路的建设,对促进黄山、衢州、南平社会经济的发展,构筑黄山、衢州、武夷山旅游快速通道,促进沿线旅游资源的开发,都将起到积极的作用。

(3) 旅游产业发展的优势互补

旅游资源互补。浙江省旅游资源以山水生态、海洋海岛、休闲度假、商贸购物等为主体,与周边省市,尤其是长三角地区的旅游资源上具有明显的差异性,为其实现区域旅游发展提供了互补的优势。

经济资源互补。浙江地处中国沿海,自改革开放以来,取得了较好的经济发展。目前,区域市场化运作成熟,经济发展的资源要素能自由流动、优化配置,这为旅游业这样一个关联性大的产业的发展提供了有力的保障。不仅促进了区域内的和区域间的资源流动,更为重要的是促进了国际间的经济交流与合作。2006年的杭州休闲博览会,为长三角的腾飞拉开了序幕,而2010年的上海博览会更让长三角达到繁荣的顶峰。借国际经济交流与合作之势发展国际旅游客源市场,引进更多的国际旅游集团企业参与国内旅游市场竞争,以此增强区域旅游市场的活力。

社会环境互补。东部沿海区域社会环境开放进取,居民讲究文明、敢冒风险。由于经济的集聚作用,人力资源丰富。长三角地区城市化水平高,大中小型城市数目比为4:17:30,城市体系结构有利于控制人口,实现各级城市之间的合理分工,发挥整体优势。基于文化的同缘性,沪苏浙三省市在区域发展上可以联合制定一些相关政策法规,共同规范市场,如区域合作利益机制、企业网络化经营机制、旅游联合促销机制等。

长三角地区各省市区域旅游发展态势与环境条件比较见表1-2-58。

表1-2-58　区域旅游发展态势与环境条件比较

	浙江	上海	江苏	安徽	江西	福建
优势分析	旅游资源丰富,自然与人文资源交融;经济发达,商业文化突出;开放意识强	现代化程度极高,基础设施齐备;经济发达,发展资金雄厚;中国最发达的金融商业中心;对外交通便捷	旅游资源丰富,尤以名胜古迹、人文景观见长;区域经济发达;可进入性强	拥有世界级旅游资源;历史文化旅游资源优势;生态环境优势;长三角腹地	自然生态旅游资源优势;红色旅游资源优势;衔接长三角和珠三角的区位优势	位于衔接长三角和珠三角的核心地段;中国著名的侨乡,台湾客源市场巨大;旅游资源集中
劣势分析	缺乏世界级旅游资源;国际竞争力较弱;旅游产业成熟度不高	文化内涵不够深厚;自然风景资源不突出	市场占有规模不足;观念与体制比较落后;旅游产品创新不足	区域经济实力相对较弱;缺乏中心旅游城市;设施配套不足	区域经济实力相对较弱;旅游资源缺乏整合;设施配套不足;可进入性较差	区域经济实力相对较弱;设施配套不足;区域旅游特色不鲜明;客源市场不平衡
发展定位	海内外首选旅游目的地之一、中国旅游经济强省	建设国际化旅游都市,全力发展都市型旅游	中国国内一流、国际驰名的旅游强省	旅游业成为国民经济的强力产业,打造多功能的旅游胜地	沿海经济发达地区居民旅游休闲的后花园,全国红色旅游强省	旅游设施完善、旅游产业结构合理、旅游服务质量和管理水平较高的旅游强省

续表

	浙江	上海	江苏	安徽	江西	福建
发展重点	重点开发观光游览、休闲度假、商务会展、文化旅游、生态旅游、乡村旅游及海洋旅游，构筑"一湾两翼五区"的旅游目的地空间发展格局	世界级主题公园、国际性体育赛事、高端休闲度假、现代化商务会展旅游、国际化的旅游节庆、都市水系与文化塑造，全面提升上海都市旅游的品位和国际性，以打造世界级旅游精品品牌为重点	形成"工"字形旅游发展构架，长江、淮河、沿太湖、沿黄海岸、大运河五大旅游发展带，宁镇扬泰、苏锡常通、徐宿淮、连盐四大旅游片区	加速黄山、九华山、太平湖旅游精品项目建设，打造旅游发展龙头。大力发展周末度假、都市旅游等大众旅游新产品，积极开发温泉、生态等特色旅游产品，形成多层次的旅游产品体系	做强、做大江西红色旅游产业，以红色旅游为龙头，与绿色、蓝色、古色旅游协调发展，与区域经济发展适应	重点开发自然风光、世界遗产、海洋、文化四大类旅游产品和武夷山、鼓浪屿、湄洲妈祖文化、泉州海丝文化及惠女风情、福建土楼、上杭古田会议会址红色之旅、福州县石山古文化遗址、宁德白水洋奇观八大旅游品牌
区域战略	北联沪苏，西合赣皖，南携闽台，跃向国际	长三角无障碍旅游区框架初具，超越行政地域的旅游合作广泛开展	采取空间扩张战略，融入长三角，实现共荣发展。在强化江浙沪旅游区的同时，以南京为据点向安徽扩张，以徐州为据点向淮海经济区等省域以外区域扩张	以徽杭高速公路为纽带，大力实施旅游东向发展战略，加大"两山一湖"与周边省市旅游产品的对接，纳入传统华东旅游精品线路。积极融入长三角无障碍旅游区，主动与长三角和长江上游高端旅游产品串联组合	对接长三角、珠三角和闽南三角地区三个经济圈，发展闽赣边、粤赣边、湘赣边边际旅游，加强闽粤赣13市经济协作区	发挥区位优势和对台优势，加强海峡两岸和香港、澳门的旅游合作，建设闽台旅游合作区，形成北接长三角、南联珠三角的东南沿海旅游大通道

(4) 长三角旅游圈的磁力效应

在对浙江省进行的潜在客源市场调查中，最大的国内客源地为本省地区，省外则上海排名第一，其次为江苏省。沪苏浙三省市是浙江旅游区域协作的核心区域。

上海的都市风光、苏州的园林景观以及浙江的自然山水，搭配成一道颇具吸引力的旅游套餐，形成了独具特色的长三角旅游圈。长三角旅游圈是我国现代旅游业的发源地和旅游产业最为活跃的地区，也是全国旅游出游人次最多的地区。江浙沪地区旅游产业综合实力强，组织化程度高，区域旅游资源拥有很强的互补性，在海内外市场具有很高的知名度和竞争力。长三角旅游圈日益呈现出旅游一体化态势，走合作之路，是长三角旅游共赢的选择，从产品和市场两个方面显现出强大的磁力效应。

长三角区域人口约占全国 6.25%，经济不断增强的城乡居民出游能力日益高涨，形成了年出游人数超过 2 亿人次的客源市场，强大的客源市场已成为中国最有吸引力的一块沃土。目前接待的入境旅游者占全国1/4,接待国内旅游者占全国的1/3,且国内旅游"互为客源地,互为目的地"的特征也日趋明显。

长三角各城市经济发展水平居全国领先地位。目前,区域内六个城市人均GDP超过20 000元,四个城市的人均GDP接近20 000元,剩下五个城市的人均GDP也超过了10 000元,殷实的收入使城乡居民的出游能力不断增强,该区域已形成年出游人数达2亿人次的客源市场,而且区域休闲度假需求正处于迅速膨胀中。

3. 区域旅游协作存在的问题

(1) 行政条块界限产生体制排他性,缺少协调合作的聚合力

区域旅游合作中不同的行政地区因合作关系而被联系在一起,虽然各地方政府均有一定的行政管理权限,但是谁也没有能力来控制区域内所有合作主体的行为。各自为政的行政界限的条块分割,使得各地必然将本地的利益放在首要位置,为了增加本地的财政收入,造成区域恶性竞争、重复建设等很多方面的问题,而区域发展不平衡又加剧了这些问题。

另一方面,区域协调机构的权威不足。名义上,区域旅游合作的协调机构是凌驾于各地方政府之上的,实际上它们只是一个半官方、半民间性质的组织,是非政府机构,并没有实际的行政约束力量。所以,协作会虽说可以在宏观层面上做出决策、指导以及协调监督工作,但在各项工作的具体落实过程中依靠的还是各地方政府的行政力量,旧有的各行其是、各自为政的局面仍然存在。而且,协作会对于区域范围内已经存在的一些不必要的冲突现象也无力解决,这就造成许多区域旅游合作的协调机构形同虚设,有名无实。

(2) 区域旅游合作中自发和短期行为居多,合作层次还较低

各地经济运行机制和经济实力存在差异,内部产业缺少优势和互补,内在竞争存在摩擦而外在竞争能力不足,经济合作难以全面展开。传统合作方式相对陈旧,仅仅通过产业技术、资金等要素的区域间转移和流动来推动区域经济的整体快速发展的动力不足。各地由于经济发展水平的差异使各地的旅游企业出现结构配比不协调、利益分配不均等问题,缺乏在专业化分工基础上密切协作的创新支持体系。

长期以来,线路合作一直是区域旅游合作的主要合作形式,也可以称之为资源—客源型合作。这种合作易操作,难度小,无论是政府出面还是企业自发,一般在短时间内就可以组织并运行起来,且很快就可以获知收益情况,这非常符合企业要求时间短见效快的赢利本能,相应地引发了较多企业间的合作。不过,目前有许多线路的组织并不是从各组成景点的有机联系出发,而是看价格。这种以低价格为纽带建立起的合作得到的只是眼前利益而已。与此相对,当前以投资主体为龙头组建的旅游联合正在起步,但这种资本—资源—客源型的旅游合作所需资金多、风险大、见效慢,发展还不成熟。

(3) 各合作方的利益关系较难整合,具体合作方案务实性不强

多年来,区域旅游合作事宜在合作成员间一直是比较容易达成共识的,但在实际操作过程中各方的利益冲突却比较明显,并且难以协调。这些利益冲突多发生在争夺资源、旅游景点的近距离低水平重复建设、基础设施难以共享、市场相互分割、旅游促销"反友为敌"、交叉管理等。

较成功的区域旅游合作一般在开发旅游线路时较注重旅游资源上的互补性,交通上的可达性与可循环性,以及旅游整体促销的作用等。然而,更深入一步来探讨合作机理时,却都不太明了。合作会议和讨论中提到的许多合作计划,能实际落实下去的不多。

二、区域旅游协作导则

1. 区域旅游协作原则与要点

（1）原则
- 政府主导与市场运作相结合；
- 以旅游城市为依托；
- 以企业集团为区域旅游经济合作的主体；
- 保持区域合作开放的战略性。

（2）思路要点
- 建立区域旅游协调机制；
- 制定多层次区域协作战略目标和发展规划；
- 努力培育旅游协作的市场环境，培育企业成为协作主体；
- 建立区域旅游协作监督保障系统。

2. 区域旅游协作战略步骤

（1）近期（2007～2010年）

以区域旅游协作区带入手，按照资源和功能的互补性，分区域组织区域旅游协作；组建区域旅游协调机构，加快制定区域旅游规划；从旅游资源和旅游产品入手，通过政府引导旅游企业协作开发旅游景区点、区域旅游线路，并积极筹措建立跨地区旅游企业集团；推动区域旅游形象品牌打造和旅游联合促销工作；各地旅游行政主管部门密切协作协调，在旅游集散、咨询等旅游公共服务领域加强合作，塑造良好的区域旅游环境。

（2）中远期（2011～2020年）

建立区域旅游协作基金制度，落实旅游产品价格保护制度；完善区域旅游保障制度，推行区域旅游标准化体系，建立区域旅游联络协调机制；构建旅行社业、旅游饭店业专项网络发展模式；推动区域旅游经济外向化，经济运行机制与国际旅游市场接轨；区域旅游形成较强的旅游经济发展抗风险能力，形成国际竞争优势。

三、区域旅游协作空间层次

1. 国际与全国视野中的浙江

浙江在世界眼中是与"economy"、"merchant"等词汇相连的。浙江人在世界视野内是一个特殊的群体，因为它的引申意思是"浙江商人"，有一些数字可以作为印证：

据浙江省工商局的初步调查，目前约有500万浙江人在省外创造财富，其中在海外经营发展的有100多万人。商务部、国家统计局联合发布的《2004年度中国对外直接投资统计公报》（非金融部分）中证实：2004年，中国对外直接投资总额55.3亿美元。其中浙江省以682家的主体数量居首位，占境内主体总数的23%。浙江省已与世界上近200个国家和地区建立了经贸合作关系,境外投资涉及116个国家和地区。

在"温州模式"、"宁波帮"经济现象为世界关注的同时,浙江省东方文化、江南人文意境与风景名胜组合的旅游产品,在世界范围内认同感不高。

浙江省的应对策略——"借道"策略

主要措施包括:

借助"浙商网络",即浙江经济、商贸活动的世界影响,构建旅游市场营销网络,形成与浙江旅游的互动发展模式;

借助于上海国际大都市的影响力和海外客源市场优势;

借助于台海旅游合作开发的机遇;

借助于长三角区域旅游城市集群的综合竞争力;

借助于世界旅游品牌的申报影响;

借助于经济、文化环境对旅游发展的助推作用,打造跃向国际的浙江旅游。

2. 沿海协作带

中国经济越来越向大的区域,特别是珠三角、长三角、京津这三个大城市群集聚,三大城市群在不久的将来将成为有巨大影响力的空间。沿海协作带以长三角为协作单位,以高速铁路、高速公路、航空线路和豪华邮轮为纽带,以三大城市群及之间地域为主要空间分布地域。

浙江省的应对策略——推动形成"五流"互动的沿海协作带

主要措施包括:

以中心城市为依托,进一步加强与山东、江苏、福建等沿海省份的旅游协作,提升四省之间长期存在的传统合作关系,形成物资流、人流、信息流、货币流、人才流"五流"互动的沿海旅游协作带,为旅游业发展创造更加有利的环境条件,推动形成区域市场互育的良好局面。

CEPA(内地与香港更紧密经贸关系安排)的生效对珠三角、长三角、京津环渤海三大城市群的提升以及相互之间的交流合作将起到积极的推动作用。对于浙江省来说,杭州、宁波、温州、金华将在城市群的发展中起到重要的作用,应当迅速携手组成战略联盟,在CEPA的共同推动下早日带动长三角旅游一体化;落实CEPA协议,形成京、沪、杭、港、澳三地五座城市物资流、人流、信息流、货币流、人才流互动的战略联盟,从而为旅游产业发展提供优良的环境条件,推动形成区域市场互育的良好局面。

3. 长三角无障碍旅游区

随着经济、交通、旅游全面一体化进程的推进,长三角区域一体化步入实质阶段,长三角在世界的区域经济能级、区域旅游能级迅速提升,长三角正步入世界级旅游中心和集散地行列。区域旅游发展的互补合作建立在旅游资源天然的差异性上;内部的竞争则主要表现为旅游城市之间的竞争。

在长三角旅游格局中,浙江省的发展定位为:长三角世界级旅游中心(一核两翼:上海、杭州湾、环太湖)的南翼次中心,旅游组织与集散中心(利用杭州国际机场、宁波港,部分分担上海的功能);长三角国家级旅游目的地中的"风景、文化、商务旅游胜地",旅游产业支持中心;长三角区域的休闲度假与商务会议旅游地。

浙江省的应对策略之一——错位发展与组群城市发展策略

主要措施包括：

建立以上海为中心旅游城市的网络化等级体系，打造世界级的旅游城市集合；

在沪杭快速铁路交通的基础上，整合环太湖、钱塘江北岸、天目山北缘的风景旅游、休闲度假资源，打造以上海、杭州为核心的环都市区域游憩带；

与长三角旅游区主要目的地之间共育旅游市场，互为市场区；

浙江省主要旅游城市（杭州、绍兴、宁波等）通过差异化发展以及游线组合、景点联动、连锁服务等，形成旅游城市联盟，打造互补式的组群旅游城市；

进入长三角竞合区域，与长三角旅游区其他主要旅游目的地错位发展。即选择浙江的特色旅游资源，通过高水平的创意策划形成与长三角旅游区主要旅游目的地间的差异化旅游精品。

浙江省的应对策略之二——合作互动策略

主要措施包括：

通过加强与上海的互利合作，进一步提升入境旅游吸引力，大力拓展海外客源市场；

与上海共同开发近距离客源市场，打造沪杭环都市区域游憩带，加速推进浙江旅游产品由传统观光型向休闲度假、商务会议、现代娱乐、运动康疗等多元化、组合型休闲游憩产品转变；

通过长三角无障碍旅游圈的打造，在旅游基础设施和服务设施建设方面与上海接轨，改善浙江省旅游环境，促进浙江旅游服务标准的提升。

4. 浙赣闽皖旅游协作区

位于浙江省南部和西部的福建省、安徽省、江西省拥有丰富的旅游资源及世界级品牌旅游地，武夷山、黄山、九华山、庐山、鄱阳湖、井冈山等旅游地知名度很高，但由于区域经济实力较弱，旅游产业发展不平衡，综合实力不高。

在浙赣闽皖四省区域格局中，浙江省发展定位为：四省边界旅游要素集聚区，旅游组织、集散与服务中心，国家级/世界级精品旅游线路的一体化区域。

浙江省的应对策略之一——旅游资源空间无限化策略

利用空间上浙、赣、闽、皖的临近关系，形成旅游组合区域，如"山江城"联合（通过水系联系安徽省的黄山和浙江省的杭州市，实现强强联合，打造华东旅游线的新热点）；进一步加大四省间旅游经济的交流合作，使浙江省的信息、管理、资本的优势得到充分发挥，以浙江旅游综合实力带动安徽、江西旅游发展；借助赣、闽、皖的优势旅游资源，通过旅游资源的空间延伸弥补浙江省没有世界级震撼力旅游资源的遗憾，即旅游资源空间无限化，最终实现四省优势互补，旅游发展"互利、共赢"局面。

浙江省的应对策略之二——要素集聚与组织、集散中心发展策略

针对旅游要素投资相对分散化的特点，利用浙江省民间资本雄厚的优势，在杭州、宁波、温州、衢州、湖州、金华建设六大旅游要素集聚基地，结合典型江南特色的生活文化旅游产品的开发，进行旅游资源的空间延伸和旅游线路的跨省组织，由此弥补浙江世界级旅游资源不足的劣势，实现旅游产业的分工与合理布局，形成长三角区域的旅游产业支持中心。

5. 浙闽台海洋旅游区

福建省处于衔接长三角和珠三角的核心地段，拥有世界遗产及丰富的海洋旅游资源，具有一定品牌影响力;台湾客源市场潜力很大。

浙江省的应对策略——"旅游—经济—政治"联动模式

即旅游、经济、政治循环带动,相互促进模式。利用闽浙的特殊区位,取得中央政府的支撑,以海为纽带,以沿海大通道为轴线,通过台海两岸合力开发、闽浙资源互补,组建东南沿海黄金旅游线,实现该区域的旅游业快速发展。

6. 沿运河旅游协作带

浙江作为大运河流经的六个省市之一,成为大运河旅游带的重要开发地域之一。尤其作为京杭大运河终点的杭州市,在运河旅游带开发中具有不可取代的地位和重要意义。

浙江省的应对策略——区域联动发展策略

以运河物质文化和非物质文化为载体,与山东省和江苏省共同开发旅游产品、共同举办旅游活动、共同拓展旅游市场,形成以运河为纽带的旅游协作带,进一步提升运河旅游的品位与形象,提高运河旅游在国内外客源市场的知名度。

7. 环太湖旅游协作区

太湖周边地区积聚了丰富的自然、人文旅游资源,环太湖区域依托城市具有较好的风景游赏、休闲度假环境,苏州、无锡、湖州、嘉兴等城市在华东快速公路网络的联系下,具备构筑环太湖区域旅游协作区的基础条件。

浙江省的应对策略——品牌共塑发展共赢策略

依托湖州的丝茶竹笔文化和生态休闲产品,进一步加强与江苏的合作,依靠品牌特色提高在环太湖地区旅游发展中的分工地位,携手打造更具市场竞争力的环太湖旅游品牌。

四、旅游协作重点建设区域

城际交通网络和快速旅游通道使得浙江省与周边地区的联系更加频繁和便捷。依托区域旅游资源和旅游功能的互补性、旅游设施与服务的一体化、上海口岸与旅游入口通道的共享形成浙江省与周边省市的省际旅游发展协作区域。规划期内重点建设"两带三区"的区域旅游协作地域,即沪杭环都市区域游憩带、沪浙闽沿海旅游协作带、苏浙环太湖旅游协作区、浙赣闽皖边界旅游协作区、浙南—闽北旅游协作区。

1. 沪杭环都市区域游憩带

在沪杭快速铁路交通联系的基础上,上海与杭州的空间联系距离将在1.5小时以内,上海、杭州两大都市的城郊游憩圈将在最大程度上交叉重合,尤其杭州市及近郊区将成为上海都市客源近程出游的腹地。

在此趋势下,整合环太湖、钱塘江北岸、天目山北缘三个片区的风景游赏、休闲度假资源,打造以上海、杭州为核心的环都市区域游憩带,打造浙沪城郊旅游与现代休闲旅游协作区域。

构筑上海—嘉兴—杭州、上海—苏州—杭州、上海—杭州—绍兴、上海—杭州—宁波等区际城郊游憩游线。

2. 沪浙闽沿海旅游协作带

浙江和福建是中国海岸线长度最长的两个省份，两省大陆、海岛的海岸线共长万余公里，丰富的海湾、海岛、岸线资源构成了国内最为壮观的沿海旅游资源集聚区，随着杭州湾大桥的竣工、沪浙闽沿海公路交通大通道的建设，打造沪浙闽沿海旅游协作带成为可能。

在上海、宁波、台州、温州、福州、厦门等沿海旅游城市的带动下，构筑以旅游城市为核心的沿海旅游区域，通过城际交通网络的串联，打造沪浙闽沿海旅游协作带。

构筑上海—宁波—象山—台州—玉环—温州—宁德—福州—泉州—厦门的沿海旅游大通道。

3. 苏浙环太湖旅游协作区

在旅游资源互补的基础上，依托上海—南京—杭州大都市群，将苏、无的园林文化和嘉兴的水乡古镇文化、湖州的太湖文化产品进行整合提升，注重休闲度假氛围的营造，注重环太湖旅游环境和形象的整体塑造，打造都市近郊的环太湖休闲旅游协作区域。

构筑上海—苏州—无锡—宜兴—湖州—嘉兴—杭州以及南京—湖州—嘉兴—苏州—无锡环太湖风情旅游线路。

4. 浙赣闽皖边界以金华、衢州为中心的旅游协作区

浙西、皖东南、赣东北、闽西北区域集聚了众多高等级旅游资源，拥有两处世界遗产地，主要旅游资源包括安徽黄山、杭州千岛湖、衢州江郎山、龙游石窟、江西景德镇和婺源、福建武夷山等。但该区域经济基础较为薄弱，旅游产业综合实力不高。

浙江省的金华、衢州两市在这个区域具有极好的区位条件，是皖赣闽和长三角地区联系的枢纽通道。金华作为浙江省中西部的中心城市及国际化旅游中心城市，衢州作为四省边境中心城市，可发挥浙江省综合经济实力的带动作用，共同打造服务于浙西、皖东南、赣东北、闽西北区域的旅游组织集散与服务中心，通过旅游功能互补策略，形成旅游资源空间延伸、旅游要素集聚的旅游协作区域，实现区域旅游产业的合理分工布局。

构筑金华/衢州—千岛湖—黄山、金华/衢州—婺源—景德镇、金华/衢州—上饶—武夷山的浙皖赣闽区际游线。

5. 浙南—闽北旅游协作区

浙江南部地区与福建宁德地区具有山岳生态、廊桥文化等旅游资源的互补和组合条件，在温州旅游目的地城市的带动下，可以打造成为以文化生态为主题的区域旅游协作区。

构筑温州—泰顺—宁德、温州—景宁—庆元—建瓯区际游线。

五、区域旅游协作的措施与保障

1. 市场协作系统

（1）塑造长三角旅游品牌形象

长三角旅游经济在利用空间上具有整体性，在文化上具有同源性，在旅游资源上有很强的互补性。各地在努力塑造自己旅游形象的同时，忽略了区域整体形象的塑造，从而导致长三角至今没有确立一个能够概括该区域旅游资源整体特色的旅游形象。因而,长三角区域旅游发展应告别单打独斗的时代,打破行政区划界限,将一个鲜明而有说服力和吸引力的旅游形象推介给国内外旅游者,打造区域旅游品牌,共同培育旅游市场。尤其在面对海外市场时,统一的品牌宣传有利于提升整体竞争力,打造长三角国际著名旅游品牌。浙江可根据自身的资源产品特点,围绕长三角的旅游品牌制定系列的宣传推广协议和方案。

(2) 共推精品旅游线路

开发旅游线路时要注重旅游资源上的互补性,注重交通上的可达性与可循环性以及旅游整体促销的作用等,设计逗留型线路或周游与逗留相结合的线路,避免以行政区域代替客观上的旅游区域分割旅游线路等。浙江与江苏、上海、安徽、江西、福建等省市在地域空间上具有较强的地缘旅游经营销售关联,无论从旅游产品的整体组合还是从各自产品的特色上,都应该与周边地区进行跨行政地域的线路产品联合。如杭、苏、沪组成江南水乡的园林与城市景观旅游线、浙北与黄山组合成青山秀水旅游线等产品,加强浙北与苏南、上海,浙西北与安徽,浙南与闽北,浙西与江西之间的区域精品线路打造。

(3) 区域市场联合营销

区域旅游联合促销要坚持以市场为目标,以产品为中心,以企业为主体,以共同利益为连接纽带,组织旅游业各要素、各环节、各地区、各景点、各旅游企业和相关部门形成促销整体,共同去客源市场促销,以利用有限的经费,取得最大的效果。区域市场联合营销重点包括:

举办区域旅游交易会。整合区域各式各样的旅游交易会,集中打造泛长三角区域旅游交易会,与中国国际旅游交易会交替隔年举行,在苏、浙、沪、皖、赣、闽等省市的各大旅游城市设立分会场,达到交换旅游信息、宣传旅游产品、提高区域旅游知名度的目的,为区域旅游协作搭建平台。

建立旅游企业联合促销联盟。有实力的旅游企业可进行战略伙伴选择,建立联合促销的战略联盟。根据企业的产品市场共性,一起确定旅游产品的定位与品牌口号,彼此配合宣传。在联合促销过程中,可采取多种促销战术,如价格优待券与附赠品积分票、在报纸、杂志、电视上做广告、旅游产品的捆绑式销售、慈善捐助、共同寻找旅游产品广告代理商等。

搭建多层次联合促销网络。一是长三角区域内联合促销网络,集中在一个区域(如上海外滩或东方明珠塔附近)设立固定的大型旅游展位,开展各省市旅游品牌主题宣传月、市县旅游文化宣传周等活动,适时推出各省市的旅游精品线路及不同主题的景区点组合线路,集合各市县的力量,使有限的宣传经费发挥更大的经济效益。二是面向国内的联合促销网络,即与国内其他客源地的旅游企业建立一定的利益关系,共同促销。在国内旅游主要客源地相应设立定点宣传机构。三是面向国际的旅游联合促销网络,即在主要客源国设立专门的常驻机构,积极主动与其他行业的驻外机构或国外大旅行社集团建立长期合作关系,对区域旅游精品线路进行经常性的推介活动。

举办多样化的旅游促销。面对多元化的旅游客源市场和消费需求,在加大宣传促销投入的同时,也要以多元化的方式寻求实效的提高。出版跨区域的旅游地图和专题旅游手册;大众传媒版面互换、频道互换;饭店、景点内互置旅游宣传促销品;各地联合制作宣传资料,共同拍摄旅游宣传片等。

2. 旅游企业协作系统

(1) 实行综合型旅游企业网络化经营模式

浙江与周边省市的旅行社、饭店、景点、航空等旅游及相关企业相互合作,发挥专业长处;在资产雄厚的情况下,进行资产一体化旅游企业组织网络建设;建设以旅行社的经营网络或饭店的经营网络为基础的品牌一体多元化经营网络；加强航空、饭店、景点等诸方面的一体化，打造综合性旅游集团。

(2) 打造区域旅游企业群落

按照已有旅游企业的实力、旅游资源的可获得性、旅游企业发展潜力，合理布置旅游企业的空间结构。从垂直关系来说，包括旅游企业的上游企业部门，如旅游纪念品生产厂、饭店机械设备供应厂等，以及下游的顾客。从横向关系说，包括提供互补产品的制造商，或有相关技能、技术和共同投入的属于其他产业的公司，如保险公司、咨询公司等。此外，还包括政府和其他提供专业化培训、教育、研究与技术支持的机构，如大学、旅游培训机构及各类与旅游相关的协会。这些机构共同组成一支立体作战军团，既激烈竞争又相互合作，从而以网络经营合作的方式赢得旅游企业与旅游产业的国际国内竞争优势。

(3) 培育连锁经营企业

进一步深化旅游企业体制改革和机制创新和管理创新。通过联合、重组等方式，整合企业资源，建立规范的现代旅游企业。积极鼓励浙江省各城市的饭店和旅行社以连锁经营和异地设立分社的方式参与一体化进程，培育和发展集团化、国际化、品牌化、网络化的大公司、大集团，增强市场竞争能力。

3. 硬件支撑系统

(1) 交通系统无缝对接

构筑长三角内部交通体系及对外交通网络，组成以各地旅游集散中心为发散点的旅游交通网络，通过轨道交通及城内交通系统连接对外交通网络。加强市域内高速公路、铁路、航线、轨道交通的无缝对接，使市内公交体系及轨道交通与旅游集散中心、交通中心相接，推进城市间旅游交通的发展。

(2) 标识系统的统一化

使用统一旅游公交系统、公交标识系统及标准化车上解说，与一体化的旅游产品结合统筹安排旅游公交线路，拓展各地公交IC卡合作的领域。使用统一符号系统，进行交通导引解说系统、接待设施中的解说系统、景区解说系统、印刷物解说系统的一体化设计。

(3) 旅游集散中心建设

尽快构建或完善浙江省各城市的集散中心，实现与周边省市旅游集散中心的双向互动。集散中心具备旅游景区点的客运功能、中介服务功能、综合服务功能、车辆维修功能，提供与本地及区域内其他旅游地联网的票务、预订、咨询服务。

4. 软环境保障系统

(1) 区域管理协调机制

首先从制度规则上入手，消除存在于行政区之间的无形壁垒。提供一个区域无差异的政策制度环境，这也是构建低交易成本的区域统一市场的前提条件和基本保障。

(2) 政府整合

从区域整体利益出发，梳理现有的地方性政策和法规，制定区域统一的旅游管理法规和旅游产业发展政策，进一步加大政策支持力度，重点研究市场开放政策、旅游交通准入政策、旅游企业开放政策、旅游汽车异地租赁政策、旅游资源重组配置共享政策、旅游产品开发鼓励政策，用制度和政策保障旅游一体化的进程，为区域旅游经济发展营造一个良好的体制环境和政策环境。在具体运作上需要调整目前的职能机构设置，成立统一的、跨区域的旅游职能机构，取代目前分头管理的体制框架，使原来隶属于各城市的相应职能机构成为对应的分支机构。原来的各项市场功能，由这些机构统一监督、统一管理、统一执法,以消除城市间旅游发展的明显政策差异,实现区域联合、产销联合、政策协调。

(3) 论坛促进

推进扩大后的长三角旅游城市的旅游论坛的制度化建设,商讨设立论坛秘书处,负责论坛的日常工作,包括配套的长三角旅游交易会、论坛网站等。可将论坛作为一种协作机制,每年按照不同的主题定期举办。

(4) 社会参与

鼓励组建有效的区域旅游行业协会和其他中介组织,充分发挥协会的各项功能和作用,实行区域旅游协会联合例会制度,加强联系和协调,促进地区旅游业共同发展。

(5) 区域联络协调

建立联络协调机制的合作备忘录,以推动长三角地区实现"大旅游圈"的目标。具体内容包括建立双方高层年会制度,制定协调程序和办法,建立联络员制度。同时做好区域联络协调机制的相关配套服务工作,制定系列措施。

(6) 培育区域旅游经济发展竞合精神

无论是各级政府,还是旅游企业或中介机构,都要不断提高自身的文化素养、信息意识和信息吸收能力,以全新的开放观念、竞争观念、协作观念、市场观念、效益观念等投入区域旅游协作建设。

(7) 人才管理共培互流机制

建立长三角人力资源共享的健康体制,开展全面的人才服务合作。依托各地旅游院校、专业及培训机构,优势互补,共同培养人才。特别应针对旅游新业态进行广泛人才合作,实施人才互流机制,统一管理旅游人才。

在宽松的机制下允许人才在长三角各城市间健康流动;互相推广成功培训,联手培训,共同合作提高旅游人才素质;统一服务人员资格认证考试,完善资格证书的互认、衔接和联网检查;推出共同服务规范;建立旅游人才库;实行柔性人才政策,对人才的使用和管理允许短期或临时"拆借",在重大项目上综合调配人才。

(8) 信息共享,网络共建

打破信息封锁,保证有关的政策文件、统计资料和行业动态能够及时相互传递,互通有无,强调信息公开、透明,强化信息资源的互通共享。将旅游咨询系统、旅游交通和旅游业管理系统、电子商务系统结合起来,组建全国乃至全球旅游销售网。

(9) 统一市场分析系统

统一各地旅游统计口径,建立独立的旅游市场统计表,进行统一的市场统计,以评估营销效果及制订下一步营销策略。

第十四章 近期行动计划

一、构建新旅游产品体系

1. 启动高端旅游产品建设项目

按照"高端化、特色化、精品化、效益化"四大原则,以高端旅游产品培育、传统旅游产品提升、特色旅游产品开发为重点,构建多层次、多功能、结构优化的旅游产品体系,重点沿杭州湾地带形成若干旅游产品集群,显著提高浙江旅游产品的国际竞争力。

(1) 引导邮轮游艇旅游产品建设

培育和引导邮轮游艇旅游有序发展。依托宁波象山港、舟山群岛、温州洞头半岛优良的港口、港湾条件发展至香港、东南亚和我国东南沿海主要城市的邮轮旅游产品,近期做好邮轮停靠泊港岸线和用地的规划预留和开发的前期研究工作。适应长三角和东部沿海地区高消费人群日益增长的消费需求,在沿海、内河、内湖有控制地建设游艇基地,引导游艇度假旅游发展。

在国家宏观政策调控允许的情况下,积极推动高尔夫运动休闲项目的建设。

(2) 发展高端度假型和高端置业度假型旅游产品

以之江国家旅游度假区和已经批准建设的14个省级旅游度假区为主要基地,稳步发展会议商务型酒店、度假型酒店、产权型酒店、连锁型经济酒店等项目,逐步形成较大规模的酒店集群,增强对国际游客及国内高端游客消费群体的吸引力。

2. 提升和优化以资源、环境为基础的传统旅游产品

通过资源与环境的整合与优化,产品的地方性、文化性和体验性三大特征的强化,对自然观光、文化旅游、商务会展、乡村旅游和滨海休闲旅游等产品系列进行全面提升,重点加强文化观光、商务会展产品的开发。

(1) 实行文化观光产品的深度开发

注重观光产品与休闲度假产品的结合。加强文化内涵的挖掘,尤其是对非物质文化资源的有效利用,重点挖掘茶文化、丝绸文化、古越文化,通过各种艺术形式和活动,实现文化资源向旅游产品的转化,构建具有文化内涵的观光旅游产品系列。大力推进都市文化旅游产品的建设,通过举办具有国际影响力的大型文化旅游活动,包括高水平的艺术节、旅游节、服装节、电影电视节等国际性重大文化活动,推动杭州、宁波和温州等中心城市文化设施的旅游功能建设,提升城市的旅游知名度。构建省级图书馆、博物馆、档案馆、文化馆、美术馆、文化广场等文化设施的旅游功能建设,重点建设一批遗址性、专业性博物馆。

(2) 大力培育商务会展产品

依托中心城市和商贸类城镇,以民营经济特色为基础,以商务活动和特色商品市场为主体,开发会展、考察、度假、游憩与旅游购物等系列化的产品与服务。通过政策、价格等方面的引导开设商务会展旅游产品的"绿色通道";提升完善现有商务、会展旅游配套硬件设施。

以义乌—东阳商贸文化旅游区为核心吸引物,以温州、宁波、台州等市区为二级目的地吸引物体系,推出一批商贸会展旅游精品。

改善商务购物旅游环境,重点打造商务购物旅游。以大量专业市场为基础,推出鼓励性政策,推动专业市场发展面向游客的旅游零售业,发展集观光、休闲、游憩、商务会展、餐饮购物、文化游乐于一体的购物旅游。以义乌、温州、上虞、慈溪、舟山、海宁、余姚等市县为重点启动购物旅游发展;突破专业市场批发为主的限制,提供优惠政策,鼓励为旅游者服务的零售商业的发展。

(3) 构建特色旅游城镇群

构建具有时代精神和历史文化底蕴的特色旅游城镇群。进一步加强对历史文化风貌区和优秀历史建筑、历史文化名镇和有历史特色村镇的保护,将有历史文化价值的风貌区和建筑列入保护和旅游开发范围。根据各城镇的功能定位和环境资源优势,营造整体环境优良、城镇风貌特色鲜明的旅游城镇新景观。

二、率先形成八大旅游板块,二十个重点旅游区

围绕全省建设"三带十区"旅游发展总体格局,以旅游经济强省建设为总目标,按照"布局优化、资源共享、优势互补、区域联动"的要求,以城市为中心,以优势旅游区和度假区建设为依托、以重点项目建设为抓手,加大开发力度,加快资源优势集聚,率先形成杭州国际休闲旅游、宁波港城商埠旅游、温州山水风情旅游、浙北古镇运河古生态旅游、绍兴文化旅游、浙中商贸文化旅游、舟山海洋佛教旅游和浙西南生态休闲旅游8个旅游板块,争取新创建5～10个5A级旅游景区。

1. 强化和提升优势旅游区建设

(1) 杭州大西湖旅游区

围绕国际风景旅游城市建设目标和"东方休闲之都"旅游主题,整合西湖、西溪、运河以及之江旅游度假区,打造观光、休闲和会展三位一体、具国际影响力的大西湖旅游品牌;大力发展商务会展业;完善博物馆、纪念馆、名人故居的建设配套;深度开发都市观光、购物、美食和文化旅游产品,建设环城休闲游憩带;建设旅游要素集聚区,促进旅游产业集群化发展。

(2) 天目山生态休闲旅游区

充分利用天目山优越的生态环境优势,大力发展观光休闲产业,重点推进天目山生态休闲度假产品的深度开发,打造具有国际影响力的生态旅游目的地。

(3) 宁波跨海大桥旅游区

充分利用杭州湾跨海大桥建设形成的发展新机遇,发挥两岸丰富的旅游资源优势,大力发展大桥观光、商务休闲度假、乡村生态休闲等旅游产业,打造成为新兴的商务休闲度假旅游胜地。

(4) 象山湾滨海度假旅游区

充分利用沿海交通廊道规划建设带来的发展契机,立足"长三角滨海第一度假地"的发展目标,以松兰山海滨旅游度假区和石浦渔港风情游览区的品牌提升和包装为核心,初步形成以海洋生态和渔文化为特色的度假旅游胜地。

（5）雁荡—楠溪江文化生态旅游区

以打造"山水浙江"品牌的形象区域为目标，加强地域文化特征和景观特征的保护、旅游资源的整合、现有产品的提升、交通廊道的建设、高品质生态休闲与度假项目的引进，为申遗工作的开展奠定基础。

（6）温州海岛海滨休闲旅游区

依托洞头、南麂岛以及苍南鱼寮等丰富的海岛海滨旅游资源，大力发展海滨休闲度假产业，打造具有区域影响力的海洋旅游目的地。

（7）义乌永康商贸文化旅游区

充分发挥区域空港和公路枢纽的交通优势，以义乌中国小商品城、永康中国科技五金城和永康方岩等商贸与文化载体为核心，依托周边生态与度假资源，着力打造地域文化特色鲜明的国际性商贸与文化旅游目的地。

（8）东阳横店影视旅游区

充分发挥横店影视城的规模集聚优势，继续推进大型影视旅游项目建设，打造国内规模最大、最具影响力的影视旅游基地。

（9）绍兴水城越都旅游区

以水乡环境为背景，以绍兴古城为依托，围绕"水城越都，人文绍兴"旅游主题，以鲁迅故里、府山越国遗址、书圣故里、镜湖湿地等历史文化和生态资源为核心，打造国内外知名的文化旅游目的地品牌。

（10）乌镇—南浔—西塘古镇旅游区

充分发挥优越的交通和市场区位条件，立足于区域协同发展，将南浔、乌镇、西塘与江苏的同里、周庄、角直，上海的朱家角等历史文化古镇整体打造成为以"中国江南水乡"为品牌、以江南水乡风情体验为特色、自然与人文和谐交融的文化休闲旅游功能地域。

（11）嘉兴南湖红色旅游区

依托嘉兴南湖底蕴深厚的红色旅游资源，整合提升景区环境品位，形成国内知名的红色旅游区。

（12）湖州自然生态旅游区

利用莫干山风景区、下渚湖湿地、长兴"金钉子"地质公园、银杏古生态自然环境以及安吉优越的生态旅游资源，进一步完善旅游服务设施和旅游休闲功能，形成国内品质一流的自然生态旅游区。

（13）江郎山—廿八都风景旅游区

整合江郎山、仙霞关、戴笠老家、廿八都镇等资源，重点开发以江郎山为代表的山水风景旅游产品，以廿八都为代表的古村镇旅游产品，以戴笠老家为代表的传奇文化旅游产品。

（14）龙游石窟运动休闲旅游区

在充分发挥龙游石窟景区现有品牌效应的基础上，大力拓展健身休闲运动旅游功能，进一步提升环境品位，打造具有国内影响力的特色旅游区。

（15）缙云仙都风景旅游区

开发具有自然山水和乡村特色的休闲度假地域，并结合黄帝文化体验、风景名胜资源的观光游览与登山健身、休闲娱乐等活动，打造丽水旅游的核心景区。将现有过境路外迁，建设自驾车营地，完善旅游区配套设施建设。

（16）遂昌山水金矿旅游区

充分发挥遂昌金矿、神龙谷以及南尖岩景区的旅游资源优势，大力推进度假休闲旅游设施建设，进一步加强旅游线路整合，形成具有区域特色的旅游品牌。

（17）台州"天仙配"山水观光旅游区

加强"天仙配"品牌的整体包装，进一步强化天台、仙居、临海以及新昌的旅游资源与配套设施互补发展的合作伙伴关系。加快天台至仙居的高速公路建设，推进天台、仙居和临海的旅游环线建设，并配套建设临海综合接待中心，以及天台和仙居两个游客中心。

（18）台州海滨—大陈岛旅游区

依托区域发达、成熟的旅游网络体系，充分挖掘地区商贸文化与渔业文化、红色文化，利用沿海优势与海岛资源，以海岛体验、海上游钓、海滨观光为主要产品特色，使之成为长三角地区著名的海洋海岛休闲度假旅游区。

（19）普陀宗教文化旅游区

以普陀山、舟山渔港以及朱家尖为核心，进一步提升"舟山群岛—海天佛国、渔都港城"旅游形象，深度开发宗教旅游产品，重点打造海岛休闲和海鲜美食两大品牌，推动宗教文化与海洋文化的有机结合，成为在国内外有较大影响的宗教朝圣、海岛休闲基地。

（20）嵊泗—洋山港休闲旅游区

以东海大桥为桥梁，以洋山深水港建设为机遇，充分挖掘渔乡文化与海岛海礁资源，以海港购物、海空漫游、外岛观光、海钓休闲为主要产品特色，进一步树立和明确"南方北戴河"、"天然海滨浴场、海鲜美食风情"等主题形象，使之成为连接上海与浙江的一颗"海上明珠"。

2. 进一步加强旅游度假区建设

（1）千岛湖旅游度假区

在进一步有效保护千岛湖自然资源与环境的同时，提升和丰富旅游主题内容，深度开发生态观光、生态休闲和会议度假旅游，建设完善的旅游基础服务设施，发展高品位和个性化的主题酒店、度假村、游艇俱乐部等休闲度假项目，成为长三角地区湖滨型首选观光度假地。

（2）湘湖旅游度假区

利用举办2010年世界休闲博览会的有利时机，充分挖掘度假区内的历史文化资源，整合东方文化园、休闲博览园等优势资源，在外部环境不断完善的基础上，加快星级酒店及休闲娱乐项目建设，依托杭州市的城市品牌和客源优势，将其打造成为国际休闲度假旅游基地。

（3）东钱湖旅游度假区

依托东钱湖优美的山水风光及周边丰富的历史文化资源，结合宁波市的城市建设和发展，大力开发观光、水上运动、城郊休闲、高尔夫等项目，不断完善旅游基础设施和服务设施，将东钱湖打造成集观光、休闲、度假于一体的国家级旅游度假区。

（4）湖州太湖旅游度假区

充分发挥湖州太湖旅游度假区紧邻江苏和上海的交通区位优势，加快发展体育运动、游艇俱乐部、会议度假、高尔夫等休闲度假项目，完善度假环境和旅游服务设施，使之成为我国著名的运动型旅游度假基地。

(5) 九龙山旅游度假区

充分利用优越的自然生态环境和区位优势条件，加快海水净化、度假酒店、游艇码头等工程项目建设，积极开发海上运动、邮轮游艇、高尔夫等高端休闲度假产品，发展成为面向高端消费群体的长三角著名滨海型旅游度假地。

(6) 会稽山旅游度假区

突出以大禹文化、古越文化、宗教文化、名士文化和山水文化为背景，依托大禹陵、香炉峰、宛委山、石帆山、越国遗址等优势资源，大力发展文化旅游度假、生态旅游度假、现代旅游度假等项目设施，建设长三角地区文化与山水相结合的特色旅游度假区。

3. 突出重点旅游项目建设

在大力推进八大旅游板块建设的同时，突出以重点项目建设为抓手。五年内，投资1 275亿元，重点建设35个投资规模大、覆盖区域广、项目类型优、带动能力强的旅游大项目，以此加快旅游资源优势集聚，进一步做大做强旅游产业规模，优化旅游产业结构，增强旅游产业优势。35个单体投资超10亿元的大项目中，休闲度假项目22个，总投资近860亿元。涵盖了保健康体、温泉养生、邮轮游艇、置业旅游、高尔夫旅游等一大批高端度假旅游产品，以及都市休闲、温泉休闲、海洋湖泊休闲、山地休闲、森林休闲、乡村休闲等适应大众休闲需求的系列旅游产品。在产业链条上，35个大项目主要涉及温泉酒店、休闲度假、商务旅游、旅游演艺等，将进一步丰富旅游产品的内涵和外延，拉长旅游产业链条，推动浙江旅游产业的转型升级；同时，为各地旅游经济新一轮的发展提供强大引擎，有助于在全省范围内建立起以精品和名品主导的旅游产品体系，加速形成格局特色、分工合作的"三带十区"旅游经济发展格局。近期重点建设项目见表1-2-59。

表1-2-59 近期重点建设项目 单位：亿元

项目名称	总投资	项目名称	总投资
杭州紫金港旅游集散中心	20	宁波东钱湖旅游度假区	200
杭州西溪湿地二三期工程	100	宁波四明山度假基地	12
杭州湘湖度假区二期工程	40	宁波慈城古县城综合保护开发	25
温州三垟湿地	50	宁波象山半边山旅游区	20
温州瓯江旅游度假区	50	绍兴嵊州温泉湖旅游度假区	25
温州南塘街改建工程	30	绍兴会稽山度假区休闲项目	30
湖州南浔古镇综合开发工程	23	绍兴镜湖城市湿地公园	50
湖州下渚湖湿地景区	14.6	绍兴柯岩—鉴湖度假区综合配套项目	15
湖州太湖旅游度假区	38	诸暨西施故里景区二期工程	15
湖州温泉高尔夫二期	10	嘉兴平湖九龙山度假区	12
湖州吴兴西山景区开发	10	嘉兴运河古城景区	16
东阳横店中国圆明新园	200	台州中国民营经济发展论坛	10
金华仙源湖度假区	25	台州神仙居旅游度假区	12
武义温泉度假区	12	舟山鲁家寺整岛开发	20
丽水滩坑水库景区	50	舟山朱家尖蜈蚣峙旅游集散中心	12
丽水市生态河川旅游区	50	衢州古城旅游区开发	20
丽水云和湖旅游度假区	25	开化浙皖赣旅游集散中心	18
缙云仙都景区深度开发	17		

三、着力培育强县强镇特色村,做大做强重点旅游企业

全面实施旅游"十百千"工程,着力培育一批旅游经济强县、旅游经济强镇和特色旅游村,为加快建成旅游经济强省奠定坚实的基础。以优化县域产业结构为切入点,以资源丰度高、发展动力强、发展速度快、发展潜力大的旅游大县为主要对象,创建10~20个名副其实的旅游经济强县;结合城镇建设,以城镇产业转型和结构优化为切入点,创建一批特色旅游强镇;结合社会主义新农村建设,以调整农村产业结构和帮助农民脱贫致富为重点,依托当地旅游资源和原有"农家乐"旅游的基础,培育一批特色旅游村。

提高旅游企业竞争力,是加快旅游经济强省建设的关键环节。为做大做强旅游企业,一方面,要大力实施"引进来"和"走出去"的双向开放战略。鼓励民营资本和外资对旅游企业进行收购、兼并。鼓励开元旅业集团等有影响力、有实力的旅游企业在全国率先走出去,构筑跨国、跨地区经营体系,把产业链及资源配置的范围扩大到海外,抢占国际旅游市场的制高点。另一方面,积极支持和培育杭州旅游集团、开元旅业集团等十大各种所有制旅游企业集团做大做强,尽快形成一批实力雄厚、竞争力强、在国内具有较高知名度和影响力的旅游大企业。积极鼓励旅游企业抢占资本市场,争取近五年内全省三至五家旅游企业上市。

四、大力推进旅游国际化

1. 着力提升旅游城市的国际化水平

以杭州、宁波、温州、义乌等国际化程度相对较高的城市为先导,大力推进旅游功能建设、产品建构、管理服务等方面与国际接轨。通过努力,率先打造杭州西湖—千岛湖休闲旅游、宁波—舟山宗教海洋旅游、温州国际商务旅游、义乌购物天堂旅游和绍兴文化旅游等一批重要的国际旅游目的地,形成浙江旅游个性鲜明的国际旅游发展新吸引点、兴奋点和突破点。

2. 加大国际旅游市场营销力度

本着务实高效的原则和"立足亚洲、拓展欧美、培育澳非"的总体营销策略,加大国际客源市场的宣传营销力度,根据不同国家和地区游客的需求特点,创新旅游营销方式,加强节庆、会展等旅游载体建设,提高旅游促销效果,努力实现入境旅游客源市场的多元化,提高浙江国际旅游的总体发展水平。

3. 主动对接奥运和世博,提升国际影响力

国家旅游局已分别启动了奥运旅游推广计划和世博全球旅游推广计划。应紧紧抓住这一难得的发展机遇,主动对接2008北京奥运会和2010上海世博会,共享奥运会和世博会带来的辐射效应和后续客源。一方面,要全力打造和组合推出更具市场吸引力的浙江奥运品牌、世博品牌的旅游精品;另一方面,要加强与奥运会、世博会举办城市的交流与合作,制订行动计划,广泛开展各类活动,借此提升浙江旅游的国际知名度。

(1) 面向2008年奥运会的事件响应计划

• 政府推动的奥运旅游联席会议

成立政府推动的奥运旅游联席会议,由两地政府直接领导,旅游局和相关部门积极参与。出台奥运会旅游合作的政策,签署协议,制订行动计划,并定期进行协商活动,实现互利互惠,共享奥运会带来的辐射效应和后续客源。

• 旅游经济的战略合作

在政府的积极推动下,借助市场机制,开展政府、企业、社会等多层面的商业赞助和旅游经济合作运营。包括商业赞助运营、企业联盟、资源和信息共享、推出主题性组合产品和客源互动、畅通奥运金旅工程等方式。

商业赞助运营——首先根据奥组委对赞助商的要求,拟定赞助意向书,再同北京奥组委商榷具体事宜。由政府出面展开谈判,争取2007年同北京奥组委确定赞助合作关系,制定详细的赞助方案。赞助方可以是联合市政府、旅委、相关行业协会、民营企业等实体的集合体,通过赞助积极参与奥运会经济运营,在旅游产品、交通、接待、服务等方面进行深层次的商业运作。赞助内容可包括以下几个部分:直接经济赞助;旅游产品赞助;旅游纪念品赞助等。

企业联盟——加强两地旅游景区、饭店、旅行社等企业和协会组织的互动,互惠互利,吸引大型的旅游集团企业投资浙江,推动产业资源的重组与整合,打造奥运旅游服务的产业巨头。

资源和信息共享——浙江根据北京奥组委给予赞助企业的承诺,将在奥运会形象、品牌产权和信息资源、营销等方面获得相应的回报。包括:使用北京奥组委和/或中国奥委会的徽记和称谓进行广告和市场营销活动;享有相关场所的营销活动参与权;享有特定产品/服务类别的排他权利;获得奥运会的接待权益,包括奥运会期间的住宿、证件、开闭幕式及比赛门票,使用赞助商接待中心等;享有奥运会期间电视广告及户外广告的优先购买权;享有赞助文化活动及火炬接力等主题活动的优先选择权等。

推出主题性组合产品,客源互动——在旅游产品和线路上加以差异化组合,开展两地旅行社的大力合作,采取一定的激励措施,增加相互发团的数量。在浙江省主要城市组织与奥运会主题相关的大型节庆和娱乐活动,两地互动,共推奥运。

畅通奥运金旅工程——协同交通部门,为奥运游客开辟专列火车及专机,并开辟国际直航航线,使游客在看奥运前后,到浙江旅游非常便捷。为参加奥运会的各国运动员提供免费浙江旅游的机会,并聘请一些著名运动员为旅游形象大使,采用商业赞助和标识推广等形式进行浙江旅游品牌宣传。

• 北京·浙江联合营销活动

根据北京·浙江两地旅游产品特色,进行联合营销活动。

"千年古运河"北京·浙江文化月——以北京、杭州分别是京杭大运河的起止点为宣传核心,互相展开文化月系列活动,包括风光、民俗、历史、文化、表演、美食、展览等。以运河文化提升和包装旅游产品,将旅游资源、品牌产品、文化产业整合传播。北京的长城、故宫、十三陵为代表的历史文化和民俗生活文化,浙江的山水、丝绸、茶、中国画、戏曲、古镇等为代表的艺术与生活,共同构成了个性鲜明的东方生活整体图景。奥运会前后畅游两地,即可感受中国最恢弘的历史气度和最亲切的南、北派生活。

窗口互通的媒体宣传——实行优惠政策,两地相互开放媒体宣传资源,开展城市间的公共宣传合作,相互设立宣传窗口。在奥运场馆等公共场所周边,设立浙江旅游广告宣传牌示。在北京繁华的商业地带如西单、王府井进行街头图片展。举办浙江旅游为主题的展览和销售会，重点推介大型节庆活动和主题化的产品组合。

优惠互利——策划整体产品组合，共同组团赴国外宣传。相互推出优惠政策，推出各种促销措施，形成整体价格优势。两地旅游产业密切合作，打造奥运旅游服务的便捷渠道。

(2) 面向2010年世博会的事件响应计划

- 西博会与世博会战略合作

通过世博会与西博会联合营销、双方组委会智力和资源支持、场馆互设、互通网站、优惠联合等，利用西博会、世博会这两大平台把浙江旅游的信息和吸引力最直接、最有效地传递给它潜在的消费者。

世博会与西博会联合营销——更广泛层面上的营销宣传合作，如组合品牌、每年西博会期间发放世博会广告和宣传册、联合开展海外推销活动的联合等。

智力和资源支持——双方组委会加强经验和人才交流，开展活动策划、文化资源、演出团体、销售渠道等方面的信息交流与合作。

场馆互设——西博会和世博会期间，双方互设有关内容的介绍和展示场馆。

互通网站——双方实现网络信息的联通和共建，提供统一的信息平台，推动旅游线路的整合。

优惠措施——共同推出西博会和世博会联合的优惠措施来吸引游客，实现客源共享。

- 浙江旅游世博会专项营销

发挥政府推动作用，与世博会展开多层面的推广合作，借助世博会契机，大力营销浙江旅游，使浙江旅游国际化程度进一步提高。

举办浙江东方生活艺术文化周——在上海和国外主要客源地举办，与上海世博会的城市主题相契合，以具有东方雅致风情的生活和艺术为独特卖点，展示浙江旅游精品，提升浙江旅游的文化品位和休闲氛围，实现两大品牌的整合提升。

世博会浙江旅游版——世博会前后，在上海增加对浙江旅游的展览内容，发放包含有关旅游信息的地图和宣传册，组织演艺队伍举行专场演出，将浙江旅游精品展示给世博会游客。

全新的产品和体验——针对上海世博会客源，推出全新的产品组合，争取重游游客。如丝绸和茶文化体验、新天仙配、古运河、户外运动、红色旅游等。

世博游客贵宾计划——针对世博会游客设计的专项优惠和周到服务措施，增加旅游地好客度和游客认同感。包括：参展代表和世博会游客游浙江的优惠措施；联网互增销售渠道，开展异地购票、异地预订的产品销售合作；制作并颁发专门设计的纪念品，提升旅游满足感。

推广"浙江美景伴您同行"活动——加强与以上海为目的地的航空公司、铁路部门的合作，在国航、东航的上海航班，上海的主要铁路列车上开展浙江旅游宣传。包括：在航空电视上播放精彩的介绍浙江旅游的电视宣传片和宣传口号，赠送纪念品，制定并免费发放部分宣传画册或旅游专刊。

世博自助游黄金通道——为方便世博会自助游客游浙江，提供全方位的休闲文化活动、停车住宿、公共交通、信息和保障服务，提升浙江旅游在散客市场中的口碑。预先制定一条详细合理的旅游路线，吸引参观世博会的自助游客到浙江旅游。

立体化公共宣传——在世博会前后，政府、企业等整体塑造浙江旅游的口号和形象，利用上海城市公共空间进行集中式立体化旅游宣传。如：公汽广告、户外广告牌、电视广告、地铁广告等。

五、不断强化旅游服务配套

1. 旅游交通

近期重点构造一个覆盖主要旅游中心城市和主要旅游景区的便捷、快速、立体的旅游交通体系,形成不同交通方式之间的良好衔接。

(1) 航空交通

发挥杭州、宁波和温州三大机场的口岸优势,分别开通至欧美、澳新、东南亚等地的客运包机航班,新增或加密浙江与主要客源国之间的直飞航线或航班,进一步强化与国内其他航空门户城市或重点客源地区之间的空中快速联系。

(2) 公路交通

结合浙江"四小时交通圈"建设工程,重点发展高等级公路,进行主要旅游城市与重要景区间的旅游专用路以及各类交通枢纽旅游功能的完善配套,各地市建成1处旅游集散中心,形成省内外联系便捷的旅游交通服务网络。

(3) 铁路交通

强化杭州站等主要铁路客运站点的旅游服务功能,成为全省铁路旅游客运中心。发展城际铁路、市域轨道交通,推进城际快速旅游交通的建设,构建杭州与重点旅游城镇和景区之间的轨道交通联系。

(4) 交通服务设施

完善重要旅游交通沿线、旅游景区的旅游交通标识和服务站点建设,满足散客和自驾车旅游者的需求。

2. 旅游住宿

以市场为导向,着力建设多样化的住宿设施,优化旅游星级饭店设施的结构、档次与空间分布,近期发展重点包括:

有序推进高星级酒店的建设。近期内规划新建四、五星级高等级酒店60~80家,进一步提升旅游接待设施的整体发展水平。

大力发展特色主题酒店系列。着力发展国际连锁酒店和商务型、度假型、观光型、会议型、保健型等特色主题酒店系列,实现酒店业的国际化,引导酒店业在重点旅游城市集群化发展。

加快发展汽车旅馆。针对自驾车游客的快速增加,在主要交通干线和重点景区,发展针对自驾车游客的汽车旅馆。

发展连锁经济型酒店。主要针对学生市场,发展青年旅社、露营地等经济型酒店。引进国际经济型酒店的管理模式,提供标准化的服务。

实施绿色饭店战略。建立循环经济的发展模式,全面推行绿色饭店经营理念,强调管理规范化,服务标准化,建立资源节约型的酒店管理模式。

3. 旅行社

重点提高旅行社业的整体素质,包括旅行社品牌、规模、业务专长等,近期重点进行如下三方面的工作:

建立具有全国影响力的品牌旅行社。依托浙江旅行社现有的良好基础,继续发挥品牌优势,引进先进管理和经营理念,重视人才培养与交流,健全销售网络,创新服务,提高旅行社的行业规模、经营效益和服务水平,建立具有全国影响力的品牌旅行社。

组建专业化旅行社。针对生态旅游、乡村旅游、商务、会展旅游等不同的旅游市场,培育旅行社的专业化服务能力,积极应对浙江旅游多元化发展诉求,组建专业化旅行社。

强化行业管理。加大旅行社改革力度,鼓励合资、独资旅行社进入浙江旅游市场,引导旅行社企业并购重组,走品牌化、集团化、网络化经营之路,强化旅行社行业管理。

4. 旅游餐饮与娱乐

充分挖掘浙江各地的饮食文化内涵,积极开展特色经营,开发名品精品,逐步建设统一规范的旅游团队餐馆。

继续发挥社会餐馆的优势作用,推出品牌化、主题化、连锁型的餐馆系列,满足旅游者对浙江美食的品尝需求。

结合地方民俗和文化特色,依托城市文化设施和城市游憩广场开展丰富多彩的文化娱乐活动,加快开发"印象西湖"等一批高档次的旅游文化娱乐项目,丰富休闲活动内容,增强旅游魅力。

5. 旅游商品与购物

充分发挥浙江区块特色经济发达的优势,加强商旅互动,结合各旅游城镇商业区、商业街建设,强化城市购物、观光、休闲等综合服务功能,营造特色购物环境。

积极引导开发特色旅游商品,扶持和建设集设计、生产和销售于一体的旅游商品生产基地,推出一批对国内外游客有吸引力的旅游纪念品、土特产品和实用工艺品。

加大监管力度,建立旅游商品市场的信用管理体系,完善旅游商品售后服务保障体系。

6. 旅游产品标准化与人才建设

推动旅游产品标准化建设,包括乡村旅游标准化、度假旅游标准化、生态旅游标准化和景区建设标准化。

与国际旅游相适应,培育一批符合国际水准、满足重大国际会议会展要求、能够申办、举办重大国际会议的人才队伍。

7. 其他旅游配套设施

大力推进各地市和重点旅游县(市)旅游信息咨询服务站点建设,重点加强旅游景区在交通集散、导游服务、游程安排和受理投诉等方面的服务功能,与旅游集散中心共同形成网络化的散客服务系统。

推广实施旅游厕所星级标准,在各旅游城市、重要旅游景区和主要交通沿线改建或新建一批生态化的旅游星级厕所。

完成高速公路、一级公路、主要景区交通沿线的旅游标识牌设置工作。

建设和完善省、市、县(市、区)三级旅游信息平台,推动旅游目的地营销系统建设,大力发展旅游电子商务、网上咨询和预订服务。

第十五章　规划影响评估及实施保障

一、规划影响评估

规划实施将对浙江省国民经济和地区经济发展产生多方面的影响。与欠发达地区旅游业发展不同,浙江省旅游发展规划的实施,除了经济贡献外,更重要的是将在促进社会经济的区域协调发展、促进就业、保护生态环境和文化资源等方面发挥积极作用,从而推进区域可持续发展和协调发展。

1. 对当地国民经济和社会发展的影响

- 旅游总收入将比未规划状态下有更大幅度增长,直接导致了GDP和地方财政收入的增长,从而带来了更大的经济效益。
- 与未规划状态相比,旅游收入占GDP的比重增加,旅游产业的经济地位提升,并带动了第三产业的发展,从而有效推动了产业结构的调整和升级。
- 增加地区居民收入,成为欠发达地区居民致富的重要途径。
- 入境旅游长期发展缓慢的态势将得到较大程度的改善,入境旅游人数和旅游外汇收入大幅度增长,入境旅游在旅游经济结构中的份额将明显提升。
- 扩大当地就业。
- 温州和宁波在全省的旅游经济地位大幅度增长,衢州、丽水等欠发达地区在全省的旅游经济地位也显著提升。旅游经济发展区域不平衡的局面得到改善,从而有效推动城乡和谐发展和区域和谐发展。

2. 对当地生态环境和文化的影响

- 增进当地居民对本地社会文化的认识,促进地域传统文化的发展与保护,推动优秀地域文化的保护和传承,有利于当地社会文化和优良传统的可持续发展。
- 从全省范围内提出具有重要文化价值和旅游开发价值的文化旅游资源和文化遗产及其旅游开发思路,从而有意识地减轻旅游开发所造成的文物资源破坏、地域文化特色消失等负面影响,提供旅游开发与文物资源保护和文化传统的传承之间协调发展的有效途径。
- 从全省范围内提出生态环境敏感区、脆弱区和旅游重点开发区,通过对不同区域旅游开发强度的规划,协调旅游开发和生态环境保护之间的矛盾,减小旅游开发对地区生态环境,尤其是生态敏感区的冲击。
- 通过自然生态和人文生态资源和环境的分区保护规划指明生态保护重点区域和重要保育措施,为旅游环境保护提供有效抓手,也为旅游部门管理提供依据。
- 提出具体的环境保护目标,包括量化指标,为旅游环境保护工作提供评价依据,加强旅游环境保护的可操作性。

3. 其他影响

- 加快浙江"申遗"进程,推动浙江形成若干在国际上具有较高知名度的国际精品品牌,使浙江旅游在国际市场上树立鲜明而富有吸引力的旅游目的地形象。
- 旅游投资环境进一步优化,人居环境进一步改善。
- 明确区域旅游协作的重点区域和主要措施,有效推动区域旅游合作进程,并对区域一体化进程产生积极影响。
- 规划明确了旅游相关利益者,包括政府、旅游主管部门、旅游企业和行业协会的权责,促进各方各司其职,使得权责不清、管理混乱的现状局面得到有效控制。

二、规划实施保障

1. 组织保障

(1) 加大政府主导力度,建立和完善高效的管理体制和工作机制

加大政府主导力度,优化由浙江省人民政府牵头的旅游管理组织体系和工作机制。成立省旅游产业发展协调小组,统筹协调和领导省旅游发展工作。协调小组由省发改委、规划委、建设厅、农业厅、国土局、林业局、交通局、文化局、环保局、水利局、省海洋与渔业局等部门组成,办公室设在省旅游局,作为常设工作机构。协调小组负责研究旅游业发展的重大问题,进行科学决策,特别是协调旅游开发所涉及的各相关部门的关系,尽快形成推动旅游发展效能最大化的整体合力。

强化地、市、县各级政府对旅游业的领导,建立更加合理、高效的管理体制和发展模式。围绕建设旅游强省的目标,分解任务,明确责任,加强绩效考核,实现旅游建设和管理高标准定位、高起点发展、高强度推进。

强化旅游主管部门统筹旅游生产要素的综合协调职能和对旅游行业、旅游消费者的公共服务职能。加强旅游主管部门对旅游经济运行的监控和市场监管力度,有效发挥政府在培育市场主体、优化旅游环境、规范市场秩序、提高服务质量等方面的重要作用。

构建以全省旅游发展规划为指导,以市、县旅游产业规划为基础,以旅游区详细规划为重点的旅游规划体系。加强对规划实施的领导,及时协调解决规划实施重大问题,监督检查重大事项进展和落实情况。

(2) 明确政府、旅游主管部门和旅游企业在规划实施中的作用

明确政府、旅游主管部门和旅游企业在规划实施中的作用,优化现有旅游组织模式。政府主要职能包括促进并监督规划的实施;加大政策扶持;加大财政支持力度;协调各部门关系等方面。旅游主管部门主要职能包括旅游发展规划的制定和实施;加快创新旅游业体制和机制;加大旅游资源的整合力度;加快旅游基础设施和信息化建设;拓展国内外旅游市场,培育浙江省旅游品牌;加强法制化、标准化和规范化建设;实施科教兴旅战略;推进区域合作等方面。旅游企业要在规划的引导下,加快现代化企业建设,依法经营,创新品牌管理,努力扩大市场影响力,提升国际竞争力。

各个旅游区以及景区、景点建设和发展规划的研究和编制要与全省总体规划紧密衔接。规划中确定的目标任务,要按照分级管理的原则,列入相关单位、部门年度工作计划,制定年度重大事项实施方案

并组织落实,每年需要重点推进的重大事项,落实到牵头责任单位,确保规划目标任务有计划、有步骤地落实。

(3) 进一步发挥旅游行业协会的桥梁和纽带作用

协会要充分认识自己所面临的大好机遇和肩负的时代重任,遵照国家的宪法、法律、法规和有关政策,代表和维护全行业的共同利益和会员的合法权益,同时当好旅游主管部门的参谋和助手,努力做好服务、协调、监管、自律等工作。要全面提高自身的素质,积极发展会员单位,扩大覆盖面,树立权威性,维护企业利益,解决企业在发展运营中的问题。要努力把旅游协会建设成为"功能齐全、行为规范、运作有序、作用突出"的社团组织,为会员服务,为行业服务,为政府服务,进一步发挥在政府与企业、企业与企业、企业与其他行业间的桥梁和纽带作用。

(4) 加强省、市整体联动,积极促进区域合作

建立和完善协调省、市、部门联动机制。在旅游项目建设、市场宣传促销等方面积极促进区域合作、部门合作、跨行业合作。突破行政隶属观念,强化区域统筹;突破行业部门界限,强化整体联动;突破常规工作方法,强化创新思维。通过联席会议等有效组织形式,积极消除体制障碍,建设统一、开放、竞争、有序的现代旅游市场体系,为跨地区的旅游产品经营、旅游交通组织以及组建跨地区的大型旅游企业集团营造良好的发展环境。

(5) 加强监督

加强舆论监督。充分利用各种媒体,及时发布各类信息,加强规划实施宣传,让更多的社会公众通过法定程序和渠道参与规划实施的决策和监督,推进公众参与的规范化、制度化建设,提高市场主体把握市场运行和科学决策的能力。

2. 政策保障

(1) 加强税收优惠扶持

对星级饭店水、电、气收费标准,与一般工商企业同价,对专业旅游汽车公司车辆更新实行优惠扶持政策,减少对旅游企业"三乱"行为,切实减轻旅游企业负担。

(2) 大力支持旅游建设用地

对具有较好的经济效益、社会效益和环境效益的旅游建设项目优先列入省重点建设项目和各市县的重点建设项目,及时安排建设用地指标。对已确定的大型旅游项目建设,要分解落实各部门责任,积极组织各方力量落实。对于具有社会公益性、符合审批条件的旅游项目,在立项和审批时,要积极创造条件,简化手续,缩短审批时间。省、市各相关部门要在土地和海域使用、环保建设、文化建设等方面积极给予旅游产业支持和帮助。

(3) 加大政策扶持和倾斜力度

扩展市场需求。努力增加城乡居民收入,提高消费能力,完善消费政策,改善需求结构,引导鼓励消费,为旅游经济的发展提供内在动力。

加强政策协调。根据建设旅游强省的目标和任务,研究制定相关的配套政策,加强发展旅游与发展现代服务业等各项政策间的衔接协调,提升政策实施效果。

加快制定有利于拉动消费、鼓励旅游、扩大旅游市场的发展政策。鼓励居民带薪旅游、福利旅游、企事业单位奖励旅游、跨区域修学旅游。借鉴国内外成功经验,逐步把公务接待推向市场,采取公开招标方式委托旅游企业代理。

3. 机制保障

（1）转变政府职能

加快转变政府职能，发挥政府宏观调控和政策导向作用，加强公共管理机制体制创新，建立健全公众参与、专家论证和政府决定相结合的行政决策机制，实行依法决策、科学决策和民主决策。

（2）开展规划评估

定期组织开展规划评估，全面分析检查规划实施效果及各项政策措施落实情况，及时提出评估改进意见，促进规划目标的实现。

（3）完善规划体系

进一步完善规划体系，编制好专项规划和项目规划，搞好各级各类规划间的衔接，在空间布局上相互协调，在时序安排上相互衔接，形成对"浙江省旅游发展规划"的有力支撑。

（4）提高旅游发展的国际化水平

进一步推进旅游行业的对外开放。广泛开展旅游方面的国际合作。加强旅游区规划与管理方面的国际合作，加强旅游企业方面的国际合作，包括逐步建立国际旅游营销合作网络，合作培养旅游管理人才，共同开发跨国旅游资源等；鼓励旅游企业、旅游景区加入各种国际旅游认证组织。加大旅游招商引资力度，加快与外来企业、外来资本特别是国际旅游大集团的合资、合作，鼓励外国旅行社尤其是海外旅行社在浙江省设立合资旅行社和独资旅行社，鼓励浙江省有实力的旅行社到境外客源地兴办旅游企业。

（5）推进旅游信息化项目建设

以旅游网络营销、旅游展示、旅游电子政务、旅游投诉救援、旅游政策法规、旅游业务远程管理、旅游安全等应用体系及长三角旅游信息网的互联互通为重点，建设和完善省、市、县（市、区）三级旅游信息平台，建立旅游咨询服务机构，提供旅游市场信息服务。推动旅游目的地营销系统（DMS）建设，建立健全旅游统计体系、旅游信息调查制度和假日旅游预报制度，大力发展旅游电子商务、网上咨询和预订服务。扶持发展一批旅游科研创新基地。

（6）加强法制化、标准化和规范化建设

进一步制定和完善旅游管理有关法规规章，逐步形成比较完备的全省旅游法规体系。加强省、市和重点旅游县（市）、重点旅游区执法队伍建设，建立综合执法的长效机制，强化法律监督、行政监督、舆论监督和公众监督作用。

加强全省旅游标准化工作，建立健全省旅游行业服务标准体系。加强对各类旅游企业服务标准和从业人员素质的检查考核，保证进入旅游市场的企业和从业人员具备最基本的条件和素质。加强各级旅游质量监督管理机构建设，强化监督管理职能。加快全省旅游企业诚信评价体系建设。加强旅游安全管理，建立突发性事件危机预警系统和灾难应急系统。

加强旅游行业的规范化建设，大力推行旅游服务标准化、国际化，规范旅游服务行为，健全和完善旅游咨询、游客投诉和遇险紧急救援等旅游服务工作机制，促进旅游服务质量的全面提升。

4. 投融资保障

（1）加大旅游投入，提高旅游资金利用效率

各级财政要建立稳定、合理的导向性资金渠道，并根据旅游业发展需求，逐年加大财政对旅游业的投入。省市两级管理部门应进一步用好旅游发展基金，提高包装宣传旅游形象、改善旅游环境、建设旅

游基础设施、配套服务设施和公共设施,以及重点区域规划设计和招商、重点旅游项目的贷款贴息、旅游软件配套完善等方面的资金利用效率。

调整和优化财政支出结构,强化政府投资引导,加强旅游重点区域的基础设施和配套服务设施建设,运用财政手段,提高旅游资源配置的科学性和效益性。

积极探索建立旅游优秀人才的奖励制度,完善激励机制,设立奖励基金,对作出贡献的旅游企业进行表彰奖励。探索以奖代投的模式,支持乡村旅游、旅游基础设施等方面的重点项目建设,发挥财政资金的放大作用。

(2) 探索多元化的旅游投融资渠道

继续坚持导向性投资与社会筹资结合,多渠道解决资金投入问题。在积极争取旅游国债的同时,坚持社会化、市场化的旅游投资方针,制定鼓励旅游开发的优惠政策,加大招商引资和吸引社会闲散资金的力度;在重点旅游区、生态旅游示范区、旅游度假区建设的起步阶段,给予相应的优惠政策和 2~3 年的资金封闭积累期;对社会投资积极引导,防止低水平的重复建设。

(3) 积极申请国家专项资金,重视对旅游基础设施建设的持续投入

自 2000 年开始,国家计委(现发改委)设立了旅游(国债)专项资金,重点扶持不同地区的旅游发展;此外,国家每年在生态环境建设方面投入的资金数量更大。浙江省要以调整产业结构为目标,积极争取国家的旅游专项资金和生态环境建设资金,配套建设旅游基础设施,改善生态环境,以此引导和激励企业进行旅游投资。

对重点旅游区(点)的交通道路、供电供水、通信设施等重要基础设施建设,各级政府要给予必要的资金支持。逐步加大对西南部欠发达地区旅游基础建设的资金投入,将交通和通信等基础设施建设、生态建设、扶贫项目等专项资金的投放与旅游发展项目捆绑运作,最大程度地发挥投资的综合效益。

(4) 鼓励旅游业进入资本市场融资,积极申请信贷资金

支持符合条件的旅游企业上市融资,对其中一些条件较成熟的旅游区、点,通过包装后在国内外上市,直接由资本市场筹集开发建设所需要的资金。对一些预期收益较好的旅游区、点,积极做好项目前期工作,由企业向银行贷款,进行旅游区、点的开发。对一些经济、社会、生态效益等综合效益较好的旅游区、点,除了国内银行外,还可以向亚行和世行等申请低息贷款。商业银行要支持和保障符合条件的旅游企业和重点旅游项目的信贷需求,省级中小企业信用担保机构要大力支持中小旅游企业的信用担保。

(5) 对旅游企业征收一定比例的市场营销费

旅游营销与其他营销不同,对一个旅游目的地而言,整合营销的效果远大于各企业(景市景点)各自独立的营销之和,因而政府出面组织的市场营销往往成为一个旅游地的营销主体,但营销得益的首先是旅游企业。因此,省政府向有关旅游企业征收一定比例的市场营销费实际是企业进行市场营销的一种更为有效的形式。

5. 项目保障

(1) 注重加强项目衔接

推进全省旅游基础设施、生态环境、公共服务及产业发展等重大工程项目的实施。建立和完善旅游项目库,合理安排建设时序,坚持以规划带项目、以项目定投资的原则,建立科学的项目支撑体系。

（2）加强项目监督管理

加强对重大项目建设的审核监督，规范建设资金的使用，制定项目建设的质量保障、安全保障、工期保障要求并监督实施。

（3）强化科学决策

推进决策的科学化、民主化程序，提高项目论证与管理水平，完善项目评估制度。加大旅游行政管理部门对旅游建设项目的调控力度，旅游建设项目的审批应充分听取同级旅游管理部门的意见并经其同意。

6. 瓶颈问题落实保障

从体制、机制、政策等多方面入手，解决浙江省旅游发展落实过程中以下三个瓶颈问题。

（1）克服土地要素制约，实现旅游业开发和生态环境保护之间的平衡发展

在全省旅游发展规划中提出旅游用地的基本要求和控制思路，由全省土地利用总体规划综合平衡，将旅游重点建设项目优先列入省市重点建设项目，及时安排建设用地指标，克服土地要素制约。提出全省旅游开发中的生态保护重点区域和保育措施，以及旅游适宜开发区域，实现旅游业开发和生态环境保护之间的平衡发展。

（2）增强旅游发展动力

加快制定有利于旅游业发展的政策法规。拓展市场需求，引导鼓励旅游需求增长。加强协调旅游产业与相关产业发展之间的政策配套，加强对旅游基础设施建设的投入，优化旅游环境。在投融资、土地等方面给旅游企业以一定的优惠和保障。

（3）做强做大旅游企业，实现旅游产业集群的优化发展

优化浙江省旅游产业集群内旅游产品结构，各旅游企业形成有序分工与合作。构建由各有关部门和机构组成的创新推动网络，增强旅游企业的持续创新能力。大力引进国外、省外的品牌旅游企业，先进的管理制度和管理经验、服务技术和服务标准，提高旅游企业的市场竞争能力。鼓励有条件、有潜力、有优势的旅游企业走出去开展国际竞争。鼓励组建专业化集团，实现全国性或区域性的网络化规模经营。发挥政府在旅游产业集群化发展中的支持和推动作用，包括提供优良的公共服务，加强支撑服务体系建设，为技术创新提供资金人才、税收服务等方面的支持，创造宽松的人才流动政策等。大力倡导诚信文化、创新文化、合作文化，将公民的文明旅游纳入旅游企业管理之中。通过合资合作、股份合作或兼并等方式，打造浙江省"旅游航母"，改变旅游企业"低、小、散、弱、差"的局面，促进旅游企业经营方式与国际接轨，提高市场竞争力。

7. 创新体制和科技投入

（1）加快推进国有旅游企业体制改革

切实转换经营机制和经济增长方式，学习借鉴国外的先进管理模式，以重信誉、优质服务为宗旨，积极探索以品牌为核心、以网络为纽带的新型经营机制，不断增强企业活力。

（2）加强旅游企业经营队伍建设

鼓励旅游企业经营者、管理者大胆开拓，积极进取；建立培养、培训和引进人才机制，改善经营者、管理者的人员结构和知识结构。努力造就一支政治业务素质过硬、适应市场经济需要、熟悉国际惯例、富有经营管理经验的企业家队伍。

(3) 加快旅游景区开发管理的体制创新

在符合国家有关政策法规和资源保护的前提下,探索政企分开,事企分开,所有权、管理权与经营权分离的途径,吸引投资,搞活经营;以项目为载体,引进国内外知名的优秀旅游企业饭店、旅行社等旅游品牌管理集团参与浙江省旅游资源的综合开发。推进旅游经济投资机制创新,降低市场准入门槛,放宽准入条件,允许各类资本进入旅游资源开发、建设和保护。鼓励民资、外资通过收购、兼并、参股或以特许、转让、承包、租赁等形式实现产权多元化,参与竞争性旅游项目的开发与建设。

(4) 建立规范的旅游市场运作规则,营造公平的市场竞争环境

针对旅游市场分割与地方保护问题,尽快出台相应的管理法规,并加大联合执法、监督力度;注意协调地方利益与外来企业的关系,保障外来企业获得公平的竞争环境和合理利益;重视旅游统一市场的建立,在消除地域障碍的同时,着力培育旅游客源市场、旅游产业供给市场和旅游要素市场(资金市场、技术市场、人才市场和信息市场)。

(5) 创新旅游服务方式

推进旅游网络化经营,促进电子网络与实体网络的紧密结合,建立和完善全省旅游目的地营销网络。发展旅游科研,以浙江大学、浙江工商大学和浙江职业学院为骨干,加强对旅游教学、经营、管理等方面的系统研究和理论创新,形成推动浙江省旅游业提升的强大科研基地。大力推进旅游企业的技术创新,加强旅游业高技术化的产业政策研究,推动旅游企业广泛采用 Internet 技术、网络预订、多媒体、无票旅游、虚拟旅行、电子地图、卫星导游等现代科技手段,用信息化提高旅游经营、管理、服务水平。

(6) 重视提高旅游产品的科技含量

发掘和延伸现有旅游产品中的科普、文化内涵,提高旅游产品品位;有重点地开发一批特色鲜明、融文化科普与娱乐于一体的旅游项目;编辑出版生动活泼、文化品位较高的优秀导游词、解说词。发展旅游学科研究,组织科研力量针对浙江旅游业可持续发展和旅游资源可持续利用方面的重大问题和发展潜力进行超前研究,加大政府对科研的引导力度,鼓励民间团体或组织参与生态保护和旅游科普活动。

8. 旅游风险控制

(1) 提高旅游相关人员的风险意识

在旅游发展的全过程中,贯彻旅游风险管理意识,减小风险发生的概率。在旅游宣传品中,有针对性地增加防灾减灾应急科普宣传内容,开展宣传活动,及时制止谣言和误传,使旅游景点的工作人员及游客增加灾前防范意识、自救和互救以及灾后抗灾救灾的能力。

(2) 保护资源环境,防止资源超载

切实把保护旅游资源作为旅游业发展的前提条件,积极推动对资源和环境的严格保护和科学利用。切实将自然保护区、水库(包括饮用水源)、世界文化遗产、宗教寺庙、文物保护单位等自然与人文资源的保护放在项目立项审批、经营管理的第一位。建立相关部门的合作机制,有效推动对旅游资源的保护和整合利用。积极探索在旅游高峰时段将游客数量限制在科学容量内的手段和途径,实现旅游从资源消耗型向生态友好型转变。

(3) 加强旅游防灾应急救援系统建设

进一步强化安全意识,及时查找和清除安全隐患,严格执行重大旅游安全事故报告制度,特别是要做好国内节假日旅游高峰期间的旅游安全工作。加强旅游安全、保险、紧急救援体系建设,推进建立由旅游安全、保险救援、管理教育有机结合的旅游安全体系,建立旅游安全预警系统,推动旅游保险与紧急

救援相结合。进一步推进旅游公共服务信息化建设,健全假日旅游公共信息服务平台,完善旅游安全提示制度,为旅游者提供动态的信息服务。

(4) 进一步推动建立和完善旅游紧急救援体系

建立组织协调有力、决策科学有效、能集中领导与动员社会各方力量、共同参与、精干高效的防灾决策指挥体系,为做好各种突发应急反应工作提供组织保证。构建一个能够贯通省、市、各旅游区点的监督信息平台,及时预报、预测、预警突发灾难,作为各级决策部门防灾减灾的"千里眼"和"顺风耳"。制定有效的应急反应预案和适时的联席会议制度。深入开展宣传教育工作。

9. 规划实施与调整

本规划一经批准,由浙江省人民政府授权浙江省旅游局组织实施。规划实施期间,省政府将根据实际执行情况对规划进行中期评估,并做适时调整和完善。

规划图集

目　录

区位分析图 …………………………………………………………………………… 271
综合现状图 …………………………………………………………………………… 272
资源分布图（一） ……………………………………………………………………… 273
资源分布图（二） ……………………………………………………………………… 274
旅游产业布局结构图 ………………………………………………………………… 275
旅游目的地空间格局图 ……………………………………………………………… 276
城市型旅游目的地规划图 …………………………………………………………… 277
景区型旅游目的地规划图 …………………………………………………………… 278
目标客源市场规划图 ………………………………………………………………… 279
旅游交通规划图 ……………………………………………………………………… 280
旅游线路规划图 ……………………………………………………………………… 281
旅游服务体系规划图 ………………………………………………………………… 282
旅游资源与环境保护规划图 ………………………………………………………… 283
近期建设规划图 ……………………………………………………………………… 284

规划图集 271

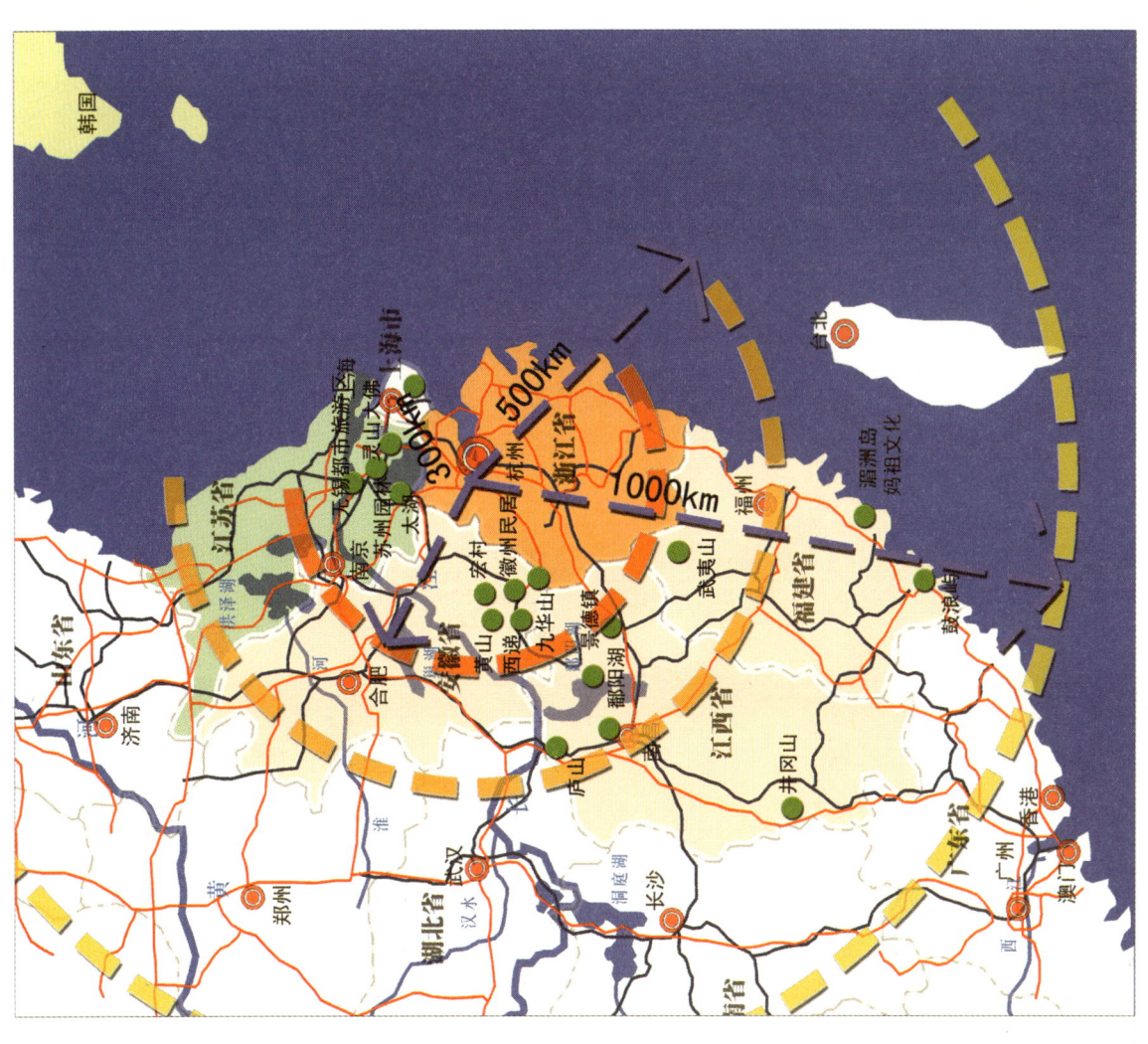

区位分析图

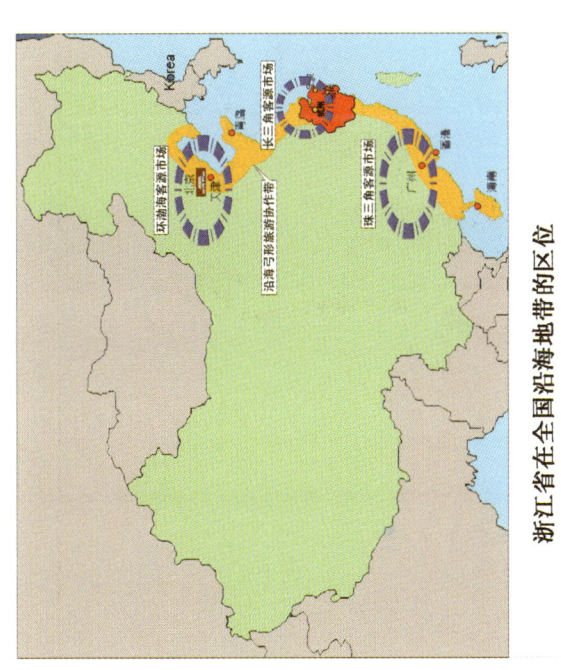

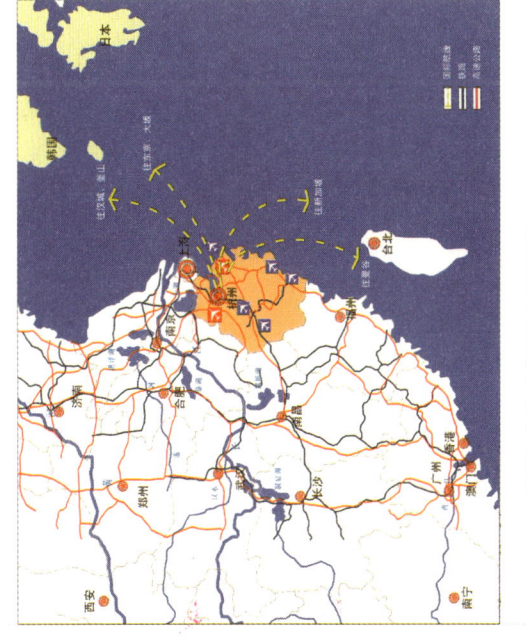

浙江省在全国沿海地带的区位

浙江省在全国的交通区位

272 浙江省旅游发展规划

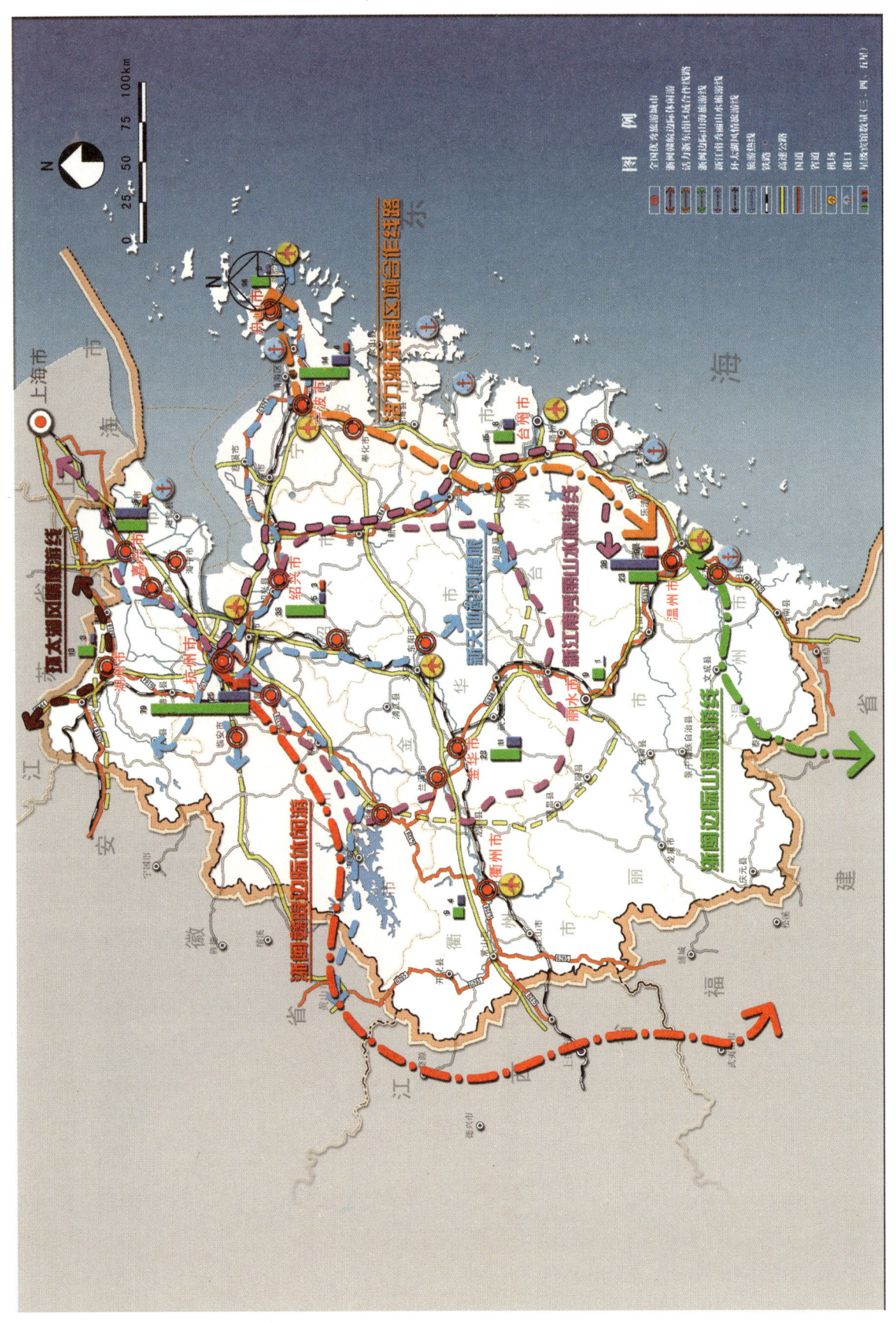

综合现状图

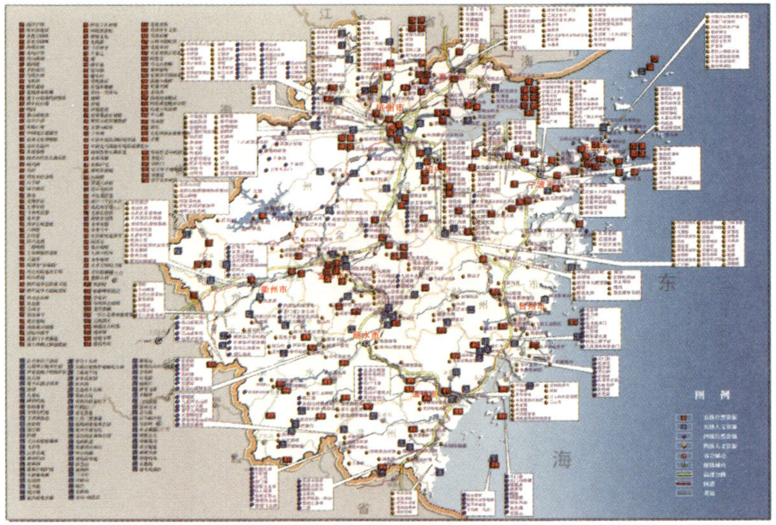

规 划 图 集 273

AAAA级旅游区、省级旅游度假区分布图

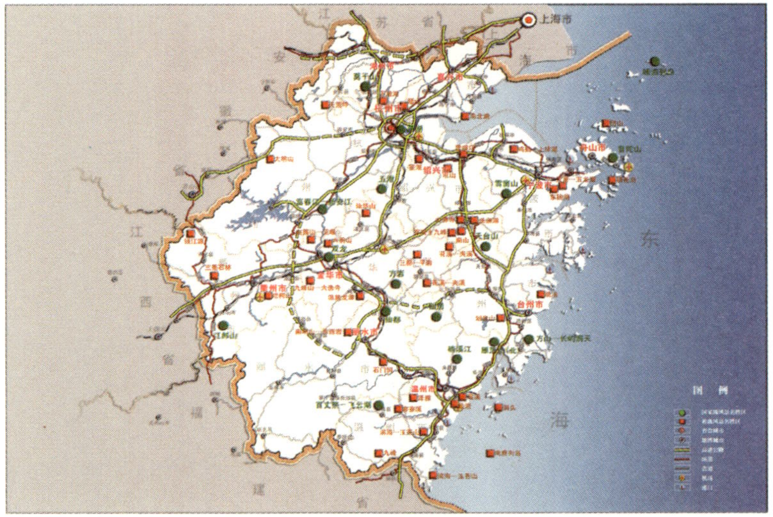

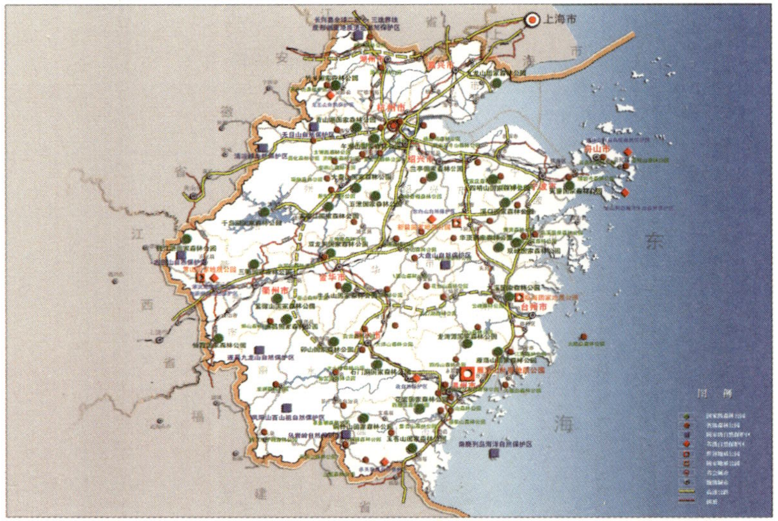

森林公园、自然保护区及地质公园分布图

四到五级旅游资源单体分布图

国家级、省级风景名胜区分布图

资源分布图（一）

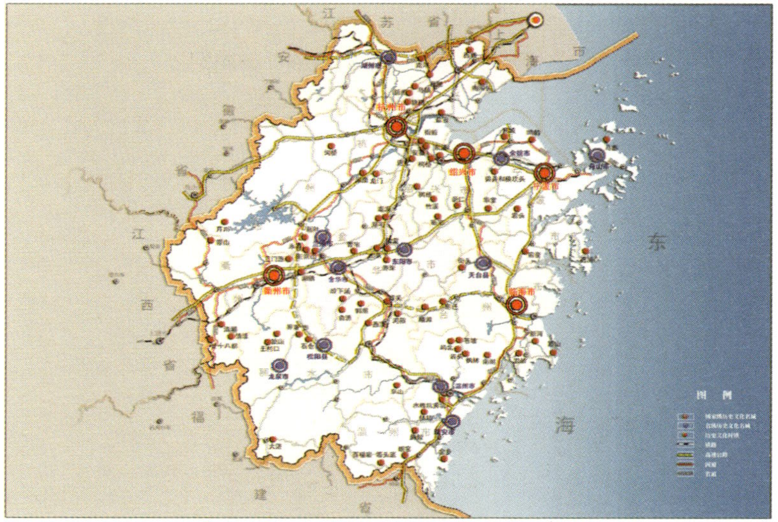

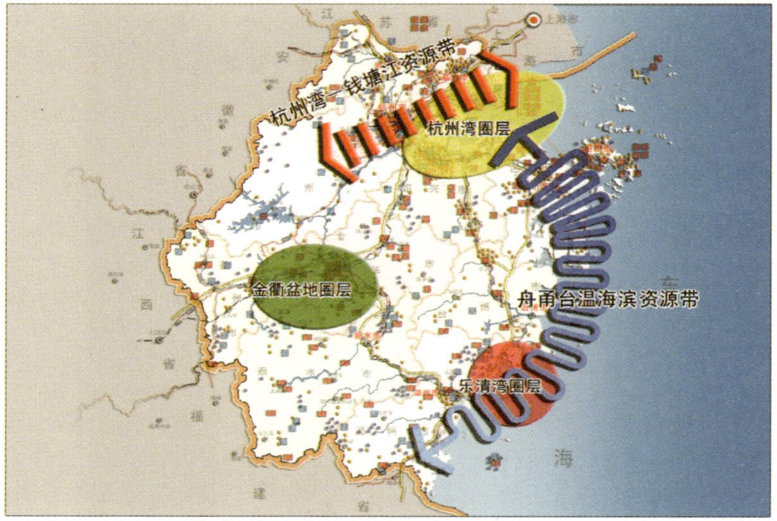

旅游资源空间分布结构图

三大自然生态环境优势区域：

浙西北山地丘陵生态区：包括天目山、千岛湖、钱塘江中游地区、是杭嘉湖水源供给地和浙北地区重要的生态屏障。

浙西南山地生态区：包括乌溪江流域、瓯江流域、飞云江流域，是浙江省山地面积最大、海拔最高的山区，华东地区著名生态高地。

浙东近海及岛屿生态区：包括舟山、台州、温州的六个海岛县（区）在内的所有海域和岛屿。包括舟山群岛、嵊泗列岛、南麂列岛等岛屿区。

三大文化资源富集区域：

环杭州湾综合文化区：包括杭州东部、宁波北部和中部、绍兴北部、舟山、嘉兴、湖州东部，是浙江省文化资源最富集地区。主要文化资源类型包括古镇文化、宗教文化、历史文化、遗址文化、海洋文化、名人文化等。

浙中文化区：包括绍兴南部、台州北部、金华，以古村落文化、影视文化、商贸文化为主。

浙东南文化区：主要指温州东部、台州东部，以古村落文化、商贸文化为主。

历史文化名城、名镇、名村分布图

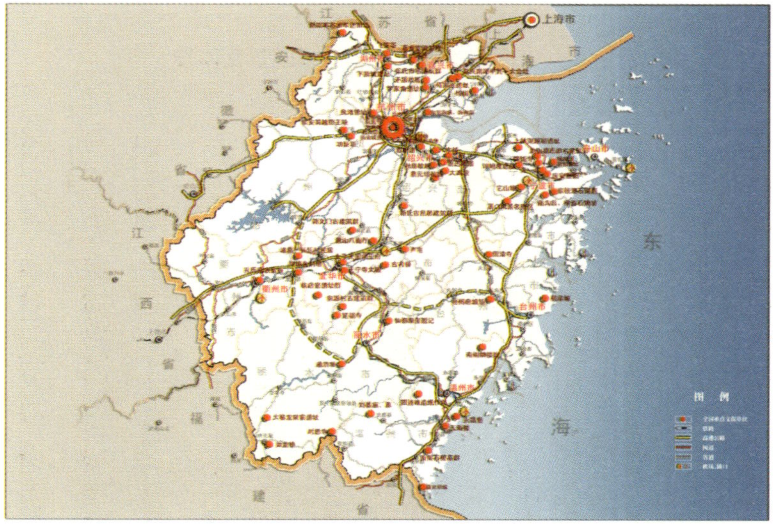

国家重点文保单位分布图

资源分布图（二）

规 划 图 集 275

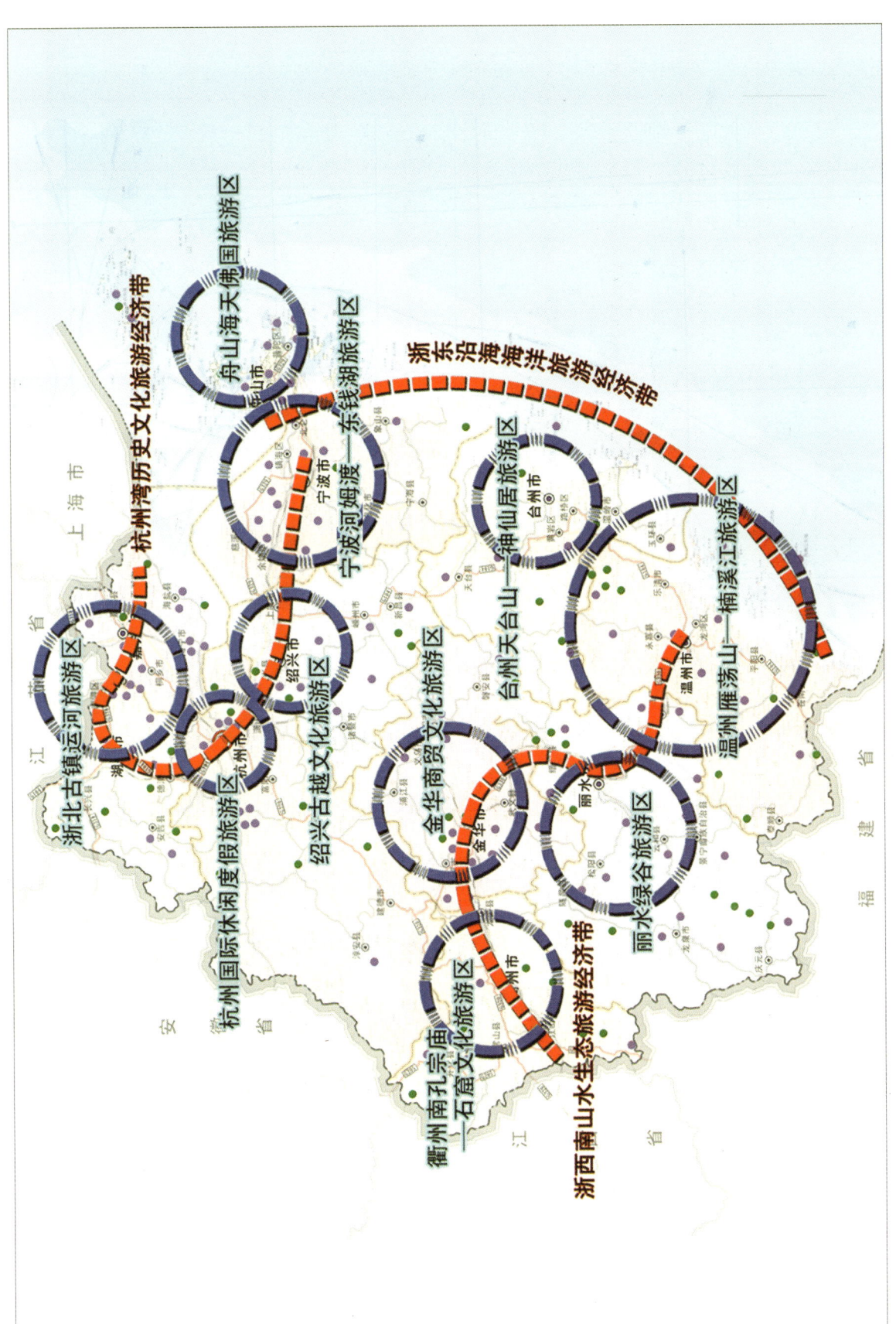

旅游产业布局结构图

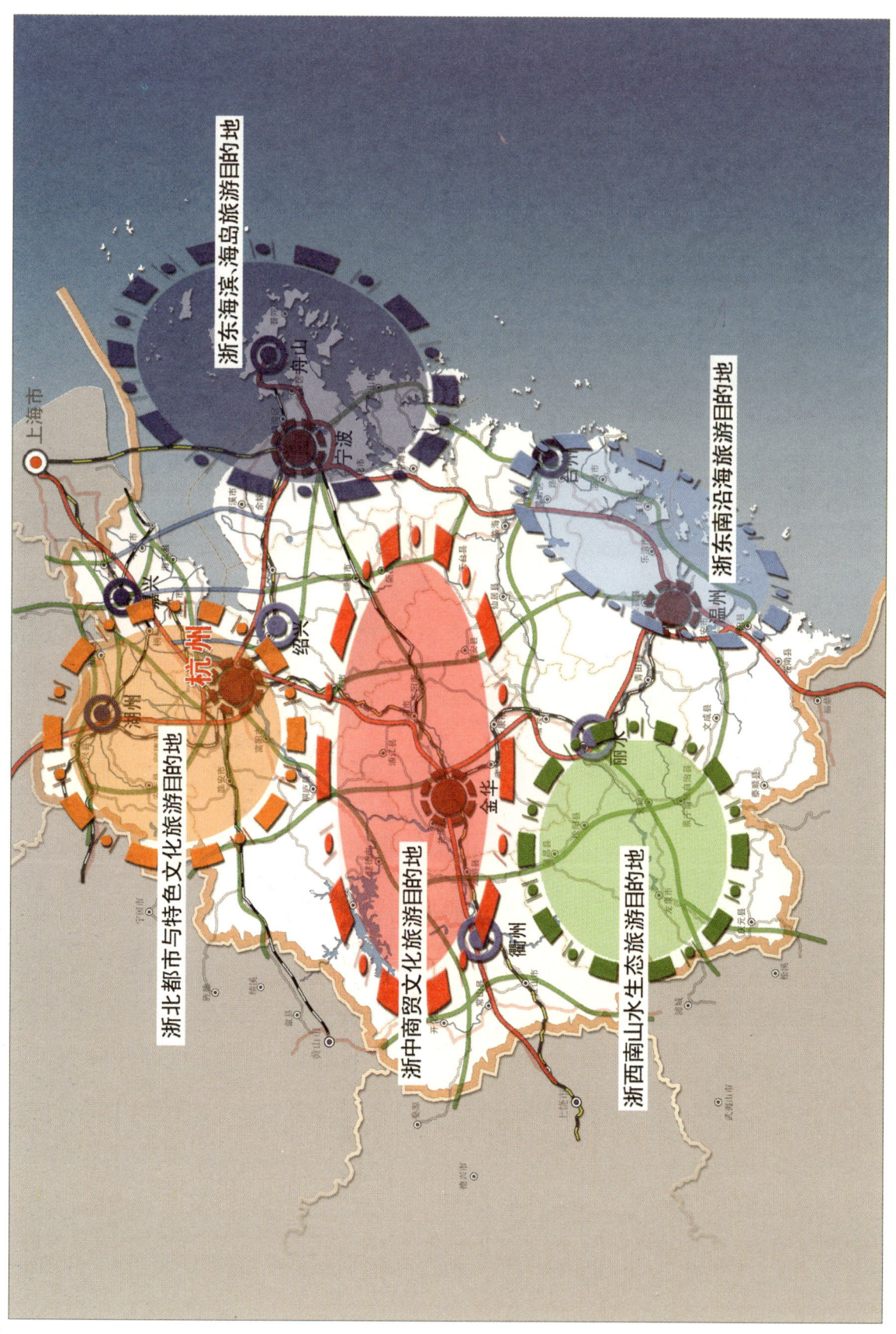

276 浙江省旅游发展规划

旅游目的地空间格局图

规 划 图 集 277

城市型旅游目的地规划图

278　浙江省旅游发展规划

景区型旅游目的地规划图

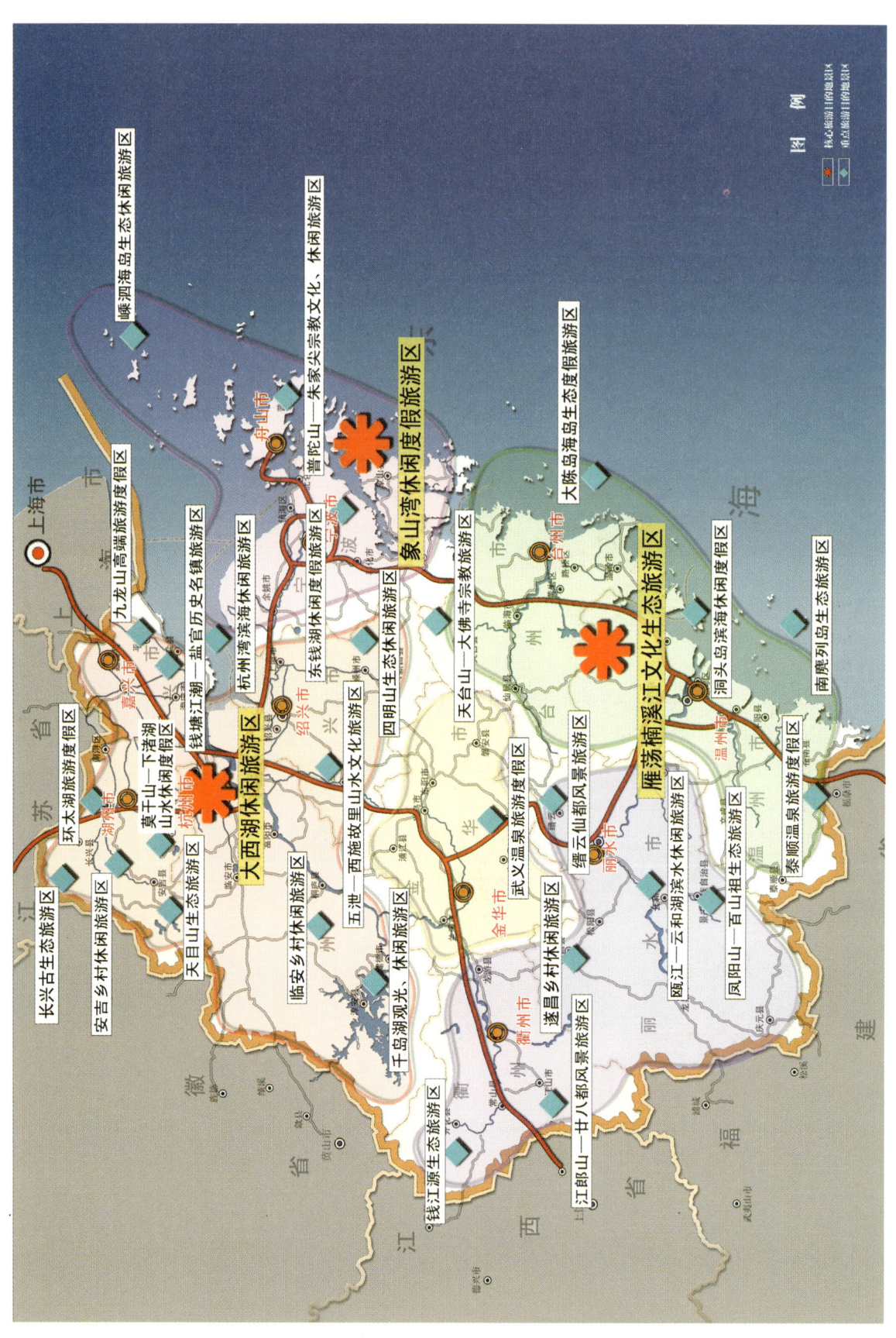

目标客源市场规划图

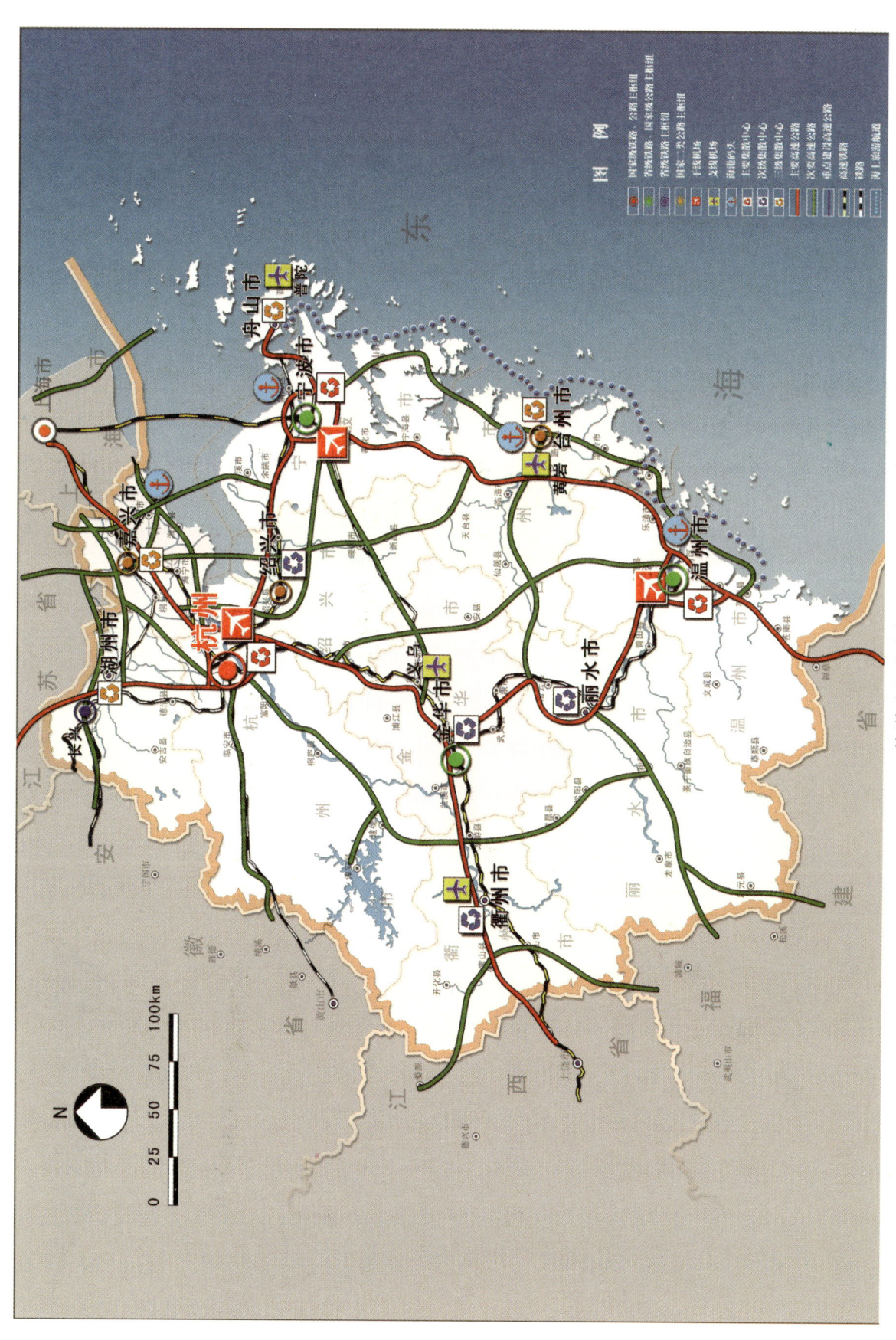

280　浙江省旅游发展规划

旅游交通规划图

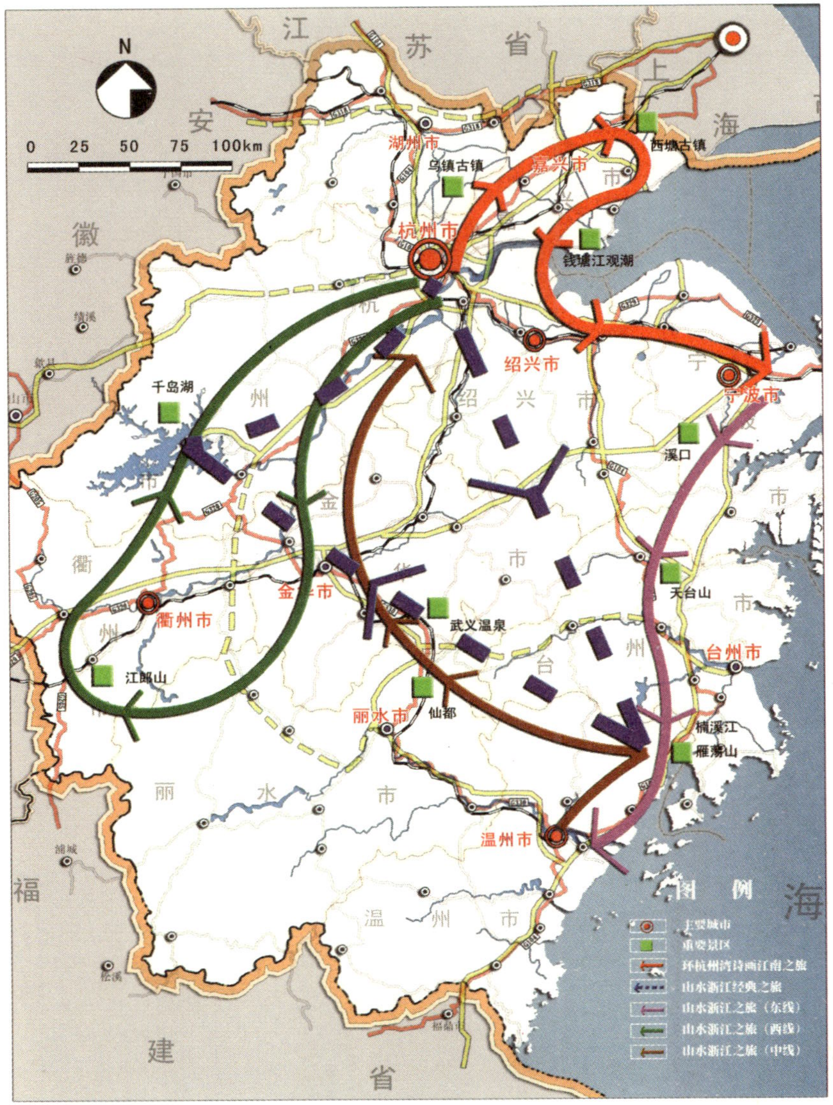

规划图集 281

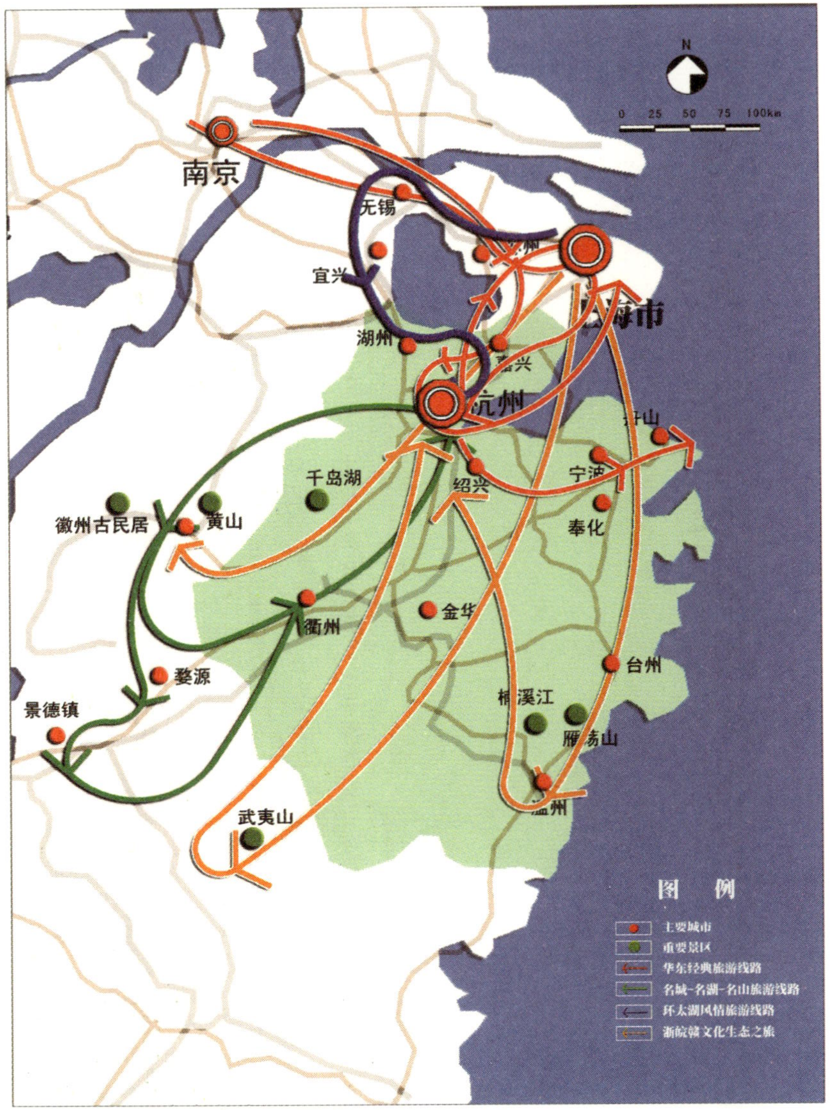

区域旅游线路规划图

旅游线路规划图

省内主要旅游线路规划图

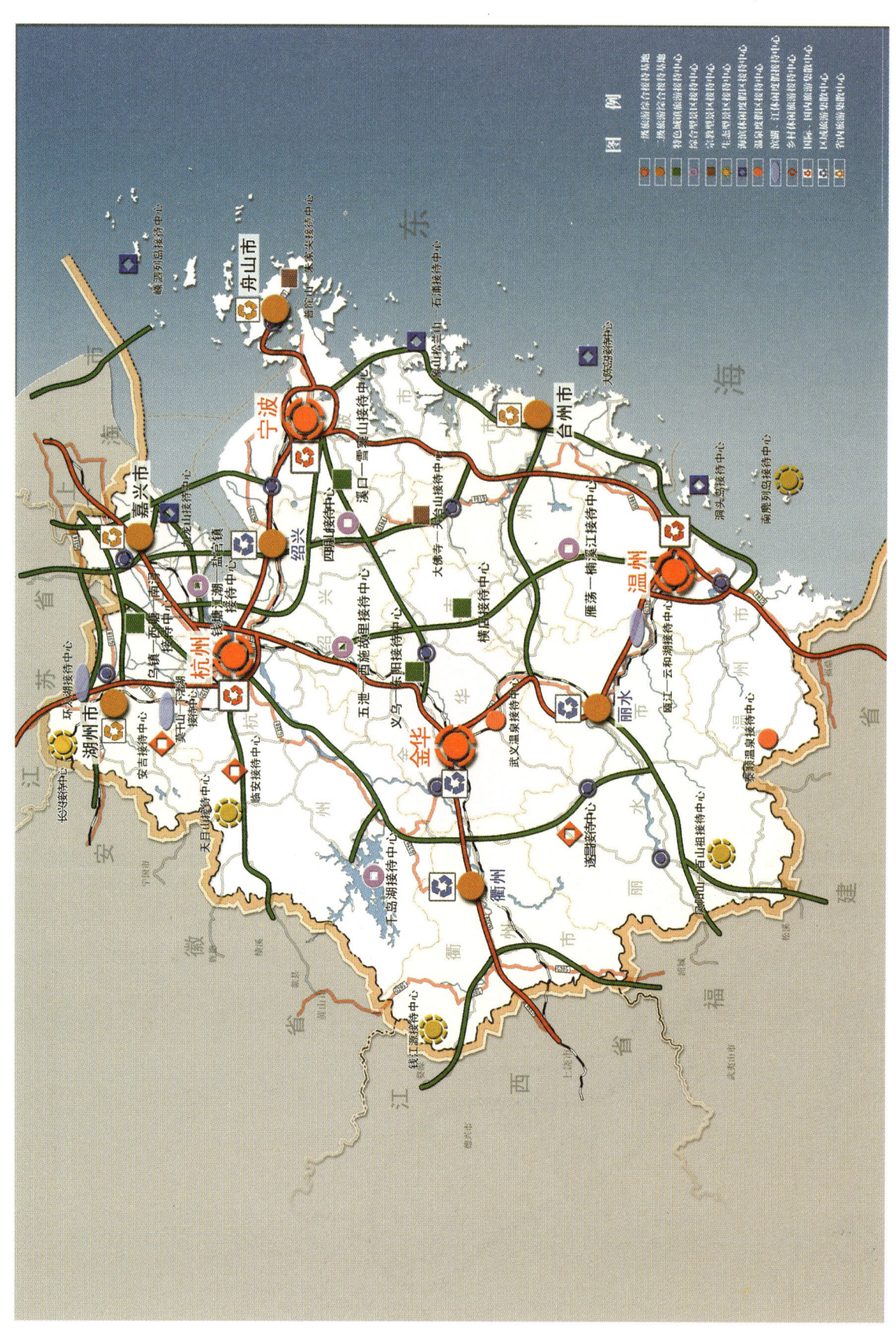

282 浙江省旅游发展规划

旅游服务体系规划图

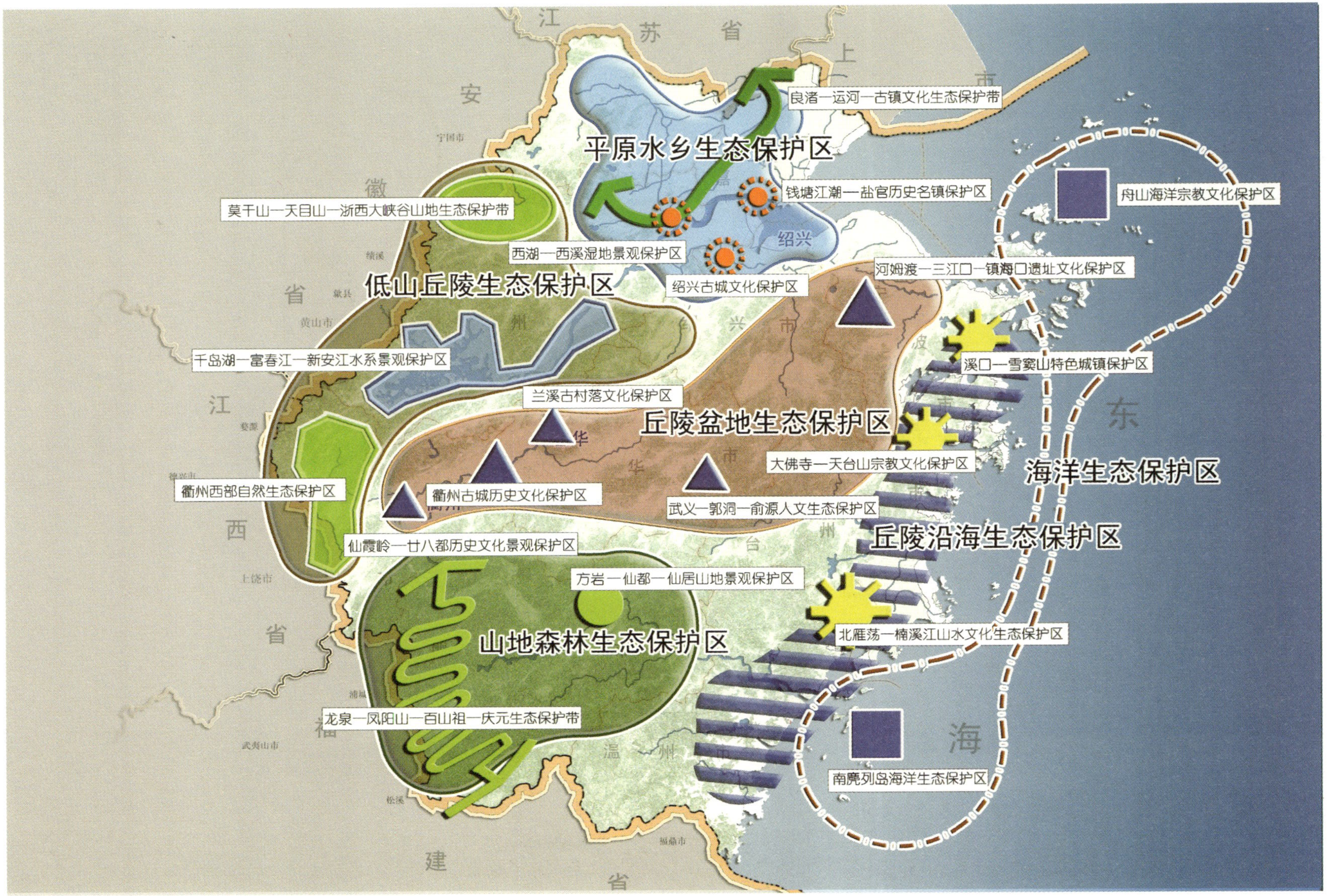

旅游资源与环境保护规划图

- 舟山海洋宗教文化保护区
- 海洋生态保护区
- 南麂列岛海洋生态保护区
- 良渚—运河—古镇文化生态保护带
- 钱塘江湖—盐官历史名镇保护区
- 河姆渡—三江口遗址文化保护区
- 溪口—雪窦山宗教文化保护区
- 镇海口海防文化城镇保护区
- 北雁荡—楠溪江山水文化生态保护区
- 平原水乡生态保护区
- 绍兴古城文化保护区
- 西湖—西溪湿地景观保护区
- 丘陵盆地生态保护区
- 大佛寺—天台山宗教保护区
- 武义—郭洞—俞源人文生态保护区
- 丘陵沿海生态保护区
- 莫干山—天目山—浙西大峡谷山地生态保护带
- 千岛湖—富春江—新安江水系景观保护带
- 低山丘陵生态保护区
- 兰溪古村落文化保护区
- 衢州古城历史文化保护区
- 衢州西部自然生态保护区
- 仙霞岭—甘八都历史文化景观保护区
- 方岩—仙都—仙居山地景观保护区
- 山地森林生态保护区
- 龙泉—凤阳山—百山祖—庆元生态保护带

284　浙江省旅游发展规划

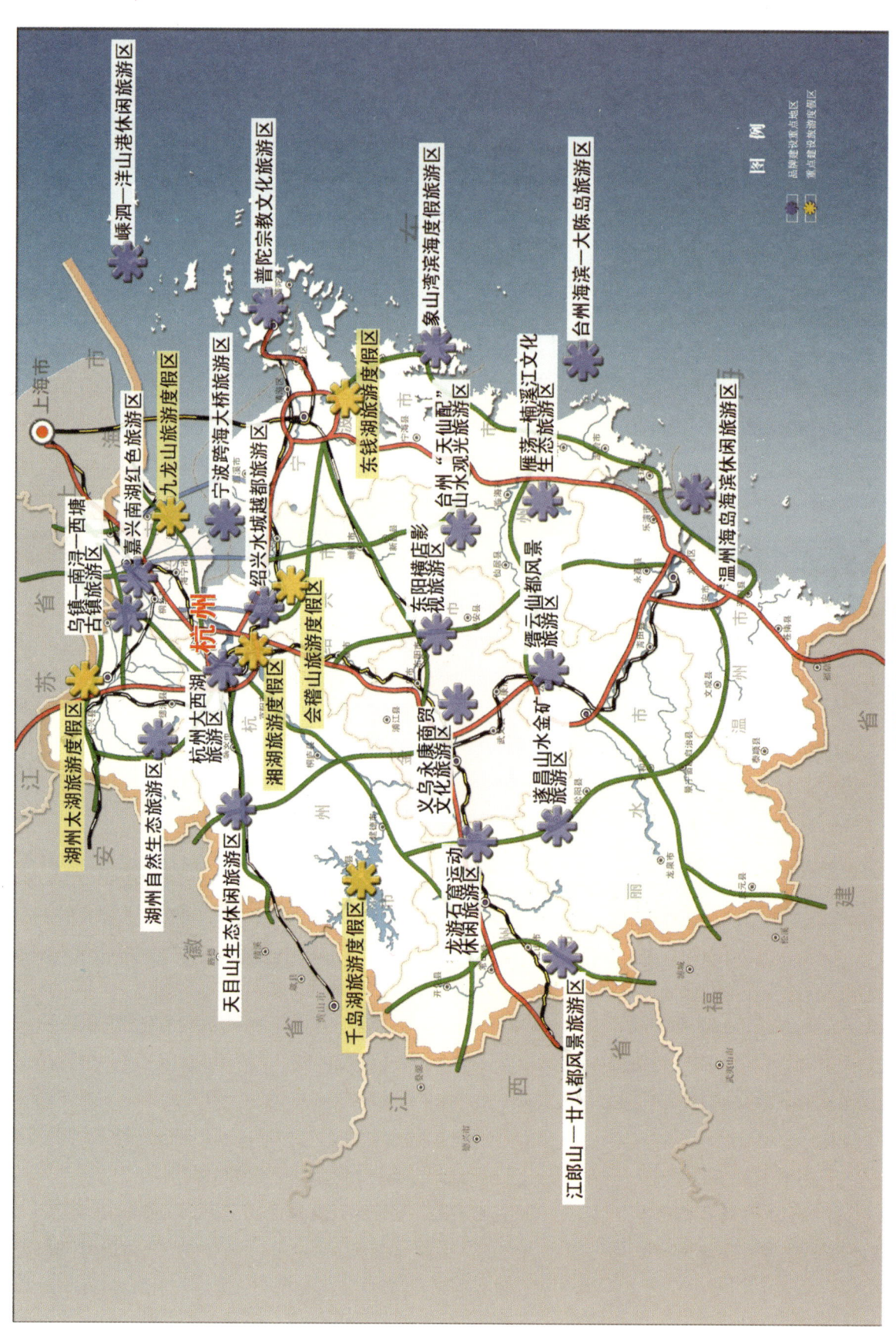

近期建设规划图

第二部分

附　　件

附件一
三大品牌旅游目的地概念性规划

目 录

总论 ……………………………………………………………………………………… 289
第一章 大西湖品牌旅游区概念性规划 …………………………………………………… 290
第二章 象山半岛休闲度假旅游目的地概念性规划 ……………………………………… 300
第三章 北雁荡—楠溪江国际旅游目的地概念性规划 …………………………………… 313

总　　论

21世纪,全球进入品牌国际化的竞争时代,品牌日益成为融入世界的新国际语言。在旅游发展中,树立品牌意识,以科学的态度去建设、营造、经营和管理旅游品牌,是现代旅游业发展的重要内容。在浙江省旅游发展中,要将品牌旅游目的地的建设作为浙江省实现旅游经济强省目标的新起点,形成能在全国有较大影响的旅游品牌拳头产品,提高品牌价值。

根据全省旅游资源赋存条件、旅游产业布局的空间结构特征和旅游经济强省的目标,率先打造大西湖、象山半岛和北雁荡—楠溪江三个在全国乃至世界有影响力的旅游目的地,形成在品牌旅游目的地带动之下的、布局合理的旅游目的地体系,并将三大品牌旅游目的地的建设作为实现杭州、宁波、温州建设国际旅游目的地城市的切入点。三大品牌旅游目的地概念性规划的核心目标如下。

1. 全面提升三大旅游目的地的品牌质量

在浙江品牌旅游产品的建设上,要调动各方面力量,有效整合三大旅游目的地的旅游资源和依托城市的条件,提高旅游产品品质。要注重挖掘旅游的文化内涵,以提升旅游产品的文化品位。在三大品牌旅游目的地的建设中,要全面进行品牌景区的深度开发和特色景点的策划包装,全面实施服务于旅游目的地发展的景区提升工程、市政改造工程、道路畅通工程、服务升级工程。充分发挥三大旅游目的地的产品个性与特色,形成三大品牌旅游目的地的产品和服务的差异性和个性化。

2. 建立强大的旅游品牌目的地服务支持体系

加大对三大品牌旅游目的地的服务支持,将三大旅游目的地服务体系作为三大国际旅游城市服务体系中不可分割的一部分,建立优质、完善的旅游服务体系,形成规范化、制度化的管理,通过全方位服务质量来创建和提升旅游品牌。

3. 显现三大品牌旅游目的地的文化底蕴

注重三大旅游目的地旅游产品、服务和营销的文化性,充分挖掘文化的内涵,建立三大品牌旅游目的地的新卖点,尤其要注重服务中的文化内涵,提高旅游从业人员的文化素质。

4. 加强三大品牌旅游目的地的全面管理

将管理贯穿于整个旅游品牌的体系建设中。加强旅游品牌的管理,建立一套科学的、规范的管理制度和体系。严格遵循旅游业的各种国家服务标准对三大旅游目的地进行管理和建设。

第一章　大西湖品牌旅游区概念性规划

一、规划地域解析

1. 大西湖品牌旅游区现状

（1）主要资源集聚区概况

大西湖地区集中了杭州市域资源丰度最高、品质最优的旅游资源。旅游资源目前大致集中在以下"四区一园"。

- 西湖风景名胜区

位于杭州城区西南，面积59.04平方公里，1982年被国务院列为第一批国家重点风景名胜区。融名胜古迹、园林山水为一体，由环湖景区、虎跑龙井景区等九大景区组成。近年随着杨公堤、中国茶文化博物馆、中国丝绸博物馆、梅家坞茶文化村等一批精品旅游景点建成开放，旅游空间得到不断延伸，旅游内容不断丰富和多样化。

- 杭州之江国家旅游度假区

位于杭州城区西南，与西湖风景名胜区相邻，是国务院批准建立的12个国家级旅游度假区之一，规划面积50.68平方公里。娱乐服务、旅游、房地产是其支柱产业。已建成宋城旅游景区、未来世界主题公园、西湖国际高尔夫乡村俱乐部、云栖假日酒店等旅游项目，年接待国内外游客近300万人次。

- 湘湖旅游度假区

位于西湖风景名胜区的东南、钱江东岸。于1995年经省人民政府批准设立，规划面积51.7平方公里。经规划最终形成"一湖二带三区"的都市大型休闲、旅游、度假、居住区，是世界休闲博览会的举办场地之一。

- 城市特色区域

西与西湖风景名胜区相连，区域内拥有湖滨旅游商贸特色街区、清河坊历史文化特色街区、南山路艺术休闲特色街区、丝绸特色街区、武林路时尚女装街区、四季青服装特色街区、文三路电子信息街区以及专题博物馆等。

- 西溪国家湿地公园

位于杭州市区西部，与西湖相距不到5公里，总面积11.5平方公里，是集城市湿地、农耕湿地、文化湿地于一体的国家湿地公园。公园生态资源丰富，自然景观质朴，文化积淀深厚，曾与西湖、西泠并称杭州"三西"。

（2）旅游开发现状特征

- 依托优势资源，开发区域由点向面扩展

旅游资源的开发已从局限于西湖风景区范围内及西湖风景区内的"南冷北热"向周边地区扩散，旅游景点日益增加,西湖风景区及杭州城区的大量旅游资源得到了开发利用。

- 旅游产品呈现多元化格局

旅游产品结构已由过去单一的观光产品主导型逐步向观光、休闲度假、会议会展等产品相结合的多元型转变。以之江国家旅游度假区为代表的休闲度假产品进入实质性建设和开发阶段,杭州乐园、南山路和清河坊特色商业休闲街等项目已经建成开放;集旅游、休闲、度假、会展、居住为一体的"世界休闲博览园"也已部分建成开放;西湖博览会、西湖国际烟花节、"西湖之春"、西湖春茶会等节庆活动精彩不断。

- 开发模式走向成熟,环境型和公益型项目不断涌现

近年来,政府加大了旅游环境营造力度,通过公益和效益的结合,实现了西湖旅游经济综合效益的极大提升。2004年投入30亿元完成西湖湖西景区、新湖滨景区和梅家坞茶文化村三大项目,重圆300年前西湖鼎盛时期"一湖二塔三岛三堤"全景之梦,三大景区以及其他一些景区和博物馆等均免费对公众开放。

- 民营资本广泛介入旅游开发

民营资本的广泛介入甚至占据主导地位,在很大程度上成为近十年来杭州市旅游业获得迅速发展的一个重要原因。民间资本在旅游资源开发中已具有举足轻重的地位与作用。

(3) 存在的主要问题

- 多头管理体制不利于大西湖整体品牌的打造

区域联合是旅游资源合理开发利用与保护的必要前提,也是大西湖地区旅游品牌提升的必由之路。然而,目前大西湖地区存在不同的行政部门和开发机构,形成了相对独立的利益格局,这种以行政区界线为壁垒、分割经营的局面,已经成为大西湖地区旅游资源整合和旅游产品再上新台阶的重大障碍。

- 西湖品牌缺乏国际认知度

"上有天堂、下有苏杭"的城市形象和西湖美景与传说已深深地根植于国内旅游者的心中,但从西方入境市场看,由于东西方文化价值的差异,较难点燃西方旅游者的旅游动机,其影响力远远不如丝绸、茶和中国画等,该区域具有国际影响力的拳头旅游产品尚未形成。

- 资源保护与开发利用的矛盾比较突出

随着投资"瓶颈"的消除,大西湖地区许多自然和人文旅游资源得到前所未有的开发,效益驱动往往带来盲目开发或过度开发,对该地区旅游资源和环境的保护造成严重威胁,必须采取有效措施加以解决。

- 旅游区与城市作为目的地建设未能很好协调

大西湖地区与城市互为整体,未来发展会面临旅游和城市发展在空间上的争夺以及景观功能弱化等问题。大西湖地区在旅游吸引物建设和管理、旅游功能的强化、旅游产业链的延伸、与城市旅游的公共服务供给和现代服务业的系统完善等方面仍有待加强。

2. 大西湖品牌旅游区的地域范围

根据杭州市旅游发展总体规划,未来杭州旅游空间发展格局为:"一心·一轴·六区·五翼"。其中六区为西湖风景旅游区、京杭运河(杭州段)国际旅游区、湘湖休闲商务旅游区、钱江观潮旅游区、千岛湖风景旅游度假区和天目山自然旅游区六个优先发展区。从市域层面看,上述六个优先发展区中前四个位于主城区,因此杭州旅游发展的重心主要锁定在中心城区地域。

从中心城区内四个优先发展区看,京杭运河(杭州段)国际旅游区和钱江观潮旅游区并不具区域比

较优势或品牌优势,前者比不过无锡,后者比不过海宁;西湖风景名胜区和湘湖世界休闲博览园区虽已具一定影响力,但空间上有一江之隔,仅限于风景旅游和会展旅游不足以支撑杭州作为国际旅游目的地的品牌和基础。因此,依托西湖为核心的大西湖地区旅游资源以及与环境充分地整合和提升是十分必要和迫切的现实。

通过分析杭州旅游发展的区域地位与目标诉求,规划认为大西湖品牌旅游区应包括并向以下地域范围延伸。

- 周边相关旅游区域

指体现文化延伸和连续的其他旅游区域,如西溪湿地公园、之江旅游度假区、湘湖旅游度假区等,这些旅游区域均位于城区西侧,属于城市生态屏障的重要地段,呈集中但不连续的片状分布,绕城路为联结四者最便捷的通道。

- 城市特色景观风貌区

指相邻的杭州古城保护范围内的传统街区、特色社区等,如清河坊、小营巷历史文化街区,中山中路传统商业街,思鑫坊、湖边村近代民居保护区等。

- 城市旅游功能区

指旅游吸引物和同一资源地域内旅游要素集聚的区域,包括西湖风景名胜区以及城市旅游集散中心、特色餐饮购物街等。

- 生态控制区

指对旅游活动和城市发展起隔离作用,并为未来旅游空间成长提供支撑和保障的生态化区域和开敞空间,包括山体、江湖水系等,主要是沿绕城路西南段两翼、钱塘江义桥至西兴大桥段。

综上,大西湖品牌旅游区的地域范围包括:

南至绕城路,东至环城东路、复兴大桥、铁路线,北至天目山路、古墩路,西至仓前、闲林、午潮山、白岩山,面积约400平方公里。

值得指出的是,上述大西湖旅游区范围只是旅游功能地域的概念,重点强调旅游功能的开发与完善,同时与城市居住、文化科技、生态等功能是兼容和互补的关系。

二、发展定位

1. 总体定位

代表杭州旅游以及浙江旅游品牌形象的世界级游览休闲胜地,社会、经济、生态、文化等综合效益显著的综合性旅游区。

- 是杭州市由风景旅游城市向集风景旅游、休闲度假、文化旅游、商务会展于一体的综合型旅游目的地转化的必然途径;
- 是杭州市整体城市形象提升的重要基础;
- 是杭州市整体城市产业结构和功能转换的重要举措。

定位解析:

西湖深厚的历史文化沉积和秀丽的风景,使其成为绝大多数中国人和东方国家和地区的国际市场心中永远的憧憬。大西湖品牌突破了原有的西湖观光旅游，而拓展到集观光、休闲、度假、会展、节事、购物等于一体的综合产品范畴，是对原有西湖产品的提升和改善。

通过大西湖产品的打造，形成以西湖为中心，以历史文化和怀旧情调为基调，具有人文情怀的、体现杭州个性国际化和中国传统文化特色的休闲游憩活动圈。国际市场特别是东方国际市场构成本游憩活动圈的重要客源基础。同时，它还是国内游客和本地游憩者的主要活动空间。

2. 品牌目标

- 丝、茶、国画等世界非物质文化遗产的主要承载地；
- 国家 5A 级旅游景区。

3. 市场定位

大西湖旅游目的地是综合性目的地，不同旅游产品的组合使之满足入境、国内和区域近程客源市场的不同需求。

- 入境市场

包括港澳台、日韩、东南亚、欧美等地区的入境旅游市场。

- 国内市场

包括京津环渤海、长三角、珠三角和整个东部沿海带以及皖赣闽等地区的国内旅游市场。

- 区域市场

包括浙江北部、上海、江苏南部、安徽东南部、江西东部的近程市场。

三、规 划 思 路

1. 发展模式

2004 年年底，杭州市提出采取"城市旅游发展带动城市品牌提升和房地产开发"的发展模式，实施将城市社会资源转化为旅游产品的方案，该方案提出了通过 1～3 年的努力，把杭州城市的部分社会资源转化为可供接待海内外游客的国际旅游产品，展示城市化、社会建设和精神文明建设的重要成就，全面构筑起一个开放的、可进入的、具有亲和力和真实感的、精致和谐的、大气开放的国际风景旅游城市。

大西湖旅游目的地的建设使得杭州从"风景旅游城市"向"风景旅游、休闲度假、文化旅游、商务会展多元综合旅游目的地"转变，有效提升杭州城市形象和城市品牌，使得西湖旅游景区从单纯的"旅游景区"成为带动周边的旅游功能区域、城市服务要素整合发展的重要极核，成为提升杭州旅游消费水平、优化杭州旅游产业结构的重要举措。这种模式可以表达为"旅游目的地建设带动城市品牌形象提升和产业综合效益增加"的发展模式。

2. 发展思路

（1）提升西湖国际知名度和市场竞争力，为大西湖旅游区发展营造核心动力

目前西湖·龙井茶已列入我国世界文化遗产预备名单，各种申报文本已准备完毕，西湖的保护和环境综合整治也按照要求在逐步进行，但要真正被批准正式列入世界文化遗产名录仍面临来自国内外各遗产申报单位较大的挑战。较现实的切入点是近期通过将具有国际知名度和影响力的丝·茶·国画申

报为世界非物质文化遗产,并将大西湖旅游区作为其主要承载地域来提高大西湖的国际知名度,中远期则通过将西湖风景区申报为世界文化景观遗产来增强大西湖旅游区的核心竞争力。

(2) 完善旅游要素空间配套,实现大西湖景区的目标

旅游市场的变化日新月异,个性化的需求趋势日益凸显。依托强势旅游资源,把握市场需求,大力培植符合市场所需要的现代时尚旅游产品,适时推出具有市场竞争力的旅游新产品,引领新产品潮流,实现旅游产品的多元化开发。同时,通过旅游要素空间布局的相对集聚,优化产业结构,全力打造景区型的旅游目的地。

(3) 以大西湖品牌整合带动区域联合,整体提升杭州旅游城市的形象和品牌

紧紧抓住现有的旅游品牌和创新的旅游品牌,深入梳理西湖及杭州城区悠久的历史、灿烂的文化、发达的科技教育以及越剧、江南丝竹等一批非物质文化遗产资源,包括历史文化、茶文化、丝绸文化、宗教文化、民俗文化、饮食文化、名人文化等,重点进行资源系列的整合,资源地域空间的多元化拓展,形成与城市功能紧密衔接、与周边旅游地在线路上有机组织的大西湖旅游功能区域,发挥规模效应,促进杭州旅游形象和品牌的优化提升。

(4) 注重旅游要素的特色化,推动城市功能的旅游化改造

提升杭州都市商业游憩休闲街区,将城市功能与旅游功能相融合,突出旅游要素的吸引物化建设。重点塑造环西湖的游憩商业区(RBD)、晚间娱乐休闲区、娱乐文化康体休闲区等,依托之江旅游度假区和湘湖商务会展功能区建设一定规模的旅游要素集聚区,使大西湖和城区一道成为国际化旅游目的地城市中的核心区域。

3. 产品支撑

基于市场导向、资源与环境依托的旅游产品布局与定位,加快推动杭州市从单纯观光型旅游地向风景游览、休闲度假、商务会展、文化旅游综合型旅游目的地的转变,优化杭州市旅游产品的结构,使城市旅游经济得到较快发展。

(1) 风景游览旅游产品的精品化提升

精品化开发西湖风景游览区,结合西湖西南部丘陵山地、西溪湿地、钱塘江等水系各类自然生态条件的多样性,开发山地观光、江河水体游览、森林生态等系列自然观光旅游产品。

(2) 商务会展旅游的品牌化打造

以大西湖旅游目的地现有商业、会展设施为基础,以湘湖旅游度假区为主体,结合杭州市现代服务业的发展目标与布局,开发购物美食、商务奖励、会议展览、庆典节事等系列旅游产品。

(3) 休闲度假产品的特色化培育

依托大西湖旅游目的地良好的生态与环境资源和完善的设施配套,深度开发都市休闲度假(文化休闲、购物休闲、游乐休闲、健身休闲)、主题社区休闲度假、江河湖泊休闲度假、山地休闲度假、森林休闲度假、乡村休闲度假等系列旅游产品,成为对外展示"东方休闲之都"独特魅力的窗口。

(4) 文化旅游产品的深度开发和全要素融入

依托西湖及杭州城区悠久的历史、灿烂的文化、发达的科技教育以及越剧、江南丝竹等一批非物质文化遗产资源,以西湖周边的特色文化(非物质文化)要素整合为主体,以物质文化为辅助,开发历史街区、茶文化、丝绸文化、宗教文化、民俗文化、饮食文化、名人文化、科技教育等系列旅游产品。同时,将特色文化元素融入旅游各要素中,增强其吸引力。

4. 主题概念

（1）主题构思

大西湖旅游区的主题意象应从以下四个方面体现：一是作为杭州市域游客组织与集散中心、接待服务基地的功能；二是突显四大旅游区的特色；三是融合地区的山水要素；四是包含当地深厚的文化内涵。

杭州市已确定将"东方休闲之都"作为旅游主题形象，而大西湖旅游区恰好可作为这一形象的实体，承载其核心功能。

由此确定大西湖旅游目的地的主题意象为：江南风景·丝茶文化·最忆西湖。

"风景"仍然是大西湖旅游区的主题。西湖风景如画，山水自然而生动，风景西湖是镌刻在世人心目中永恒的记忆。

"文化"是大西湖旅游区的灵魂。江南、丝绸、龙井、丝竹、越剧、佛教、传说……由古至今，西湖畔的文化像西湖水一样流淌不绝，隽永的文化为西湖的风景增添了动人神韵。

从自然和文化的传承延续来看，西湖依然是大西湖旅游区的核心吸引要素，也是杭州城市旅游目的地的文化基调，风景、文化、商业、会展、生态，多样化的旅游功能汇聚，观光、游览、休闲、度假、体验、商务多样化的旅游目的集中，仍然"最忆西湖"。

（2）概念支撑

- 雅致江南

以中国式园林为载体、自然人文和谐为理念，体现东方人的生活与休闲方式；西湖风景的保护性利用应以山水风光为核心，以杨柳等江南诗画典型树种为绿色环境背景，以园林式休闲设施为辅助，营造柔美婉约的西湖景观与人文意境。

- 文化生态

以农耕湿地为依托，表达与自然融合的生态休闲方式。

- 逸动休闲

以主题公园、时尚运动、娱乐文化为特色的现代休闲体验，为旅游度假区增添活力和亮色。

- 时尚商务

围绕商务会展、节事活动，组合周边自然、文化资源，商务和旅游互动发展，成为杭州市新型时尚商务中心。

四、空间布局

1. 指导思想

西湖是杭州城市的西湖，要协调好旅游区与城市建设的关系，在功能和景观风貌上加强分工和互补，实现城景一体化有机发展。有机组织空间结构。大西湖旅游区要加强与城市功能区、周边旅游地的线路组织和连接，同时，内部亦组成方向和分工明确的功能区域。

2. 区域圈层结构

第一层次：大西湖景区型旅游目的地的旅游吸引物体系的强化和内部组织结构的完整性。以旅游产品差异化分工的空间结构形成内部旅游快速路的组织。

第二层次：以大西湖为核心旅游吸引物的杭州城市都市旅游圈。大西湖旅游目的地与杭州城市整体功能，对外交通口岸的结合。

第三层次：以杭州都市旅游圈为核心和基地带动环杭州浙江中西部旅游圈区域，包括杭州市域以及周边1.5小时车程内的旅游资源、旅游产品整合（如绍兴、湖州、嘉兴）。杭州作为该区域的组织集散中心和服务基地。

3. 旅游功能区域

（1）西湖观光休闲旅游功能区域
- 地域范围

西湖群山的中圈（南高峰、玉皇山、凤凰山）、内圈（葛岭、宝石山、孤山、丁家山）至西湖及其周边地区。

- 功能定位

规划为观光购物、文化和宗教旅游产品的提升和品牌塑造区，会议与度假酒店、休闲广场和酒吧、茶吧、水吧、特色餐馆等城市旅游要素的供给区。

- 发展重点

西湖游憩商业区（RBD）　将湖滨旅游服务中心区打造为杭州未来RBD地区。划定的RBD区域，主要是中河路以西、庆春路以南、河坊街以北、湖滨路至南山路以东地区。

西湖观光游憩区　以西湖为核心，围绕西湖开发一系列滨水休闲游憩设施，同时营造浪漫怀旧的氛围，打造充分展现杭州江南个性与怀旧特色的滨水休闲旅游圈。

环西湖晚间娱乐休闲区　环西湖的南山路、曙光路、湖滨路、清河坊、信义坊、龙井路等是茶馆、酒吧、咖啡吧等集聚的场所，形成了休闲娱乐的环湖圈。完善曙光路茶艺馆一条街、南山路酒吧一条街的经营管理，建设延安路综合娱乐一条街，形成布局有序的环湖晚间娱乐休闲游憩带。

历史街区　包括中山中路商业一条街、清河坊历史街区、北山路历史文化街区、大井巷药业一条街、吴山路小吃一条街、元宝街和小营巷典型旧城居住街巷、拱宸桥西历史街区等，感受城市历史街区的风貌。

龙井问茶旅游区　以龙井村、茶文化村（龙井山园）与中国茶叶博物馆为吸引物，在龙井村选择部分茶农家庭，重点培训，完善设施，作为接待国际旅游者的定点单位，开发游客亲身体验采茶及加工制作等活动，增加"互动式"交流；茶叶博物馆和龙井山园之间有着合作的潜力，两地应该联手建成一个集产茶、制茶、卖茶、品茶、休闲为一体的，体现具有中国特色的茶文化景区。

商业游憩休闲区　以钱江新城、特色商业街区为主要场所，包括信义坊商业步行街、武林路女装街、丝绸一条街以及一些有特色的时尚商业单体，以逛街、购物、美食、消费为主要的活动。

娱乐文化康体休闲旅游区　环西湖以泡吧（茶吧、酒吧、咖啡吧、演艺吧等）、娱乐（影剧院、娱乐中心、KTV等）、文化（图书馆、展览馆、博物馆）、康体（健身中心、温泉浴、足浴、SPA水疗等）为主要内容，丰富游客与市民的休闲生活体验。

现代艺术旅游区　以紧贴西湖的南山路艺术休闲特色街区为主要吸引物，以坐落其中的中国美术学院为艺术策源地，以西湖美景为艺术环境，以周边散布的大小酒吧、茶座、咖啡馆、餐厅、画廊为艺术休闲服务设施，营造浓厚的艺术氛围，凸现艺术休闲特色，开发一系列的现代艺术旅游产品，具体包括艺术品欣赏、艺术品展卖、艺术修学旅游、艺术休闲旅游、艺术赛事等。

（2）之江休闲度假旅游功能区域

• 地域范围

西湖群山的外圈（北高峰、天竺山、五云山）至绕城路及绕城路以西（包括之江旅游度假区）。

• 功能定位

规划为运动休闲与高端置业型度假旅游产品的供给区，游乐、户外健身、特色餐饮等休闲项目配套建设区。

• 发展重点

之江国家旅游度假区　建议进一步加强之江国家旅游度假区的旅游功能，尽快形成旅游服务基地；积极开发生态型、参与型等旅游新项目；以高层次的项目设施、高质量的景观环境和高水平的管理服务，把度假区建成度假、观光、娱乐、康体、会议等功能齐全的旅游新区。

之江休闲娱乐旅游区　依托度假区内未来世界、宋城等现代休闲娱乐项目，配套建设休闲娱乐街区，注重餐饮、娱乐、购物等旅游要素吸引物化建设，策划主题旅游节庆和夜间的文艺演出与文化活动，打造杭州城市主题游乐区域。

之江高尔夫主题社区　依托西湖国际高尔夫乡村俱乐部，配套休闲度假设施，建设高尔夫度假别墅，开发旅游房地产，打造杭州首家高尔夫主题社区。

梅家坞茶文化休闲旅游区　建设提升具有浓郁地方特色的梅家坞茶文化乡村休闲社区，突破单一性景区开发理念，结合观光、休闲、会议、主题节庆、娱乐、运动、度假、养生、居住等不同功能，共同组成一个符合现代旅游发展趋势的区域性休闲度假板块，加快建设梅家坞茶文化村二期工程。

山居休闲度假区　发展山居别墅或旅游景观房地产，度假别墅与自然环境协调布局，风格或豪华或简朴，分为独立产权、分时度假、第二居所、主题房产等多种类型，多元化发展。

登山健身旅游区　杭州地势由东往西渐次升高，从海拔几十米到四五百米，高低参差，错落有致，可开展城郊休闲、登山健身运动，体现城市郊野公园的功能。

（3）西溪生态休闲旅游功能区域

• 地域范围

西湖群山西北侧的山前地带至西溪湿地地区。

• 功能定位

规划为生态休闲与度假旅游产品的供给区，度假环境的重点营造区，时尚休闲项目和旅游要素的配套建设区。

• 发展重点

西溪湿地生态旅游区　在保护西溪自然生态环境的前提下，以水乡田园风光作为西溪风景区旅游的主基调，进一步扩大河道水面和沼泽地，适当重新种植芦苇品种，以吸引更多的禽鸟类在此栖息，逐步恢复景区湿地生态系统的自然形态；根据现状景观和历史文化遗存的分布，有选择地恢复和重建区内古迹，并与周围环境相协调。

湿地生态休闲旅游区　依托于西溪湿地良好的生态环境，在充分保护生态的基础上提高游客的可进入性、丰富对生态环境的可体验性。

乡村生态旅游区　依托西溪湿地南部的交通设施和城镇建设，建设具有乡村生态特色的旅游配套服务区,配套建设住宿、餐饮、娱乐、土特产购物等设施,并以旅游要素的吸引物化为特色。

(4) 湘湖商务会展旅游功能区域

- 地域范围

西湖及钱塘江以南的湘湖旅游区。

- 功能定位

规划为商务会展、休闲度假旅游产品的供给区,休闲项目的重点培育区,大型旅游要素的集聚区。

- 发展重点

湘湖商务会展旅游区 以休闲度假产品及会展商务产品的开发作为主体,以现代风貌和商务会展活动为基调,构筑以主题景观(项目)、度假、动态参与活动为龙头的现代休闲度假与会展胜地,营造现代、活泼、快乐、商业的环境氛围,打造钱江东岸的商务会展娱乐中心。

湘湖水上休闲旅游区 重新开挖恢复的古湘湖水系,加快建设"水上世界"、"水上园林"、"水上舞台"等项目,增加水上休闲娱乐活动和节庆活动策划,形成与西湖"浪漫怀旧"交相辉映的湘湖"时尚休闲"。

大型旅游要素集聚区 大型旅游要素包括商务酒店、会议酒店、会议会展设施、宴会餐馆设施等的集聚区域,旅游功能区域的配套服务区。

湘湖休闲主题公园 依托世界休闲博览园、世界休闲风情园、东方文化园、国际水城等主题公园,以休闲型主题公园为特色,以各类休闲项目为辅助,打造杭州休闲主题公园社区,为杭州"东方休闲之都"品牌形象构建支撑项目。

滨江旅游区 建设钱塘江景观带,进行钱塘江两岸城市风貌的建设与维护,重点进行游船码头的景观设计与建设,并配套综合服务设施;呼应国际海上旅游发展趋势,充分利用钱塘江水上资源优势,引进国际海上度假豪华游轮进入钱塘江,开发江上航线,设计钱塘江游轮巡游活动;策划钱塘江国际观潮节庆活动。

4. 旅游交通组织

- 旅游快速通道建设

加速大西湖旅游目的地内部旅游快速路的组织。提升西湖至西溪湿地、西湖至湘湖度假区、萧山机场至湘湖旅游度假区的旅游快速路建设;进行钱塘江两岸的旅游景观路建设。

- 集散设施建设

在杭州市一级的旅游集散中心体系下,建设西湖观光休闲旅游功能区域、之江休闲度假旅游功能区域、西溪生态休闲旅游功能区域、湘湖商务会展旅游功能区域的旅游集散中心和旅游咨询服务中心,在主要旅游区(点)设置游客服务中心。

五、对策措施

1. 申报世界非物质文化遗产和文化景观遗产

力争将西湖列入《世界文化遗产》名录,促进其成为真正意义上的国际精品旅游胜地。在现有工作成果的基础上,重点进行西湖综合整治工程和西湖环境保护工程。

2. 西湖软化工程

正确处理城市发展与西湖风景名胜资源保护之间的关系。通过对西湖周边城市建设的控制,保护西湖的风景和环境。西湖风景的保护性利用应以山水风光为核心,以景观改造和文化挖掘为内涵,以杨柳等江南诗画典型树种为绿色环境背景,以园林式休闲设施为辅助,营造柔美婉约的西湖景观与人文意境。软化西湖环境的重点在原西湖的部分,包括严格控制西湖地区的建筑体量、建筑高度、建筑风格及空间位置;对风景区内的基础设施和服务设施进行景观化和生态化改造;加强自然景观与人文景观的协调;保护西湖西进部分的自然生态特色。

3. 文化资源的保护和旅游利用

优先和重点保护非物质文化资源,如代表江南文化特色的丝绸文化、茶叶文化、诗歌文化、民间传说(梁祝、白娘子等)、造纸工艺以及杭州绸伞、都锦生织锦、王星记伞、越窑青瓷、萧山花边、杭剧、江南丝竹等。

落实历史街区、文物古迹等物质文化保护内容。逐步拆除破坏文物古迹景观的建筑,恢复古城风貌;最大限度地保护旧城区的城市肌理和文化脉络;充分保存历史文化名城的风貌,切忌简单地以新代旧;要改善道路交通状况,但是尽量不改变原有历史街道的尺度,可以适当增加商业街、步行街,实现完全的人车分流,形成舒适、安全的步行购物和旅游环境。

4. 景观环境的保护与营造

注重大西湖"山—湖—江—城"的自然空间格局的保护,注重杭州周围的群山与城区之间的组合关系、西湖与城区之间的组合关系、钱塘江与城区之间的组合关系,将西湖景观面、钱塘江景观带的保护和营造作为重点内容。对建筑体量、建筑高度进行控制,对建筑的风格、色彩加以引导和统一,从文物古迹保护、城市总体规划用地布局、滨水建筑群的相互呼应等方面出发,建设和打造大西湖连续而有特色的景观风貌。

5. 旅游用地引导与控制

限制旅游服务设施在西湖周边的发展容量,并把这部分功能适当向城内转移,保证旅游服务设施在西湖周边是点状的,而非线状的,更非块状的分布;继续完善以西湖为中心向东、北方向发散的放射状道路网结构,延伸为商业和文化旅游网络,把通向城里的特色商业与文化步行街和通向西侧山区的景观与旅游路线完整地结合起来;旅游发展空间采用内涵挖潜式转变形式,与商业、房地产业、农业等兼用发展。

6. 机制与体制

由市政府牵头,建立推动大西湖旅游协调发展、平衡各利益集团的联席制度,进行以功能整合、旅游资源和环境、旅游要素等方面为主要目的的区域整合,强化政府的宏观引导和调控职能。

第二章 象山半岛休闲度假旅游目的地概念性规划

一、条件分析

1. 地域范围

本次规划地域以象山半岛为核心,规划范围北至象山港、梅山,南至三门湾、花岙岛,东至渔山列岛、韭山列岛,西至甬台温高速公路、宁海县城,涉及宁波市象山县的大部分地域,宁海县、奉化市、宁波市区以及台州市三门县的部分地域。陆地面积 2 000 多平方公里,海域面积 1 000 多平方公里。

2. 资源特色

- 海湾、海滨、海岛构成象山半岛旅游资源的最显著特色

位于宁波市东南部沿海的象山半岛拥有丰富多样的海洋旅游资源,在浙江省及长江三角洲地区内资源特色十分显著。象山半岛区域海域面积广泛,最突出的资源优势就是"海",海水、海湾、海岸、海港、海岛、海景、渔业等,其中海湾、海滨、海岛构成了在长三角地区最具比较优势的资源组合。

作为浙江省南北分界线的象山港纵深 70 余公里,具备良好的港湾条件;港内岸线以淤泥质滩涂为主,少见沙质或砾质海岸;有数十个岛礁,如悬山岛、横山岛、凤凰山岛等,西部的强蛟列岛有"海上千岛湖"之称。

宁波不多的天然沙滩都集中在象山半岛面向外海的东部,这里海水水质较好,岸线绵长曲折,沙滩、岛礁众多,拥有奇特度极高的海蚀地貌景观。

象山半岛南部的三门湾为典型的敞开型海湾,入口处宽 22 公里,湾内纵深 40 公里,岛礁上百个,形态各异;湾内水道纵横,港湾交错,曲折岸线长 300 余公里。

- 山海相连的生态景观与度假环境

象山半岛中部山地众多,属天台山脉中段,构成了区域良好的生态环境本底,其山海相连、山海相融的自然资源组合也构成了区域优美的自然山海风光。受到海洋性气候的影响,白岩山、盖苍山、东搬山等区域降水丰富,气温较低,水文植被条件较好,山、谷、溪、池、林、木等自然景观丰富,构成了良好的休闲度假环境。

从旅游休闲度假环境方面进行评价,则象山半岛的安全性具有相对优势,自然生态环境的舒适性良好,而康益性则并不具有优势。

- 深厚浓郁的民俗文化

象山半岛的渔家民俗文化底蕴深厚,内容丰富多彩。象山港、石浦港等自古至今均为天然良港,是浙江通商、渔业、军事的要塞,现在的石浦港是国家二级口岸,是民间对台贸易的集散地,依托海港的渔

业活动丰富多样;象山半岛地区海水养殖业发达,每年9月的开渔季成为区域盛大的民俗节庆;以渔业生产、生活方式、方言土语、手工艺、曲艺等为主的民俗文化活动丰富多彩。

3. 市场潜力

- "浙江人游浙江"的省内游市场基础

根据浙江省旅游局统计,2005年本省游客占39.8%,而2004年,这个数字是40.6%,数量是4 304万人次。在来浙江旅游的国内旅游者中,省内游客几乎占据了半壁江山。对于浙江省内近距离游客(主要指杭州、宁波、温州、绍兴、台州、金华、舟山等地市),以滨海度假、渔业休闲等为主的旅游产品具有较大的市场吸引力。

- 长三角地区巨大客源输出能力

根据浙江省2005年国内旅游市场统计资料,浙江、上海、江苏游客分别占国内游客的39.8%、15.9%、12.2%,三省市游客量之和为8 662.95万人次,占国内游客的67.9%。2004年,三省市之和为7 071万人次,比重为66.7%。由此可见,浙江、上海、江苏三省市的游客量在浙江国内游客总量中所占比重很大,约有2/3,长三角地区是浙江旅游的核心客源地。

国际及国内发达城市的经验表明,人均GDP超过3 000美元后,区域或城市经济将继续保持稳定增长,居民消费结构则呈现明显的富裕型特征,表现为恩格尔系数下降至0.40以下,居民消费日益从满足生理和安全需要为主的商品消费范围,逐步扩大到娱乐、休闲、文化、旅游、健身等方面。长三角地区的消费能力和消费结构已达到中等发达国家水平,休闲、娱乐、旅游消费较全国平均水平旺盛,且随着地区经济的进一步发展,这类消费水平将进一步提升。

长三角地区各城市之间旅游互访度非常高。三小时车程是近距离出游的重要节点,象山半岛区域的滨海度假资源环境及休闲度假、休闲观光、民俗文化等产品在这个距离内具有较大的吸引力。

- 海外入境旅游市场有较大潜力空间

长江三角洲地区是我国大陆最开放的区域之一,外资、合资企业总量较大,频繁的经济、商务活动带来了众多的企事业单位管理人员、技术人员、媒体、服务人员等海外人士入境,从而带动地区入境旅游的发展。另外,长三角旅游圈作为世界级旅游目的地,上海、江苏、浙江三省市每年吸引千万人次的入境旅游者,以港澳台、韩国、日本、东南亚等市场为主。

依托这两部分海外入境旅游市场来源,依托海洋资源,象山半岛区域开发高端、专项旅游产品具有较大的入境市场发展潜力空间。

4. 环境基础

- 区域社会经济基础

2005年长三角16个城市GDP为33 859亿元,占全国比重达到18.6%。浙江七市总量超过了10 000亿元,占长三角的比重为30%,其中杭州、宁波超过2 000亿元。三产结构中一产比重持续下降,二产比重略有上升,三产比重大幅度上升(表2-1-1)。

在长江三角洲区域经济发展的背景条件下,象山半岛区域经济发展也较为迅速。区域已初步实现小康社会,人民生活水平快速提高,各项社会事业长足发展。

区域工业经济正在加快聚集,以渔业为主的农业结构调整减小,初步形成了沿海养殖经济、低山缓坡林特水果种植和海滨平原经济作物多种经营的产业格局,海水育苗、养殖示范基地各具特色。

表 2-1-1　浙江省产业结构变动　　　　　　　　　　　单位:%

年份	一产比重	二产比重	三产比重
1979	42.9	40.6	16.5
1980	36.0	46.8	17.2
1989	25.0	45.8	29.2
1990	25.1	45.4	29.5
1995	15.9	52.0	32.1
2005	6.5	53.5	40.0

- 交通区位逐步完善

随着浙江省"十一五"期间重大交通工程——上海国际航运中心(上海—宁波—舟山组合港)和杭州湾跨海大桥建设的推动,象山半岛区域的交通基础设施建设也快速推进。象山港大桥和环港区高速通道等重大项目的前期工作进展顺利,在北仑港、象山港构筑游艇基地的条件日益成熟,这一区域将全面融入全省交通网络体系,区域可进入性得到进一步提升。

- 浙江建设海洋经济强省的目标带动

改革开放以来,浙江省海洋经济的发展先后经历了"加快海洋经济发展"、"建设海洋经济大省"和"建设海洋经济强省"三个阶段。在以"建设海洋经济强省"为目标的"十一五"期间,滨海生态旅游业成为海洋经济五大优势产业之一。象山所在的宁波、舟山海洋经济区,以构建舟山海洋旅游基地和浙东滨海旅游板块为发展方向,在区域的发展战略和发展思路上奠定了象山发展海洋旅游产业的基础,成为浙江建设海洋经济强省的支点之一。

5. 开发现状

区域内目前已经开发松兰山省级海滨旅游度假区、中国渔村主题公园、石浦渔港古城、象山影视城、春晓镇的洋沙山滨海旅游点、宁海县的伍山石窟等旅游项目以及"中国开渔节"节庆活动。区域内已有一些旅游基础服务设施配套,档次较低,布局欠佳,区域整体的旅游产业开发尚处于初级阶段。

6. 制约因素

- 产业结构和布局的不合理对旅游发展空间的挤压

长期以来,象山港区域的功能定位和发展方向不够明确,产业布局不够合理。目前,区域内包括旅游业在内的现代服务业体系远未获得应有的重视和定位,第三产业的比重较低。区域内各县市区尤其是各乡镇发展临港工业的积极性很高,盐田转产、滩涂围垦的方向多为工业,有热电厂、造船长、工业码头、计划的油气田以及一批制造业项目在建。岸线资源特别是浅海滩涂的无序开发,压缩了旅游业和现代服务业发展所需的资源空间和生态环境。

- 生态环境敏感,保护和利用难度较大

一方面,象山半岛区域生态环境敏感,海洋水面涉及众多的保护区。其中,韭山列岛是浙江省省级海洋生态自然保护区,正在申报国家级自然保护区。渔山列岛即将列入国家级海洋特别保护区行列。象山西沪港为湿地和沼泽地生态系统自然保护区,而陆地区域则以生态相对敏感的山地环境为主,这使得保护与利用的难度较大。

另一方面,排污、热电厂、围垦已经成为威胁象山半岛生态的三大问题,破坏了区域的旅游吸引力。象山港周边常住人口80多万,尚没有一座污水处理厂,大量生活垃圾和污水未经处理直接排入海中;2004年沿岸共有污染较大的企业100多家,分布在针织品漂染、电镀、皮革助剂、化学助剂、食品罐头等行业,每年废水排放量达200多万吨。区域内每个县市区都在建或者将建一个大型电厂,这样大规模、多数量地兴建火电厂,其水热污染和水体溶解氧大幅度降低,对于海洋环境的影响十分不利。同时,区域内各县市区都在向海洋要不占指标的土地,大规模围垦、填海,从根本上摧毁海湾的天然岸线。

- 行政区划分割产生的无序竞争

象山港区域虽然在宁波市总体发展格局中确定为生态保护区,但是缺乏有力的落实政策,没有统一的旅游规划,没有清晰的旅游产业战略定位和布局,各县市区旅游项目的重复开发、无序建设问题严重。

计划兴建游艇码头和游艇俱乐部的有宁海县大佳何或王石岙以及奉化市的悬山、红胜海塘、狮子山,象山县东海岸的半边山或者蟹蚶港等;计划兴建国际会议中心的有悬山、红胜海塘、中央山岛、石浦镇的中国渔村等;计划开发人工沙滩的有奉化南湾港、宁海长山冈、悬山东南角;计划开辟生存训练基地的有悬山岛和白石山岛。在各地自己的旅游发展规划或发展基本思路中,列出的重点开发项目有相当程度的趋同性。

- 海洋水环境不甚理想,自然灾害较为频繁

从旅游开发利用的角度来看,象山半岛的海洋水环境不太理想,一方面是部分水域存在一定的水污染,另一方面象山港的潮差达到2~3米。同时,台风、赤潮、风暴潮等自然灾害发生比较频繁。

二、发展定位

1. 优势分析

浙江省休闲度假旅游产品主要集中于三大地域,即环太湖区域、浙江南部山地区域和东部滨海区域,根据地域资源环境条件和市场潜力条件,东部滨海的休闲度假区域要优于其他两个区域。在长江三角洲地区范围内,滨海休闲度假目的地如温南、舟山、北仑港等,综合考虑海湾、岸线、交通、用地等因素,象山半岛区域优势依然比较突出。

随着象山大桥和高速公路的建成,大大缩短了象山区域与浙北、上海及苏南各地市的车行距离,将象山与宁波、绍兴、杭州、台州、温州、上海、金华等城市的车行距离缩短到三小时以内。而在长三角地区三小时车程的空间地域层次内,象山半岛区域具有开发休闲度假旅游的比较优势,具备打造长三角地区首选的休闲度假旅游目的地的可能。

针对海外入境市场,象山半岛区域具备潜力空间。第一是长三角区域经济的推动作用;其次是长三角国际旅游目的地的品牌吸引作用;第三是区域内高端旅游产品的现状空缺,给象山港提升入境旅游创造了条件,针对国际高端旅游产品的专项市场开拓成为可能;第四是中国目前旅游产品造价低,高尔夫等高端旅游产品消费价格低,对港澳台、日韩等近距离入境市场有较大吸引力。

2. 性质定位

长江三角洲地区首选的休闲度假旅游目的地,新海字系列国际高端产品专项旅游目的地,浙江省第二代旅游产品(休闲度假)的龙头。

三、规 划 思 路

1. 概念创意

(1) 主题设计

根据对象山半岛旅游区域资源环境、区域背景、市场环境等条件的分析,得出象山半岛休闲旅游目的地的主题设计应体现以下几个方面的要点:

- 海湾、海滨、海岛资源组合;
- 海洋文化的全方位诠释;
- 长三角大都市圈的滨海休闲、生态花园;
- 宁波市功能外延的新型时尚卧城;
- 巨大容量的旅游接待服务基地。

由此确定象山半岛休闲旅游目的地的主题意象为:时尚·运动·康乐。

"时尚"是象山半岛休闲度假旅游目的地的品质主题,是规划区域主题内容的包装形式。时尚主题主要体现在高端旅游产品开发、现代生活方式体验、现代艺术欣赏以及景观环境塑造等方面。

"运动"是象山半岛休闲度假旅游目的地发挥资源环境优势、适应市场需求趋势的新兴主题。随着城市居民对于生活质量的追求,注重运动与健康已经成为社会发展趋势,尝试不同类型、新颖多样的运动项目成为都市的新时尚。城市用地的紧张和环境的局限,难以真正满足居民对于运动、健身、康体的需求。象山半岛区域良好的自然生态、优美的景观环境以及集群化、多样性的休闲运动项目则可以契合这样的市场需求。

"康乐"是象山半岛休闲旅游目的地的重要发展主题,也是针对象山半岛作为休闲度假环境在康益性上存在的不足。主要体现在以康乐为主题的休闲、健身旅游、文化娱乐与康体保健设施等。

(2) 概念创意

依据对象山半岛休闲旅游目的地主题意象的设计,与旅游区内资源环境载体相结合,设计概念创意。

- 流金海岸,时尚港湾

被东海包围的象山半岛山海相连、水网交错,岛礁奇石、海蚀地貌多样。象山半岛千余公里的海岸线,或沙、或滩、或礁、或石,绵长曲折,千姿百态;象山港、三门湾及其内部的诸多港湾纵横交错,条件良好。岸线和海湾构成了象山半岛区域最具特色的资源基础,注入"休闲"和"时尚"要素后,将成为象山半岛区域最具吸引力的旅游品牌。

- 康乐象山,港中风情

象山半岛区域自然生态良好,山地、海洋、岛屿、港湾等景观组合丰富,充分发挥这些资源环境优势,发展以康乐为主题的休闲、健身旅游,完善配套文化娱乐和康体保健设施,提升象山半岛休闲度假环境的舒适性和康益性。

象山半岛区域海洋产业发达,港口运输业、新型临港工业、现代海洋渔业、滨海生态旅游业和海洋新兴产业组成了区域优势产业。海洋渔业的历史悠久深远,依托渔港的渔业文化氛围浓郁,从建筑、饮食、服饰、手工艺到生产、生活习俗都浸染了深深的海洋烙印,挖掘渔业民俗文化,开发文化观光、文化休闲、文化体验型旅游产品,赋予象山半岛旅游文化内涵。

• 逸动半岛,魅力东海

海洋是生命之源,象山半岛东部的东海海域以大陆海岸线曲折、港湾众多、岛屿星罗棋布著称,其中蕴藏了丰富的水产、石油、天然气以及稀有矿产资源,这片海域是我国海洋生产力最高的海域,它的资源和景观把海洋魅力发挥得淋漓尽致。挖掘海洋文化内涵,开发具有神奇性、独特性的旅游产品,提升象山半岛休闲目的地之旅的吸引力。

2. 发展思路

(1) 国际化标准的度假环境营造

根据提出的"时尚·运动·康乐"主题概念营造度假环境,从而体现主题性、景观性、康益性、舒适性、安全性五个方面的度假环境特征。

• 主题性

象山半岛休闲旅游目的地以"时尚·运动·康乐"为主题,构成规划地域的主题特色。

• 景观性

保护象山半岛山海自然风光、自然岸线、山体植被、水网港湾等生态环境,保护并修复赏心悦目的自然环境景观;通过对度假区、旅游区内的景观绿化、园林设计,营造与自然环境相协调的人工景观,使规划建设区域成为具有良好的游赏环境和人居环境的场所。

• 康益性

通过选择性的园林绿化、休闲性的设施以及健身娱乐场所的设计和建筑设施的生态化,为旅游者在心理和身体上创造一种健康有益的休闲度假环境。

• 舒适性

通过优美舒适的自然环境的营造以及现代化(信息化、科技化)设施的建设,为游客提供一个舒适的休闲旅游环境。

• 安全性

安全是旅游区吸引游客的主要因素之一,通过对安全系统的建设及快速救援系统形成安全的旅游环境。

(2) 重点开发高端旅游产品

目前,高端旅游产品已经成为世界旅游发展的新方向,它代表着现代社会的文明程度,也是旅游业发达的重要标志。高端旅游产品利润空间巨大,综合效益和行业辐射效应很强,且季节性分配均衡。开发高端旅游产品是提升国内旅游重游率和经济效益、提升目的地对国际客源市场吸引力的有效保证。重点开发消费水平较高、环境条件较好、旅游服务规范、具有一定专业技术含量的高端旅游产品,主要包括度假置业、游艇、高尔夫、主题公园(投入高端、大众化消费)等。

• 游艇

近年来,浙江的游艇业发展迅速,浙江的游艇展已成为中国五大著名游艇展之一。浙江省于2006年7月1日出台了国内第一个有关游艇管理的省级政府性文件《浙江省游艇俱乐部项目发展指导意见》,规范游艇俱乐部的发展。游艇类产品要加强配套设施建设,完善相关服务体系,重点在象山港湾内建设游艇专用码头、游艇租售、维修养护、驾驶培训、领航开航及配套休闲娱乐等设施,发展游艇休闲旅游。

- 高尔夫

浙江省已经建成达到国际标准的球场有三个,在全国28个拥有国际标准高尔夫球场省市的数量排序中,浙江位于第15位。可依托象山半岛自然岸线和人工海堤、围合海域,建设独具特色的海上高尔夫球场,并配套高尔夫度假别墅及会所。

- 主题公园

依托国际先进的休闲游乐理念,以声、光、电等高科技作为主要手段,结合浙东沿海的山海经神话、宗教文化,建设海洋主题公园。并依托主题公园,建设以休闲游乐项目为主体的游乐社区。

- 滨海旅游度假置业产品

包括产权酒店、分时度假等。结合象山半岛山海结合的自然环境与交通区位特点,开发滨海旅游度假置业产品,整合旅游业六要素,创建旅游产业链,提供良好的配套服务与环境。

（3）设计多样化休闲类旅游产品

- 观光休闲类

以家庭出游、亲友出游为主、融自然山水和渔业民俗文化特色于一体的休闲旅游产品。注重旅游活动的丰富化和趣味化、自然景观的优美、民俗文化特色显著等。

渔家乐旅游:可作为分布最广、最生动的旅游形式,主要为满足周边地区游客假日休闲的需要。渔家乐文化旅游产品开发的重点是在突出渔业文化特色的基础上,以滨海岸线与自然港湾为特色,增加渔业活动体验(出海、捕鱼、养殖、晒网等)、民俗活动(服饰、工艺、开渔、渔市等)和休闲活动内容,并配套旅游综合服务设施,提升渔家乐旅游产品的文化品位,使其更具魅力与活力。

海滨休闲旅游:结合滨海沙滩、岛礁、石林岸线自然风光,开发包括滨海度假、休闲、水上娱乐、海岛观景、观鸟、海浴、沙浴、日光浴等大众化海滨休闲度假项目。

- 体育休闲类

主要面向中青年游客市场,开发海上体育休闲和山地体育休闲两类。前者包括游泳、帆板、冲浪、水上飞机、划艇、垂钓、沙滩运动等,后者则包括高尔夫、赛车、马术、拓展运动、定向越野等。并以此为依托,引入现代休闲度假项目,形成现代体育旅游的延伸拓展。

- 保健休闲类

以中药理疗、海鲜滋补、运动健身、氧吧环境等为内容的休闲类旅游产品。依托象山半岛海洋海岛生态环境以及保健、疗养、休疗设施建设,将深海泥保健、鱼油保健、海鲜保健、海鲜滋补等与旅游活动相结合,弥补滨海旅游淡旺季差距。

- 生态休闲类

其吸引物主要是自然资源,它培养旅游者学习、体验和欣赏自然环境的能力,强调可持续性。可依托象山半岛中部天台山脉开发生态休闲、健身保健旅游产品。

（4）打造象山半岛休闲度假旅游特色品牌

加强品牌形象打造,加快开拓以长三角为核心的国内旅游市场,并提升在入境市场尤其是港澳台、日韩市场的认知度。

通过媒体传播、标识系统建设、区域联合、网络营销、节庆活动等手段,实现特色品牌的树立和传播。

四、空 间 布 局

主要发展五大旅游功能区、两大中心旅游服务区和六个特色旅游城镇。

1. 主要旅游功能区域

(1) 象山港休闲旅游区

• 地域范围

规划区域北部,象山港湾范围,主要包括强蛟镇、西店镇、鸵湖镇、大佳何镇、西周镇等以及白石山、悬山岛等岛屿。

• 功能定位

以"康乐象山、时尚港湾"为品牌形象,以休闲娱乐、商务旅游、时尚卧城、度假旅游社区的开发为主体的旅游功能区域。

• 发展重点

依托象山港湾的自然资源条件以及距离宁波市区1.5小时车程的区位条件,重点开发具有海滨、海湾特色的休闲娱乐、商务旅游活动、高端度假,以海洋文化主题公园、游艇俱乐部、特色旅游城镇、商务会议中心为切入点,配套开发旅游服务设施及旅游房地产、分时度假产品,将宁波城市功能部分外延,打造新型时尚卧城,成为象山半岛旅游目的地中体现高端度假、时尚休闲、商务会议、现代娱乐的重要功能区域。

• 主要旅游吸引物

海洋主题公园——以海洋文化为主题,借助海岸线、山地、丘陵地形背景,以大制作、高科技为特征,在海上、海面、海底设计惊险刺激的游乐项目以及具有参与性、体验性的娱乐项目和观光游览项目。

游艇俱乐部——以游艇休闲为主要内容的旅游基地。由栈桥码头、游艇租售、维修养护中心、驾驶培训、领航开航以及休疗养中心、休闲会所、餐厅酒吧、海景度假酒店等配套设施组成。

商务中心区——依托甬台温高速和象山高速公路,选择近海用地条件较好、城市功能较完善区域,建设高档商务度假酒店、商务会议中心,配套各种休闲服务项目,形成宁波城市外拓的商务中心区域。

时尚卧城区——依托甬台温高速和象山高速公路,以高档滨海房地产项目为主,打造第二居所,与商务中心区在用地上相互联系,将宁波城市部分居住、商业服务功能外拓,形成居住、餐饮、休闲、娱乐、健身等相结合的时尚卧城区。

滨海特色城镇——以强蛟镇为重点,充分利用临港区块产业集聚带来的人流、物流、资金流、信息流等有利条件,承接城区现代服务业转移,积极培育临港循环经济试点区和生态休闲旅游度假基地,建设成为区域生产、生活、生态和谐统一的现代化生态型滨海新城,重点发展康体娱乐旅游。

(2) 松兰山滨海休闲度假旅游区

• 地域范围

规划区域东部,象山半岛东部沿海,以松兰山旅游度假区为核心的旅游功能区域。

• 功能定位

以"流金海岸"为品牌形象,以滨海休闲度假、高尔夫休闲为核心功能的旅游功能区域。

- 发展重点

依托象山半岛曲折漫长的滨海岸线资源，重点开发滨海度假、高尔夫、观光休闲旅游产品，以松兰山度假区为核心区域，注重国际化标准的度假环境营造和多样化休闲项目的策划，打造长三角地区独具吸引力的滨海休闲度假旅游区。

- 主要旅游吸引物

休闲沙滩——依托海滨岸线进行人工修整，建设数公里长的人工沙滩，开展沙滩、篝火晚会、拉网捕鱼、做客渔家、海上运动休闲项目。并配套建设海水沉淀区，将海水沉淀后通过水闸引入海滨泳场，改善海滩附近海水质量。

滨海度假中心——依托半岛东部自然岸线和山海风光，建设海景度假酒店、别墅以及旅游房地产项目，配套商务、会议、餐饮、娱乐等综合服务设施，注重度假环境营造，景观环境与自然风光相协调。

高尔夫俱乐部——充分利用海滨、山地等地形景观，建设山海相连、景观独特的高尔夫球场，并配套高档的高尔夫度假酒店、度假别墅及会所。

潜水游乐区——选择合适海域开展潜水旅游项目，配备游船码头、潜水设备租售、潜水培训、水下摄影等，开展水下漫步、触摸海底、水下表演等活动。

海滨露营地——利用滨海稍有起伏的疏林草地，作为青少年集体野营、军训、聚会、烧烤篝火的场地，可提供水电等基础设施和少量露营设施。

（3）石浦渔港风情休闲旅游区

- 地域范围

规划区域东南部，以石浦古镇为核心的旅游功能区域。

- 功能定位

以"港中风情"为品牌形象，以海洋渔文化休闲、海岛观光休闲为核心功能的旅游功能区域。

- 发展重点

依托石浦古镇渔港、中国渔村主题公园，重点开发渔文化休闲旅游产品，结合南田岛、高塘岛，发展海岛观光休闲和户外极限运动基地。

- 主要旅游吸引物

石浦古镇——依托中国历史文化名镇石浦古镇，在保护好古建筑、古巷、古街区的同时，充分挖掘和发挥富有地方特色的渔文化、海防文化和商贾文化，改善基础设施，提升综合旅游环境，重点发展古镇观光休闲。

中国渔村——依托中国渔村主题公园，进一步完善相关的配套服务设施，营造和提升休闲旅游环境，逐步增加休闲度假功能和设施。

休闲渔港——充分利用石浦渔港的资源环境特色，近期重点开发休闲渔业、观光农业、特色渔家民俗表演活动等休闲旅游产品。发展以渔业养殖、垂钓、餐饮为一体的休闲渔庄，开展生态休闲、天然水域垂钓、岛屿风光观光、观鸟等活动，并辅以特色餐饮、特色游船等服务设施。

海岛观光休闲区——在高塘岛、南田岛、檀头山等近海岛屿，根据资源与环境特色，重点发展海岛特色景观的观光休闲旅游，并适当发展户外极限运动。

（4）游艇休闲度假旅游区

- 地域范围

规划区域南部,以蟹蚶港为核心的旅游功能区域。

- 功能定位

以"时尚港湾"为品牌形象,以游艇休闲度假为核心功能的旅游功能区域。

- 发展重点

重点开发以游艇休闲度假为核心的旅游产品,配套建设度假会所、海岛度假村、康体疗养中心等设施。

- 主要旅游吸引物

游艇俱乐部——依托良好的港湾条件,发展高档次、高品位的游艇旅游项目,以游艇俱乐部为核心功能,配套开发栈桥码头、维修养护中心、驾驶培训、领航开航以及疗养中心。

海岛度假村——规划依据现状条件,选择用地条件、水文条件合适以及风景优美的海岛开发旅游度假村,规划小规模的富有特色的别墅区用地,各别墅区相对独立,与周围景观形成小环境。

康体疗养中心——根据基地环境,选择生态良好、景观优美的地区,发展高档次、多功能的康体疗养中心。

度假会所——面向游艇度假旅游的综合性会所,包括商务、小型会议、餐厅、酒吧、咖啡厅、保龄球等功能。

(5) 三门湾水上休闲运动区

- 地域范围

规划区域南部,三门湾地区,包括市镇、明港镇、力洋镇、六敖镇、健跳镇以及花鼓岛、蛇蟠岛等岛屿。

- 功能定位

以"逸动半岛、魅力东海"为品牌形象,以海上休闲运动为核心内容,以运动休闲、海岛观光的开发为主体的旅游功能区域。

- 发展重点

依托三门湾开阔的水域面积,开展丰富多彩的海上运动项目,以此为特色,配套旅游度假区、休闲服务区等,策划大型海上体育赛事活动,提高三门湾海上运动基地的国内外知名度,并以湾内海岛为主体,组织海上观光、生态海洋旅游项目。

- 主要旅游吸引物

海上竞速场——在三门湾内依托海岛建设海上竞速娱乐城,开展快艇、帆板、冲浪、划艇等项目,策划赛事活动,提升知名度和影响力。

滨海休闲区——以山海自然风光为特色,集观光、休闲、美食、海上体育运动为一体的滨海休闲区。

滑翔俱乐部——以水上滑翔为主要活动内容,采用俱乐部形式,配套度假村、餐饮娱乐设施等,打造专项运动旅游区。

海岛观光区——利用三门湾内丰富的岛礁风光、奇峰怪石,通过海上游船、快艇,组织观光航线和登陆游憩点,开辟三门湾内海海岛观光游览区域。

游船码头——依托健跳泊港建设游船码头,开辟健跳至花岙岛、五子岛、三门岛等客运航线,开展海上观光、绕岛观光等活动。

2. 辅助旅游功能区域

(1) 海岛生态旅游功能区域

- 功能定位

以海岛生态为基础,以海岛观光、休闲、体验、度假、运动的开发为主体的旅游功能区域。

- 发展重点

选择渔山列岛、韭山列岛等若干个海岛共同建设海岛生态示范基地。从生态本底、生态灾害、生态恢复、生态建设、生态警示等各方面系统展示人与海洋、人与海岛的协调共存关系。开发海岛观光、无人岛探险、潜水、海钓等项目,设计具有海岛特色的观光型、运动型、休闲型、度假型生态旅游产品。

- 主要旅游吸引物

东海海洋生态博物馆——对原有贝藻博物馆加以改进,建设系统介绍海洋知识、展示海洋贝藻等生物和生态环境的基地。

海钓基地——依托渔山列岛,以俱乐部形式开发海钓旅游,分为出海垂钓和沿岸垂钓两类。开辟渔船租赁服务,选择合适岛礁垂钓;沿海岸线对岸边岩石进行改建,建钓鱼平台,集休闲娱乐为一体,打造象山海钓基地。

海洋生态监测中心——依托原有海洋环境监测站建设,使游客通过参观了解海洋环境监测技术,学习海洋环保知识。

（2）旅游配套功能服务区域

- 功能定位

服务于旅游目的地的旅游产业的要素集聚区。

- 发展重点

依托中心城市、特色旅游城镇、交通设施,整合提升区域内酒店、餐馆、酒吧等旅游服务设施,并以娱乐、购物、餐饮等旅游要素的吸引物化为特色,打造旅游服务设施聚集区域,形成旅游产业的要素集聚区。

- 主要旅游服务区与设施

中心旅游服务区——主要依托象山县城、宁海县城,重点发展象山旅游服务区、宁海旅游服务区两大中心旅游服务区,完善旅游服务设施,提升旅游集散与组织职能,强化面向旅游者的休闲娱乐功能。

特色旅游城镇——根据资源环境基础、区位交通特点,重点发展前童古镇和石浦古镇两大国家级历史文化名镇以及强蛟、大佳何、越溪、泗洲头等特色旅游城镇。

旅游码头——根据现状基础和旅游发展需求,重点发展强蛟、松兰山、石浦、花岙、蟹钳港、健跳港、蛇蟠、越溪等旅游码头,组织海上旅游航线。

五、对策措施

1. 实施国际化战略

- 国际化标准的度假环境营造

按照国际性休闲度假旅游目的地的标准,根据"时尚·运动·康乐"主题概念营造和提升度假环境,从而体现主题性、景观性、康益性、舒适性、安全性五个方面的度假环境特征。

- 吸引国际资本和国际品牌企业参与项目开发

为了提升象山半岛旅游发展的总体层次,满足国际市场对于休闲度假产品的需求趋势,应积极拓宽项目投资渠道,适当提供一定的优惠措施,吸引富有海滨度假开发经验的国际资本和国际品牌企业参与项目开发。

2. 加大政府对基础设施和环境建设的投入

- 基础设施建设

重点在于改善区域交通条件,科学组织旅游巴士线路,发展旅游航道与码头,完善污水处理设施、供电、排水、电信等市政基础设施。

- 环境整治与美化

政府应着力整治规划区的生态环境。对于规划区内违规建设的各类污染型项目,必须进行全面的清查和治理,按照不同情况分别实行关、停、并、转。在海滨沿线的城镇建设必要的污水处理设施。整顿沿线的海水养殖项目,近期重点控制住海水赤潮。切实保护区域内的自然植被,严禁采石开山,防止水土流失。

3. 加大品牌营销力度

- 全方位协作营销

与浙江及周边省市知名旅游目的地进行市场合作,通过统一的规划和投入,有效整合市场资源,共同开发新市场,共同开发旅游产品;与浙江省进行纵横结合的全方位合作营销,由于旅游资源、旅游产品的互补,可以扩大象山半岛的知名度,同时扩展宁波旅游地域,增加旅游吸引力。

- 目标市场营销策略

不区分细分市场的特征,只根据市场的共性,推出单一产品,运用单一的市场营销策略,力求在一定程度上适合尽可能多的消费者的需求。无差异性目标市场营销适合各种客源市场的旅游产品,如大众化的休闲观光旅游产品。

根据细分市场的特征,开发不同的旅游产品,为多个细分市场服务,从而同时占领多个细分市场领域。象山半岛区域休闲类旅游产品包括休闲、度假、运动、保健、生态、娱乐等系列,游艇、高尔夫等专项旅游产品各有发展,差异性细分市场营销策略将成为主要营销战略措施之一。

根据只选定少数几个细分市场和旅游产品进行集中性营销,通过提高市场占有率和控制专项市场来实现盈利能力,适合先导型旅游产品(如高尔夫、游艇、滨海休闲度假)以及独具市场特色的旅游产品的营销,通过集中的市场营销,迅速提升产品的市场占有率和产品品牌。

- 旅游营销渠道及促销手段

包括发放旅游信息(宣传册、海报、地图、明信片和旅行指南等)、影音宣传录像材料营销(幻灯片、电影和录像带等)、媒体宣传(报纸、杂志、广播和电视等)、电话营销、网络营销(旅游网络、邮件促销)以及到主要客源地的专行促销等。

4. 充分实现产业联动

充分发挥旅游产业的综合带动功能,围绕"食、宿、行、游、购、娱"旅游六大要素协调发展,带动旅游农业(观光渔业)、旅游商业(旅游食品、旅游用品和旅游纪念品)和旅游工业、旅游建筑业等相关产业的发展,实现旅游业和其他产业的协调发展和相互结合。

5. 积极发挥民营资本的作用和潜力

充分发挥市场在调配资源和筹集资金方面的优势和作用,通过不断改善政策环境,鼓励和支持民营企业开发旅游资源和项目,加快企业股份制改造,同时引入发行股票、企业债券、股权置换、资产重组等多种资金筹集方式,形成多渠道、多层次、多方位的旅游发展投融资体系。

6. 强调旅游资源开发、保护和科学管理的结合

加强与相关产业发展的协调,避免其他资源不合理开发对旅游资源的破坏。同时也要避免不合理的旅游开发对其他产业的不良影响,尤其是对海洋渔业的影响。强化对海滨岛屿、海滨沙滩水域等旅游景区的保护,划定旅游生态与景观环境保护范围,实施科学开发与科学管理。对暂不具备开发条件的旅游资源,要加强保护,避免盲目开发或无序开发。

7. 体制和机制的协调与引导

规划用地范围涉及宁波市区、象山县、宁海县、奉化市、台州市三门县的陆域和海域,为跨区域的旅游目的地。其旅游开发应坚持区域协同策略,实行旅游项目一体化开发。建议成立统一的开发、管理机构,成立象山半岛综合开发委员会,与各县市旅游部门协调,与各县市交通、海事、商业等相关部门协调,完成旅游一体化开发工作。

第三章 北雁荡—楠溪江国际旅游目的地概念性规划

一、条件分析

1. 地域范围

北雁荡—楠溪江位于浙江省温州市境内,总面积1 000多平方公里。其中北雁荡位于温州乐清市东北,是国家重点风景名胜区以及世界地质公园,面积约450平方公里。楠溪江位于永嘉县境内,是国家重点风景名胜区,面积为625平方公里。主要景区有大若岩、石桅岩、狮子岩、四海山和以岩头为中心的沿江古村落文化区等,大小景区800多个。北雁荡、楠溪江间距离较近,仅30公里。

2. 资源特色

- 北雁荡具有优良的自然生态并融合了相当数量的地域文化

景观特征方面,峰、洞、岩石、泉、门、嶂等类型多样、形态奇特、景象丰富,具有较高的旅游观光价值。雁荡名峰有200余座,最高的大龙湫瀑布落差达193米,为国内罕见。地质价值方面,雁荡山是亚洲大陆边缘巨型火山(岩)带中白垩纪火山的典型代表,于2005年被评为世界地质公园,具有极高的科学研究价值;地域文化方面,在北雁荡自然生态、科普旅游价值的基础上还融合了相当数量的地域文化,包括古村落文化、民俗文化和宗教文化等。

- 楠溪江文化生态(主体)和自然生态(辅助)高度融合

楠溪江以典型的火山岩地貌、完整的楠溪江水系和苍朴的古村落群为主体。其自然景观和人文景观的完美结合,表现出高度的景观和文化的多样性特征,孕育了众多类型多、品位高的旅游资源。

文化生态具有多样性和包容性。楠溪江流域主要人文资源包括遗址遗迹、名人胜迹和诗文、革命遗迹等。丰富的人文资源使得楠溪江成为富于极大文化多样性与包容性的文化生态区域。其中,以古村落最具特色和价值,包括芙蓉、苍坡、林坑等,星罗棋布于楠溪江流域。受山水的影响,楠溪江流域的风水环境观念完整清晰且根深蒂固,按照风水观念建造的最有名的村落布局形式是苍坡村的笔墨纸砚"文房四宝"和芙蓉村的"七星八斗"。古村落突出的特点之一,就是在形态及格局上与自然环境和地形地貌达到了完美的融合与协调。

自然生态环境优良,以水系和火山岩地貌最具代表性。楠溪江自然环境以地景为基础、水景为脉络、生景为点缀、天景作渲染。各类自然景观中,以楠溪江溪流和瀑布为代表的水景和奇峰怪石、洞穴为特征的火山岩地貌的地景最具代表性。按照资源的地域分布来说,楠溪江干流与支流上游的环境质量优良、原始生态环境保持良好、风景奇特优美,其生态景观、地貌景观最具特色,而中游则以溪流曲折优美的溪流水景最具特色。

- 北雁荡—楠溪江构成了自然生态与人文生态相互依存的整体地域

北雁荡既具有良好的自然生态又包含有相当数量的地域文化，楠溪江流域景观生态的特征在空间上也融合了北雁荡自然生态的基本要素，北雁荡—楠溪江环境要素的相互融合构成了自然生态与人文生态相互依存的整体地域。

- 旅游区内外形成极佳的资源类型组合和空间分布序列

从空间分布特征分析，旅游区内有古朴的楠溪江、奇秀的北雁荡，旅游区外东临浩瀚的乐清湾，南临温州市区。北雁荡自然山水、楠溪江文化生态、乐清湾海滨海洋和温州市区的都市休闲之间形成了极佳的资源类型组合和空间分布序列。

3. 旅游开发现状

北雁荡—楠溪江是浙江省开发较早、开发力度较大、生态环境和文化特色保护较好、开发比较成熟的旅游区。

雁荡山风景名胜区近年相继荣获"国家文明风景名胜区"、"国家文明风景旅游示范点"、"国家4A级旅游区"、"国家地质公园"等称号，2005年又被联合国教科文组织评为"世界地质公园"。2005年游客量达到130万人次，接待人数在浙江省各类旅游景区中位居第11位。客源市场主要以温州及周边地区、长三角地区等近距离市场为主。旅游区重点开发了以"二灵一龙"经典线路等景点为主的山岳观光旅游产品，形成了以"二灵一龙"为主体，从核心景区逐渐向周边外围景区拓展的旅游格局，同时建设了较为完善的旅游接待服务体系。

楠溪江于1992年成立"楠溪江风景旅游管理局"，2004年被评为"国家4A级旅游景区"。目前每年游客量60万人次左右，客源市场中温、台区域市场占半数以上，长三角市场占30%以上。景区重点开发了山水观光、古村落观光和漂流等旅游产品；建设星级饭店3家，其中三星级饭店1家，二星级饭店2家，床位数1 092张。

4. 旅游开发中存在的主要问题

(1) 对资源价值和市场潜力认识不足

北雁荡—楠溪江旅游区拥有古村落、火山地质景观等世界级的旅游资源，且这些文化生态资源与未来旅游发展趋势和市场需求高度契合。但由于对资源的本底价值、品牌价值及市场潜力认识不足，造成这一旅游区在政策支持、资金投入、环境整治等方面都并未得到应有的重视和全力的支持，从而影响了世界级品牌的打造。

(2) 旅游资源浅层次、低效益开发，旅游产品与资源等级不匹配

在现有旅游开发过程中，旅游区所蕴含的科学内涵、文化内涵、生态内涵未能得到很好的展示和利用，旅游资源普遍处于浅层次、低效益开发状态，旅游产品类型单一、层次较浅、结构体系不合理。从产品档次、等级分析，尚不能跻身于国家级精品行列。旅游资源的粗放开发模式和资源与产品之间等级的不匹配，是北雁荡—楠溪江旅游区要解决的根本性问题。

(3) 行政分割，政府调控和引导不力，旅游资源整合不足

北雁荡、楠溪江两旅游区距离较近，资源类型互补，但长期以来，由于行政分割、政府宏观调控和引导不力等原因，两个旅游区一直处于各自为政的状态，从功能协调、线路组织、营销等方面都未进行很好的整合，使得两个旅游区的互补优势未得到充分发挥。

(4) 短期行为突出,保护意识不强

旅游区现有产业发展和旅游开发利用过程中,短期行为突出,保护意识不强,从而影响了旅游区发展的可持续性。具体表现在一些中心城镇建筑过于密集,破坏景区风貌;古村落中重要文物资源缺乏有效的保护机制和保护措施;旅游高峰期部分核心景点游客量过大,超过旅游合理容量等问题。旅游区内资源和环境的保护、旅游开发与利用以及产业发展这三者之间的关系尚未理顺。

(5) 软硬环境建设水平尚待提高

旅游区目前尚存在着交通不便捷、旅游接待体系不完善、旅游解说系统、标识系统建设不健全、旅游管理体制不顺等一系列软硬环境建设方面的不足,建设与国际旅游区相配套的软硬环境体系将成为下一阶段的重点任务。

二、性质定位及发展目标

1. 性质定位

以典型江南山水和文化意境为特色的国际旅游目的地。

2. 发展目标

(1) 总体目标
- 浙江省第三代旅游产品(文化、生态)的龙头;
- 旅游经济、文化、生态综合效益巨大的潜力地区。

(2) 品牌目标

世界双遗产,浙江省旅游项目申遗的首选项目之一。

三、规 划 思 路

1. 发展思路

(1) 以申遗为抓手,进行资源整合和品牌打造

北雁荡在地质科学上具有典型性和全球性、时间和空间的独特性,目前已被列入世界自然遗产名单。楠溪江自然景观和人文景观资源的规模和质量都达到国家级水平,在资源组合、完整性、特色性方面甚至达到了世界级水平,满足了世界自然遗产和文化遗产中的一些标准,但如果北雁荡和楠溪江分别申报世界遗产,力量还有些薄弱。

根据对北雁荡、楠溪江的资源特色分析,两旅游区不仅在区位上联系紧密,而且在旅游资源和游憩功能上互补关系大于合作关系。因此整合两大黄金品牌,有助于在充分塑造自己特色的基础上,实现优势互补和强强联合。

以申遗为抓手,对两大旅游区的资源、品牌、功能进行全面整合。资源整合方面,重点进行北雁荡风景资源和楠溪江古村落文化资源的差异化开发;品牌整合方面,两旅游区联合打造"经典江南,诗画山水"、"奇秀雁荡,古韵楠溪"等品牌,并围绕这些品牌共同进行品牌形象的对外推广;功能整合方面,重点

构建两大旅游区的互补功能,北雁荡以山水风景观光功能为主,并辅以景区内部的旅游接待功能,楠溪江除了观光功能外,重点突出其文化深度体验功能和特色旅游接待服务基地的功能。

（2）通过空间管治和合理的空间功能区划建立旅游资源和环境保护与利用的良性机制

对旅游区进行合理的空间功能区划,从开发强度、开发密度、旅游活动类型等方面进行不同类型区域旅游开发和利用的控制与引导,对核心区域进行空间管治。有效协调旅游开发、旅游利用与资源保护、当地产业发展之间的关系,加快建立旅游资源和环境保护与利用的良性机制,从而实现地区社会经济环境的可持续发展。

（3）北雁荡—楠溪江旅游开发过程中的相互借鉴与融合

充分利用两大旅游区自然生态和文化生态要素相互依存而又高度融合的特色,加强两旅游区旅游开发过程中的相互借鉴与融合,进一步推动旅游地域整体特色的形成。

北雁荡旅游开发注重对楠溪江文化特征的借鉴。挖掘北雁荡本身所固有的山水文化内涵,同时将楠溪江中可以移动的旅游要素通过文化旅游活动的开展、文化旅游环境的营造、特色旅游要素的开发等途径萃取并切入到北雁荡旅游开发建设中。

楠溪江旅游开发注重对北雁荡生态特色的延续,尤其重视对自然生态和文化生态特色的保护。自然生态方面需加强楠溪江水系和火山岩地貌等特色自然景观地段以及所依托的原始生态环境的保护,文化生态方面保持古村落群文化的原真性和完整性,最大限度地完整保护其建筑、民居和格局不受到破坏,山林、田园、文化环境不受到割裂。

（4）山江海城的联动开发

加强旅游区内外的联动开发。在北雁荡—楠溪江实现山、江一体化开发的基础上,加强与乐清湾（海）和温州城区（城）之间的联动开发。包括旅游快速通道的建设、旅游专线的设立、旅游活动的共同组织等,构建由温州城区商务休闲、北雁荡—楠溪江自然观光与文化体验、乐清湾海滨休闲度假等功能互补的旅游区组成的旅游网络。

（5）借助申遗和浙商网络进行国际市场的营销,提升浙江国际知名度

北雁荡—楠溪江联合申报世界遗产,除了传统意义上的保护传统文化、改善区域环境、提高地区知名度外,在浙江省具有特殊意义。缺乏有影响力的国际品牌是影响浙江旅游走向国际的"瓶颈",也是制约浙江省旅游大发展的"瓶颈"。北雁荡—楠溪江可以作为浙江省申报世遗的切入点之一,通过申报世遗找到解决以上"瓶颈"问题的突破口,加速浙江旅游的国际化步伐。申报世界遗产是进行国际市场营销的最有效的名片。

将遍布世界的温州商业网络与北雁荡—楠溪江旅游营销网络相结合,也是提升北雁荡—楠溪江国际知名度的有效途径。此外,围绕国际市场营销,还需制订产品开发、市场营销、项目策划等方面的相应对策。在产品开发方面,重点开发国际市场比较感兴趣的江南乡村聚落文化、高端休闲度假产品;加大非物质文化的开发和江南人文意境的营造;在品牌塑造方面,推出经典江南的品牌;在市场营销方面,加大对核心入境市场的营销力度;在旅游设施和配套服务方面,加强与国际化的接轨。

2. 主题意向和形象定位

（1）基础分析

• 地脉分析

中生代火山岩最具代表性的地带,在全球具有时间与空间的独特性;

奇特壮观的火山岩地貌景观；

类型丰富、形态多样的水景观以及完整的楠溪江水系；

原生态保持良好的自然和人文生态环境；

距离温州市区半小时车程的交通区位。

- 文脉分析

以谢灵运为代表的永嘉山水文化；

保存完好的古村落文化以及蕴含其中的多个文化支脉；

历史悠久的古文化遗址遗迹；

王羲之、谢灵运等留下的多处人文胜迹和诗文；

道教、佛教、基督教、天主教等多种宗教的共存。

- 核心客源市场需求分析

景区客源市场认知度高；

尚未形成鲜明而公认的旅游市场形象；

游客兴趣主要集中于山水风光、古村落文化两方面；

对海外游客和国内游客都具有较强的吸引力。

(2) 主题意向

天地精华　心灵家园

北雁荡—楠溪江山水之奇秀，似是凝聚了天地之精华，而处于山水环抱之中的典型完整的古村落，又似世外桃源一般，为忙碌的世人提供了小憩的理想场所、宁静的心灵家园。该意向紧紧抓住了核心市场对江南山水和文化的心灵渴求。

(3) 形象定位

经典江南　诗画山水

奇秀雁荡　古韵楠溪

形象一：北雁荡—楠溪江自然生态与文化生态的完美融合，构成了"江南风景和文化意境"的经典。而诗画般的山水则勾勒了一幅优美的江南水墨山水画卷。

形象二：奇秀雁荡勾勒了奇特秀丽、风情万千的北雁荡自然景观，古韵楠溪则勾勒了古韵天成、古朴淳厚的楠溪江人文景观。二者山水相邻，古今相延，自然、人文相融合，形成了绝佳的资源组合和形象组合。

3. 产品支撑

(1) 主导旅游产品

- 山水观光旅游产品

1) 开发基础

北雁荡—楠溪江山水资源开发较早，形成了一批知名度较高的观光精品，如有"雁荡三绝"之称的灵峰、灵岩、大龙湫以及楠溪江的石桅岩、十二峰、百丈瀑等。北雁荡—楠溪江高品质的观光资源、在国内较高的观光品牌知名度以及较好的产品开发基础，使得该区有条件打造成为浙江省观光旅游精品。

2) 重点开发方向

精品化开发：精品化开发是该区在未来激烈竞争的市场环境中保持或提高现有市场份额、延长旅游生命的必选之路。精品化开发主要包括重点项目的精品化打造、精品线路组织、特色旅游接待设施的精品化建设、旅游服务及旅游配套的档次提升和完善等方面。

多元化开发：重点开发山水观光产品，同时注重与休闲度假、生态旅游、科普、文化旅游等其他类型的旅游产品相结合，通过旅游产品的延伸开发，丰富旅游内容，延长旅游时间，增加景区效益。

山水游赏文化的融入与展示：山水游赏文化是北雁荡—楠溪江的特色和优势。充分发挥这一优势，将游赏文化通过旅游解说系统、标识系统、景观小品等方式进行全面地展示，并融入到山水观光旅游产品中，增加产品文化含量。

- 文化体验旅游产品

1）开发思路

以古村落文化为核心，全面展示古村落文化及蕴含其中的多项文化支脉。多元化开发瓯越文化、名人文化，构建文化旅游产品体系。

以山水骨架为脉络和外在环境，以宗祠、书院、民居、寺庙等为物质载体，以传统生产生活方式、风俗习惯、宗族伦理、民间工艺等非物质文化为填充，以地标建筑、景观走廊、雕塑小品、诗书画刻等为辅助，进行文化的多层次、多角度、多形式诠释。在传统的文化观光旅游基础上，在展示、演示、活动方式上注重游客参与的体验性与娱乐性，加强深度体验旅游产品的开发。

2）重点开发方向

古村落文化游：主要包括以苍坡文房四宝主题古村、岩头水主题古村、芙蓉风水主题古村为代表的古村落文化旅游产品。重点保护与展示古村落文化中的风水文化、建筑文化、耕读文化、宗祖文化、宗教文化等文化支脉以及古村落与周边环境之间的关系。加强对非物质文化的挖掘与展示，重点挖掘民俗文化中可供参与体验的内容，包括传统食品的制作、传统手工艺的制作、传统服饰的制作、传统婚礼仪俗的体验、传统体育项目的参与。

名人名事追踪游：以永嘉历代杰出人士和重大历史事件为主题，以时间为脉络，通过诗、书、画、相关实物（文物或仿制品）、图片、乐器或歌舞演出及虚拟方式，探寻北宋科学家沈括，明代旅行家徐霞客，清代诗人袁枚，近代康有为、孙科、蔡元培，现代郭沫若、邓拓等文化名人在雁荡的足迹，开发名人名事追踪游。重点开发山水诗文化主题游、永嘉学派追踪游产品。

瓯越民俗风情游：发掘整理瓯越一带的民间器乐、民歌和戏曲，建设展示演示场所、生产与销售场所，并将民俗文化融入到特色旅游要素的开发建设中，打造系统的瓯越民俗文化区。编排反映瓯越民俗的文艺节目，扶植地方民俗文化节。

（2）特色旅游产品

- 休闲度假旅游产品

1）开发思路

围绕休闲主题，对北雁荡—楠溪江环境、建筑、节庆、活动、餐饮等方面进行精心建设和策划，树立北雁荡—楠溪江健康时尚的绿色生态休闲度假旅游的新形象，打造绿色生态休闲度假产品体系。

在环境建设和旅游设施建设上加强舒适、康益、安全三个基础支撑条件建设，中远期加强休闲度假环境的高标准营造；在内容上突出生态性、文化性、景观性三个特征。

2）重点开发方向

北雁荡山野休闲健身游：以良好的生态环境和自然山水为依托，以对环境影响较小的生态旅游、自助旅游、健身休闲为主要游览方式,重点开发生态休闲、山野健身和特殊运动旅游产品。围绕科普、健身、生态、文化等不同主题设计主题游览区域和游览线路,策划与游客具有高互动性、不可替代性、产生深刻印象的特色项目。

楠溪江休闲度假游:引入旅游地产等概念和国内外大型饭店集团,建设经济型旅馆、汽车旅馆、房车营地等各种接待设施,建立完善的旅游度假营地与设施。萃取山水文化、古村落文化、瓯越文化中的文化要素,融入到休闲环境营造和休闲活动策划中,将休闲与文化有机结合,提升休闲产品档次和内涵。策划以体验浓郁的地域文化为主要目的、对生态干扰和影响程度较低、以水上和滨水活动为主的休闲活动。加强旅游要素的吸引物化设计,包括滨湖度假村、水上人家度假村、水上餐厅等特色住宿、餐饮设施以及游艇、游船等特色交通工具。

- 科普科考旅游产品

以北雁荡—楠溪江地貌、生物群落为主要考察对象,以学生、地质学工作者、相关专业及地质学爱好者为主要市场群体,开展科普科考旅游。北雁荡地质公园的设计建设与国际接轨,并在专业、管理和项目以及研究成果等方面加强与世界各国尤其是欧洲的世界地质公园的交流和合作。

进一步做好地质遗迹和生物景观的保护;进一步完善解说系统和标识系统的建设;组织科考精品路线;将雁荡山博物馆作为科普教育基地,通过主题展区和高科技手段演示,系统、直观、生动、形象地展示北雁荡—楠溪江地质和生物科学内涵,并注重博物馆与北雁荡的科普知识对接;策划参与性强、教育效果明显的科教活动和项目。

四、空间布局

1. 总体空间结构

对山、水、海、古村落等影响规划布局的关键要素在空间上的分布及其组合关系进行叠加分析,对旅游资源品质、旅游开发条件等方面进行全面评价,通过对旅游地空间特征与旅游者空间行为的分析,提出"两区一带"的总体空间结构形态。

2. 旅游功能区(带)

(1) 北雁荡风景旅游区

- 功能定位

以风景观光为主,以休闲游憩、科考科普、运动健身为辅的旅游功能区。

- 开发思路

借助雁荡山已成功申报世界地质公园的机会,打造世界名山品牌。

体现和突出景点本身的创意设计。保护景点现有的资源和环境特征,充实内涵,包括地域非物质文化内涵、科普内涵、生态内涵,提升景点档次,丰富景点内容。

加大山地休闲游憩、科普科考、山水游赏文化、运动健身等特色旅游产品开发力度,在特色村庄聚落点建设地域文化氛围浓厚的特色接待设施,实现旅游产品的转型和多元化发展。

结合重点景区景点精心设计游步道。通过合理的游步道网络突出和强化观光价值较高的景点,调整现有观光旅游过度集中于"二灵一龙"景区的现状,引导一些温冷景点的发展,并形成多样化的旅游方式和旅游选择。

- 主要旅游吸引物

"二灵一龙"核心观光旅游区：重点开发观光产品，加强生态内涵和科普内涵的挖掘，并通过解说系统和标识系统建设加以体现。

北雁荡之夜：确定并公示雁荡黄昏风情和夜晚风情的最佳观测时间及最佳观测点，加强雁荡夜产品的营销，打造夜雁荡知名品牌。策划以瓯越文化、民俗文化、山水文化为主题的大型文艺演出活动和民俗活动。

北雁荡山地游憩公园：以良好的生态环境和富有野趣的自然山水为依托，以生态旅游、自助旅游和体育休闲为主要游览方式，策划运动公园、探险乐园、休闲廊道等旅游项目。

芙蓉池景观地产和休闲度假区：引入旅游地产、分时度假等概念，形成以雁荡山水为背景的中高档会议休闲、餐饮娱乐和滨水度假综合体。

（2）古村落文化生态体验旅游区

- 功能定位

以古村落文化生态观光体验为主的旅游功能区。

- 开发思路

古村落是本区人文荟萃的精华，在很大程度上包容了历史、人文、传统于一身，是本区价值最高、潜力最大的资源类型之一。围绕这一核心精华资源打造本旅游区，使其成为古村落文化生态资源的集中体现和展示地域。

充分展示本区古村落与自然环境之间景观上、心理上、文化上的共存共生关系。以芙蓉古村、丽水街、苍坡村等古村落为重点，进行村落文化主题的差异化开发，形成主题各异的古村落。坚持保护性、特色性、参与性、文化性相结合的开发原则，将古村落文化进行有形再现。重点展示古村落文化中的风水文化、建筑文化、宗祖文化、宗教文化、瓯越民俗文化等各种文化支脉以及天人合一的理念，通过产品策划和场景设计，把古村落文化活化和产品化。

根据乡村聚落的资源特色和保护现状，对现有乡村聚落区分类制定相应的保护和利用措施。确定苍坡、岩头、芙蓉、枫林等原始风貌保持较好的古村落为文化特色保护区，重点保护其历史环境的原生性和传统风貌的完整性，重点开发对环境影响较小的文化观光和文化生态产品。对于风貌格局等受到一定破坏的古村落，重点对文化景观进行修复，完善其旅游功能，建设特色旅游接待地。

（3）楠溪江文化深度体验旅游带

- 功能定位

以风景观光和文化深度体验功能为主，以生态休闲度假功能为辅的旅游区。

- 开发思路

文化和生态的相互渗透。将水系的显性脉络和文化的隐性脉络有机结合，并通过项目载体进行具象化体现。将地域特色文化内涵与原生态景观的开发相互渗透，使生态资源的开发中包含文化底蕴，文化资源开发中体现生态本底。

加强乡村聚落文化景观和山水自然景观的原生态保护，强化和凸现自然和人文生态的原真性、完整性和地域性。

乡村聚落旅游功能的切入和完善。通过旅游活动的策划、旅游设施的建设将旅游功能切入到乡村聚落景观中,并不断完善旅游功能,实现二者的有机融合。

乡土文化的复兴。打造江南乡村典型聚落,作为典型江南生活方式的展示窗口和主要载体。

- 主要旅游吸引物

江南乡村度假田园——策划高档次、特色化、生态化的休闲项目,配合企业度假庄园、商务会议等产品和项目开发,营造田园化的旅游环境,将瓯越文化等可移动的非物质文化融入休闲度假环境营造和旅游要素的开发中,将楠溪江打造成为以优美的田园风光为特色、深厚的瓯越文化为底蕴、主要面向商务会议市场和高端市场的特色休闲度假地。

江南田园第一漂——以大楠溪景区为主,策划漂流旅游产品。重点丰富漂流方式、加强漂流工具的特色设计和装备水平、科学测定漂流最佳时间段和空间段、加强沿岸景观设计和休闲项目的策划等。

楠溪探源——以楠溪江源头为重点地区,以自然生态和文化生态的保护为主,适当开发对环境影响较小的森林生态、古村落文化生态和探险等旅游项目。旅游接待依托古村落进行。

3. 重点配套设施建设

- 旅游交通体系建设

继续推动浙江沿海铁路大通道建设。提升温州空港为国际航空港。大幅度提升旅游区的可进入性,快速扩展客源市场的腹地范围。

建立无障碍交通网络。加强两大区域旅游、交通、公安等部门的紧密合作,协调公路、步道等旅游交通基础设施项目的规划和建设,加速楠雁公路建设,打造市中心—楠溪江—雁荡山的环线无障碍交通网络,实现两地游客的无障碍流动。

建设北雁荡—楠溪江绿色旅游通道。强化雁荡山大龙湫至楠溪江石桅岩公路的旅游和景观功能。对景区间和各景区内部的主要道路进行景观设计,利用丰富的乡土树种和特色树种对道路进行绿化,建设安全优美的景观公路,同时设置相关的交通和旅游指示系统,构建旅游绿色通道。

开通山、江游览环线。在市区、机场、两大旅游区之间开通旅游观光专线,设置适合眺望景色的观光旅游车,在线路的设计、车辆的选择、服务的配套方面加以考虑,突出旅游功能,如采用双层观光巴士、配备旅游解说和导游电子设备等。

建设自游步道系统,形成景区内部以漫步为主,中距离以康体健身为主,远距离以探险越野为主的多级步道系统。自游步道类型包括漫步型步道、山地越野步道、登山步道以及部分路段为水路的水陆两栖步道等。

- 游客服务中心

建设多级游客服务中心,强化其信息、咨询、服务、维权等功能。在北雁荡山、楠溪江景区入口附近建设一级游客服务中心,提供景区车辆停靠、转乘、信息、特色商品购买等服务。重视旅游解说系统的建设,尤其要加强对北雁荡的地质和生物知识、历史文化、古村落文化、名人文化的解说。

五、对 策 措 施

1. 申报世界遗产

进行遗产资源的全面调查和专项资源的深入调查。重点调查内容包括:北雁荡火山及流纹岩的普遍意义和科学价值;北雁荡自然景观的奇特性、美学价值及其所反映的正在进行的地质作用过程、成因模式;北雁荡物种资源和生态环境;楠溪江古村落在江南古村落中的典型性、代表性以及它在历史上的作用和地位。

进行遗产条件的专项评估。在文化和自然两方面聘请专业人士进行目标明确的调查,同时开展环境的初步整治。加强申请世界遗产工作的宣传。

做好申报世界遗产的准备工作。政府制定遗产单位保护管理法律、遗产单位制定管理规章制度,清理整顿遗产地环境,建立管理机构,整修遗产地建筑等。启动申请世界遗产程序。

2. 确定保护利用的类型和级别,通过空间区划进行旅游开发引导

在旅游区内划定山水地貌景观保护区、生态保育区、文化景观保护区、游憩区以及一般景观保护区五种类型的保护区。划分特级、一级、二级、三级等不同级别的保护区和外围协调区。针对不同类型和级别的保护区,制定相应的保护措施。通过空间区划进行旅游开发引导,并对不同区域进行旅游用地、旅游开发强度、旅游活动类型等方面的开发引导。

加强对游客和当地居民的环境教育。加强对游客和当地居民的资源保护宣传、教育,倡导文明旅游行为,制定相应的管理条例。

3. 建立北雁荡—楠溪江联动机制,加强与周边地区的联动开发

由市政府建立北雁荡—楠溪江联动机制,将两大景区进行以功能整合为主要目的的一体化管理。管理一体化具体包括旅游规划一体化、行政管理一体化、服务标准一体化、市场监管一体化等方面。

在实现北雁荡—楠溪江一体化、北雁荡—楠溪江与温州市区和乐清湾联动开发的基础上,整合北雁荡—楠溪江与浙东南、闽北、丽水等周边地区资源,打造以北雁荡—楠溪江为主要接待服务基地,包括福建、江西和浙江部分地区旅游线路组织在内的北雁荡—楠溪江旅游圈。通过旅游圈的打造扩展北雁荡—楠溪江旅游的空间地域,扩大环境容量,充分发挥其作为世界级旅游目的地对整个区域的品牌带动作用。

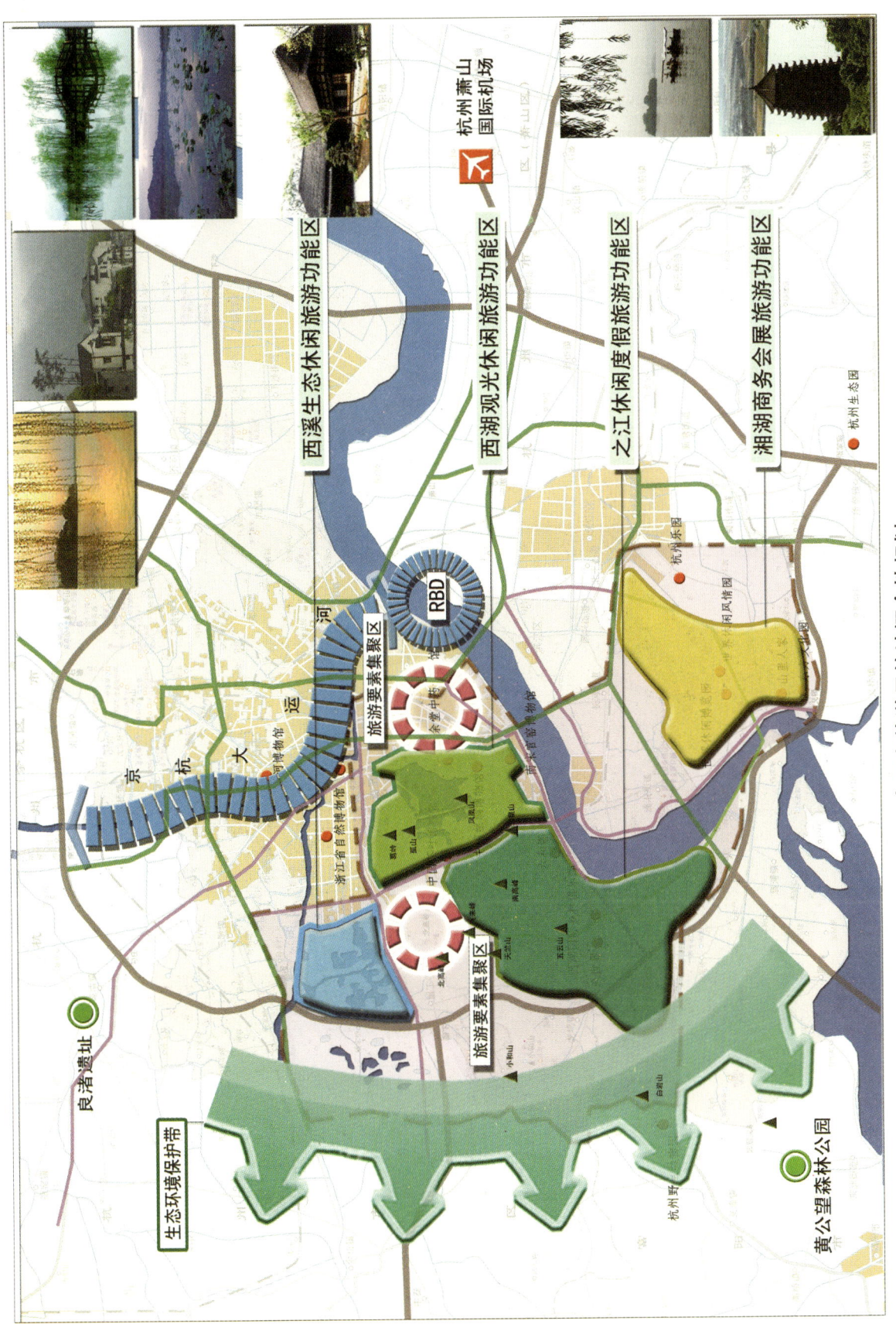

附件一 三大品牌旅游目的地概念性规划 323

大西湖旅游目的地概念性规划

象山半岛休闲旅游目的地概念性规划

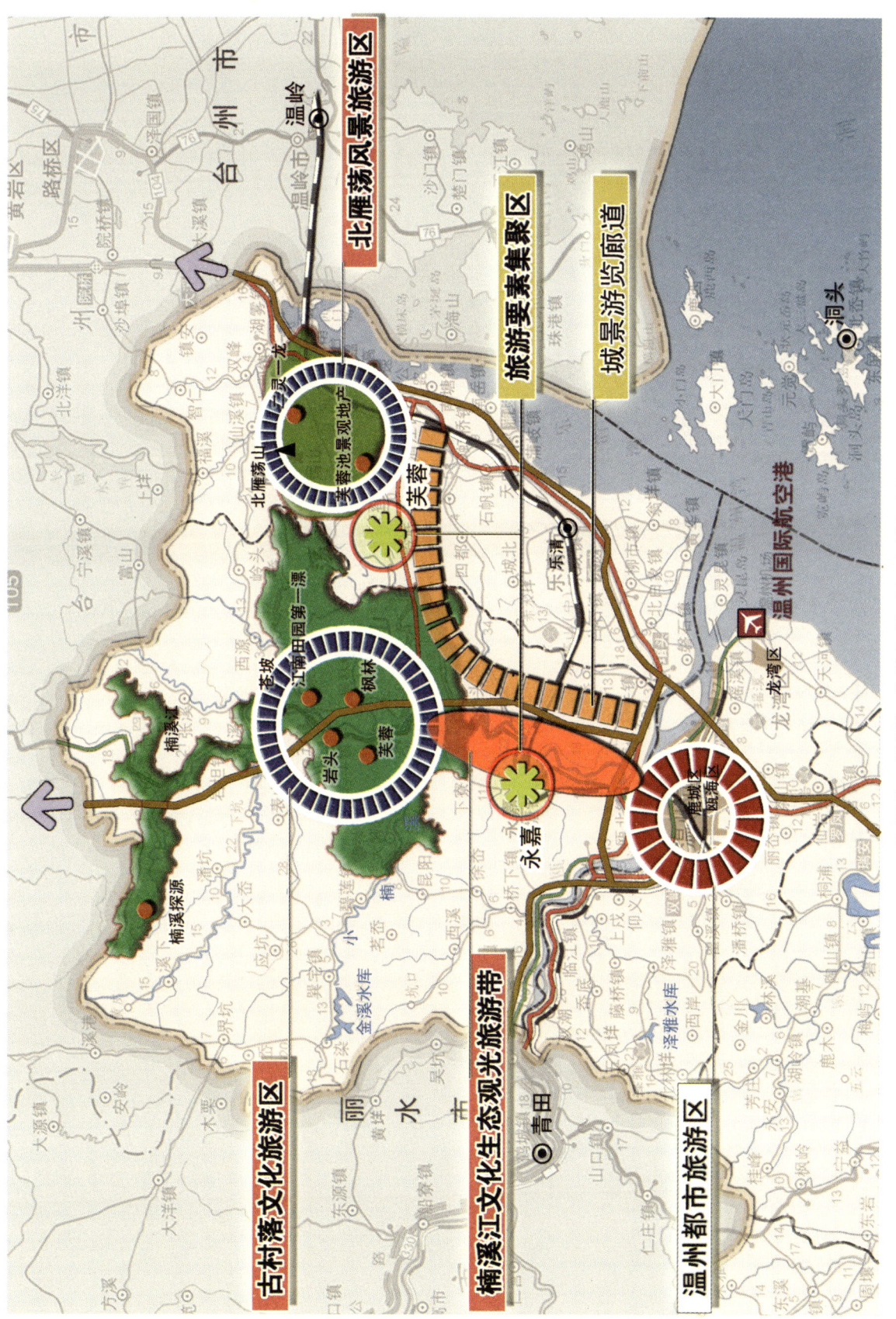

附件一 三大品牌旅游目的地概念性规划 325

北雁荡—楠溪江旅游目的地概念性规划

附件二
地市旅游发展规划指引

目 录

第一章　杭州市旅游发展规划指引 ·· 329

第二章　宁波市旅游发展规划指引 ·· 339

第三章　温州市旅游发展规划指引 ·· 348

第四章　嘉兴市旅游发展规划指引 ·· 357

第五章　湖州市旅游发展规划指引 ·· 369

第六章　绍兴市旅游发展规划指引 ·· 378

第七章　金华市旅游发展规划指引 ·· 387

第八章　衢州市旅游发展规划指引 ·· 395

第九章　舟山市旅游发展规划指引 ·· 405

第十章　台州市旅游发展规划指引 ·· 413

第十一章　丽水市旅游发展规划指引 ·· 422

第一章　杭州市旅游发展规划指引

导　言

杭州旅游是浙江旅游的龙头,位居我国旅游城市中的第一梯队。国家旅游局评定和颁发的首批三个最佳旅游城市,杭州即位列其中。杭州近年来先后被国家旅游局和世界旅游组织授予"中国最佳旅游城市"称号;被世界休闲组织授予"东方休闲之都"称号,被评为"2006中国最令人向往的旅游胜地"和2006年度中国"十大节庆城市"。作为旅游城市,杭州获得的这些头衔可以说是我国所有优秀旅游城市中的翘楚了。

但不可否认的是,杭州旅游产业快速发展的基础主要依赖于传统旅游景区、景点的改造、提升和扩容以及由此延伸的产业链。符合未来市场需求的新型旅游产品的开发并不突出,婚庆游、修学游、产业游、民俗文化游、会议会展游等具有比较优势的专项旅游产品也没有形成规模。在长三角区域旅游市场需求日益多样化、升级化的趋势下,杭州如要继续保持竞争优势,突破"风景旅游城市"的形象定位和产品架构,需制定相应的规划来引导全市旅游业又好又快地发展。

一、现　状　概　述

1. 旅游产业现状规模

杭州旅游产业2006年的总收入达到了543.7亿元人民币,旅游增加值203.88亿元,占当年GDP比重的5.9%(表2-2-1)。无论是旅游产业总量规模还是旅游增加值占GDP比重,都位居我国各优秀旅游城市的前列。

表2-2-1　2000年以来杭州游客量、旅游收入的增长速度及占全省比重

年份	游客量（万人次）	增长速度（%）	占全省比重（%）	旅游总收入（亿元）	增长速度（%）	占全省比重（%）
2000	2 375.7	4.8	39.7	212.8	14.9	45.3
2001	2 592.1	9.1	36.8	247.9	16.5	42.5
2002	2 758.0	6.4	33.5	292.0	17.8	41.3
2003	2 862.4	3.8	33.2	325.9	11.6	42.5
2004	3 139.4	9.7	28.9	407.7	25.1	40.4
2005	3 417.3	8.9	26.1	465.0	14.1	33.7
2006	3 864.2	13.1	23.3	543.7	16.9	32.2

至 2006 年年末,全市有 A 级景区(点)21 个,其中 4A 级景区(点)15 个。西湖风景名胜区为国家首批 5A 级旅游景区;有星级宾馆 241 家,其中五星级宾馆 10 家;有旅行社 343 家;有 2 个国家级风景名胜区、2 个国家级自然保护区、5 个国家森林公园、14 个全国重点文物保护单位、4 个国家级博物馆。

2. 旅游产品结构现状

杭州一直以风景旅游为特色,自 21 世纪初以来,旅游产品逐渐多样化。现已开发出观光、文化、休闲、度假、会展、节事等旅游产品。但以西湖、千岛湖、钱塘潮等为代表的传统风景观光产品是杭州市最有影响力的旅游产品;依托优美的自然生态环境和深厚的文化底蕴而发展的休闲、度假旅游产品呈现快速增长的趋势;一些新型的旅游产品,如以杭州乐园、杭州宋城为代表的主题公园旅游产品和以"西博会"为代表的会展旅游产品等也有一定发展。

面对国内外旅游业飞速发展的态势,杭州市旅游产品存在的主要问题是,现有的旅游产品无法满足高速增长的市场需求,特别是休闲度假、会展商务等市场的增长以及产品的结构性矛盾,具体表现在以下方面:

- 观光旅游产品在全市旅游产品中所占的比例过大,而商务会展、休闲度假等旅游产品则远远不能满足市场需求的增长(图 2-2-1);

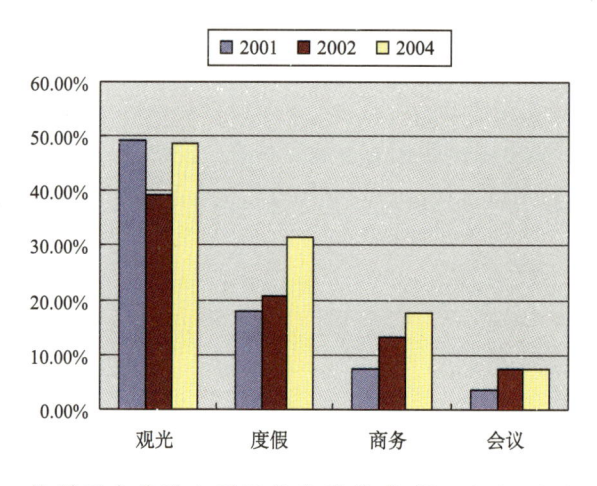

图 2-2-1　杭州国内旅游主要目的分类构成(2001、2002、2004 年)

- 具有杭州地方文化特征的"良渚文化"、"吴越文化"、"南宋文化"和西湖文化、大运河文化等挖掘和开发不够,非物质文化遗产的旅游利用不足(如丝绸文化、名人故事等);
- 同一山水地域背景下,旅游产品重复建设与旅游产品同质化现象较为严重,差异性不足;
- 水上或滨水等亲水型旅游产品开发不足。目前的产品主要依托简易的游船设备,其噪声较大,严重影响旅游者的休闲氛围和感受;
- 城市整体作为旅游目的地的产品建设还存有较大的潜力。尽管西湖综合保护工程启动了城市作为旅游目的地的产品建设,并在很大程度上改变了这一局面。但城市本身作为旅游目的地的产品建设还有较大空间,如城市内部的商务、商贸、现代都市休闲和游憩等产品尚不丰富;城市街景、标志性吸引物、特色文化街区等产品不够丰富等;
- 城市夜景与夜间活动(如标志性夜间演出活动、吧街、通宵夜间服务)等产品不足。

3. 旅游发展的空间结构现状

随着"旅游西进"战略的实施,杭州旅游开发在空间上基本形成了四个相对集聚区:一是以中心城区为依托,以西湖风景名胜区、西溪湿地、世界休闲博览园区、宋城—未来世界主题公园片区为核心的城市旅游区块;二是临安市以天目山山脉为依托、山地型为主的休闲度假旅游区块;三是桐庐县—富阳市交界处、"两江一湖"风景区中瑶琳景区为主的风景观光休闲区块;四是淳安县千岛湖为主的湖泊观光休闲旅游区块。此外,余杭的良渚文化、乡村休闲以及富阳的龙门古镇,建德的大慈岩等景区也得到一定程度的发展。

二、旅游发展条件与潜力

1. 旅游发展条件

(1) 特别丰富且高等级的旅游资源

杭州旅游资源是以秀美的江南山水为特色的自然景观和以绵长而深厚的历史文化为底蕴的人文景观的完美结合,整体上属于旅游资源特别丰富、高等级资源富集的地区。其中历史文化旅游资源为世界级资源,风景名胜旅游资源为国家级旅游资源,休闲度假旅游资源为长三角区域级旅游资源。旅游资源集中分布在以西湖国家级风景名胜区为核心和龙头的杭州中心城区及"两江一湖"国家级风景名胜区。

(2) 长三角旅游消费的持续快速增长与需求结构的提升

以上海为中心的长三角旅游经济圈,以发达的经济环境为背景,以独具特色的旅游资源为依托,以方便的旅游交通为基础,构筑了中国最具吸引力、发展潜力最大的旅游经济圈。庞大的城市规模和巨额人口数量孕育了巨量的旅游消费市场。长三角旅游消费的快速增长和市场需求的进一步升级,成为推动杭州市旅游发展的强劲动力。

(3) 长三角区域旅游一体化与杭州旅游副中心地位的强化

长三角无障碍旅游区正在形成中。由于地缘、交通、出游时间、产品差异性等多方面原因,长三角内部各旅游目的地之间客源互送、互为旅游目的地的格局十分明显。据《浙江省旅游概览 2005》、《上海都市旅游规划》和江苏省旅游局统计资料,江、浙、沪三省市 2005 年的游客量达到了 4.2 亿人次,其中内部流动达到了 79%。在长三角区域旅游中,以上海为龙头,杭州、苏州为两翼的空间格局十分清晰,杭州旅游副中心的地位不断强化。

(4) 杭州旅游主体品牌知名度的提高与多样化品牌的推出

天堂杭州拥有"国家历史文化名城"、"中国优秀旅游城市"等多项国家级荣誉称号。2001 年杭州市被联合国授予"最佳人居奖",2002 年杭州又获得了"国际花园城市"荣誉称号。旅游方面,杭州赢得了我国首批三个"最佳优秀旅游城市"之一的称号,除传统品牌西湖的提升外,湘湖(休博会)、千岛湖、西溪湿地、西博会等逐渐形成了较高知名度的特色品牌。这些特色品牌为杭州旅游产品的多元化和市场竞争力的提升奠定了良好的基础。

(5) 地方政府的高度重视与良好的旅游环境

杭州市政府高度重视旅游业的发展,在西湖西进改造工程、西溪湿地建设、湘湖休博会场地建设等景区景点建设上投入了大量物力与财力,打造了具有很高知名度的精品景区;同时,在旅游产业地位确定、旅游产业扶持政策制定以及旅游基础设施、服务设施建设、中国最佳优秀旅游城市品牌打造等方面也取得了良好的成效,实现了杭州旅游从景区型向城市旅游目的地的跨越。

2. 旅游发展潜力

(1) 交通区位优势日趋突出

目前,杭州已形成便捷通畅的水陆空立体对外交通网络。杭州萧山国际机场已与国内40多个主要城市通航,开通航线159条,其中国际航线22条;铁路以沪杭、浙赣、宣杭线为主干,萧甬线、金千线、杭长线与之配套;沪杭甬、杭宁、杭金衢高速公路在此交汇;水路以钱塘江和京杭大运河为依托。杭州到长江三角洲地区各地市的交通时距皆在3小时以内。随着萧山机场的扩容,杭州湾跨海大桥、沪杭高速铁路等重大交通项目的规划实施,杭州区域交通枢纽的功能和地位将进一步提升,与上海的"同城效应"将日益显著。

(2) 具有很多可供旅游利用的特色品牌

"中国最佳旅游城市"、"国际花园城市"、"全国重点风景旅游城市"、"首批历史文化名城"等国家级特色称号使杭州旅游更具吸引力。

(3) 区域旅游联合发展与协作更加密切

长三角无障碍旅游区的形成和市域内1.5小时通勤圈已经形成;作为旅游目的地的旅游基础设施和公共服务设施建设初步完成。

(4) 主导产品和特色品牌具有比较优势

以资源为基础,以市场为导向的多样化的产品体系正在形成中,在风景旅游城市继续得到提升的基础上,"休闲之都"和"文化名城"的特色和产品体系正凸现其巨大的发展潜力。

由此确定,杭州国际旅游目的地城市、长三角南翼旅游中心城市、浙江旅游龙头城市和组织、集散中心的地位将逐步实现;旅游业的产业地位将进一步提升。旅游业将成为杭州"现代服务业发展的引领产业"。

3. 主要问题解析

(1) 因循传统成功模式,阻碍杭州旅游业的多元化和跨越式发展

由于对"天堂杭州"成功模式的路径依赖,旅游产品开发一直滞留于风景旅游资源观光游览旅游产品的主流模式,以市场需求为导向的旅游产品开发没有得到较大突破,对历史文化旅游资源的挖掘与开发不够,如具有世界级品位的良渚文化遗址和古运河,至今没有形成较好的旅游产品。在长三角区域旅游结构发生快速变化的条件下,如何抓住时机深度挖掘与整合包括历史文化旅游产品在内的多元化产品,营造更具吸引力的休闲度假环境,构建富有竞争力的、高效益的旅游产品体系,这是杭州旅游发展面临的重要问题。

(2) 条块分割严重,旅游产业整体协调难度较大

目前,杭州旅游发展面临的体制机制问题主要体现在两个方面:一是条块分割严重,一些整体性旅游资源受行政地域分割限制,盲目竞争和雷同开发问题突出;二是一些县市旅游行业管理体制不顺,旅游主管部门难以协调旅游生产要素的均衡发展,行业管理力度不强。

(3) 旅游产品结构不合理,区域发展不平衡

杭州旅游产品结构不够合理,度假休闲产品和文化旅游产品偏少。九个国家级乃至世界级品牌的

旅游产品转化，尤其是与精品旅游项目和城市旅游环境的结合不够；休闲度假环境的营造没有形成精品旅游项目（吸引物）系列。区域发展不平衡，长期以来大量游客集中于以西湖风景名胜区为核心的市中心区。

(4) 旅游开发缺乏引导，项目建设的主观随意性强

作为民营经济发祥地之一的杭州，其旅游景点开发的民营化倾向也特别突出。民营经济大量加入旅游景点开发行列，一方面极大地推动了杭州旅游景点的建设。另一方面由于多数民营企业较小，加之缺乏对其应有的引导和规范，杭州市域旅游景点遍地开花，景点低、粗、小、散的现象十分突出，相当部分企业甚至以旅游开发之名开发房地产。旅游（景点开发、投资机制）民营化与管理体制机制的矛盾及其创新是杭州旅游发展的又一难点。

(5) 旅游活动过于集中和区域旅游整体开发的问题

改革开放以来，杭州旅游一直是西湖一枝独秀。虽然市域各区县市努力开发各类旅游景点，但因种种原因，一直不能改变过度集中于西湖风景区的局面。西湖风景区在城市扩张和游客增多的压力下，在旅游旺季已人满为患，而市域多数旅游景点却因不能满足其最低的门槛需求而亏损。目前仅限于以西湖风景区为主的风景旅游和城市旅游不足以支撑杭州作为国际旅游目的地的品牌和基础，杭州城市的资源和环境未能得以充分地整合和提升。如何将杭州旅游从西湖孤岛转变为大旅游的网络体系，是目前旅游发展的难点。

(6) 钱塘江上游生态旅游资源保护与合理开发利用的问题

以富春江、千岛湖、新安江为重点的旅游资源地域是浙江生态的重点和敏感区域，也是两江一湖地区和下游饮用水源地。该区域应属于限制开发区域，但现状开发过度，布局无序，对该区域的生态环境和水资源保护产生了相当的威胁。如何科学地处理保护和合理利用的关系，是杭州旅游发展中需要认真研究和解决的课题。

三、旅游发展目标与方向

1. 旅游发展目标

(1) 总体目标

国内外著名的旅游目的地；长江三角洲地区的休闲度假、商务会展胜地。旅游业成为杭州的主导产业、支柱产业，城市品牌和形象提升的"动力产业"。

(2) 品牌目标

- 国际休闲之都；
- 世界文化景观遗产——大西湖；
- 丝·茶·国画——世界非物质文化遗产。

2. 旅游发展方向

- 重点打造风景旅游、商务会展、休闲度假三大核心产品；
- 确立与完善浙江旅游组织与集散中心的地位与功能；
- 以文化旅游产品的深度开发为支撑的旅游产品多元化；

- 休闲度假旅游环境的进一步改善与提升。

四、旅游发展主要思路

1. 旅游产品体系调整

(1) 产品多元化

通过旅游产品转型与再开发的行动计划，改变原来较为单一、传统的观光型旅游产品，构建以风景旅游、商务会展、休闲度假为核心，包括文化旅游、宗教旅游、修学旅游等众多旅游产品的精品带动、特色突出的多元化产品系列。

(2) 产品国际化

以国际标准规划设计、开发建设、管理营销再开发的产品，使之成为受到国际市场认同和欢迎的旅游吸引物。围绕"东方休闲之都·人间幸福天堂"(Waterside, Heaven Site)的城市品牌，将杭州市建设成为国内市场和部分国际市场首选的休闲度假产品供给目的地。

(3) 产品效益化

通过产品结构调整，带动旅游业发展实现从粗放型到集约型增长，提升旅游产业发展的综合效益。

2. 旅游发展空间结构优化

针对杭州旅游资源和生态环境的空间特点，尤其是杭州在浙江省、长三角旅游地位和作用的再认识，旅游空间格局需要进行"收缩与蛙跳扩散"的双重调整。也就是重点发展以"大西湖"为核心的中心城市都市旅游区，进行产品的密集化开发与要素的全方位配套；控制性开发杭州市域的生态敏感地域（西部）和历史文化重点地域（东北部），蛙跳扩展，发挥杭州作为长三角南翼旅游中心城市、浙江省旅游组织与集散中心作用。

(1) 杭州都市旅游圈

杭州市作为融生态、花园、可居住、文化和民俗五大理念于一体的风景旅游城市，将成为中心城市都市旅游区。

杭州都市旅游圈重点进行以下四大旅游区（带）建设。

- 大西湖综合旅游区

大西湖旅游目的地的地域范围为：南至绕城路，东至环城东路、复兴大桥、铁路线，北至天目山路、古墩路，西至仓前、闲林、午潮山、白岩山，面积约 400 平方公里。

力争将西湖列入世界文化景观遗产，促进其成为真正意义上的国际精品旅游胜地。以西湖、西溪、梅家坞、之江旅游度假区、湘湖为重点，整合西湖及杭州城区悠久的历史、灿烂的文化、发达的科技教育以及杭剧、江南丝竹等一批非物质文化遗产资源，依托强势资源，打造大西湖旅游品牌系列，同时实现资源地域空间的拓展。开展西湖"软化"工程，即通过对西湖地区城市建设的严格控制，西湖柔美婉约的景观与人文意境营造，保持西湖固有的山水风光和自然生态特色。加强旅游区与城市功能区和周边旅游地的功能衔接、景观互补和线路共组，实现城（中心城区）、湖（大西湖旅游区）、景（周边景区）一体化发展。

- 大运河文化旅游带

京杭运河贯穿杭州市区,旅游开发潜力大。以运河河道为纽带,以良渚文化遗址为起点,以余杭区、拱墅区和下城区为重点,通过建筑景观的整修恢复和反映运河沿线历史文脉的人文活动,再现从良渚文化开始的城市文脉,体现人文杭州的文化内涵。

- 钱塘江休闲度假带

抓住休闲博览园的建设机遇,整合钱塘江两岸的休闲度假旅游资源。强化会展商务和休闲度假功能,形成东西文化交融、环境幽雅、品位高尚、功能齐全的休闲游乐度假基地和旅游休闲带。

- 良渚文化旅游区

在良渚文化遗址的基础上,建设良渚文化遗址公园,与河姆渡遗址公园共同构成全省两大文化遗址公园。

(2) 西部山水生态游憩圈

从市区向西沿"三江"(钱塘江、富春江、新安江)一线上溯,扩展到"一湖(千岛湖)一山(天目山)",形成以风景旅游资源和良好生态环境为特色的西部旅游区域,包括富阳市、临安市、建德市、桐庐县、淳安县等。

本区域严格进行总量控制和合理选址的生态化、精品化、高效化的发展思路,实现该区域旅游的可持续发展。重点发展千岛湖生态旅游区、休闲度假基地、桐庐郊野游憩区、乡村休闲旅游区等。尤其要加快千岛湖区内外,特别是联结黄山的旅游交通等基础设施建设,以"一中心(千岛湖镇)、两翼(中心湖区和东南湖区)、四区块(梅峰、龙山、羡山、省级旅游度假区)"为基本框架,重点开发建设以及提高梅峰、龙山、羡山、赋溪石林等景区景点的内涵;积极开拓空中旅游及水上游乐活动,大力发展度假休闲、康体娱乐及会议旅游、森林生态旅游;加强水质和生态环境保护,扩大提高千岛湖品牌在国内外的知名度,使之成为以优质环境和特色旅游项目而著称的杭州旅游的重要一极。

3. 中心城市旅游服务功能建设

(1) 以大西湖为龙头,整合资源,强化城市旅游功能和旅游要素特色化相结合的发展模式

通过分析杭州旅游发展的区域地位与目标诉求,规划认为以西湖为核心的大西湖旅游目的地应包括并向以下地域范围延伸。

- 西湖周边区域

指体现文化延伸和连续的其他旅游区域,如西溪湿地公园、之江旅游度假、湘湖旅游度假区等,这些旅游区域均位于城区西侧,属于城市生态屏障的重要地段,呈集中但不连续的片状分布,绕城路为联结四者最便捷的通道。

- 城市特色景观风貌区

指相邻的杭州古城保护范围内的传统街区、特色社区等,如清河坊、小营巷历史文化街区、中山中路传统商业街、思鑫坊、湖边村近代民居保护区等。

- 城市旅游功能区

指旅游吸引物和同一资源地域内旅游要素集聚的区域,包括西湖风景名胜区以及城市旅游集散中心、特色餐饮购物街等。

- 生态控制区

指对旅游活动和城市发展起隔离作用,并为未来旅游空间成长提供支撑和保障的生态化区域和开敞空间,包括山体、江湖水系等,主要是沿绕城路西南段两翼、钱塘江义桥至西兴大桥段。

(2) 发展思路

从现有的大流动量观光型向观光游憩、休闲度假型转变,以杭州为城市中心,以历史文化和西湖风景区为依托,打造国际休闲度假、商务会展重要旅游目的地。重点进行资源系列的整合、资源地域空间的多元化拓展,形成与城市功能紧密衔接、与周边旅游地在线路上有机组织的功能区域。确定一批重点项目,抓紧开发一湖一河以及之江旅游度假区、湘湖旅游度假区、西溪湿地二期改造等,辐射周边旅游区域,带动全省旅游业发展。

- 通过非物质文化的挖掘和物质文化的整合,在大西湖地区营造江南文化意境

整合西湖及杭州城区悠久的历史、灿烂的文化、发达的科技教育以及越剧、江南丝竹等一批非物质文化遗产资源,包括历史文化、茶文化、丝绸文化、宗教文化、民俗文化、饮食文化、名人文化等,力争将西湖列入世界文化景观遗产,促进其成为真正意义上的国际精品旅游胜地。

- 以品牌整合带动区域联合

紧紧抓住现有的旅游品牌和创新的旅游品牌,以文化脉络为纽带实施品牌之间的多方位整合,实现强强联合,全面带动区域旅游资源的整合开发,提升品牌形象,形成规模效应。

- 把握市场需求,引领产品潮流

旅游市场的变化日新月异,个性化的需求趋势日益凸显。杭州市作为旅游强市应该站在战略全局的高度,紧紧抓住市场需求的变化,大力培植符合市场所需要的现代时尚旅游产品,适时推出具有市场竞争力的旅游新产品。

(3) 产品支撑

加快推动杭州市从单纯观光型旅游地向风景游览、休闲度假、商务会展、文化旅游综合型旅游目的地的转变,重构杭州市旅游产品结构,形成以风景游览、休闲度假、商务会展、文化旅游为主导的大西湖旅游目的地产品体系。

- 风景游览旅游产品的精品化提升

精品化开发西湖风景游览区,结合西湖西南部丘陵山地、西溪湿地、钱塘江等水系各类自然生态条件的多样性,开发山地观光、江河水体游览、森林生态等系列自然观光旅游产品。

- 商务会展旅游的品牌化打造

以大西湖旅游目的地现有商业、会展设施为基础,以湘湖旅游度假区为主体,结合杭州市现代服务业的发展目标与布局,开发购物美食、商务奖励、会议展览、庆典节事等系列旅游产品。

- 休闲度假产品的特色化培育

依托大西湖旅游目的地良好的生态与环境资源和完善的设施配套,深度开发都市休闲度假(文化休闲、购物休闲、游乐休闲、健身休闲)、主题社区休闲度假、江河湖泊休闲度假、山地休闲度假、森林休闲度假、乡村休闲度假等系列旅游产品,成为对外展示"东方休闲之都"独特魅力的窗口。

- 文化旅游产品的深度开发

依托杭州悠久的历史、灿烂的文化、发达的科技教育以及越剧、江南丝竹等一批非物质文化遗产资源,以西湖周边的特色文化(非物质文化)要素整合为主体,以物质文化为辅助,开发历史街区、茶文化、丝绸文化、宗教文化、民俗文化、饮食文化、名人文化、科技教育等系列旅游产品。

(4) 城市旅游功能强化与旅游要素特色化思路

- 西湖游憩商业区(RBD)

将湖滨旅游服务中心区打造为杭州未来RBD地区。划定的RBD区域,主要是中河路以西、庆春路以南、河坊街以北、湖滨路至南山路以东地区。

- 环西湖晚间娱乐休闲区

环西湖的南山路、曙光路、湖滨路、清河坊、信义坊、龙井路等是茶馆、酒吧、咖啡吧等集聚的场所,形成了休闲娱乐的环湖圈。完善曙光路茶艺馆一条街、南山路酒吧一条街的经营管理,建设延安路综合娱乐一条街,形成布局有序的环湖晚间娱乐休闲游憩带。

- 商业游憩休闲区

以钱江新城、特色商业街区为主要场所,包括信义坊商业步行街、武林路女装街、丝绸一条街以及一些有特色的时尚商业单体,以逛街、购物、美食、消费为主要的活动。

- 娱乐文化康体休闲旅游区

环西湖以泡吧(茶吧、酒吧、咖啡吧、演艺吧等)、娱乐(影剧院、娱乐中心、KTV等)、文化(图书馆、展览馆、博物馆等)、康体(健身中心、温泉浴、足浴、SPA水疗等)为主要内容,丰富游客与市民的休闲生活体验。

- 湘湖大型旅游要素集聚区

大型旅游要素包括商务酒店、会议酒店、会议会展设施、宴会餐馆设施等的集聚区域,旅游功能区域的配套服务区。

(5) 旅游交通组织

- 旅游快速通道建设

加速大西湖旅游目的地内部旅游快速路的组织。提升西湖至西溪湿地、西湖至湘湖度假区、萧山机场至湘湖旅游度假区的旅游快速路建设速度;进行钱塘江两岸的旅游景观路建设。

- 集散设施建设

在杭州市一级的旅游集散中心体系下,建设西湖观光休闲旅游功能区域、之江休闲度假旅游功能区域、西溪生态休闲旅游功能区域、湘湖商务会展旅游功能区域的旅游集散中心和旅游咨询服务中心,在主要旅游区(点)设置游客服务中心。

五、旅游发展措施

1. 旅游产业政策措施

- 对市政府重点支持的旅游项目,实行减免税费、土地出让金与租赁费用的优惠、支付方式的灵活等。对其他直接从事旅游服务行业的企业,视供求情况给予减免税费、政府补贴等的优惠政策。
- 落实国发【2001】9号文件的规定,对宾馆、饭店、旅游景点实行与一般工商企业同等的用水、用电、用气价格。
- 对旅游创汇实行鼓励政策,对各类引进国内外旅游客源的行为予以表彰和奖励。
- 加快旅游交通集散中心和交通线路、设施建设。建立由交通、旅游、交警、公交部门和有关区、县(市)参加的全市旅游交通协调组织,形成比较规范的协作机制。将旅游交通纳入公交优先系统;或直接开辟旅游快速通道和观光路(没有公交线路的地区),并给予外地旅游客车同样的优惠待遇。加大对交通引导服务设施的投入,完善全市道路指示标识和旅游中英文交通指示牌。

• 政府主管部门制定相应标准要求,由政府直接投资或引导景区景点投资,加快旅游基础设施建设。旅游公厕、旅游道路和景区、旅游活动场所的路灯照明、垃圾箱、通信设施等配套建设以及旅游管理、旅游服务信息系统建设。

• 直接或引导投资,完善旅游服务设施建设。政府直接投资旅游标准服务区的建设,规划、引导特色商业街区、旅游娱乐区的建设,扶持、奖励旅游特色商品的开发、生产、引进。

• 政府鼓励、倡导旅游软环境建设。当地居民行为规范文明程度与好客度的培育;旅游服务国际化(质量与意识)、规范化(行业要求)、个性化(服务内容);政府管理服务的优质、高效、诚信与文明。

• 制定发展现代旅游(大)企业优惠政策,鼓励市外、境外优强企业通过投资、兼并、参股、收购、迁移总部等方式来市里进行旅游经营。

2. 旅游市场推广措施

• 申报西湖世界文化景观遗产,同时推出以西湖为核心旅游吸引物的旅游资源整合。

• 大力筹集旅游发展资金,用于杭州旅游的整体宣传促销、旅游市场开发和奖励以及对具有重大社会效益的旅游项目的扶持。

• 统一对大杭州旅游品牌进行形象策划和整体包装,加强宣传推介工作。建立市、区、县(市)联动与国内其他旅游城市联手、市场化运作的大杭州旅游宣传促销协调机制。加强与国际性、地区性旅游协会组织的合作,开拓海外市场。

• 充分利用电子信息技术加强旅游宣传,努力把杭州建设成为全国旅游电子商务中心。

第二章　宁波市旅游发展规划指引

一、现 状 概 述

宁波市位于浙江省东部,长江三角洲南翼。市域总面积9 816平方公里,2005年年末全市总人口556.7万人,下辖海曙、江东、江北、镇海、北仑、鄞州六个市辖区,宁海、象山两个县,代管慈溪、余姚、奉化三个县级市。

1. 旅游产业现状规模

(1) 旅游经济规模扩张呈加速态势

2006年全市共接待国内外游客2 739.25万人次,其中国际旅游者54.25万人次;国内旅游者2 685万人次;旅游创汇3.37亿美元。全年实现旅游收入316亿元。宁波旅游业在浙江的总体实力仅次于杭州,宁波正从旅游大市向国内一流的旅游强市迈进。

近年宁波旅游产业总体增长趋势如图2-2-2～5所示。

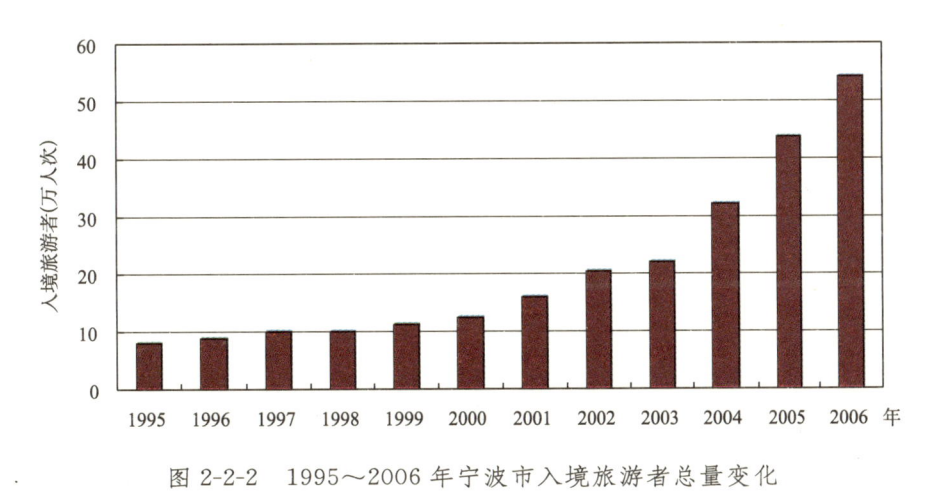

图2-2-2　1995～2006年宁波市入境旅游者总量变化

(2) 旅游接待能力在省内名列前茅

2006年全市拥有星级饭店203家,其中五星级5家、四星级16家、三星级45家(表2-2-2)。一批著名的国内外酒店管理集团如万豪、洲际等都已进驻宁波。共有旅行社174家,其中国际社6家,国内社168家,数量居杭州之后列第二位。有导游3 210名,数量在杭州之后,远高于其他地市。

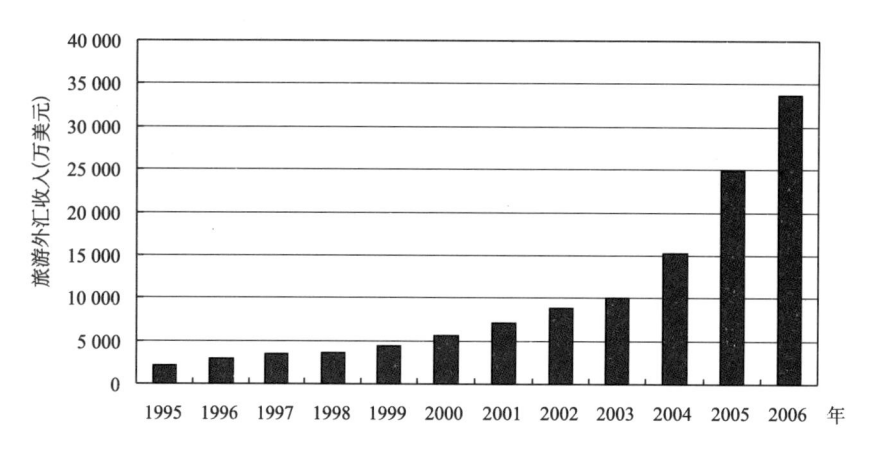

图 2-2-3　1995～2006 年宁波市旅游外汇收入变化

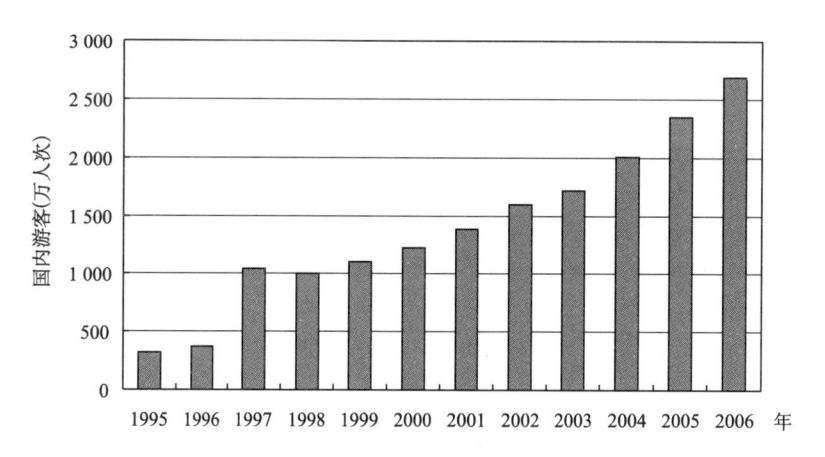

图 2-2-4　1995～2006 年宁波市国内旅游者总量变化

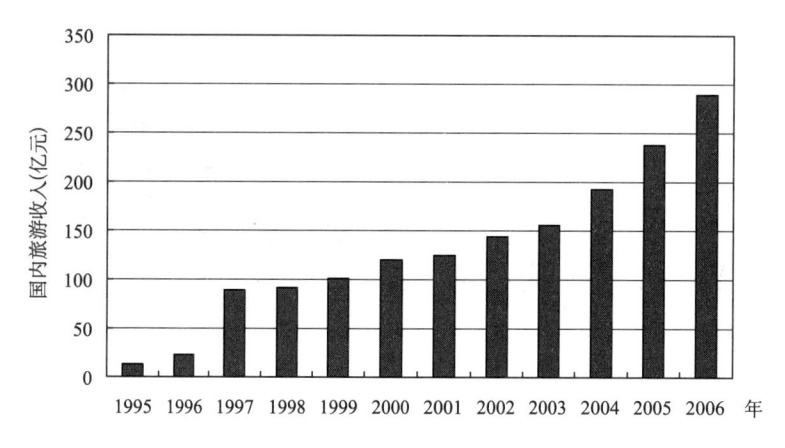

图 2-2-5　1995～2006 年宁波市国内旅游收入变化

表 2-2-2　2006 年宁波市星级饭店基本情况

	星级饭店	客房数(间)	床位数(张)	平均房价(元)	出租率(%)
浙江省	1 096	140 039	253 941	266.9	63.3
宁波市	203	19 859	34 823	272.6	62.8
占比(%)	18.5	14.2	13.7		

资料来源:《2006 年浙江省旅游概览》。

(3) 旅游业成为重要支柱产业

宁波市旅游经济连续数年保持两位数的增长,2006年全市旅游总收入在全国15个副省级城市排名中名列第六位。旅游业总收入相当于GDP的11%(图2-2-6),成为国民经济的支柱产业。

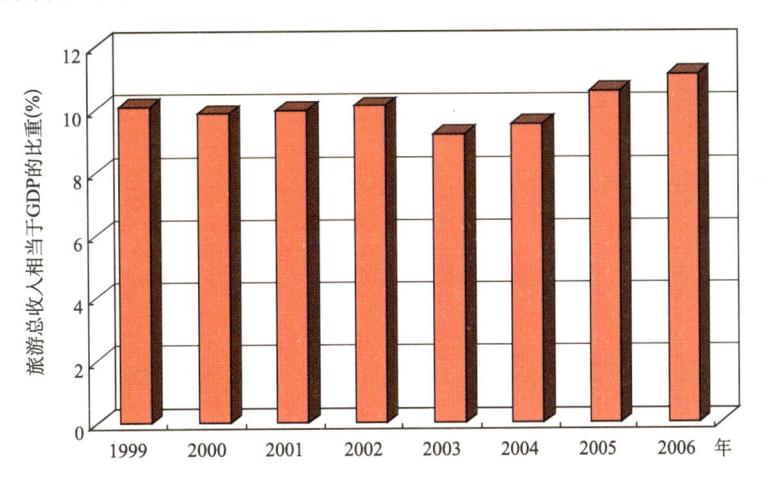

图2-2-6　1999～2006年宁波市旅游总收入相当于GDP的比重

2. 旅游产品结构现状

(1) 景区数量多,品质提升显著

2006年全市已有开放旅游区(点)共计80余个。A级旅游区(点)共21个,其中4A级11个、3A级7个、2A级3个。全国农业旅游示范点6个,全国工业旅游示范点3个,其中滕头、天宫庄园、大桥生态农庄和绿野农庄被评为浙江省首批三星级(最高等级)乡村旅游点。宁波市主要旅游景点名录见表2-2-3。

表2-2-3　宁波市主要旅游景点各区/县分布

区域	数量(个)	景区名称
市区	17	月湖景区、保国寺森林公园、天一广场、阿育王寺风景区、宁波天宫庄园休闲旅游区、天一阁博物馆、天封塔、七塔寺、鼓楼、江南第一古城——慈城、宁波都市农业园区(田园憩步)、五龙潭风景区、梁祝文化公园、天童风景区、庆安会馆、它山堰、宁波城市展览馆
东钱湖度假区	3	福泉山景区、湖心景区、雅戈尔动物园
镇海	2	九龙湖旅游区、招宝山旅游风景区
北仑	7	九峰山旅游区、北仑凤凰山主题乐园、梅山岛、金鸡山、春晓洋沙山海滨旅游度假区、宁波吉利汽车集团有限公司、北仑电厂
奉化	3	溪口商量岗风景区、滕头生态旅游区、雪窦山国家重点风景名胜区
余姚	5	天下玉苑、四明山旅游度假区、丹山赤水风景区、四明山国家森林公园、河姆渡遗址博物馆
慈溪	5	杭州湾海滨游乐园、达蓬山旅游风景区、五磊山风景区、慈溪长河国家级科技园区、虞洽卿故居——天叙堂
宁海	6	伍山石窟、宁海江南民间艺术馆"十里红妆"、前童古镇、潘天寿故居、柔石故居、野鹤湫风景区
象山	8	宁波松兰山海滨旅游度假区、石浦渔港古城、中国渔村、象山影视城、北黄金海岸度假村、花岙石林、渔山岛、金沙湾狩猎度假村

资料来源:《2006年浙江省旅游概览》。

(2) 产品体系正处在重要转型和提升期

宁波旅游产品的开发步入加速发展阶段,产品向精品化、规模化方向迈进,已基本形成以观光旅游、休闲度假为主体,文化旅游、生态旅游、乡村旅游、红色旅游为补充,节庆、商务会展迅速发展,邮轮、游艇等高端专项旅游产品初现端倪的产品格局。

(3) 旅游形象市场认知度较高

自宁波市确立"东方商埠,时尚水都"这一旅游形象之后,开展了一系列形象包装与营销策划活动,大大提高了宁波城市和旅游的知名度。

3. 旅游发展的空间结构现状

(1) 省域层面——河姆渡—东钱湖旅游区

"十一五"时期宁波河姆渡—东钱湖旅游区被列为浙江省十大重点建设区域之一,主要建设以主城为中心,以国际大港、东海风情、历史文化为主题,以东钱湖旅游度假区、松兰山旅游度假区、溪口古镇和慈城古城为重点项目的现代化休闲度假旅游目的地。

(2) 市域层面——12个重点开发区块

"十一五"期间宁波市确定了12个重点开发区块,从空间上大致分为五个板块:一是以宁波城区为中心,东至北仑、南至东钱湖、西至慈城的都市板块;二是溪口—四明山的文化与山地休闲板块;三是宁海森林—港湾的特色休闲度假板块;四是象山县的松兰山—石浦海洋文化与滨海度假板块;五是杭州湾大桥地区的生态休闲度假板块。在市域层面上,宁波增加了宁海和杭州湾大桥两个地区作为近期开发的重点。

二、旅游发展条件与潜力

1. 旅游发展条件

(1) 交通和旅游区位条件优越

杭州湾跨海大桥建成后,和上海的区位关系发生了巨大变化,交通区位优势显著提升。同时,长三角区域旅游一体化的加速,同三沿海大通道的建设,城市旅游功能的增强,将使宁波成为浙东、福建、江西接轨上海的重要交通节点和旅游集散中心。

(2) 旅游资源与环境得天独厚

宁波具有海陆并举的资源环境特征,平原、丘陵、山地环境种类齐全;海域面积广大,海岸线总长1 562公里,其中大陆岸线788公里,岛屿岸线774公里;旅游资源种类丰富,以人文景观为主,优良级旅游资源数量多,呈大分散、小集中的分布格局。

(3) 经济实力雄厚,城市综合竞争力强

宁波已成为长三角南翼经济中心,我国东南沿海重要港口城市,集装箱吞吐量居全国第四位、世界第13位,与杭州一道属于长三角南翼仅位于上海之后的大都市区。全市GDP和城镇居民人均收入均位居全国15个副省级城市前列,跻身中国城市综合实力50强和投资环境40优之列。商业文化突出,有遍及世界的商业网络。城市综合服务功能完善,地方财政、民营资本殷实,人民消费需求层次与总量不断提高,为旅游业的发展提供了强大的经济支撑。

2. 旅游发展潜力

（1）旅游资源整合与深度开发的潜力

宁波市旅游资源普遍存在利用层次浅、规模小、形象散乱等状况，一些人文类资源、海洋旅游资源和非物质类遗产未得到应有的重视或利用，宁波旅游在物质文化与非物质文化资源的整合与深度挖掘利用，尤其是在民间文学、传统戏剧、传统手工技艺、民俗等方面（表 2-2-4）的梳理以及与旅游各要素和关联产业的融合开发上，还有相当的潜力空间。

表 2-2-4 宁波市非物质文化遗产名录

类别	数量	名称	备注
第一批国家级非物质文化遗产名录	5	梁祝传说、宁海平调、宁波朱金漆木雕、昆曲、越剧	昆曲、越剧为浙江省申报项目
第一批浙江省非物质文化遗产代表作名录	8	宁海平调、四明南词、宁波走书、奉化布龙、奉化吹打、越窑青瓷、宁波朱金木雕、宁波骨木镶嵌	宁海平调、宁波朱金木雕已由省级升为国家级
第二批浙江省非物质文化遗产名录	16	梁祝传说、徐福东渡传说、三字经、余姚犴舞、甬剧、姚剧、宁波走书（蛟川走书、瀛洲走书）、唱新闻、象山竹根雕、象山晒盐技艺、宁波金银彩绣工艺、彩船制作技艺、红帮裁缝技艺、宁波泥金彩漆、祭海、十里红妆习俗	

资料来源：《国务院关于公布第一批国家级非物质文化遗产名录的通知》（国发【2006】18号），浙江省文化厅网站。

（2）旅游区域合作与业态联动的纵深潜力

宁波市在积极参与长三角无障碍旅游区共建，与浙东南、浙西南区域旅游合作方面取得一定成效，但与其作为长三角区域旅游中心、浙江省重要的旅游集散与组织中心、国际化旅游目的地城市的发展定位相比，其纵向和横向的区域旅游合作领域以及入境旅游市场等仍有较大的拓展空间。

3. 主要问题解析

（1）偏重已有旅游资源的开发，对市场导向为主的旅游新产品开发缺乏引导

宁波现有旅游产品基本上都是资源依托型，无论自然资源型景区或人文资源型景点，都缺乏对地方文化特色的深度挖掘与利用，缺乏对整体环境氛围的营造，有城市公园化的趋势。另外，满足现代休闲需求、应对市场发展趋势的旅游新产品虽有开发，但规模小，往往是和现有景区的简单复合，未形成规模和空间的集聚。

（2）重营销不重视旅游产品开发，缺乏有市场竞争力的旅游精品

宁波旅游已具一定的市场认知度，应对市场需求的景区（点）数量也不少，但"满天星星，不见月亮"，十分缺乏对长三角国内游客有强烈吸引力的休闲度假产品，尤其缺乏针对国际客源的龙头产品，对旅游效益的提升作用不够大。

（3）旅游主管部门事权较弱，总体调控与引导作用缺失

一方面由于宁波旅游开发的民营主导，另一方面则因为旅游主管部门缺乏实施抓手，所以对相关部门协同发展旅游和各（区）县（市）旅游发展的引导调控能力不足，作为不大。

（4）对宁波自身社会经济与文化优势的旅游资源利用不足

宁波作为历史文化底蕴厚重、经济基础雄厚的现代化港口城市,其人文精神、商人群体、商业网络、城市生活、城市建设等方面与旅游开发和利用之间的结合仍较薄弱。

三、旅游发展目标与方向

1. 旅游发展目标

我国高端休闲度假旅游的核心品牌区域;长三角首选休闲度假旅游目的地之一;我国东南沿海重要的国际化旅游目的地城市之一。

2. 旅游发展方向

以宁波国际化旅游目的地建设和都市旅游产品开发为核心,通过山—海联动,积极发展多样化的度假、休闲、娱乐旅游产品,通过邮轮靠泊港或母港等配套设施的规划建设,稳健发展邮轮和海岛度假等高端旅游产品;通过生态环境的修复、岸线和海岛资源的划定保护,引导发展游艇、帆船、海钓、潜水等海洋休闲运动旅游及其相关服务业态,创新提升旅游节庆活动品牌。

四、旅游发展主要思路

1. 旅游产业优化发展的途径

(1) 强化以高端旅游产品开发为核心的产品体系构建

借助杭州湾跨海大桥建设的契机,加速宁波与上海旅游的接轨,重点打造以象山半岛为核心区域、主题化、品牌化的海滨休闲度假综合体以及高尔夫、邮轮、游艇、海钓等高端产品,提升宁波旅游产品的国际竞争力。

(2) 打造具有国际影响力的专项会展城市

依托宁波现有的产业基础,注重与相邻主要会展城市(上海、杭州、温州等)的分工合作,培育品牌展会,实现会展与旅游的互动发展。

(3) 以"文化名城"建设为目标整合人文旅游资源

进一步重视城镇历史文化资源的挖掘利用,围绕宁波历史文化名城品牌目标,梳理宁波的建筑文化、名人文化、古镇古村文化、遗址文化、宗教文化以及戏曲文化、民间艺术、餐饮文化等,开发系列化的文化旅游产品。

(4) 继续强化中心城市的旅游功能

加大都市休闲、商务会展以及都市购物娱乐、餐饮等特色旅游吸引物的开发,推进宁波都市旅游圈的建设。以东钱湖旅游度假区、慈城古城等项目建设为重点,强化都市休闲游憩功能。

(5) 深化区域旅游协作

强化宁波城市的旅游中心辐射功能,与杭州湾大桥地区、溪口、宁海、象山以及上海、杭州以及浙东南四市等周边地区的旅游资源进行有效组合,延伸开发主题化、特色化的旅游精品。

(6) 建立健全防范自然灾害的措施与体系

宁波地处台风影响较显著的地区之一，历史上曾遭受过重创，因此，应强调灾害风险防范意识，建立良好的灾害应急机制，保障旅游业可持续健康发展。

2. 旅游产品体系调整

（1）高端产品的培育与打造

- 大力推动邮轮旅游发展

宁波具有发展邮轮旅游的良好基础，包括优越的地理位置，良好的港口条件，完善的大型购物、餐饮与宾馆设施以及周边大量的优质旅游资源等。依托宁波北仑港优良的港口条件发展邮轮旅游，开发至香港、东南亚和我国东南沿海主要城市的邮轮线路。

- 积极引导游艇旅游高起点发展

宁波良好的岸线资源为游艇旅游的发展奠定了基础，应通过岸线的总体规划，确定适宜游艇发展的重点区段，进行配套建设，完善相关服务体系，按国际标准建立一定数量的游艇俱乐部。

- 稳健推进高尔夫休闲旅游健康发展

宁波建设国际化休闲度假旅游目的地，高尔夫运动项目的配套是重要的内容。在国家宏观政策调控允许和对环境影响最小的情况下，尽量利用荒地和废弃土地，结合度假区的开发，逐步规划建设一批高尔夫休闲项目，适应旅游国际化和市场化需求。

（2）提升和优化以资源、环境为基础的传统旅游产品

实行自然观光产品的精品化开发。进一步加强自然旅游资源和生态环境的保护；加强观光产品和休闲、度假产品的结合，促进产品结构的升级换代。

加强文化内涵的挖掘与拓展，深层次、多主题地表现文化旅游内容，创新文化旅游产品的展陈方式和表现手法，规范解说系统；注重对非物质文化资源的挖掘与利用，充实旅游内容，创新旅游活动。

加强乡村旅游资源整合，加快散点旅游景点（景区）与当地农家乐发展的融合，形成产业化、标准化的农家乐旅游区域；深入挖掘乡村旅游的文化内涵，将民俗、风情、文化、节庆活动等有机联系起来，形成复合型乡村旅游产品。

滨海旅游产品：充分利用丰富的滨海岸线、海洋环境资源，分区域、分档次开发包括滨海度假、休闲、水上娱乐、海岛观景、观鸟、海浴、沙浴、日光浴等旅游项目；保护滨海旅游环境，控制滨海岸线用地和滨海景观轴线。

（3）重点开拓以社会经济、城镇发展为依托的特色旅游产品

依托宁波历史文化名城和古镇、古村以及商埠文化、名人文化、民间文学、传统戏剧、传统手工技艺、民俗等核心要素，打造文化旅游精品。结合现代化港口建设、杭州湾跨海大桥建设、生态农业、宁波商帮网络等产业要素，推出产业观光和产业休闲特色项目。

3. 旅游发展空间结构优化

宁波旅游空间格局需要围绕旅游核心竞争力的强化进行整合与提升，即"打造两核，突出三区，培育两带"。

- 打造两核

宁波都市旅游极核　以宁波历史文化名城、现代国际港口、镇海口海防遗址、慈城古城、梁祝文化公园、东钱湖、天童寺等资源为主体，继续加强都市周边的旅游资源整合，深度挖掘甬商文化、海上丝绸之

路文化,进一步发展现代时尚的旅游产品和项目,开发多样化的旅游吸引物体系,增强都市极核区域辐射功能,成为国际化的旅游目的地城市。

象山半岛旅游度假极核　发挥宁波的海岸资源及市场、区位优势,进行度假产品和项目的布局引导以及主题化和特色化开发,旅游服务要素的全方位配套,建设规模化的滨海休闲度假综合体,打造象山半岛滨海休闲度假旅游目的地,成为沪杭甬旅游金三角休闲度假第一品牌区域。

- 突出三区

余慈文化休闲旅游区　以余姚老城、河姆渡遗址、杭州湾大桥、天元古旧家具城等主体资源为重点,注重特色文化休闲娱乐项目的开发,注重文化旅游资源的深度挖掘与创意产业的延伸开发,形成文化旅游的价值链以及特色旅游要素的集聚区,成为宁波承接上海、杭州及长三角北翼游客的第一形象之窗。

大四明文化生态旅游区　以溪口蒋氏故里、雪窦山风景名胜区、滕头生态农业示范区、四明山等山岳生态资源为主体,以红色旅游、文化旅游和生态旅游为主线进行景区的精品化建设,着力开发观光与休闲度假相结合的产品,形成深度体验型的旅游目的地。

宁海康体休闲旅游区　以温泉、森林、古镇资源为重点,突出养生保健文化主题,形成长三角南翼康体休闲度假胜地。

- 培育两带

滨海休闲旅游经济带　从杭州湾南岸至象山半岛的南岸,对岸线资源实施整体保护的前提下,有选择、有控制地开发建设组团式的旅游度假地、游艇俱乐部、国际邮轮码头等,成为渔文化特色突出、海洋生态景观环境优良、各业和谐互动发展的海洋休闲旅游经济带。

山地生态旅游经济带　以四明山为主体,北至余姚,南至溪口,人文底蕴厚重,生态环境优越,是城市发展的生态屏障,应划定旅游禁止开发区域和限制开发区域。选择生态非敏感地区开发古镇观光体验、乡村休闲、山地康体度假等项目,建设依托山地生态和绿色农业的生态休闲经济带。

4. 中心城市旅游服务功能建设

(1) 城市旅游服务系统

- 旅游交通服务

巩固和拓展宁波国际机场直航能力,显著提高宁波市与国内外主要客源地之间的航线数。

- 旅游接待服务

重点强化城市住宿、餐饮、购物、娱乐、金融等设施配套与服务。

- 城市休闲场所

重点建设夜间活动场所、滨水景观地带、商业游憩区等。

- 旅游信息咨询

为游客提供信息咨询与导游服务以及订票、投诉等。

- 旅游标识标牌

包括交通标识、景点标识等。

- 紧急援救服务

加强旅游安全及危机管理,包括建立旅游业危机事件应对机制,完善旅游安全管理机制,塑造"安全旅游目的地"的形象。

(2) 旅游集散系统

按服务半径和覆盖面考虑,设宁波中心城区、余姚主城区、宁海县城和象山县城四处旅游集散中心,完善功能,并加强与周边城市的协作,充分发挥最大作用。

五、旅游发展措施

1. 旅游产业政策措施

(1) 旅游资源的规划整合

加强政府的规划引导,结合生态功能区的划定明确旅游资源的保护和禁止开发区域,同时对限制开发区域的旅游项目提出准入审批要求,确保全市旅游业健康有序、可持续发展。

(2) 政府投入的引导

应对行业运作特点及面临的竞争环境,增加政府对旅游业及会展业发展的财政支持与投入,发挥政府投资的引导和带动作用。市、区、县政府的旅游发展专项资金近期要侧重于旅游景区规划、重大旅游项目配套、品牌展会培育、政策法规宣传、信息平台维护、专业人才培养等方面的扶持,同时,加大对城市公益性旅游休闲和游憩等服务设施的建设投入,包括城市公园、海滨绿带、旅游集散中心、旅游咨询中心、旅游区(点)游客中心、公共信息符号、旅游交通标识与标牌、旅游公厕、停车场、景点购物商亭、无障碍通道、特色旅游商品开发等。

(3) 加强旅游行政主管部门能力建设

创新旅游行政管理的机制、手段和方式,强化旅游行政主管部门的综合协调职能以及旅游立法、公共服务、宣传促销、人才培训、旅游规划职能,加强规划制定、政策完善、行业指导和市场监管力度。建立健全导游执业的准入机制、激励机制、保障机制和责任追究制度,优化业内市场竞争秩序;政策上引导和推动旅行社的集团化、网络化和专业化发展,提高旅行社国际国内竞争力。

2. 旅游市场推广措施

(1) 继续借助中国旅游投资洽谈会平台

在总结成功举办2005、2006两届"中国旅游投资洽谈会"经验基础上,秉承"为美丽寻找资本,让智慧创造财富"主题宗旨,继续搭建宁波旅游投资供需双方的信息平台,推动宁波旅游产品的结构优化。

(2) 充分借助以宁波商人为主体的商业网络

发挥"宁波帮"商业网络的优势和影响力,将旅游营销网络与之有机衔接,将宁波主导旅游产品通过这一网络推向海内外市场,实现"搭网营销"。

(3) 加强市场协同

借力上海拓展入境旅游市场,扩大宁波旅游的国际影响力;依托长三角无障碍旅游区进行目标市场细分,优化市场营销策略。针对不同层次的区域联合体,制定相应的市场应对策略,并进行动态评估与修正,增强宁波旅游目的地的竞争力。

第三章 温州市旅游发展规划指引

一、现状概述

温州市位于浙江省东南部。全市陆域面积 11 786 平方公里，海域面积约 11 000 平方公里。2005 年年末全市总人口 750.28 万人，下辖鹿城区、龙湾区、瓯海区三个市辖区，苍南、永嘉、平阳、洞头、文成、泰顺六个县，代管瑞安市、乐清市两个县级市。

1. 旅游产业现状规模

近年来温州旅游经济规模不断扩大。2005 年，温州全年接待国内旅游者 1 422.47 万人次，实现国内旅游收入 121.3 亿元；接待入境旅游者 21.33 万人次，实现旅游外汇收入 9 097 万美元。2005 年，温州有星级旅游饭店 73 家（四星级 9 家，三星级饭店 38 家，一、二星级饭店 26 家），四星级饭店约占浙江省的 10%，总客房数 8 693 间，总床位数 15 722 张；有旅行社 108 家，其中国际旅行社 3 家，持证导游达 1 300 名；温州的 4A、3A、2A、1A 级旅游区（点）分别有 3 个、9 个、6 个、1 个。

从表 2-2-5 和表 2-2-6 可以看出，温州旅游业发展很快并已形成一定的规模，国际国内游客人数、旅游收入以及旅游收入占 GDP 比重不断增长，旅游业朝着稳定可持续的方向发展。但是由于起步较晚，温州旅游资源的潜力尚未得到充分发挥，旅游产品体系不够完善，旅游品牌形象缺乏，发展速度受到限制。温州旅游产业在整个国民经济中的地位至今仍处于相对偏低的地位，且增长趋势缓慢。旅游总收入占国民经济的比重一直低于浙江省内平均水平 2 个百分点左右。

表 2-2-5　2000～2005 年温州市旅游总体情况

年　份	总人数（万）	总收入（亿）	占 GDP 百分比（%）
2000	600.79	50.38	6.1
2001	723.68	65.12	6.99
2002	810.48	74.82	7.09
2003	780.17	70.56	5.78
2004	1 069.16	96.97	6.91
2005	1 422.47	128.7	8.11

表 2-2-6　2000～2005 年温州市旅游收入

年　份	2000	2001	2002	2003	2004	2005
旅游总收入（亿元）	50.38	65.12	74.82	70.56	96.97	128.69
旅游收入占 GDP 比重（%）	6.1	6.99	7.09	5.78	6.91	8.11

资料来源：《2005 浙江省旅游概览》、《温州市旅游发展总体规划》。

2. 旅游产品结构现状

旅游产品由原先的山水观光游为主逐步转变为经济探秘、生态、保健、考察、探险、休闲、度假、观光、工农业旅游等多种产品并驾齐驱的局面。通过有效的开发和整合，温州的"奇山秀水、经济探秘"、"寻古探幽、生态环境"、"阳光沙滩、滨海岛屿"、"浙江延安、红色平阳"四条精品旅游线路已经形成自身的特色。建设了一批主题公园，开展了古村落、古民居、古城堡、古街区、古廊桥的保护性开发，旅游产品文化含量逐步提高。温州各地节庆也逐渐成为吸引游客的一大特色旅游产品。海洋旅游有了一定的发展，但海洋旅游的内容和形式、海洋资源的充分利用和保护等需要进一步探索。

3. 旅游发展的空间结构现状

依托城市空间结构，温州旅游发展的空间布局主要分为北部山水风光旅游区、西南自然生态旅游区、东部海洋旅游区、中部瓯越文化旅游区。目前发展较好的是北雁荡—楠溪江区域的北部山水风光旅游区。

二、旅游发展条件与潜力

1. 旅游发展条件

（1）区位条件

温州位于我国东南沿海，是区域旅游资源组织中心和衔接点，是长江三角洲、福州及厦漳泉三角洲地区的过渡地带，是浙江省南部地区的交通枢纽。温州是全国18个港口城市之一，有国内海上航线以及国际远洋航线。永强机场系国家二级民用机场，已开辟至北京、上海、深圳等地的国内航线和境外航线。温州火车站旅客列车可直达北京、上海、南京、杭州等国内主要城市。温州市已经成为全国45个公路主枢纽城市之一，公路运输四通八达，104国道和330国道贯穿南北。随着金丽温高速公路、甬台温高速公路、104国道和330国道纵横贯穿以及甬台温铁路、杭州湾跨海大桥的开工建设及建成，温州立体交通网络将日趋完善。

（2）旅游资源条件

温州气候温和，物产丰富，自然环境优美秀丽，文化民俗独具魅力，有着雁荡山、楠溪江等得天独厚的优质资源。拥有雁荡山、楠溪江和百丈漈—飞云湖国家重点风景名胜区、1个世界地质公园、2个世界遗产候选单位、8个省级风景名胜区、7处国家森林公园等。此外，温州还是一座历史悠久的文化名城，拥有丰厚的文化底蕴。

（3）文化条件

由于温州地理位置的特殊性，形成了独特的民俗文化。重商文化、诚信文化、智慧文化、山水文化、海洋文化、瓯越文化等文化支脉，成为温州旅游发展的文脉基础。

（4）社会经济条件

温州是浙南地区的经济、文化、交通中心，是全国首批14个沿海开放城市之一，是中国综合改革和金融体制改革的试点城市，也是国家以信息化带动工业化的试点城市之一。温州还是中国著名的侨乡之一，共有温州籍海外华侨、华人、港澳台同胞50多万人，分布在世界60多个国家和地区，特别在欧洲华侨中地位突出,影响力较大。

温州经济实力强劲。2006年中国社会科学院《中国城市竞争力报告》中显示,在中国城市综合竞争力排名中,温州的城市综合竞争力在200个城市中居于第12名,这在非省会或中央直辖城市的地级市中凤毛麟角。"小生产,大市场"的"温州模式"全国闻名,使温州成为众多国字号轻工产业生产基地。雄厚的经济基础给温州市基础设施的改善、旅游资源的保护等带来资金支持。

2. 旅游发展潜力

(1) 与未来旅游发展趋势高度契合的旅游资源潜力

从资源条件分析,温州市拥有北雁荡—楠溪江、南麂列岛等世界级的山水生态文化资源,而自然生态和文化生态将成为浙江省第三代旅游产品的龙头产品,未来旅游发展潮流中的宠儿。与未来旅游发展趋势高度契合的旅游资源为温州市旅游开发提供了巨大的潜力。

(2) 遍及全球的温州商业网络的潜力

温州人具有勤劳务实、开拓进取、自主创新和拼搏闯荡的品质,在全国各地乃至世界各地都留下了温州人的足迹。外地温州人渐已融入当地社会主流,并且其凝聚力很强。目前全国各地的温州商会有100多家,在海外比较知名的商会或同乡会有美国纽约温州同乡会、香港温州同乡会等。遍及全球的温州商业和商人网络、雄厚的民间资本为旅游业的开发奠定了坚实的经济基础,也为高品质旅游产品的打造提供了可能。

(3) 浙江省及温州市产业和城市发展政策的潜力

近年浙江省提出"十年建成旅游经济强省"并重点实施杭州旅游中心和宁波、温州、金华三个旅游副中心的空间建设战略,将会为温州发展旅游业创造优越的外部大环境。温州市"一港三城"战略的实施,将从总体上提升温州成为宜居、宜商、宜创业的城市吸引力,进而促进温州旅游的发展。

(4) 长三角一体化的区域推动潜力

2004年,包括温州在内的长三角"15+1"旅游城市,提出打造"中国首个跨省市无障碍旅游区",将推进该区域经济、社会的快速发展,刺激旅游需求迅速增长,各城市间在组织旅游产品、旅游交通、旅游信息、旅游宣传促销等方面的合作,将切实加强温州与长三角旅游区的区域合作。

3. 主要问题解析

(1) 传统旅游产品老化,新旅游产品开发不能满足市场需要

观光产品等传统产品老化,面临着提升改造的问题;契合当前市场需求的休闲度假产品开发缓慢,其种类、规模、档次、设施等都不能满足当前市场需求;众多的产品之间缺乏有效的组织,尚未能形成合理的旅游产品体系和区域空间格局。

(2) 旅游产业地位低,旅游主管部门事权较弱

温州模式在给温州带来经济繁荣的同时,也对旅游业发展造成了一定的限制。一方面,温州模式强调工业的重要作用,其中传统工业占相当大的比重,相比之下旅游产业地位相对较低,旅游主管部门事权较弱;另一方面,温州模式属于内源性民间力量推动型模式,市场机制发挥广泛的作用,政府的职能弱化,而旅游业恰恰需要政府的统一管理。温州的小企业多而散,布局混乱,由于历史等原因难以统一管理和布局,这给旅游资源的整合和环境保护带来困难。

(3) 旅游品牌意识不强,旅游管理体制不顺,对资源开发利用和区域整合不足

温州有着雁荡山—楠溪江等世界级的旅游资源,但由于缺乏强烈的旅游品牌意识、旅游管理体制不顺等原因,造成现有高品质的旅游资源开发利用和区域整合不足,未能形成与资源相匹配的世界级的旅游产品和旅游品牌。

(4) 城市风貌和文化保护力度不够,综合服务功能不完善

温州城市历史悠久,其自然环境、城市文脉、城市风貌和城市生活都独具特色和魅力,山水城市和生态城市的特色已初具规模,但是目前存在急功近利,盲目开发;工业污染,环境问题突出;人工化、商业化和城市化倾向严重,对温州独特风貌和文化传统重视不够,城市空间结构、基础设施和服务体系不完善等问题。

(5) 相对偏离核心市场,区域竞争日益激烈

一方面,与浙江中北部城市相比,温州市相对偏离长三角核心客源市场,旅游区位条件存在一定的劣势;另一方面,温州与周边地区的旅游资源相似性突出,区域竞争日益激烈。

(6) 自然灾害影响旅游业的可持续发展

温州地理位置的临海性给温州带来便利的水上交通、丰富的海洋资源,同时也带来了诸如较频繁的台风、赤潮等自然灾害,这会成为温州旅游业定期或不定期的隐患。

三、旅游发展目标与方向

1. 旅游发展目标

(1) 总体目标

我国东南沿海重要的国际化旅游目的地城市;浙江省三大国际化旅游目的地城市之一,浙南、浙中南旅游服务基地、旅游组织与集散中心。确定至规划期末,旅游业成为温州市国民经济的支柱产业。

(2) 品牌目标

- 世界自然与文化遗产——北雁荡—楠溪江;
- 世界文化遗产——廊桥(联合申报);
- 中国最佳旅游城市——温州市;
- 国家 5A 级旅游区——北雁荡—楠溪江。

2. 旅游发展方向

- 文化精品的打造和文化旅游产品的多元化开发;
- 现有商业旅游产品的提升和旅游利用的进一步强化;
- 以山地生态和湿地生态为重点的生态旅游产品的保护性开发;
- 海洋海岛休闲度假旅游产品的大力培育。

四、旅游发展主要思路

1. 旅游产业优化发展的途径

(1) 加强核心旅游资源的品牌化开发,塑造旅游精品工程

实施精品战略,形成重点突破、以点带面、联动开发、整体推进的旅游发展格局。打造国际旅游品牌,改善与提升温州在海内外的旅游形象,增强旅游吸引力和竞争力,打造国际知名的旅游目的地。重点打造北雁荡—楠溪江文化生态、南麂列岛海岛海洋、城市商务休闲等旅游精品品牌。

(2) 旅游要素的合理配套与布局

针对温州市旅游娱乐、餐饮、购物比例较低现状,加强旅游要素的合理配套与布局,提升旅游消费能力。旅游要素建设重点包括:实现景区与中心城市的快速往返,完善景区内部交通体系,提供旅游景区的可进入性;控制旅游饭店的数量,优化调整饭店类型,发展特色餐饮;重点开发特色旅游商品,丰富游客夜间文化生活,大力提高旅游商品、旅游娱乐业的产出比重。

(3) 旅游资源和环境的保护与利用的关系处理

加强旅游资源和环境的保护力度,协调好保护与旅游开发利用之间的关系,对雁荡山、楠溪江、南麂列岛等重点旅游区,保护其原生的自然生态环境和古村落等核心资源,并在旅游利用中加强自然生态和文化生态之间的相互融合;对温州古城、廊桥等重点文化资源,注重原始风貌的保护、修复和旅游展示与利用;加强对永嘉学派、诗词字画、文化艺术、民俗风情等非物质文化的挖掘和利用。

(4) 区域重组和联合

加强温州与浙东南区域、闽北宁德等地域的区域重组以及与宁波、台州、丽水、金华等地市的区域联合。

(5) 借力营销,联合促销

充分借助温州商业网络和商人网络在全球的影响力,拓展温州旅游营销渠道,将温州旅游推向世界。充分调动地方及企业的积极性,建立联动促销机制,统一对外促销,形成整体宣传合力,产生市场凝聚效应。

2. 旅游产品体系调整

温州主导旅游产品包括:文化系列旅游产品、商务系列旅游产品、生态系列旅游产品、海洋海岛系列旅游产品。

(1) 文化系列旅游产品

以申遗为重要途径,重点包装并推出古村落文化、廊桥文化两个世界文化品牌。在对文化资源和环境进行有效保护的基础上,开发名人文化、永嘉文化、民俗风情文化等多元化的文化产品,大力开发非物质文化。

以楠溪江为重点开发地域,以山水骨架为脉络和外在环境,以宗祠、书院、民居、寺庙等为物质载体,以传统生产生活方式、风俗习惯、宗族伦理、民间工艺等非物质文化为填充,对古村落文化及其所包含的风水文化、宗教文化等文化之脉进行多层次、多角度、多形式的诠释。以泰顺为主要开发地域,开发廊桥文化旅游产品,并与福建联合申报世界文化遗产。

以名人故居和主要活动场所为重点开发地域,开发谢灵运、刘基、孙诒让、苏步青、琦君等名人遗迹寻踪游。以永嘉学派内涵和发展史展示以及现代温州商业经济发展轨迹展示为重点,开发永嘉文化旅游产品。发掘整理瓯越一带的民间器乐、民歌和戏曲,挖掘温州特有的风俗习惯、传说等非物质文化内容,并将其与物质文化的旅游开发相结合。

(2) 生态系列旅游产品

以温州自然山水和海岛为重点开发地域,大力开发生态系列旅游产品。重点开发山地生态产品、湿地生态产品等。

以雁荡山为重点开发地域,大力开发山地生态旅游产品。加强山地生态环境的保护。加强山地生态、山地观光、山地休闲度假等旅游产品的综合开发以及运动休闲等特色产品的开发。

温州分布着广阔的沿海湿地,面积达2980平方公里,除1340平方公里的农田人工湿地外,主要有乐清湾和温州湾海涂湿地、南麂列岛国家级自然保护区和三垟湿地等自然湿地。温州开发湿地旅游资源对城市的可持续发展、生态环境的保护等将起到巨大的作用。充分发挥温州湿地的旅游价值,如开发观光休闲、求知健身、体验和度假等旅游产品,将是温州的特色旅游产品。

(3) 商务系列旅游产品

以大型企业集团为重点开发地域,提升现有商务探秘旅游产品,在现有观光功能基础上注重服务功能的开发和产业链的延伸。依托江心屿、南塘北街,推出主题性的商务游憩产品,完善市区的商务、游憩和旅游功能。开阔思路,提升现有商务节庆旅游产品,加强政府的宏观调控职能,调动企业参与的积极性,建立多元的筹资机制,加强节庆旅游市场的开发,打造自己的会展旅游品牌。

(4) 海洋海岛系列旅游产品

充分利用自身的海洋旅游资源,面向国内外市场,差异化发展海洋旅游产品,打造以休闲度假为重点,以海韵渔情、瓯越风情、现代商情为特色,兼具游览观光商务会展功能的海洋海岛旅游产品。大力提升海洋休闲、海岛生态旅游,并侧重海岛生态度假。此外,开发高端旅游产品如邮轮游艇旅游、高尔夫休闲旅游、极限旅游、探险旅游、科考旅游等也是提升原有产品的方向。引导海洋生态旅游、海洋文化旅游、海上体育竞技、海岛主题度假、游艇等专项旅游产品的有序发展。

3. 旅游发展空间结构优化

根据《浙江省旅游发展规划》,参考《温州旅游发展规划》,温州市域旅游的空间结构可概括为:"一带一线两核四区"。

(1) 两个旅游极核

• 温州都市旅游极核

包括市区的中央游憩商务区(RBD)和城市周边1小时交通圈内的环城游憩带两大部分。将城市建设与旅游目的地建设结合,通过旅游目的地建设,加强旅游吸引物体系建设,改善城市的生态环境质量和人文环境质量,完善城市综合服务功能。加强都市观光、都市休闲、都市娱乐等都市旅游产品开发,大力开发商务会展产品,开发传统历史街区观光、瓯江滨水休闲、湿地生态休闲等系列项目。

• 北雁荡—楠溪江世界遗产旅游极核

北雁荡—楠溪江联合申报世界自然与文化遗产,并作为浙江省旅游项目申遗的首选项目之一;以申遗为抓手,对两大旅游区的资源、品牌、功能进行全面整合,尤其注重北雁荡和楠溪江自然生态与文化生态的相互融合;通过空间管治和合理的空间功能区划建立旅游资源和环境保护与利用的良性机制;加强北雁荡—楠溪江旅游开发过程中的相互借鉴与融合;加强文化生态特色旅游产品的开发与旅游环境营造;推进山(北雁荡)、江(楠溪江)、海(乐清湾)、城(中心城区)的联动开发;借助于浙商网络进行国际市场的营销,建立资源整合的联动机制,最终将其打造成为以典型江南山水和文化意境为特色的景区型国际旅游目的地以及浙江省第三代旅游产品(文化、生态)的龙头。

(2) 一带

• 温州滨海休闲旅游经济带

主要是乐清至苍南的东海大道沿线周边。依托高速公路和温州东海大道建设，以展现优美的自然景观和当代渔村风貌为主题，重点建设海滨观光、海滨休闲度假和海洋渔文化体验为主的滨海风景休闲旅游带。

（3）一线

• 瓯越文化—奇山秀水精品旅游线

以瓯越文化为线索，串联了文成、瑞安、平阳、苍南、泰顺的奇山秀水，包括南雁荡山、寨寮溪、百丈漈•飞云湖等风景名胜资源，重点开发山水观光、山水休闲、山水生态、瓯越文化旅游产品。对瓯越文化进行解读，梳理瓯越历史文脉，在空间上串联起一条体验与寻踪瓯越先民生活历程的文化旅游带。提升南雁荡景区现有产品，并与北雁荡、中雁荡联合打造雁荡品牌。

（4）四区

• 洞头海洋旅游区

依托洞头深水港的建设和丰富的海洋旅游资源，借助活跃的温州民营资本，建设国际邮轮泊港，以国际邮轮旅游作为突破口和龙头，带动温州海洋旅游的全面发展；在此基础上，整合灵昆岛瓯江旅游度假区、跨海大桥、洞头列岛等资源，大力发展海洋休闲度假旅游。

• 大北—麂山列岛生态旅游区

南北麂列岛在可持续发展和有效保护的前提下进行精品建设，保持其自然生态的特色，开发海洋、海岛风光旅游、海洋生态旅游、海洋生态度假等产品，使之成为世界最纯净的海洋生态旅游目的地。

• 泰顺廊桥遗产旅游区

加强廊桥资源的修复、保护，加强周边环境的保护和整治，加强廊桥文化的展示与旅游利用；与福建省联合申报世界文化遗产；整合泰顺的廊桥、古道、古村落、氡温泉、自然生态等旅游资源，建设适宜自驾车和背包游客的自游风景步道系统，开发遗产旅游、休闲度假、自然旅游等拳头旅游产品。

• 苍南滨海旅游度假区

依托玉苍山、玉龙湖的山水旅游资源以及苍南沿海优质的沙滩，建设玉苍山山地休闲度假地和以炎亭、渔寮为核心的海滨休闲度假地。同时，借助滨海风景道的建设，串联并盘活龙港中国礼品城、蒲壮所城、玉龙湖、金乡卫城、玉苍山、苍南水上城等景区，建设综合休闲度假胜地。

4. 中心城市旅游服务功能建设

（1）城市旅游服务系统

中心城市旅游服务系统的完善包括以下两方面：第一，巩固和拓展温州国际机场的国际航线以及通达国内热点旅游城市和旅游景区的国内航线，显著提高温州市与国内外主要客源地之间的航线数；第二，注重城市软环境建设，构建旅游标准化体系，提升城市的国际化程度。具体策略包括：按照国际标准建设城市基础设施和服务设施，完善城市公共服务功能。在旅游、交通、信息、金融和贸易等各行业推行国际化服务标准，增强城市的旅游、商务游憩功能，提供持续的优质服务。建设一个集合各种商旅服务的平台，配备完善、快捷、个性化且具有国际标准的商务旅游服务，形成完善的商旅服务系统，为温州成为最佳国际商务旅游城市提供有力支持。重视培养所需的专业服务人才并提高行业服务意识，实现服务全方位标准化。加强旅游安全及危机管理，包括建立旅游业危机事件应对机制，完善旅游安全管理机制，塑造"安全旅游目的地"的形象。

（2）集散系统

为了能更好地服务游客，应建设多级旅游集散中心，形成完善的游客服务系统。旅游集散中心具备以下主要功能：一是向游客提供有关温州旅游的信息；二是提供"金钥匙"服务，为游客(尤其是商务游客)提供高质量的个性服务；三是处理游客投诉，最大限度地增加游客满意度；四是成为区域旅游交通集散地，为游客提供便捷的旅游交通服务。此外，在自助旅游目的地及沿途建立一站式游客服务点，为背包客和自驾车游客提供信息服务和物资供给。

一级旅游集散中心作为温州最主要、最大的旅游集散中心，选址可考虑在新市政中心和火车站之间的区域，以方便游客，同时能展现城市良好风貌。

二级旅游集散中心初步考虑先分别在乐清雁荡镇、平阳鳌江—苍南龙港周边建立，为山江片区、飞云江片区和苍南、泰顺提供旅游信息服务、物品租赁服务、游客投诉处理等项目，成为这几个区县的旅游集散中心。

各景区建立旅游集散中心，提供景区信息服务、交通服务等。服务设施应精心设计，与温州市的环境协调一致，充分体现出温州的旅游新形象。

五、旅游发展措施

1. 旅游产业政策措施

(1) 加强政府宏观调控，提升旅游主管部门的事权

针对温州所特有的"温州模式"，一方面加强政府对旅游业的宏观调控，包括对基础设施、服务设施的投入，对资源整合、环境整治方面的引导和加强，对属于同一个景区的不同管理部门之间的统筹协调等；另一方面提升旅游主管部门事权，强化旅游主管部门统筹生产要素的综合协调职能和对旅游经济运行的监控和市场监管力度。

坚持依法治旅。健全旅游管理法规体系，制定旅游资源开发与保护、旅游价格管理、旅游企业管理等领域的法规，一方面整治旅游市场秩序，进一步优化旅游环境；另一方面，完善旅游监督管理机制，努力做到依法行政、依法办事。

(2) 开辟多元化投资渠道，制定旅游产业投入政策

开辟多元化投资渠道，建立完善的旅游投入体系。应在国民经济计划中增加对旅游业的发展投入，政府给予投资融资支持政策、地方税收优惠政策、土地使用支持政策和吸引民营资本投资旅游业等。增加引导社会投资的导向性投入，通过财税、贷款等政策的优惠措施，通过发布鼓励发展的旅游优先项目等吸引社会各界和外资投向旅游业。

增加对旅游业的宣传促销投入、旅游基础设施等方面的投入。充分运用市场经济手段和渠道，如适当优先增加旅游企业发行股票、债券的规模，赋予少数大型旅游企业集团与其资本和收益比例相适应的海外直接融资权和担保权等，建立适于旅游产业发展的投融资体系和规范化的企业直接融资机制。

(3) 制定产业组织政策，培育大型旅游企业集团

加强旅游市场主体的培育，为旅游企业创造公平竞争的发展环境，实施适合旅游经济特点的产业组织政策。国家应鼓励大中型旅游企业建立现代企业制度，小型旅游企业实行适应市场经济需要的灵活体制；应鼓励发展跨地区、跨行业、跨所有制的旅游企业集团的发展，打破地区封锁和行业垄断，形成由

大型企业主导和规范市场的格局;鼓励企业通过合并、兼并、相互持股等方式,进行自主联合改组和资产运营;鼓励旅游企业的网络化发展,推行建立区域性、全国性或国际性的营销网络。

2. 旅游市场推广措施

(1) 入境旅游市场

针对港澳台、东南亚、日本和韩国等地区的东方市场,主要采用以下营销战略:提高商务旅游服务品质的同时,与杭州、苏州等传统旅游目的地联合推广文化遗产、自然观光旅游产品。

针对欧洲、美洲和大洋洲的西方市场,开展"世界温州"、"中国温州"主题营销,一方面依托温州商业网络带动旅游营销网络,以商务旅游带动整体旅游;另一方面,以温州具有典型江南特色的世界级的文化资源作为核心吸引,将文化生态作为特色产品。重点营销品牌包括:北雁荡—楠溪江和廊桥两个世界遗产品牌、国际品质商务服务、深厚瓯越文化。

(2) 国内旅游市场

针对长三角市场,传播的重点是:最美的乡村度假地、高效便利的商务旅游服务、纯美自然的3N体验、独特的廊桥遗产、欢乐的海洋游憩、瓯越文化风情。采用的营销策略是:由外至内宣传、经典精装、事件聚焦、渠道关系管理。

针对珠三角市场,采取的营销战略是高投入促销经费,采用高价格树立旅游产品的高档形象,快速占领高潜力旅游消费市场。传播重点是:便利和豪华的商务旅游地、舒适的田园旅游享受、尊贵服务、高满意度承诺。营销的突破点是"国家创业精英聚会温州"。

针对环渤海都市圈市场,主要采用以高品质、多样化的旅游产品组合破除远距离障碍,打造独立旅游目的地的战略,品牌是"流金海岸,忘情山水"。传播重点是:轻工业商务会展、轻工产品购物天堂、黄金东海岸、中国最美的乡村度假地、世界海洋生态保护区、世界关注的廊桥等。营销的突破点是"山江海——任意休闲·创意生活"。

针对华中市场,采取的营销战略是:在近中期将营销重点主要放在中高端市场,主推海洋旅游和商务旅游系列产品,有效树立温州旅游品牌形象;在市场巩固期,着力打造有竞争力的优质旅游产品组合,面向大众市场进行推广。传播重点是:中国东南最大的优质海岸、温州经济、雁荡奇秀、楠溪江——中国最美的乡村度假地。营销突破点是"海洋欢乐总动员"。

(3) 区域旅游市场

针对温州地区,传播的品牌是"焕彩温州",传播重点是生态健康生活、瓯越文化经典传承、山水愉悦性情、知识型休闲度假等。针对浙江省内以及福建北部地区的周边市场,宣传的品牌是"流金海岸,忘情山水"。传播重点是多功能旅游目的地、高品质旅游产品、旅游满意保障。营销突破点是"温州旅游自选展示会",采取整体包装、线路自选、面向多层群体的服务、口碑营销等营销策略。

第四章 嘉兴市旅游发展规划指引

一、现状概述

嘉兴市位于浙江省东北部,境内陆地面积 3 915 平方公里,海域 4 650 平方公里。2005 年总人口 334.33 万人。下设南湖、秀洲两区,辖海宁、桐乡、嘉善、海盐、平湖五市(县)。

1. 旅游产业现状规模

2005 年,嘉兴市接待国内游客 1 362 万人次,旅游总收入 115.79 亿元,相当于全市 GDP 的 10%(图 2-2-7)。旅游创汇 1.38 亿美元,接待入境游客 44.24 万人次,居浙江省第二位。嘉兴市拥有 A 级旅游景区 17 个(其中 4A 级景区 4 个)、国家工农业旅游示范点 3 个、星级宾馆 67 家、旅行社 75 家、各类旅游线路 150 余条,旅游产业已经具备良好的发展基础。

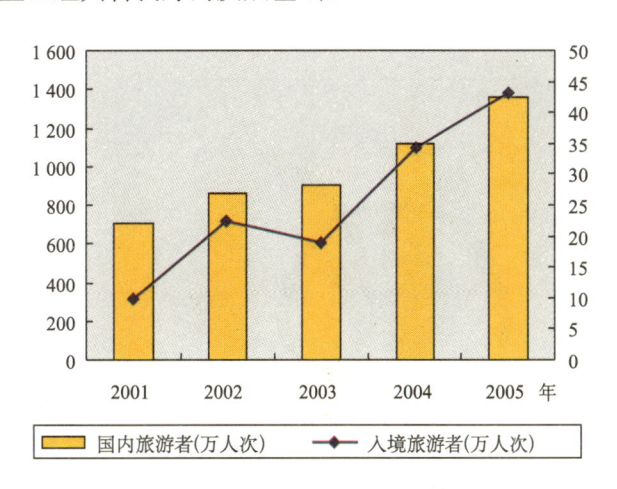

图 2-2-7 嘉兴市旅游产业发展情况

2. 旅游产品结构现状

嘉兴市目前的旅游产品以古镇旅游、观光旅游、红色旅游、农业旅游为主导。以桐乡乌镇、嘉善西塘为典型代表的古镇旅游,是嘉兴市目前知名度最高、游客量最大、旅游收入最多的旅游产品,在嘉兴市现状的旅游产品体系中占据主导地位。观光旅游是嘉兴市传统的旅游产品,以风景名胜观光旅游为主,代表性景区包括海宁钱江潮旅游区、海盐南北湖风景旅游区等。嘉兴南湖景区是全国著名的红色旅游区,被列入全国重点发展的 12 个红色旅游区、30 条红色旅游线路、100 个红色旅游经典景区、全国百个爱国主义教育示范基地之中。嘉兴市的农业旅游产品以农业园区为主。

3. 旅游发展的空间结构现状

从嘉兴市旅游发展的格局来看,基本形成了"一心六区"的空间结构。其中,一个中心是指嘉兴市区,基本发展成为旅游交通枢纽和综合服务中心,吃、住、行、游、购、娱等旅游要素比较完善;六区包括:南湖旅游区、海宁盐官观潮旅游区、海盐南北湖旅游区、乌镇古镇旅游区、西塘古镇旅游区、平湖九龙山滨海旅游区。

二、旅游发展条件与潜力

1. 旅游发展条件

(1) 区位交通优越

嘉兴在长三角区域旅游格局中具有极其优越的区位交通。嘉兴市位于沪、苏、浙三省(市)交界处,与上海、杭州、苏州等大城市均在1小时车程以内。随着"三横三纵三连三桥"高速公路网的建成和杭州湾跨海大桥、嘉绍通道、嘉兴至萧山通道等重大路桥工程建设完工,嘉兴将成为长江三角洲大十字交通网络的中心节点。而上海—嘉兴城际列车和沪杭磁悬浮铁路的建设,将使嘉兴与上海、杭州的联系更加便捷紧密。

从区域旅游格局来看,嘉兴处于长三角地区的南北旅游主线(苏州、无锡、常州、湖州构成的环太湖旅游圈—浙江东部滨海旅游带)与东西旅游主线(上海都市旅游圈—杭州、千岛湖旅游区)的中心节点(图2-2-8)。

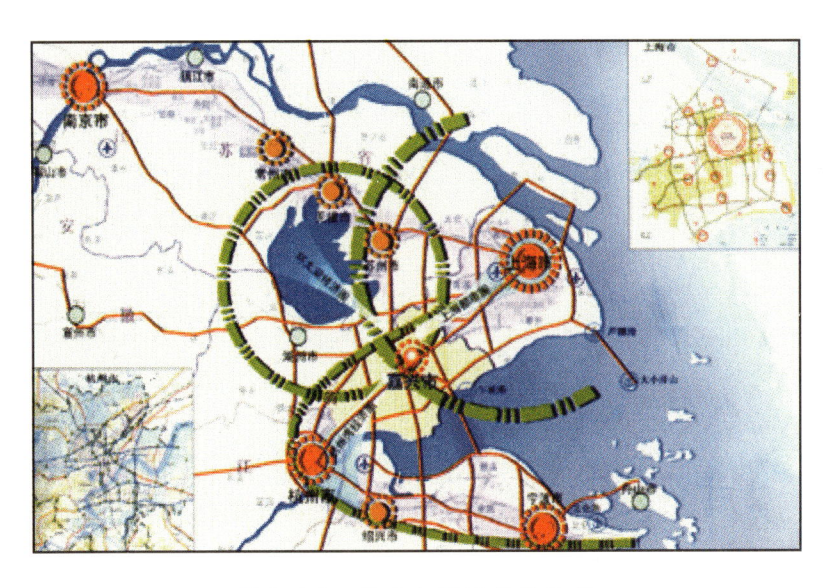

图 2-2-8 嘉兴市区域旅游格局

(2) 资源基础良好

根据旅游资源普查结果,嘉兴市旅游资源具有数量多、类型丰、品质优、分布广、组合好的特点。在空间分布上形成大分散与小集中相结合的格局。自然资源与人文资源交融共生。乌镇、西塘、南湖、钱江潮、盐官古镇、茅盾故居、南北湖等旅游资源在全国具有较大的知名度和影响力。

(3) 经济基础雄厚

嘉兴市综合竞争力进入全国200个地级以上城市前50强,各县(市)全部进入全国百强县前30强。

嘉兴良好的社会经济基础,为旅游业的发展奠定了扎实的基础。

(4) 区域旅游市场强大

嘉兴处于长三角城市群的中心地带。在嘉兴周边200公里范围内有上海、杭州、苏州、湖州、绍兴、宁波、舟山、无锡等大城市,拥有近6 000万城市人口(表2-2-7),客源市场规模大,出游能力强、旅游消费高,构成嘉兴旅游发展稳定而强大的客源市场。

表2-2-7 嘉兴市旅游发展的区域客源市场情况(2005年)

	城市	距离(公里)	人口(万人)	人均可支配收入(元)
相距100公里内	上海	96	1 700	18 600
	杭州	92	660	16 601
	苏州	76	606	16 300
	湖州	95	276	15 375
相距200公里内	无锡	130	453	16 005
	绍兴	135	435	17 516
	宁波	145	557	17 408
	舟山	195	97	15 524
	嘉兴	—	334	16 189

2. 旅游发展潜力

(1) 特色产业与产品的旅游利用

嘉兴特色产业发展良好,形成了以纺织、服装、皮革、造纸和纸制品、木业家具、金属加工及制品等为代表的传统优势产业。嘉善的木业、平湖的服装业、海宁的皮革业、桐乡和秀洲区的羊毛衫业、秀洲区的丝织业等在全国范围内均具有比较突出的特色和实力。中国皮革城、濮院、洪合羊毛衫市场、中国茧丝绸市场等专业交易市场是全国著名的商品交易市场。优势突出的特色产业与产品,为嘉兴市发展相关的商务、购物旅游提供了良好的基础。

(2) 传统观光旅游景区的提升

嘉兴市目前的南湖、南北湖、盐官观潮、西塘、乌镇等主要的旅游景区,主要是以传统的观光旅游为主。由于具备良好的资源基础和市场条件,在下一步的发展中这些景区均有进一步深化发展、提升综合效益的巨大潜力。

(3) 历史文化的提炼与挖掘

嘉兴是历史文化名城,已有1 700多年历史,具有比较深厚的历史文化底蕴。拥有国家级重点文物保护单位8处,省级重点文物保护单位16处,乌镇、西塘被正式列入世界文化遗产预备名单。丰富的历史文化积淀,为嘉兴旅游产品的深度开发与提升提供了潜力。

(4) 长三角作为国际旅游目的地的品牌号召力

长三角地区已经成为中国最重要的国际旅游目的地之一,对于入境旅游市场具有强大的品牌号召力。嘉兴作为长三角区域城市群的中心地区,在长三角整体品牌的带动下具有进一步提升海外入境市场的潜力。

3. 主要问题解析

(1) 旅游目的地地位尚未确立

从嘉兴市的发展态势来看,近几年游客量增长迅速,旅游发展已经具备良好的基础。但是,目前嘉兴市面临的重要问题是接待游客多为过境者,旅游目的地的地位仍未确立。与区域内发展成熟的著名旅游地(如上海、杭州、宁波、苏州、无锡)相比,中心城市的旅游功能仍然有待强化,核心旅游景区的综合吸引力尚有一定差距。

随着杭州湾大桥、长三角城际轨道交通、沪杭磁悬浮铁路等区域重大基础设施的建成,长三角区域旅游格局必将进行重组。作为区域交通网络的中心,嘉兴交通条件的进一步改善,强化了区域旅游交通组织节点的地位,但是同时长三角区域内大尺度的旅游联系更加便捷,嘉兴市的旅游发展面临着区域内更加激烈的竞争,具有被进一步边缘化,进而成为过境地的威胁。在长三角区域新的旅游体系和空间格局中,嘉兴如何抓住机遇,充分发挥自身的优势,提升旅游综合竞争力,确立旅游目的地的地位,这是嘉兴旅游发展需要解决的首要问题。

(2) 旅游综合效益不高

从旅游接待量来看,近五年来嘉兴市的增长速度在浙江省内位居前列。然而,旅游综合经济效益却相对滞后(与省内其他城市比),尤其是入境旅游呈现出总量快速上升、经济效益逐年下降的不佳趋势。

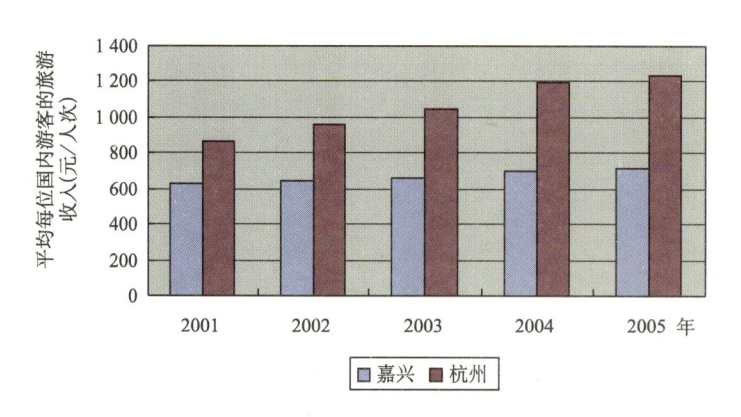

图 2-2-9　嘉兴、杭州国内旅游效益比较

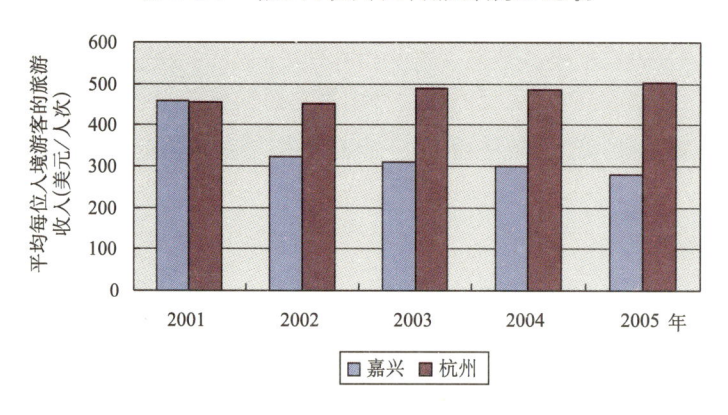

图 2-2-10　嘉兴、杭州入境旅游效益比较

以杭州为例,对比分析嘉兴市近五年来的旅游综合效益。从图 2-2-9 可以看出,嘉兴市平均每位国内游客的旅游收入增长非常缓慢,与杭州的差距在逐年拉大。从图 2-2-10 可以看出,2001~2005 年,

嘉兴市平均每位入境游客的旅游收入降低了180美元,而同期杭州却增长了50美元,两者之间的差距在显著扩大。2005年嘉兴市平均每位入境游客的旅游收入比杭州低220美元。

嘉兴旅游业如何提升综合经济效益,充分发挥旅游产业的带动引导作用,做大做强旅游业,成为嘉兴旅游业发展的关键问题。

(3) 文化旅游资源利用难度较大

从嘉兴市的旅游资源条件来看,以名人文化及名人故居遗存为主的文化资源比较突出,但是丰富的文化资源(尤其是非物质性的历史文化资源)如何真正转化为富有市场吸引力的旅游产品,如何产生良好的旅游产业效益,尚存在比较大的实际困难。

(4) 旅游产品结构单一,主打产品竞争激烈

从目前嘉兴市的旅游产品结构来看,基本上是以传统的观光型产品为主,休闲度假型旅游产品相对缺乏。旅游停留时间相对较短,景区的重游率比较低。

从目前的主打产品古镇来说,虽然乌镇、西塘近年来的发展取得了良好的成绩,但是古镇型旅游产品正面临着日益激烈的区域替代性竞争。根据不完全统计,目前上海、江苏、浙江地区陆续开发开放的古镇型旅游景区已经达到数十个,不仅包括周庄、同里等高知名度、高游客量的较早开发的古镇,更有近年来发展势头迅猛的朱家角、木渎、柯桥、南浔等古镇。如果嘉兴市的古镇旅游产品不主动进行内涵提升、产品升级和特色化营造,则有可能面临停滞不前甚至滑坡的危险。

(5) 中心城市的形象品牌不突出,旅游服务功能相对欠缺

与区域内发展成熟的著名旅游地(如上海、杭州、宁波、苏州、无锡)相比,嘉兴的城市形象与主题特色不鲜明,尚没有在目标客源市场上形成富有号召力和知名度的整体品牌。

目前,嘉兴市中心城区的交通功能与接待设施基本完备,但是从旅游发展的角度来看,作为长三角区域旅游交通的重要节点,一方面,嘉兴市对于区域旅游的交通组织、集散、咨询与信息服务的功能和设施配置仍然有一定的差距;另一方面,嘉兴中心城区的休闲娱乐功能相对欠缺,中心城区的综合吸引力不强。

(6) 旅游空间布局不合理,区域协作不够

从嘉兴目前的旅游空间格局来看,虽然基本形成了"一心六区"的空间结构,但是各分区基本上是依托旅游资源、点状分散开发,各分区之间缺乏主题整合和空间组织,嘉兴市与周边地区更没有从长三角区域交通和旅游网络体系出发,进行区域协作和良性互动。

三、旅游发展目标与方向

1. 旅游发展目标

长三角休闲旅游目的地;长三角区域旅游组织与集散中心;浙江省旅游经济强市;嘉兴市国民经济的支柱产业。

2. 旅游发展方向

- 从传统观光产品为主导向休闲度假产品发展;
- 充分利用区位、交通和产业优势,发展商贸、购物旅游;

- 发展以主题公园为代表的现代休闲娱乐产品。

四、旅游发展主要思路

1. 旅游产业优化发展的途径

嘉兴旅游业的发展,应该从数量扩张转化到以综合效益为先导,以提升旅游综合效益、确立旅游业的支柱产业和服务业龙头产业地位为战略目标。

从旅游产业发展的思路来说,最主要的是充分利用区位、交通、产业优势,发展以资源和市场为双重导向的旅游产品体系。

(1) 挖掘和整合资源,形成具有地域特色和市场竞争力的旅游吸引物体系

整合各类优势旅游资源,主要是依托休闲度假地域和古镇古村落载体,整合物质文化和非物质文化资源,并与自然资源和环境有机整合;依托于商业服务地域整合各类社会经济资源和特色文化资源,进行旅游要素和旅游吸引物的地域集聚。重点挖掘利用以下四类旅游资源:非物质文化资源的合理化、高效益的旅游开发;以特色产业为代表的社会、经济、文化资源的旅游利用;沿钱塘江北岸的休闲度假资源环境的保护性旅游利用;以南湖为核心的红色旅游资源的保护和开发。

(2) 实现旅游要素的特色化

充分利用嘉兴的产业优势和发展条件,突出提升购物、娱乐功能和配套相应设施,实现旅游要素的特色化。

(3) 融合社会经济要素,延伸旅游产业链

通过旅游与文化、娱乐、特色产业等的融合联动,延伸旅游产业链,丰富游览体验,拉动旅游消费,实现旅游发展与地方文化、城市建设、特色产业的融合共生发展。

(4) 旅游产业布局的合理化

切实改善旅游产业的分散化、小规模经营局面,以大嘉兴旅游网络和长三角城市群、长三角快速公路网为骨架进行整体经营和资源共享,对旅游产业要素的空间布局进行优化配置。引导嘉兴旅游空间发展方向从内陆地区向杭州湾沿岸滨海地带发展,从资源依托型的据点式分散开发向轴带式、网络化的旅游产业带发展,从接轨上海向融入上海都市旅游圈发展。

2. 旅游产品体系调整

(1) 旅游产品体系结构

根据前文的分析,嘉兴市应构建由四大核心旅游产品、三大辅助旅游产品构成的旅游产品体系。

四大核心旅游产品包括:红色旅游、休闲度假(古镇休闲、海滨休闲度假)、商务购物旅游产品、主题公园与休闲旅游社区。

三大辅助旅游产品包括:节庆会展旅游产品、农业观光旅游产品、湿地生态旅游产品。

(2) 旅游产品的提升与转型

- 古镇休闲旅游

对于目前发展比较成熟的乌镇、西塘古镇,应进一步挖掘和提炼文化特色与内涵,尤其是非物质文化的旅游利用,并结合景区扩建改造工程加强休闲度假设施和功能,逐步实现古镇观光向休闲度假的转

变,形成观光、休闲、度假、居住于一体的富有地方文化底蕴的特色旅游区,从而在日益激烈的区域竞争中取得优势。

此外,应适当选择发展潜力良好的古镇,如盐官古镇等,突出其文化特色,形成差异化发展,通过独特的市场卖点,成为古镇旅游的新增长点。

- 红色旅游

对于以南湖为核心的红色旅游的发展应结合地方文化和休闲旅游,打造延伸性的文化与休闲旅游产品和项目,并进一步加强市场营销。

- 滨海休闲度假

在嘉兴市环杭州湾北岸的滨海地带,山丘环绕滨海而立,自然景观和生态环境良好,具备发展滨海休闲度假的基础条件。应进一步完善南北湖风景区的旅游休闲功能与设施,实现从传统风景游览向海滨休闲旅游的提升。建设九龙山旅游度假区,发展成为杭州湾北岸的高档海滨休闲度假区。通过核心旅游景区的规划建设,依托沿海旅游资源与环境条件,沿公路交通逐步构建嘉兴市环杭州湾北岸的滨海休闲度假带,并纳入上海、杭州、宁波、绍兴、舟山等环杭州湾区域的大旅游体系中。

- 都市型农业旅游

从总体来看,嘉兴市的休闲农业仍然处于分散的、独家独户的发展形式。此外,由于城镇化与工业化进展非常迅猛,传统上的江南水乡、田园农业的完整景观已经很难看到,而以现代农业产业带、现代农业园区和效益农业示范区为特色的现代化农业产业格局基本形成。

引导高效化、规模化、休闲化、高科技的都市型休闲农业发展,重点建设一批高科技农业示范园、现代化观光休闲农业园等项目,不仅成为高速城镇化地区生态环境的重要组成部分,而且成为富有吸引力的现代都市农业旅游产品。

- 节庆会展旅游

基于特色优势产业的专业性会展:充分发挥嘉兴在皮革、毛纺、服装、木业、小家电等产业的优势地位和影响力,发展专业性的会展,并提高其知名度和影响力,形成专业化的市场品牌,与上海、杭州等地形成差异化竞争。

旅游节庆:打造中国江南古镇国际文化旅游节。以嘉善·古镇西塘国际文化旅游节、中国嘉兴南湖船文化节为基础,进一步加强地方文化特色,并把乌镇、盐官等古镇纳入节庆范围,提高其知名度和影响力;举办国际钱江观潮旅游节。重点完善海宁盐官的旅游接待服务设施,加强市场营销和推广力度,特别是重点开拓入境旅游市场;组织嘉兴都市农业旅游节。以现有乡村节庆为基础,结合高科技高效的都市型农业,发展独具特色的都市农业旅游节。

(3) 旅游产品的创新

- 商务购物旅游产品

特色购物旅游:嘉兴市特色产业优势突出,经济活力强劲,具备发展商务购物旅游的良好条件。截至 2005 年 12 月底,全市共有商品交易市场 326 个(表 2-2-8),年成交额 620 亿元。年成交额超 10 亿元的交易市场有九个,超 100 亿元的有两个。海宁中国皮革城、中国茧丝绸交易市场被授予省重点市场;濮院羊毛衫市场、海宁家纺装饰城等六个市场被授予省区域性重点市场。海宁中国皮革城、嘉兴中国茧丝绸交易市场等八个市场被授予省百强市场。充分发挥嘉兴传统工业与专业市场的优势,统一包装、统一营销,以嘉兴当地特色产品为核心打造商务购物旅游产品。

表 2-2-8 嘉兴市主要专业市场

分级	名称	发展目标
面向全国的大型专业市场	海宁中国皮革城	国际性的皮革制品集散中心
	中国茧丝绸交易市场	世界最大的茧丝绸交易市场之一
	濮院·洪合羊毛衫市场	全国最大的羊毛衫集散中心,同时具备较强的国际市场辐射功能
	海宁中国家纺装饰城	国际化家纺产品交易中心、展示中心和信息中心
辐射长三角的大型专业市场	嘉兴综合物流园	设施齐全、功能完善、管理规范的嘉兴综合物流园
	嘉善华东建材市场	华东地区具有一定知名度的区域性建材市场
	嘉兴钢材市场	长三角内区域性重点钢材市场
	王店·中国小家电城	长三角地区有一定影响力的小家电市场
	平湖国际服装贸易中心	国际化服装贸易中心
	海宁经编市场	集生产中心、研发中心、展示中心、信息中心于一体的,辐射长三角的经编专业市场
	嘉兴文体用品市场	长三角地区具有较大影响力的文体用品专业市场
	嘉兴大宗物资交易市场	长三角地区具有较强辐射力的煤炭等大宗物资交易市场
服务本地的专业市场	嘉兴汽车商贸园	长三角地区影响较大的汽车营销服务园区
	嘉兴·中国纺织城	嘉兴纺织产业发展的工贸互动的商务平台
	嘉善商城	区域性副食品、小商品配送中心

商务酒店集群:适当建设一批商务酒店,引导单体酒店的运营向主题酒店群的规模化经营转变,以切合区域对于高档商务酒店的强劲市场需求,进一步提升综合经济效益。

- 主题公园与休闲旅游社区

从长三角地区旅游市场及产品开发的特点与趋势来看,富有地方文化内涵、参与性较强、服务设施完善的主题公园,以及依托主题公园形成的融居住、观光、休闲、度假等功能为一体的休闲旅游社区,已经成为受到市场欢迎、开发比较成功的新兴旅游产品。

对于嘉兴旅游业的发展而言,争取一流主题公园(如迪斯尼乐园、环球影城、华侨城欢乐谷、华强方特主题公园等)落户嘉兴,将是嘉兴市旅游发展的重大机遇。

根据主题公园的布局影响因素,本次规划从客源市场条件、交通条件、区域经济发展水平、城市旅游感知形象、空间集聚及竞争、决策者行为六个方面,对嘉兴市发展主题公园的可行性进行初步评估(表2-2-9)。

表 2-2-9 嘉兴市建设主题公园的初步评估

因素		基本条件	评估结论
客源市场条件	一级客源市场	嘉兴、上海、杭州、苏州、湖州、宁波、绍兴	优秀
	二级客源市场	长江三角洲其他地区	
	三级客源市场	国内其他地区、入境市场	

续表

因素		基本条件	评估结论
交通条件	航空	距上海浦东国际机场、上海虹桥机场、杭州萧山国际机场均为1小时车程	优秀
	公路	"三横三纵三连三桥"的高速公路网	
	铁路	沪杭磁悬浮、沪杭铁路	
区域经济发展水平	人均GDP	长江三角洲人均GDP已经超过4 000美元	优秀
	人均可支配收入	上海、杭州、宁波、苏州、绍兴、嘉兴等城市人均可支配收入均超过16 000元	
城市旅游感知形象	形象口号	经典嘉兴,文化休闲	一般
	市场认知度	市场认知程度不高,弱于上海、杭州、苏州、宁波	
空间集聚及竞争	周边区域主题公园竞争态势	杭州宋城景区、杭州乐园、杭州未来世界游乐公园、苏州乐园、宁波凤凰山主题乐园、绍兴鲁镇景区、上海欢乐谷主题公园	良好
决策者行为	土地成本	相比周边的上海、杭州、苏州具有显著的比较优势	良好
	政策支持	政府的重视、政策的配套	
综合条件			优秀

从以上的评估结果可以看出,嘉兴市发展主题公园的综合条件优越。同时为了应对区域主题公园的市场竞争,应结合嘉兴的实际情况,发展以现代娱乐体验为核心、富有地方文化特色的主题公园及休闲旅游社区。

- 湿地生态旅游

在嘉兴境内,以湘家荡、汾湖、大云、涟泗荡为代表的湖荡湿地,是典型的江南水乡景观、环境,具备发展生态旅游的良好条件。以湿地为依托,以湿地生态环境保护为前提,大力发展生态观光、生态科普、生态休闲、生态度假等系列生态旅游产品。

3. 旅游发展空间结构优化

在长三角大区域旅游交通格局下,根据嘉兴的旅游产品体系与发展方向,结合嘉兴市域的空间总体框架,嘉兴的旅游发展空间结构确立为"一带三区三线"。其中"一带"为杭州湾北岸休闲度假旅游带;"三区"为中心城区主题城市旅游区、乌镇文化休闲旅游区、西塘水乡风情旅游区;三条特色旅游线为商贸购物旅游线、农业观光旅游线、名人文化旅游线。"一带三区三线"的旅游定位与主要功能如表2-2-10所示。

表2-2-10 嘉兴市旅游空间结构规划

	地域	空间范围	发展定位与功能
一带	杭州湾北岸休闲度假旅游带	嘉兴市平湖、海盐、海宁沿杭州湾区域,包括九龙山旅游度假区、南北湖风景名胜区、杭州湾尖山休闲园、盐官观潮景区等	面向长三角市场的海滨度假、风景游赏、休闲娱乐旅游地域

续表

	地域	空间范围	发展定位与功能
三区	中心城区主题城市旅游区	嘉兴中心市区	区域旅游组织与集散中心,全国红色旅游基地
	乌镇文化休闲旅游区	乌镇古镇及周边地区	以古镇休闲度假为方向
	西塘古镇水乡风情旅游区	西塘古镇及周边水乡景观地域	发展古镇休闲旅游、湿地生态旅游、农业观光旅游等
三线	商贸购物旅游线	嘉兴市域沿沪杭高速公路、沪杭磁悬浮线路的周边区域,包括海宁中国皮革城、中国茧丝绸交易市场、濮院·洪合羊毛衫市场、海宁中国家纺装饰城,规划中的商务酒店群、主题公园及休闲旅游社区	长三角地区以大型专业批发市场购物、商务酒店群、主题公园及休闲旅游社区为核心的特色旅游线
	农业观光旅游线	市域北部,包括嘉兴高科技农业示范园区、汾湖、湘家荡等	代表嘉兴最典型的江南水乡农业生态,发展观光农业旅游、湿地生态旅游、高科技高效农业旅游等
	名人文化旅游线	市域西部、南部,以乌镇古镇、京杭古运河石门景区、盐官景区为核心	充分挖掘和提炼非物质文化,发展古镇观光休闲、历史文化观光和特色休闲旅游

4. 中心城市旅游服务功能建设

(1) 构建基于城市功能与文化的专业化旅游休闲街区

· 城市休闲购物商业区(RBD)

结合由中山路、勤俭路、禾兴中路和建国中路所形成的"井"字形市级商业核心区块,加强休闲购物商业街区的商贸业态调整、完善和提升,强化休闲、娱乐功能,建设成为集购物、休闲、餐饮、娱乐为一体的嘉兴市区最具代表性和吸引力的休闲购物商业区。

· 梅湾古街文化休闲旅游区

以南湖风景区西南湖区域的梅湾街为基础,引进以体现历史文化特色的旅游休闲店铺,配套设置富有文化特色的茶室、餐厅、书场等,建设成为嘉兴市最具历史人文特色的文化休闲旅游区。

· 中基路历史风情休闲街

突出中基路的江南民居特色,以老字号、文化类店铺为核心,通过设置古玩、古董、字画、工艺品专业店、老字号特色店,将嘉兴复兴汤团店、陆稿荐酱鸭店、鸳鸯酒楼、正春和布店等原有老字号特色店引入中基路,建设成为体现嘉兴传统风貌的历史风情休闲街。

· 斜西都市时尚休闲街区

根据街区现状的功能构成,进一步强化茶吧、书吧、西餐厅、酒吧、咖啡吧、休闲吧、健身俱乐部等设施,建设成为高品位、休闲化的都市时尚休闲街区。

· 府南花鸟工艺品街区

合理利用子城、天主教堂等历史文化遗产,设置花店、邮品、钱币、工艺品、礼品、饰品等店铺,配套一定的餐饮休闲设施,形成以花鸟工艺品为核心特色的商业街区。

(2) 城市旅游集散功能的建设

从区域旅游格局来看,嘉兴市区的旅游集散功能不仅要辐射整个市域,更要发挥嘉兴市位于长三角地区的南北旅游主线与东西旅游主线的中心节点的作用。因此建立起一个以嘉兴市区为中心的放射状旅游集散网络体系是嘉兴旅游发展的关键所在。对于嘉兴市区旅游集散的功能定位,不能仅仅局限于嘉兴市域层面,而应着眼于嘉兴市旅游发展的区域层面来考虑,从长三角区域旅游组织集散中心的高度来要求功能和设施配置。

具体来说,主要包括以下几个方面:

- 建设嘉兴旅游集散中心,使之成为嘉兴旅游的集散中转枢纽、信息咨询中心。在旅游信息服务和旅游线路组织中,应面向整个长江三角洲区域。
- 实现区域机场(上海浦东、虹桥机场,杭州萧山机场)、铁路(沪杭线)、公路、轨道交通(沪杭磁悬浮)、城市内部交通的高效、便捷、舒适的联系与换乘。
- 面向游客配套建设住宿、餐饮、休闲、娱乐等旅游服务设施,尤其是针对快速增长的区域自驾车游客提供完善服务,打造长三角区域的自驾车旅游服务基地。

(3) 强化城市的特色旅游要素

- 特色餐饮

推出具有嘉兴特色的地方名肴和特色小吃,包括五芳斋粽子、平湖糟蛋、平湖蜂蜜、荷叶粉蒸肉、八珍糕、雪里蕻等。

- 特色休闲娱乐

结合嘉兴市的非物质文化,发展地方特色的休闲娱乐,主要包括:皮影戏、灯彩、滚灯、骚子书、钹子书、田歌、滩簧、三跳、庙会、马灯等文化艺术活动。

- 特色交通

开展古运河水上观光游览,结合沿岸的休闲娱乐设施,发展休闲旅游。

- 特色购物

推出反映嘉兴地方文化特色的手工艺品,地方土特产品,皮革、丝绸、羊毛衫、小家电等三大类旅游商品。

(4) 建设面向旅游者的城市标识与交通系统

实现机场、铁路、公路、轨道交通、城市内部交通的有效联系与换乘。建设人性化的、与旅游者需求相适应的城市旅游标识和信息服务系统。

五、旅游发展措施

1. 旅游产业政策措施

(1) 加快制定和完善促进旅游发展与管理的政策体系

政府真正树立"大旅游、大产业"的发展观念,将旅游业作为第三产业的龙头产业来培育,增加对于旅游产业发展的财政投入和专项资金安排。在旅游产业发展中,财政、银行、城建、电力、交通、水利、农业等部门要全力配合旅游业的发展,城乡建设、优势产业、特色市场的发展建设应与旅游业发展相结合,实现产业间的延伸发展、产业规模的壮大、综合效益的提高。

政府应执行国家相关的规范标准,并借鉴国内外的旅游管理办法,结合本地实际情况,加快制定和完善旅游发展与管理的政策体系。

(2) 建设和完善旅游产业体系,加快培育旅游市场主体

深化旅游企业改革,加快培育旅游市场主体。一方面,以市场为导向,以资本为纽带,组建和强化大型旅游企业集团,进一步提高资本运营能力和综合开发能力;另一方面,鼓励和培育中小旅游企业突出自身特色,向经营专业化、市场专门化、服务细微化方向发展。

进一步完善旅游要素体系。根据旅游发展要求,进一步完善旅游要素和设施配套,并根据规划要求进行科学合理的功能布局和优化配置。

提升旅游行业服务质量。进一步改善旅游解说系统,完善旅游标识、游客集散中心,在全行业内加强行业监管和服务质量宣传,切实提高旅游景区、饭店、餐饮、交通等行业的服务质量。

(3) 加强旅游人才的培养和队伍建设

通过联合办学建立旅游人才的培养机制。在嘉兴学院设立旅游管理专业,并加强中等专业技术学校和职业高中的旅游职业教育。

完善旅游从业人员的培训和考核认证机制。抓好旅游企业职工和中高层管理人员的分级培训,完善对导游、解说员的认证考核制度。

2. 旅游市场推广措施

从传统的政府主导媒体形象营销转向多渠道、多体制、多方式的直接整合营销,扩大品牌效应和影响力。

推出"大嘉兴"旅游形象,以"融入长三角,接轨大上海"为目标,采取联合市场营销方式,实施"区域联动、资源整合、优势互补、共同发展"的市场营销策略,深度开发华东客源市场。

针对中国港澳台地区、日本、韩国以及东南亚客源市场推介文化观光和休闲旅游产品。努力与长江三角洲地区的15个城市形成真正的旅游区域联动,打造"无障碍"旅游区。充分利用旅游节庆、旅游交易会、世博会、奥运会等,进行针对性的市场营销和产品推广。

第五章　湖州市旅游发展规划指引

一、现状概述

湖州市地处浙江北部太湖南岸，地域总面积5 817平方公里，2005年年末市域人口257.58万。全市辖德清、长兴、安吉三县和吴兴、南浔两个市辖区。

1. 旅游产业现状规模

湖州市旅游产业规模，尤其是国内旅游近年来增长较快（表2-2-11）。2006年，湖州市接待国内外游客总量达到1 302万人次，旅游总收入达到78.9亿元。但是，在浙江省11个地市的旅游产业经济规模比较中，湖州市当前尚处于中等偏下的位置。在旅游收入规模和入境旅游方面与第一阶梯的杭州、宁波相距甚远，与第二阶梯的温州、嘉兴、金华、绍兴也存在较大差距。

表2-2-11　2000～2006年湖州市旅游产业经济规模变化

年份	国内旅游者人数（万人次）	入境旅游者人数（万人次）	国内旅游收入（亿元人民币）	旅游外汇收入（万美元）
2000	350	1.25	22.07	626
2001	530.01	2.13	32.55	949
2002	787.60	4.16	44.89	1 413.48
2003	704.4	4.76	40.15	1 415
2004	850.94	8.05	48.49	3 131
2005	1 078.4	10.21	62.6	3 688
2006	1 288.27	13.91	—	—

资料来源：《湖州市旅游发展规划》、《2005浙江省旅游概览》。

在旅游设施建设方面，湖州市旅游业各要素发展迅速。据统计，到2005年年底，湖州市共有旅行社40家、星级饭店54家。但从全省范围看，湖州市星级饭店数量规模在全省比较依然处于中等偏下位置，高星级（三星级以上）饭店相对缺乏（表2-2-12）。

表2-2-12　浙江省各市旅游星级饭店数量统计　　　　　　　　　　　　　　单位：家

地市	星级饭店总量	五星级	四星级	三星级	二星级	一星级
杭州	230	9	25	79	111	6
宁波	178	4	14	41	99	20
温州	73	0	9	38	23	3
嘉兴	61	0	5	26	24	6

续表

地市	星级饭店总量	五星级	四星级	三星级	二星级	一星级
金华	104	0	11	23	61	9
绍兴	82	3	5	33	34	7
台州	72	0	8	15	42	7
湖州	54	0	3	13	33	5
舟山	61	0	3	14	43	1
丽水	47	0	1	9	24	13
衢州	40	0	4	9	20	7

资料来源：《2005浙江省旅游概览》。

自20世纪90年代中期以来，湖州市旅游景区景点建设步入了快速发展的轨道。截至2004年年底已投入运营的旅游区（点）约45处。

经过多年的发展，湖州逐步形成了"山水清远，生态湖州"旅游主题形象，拥有多项旅游品牌，推出名城古镇游、古镇名城名山游、竹海古镇游、竹海名山游、浙北古生态游、南太湖度假游等多条旅游线路。

2. 旅游产品结构现状

湖州市围绕"太湖、竹乡、名山、湿地、古镇、古生态"六大旅游品牌，旅游产业规模不断扩大，产品档次逐步提升，旅游产品结构已开始由过去单一的观光型、度假型产品向观光、休闲、度假、文化、生态、修学、体验等多元化旅游产品转变，形成太湖风情、古镇风貌、竹乡风光、名山湿地、生态古迹五个产品系列。

湖州市当前的旅游产品结构尚不尽合理，休闲型、度假型、娱乐型、参与型的旅游产品相对短缺，旅游产品推陈出新的力度还不够。且湖州市旅游产品开发与省内其他地市及环太湖其他地区相比，产品开发的数量、规模、档次和市场影响方面均相对滞后，与优越的区位条件和丰富的资源禀赋并不相称。

3. 旅游发展的空间结构现状

从全市范围来看，其旅游产业发展现状表现为依山傍水、聚城汇市的特点，集中分布于莫干山区、龙王山区等以名山为核心的区域和环太湖、苕溪、运河沿线，以及湖州、南浔、雉城、递铺、武康等区域中心城镇，在空间结构上集中分布于南太湖休闲度假旅游带和东/西苕溪生态观光旅游带。

二、旅游发展条件与潜力

1. 旅游发展条件

（1）资源条件

湖州境内各种自然要素的巧妙配合及其所具有的美学观赏性、垂直地带性、地域多样性和季节变化性的特色，构成了可被开发利用的旅游资源。湖州市旅游资源特点鲜明，主要集中表现为四个类型，环太湖休闲度假旅游资源、浙北山地生态资源、京杭运河文化旅游资源和乡村旅游资源，此四类旅游资源与湖州重点客源市场需求具有很好的吻合性。

(2) 市场条件

自 1995 年开始，湖州的国内旅游人数、入境旅游人数、国内旅游收入、旅游创汇四个指标均呈现逐年递增趋势。国内客源和海外客源两大市场皆持续增长。

根据湖州市 2004 年的国内游客调查统计，在国内客源构成中，与湖州有明显的地缘接近性的浙江本地和上海、江苏游客为主要客源，上述三大客源地总计占了湖州客源总数的 75%。随着湖州知名度的逐年提升，安徽、广东、山东等地的游客也开始上升，这三地的游客数量约占湖州客源总数的 10%。长三角市场是湖州旅游最主要的客源市场，长三角地区，尤其是城市居民的高出游率以及湖州旅游产品与长三角其他旅游目的地的差异性，奠定了湖州旅游市场条件的基础。湖州入境旅游规模较小，2005 年入境旅游者约为 10 万人次，占全市游客总量的不到 1%，开拓空间还十分巨大。前十位客源国为日本、韩国、马来西亚、美国、新加坡、泰国、德国、法国、意大利和加拿大，台湾和港澳地区的入境旅游者数量占入境旅游者总量的 50%～60%。

2. 旅游发展潜力

湖州旅游突出的发展潜力在于苏浙皖交界和近沪经济走廊的良好区位条件，以及具有旅游开发潜力的良好生态环境。

(1) 区位优势

湖州位于长江三角洲中心腹地，与沪、宁、杭、苏、锡、常等大中城市相距均在 200 公里以内（湖州市距杭州 75 公里、上海 160 公里），位于两个小时车程以内，国内多条黄金旅游线在此交接，吸收周边黄金旅游景区景点客源辐射的能力很强。湖州处于几个主要的客源市场的近郊区（上海、杭州、苏州、无锡），是长三角主要旅游资源地域的交汇点，从区位条件上看具有成为长三角旅游功能组织区的基础。

交通区位方面，湖州境内以公路、水运交通为主的基础设施较为优越，游客可进入性较好。随着外部交通的改善，尤其是高速公路网的建设，为湖州休闲、旅游产业的进一步振兴提供了良好契机。湖州的 1 小时交通圈将逐步包括上海、杭州、苏州、无锡、宣城，由此将变潜在的客源市场为现实的客源市场。

(2) 生态优势

湖州市"山水清远"，风光秀美，具备优良而多样的生态旅游环境条件，在长三角地区独树一帜。湖州森林生态、水文生态良好，森林植被覆盖率较高，水网密布，全市江河水体水质基本良好，空气质量总体良好，达到国际二级标准。由于良好的生态环境和适宜的气候特征，湖州市具有舒适的避暑消夏条件和特色休疗养环境。

湖州不仅有秀美的太湖景色、清远的山水风光，而且山、水、城相互交融，形成了极佳的生态人居环境。湖州是环太湖及长三角地区生态环境质量最具魅力的城市，发展生态旅游比地处平原地区的上海和江苏省的其他地市具有得天独厚的比较优势。

3. 主要问题解析

(1) 旅游资源的产品化程度不够

湖州的旅游资源中具有相对比较优势和特色的是山地生态、太湖，以丝茶为代表的高品位非物质文化资源，但是从目前的旅游开发来看，这些相对优势资源的产品转化程度比较低，开发利用的层次比较粗浅，旅游综合效益不高。

(2) 旅游发展思路不够清晰

湖州旅游发展的最主要的优势在于江南文化意境体验的山水与文化、物质文化与非物质文化的高度融合。如何围绕这些核心优势进行资源整合、产品与品牌建设，是旅游发展中需要解决的重要问题。

(3) 不注重传统旅游品牌的继承与营销以及新品牌的打造

近些年来，湖州传统上具有全国性知名度和影响力的莫干山、丝茶、古运河等优势品牌的市场营销和品牌建设明显滞后，在现代旅游冲击下特色逐渐淡化，区域知名度和影响力相对下降。同时，适应现代旅游市场需求趋势的休闲度假产品、特色文化旅游产品等新型旅游产品缺乏，新品牌建设停滞不前，难有实际建树。全市缺乏重大的、有带动力的精品旅游项目。

(4) 总体旅游环境仍然有待改善

湖州旅游发展的软环境、硬环境均需要进一步改善。部分地区的交通设施落后于旅游景点的建设，景区之间交通联系较差；城市和主要旅游区(点)之间的引导、组织系统不完善；第三产业比重较低，服务不足或服务短缺导致旅游业综合经济效益低下；在旅游形象、语言环境、标识指南、执法管理、好客度等方面，尚未形成以游客为中心的理念，与成熟旅游目的地城市相比存在较大差距。

(5) 中心城区经济实力不强，旅游服务功能较弱

由于中心城区旅游发展滞后，全市旅游缺乏核心驱动，使得各区县旅游资源和旅游线路无法得到有效整合，中心城区作为旅游综合服务接待中心的地位和作用也无法得到充分发挥，在相当程度上削弱了湖州作为旅游目的地的整体吸引力和竞争力。

三、旅游发展目标与方向

1. 旅游发展目标

(1) 总体目标

长三角地区独具特色的生态旅游城市、休闲度假旅游目的地。基于湖州市旅游产业发展的巨大潜力、旅游业本身极强的关联带动作用，近期应将旅游业作为湖州市现代服务业和第三产业的龙头加以发展，发挥其对第三产业乃至整个服务业的拉动作用；中远期，把旅游业培育成国民经济中的支柱产业。

(2) 品牌目标

- 世界文化遗产——江南古镇群(包括湖州的南浔)；
- 国家级历史文化名城——湖州市；
- 中国最佳旅游城市——湖州市；
- 国家级旅游度假区——湖州太湖旅游度假区；
- 国家级风景名胜区——莫干山风景名胜区、顾渚山风景名胜区；
- 国家地质公园——长兴金钉子地质公园；
- 国家级乡村旅游示范区——安吉竹乡旅游区；
- 国家5A级旅游区——莫干山风景名胜区、南浔古镇旅游区、大竹海—天荒坪风景区。

2. 旅游发展方向

- 发挥丝、茶、竹、笔等文化资源和山水生态优势，以文化休闲、生态休闲、时尚休闲度假为发展方向；

- 深入挖掘和提升非物质文化资源，发展丝绸文化、太湖文化、蚕丝文化、茶文化、湖笔文化为核心的特色文化旅游产品；
- 利用良好的生态环境和自然文化景观组合优势，实现湖泊、名山、湿地、竹海、古生态等观光旅游产品的生态休闲化开发。

四、旅游发展主要思路

1. 旅游产业优化发展的途径

（1）加强山水系列旅游产品开发

充分认识湖州旅游资源特质和潜力市场需求趋势，依托太湖旅游度假区、莫干山、下渚湖、安吉竹海等，重点开发山水观光、山水文化与山水生态、山水休闲等产品。

（2）非物质文化的挖掘、载体地域的选择与展示，江南文化意境的营造与体验

重点挖掘丝绸文化、茶文化、竹文化、太湖文化等方面的文化内涵，整治、保护特色历史文化街区和特色街道，以江南意境为方向，将特色文化资源与其所依存的自然山水环境整体营造，实现江南文化意境的丰富体验。

（3）借道上海、杭州的国际旅游市场开拓

为适应全球经济一体化及国际旅游蓬勃发展的需要，改变目前湖州外向发展程度低的局面，必须加快湖州旅游的国际化步伐。湖州可依托优越区位优势，借助上海、杭州国际旅游目的地平台，以差异化产品、生态化环境和优质服务吸引、分流入境旅游者，提升湖州入境旅游的核心竞争力。

（4）旅游精品建设与特色品牌打造

依托优势旅游资源，以市场需求为导向，重点塑造四大品牌，即"太湖风光、浙北生态、竹乡风情、丝茶文化"。重点建设若干个精品旅游区、旅游品牌景区，塑造湖州旅游的"点线面"结合的旅游吸引物空间布局体系。

（5）积极推动杭嘉湖、环太湖旅游区域协作

杭州是浙江省的政治经济文化中心，是离湖州最近的省会城市（仅75公里）。嘉兴与湖州唇齿相依，且是由上海及苏南地区进入湖州的重要通道。湖州与杭州、嘉兴在旅游产品互补、节事互动、客源互送、联合营销等方面加强合作，打造"杭嘉湖旅游金三角"区域，提高整合优势。

太湖北侧的苏州、无锡、常州等地，城乡经济十分发达、人口密集、城市化水平高，是外商投资密集、民营经济活跃的区域，是国内旅游的热点地区。湖州要加强与苏州、无锡等地的环太湖资源整合、市场对接、游线互动、营销联合，打造长三角无障碍旅游区内的环太湖旅游重点协作区。

（6）重点提升湖州城市的旅游服务与组织集散功能，打造特色中心城市

提升完善湖州城市旅游六要素建设，强化城市的旅游服务支撑功能，增强湖州城市的旅游组织、集散、服务功能，按照"中国最佳旅游城市"的创建标准，进一步加快旅游基础与服务的软硬件建设。以南太湖旅游度假区为核心，以长三角特色生态城市为目标，推进特色商业街建设、历史文化街区建设、环城水上游线组织、江南水乡城市景观塑造，打造湖州旅游的特色中心城市。

2. 旅游产品体系调整

湖州市旅游产品体系调整方向为：依托湖州独有的生态环境和自然文化景观组合优势，尽快形成生态休闲、文化休闲、时尚休闲等多样化的旅游产品集群，着力打造长三角和环太湖地区极具魅力的休闲度假基地。

（1）休闲度假旅游产品

以南太湖休闲度假为核心项目，与苏州、无锡等北太湖城市形成差异化错位发展。在南太湖全力打造湖、山、城相互交融，集休闲康娱、生态度假、水上运动、商务会议、人居房产等功能于一体，低密度布局的生态度假社区。

大力发展以湖州众多的湖荡和水库为依托的滨水休闲度假以及以莫干山区良好的森林生态环境为依托的山地生态度假产品，积极发展适应海内外中高端休闲度假需求的旅游新产品。

（2）以丝茶非物质文化为特色的文化旅游产品

以湖州历史文化名城为核心，以南浔古镇为龙头，以丝、茶非物质文化为特色，整合挖掘湖州地域的蚕桑丝绸文化、茶源文化、湖笔文化、书画文化、湖渔文化、竹文化、影视文化、宗教文化、历史文化内涵，以水乡古镇、历史名城、民俗乡村、文物古迹等为载体，推动湖州文化旅游。

重点推出湖州古城、南浔古镇、新市古镇、织里古镇、含山蚕花圣地、笔都善琏、鱼都菱湖、桥镇双林、运河古村荻港、浮霞郡水乡人家等一批历史文化名城名镇旅游产品，以及顾渚茶山、安吉竹园、霞幕临济宗祖庭等文化旅游产品。

（3）生态旅游产品

生态旅游产品是湖州市重点推出的主导产品之一，分为山岳生态、湿地生态、古生态、人文生态四个系列。

山岳生态旅游产品以莫干山、龙王山、天荒坪、顾渚山、霞幕山、灵峰山为代表；湿地生态以太湖湿地、下渚湖湿地、黄浦江源、对河口水库为重点；古生态产品包括长兴金钉子地质公园、十里银杏长廊、中国鳄鱼村；人文生态产品包括竹乡生态游、水乡生态游等，形成集生态观光、生态度假、生态休闲、生态科考于一体的浙北生态旅游产品。

（4）以中国竹乡为品牌的生态观光休闲旅游产品

依托湖州市农副产品的经济基础和良好的自然生态、区位条件，重点开发以中国竹乡为品牌、面向长三角都市圈客源市场的生态观光休闲旅游产品，以良好的生态环境景观、浓郁的乡村文化气息为特色，积极引导、规范风景游览、农家乐、渔家乐、林家乐、休闲农庄、高科技农业园区等多样化的生态观光休闲旅游产品。

3. 旅游发展空间结构优化

湖州旅游发展空间格局特征是分散景区型，规划构建两个旅游发展带、五个重点发展区域。

（1）旅游发展带

• 南太湖休闲度假旅游带

轴带走向：以申苏浙皖及杭宁高速公路为主轴，大致与弧形湖岸线走向一致。

功能特色：集休闲度假、湖山观光、会议商务、健身娱乐、旅游房产于一体，是湖州与上海、南京及苏南地区联系的主要空间。

空间发展重点：南翼是以历史文化为主题特色的休闲度假社区、边缘城市组团、名城古镇旅游区，主要包括太湖旅游度假区、湖州中心城市旅游区、南浔古镇旅游区、织里古镇旅游区等；北翼是以太湖水乡文化为主题特色的休闲度假旅游区、乡村休闲旅游区，主要包括长兴图影旅游度假区、顾渚茶源旅游区、顾渚乡村旅游区等。

节庆活动：国际湖笔文化节、国际极限运动大赛、中国太湖湖渔节、湖州含山蚕花节、中国陆羽茶文化节等。

- 浙北自然生态旅游带

轴带走向：沿天目山余脉，以顾渚山—霞幕山—莫干山—龙王山一线为主轴，走向基本与东、西苕溪一致。

功能特色：集休闲度假、山水观光、乡村旅游、生态体验、体育健身于一体，处在苏南—浙北—杭州—千岛湖—皖南（黄山）黄金旅游线上，以竹文化、茶文化、古生态、源头景观为特色的生态休闲带。

空间发展重点：长兴以古生态为特色，德清—吴兴段以名山、湿地见长，安吉以竹海为特色。主要包括长兴古生态旅游区、湖州南郊风景名胜区、莫干山风景名胜区、下渚湖湿地旅游区、大竹海—天荒坪旅游区、龙王山生态旅游区等重点区域。

节庆活动：中国竹乡生态旅游节、莫干山登山节、长兴古生态旅游节等。

(2) 重点发展区域

- 南浔水乡风情文化体验旅游区

地域范围：以南浔古镇为核心，由旅游公路串联周边的织里、双林、善琏、含山、菱湖、荻港等运河水乡村镇。

发展思路：按照修旧如旧、建新风貌协调的原则，对南浔古镇核心区内的文保单位、名人故居和古街古巷实施保护与展示工程，对古镇水系进行景观风貌保护与环境综合整治工作。挖掘丝绸文化、运河文化、海派文化、民国历史文化、园林文化、书画文化、美食文化等内涵，彰显上海工商业的源头和世界第一丝镇的风采。

保护运河历史遗存，扩大南浔的旅游空间，整合浮霞郡水乡人家、笔都善琏、含山蚕花圣地、桥镇双林、运河小镇荻港等旅游资源，按照市场细分的需要推出自助游和专题游，充分展示"因水而兴运，缘运而聚商，倚商而成市，随市而显貌，貌以时迁，随时而变，与时俱进，并折射时代特征，追随时代潮流"的运河文化本质。

- 湖州太湖旅游度假区

地域范围：以湖州太湖旅游度假区为核心，包括度假区东西两侧太湖南岸的近水地域，西至洪桥镇，东至大钱港，南至申苏浙皖高速公路。

性质定位：以"太湖风光"为品牌，集休闲度假、商务会展、运动娱乐于一体的具有独特魅力的国家级旅游度假区、长三角地区重要的国际商务会议中心，打造长三角都市圈休闲度假基地。

发展思路：根据旅游度假区的主题性、景观性、康益性、舒适性、安全性五个方面特征提升南太湖休闲度假旅游区度假环境。以"太湖·休闲时尚"为主题，强化规划地域的主题特色。对环湖大堤内外的天然、人工湿地系统进行保护与重建，避免过度开发，保护湖滨岸线；优化太湖南岸滨湖空间生态环境，培育富于太湖特色且韵律有致的生态景观；通过对度假区、旅游区内的景观绿化和园林设计，营造与自然环境相协调的人工景观。通过园林绿化、休闲设施、健身娱乐场所的设计和建筑设施的生态化，提供健康有益的休闲度假环境。通过优美舒适的自然环境的营造以及现代化（信息化、科技化）设施的建设，提供舒适的休闲旅游环境。通过对安全系统及快速救援系统的建设形成安全的旅游环境。

重点打造太湖国际会议中心、小梅山景区、长田漾运动基地、长东度假小镇、丘城遗址公园、太湖农业观光园、太湖渔港旅游区、法华寺景区、长兜港服务中心、图影旅游度假区等旅游项目。开发太湖水上游线，加强与北太湖的无锡、苏州对接，打造环太湖旅游协作区。

• 德清城郊休闲游憩区

地域范围：以德清县莫干山风景名胜区、下渚湖湿地公园为核心，以德清武康镇、莫干山镇为旅游服务城镇的地域范围。

性质定位：以名山湿地为特色的生态观光旅游区、山地休闲度假胜地、湿地观光休闲旅游区，主要面向杭州、上海等大都市居民，融入杭州大都市旅游圈体系。

发展思路：对莫干山数百栋度假别墅进行建筑风貌整理和规整，注重与自然生态环境的结合。完善配套景区内会议、旅游服务、休闲餐饮等设施，提升旅游区休闲度假的环境氛围。注重与周边旅游区（点）的资源整合、产品联合，如下渚湖湿地、莫干湖景区、庚村乡村旅游区、蠡山西施故迹及范蠡文化园、黄回山水云涧、孟郊苑、云岫寺等。积极采取节庆活动的宣传促销方式，给老牌旅游区注入新活力。

重点实施下渚湖湿地综合保护工程，包括湿地原生风貌、水质、水鸟栖息地、野生大豆等保护植物、岛墩、驳岸、古桥（寿昌桥）、古寺（防风寺）的有效保护，防风山等周边山体的保护，尤其是废弃矿山的生态修复，神话传说与民间演艺的整理与继承等。建设湿地生态研究与科普教育基地、湿地生态度假村、渔乡风情园、防风古国文化园等。

• 安吉竹乡生态旅游区

地域范围：以大竹海—天荒坪风景旅游区和大溪、报福等乡村旅游区为重点的地域范围。

性质定位：以"竹乡风情"为品牌的乡村生态旅游区，塑造国家级生态旅游示范区、乡村旅游示范区、生态影视基地等品牌。

发展思路：以大竹海—天荒坪风景旅游区为龙头，形成集竹海观光、休闲度假、文化娱乐于一体的生态旅游区。

结合周边天赋度假村、石语潭度假村、大竹海度假村等作为主体依托，规划发展一批以生态休闲、商务会议为主题的休闲度假区。

充分利用安吉竹乡和生态农业观光优势，结合农产品基地、农业观光园和新农村建设，建设安吉乡村旅游基地。

• 长兴古生态旅游区

地域范围：以长兴雉城镇辐射周边的槐坎"金钉子"地质公园、小浦"十里银杏长廊"、泗安的扬子鳄保护区为主要地域范围。

性质定位：以"古地质（金钉子）、古银杏、扬子鳄"为特色的古生态观光旅游区。

发展思路：重点建设中国古银杏长廊、"金钉子"国家地质公园、中国扬子鳄村，大力扶持八都岕等乡村旅游项目，形成以"古生态"为品牌，以古文化观光、考古科普为主要功能的生态旅游区。

4. 中心城市旅游服务功能建设

(1) 城市旅游服务体系建设

构建分级旅游服务体系，以湖州城区为中心，辐射各个县区和重点旅游区域。

一级服务中心（综合型）：湖州城区；

二级服务中心（特色型）：南浔区（古镇）、武康镇（风景名胜）、递铺镇（中国竹乡）、雉城镇（古生态）；

三级服务中心（景区型）：莫干山镇、天荒坪镇以及重点旅游区域内的旅游服务集中地域。

（2）旅游咨询中心与集散中心建设

旅游咨询、集散中心按照旅游服务体系的三级布局。一级咨询、集散中心位于湖州城区；二级咨询、集散中心位于南浔区、武康镇、递铺镇和雉城镇；各旅游区（点）设游客中心，提供旅游咨询、交通、导引等服务。

五、旅游发展措施

1. 旅游产业政策措施

积极改善外部投资环境，吸引社会资金投入旅游产业。制定旅游用地、旅游扶贫项目优先和优惠政策，做好旅游企业清费减负工作等，努力为旅游企业营造公平宽松的经营环境，切实保障投资者的投资利益。

有计划推进旅游行业管理制度建设，健全旅游依法管理体系。积极推行旅游设施、旅游服务和旅游产品等领域的国家标准、行业标准和地方标准，加强星级饭店和旅游区等的评定工作。认真落实《湖州市旅游管理办法》、《湖州市关于进一步加快旅游产业发展的实施意见》、《湖州市农家乐地方标准规范》、《中共湖州市委办公室、湖州市人民政府办公室关于促进农家乐发展的若干政策意见》等政策，推进湖州旅游产业持续健康发展。

提高旅游业发展的信息化程度，发展电子商务。积极吸收和采用先进的科技成果，加强旅游信息化和现代化建设，促进湖州旅游业科技水平的提高。加强3S（遥感、地理信息系统、全球定位系统）技术在旅游业中的应用。

加快建立更合理和高效的旅游管理体制，着力解决"综合产业单一管理，大产业小口径"的突出矛盾，保障旅游产业的统筹发展。发展行业协会，强化业内自律，并使之成为沟通企业与社会的桥梁。

充分调动旅游行政部门、培训中心、旅游院校和旅游企业等多部门的积极性、能动性和创造性，相互支持，优势互补，形成旅游人力资源开发的人才培养、人才引进与人才激励机制。

2. 旅游市场推广措施

借助政府、行业、企业等多方力量，通过新闻、旅游博览会、城市形象广告等手段，多方位、多途径、多角度、多层次、多渠道推广湖州城市形象，提升湖州城市的知名度和美誉度，造就良好的"眼球/耳膜/口碑聚焦效应"，使得湖州成为主流媒介（包括以主流报纸、杂志为代表的平面媒介和以网络、电视为代表的电子媒介）不间断关注的焦点和热点。

通过产品整合创新，推出系列精、特、新旅游产品，选择合适的销售途径，利用灵活的价格杠杆，借助多样化的促销手段，使得湖州成为旅行社、旅游网站推介的重要旅游目的地。并通过组织各类文化活动，提升湖州旅游产品层次，在国内外扩大"太湖风光、浙北生态、竹乡风情、丝茶文化"的品牌影响力。

借助长三角地区国际旅游大发展，尤其是沪、杭、宁"旅游金三角"及苏州、无锡等市入境旅游市场快速增长的客源丰沛的态势，湖州可通过市场细分和市场融合，积极吸引、主动连接，拓展这一区域境外客源市场。同时，自主创新和新开发特色专项旅游项目与产品，直接吸引海外旅游者，有效提高湖州旅游的国际化程度，增强旅游目的地知名度和竞争力。

第六章　绍兴市旅游发展规划指引

一、现状概述

绍兴地处浙江省中部，长江三角洲南翼，面积 8 256 平方公里，2005 年年末市域人口 435 万。下辖越城区，诸暨市、上虞市、嵊州市三个市和绍兴县、新昌县两个县。

1. 旅游产业现状规模

随着社会经济的快速增长和公民消费的提高，绍兴旅游业迅猛发展（表 2-2-13），旅游业已成为绍兴经济发展新的增长点和第三产业的龙头。2006 年绍兴市接待国内游客 1 808 万人次，实现国内旅游收入 140.08 亿元；接待入境游客 28 万人次，旅游外汇收入 8 889 万美元。

表 2-2-13　2000～2006 年绍兴市旅游产业经济规模变化

年份	国内旅游者人数（万人次）	入境旅游者人数（万人次）	国内旅游收入（亿元人民币）	旅游外汇收入（万美元）
2000	728.69	4.8	—	—
2001	840.76	5.96	63.26	2 362
2002	1 006.70	10.1	75.5	3 569
2003	1 027.79	8.7	77.05	3 458
2004	1 211.10	15.3	90.75	5 356
2005	1 502.81	20.2	110.58	6 679
2006	1 808.00	28.0	140.08	8 889

资料来源：绍兴市统计局。

在浙江省 11 个地市的旅游产业经济规模比较中，绍兴市当前处于中游位置，与温州、嘉兴、金华、台州一起处于第二梯队（杭州、宁波为第一梯队）。但入境旅游者数量规模和经济规模与嘉兴、金华、温州等城市差距较大。由此可见，绍兴旅游的国际化程度不高，入境旅游的比重偏低，在全省所占份额偏小。

近年来，绍兴市旅游基础设施与服务设施发展较快。截至 2006 年年底，绍兴市共有星级饭店 88 家，星级饭店总量规模在全省仅次于杭州、宁波、金华，处在较前的位置。其中五星级饭店 4 家，在全省排第三位。绍兴共拥有旅行社 87 家。此外，还有大量的民营为主的休闲农业设施，旅游接待服务设施的发展势头良好。

绍兴市现有对外开放的旅游景区景点 200 多处，其中鲁迅故里、兰亭、会稽山旅游区、柯岩风景区、新昌大佛寺景区和诸暨五泄风景区为国家 4A 级旅游景区；东湖、周恩来纪念馆、沈园、诸暨西施故里景区为 3A 级旅游景区。

2. 旅游产品结构现状

绍兴市旅游产品结构由较单一的文化观光向观光、休闲、度假、修学等多元化旅游产品转变,拥有多项国家和省级旅游品牌产品。旅游产品的数量规模和质量等级以人文类占优势。

3. 旅游发展的空间结构现状

绍兴自然环境和历史文化资源的分布,使得绍兴市旅游资源在空间上呈现较明显的"北人文、南自然"的分布特征,自然景观多分布在绍兴南部;人文景观在绍兴北部分布较为集中,以绍兴历史文化名城为重点。

(1) 北部文化观光旅游区

以越城区、绍兴县、上虞市为主要区域。以绍兴历史文化名城为核心,分布了安昌古镇等历史文化村镇、多个历史文化街区、八处国家级重点文物保护单位。这些人文类旅游资源是绍兴市文化旅游开发的主体,也是绍兴旅游业开发的主要载体,构成了绍兴北部以文化观光旅游为主导的旅游产品集聚区域。

(2) 南部自然观光旅游区

绍兴南部以南北走向的龙门山、会稽山、四明山为主要骨架,以浦阳江、新昌江为主要水系,自然地形复杂多变,自然景观独特。以诸暨市、嵊州市、新昌县为主要区域,有众多的国家级、省级风景名胜区。以自然类旅游资源为主,形成以自然观光旅游为主导的旅游产品集聚区域。

二、旅游发展条件与潜力

1. 旅游发展条件

(1) 区位条件

绍兴位于长江三角洲南翼,是钱塘江南岸浙江的地理中心和交通咽喉,公路、铁路、水运、航运发达。绍兴距离核心客源市场均在三小时车程范围之内。绍兴距离杭州萧山国际机场30公里,距离宁波北仑港120公里,距离上海230公里,跨钱塘江嘉绍高速通道建成后,到上海的距离将缩短到160公里。

绍兴是浙江北部杭州湾历史文化旅游区的重要组成部分,也是沪宁杭旅游区和浙东南、浙中旅游区的重要联系纽带。绍兴还处于由南京、扬州、镇江、常熟、苏州、上海、杭州、绍兴、宁波九个全国历史文化名城构成的"Z形黄金旅游带"上,具有旅游资源和客源市场的巨大区位优势。

(2) 资源条件

绍兴市旅游资源集聚度高,以人文类旅游资源为主,整个区域历史文化底蕴深厚,水乡风情和文化旅游资源等级高,属于国家级旅游资源。

• 水乡风情旅游资源

绍兴北部平原地区水网密集,具有典型的江南水乡风貌,是江南鱼米之乡,有"东方威尼斯"之称。乌篷船、绍兴酒、八字桥、绍兴戏饱含了浓郁的地方特色。水乡古镇、江南民居、古桥乌篷、水乡民俗、饮食物产、戏曲艺术构成了水乡绍兴丰富多样的旅游资源。

• 历史文化旅游资源

以绍兴古城为代表的历史文化资源是绍兴旅游资源的主体之一。绍兴是越文化的发祥地,也是越文化的中心。绍兴拥有舜禹遗迹、越国青瓷、秦碑汉刻、魏晋寺庙、隋唐丝绸、唐宋摩崖、南宋六陵、明清古宅等历代文化遗存3 600多处,是著名的"文物之邦"。绍兴古城历史悠久,城内遍布古宅、古街巷、古台门、古遗址等,展现绍兴独特的古城神韵。

- 名人文化旅游资源

绍兴钟灵毓秀,名人名士浩如烟海,为绍兴留下了众多的名人故居、遗址遗迹、名人传说,留下了丰富的精神与物质财富,成为绍兴历史文化的重要组成部分。

- 山水生态旅游资源

绍兴境内西南会稽山脉绵延,东北平原水网如丝,形成了秀丽多姿风景宜人的自然风光,使得自然旅游资源与人文旅游资源融为一体,相得益彰。以柯岩、五泄、穿岩、沃洲湖、南山、曹娥江等风景名胜资源品质较高。

(3) 市场条件

绍兴通过强化宣传力度、创新促销手段等方式,有力地拓展了国内外两个客源市场,旅游知名度逐渐提高。但是在旅游经济发达的长三角区域内,绍兴与周边嘉兴、湖州、杭州、宁波、上海、苏州、扬州、镇江、南京等城市的市场竞争也愈演愈烈。

绍兴的国内旅游市场规模在浙江省位于中等偏上的位置,市场份额约占全省的9%。从客源地结构来看,绍兴国内游客以浙江本省、上海市、江苏省为主,占国内市场总量的3/4以上。长三角市场是绍兴旅游最主要的客源市场。

绍兴的入境旅游市场近年来虽然增长较快,但由于基数小,目前的规模仍然较小,仅占绍兴旅游市场总量的1%,占全省入境市场份额的6%左右,尚有较大的潜力空间。根据2006年市场调查结果,入境市场主要集中在亚洲,日本、韩国、中国香港、台湾、澳门这五个国家和地区的旅游者超过54%。

2. 旅游发展潜力

(1) 旅游资源优势

绍兴以水乡风情、历史文化、名人文化为主体的旅游资源等级较高,空间集聚程度较好,具备开发高等级文化观光、文化休闲、修学教育等旅游产品的特质。

(2) 旅游品牌优势

绍兴旅游开发较早,资源品质高,其开发的旅游产品具有较高的市场知名度,在国内外有一定的影响力。如绍兴古越王城、大文豪鲁迅故里、书圣王羲之兰亭、会稽山大禹陵、鉴湖柯岩等,都一度是国内外旅游的热点旅游区。

(3) 城市旅游功能优势

绍兴市从名人故居到名人故里,从名人故里到历史街区,从历史街区到历史文化名城的保护经验,已形成独具特色的"古城保护的绍兴模式",并将这种古城保护与城市建设、旅游活动有机地结合在一起,通过城市建设与旅游的互动,完善城市旅游基础与服务设施,凸显绍兴城市的特色风貌和休闲旅游功能。

(4) 区位条件优势

绍兴位于长三角旅游圈南翼,毗邻杭甬,境内高速公路网密集、交通设施发达,具有较好的区位条件优势。随着萧山隧道、嘉绍通道、杭州湾跨海大桥的开通,绍兴与杭州湾北岸尤其是上海的联系日益紧密,绍兴的交通区位、市场区位和旅游区位优势更加显著。

3. 主要问题解析

(1) 缺乏大规模、高效益、带动作用强的核心旅游区

绍兴旅游景区众多，但多数旅游景区景点规模小、布局分散，缺乏大规模、高效益、带动作用强的核心旅游区。从产品结构分析，基本以观光类旅游产品为主，休闲度假、商贸购物、会议会展等与现代旅游发展趋势切合的新型产品较少，等级不高，不能很好地满足现代旅游"求新、求奇、求乐"的需求。

(2) 旅游开发缺乏主题以及围绕主题的旅游产品体系

绍兴中心城区和绍兴县等旅游重点区域水乡风情特色保持完好，文化资源载体丰富，但目前旅游开发仅限于鲁迅故居、柯岩鉴湖等少数旅游景点的开发，对水乡风情等优势资源的展示和开发力度不足。整体来看，旅游开发缺少鲜明的主题以及围绕主题的旅游产品体系，此外，由旅游景点及线路构成的旅游网络体系也尚不完善。

(3) 非物质文化的挖掘不够，旅游资源整合缺乏力度

绍兴市拥有丰富的非物质文化资源，涉及民俗、传说、文学、戏曲、书法、绘画、茶艺、宗教、工艺等多个方面，且在省内具有比较优势。但目前绍兴市旅游产品开发仍以物质文化的开发为主；非物质文化的保护、传承和旅游开发利用程度还很低。此外，非物质文化与物质文化资源的整合缺乏力度。

(4) 旅游形象品牌模糊

目前，绍兴旅游在市场营销上还缺少整体品牌，由此就缺乏绍兴旅游整体的影响力和市场竞争力。与此同时，绍兴周边同类旅游城市(镇)也在快速发展，苏州古城旅游的方兴未艾，周庄等江南六大古镇联手打造世界遗产，长三角区域内文化旅游、古城镇旅游竞争更加激烈，绍兴如不树立鲜明的品牌形象，在激烈的市场竞争中会处于劣势。

三、旅游发展目标与方向

1. 旅游发展目标

(1) 总体目标

具有国内外市场影响力的历史文化名城；国家级文化旅游目的地；"江南经典名城"成为国内知名的文化旅游品牌。旅游业成为绍兴国民经济的重要支柱产业之一。

(2) 品牌目标

- 中国最佳旅游城市——绍兴；
- 联合国宜居城市——绍兴；
- 国家级旅游度假区——会稽山旅游度假区；
- 国家级风景名胜区——诸暨市浣江—五泄风景区、柯岩—鉴湖风景区；
- 国家级水利风景区——环城河、新昌沃洲湖风景区；
- 国家5A级旅游区——鲁迅故里、兰亭风景区、柯岩—鉴湖风景区。

2. 旅游发展方向

绍兴旅游以"江南经典名城"为品牌，以自然与人文景观的结合为基础，以水乡风情系列、文化系列、

山水系列为主导产品,主要开发方向包括:
- 以绍兴历史文化名城为主体的水城风情旅游产品综合开发;
- 以名人文化、古越历史文化为重点的文化旅游精品化开发;
- 以山水资源和环境保护为前提的山水系列旅游产品的保护性开发。

四、旅游发展主要思路

1. 旅游产业优化发展的途径

(1) 以城市为中心的特色旅游目的地打造

绍兴是浙江历史文化的代表性区域,是浙江省重要的旅游目的地。近年来进行的鲁迅故里保护,兰亭保护整治,仓桥直街、书圣故里等历史街区的保护性整治,极大地强化了绍兴作为一个特色旅游城市的游览功能。但作为特色旅游目的地城市,绍兴的旅游配套服务体系、城市整体特色和旅游产品多样化都与旅游目的地城市具有一定的差距。

以遍布城内的文物保护单位、名人遗址遗迹、历史文化街区等为重点旅游地域,结合非物质文化的挖掘利用、特色文化要素的开发以及系列化、品牌化的文化节庆活动的策划,突出绍兴文化主题。强化绍兴江南水城形象,重点进行绍兴城市景观风貌塑造和环城河水上游憩带的建设,营造江南水乡城市景观环境,打造以江南文化为底蕴,以城市为中心的特色旅游目的地。

强化绍兴城市的旅游服务支撑功能,增强城市的旅游组织、集散、服务功能,完善接待服务设施,按照"中国最佳旅游城市"的创建标准,进一步加快旅游基础与服务的软硬件建设。

(2) 加强非物质文化的旅游利用和旅游要素特色化开发

对绍兴市丰富的非物质文化资源,进行重点梳理、整合,并通过特色要素和旅游活动进行旅游开发利用,成为绍兴旅游的重要吸引物之一。重点开发越剧寻根游、书法修学游、水乡民俗游、唐诗之路游、黄酒溯源游五大系列产品,打造绍兴非物质文化旅游利用的品牌产品。

提升完善绍兴城市的"食、住、行、游、购、娱"旅游六要素建设,注重旅游要素的吸引物化建设,重点包装宣传乌篷船、黄酒、越剧和绍兴戏等特色要素。

(3) 市域旅游资源整合以及跨区域主题旅游线路的组织

以"江南经典名城"为中心对全市域的旅游资源进行整合,尤其加强物质文化资源与非物质文化资源的整合以及绍兴县、绍兴市区与新昌、嵊州、诸暨等地区之间的整合。与台州、宁波等周边地市组织江南水乡风情游、新天仙配山水观光游、活力浙东南等跨区域的主题旅游线路,构建完善的旅游网络体系。

(4) 借道沪宁杭的国际旅游市场开拓

为适应全球经济一体化及国际旅游蓬勃发展的需要,改变目前绍兴外向发展程度较低的局面,必须加快绍兴旅游的国际化步伐。绍兴可依托优越的区位优势,借助近邻上海、杭州、宁波等国际旅游目的地平台,加强入境旅游市场的互育和联合营销。

2. 旅游产品体系调整

(1) 主导产品
- 以绍兴历史文化名城为主体,综合开发水乡风情系列旅游产品绍兴是典型的江南水乡，河网纵横，古运河、古环城河、湖泊等密布，将绍兴各旅游景区（点）联成一体，形成水乡整体环境。依托水乡古镇、江南民居、古桥乌篷、水乡民俗、饮食物产、戏曲艺术等旅游资源开发水乡系列旅游产品，大力挖掘开发非物质文化，将水乡、桥乡、酒乡、鱼米之乡的内容融到水乡体验旅游产品中。

将绍兴古城作为水乡风情产品开发的核心地域。在古城保护的基础上提升旅游景区（点）、塑造文化景观风貌、强化旅游要素配套、策划多样化旅游活动。以仓桥直街历史街区荣获联合国教科文组织亚太地区遗产保护优秀奖为切入点，对古城进行全面保护，尽最大可能保护好历史街区、河道、桥梁、街弄以及传统民居台门等，保护绍兴古越都城和江南水城的景观风貌，保护完整的府山、塔山、蕺山和纵横交错的环城河、大环城河，将城市风貌观光作为古城旅游的重要产品之一。同时，保护工作要与旅游开发紧密结合，有效地保护和利用古城这一旅游资源。进一步挖掘绍兴水城特色，丰富活动内涵，推出水上旅游线，如环城河旅游、城内历史街区和名人故居游、乌篷游、画舫听戏等。八字桥水乡风貌、吕府、府山越国遗址等要作为保护和开发相结合的重点工程。通过对府山越国遗址扩大范围建成越文化风情村；把八字桥区域建成典型的江南水乡游览区；保护和修建明代大型民居建筑群吕府，建成江南一流的建筑博物馆和影视拍摄基地；力争把绍兴古城及周围地区建设成中国越文化中心。

- 以名人文化、古越历史文化为重点，精品化开发文化旅游产品系列

全面整合绍兴文化旅游资源，系列化开发文化旅游产品，重点提升（古越）历史文化、名人文化旅游，打造绍兴文化旅游大市的精品品牌。重点烘托绍兴文化旅游氛围，重点是绍兴历史文化名城的文化景观环境塑造，使游客能够全方位地鉴赏、体验和感受绍兴地域文化的深厚内涵。将历史文化、名人文化旅游产品作为开拓绍兴入境旅游市场的重头戏，推出高起点、高质量、具有国际影响力的文化旅游精品、拳头产品。加大"古越绍兴"文化品牌在海外的推介力度，提升绍兴文化旅游产品的美誉度和竞争力。

- 以山水资源和环境保护为前提，保护性开发山水系列旅游产品

以诸暨五泄风景区、穿岩十九峰、曹娥江、沃洲湖等风景名胜区、水利风景区等为重点开发地域，开发山水系列旅游产品。以山水资源和环境的有效保护为前提，大力开发山水观光游、山水生态游、山水休闲度假游、山水名人寻踪游、山水文化体验游等系列化的旅游产品。

（2）辅助产品

- 休闲度假旅游产品

重点加快绍兴市会稽山旅游度假区、柯岩旅游度假区、镜湖湿地度假区、平江旅游度假区、五泄旅游度假区、新昌旅游度假区的规划建设步伐，将休闲度假与风景名胜、古越文化、宗教文化、体育休闲、文化娱乐等有机结合在一起，策划丰富的休闲旅游项目。注重国际化、高标准的度假环境营造，从软硬件两方面加强旅游度假区的环境建设，使之与绍兴地域文化背景、山水环境景观自然融合，相互协调。

对绍兴市乡村休闲度假产品进一步加强引导，规范管理，促进"农家乐"、"农业生态园"等乡村休闲度假旅游项目的健康快速发展。

- 文化修学旅游产品

绍兴丰富的人文遗迹为开展修学旅游提供了良好的条件，如鲁迅故里、秋瑾故居、周恩来故居、兰亭等。绍兴可进一步丰富修学旅游文化内涵，针对不同游客群体增强参与性、趣味性体验项目。积极推进"跟着课本游绍兴"活动，切实做好学校教育与旅游观光相结合的文章。

围绕鲁迅故里、兰亭景区打造修学旅游品牌。绍兴是文学巨匠鲁迅的故乡，他的作品被编入中小学

语文教材的有16篇之多,是青少年学生教育修学的重要载体。以解读鲁迅走进《故乡》——鲁迅作品赏析游;临《兰亭集序》探究艺术真谛——兰亭书法研修游两条特色修学游线路为主线,整合资源优势,把绍兴名人故居、历史遗迹、文化积淀有机结合,以吸引更多的游客。

- 美食购物旅游产品

绍兴拥有丰富的地方特色饮食资源,包括绍兴黄酒、乌干菜、茴香豆、豆腐干、小京生等,此外,还有多样的地方特色商品,如绍兴乌毡帽、珍珠、越瓷、紫砂、柳编等,其中绍兴黄酒、乌毡帽等市场知名度很高,具备开发美食购物旅游产品的良好基础。以绍兴古城为主要载体,通过旅游要素的吸引物化建设,将餐饮、购物活动包装为绍兴旅游的重要吸引物。

绍兴黄酒历史悠久,是绍兴开发美食购物旅游的核心内容。以建设中国黄酒城为基础,丰富"酒都之旅"的活动内涵,将参观黄酒博物馆、品尝美酒、参与制作等活动紧密连在一起,使游客了解黄酒的历史,感受黄酒的文化,从而将"酒都之旅"建设成为绍兴美食购物旅游的龙头产品。

3. 旅游发展空间结构优化

绍兴旅游发展空间格局呈现一个核心和周边景区的空间关联,规划构建"一核四区"的旅游发展空间结构。

(1) 一个旅游发展核心

- 江南经典名城文化旅游区

地域范围:绍兴市区、绍兴县、越城区的地域范围。

性质定位:以绍兴古城为核心,以古越历史文化和名人文化为主题内涵的历史文化名城,绍兴旅游的核心和龙头。

发展思路:以"江南经典名城"为核心品牌,挖掘古城文化内涵,增强古城文化氛围,注重与历史文化、名人文化相适应的景观环境氛围营造,强化历史文化名城的文化内涵;强化水城形象,建设环城河休闲游憩带,塑造江南水乡城市景观环境;重点开发水乡风情游、鲁迅研修游、名人故居游、越文化寻踪游、名城访古游、生态休闲游、宗教文化游、商贸购物游等产品;整合古城及周边资源,与绍兴古城开发相互沟通,连线成网,通过环城河、大环城河等水道,将城内外旅游景区有机连结在一起;整合绍兴县丰富的旅游资源,按照名人文化系列、自然风景系列、城郊休闲系列、商务会议系列、古镇旅游系列、宗教文化系列、产业旅游系列等,在旅游产品上与绍兴古城形成良好互补,尤其是弥补古城内旅游产品过于单调的问题;强化城区旅游要素吸引物化建设,强化城市的旅游服务支撑功能,延长游客停留时间。

(2) 四区

- 诸暨山水文化旅游区

地域范围:以诸暨市东部为重点地域。

性质定位:以五泄风景名胜区为品牌,以越女西施文化为特色,集观光、生态、休闲、度假于一体的旅游功能区域,是绍兴南部旅游的重点区域。

发展思路:以"五泄山水、西施故里"两大自然、文化品牌为核心,围绕风景和名胜两条主线,构建以山水观光和文化旅游为主导,以生态旅游、休闲度假、产业旅游为辅助的旅游产品体系。重点创建五泄、西施故里、东白湖三大精品景区和斯宅、赵家香榧两个特色景区。提升诸暨城区的旅游服务功能,建设旅游集散中心和服务接待中心。重点塑造浣江滨水观光带和环安华湖游憩带。提升五泄镇、东白湖镇、枫桥镇、山下湖镇、牌头镇的旅游功能。

- 嵊州文化体验旅游区

地域范围：以嵊州市东南部为重点地域。

性质定位：以山水生态、文化休闲为主体，以唐诗、越剧等非物质文化为特色的旅游功能区域，绍兴中部重点区域。

发展思路：以"文化、生态、休闲"为主题，重点打响"越剧诞生地、书圣归隐处、剡溪唐诗路、浙东第一泉"四个品牌。塑造建设"一带一心四线六景一走廊"：以剡溪为纽带的"唐诗之路"文化景观带，以嵊州城区为旅游休闲、购物娱乐、交通集散中心，以四明山、会稽山、南山为主体的山区生态旅游走廊，四线即唐诗之路游线、名人文化游线、越剧寻根游线、山水休闲游线四条旅游线路，六景即王羲之故居、马寅初故居、施家岙越剧寻根、百丈飞瀑、南山湖、崇仁古镇六个精品景点。

- 新昌文化观光旅游区

地域范围：以新昌县中部和东部为重点地域。

性质定位：以生态观光为主导，以佛教文化、影视文化、休闲度假、地质修学为辅助的旅游功能区域，绍兴南部旅游的重点区域。

发展思路：以佛教文化、山水生态、影视文化为内涵，以石窟造像、丹霞地貌为特色，依托新昌的三江（新昌江、澄潭江、黄泽江）、三湖（沃洲湖、钦村水库、镜岭水库）、三景（大佛寺景区、十九峰景区、沃洲湖景区）和三山（天姥山、罗坑山、安顶山）旅游资源，逐步打造"一核二线三区"的旅游发展布局。即以大佛寺景区为核心，积极实施东线与西线战略，形成十里潜溪近郊休闲区，穿岩十九峰山水景观区与天姥山—沃洲湖文化区。规划发展生态农业、观光农业、农家乐等休闲农业旅游。

- 曹娥江山水休闲旅游区

地域范围：以曹娥江沿江带为重点开发地域。

性质定位：以曹娥江为纽带，集观光、休闲、民俗、商务、会议于一体的旅游功能区域，绍兴北部的潜力发展区域。

发展思路：塑造上虞旅游"一江二女三线"框架，即以曹娥江为轴带，以"孝女曹娥、情女英台"为特色，以绿色之旅、红色之旅、金色之旅为依托，重点开发山水休闲、乡村旅游产品，辅助开发文化观光、产业旅游、商务会议旅游产品。以曹娥景区、英台故里两大核心景区为切入点，带动上虞"虞山舜水、越女风采"旅游业快速发展。

4. 中心城市旅游服务功能建设

（1）城市旅游服务体系建设

构建分级旅游服务体系，以绍兴城区为中心，辐射各个县区和重点旅游区域。

一级服务中心（古城型、综合）：绍兴城区；

二级服务中心（集散型）：诸暨市、新昌县、上虞市、嵊州市；

三级服务中心（景型）：柯桥、安昌镇、东浦镇、兰亭镇、梁湖镇、五泄镇、崇仁镇。

（2）旅游咨询中心与集散中心建设

旅游咨询、集散中心按照旅游服务体系的三级布局。一级咨询、集散中心位于绍兴城区，建设综合型的城市游客中心；二级咨询、集散中心位于诸暨市、新昌县、上虞市、嵊州市；各旅游区（点）设游客中心，提供旅游咨询、交通、导引等服务。

五、旅游发展措施

1. 旅游产业政策措施

建立绍兴旅游业发展集中统一、部门联动的领导体制，保障旅游产业的统筹发展。坚持"政府主导、社会参与、市场运作"的原则，加大财政对建设旅游景区的支持力度。突破单一的经营模式，积极探索旅游区承包经营、经营权转让等方式，集中推出一批旅游景区面向社会招商。发展行业协会，强化业内自律，并使之成为沟通企业与社会的桥梁。

继续完善绍兴城市建设和旅游互动的功能模式，积极探索古城保护和旅游项目开发相结合的运作模式。可以按固定的比例将旅游业的部分收益返还作为古城保护资金，实现古城保护与利用的可持续发展。

有计划地推进旅游行业管理制度建设，健全旅游依法管理体系。积极推行旅游设施、旅游服务和旅游产品等领域的国家标准、行业标准和地方标准，加强星级饭店和旅游区等的评定工作。完善旅游质量监督管理机构，规范旅游收费标准。

推广股份制开发建设旅游区的经验，加大招商引资力度，放宽产业准入条件，鼓励、引导外国资本和民间资本进入，优先支持重点旅游区的建设用地，并予以资金、税收、土地等政策上的支持。将各级政府对旅游业的重视真正转化为切实可行的扶持政策和措施。

充分调动旅游行政部门、培训中心、旅游院校和旅游企业等多部门的积极性、能动性和创造性，相互支持，优势互补，形成旅游人力资源开发的人才培养、人才引进与人才激励机制。

2. 旅游市场推广措施

借助于政府、行业、企业等多方力量，通过新闻、旅游博览会、城市形象广告等手段，多方位、多途径、多角度、多层次、多渠道推广绍兴城市形象，提升绍兴城市的知名度和美誉度，造就良好的"眼球/耳膜/口碑聚焦效应"，使得绍兴成为主流媒介（包括以主流报纸、杂志为代表的平面媒介和以网络、电视为代表的电子媒介）不间断关注的焦点和热点。

通过产品整合创新，推出系列精、特、新旅游产品，选择合适的销售途径，利用灵活的价格杠杆，借助多样化的促销手段，使得绍兴成为旅行社、旅游网站推介的重要旅游目的地，并通过组织各类文化活动，提升绍兴旅游产品层次，在国内外扩大"稽山鉴水、古越绍兴"品牌形象的影响力。

借助长三角地区国际旅游大发展，尤其是沪、杭、宁国际旅游目的地城市入境旅游市场快速增长、客源充沛的态势，绍兴可通过差异发展、市场细分和市场融合，积极吸引、主动连接，拓展这一区域境外客源市场。同时，面向入境市场提升文化旅游产品，直接吸引海外旅游者，从而有效提高绍兴旅游的国际化程度，增强旅游目的地知名度和竞争力。

第七章 金华市旅游发展规划指引

一、现状概述

金华市位于浙江省中部。总面积1.09万平方公里,2005年末市域总人口454万。下辖婺城、金东两个区,义乌、东阳、永康、兰溪四个县级市和浦江、武义、磐安三个县。

1. 旅游产业现状规模

金华市近年来旅游业发展较快(表2-2-14)。2005年金华市接待国内外游客总量达到1412万人次,旅游总收入达到115.7亿元,旅游总收入相当于地区生产总值的11%。旅游外汇收入低于杭州、宁波,居全省第三位,国内旅游收入居全省第六位。整体旅游产业规模处于全省旅游发展的第二梯队。

表2-2-14 2000~2005年金华市旅游发展情况

年份	国内游客 (万人次)	国内旅游收入 (亿元)	海外游客 (万人次)	旅游创汇 (万美元)	旅游总收入 (亿元)
2000	556.0	37.5	4.9	2 604.0	
2001	620.0	42.3	9.02	5 250.0	46.7
2002	742.5	50.97	12.15	6 827.2	56.64
2003	853.2	59.89	15.0	7 685.27	66.27
2004	1 198.85	84.15	23.45	12 281.0	94.36
2005	1 383.9	103.2	28.4	15 300.0	115.7

至2005年年末,全市已拥有星级旅游饭店104家,数量位居全省第三;拥有旅行社76家,拥有17家旅游企业,其中包括东阳横店影视城旅业集团、广厦旅游集团等省内著名的旅游龙头企业。整体旅游接待能力不断增强,综合实力位居全省第四。金华市年接待超过10万人次的景区已有八个,东阳横店影视城、义乌国际商贸城已经发展成为年接待游客超过300万人次的龙头景区。

2. 旅游产品结构现状

经过多年的开发和发展,目前金华全市已形成以六大产品为主导的产品体系,即以双龙、方岩、地下长河、仙华山、花溪—夹溪等国家级、省级风景名胜区的山水观光产品系列;以双龙黄大仙祖宫、金华观、赤松道院、大佛寺、方岩胡公庙等宗教朝圣产品系列;以太平天国侍王府、八咏楼、诸葛八卦村、俞源太极村、郭洞古生态村、卢宅肃雍堂、江南第一家等古婺文化产品系列;以东阳横店影视城、永康方岩中国茶花文化园等为代表的影视文化主题公园产品系列;以义乌中国小商品城、永康中国科技五金城、浦江水晶市场、书画市场、磐安中国特产城等为代表的商贸购物旅游产品系列和以武义温泉、浦江白石湾、神丽峡、磐安百杖潭等为代表的生态度假休闲产品系列,逐步形成了"仙乡文化名城,休闲购物天堂"的旅游主题形象。

目前金华市拥有国家级风景名胜区两个、国家级自然保护区一个、国家级文物保护单位十个、中国历史文化名村两个,省级风景名胜区8个、省级旅游度假区三个、省级文物保护单位33个,4A级旅游区五个、3A级旅游区两个。

3. 旅游发展的空间结构现状

金华市现已形成了金兰、东磐、义浦、永武四大旅游带。金兰旅游带形成了山、水、洞、仙、圣的旅游特色；东磐旅游带形成了影视文化、生态休闲、度假会务的旅游特色；义浦旅游带形成了购物旅游、商务会展、人文山水、民俗艺术的旅游特色；永武旅游带形成了丹霞山水、胡公文化、古建生态、温泉康体的旅游特色。

二、旅游发展条件与潜力

1. 旅游发展条件

（1）资源条件

根据浙江省旅游资源普查结果,金华市旅游资源十分丰富,类型多样。其中旅游资源总储量和优良级单体数量均居全省第四位。优势旅游资源包括以义乌、东阳、永康为代表的商贸旅游资源,以古村落、黄大仙道教文化为代表的特色文化旅游资源,以横店为代表的影视文化旅游资源和以武义温泉为代表的休闲度假旅游资源。

（2）市场条件

金华与杭州、宁波、温州以及上海、苏南等经济发达、居民出游率高的城市之间交通便捷,并于2004年加入了长三角旅游城市合作组织。金华的义乌等商贸旅游资源、芝堰等古村落旅游资源、横店等文化旅游资源、方岩等风景旅游资源对国内中远距离游客具有很大的吸引力,国内客源优势明显。

入境旅游方面,金华拥有义乌小商品城、古村落、黄大仙三个具有国际旅游客源招徕意义的品牌,境外旅游客源市场开拓的条件同样优越。

2. 旅游发展潜力

（1）区位优势

位于浙中的金华区位优势十分明显,具有连接长三角和浙闽赣皖、承东启西的优越区位条件。金华处于长三角南翼门户地带,是长三角向内陆腹地拓展的战略要地,同时也是浙闽赣皖四省九市经济区（上饶市、抚州市、丽水市、金华市、衢州市、黄山市、景德镇市、鹰潭市、南平市）的龙头城市,在发挥边界效应方面具有独到优势。此外,金华与衢州中心城市之间不足100公里,又有杭金衢高速相连,周边拥有黄山、婺源、千岛湖等一批国家级旅游资源,优越的区位条件为金衢联合打造区域旅游服务基地提供了可能。

从交通条件看,金华是浙江中西部的交通枢纽,浙赣、金千和金温铁路,杭金衢和金丽温、金甬三条高速公路在此交汇,对外高速公路网、对内城际快速干道的"八道八快十二联"的立体交通网络将使金华的交通区位优势更加凸显。

（2）商贸优势

金华是浙江省小商品专业市场代表性区域,已经形成了义乌、东阳、永康等一批专业化市场,为旅游发展提供了大量潜在客源,市场潜力可观。其中义乌入境游客数量居浙江之首。"义乌·中国小商品价格指数"的推出,标志着义乌成为国际小商品市场的"风向标",使得义乌成为浙江入境旅游市场发展的突破口和先锋。

(3) 城市环境优势

浙中城市群的建设使得区域城市功能更加完善、城市交通更加便捷、城市特色更加突出,从而为各特色城镇旅游的发展提供了更加优良的外部环境和资源基础。

3. 主要问题解析

(1) 优势产业的旅游化利用程度低,商贸功能向旅游功能转换节奏较慢

以义乌为代表的商贸城镇的产业发展以商贸为主,缺乏对旅游功能的考虑和对旅游产品的开发,使得具有良好市场需求的旅游产品发展滞后,商贸功能向旅游功能转换节奏较慢。

(2) 区位优势和经济优势没有得到充分发挥,区域旅游服务和区域带动作用有限

金华作为浙江省几何中心、浙江中西部的交通枢纽、浙闽赣皖四省九市经济区的龙头城市,其区位优势、交通优势和社会经济优势没有得到充分发挥,对周边县市的旅游服务和带动作用有限,与旅游产业较为发达的杭州、台州和绍兴之间也没有形成很强的联动效应。

(3) 中心城区旅游功能不强,旅游发展缺少凝聚核心

目前金华市形成了金兰、东磐、义浦、永武四大旅游区,旅游发展空间格局较为均衡。但从全市域来看,缺少一个综合服务基地和旅游组织与集散中心。金华中心城区由于城区旅游功能的不完善,目前尚不足以承担此项功能。全市旅游发展缺少核心凝聚力。

(4) 缺乏大容量、高知名度、高旅游价值的景区景点,城市整体品牌尚未真正确立

金华市虽然目前已经形成了义乌商贸城、横店影视城等全国知名品牌景区,初步确立了城市整体旅游品牌,但仍缺乏大容量、高知名度、高旅游价值的景区景点,一些高品位的文化资源(如古村落)没有得到很好的开发,而"仙乡文化名城,休闲购物天堂"的城市品牌在国际和国内市场没有得到广泛的认可,其知名度和影响力远远低于义乌、横店等景区。

三、旅游发展目标与方向

1. 旅游发展目标

(1) 总体目标

全国著名的商贸购物、影视文化旅游目的地;浙闽赣皖四省边界区域的旅游组织与集散中心和旅游服务基地。根据金华市旅游产业现状、国民经济与社会发展"十一五"规划以及金华旅游在浙江全省的地位和作用,确定到规划期末,旅游业成为金华市国民经济中的支柱产业。

(2) 品牌目标

- 中国优秀旅游城市——义乌、永康;
- 国家级旅游度假区——武义温泉度假区;
- 国家级风景名胜区——仙华山风景名胜区、六洞山风景名胜区、花溪—夹溪风景名胜区;
- 国家级历史文化名村——诸葛八卦村—长乐村、芝堰古村;

- 国家5A级旅游区——东阳中国横店影视城、义乌国际商贸城。

2. 旅游发展方向

金华旅游以商贸购物、乡村文化和影视文化为主导产品。主要开发方向包括：
- 商贸购物资源的旅游功能转化和旅游利用；
- 古村落文化的保护和精品化开发；
- 影视文化和旅游功能的深度融合；
- 城市功能的强化；
- 跨区域旅游接待服务基地和集散中心的形成。

四、旅游发展主要思路

1. 旅游产业优化发展的途径

（1）构建独具特色的金华旅游吸引物体系，打造"传统与梦想"的浙中旅游目的地城市

以义乌—东阳商务娱乐旅游区为核心，以金华城区为集散、组织中心和服务基地，打造以商贸购物、乡村文化、影视文化为主，以山水风景名胜观光为辅的独具特色的金华旅游吸引物体系。

重点打造"传统与梦想"的浙中旅游目的地城市。围绕金衢盆地的山水环境、地域文化的传统积淀以及影视商贸的现代奇迹，打造金华"传统文化、自然山水、影视梦想、商贸购物"四个特色品牌。

（2）结合功能明确的金华特色城镇群，打造主题型的旅游城镇群

金华目前已经形成了一批功能明确的特色城镇群。以此为基础，打造以金华城区和义乌城区为核心，包括浦江、永康、东阳、兰溪、武义、磐安等周边县市在内的旅游城镇群，通过特色旅游城镇群的捆绑打造大金华旅游目的地。

重点打造金华山水城、义乌商贸城、浦江水晶城、永康五金城、东阳木雕城、横店影视城、磐安生态城等特色城镇。其中义乌、浦江、永康、东阳等城镇的建设除完善旅游服务功能、加强旅游城镇风貌建设之外，重点加强城镇特色产业观光和商贸购物产品的开发，打造特色产业旅游目的地城镇。

（3）推动旅游业与特色经济的结合，强化和提升旅游功能

在义乌、浦江、永康等城市，推动旅游业与特色经济的结合，强化和提升旅游功能。主要措施包括：在大型专业市场内开辟专门的旅游商品购物场所，发展购物旅游；通过优惠政策的实施鼓励开发旅游商品；在城区内或城区周边选择生态环境较好、交通便捷场所建设相对集中的国外商务游客高档特色风貌区和风情休闲娱乐区，作为外国商务游客集中居住场所和国内外游客休闲娱乐的特色场所；将义乌指数公告、证券展览作为旅游观光吸引物进行展示，将商业功能进行延伸。

（4）突出区位优势，推动区域联合，打造跨区域旅游服务基地与组织集散中心

依托金华发达的食品产业和商贸购物优势，将旅游服务业作为旅游目的地建设的重点内容，完善商贸购物、餐饮美食等特色要素，强化金华市区的旅游接待功能。构建七条区域旅游通道，通过旅游线路共组、品牌共育等措施推动金华市与杭州西南（建德、淳安）、衢州东部（龙游）、丽水北部（缙云）、台州西部（仙居、天台）和绍兴南部（诸暨）等周边市（区）的区域联合，以及与闽赣皖边界区域的区域联合。充分发挥金华的区位优势、交通优势和经济优势，与衢州共同打造跨区域的旅游综合服务基地和旅游组织与集散中心。

(5) 商业网络和旅游营销网络并轨

充分借助于金华商业网络，尤其是义乌小商品网络在国际上的影响力，开展金华旅游营销。加强义乌国际小商品博览会、永康五金博览会等商贸节庆会展中的旅游营销。将商业网络和旅游营销网络并轨，将金华旅游推向世界。

2. 旅游产品体系调整

(1) 大力开发商贸购物旅游产品系列

依托中国义乌小商品城等专业市场，大力开发商贸购物旅游产品。加快旅游商品、纪念品的研究开发，积极发展专业旅游购物街、旅游购物商场等旅游商业设施。继续举办好中国义乌小商品国际博览会、永康科技五金国际博览会等知名会展节庆活动，大力发展商贸考察、会议展览等旅游产品。通过经济优惠政策和品牌宣传，鼓励开展旅游商品零售业务。加大磐安药材和土特产、横店影视纪念品等旅游商品的开发力度。将旅游产品的推介融入商贸会展节庆活动中；对组织来义乌购物的旅行社进行奖励。

(2) 保护和精品化开发古村落文化旅游产品系列

以芝堰古村、诸葛八卦村—长乐村、俞源、郭洞为重点开发地域，充分挖掘地域文化，保护利用特色古村落，精品化开发地域特色鲜明的乡村文化旅游产品系列。改善古村落与外界的道路交通情况，提高可进入性；加强金华古村落群品牌宣传，作为浙东北水乡古镇的后续品牌在规划中期重点推出；加强古村落旅游接待设施和标识系统等配套设施建设；将金华古村落和浙江省其他古村落进行差异化开发，重点展示金华古村落浙中盆地的区位特征以及保持完好的村落格局和村落风貌。

(3) 深度开发影视文化旅游产品系列

依托东阳横店影视旅游城和红色旅游城等主题景观，深度开发影视文化旅游产品系列。主要措施包括：丰富影视文化主题、红色旅游主题和影视旅游娱乐活动项目；提升现有影视场景展示的科技含量；增设影视拍摄实地观演等活动，增加产品的可参与性；结合正在拍摄或放映的影片策划大型电影节庆或电影展览，举办昨日之星、今日之星、明日之星等电影明星影视作品展，丰富旅游产品类型；加强横店和义乌、东阳、永康、磐安等周边县市的空间组织联系。

(4) 多元化开发其他旅游产品

提升武义温泉休闲度假产品，包括优化温泉周边环境，丰富温泉种类，改善温泉服务软硬设施，配套建设多种休闲娱乐设施；提升现有的黄大仙国际文化旅游节、兰溪兰花节、中国义乌国际小商品博览会等节庆会展产品，加强与旅游功能的融合；加强双龙洞、六洞山、大盘山等风景名胜资源的保护及以其为资源基础的观光和生态产品的开发；加强黄大仙道教旅游产品的开发。

3. 旅游发展空间结构优化

全面分析金华市旅游资源分布特点以及主要城镇、重要交通线路和主要景区的相互关系，构建以金华市区为中心，以东阳—义乌和西部古村落为两大核心旅游区，以三大主题旅游区为特色游览地域的"一心两核三带三区"的旅游空间发展格局。

(1) 一心

• 金华中心城旅游综合服务中心

金华市特色旅游目的地，同时也是全市的旅游组织与集散中心和旅游服务基地。以金华城区为依托，整合金华宗教文化、商务休闲旅游资源以及风景名胜资源，包括双龙国家级风景旅游区、金华黄大仙道教文化、仙源湖省级旅游度假区、九峰山、大佛寺省级风景名胜区等资源,发展宗教朝圣、山水观光和城市现代休闲娱乐旅游产品。加强金华旅游基础设施和服务设施的完善,加强市区景观建设和旅游城市标准化建设,强化旅游接待服务功能,打造跨区域旅游组织与集散中心和旅游服务基地。

(2) 两核

- 义乌—东阳现代商务娱乐旅游区

义乌和东阳地域相近,旅游资源互补,且都具有较高的旅游知名度和影响力。整合东阳、义乌两市的旅游资源,通过强强联合,将之打造成为带动全市旅游发展的核心区域以及金华市"影视梦想、商贸购物"核心品牌的承载区和体验区。以商贸购物、影视文化、美术工艺、山水生态、乡土特产、古建文化为特色资源,以中国义乌国际商贸城、卢宅、中国横店影视旅游城、红色旅游城为核心景区,形成以商贸会展、影视旅游为特色,兼具观光、休闲度假的国际现代商务娱乐旅游区。重点整合义乌小商品城各大专业市场、义乌品牌企业等旅游资源,构造完善的商贸旅游服务体系,打造义乌"中国商贸购物第一城"的城市旅游品牌。以中国影视旅游城为核心,整合卢宅、东阳木雕、东阳竹编等旅游资源,打造横店"中国好莱坞"品牌,打造我国影视旅游中心。

- 西部古村落乡村文化观光休闲旅游区

该区域内以诸葛—长乐古村、芝堰古村为代表的古村落是浙江省地域文化特色最突出、保存最完好的古村落之一,对国内中远程客源市场和入境市场具有极大的吸引力。在规划中期重点推出这一核心区,将成为继江南三古镇之后浙江古村镇旅游的新热点以及金华市面向入境市场推出的"传统文化"核心品牌的集中体现地域。以兰溪市为依托,以诸葛八卦村、芝堰古商道文化为内涵,加快建设兰溪省级旅游度假区,整合兰江河道、六洞山省级风景区、诸葛—长乐古村、芝堰古村、兰溪古城、兰花村、芥子园等旅游资源,发展古建文化游、水上休闲游、溶洞探奇游等产品,打造浙江省古村落文化旅游品牌目的地。

(3) 三带

- 金义浦山水文化休闲旅游经济带

该旅游带自西向东依次经过金华、义乌、浦江三地市,杭金衢高速经过沿线。充分发挥这一区域自然山水、植被生态、宗教文化、名人古建、民俗风情等旅游资源优势,以仙华山风景区、江南第一家、金华山旅游区等为核心吸引物,形成以山水观光、文化休闲为特色的旅游经济带。

- 浦义东永商贸影视文化旅游经济带

该旅游带自北向南经过浦江、义乌、东阳、永康。以商贸购物、影视文化、美术工艺、山水生态、乡土特产、古建文化为特色资源,以中国义乌国际商贸城、卢宅、中国横店影视旅游城、红色旅游城、永康五金城、永康方岩风景名胜区为核心吸引物,形成以商贸会展、影视旅游为特色,兼具观光、休闲度假的旅游经济带。

- 兰金武永康体休闲文化生态旅游经济带

该旅游带自北向南经过兰溪、金华、武义、永康四地市,330省道经过沿线。以温泉、古婺文化、乡村文化为特色资源,以诸葛八卦村、兰溪省级旅游度假区、武义温泉旅游度假区、俞源、郭洞中国历史文化名村等为核心吸引物,提升温泉度假、乡村文化旅游产品的品质,形成以康体休闲和文化生态为特色的旅游经济带。

(4) 三区

- 永康山水风景旅游区

以永康市为依托,以永康方岩风景名胜区为核心,整合方岩风景名胜区、中国永康科技五金城、盘龙谷生态旅游区等旅游资源,重点打造以丹霞山水览胜游为主,以五金购物游为辅的旅游产品体系,树立和展现山水观光旅游主题和旅游品牌。

- 武义古村文化休闲旅游区

以武义温泉旅游度假区为核心,整合郭洞、俞源、武义畲族风情等旅游资源,发展温泉度假游、名村访古游、民族风情游等产品,树立和展现温泉休闲和古村落文化旅游主题和旅游品牌。

- 浦江山水民俗文化旅游区

以仙华山风景名胜区为核心,整合江南第一家、白石湾、神丽峡、浦江书画市场、浦江水晶等旅游资源,发展山水览胜游、民间工艺购物游等产品,树立和展现浦江山水民俗文化旅游主题和旅游品牌。

(5) 建设七条区域旅游通道

在全市范围内构建七条区域旅游通道,将区内外主要旅游城镇和旅游景区串联起来。

西北通道:金华城区—兰溪—诸葛八卦村、芝堰古村—建德大慈岩—千岛湖—黄山;

西通道:金华城区—衢州龙游、江山;

西南通道:武义城区—温泉—郭洞—俞源—丽水松阳;

南通道:金华城区—永康—方岩—丽水缙云仙都;

东南通道:义乌城区—东阳城区—横店影视城—磐安—台州仙居;

东通道:义乌城区—东阳城区—绍兴嵊州;

北通道:义乌城区—浦江城区—绍兴诸暨五泄。

4. 中心城市旅游服务功能建设

(1) 旅游服务体系

以金华城区为中心,构建分级旅游服务体系,辐射各个县区和重点旅游区域。

一级服务中心(综合型):金华城区。作为服务于金华市域和周边省市的跨区域旅游服务基地。

二级服务中心(特色城镇型):义乌、浦江、永康、东阳、兰溪、武义、磐安。

三级服务中心(景区型):横店影视城、诸葛八卦村、芝堰古村、永康方岩等景区内的旅游服务集中地域。

(2) 旅游集散中心建设

在金华城区建设金华旅游集散中心,作为服务于金华市域以及周边省市的跨区域旅游集散基地。开辟金华至义乌、横店、芝堰等省内重点旅游区以及至衢州、千岛湖、黄山、婺源、楠溪江、天台山等周边省市重点旅游区的旅游专线班车,为金华市居民和国内外游客,尤其是入境商务游客提供旅游咨询和旅游预订等服务。

(3) 金华重点旅游产业配套建设

建设金华特色购物旅游区,选择义乌的小商品、永康的五金、浦江的水晶、磐安的中药材和土特产等专业市场中最易于开发为旅游商品的品种,与金华火腿等一起作为特色商品推出。配套建设餐饮设施和休闲娱乐设施。

在滨水地区建设大型高规格的旅游现代休闲娱乐中心,策划多样的现代休闲、现代娱乐、康体健身的水上和陆地项目,为国内外游客提供现代化的休闲天地。

增加高等级星级宾馆、饭店数量,并多元化开发会议型、商务型等各类住宿场所,增加旅游饭店总量,优化旅游饭店结构。

加速金华重点旅游区与金华市区旅游快速路的建设。

五、旅游发展措施

1. 旅游产业政策措施

（1）完善产业发展政策，加大产业扶持力度

在旅游开发用地、旅游基础设施建设项目、旅游开发资金信贷等方面，制定相关的扶持政策，为旅游业发展提供有力的政策保障。

在项目建设安排上要优先支持与旅游产业相关的基础与公共服务设施配套建设项目，包括交通、邮电通信、电力、供水、环境保护等项目。

加大对旅游资源保护、旅游基础设施建设、旅游规划制定、旅游公共服务设施建设、旅游形象宣传、旅游市场营销等方面的旅游公共财政投入。

（2）创新旅游投资模式，加大招商引资力度

要积极推行旅游开发股份合作机制，吸引民间资金和整合产权。大力推广旅游项目开发先进模式，创新旅游多元投资模式。

加大旅游产业招商引资工作力度，认真做好旅游开发建设项目的规划、包装策划和推介工作，完善投资优惠政策。

（3）加强区域旅游合作

通过线路共组和联合营销，加强金华市和杭州、绍兴、衢州、台州等周边地市的旅游资源整合和品牌整体包装。

积极主动参与长三角城市旅游合作交流项目，推进互送客源、互通信息、互联线路、互相宣传进程。

加强与四省九市旅游发展的合作，南接北拓、东连西进，拓展发展空间。

（4）建立旅游资源保护体系，保障旅游业的可持续发展

制订旅游资源保护办法，建立有效的旅游资源利用补偿机制，明确资源保护的责任范围和地理范围，实现旅游资源的有序开发利用。

严格执行国家法律法规，加大对旅游环境和资源破坏行为的执法力度，防止人为破坏旅游环境和景观。

2. 旅游市场推广措施

将商业网络和旅游营销网络并轨，实现浙商网络与浙江旅游营销网络的有机结合。借义乌小商品网络在国际上的影响力，将浙江省主导旅游产品通过这一网络推向国际市场，实现"搭网营销"。

对不同客源市场实施差异化营销策略。将入境旅游市场开发作为旅游市场营销的重点。将黄大仙、义乌小商品城、古村落作为面向入境游市场的重点品牌进行营销；面向国内中远程旅游市场，重点推出古村镇特色文化旅游，影视文化旅游，义乌、永康商贸文化游等特色旅游产品；面向周边旅游市场，重点推出山水观光、温泉休闲度假、磐安生态旅游产品。

加大商贸会展节庆活动中的旅游市场营销力度。利用商贸节庆会展活动大力推销金华重点旅游区和精品旅游线，并与活动主办单位联合策划景区考察游，作为吸引潜在客源市场的重要活动内容推出。

加强与周边地市的联合营销力度。与杭州、衢州、丽水、绍兴等周边地市联合进行营销，并加强与上海、温州、宁波等省内外著名旅游城市的合作，积极纳入浙江省主要对外营销网络体系中。

第八章 衢州市旅游发展规划指引

一、现状概述

衢州市位于浙江省西部,市域总面积8 841平方公里。2005年年末市域总人口245.57万。下辖柯城区、衢江区、江山市、龙游县、常山县和开化县。

1. 旅游产业现状规模

衢州市近年来旅游产业规模有了一定程度的增长(表2-2-15),但与浙江省其他地市相比,增长速度偏缓。2005年,衢州市接待入境旅游者人数2.74万人次,实现旅游外汇收入1 320万美元,居浙江省末位。接待国内旅游者530万人次,实现国内旅游收入27.74亿元,国内旅游的接待总量和旅游收入均不足浙江省的5%,在浙江省仅高于丽水市。

2005年,衢州市拥有旅游星级宾馆饭店40家,占浙江省旅游星级宾馆饭店的4%,居浙江省末位。衢州市有旅行社47家,持证导游467名。衢州4A、2A、1A级旅游区(点)分别为2个、11个、2个,A级旅游区(点)数量占浙江省旅游区(点)总量的10%。

衢州市旅游经济发展起步较晚,相对全省其他10个地市而言,年接待人次少,旅游收入低,旅游知名度低,旅游对地区国民经济发展的贡献度不高,整体而言衢州旅游处于起步阶段。

表2-2-15 衢州市2000~2005年国内旅游者数量和旅游收入情况

年 份		2000	2001	2002	2003	2004	2005
游客量(万人次)	衢州	142	186.5	283	323	420	530
	全省	5 870	6 895	8 020	8 429	10 600	12 758
旅游收入(亿元)	衢州	7.4	9.6	14.72	16.5	21.84	27.74
	全省	430	529	633.8	695.5	902.5	1 239.65

2. 旅游产品结构现状

衢州虽然资源丰富,但目前旅游发展还缺乏知名度高、吸引力大的拳头产品。一些很有特色的资源由于开发力度不够,资源的产品化不足,未形成有效产品。同时,许多好的资源和产品被埋没,"养在深闺人未识",产品的市场化不够。比如衢州古城、南宗孔祠、节理石柱、东南锁钥古道等极具市场潜力的旅游资源几乎仍处于"原生态",少量开发的部分也远没有形成市场氛围,使衢州旅游仍然处于浙江省的落后位置。此外,衢州现有旅游产品体系的差异性不明显,难以吸引远程游客。总之,当前的旅游产品处于初级开发和待开发状态。

3. 旅游发展的空间结构现状

衢州市旅游空间结构主要体现为"四片、三中心、一系统、五条绿带"。

以衢州和乌溪江为景观和生态轴线的四片区域是：第一，老城片主要由衢州老街及城南新区组成，开发文化休闲旅游为主；第二，花园岗片主要以城市旅游、会展旅游为主；第三，衢化片主要以化工园区为主，适宜开发工业旅游；第四，城东片以行政、办公、工业和居住功能为主，旅游产品类型不明显。

三个公共活动中心主要有一主两次，主中心是以衢江为轴线，由花园岗片和老城片的公共服务设施组成，一个次中心位于花园岗片的沿江观光景观，另一个在城东片区，以休闲娱乐和商务旅游为主。

一个干路系统是衢州城区形成一环、一纵、两横的干路系统，将沿路的景观串联起来可以组成环城游憩带。

五条绿带包括：第一条由城南烂柯山风景名胜区和乌溪江构成的城郊风景林地；第二条以生态林地为主，由东北向西南深入城市；第三条和第四条由西南向东北深入城市的两条绿带；第五条是老城片和衢化片之间的永久性生态绿带。

二、旅游发展条件与潜力

1. 旅游发展条件

（1）旅游资源特色鲜明，拥有一批高品位的旅游资源

自然资源种类丰富。衢州有被誉为世界第九大奇迹、"千古之谜、文化瑰宝"的龙游石窟；有公认"丹霞峰神州第一，一线天全国之最"的江郎山；有世称"围棋仙地"、"道家福地"的烂柯山；有云雾缭绕、江源风光的钱江源国家森林公园；有"东方奇柱"之称的衢江节理石柱以及地貌奇特、在五亿年前形成的三衢石林等资源。人文资源数量多、等级高。衢州是国家级历史文化名城，城内的古城墙、古运河、古街道以及廿八都、仙霞岭上的古驿道、古关门，霞山村的古街巷、古钟楼、古樟树，无不体现其深厚的历史底蕴。孔氏家庙，全国仅有两处：一处在山东曲阜，另一处就在浙江衢州。

（2）良好的政策环境

衢州市政府对旅游业的重视程度逐步提高。随着经济的发展和对旅游业认识的不断深入，围绕浙江省建设"旅游经济强省"的总体目标，衢州市委、市政府给予旅游的重视程度也逐渐提高。衢州市委、市政府已经明确将旅游产业作为新的经济增长点来培育，并逐渐强化旅游产业在第三产业中的地位，相应出台了一些有助于旅游发展的产业政策。

2. 旅游发展潜力

（1）区位优势与潜力

衢州处于长三角都市圈、江浙沪旅游区的南端，又与福建、江西、安徽相连，衢州周边共有金华、丽水、温州、上饶、玉山、景德镇、黄山、武夷山等20多个中小城市，是中国东部沿海开放城市带、沿长江产业密集城市带的结合部。随着快速大交通网的形成、扩散，全国形成了"两纵两横"四大旅游带，即大京九旅游线和东部高速公路旅游带构成的"两纵"，新亚欧大陆桥和长江开发带构成的"两横"。衢州所处的地理位置正好在大京九旅游线和东部高速公路旅游带构成的"两纵"的中间，又紧连着长江开发带，将使衢州旅游"东联西进"的区域合作成为可能，也将是衢州旅游寻求高速发展的突破口。

衢州周边顶级旅游资源丰富，便于产品组合，市场拓展。衢州周边有着许多重量级的国家级风景名胜区，与黄山、千岛湖、武夷山、三清山、缙云仙都、双龙洞等的距离分别为270公里、100公里、

250公里、120公里、260公里、190公里和120公里,其公路车程都在半天以内。衢州周边这些在长三角乃至全国都是知名的旅游品牌,提升了衢州旅游的区位优势,极其方便旅游线路的串联、客源的互送,便于打响衢州旅游的品牌。

浙江省旅游局从全省旅游业均衡协调发展的角度和全省旅游区域布局出发,提出了"旅游西进"的战略构想,确定了打通西部旅游省际通道,构筑大旅游的发展格局。作为浙江"西大门"的衢州,在全省旅游区域布局中的作用得到显现,旅游地位也得到大幅度的提高。浙江省旅游局已将衢州旅游集散中心建设项目纳入《浙江省旅游业发展"十一五"规划纲要》,国家旅游局也对项目的实施初步表达了支持意向。随着浙赣铁路、杭金衢高速公路、民航机场及黄衢南、杭新景、龙丽温高速公路和九景衢铁路不断提速和建设,作为"四省通衢"中心的衢州将凸显其旅游中心区位优势,进而成为浙闽赣皖四省边际旅游经济圈的客源集散中心。

(2) 生态环境优势与潜力

衢州是浙江省生态环境质量较为优良的区域,钱江源国家森林公园、古田山国家级自然保护区、紫微山国家森林公园是浙江省低纬度、低海拔、物种保护最好的天然生物基因库;水资源丰富,有仙霞湖、九龙湖、碧波湖、仙游湖、月亮湖等水体景观,具有发展休闲度假旅游的良好条件。这些自然资源和生态环境,是衢州旅游业发展优势的潜力所在。

3. 主要问题解析

(1) 城市经济基础相对薄弱,中心城市旅游功能不强,旅游发展速度受到制约

2005年,衢州市的国内生产总值325.54亿元,人均国内生产总值13 255元,较之全省平均水平仍处于相对落后的状态。相对薄弱的经济基础,势必制约了衢州市基础设施和服务设施的配套建设,从而导致了中心城市旅游功能不强、旅游发展速度受制等一系列问题。

(2) 缺乏宏观总体思路,区位优势没有得到很好发挥

衢州紧邻经济相对落后的闽赣皖三省的经济后进地区,该地区又有武夷山、黄山、婺源、景德镇等世界级的旅游资源。衢州本身的区域中心区位和周边世界级的旅游品牌为衢州打造区域旅游服务基地创造了极佳的条件。但目前主观方面,衢州对自身所具有的区位优势尚缺乏足够的认识;客观方面,衢州自身的旅游功能缺乏,尚不能起到旅游核心城市的带动作用和资源整合作用,主、客观两方面因素导致目前衢州整体旅游开发相对滞后。

(3) 旅游机制体制限制较大,区域优势资源没有得到重点开发

衢州市旅游机制体制不够灵活,条块分割严重,对旅游资源开发限制较多,在一定程度上阻滞了江郎山、廿八都等区域旅游资源的开发。

(4) 自然生态、文化生态保护难度大,浅层次开发普遍

由于衢州实施"工业立市"战略,原材料及能源消耗大,结构性污染问题突出,同时,居民的环境保护意识不强,任意毁坏山林植被等行为时有发生,增加了生态环境保护的难度。如何解决经济发展与生态保护的矛盾,保持住"钱江之源,生态衢州"这张名片,将是一个急需解决的大问题。

另外,衢州一些优秀的文化资源,由于位置偏远、知名度不高、周边环境不佳等原因,加之文化资源本身特性,目前浅层次开发现象普遍,且文化资源转化为文化产品存在着相当的难度。

三、旅游发展目标与方向

1. 旅游发展目标

(1) 总体目标

长江三角洲地区新兴的历史文化旅游目的地城市;浙江省旅游西进重点建设的区域旅游目的地城市;浙闽赣皖四省边界旅游组织中心及旅游集散基地。结合衢州市现状旅游发展规模以及衢州市在全省的旅游地位,确定旅游业的产业地位为:至规划期末,旅游业成为国民经济中的支柱产业。

(2) 品牌目标

- 国家级历史文化名城——衢州;
- 国家 AAAAA 旅游区——江郎山;
- 国家 AAAA 旅游区——龙游石窟、钱江源、常山国家地质公园;
- 国家生态旅游示范区——钱江源自然生态旅游区。

2. 旅游发展方向

- 风景名胜旅游产品的重新整合、包装和提升;
- 以传奇文化为亮点的文化产品的大力开发;
- 山地休闲度假产品的大力培育;
- 浙闽赣皖四省边界旅游组织集散中心及旅游集散基地。

四、旅游发展主要思路

1. 旅游产业优化发展的途径

(1) 强化区域合作,借力增强旅游综合竞争力

衢州旅游业发展,当务之急是要转换现有发展思路,从宏观区域发展角度重新认识衢州四省交界的区位优势,强化与赣东、闽北、皖东南等地的区域合作,有效整合周边区域旅游资源,借力增强衢州旅游综合竞争力。

(2) 完善接待服务功能,与四省世界级旅游地之间形成功能互补

提升衢州作为旅游中心城市的地位,完善城市的旅游功能,强化中心城区和特色旅游城镇的旅游接待功能,与金华一道形成对周边区域的辐射和带动作用,尤其是对闽赣皖三省紧邻地区世界级旅游资源的辐射与带动作用,提升旅游集散功能,使得衢州成为四省边界的旅游组织、集散中心与旅游服务基地,与武夷山、黄山、婺源、景德镇等世界级旅游地之间形成良好互补。

(3) 特色旅游资源的精品化开发,打造"灵性与传奇"的浙西旅游目的地城市

南孔宗庙、烂柯围棋、江郎山、明星周迅等演示了衢州的"灵性",廿八都、龙游石窟、山地构织的地貌、枭雄戴笠等使衢州披上了一层"传奇"色彩。以市场需求为导向,精品化开发衢州优势特色旅游资源,重点打造"衢州古城"、"地质奇观"、"仙霞古道"、"钱江源头"四大旅游品牌,打造"灵性与传奇"的浙

西旅游目的地城市,改善与提升衢州的旅游形象,增强旅游吸引力和竞争力,打造区域知名的旅游目的地。

(4) 加强旅游要素的配套完善,延伸产业链

加强衢州旅游要素的配套完善,延伸产业链,做强做大旅游产业。建设重点包括:提高衢州旅游景区的可进入性,实现景区与中心城市的快速往返,完善景区内部交通体系。丰富游客夜间文化生活,不断提高娱乐消费所占的比重;坚持市场化的发展方向,积极鼓励和支持全社会加快发展旅游商品、旅游娱乐项目;加强规划的监督实施;重点开发特色旅游商品,以特色吸引游客,以规模产生效益。通过各种旅游要素的整合,丰富旅游活动内容,延长游客的逗留时间,增加在本地的消费,以充分发挥四省边界旅游集散中心和服务中心的作用。

2. 旅游产品体系调整

衢州旅游产品体系调整思路为:紧紧抓住衢州旅游的独特资源优势,应对旅游市场,通过旅游产品的创新、转型和结构调整,使衢州的旅游产品得到全面的优化组合,提升衢州旅游产品的整体市场竞争力。

主要产品类型结构调整为:以风景名胜观光游览产品为基础,形成市场规模;以文化旅游为内涵,增加产品发展后劲;以山地休闲度假为特色,形成新的亮点。大力开发自驾车、自助游产品,精心设计自助游路线,加强自助游安全体系和服务体系建设。

(1) 风景名胜观光游览旅游产品

今后相当一段时间内,风景名胜的观光游览仍将是衢州市的主导旅游产品。以江郎山风景名胜区、烂柯山—乌溪江风景名胜区、钱江源森林公园、衢江、古田山、三衢石林、九龙湖、常山江等为重点开发地域,对风景名胜观光产品进行重新整合、重新包装,提升现有风景名胜资源。注重风景名胜资源的保护、观光产品的提升、附加值含量的增加,以及与其他产品的相互融合开发,提升其市场吸引力。

(2) 文化旅游产品

以衢州古城、孔氏南宗家庙、廿八都、霞山古村落为重点开发地域,精品化开发古城休闲文化、传奇文化、历史文化、"两子"文化等文化旅游产品。

保护现有古城整体格局,加强古城城墙的修复和环境整治,大力开发古城休闲、古城现代娱乐等产品,将衢州中心城区打造成为以深厚历史内涵为底蕴,以现代时尚休闲项目为亮点的城市。加强廿八都、戴笠故居、霞山古道传奇文化的资源整合和开发,保护整治传奇环境,挖掘传奇素材,策划传奇探秘,强化传奇色彩。以衢州市区、烂柯山为基地,加强"两子"文化开发,重点提升和开发节庆活动,加大在专项市场的营销力度。开发姑蔑古城游、南宗孔庙朝圣游、烂柯棋根寻踪游、仙霞古道诗词游、开化醉根游等专项文化旅游线路。

(3) 山地休闲度假旅游产品

以江郎山、钱江源、烂柯山、古田山等山地为重点开发地域,重点培育山地生态度假、山地休闲体育、山地健身等山地休闲度假旅游产品。

依托山地良好的生态环境和众多的湖泊,在钱江源、江郎山、古田山、乌溪江、九龙湖、月亮湖建设度假设施,大力开发山地生态度假旅游产品。借助烂柯山国际围棋邀请赛、全国汽车拉力赛龙游分段赛和浙江省竞技体育中心项目的开发,培育山地休闲体育旅游产品,包括围棋、自驾车、登山、古道徒步游、攀岩等。策划登江郎山、游衢江水、沐森林浴、吃绿色餐等山地健身旅游活动。

3. 旅游发展空间结构优化

根据衢州旅游资源的空间分布状况、城市旅游发展目标，规划构建"一核一带三区"的市域旅游发展空间格局。

(1) 一核
- 衢州文化名城核心旅游区

以衢州古城区及衢江两岸为核心区块，构筑衢州旅游发展总体空间格局中的核与魂。主要包括孔氏南宗家庙、南宗孔府、古城门、古城墙、古钟楼、烂柯山等衢州独特的人文历史旅游资源以及三江口、衢江水域、衢州节理石柱景点等自然景观。以衢州城区为核心，配套遍布衢州古城文化及衢江两岸的江滨休闲、新城度假的项目建设和集散中心核心枢纽的综合旅游空间。通过创建"中国优秀旅游城市"和名城保护、古城休闲、新城度假项目的开发建设，建设衢州古城休闲文化旅游区。以烂柯山仙踪棋源为品牌，整合九龙湖、龙门峡谷、药王山景区等的观光、休闲、度假旅游资源，打造城郊型山水文化、休闲度假旅游地。

(2) 一带
- 衢州中部城市群山水文化休闲旅游经济带

以常山县、柯城区、衢江区、龙游县为中心，进行旅游要素的布局调整、城镇接待服务功能的强化，构筑衢州市特色旅游要素的集聚带和旅游接待服务设施的集聚带。提升常山地质公园、三衢石林、东明湖公园、龙游石窟等旅游景区景点的档次，优化旅游环境，形成特色鲜明的旅游吸引物集聚区。

(3) 三区
- 龙游特色文化旅游区

在对石窟资源及其周边环境有效保护的前提下，充分挖掘龙游石窟的历史文化内涵，加强资源的精品化开发，整合衢江、三叠岩、浙西大草原、舍利塔等周边资源，重点打造以山水观光为主要功能，以特色文化展示和体验为内涵，以神秘洞窟为卖点，以休闲度假和科普产品为辅助的特色文化旅游区；完善龙游县全国汽车拉力赛基地的配套设施建设，以此为基础，开发以竞技体育为重点的运动休闲旅游，培育新的旅游增长点。

- 钱江源生态旅游区

以钱江源绿谷风景带沿线"三山一源"（钱江源国家森林公园、古田山国家级自然保护区、南华山名贵林木和钱江源头）为主要开发地域，开发生态科普旅游、生态休闲旅游和乡村生态旅游，形成浙江省西部生态旅游目的地。

- 古镇古道风景旅游区

包括江郎山、仙霞关、廿八都、枫岭关等沿线资源。整合江郎山、峡口水库、仙霞关、戴笠老家、廿八都镇等资源，重点开发以江郎山为代表的山水风景旅游产品，以廿八都为代表的古村镇旅游产品，以戴笠老家为代表的传奇文化旅游产品。鼓励徒步游、自驾游等自助游方式，加强自助游等配套设施建设。

4. 中心城市旅游服务功能建设

(1) 改善旅游交通

开通东南亚的国际航线（或包机）并有相应的配套服务；铁路增开上海、杭州等地的旅游专列；城区内开设观光巴士，有通往城市主要旅游区（点）的旅游专线车；开辟衢江水上观光，配备二星级以上游船及高档游船。

(2) 打造浙赣闽皖四省边际旅游组织中心

强化衢州中心城区及其他旅游城镇的旅游功能,大力推进旅游设施配套和旅游环境改善,引导旅游餐饮、住宿、娱乐、购物等旅游要素健康快速发展、合理布局,打造浙赣闽皖四省边际旅游组织中心。

(3) 建立旅游咨询服务中心,强化旅游标识国际化的语言环境

在交通中心区等游客集散地应设立旅游咨询服务中心,提供咨询、预订、受理游客投诉等服务,并在道路显眼处设有旅游咨询电话;设有旅游地图广告牌,提供旅游信息服务;设置规范、醒目的公共信息图形符号;城市主要道路有中英文对照的交通指示牌(方向),主要旅游区(点)尤其是孔庙、烂柯山等标志性景点处设有中英文对照的说明牌或导游录音,旅游服务场所有能够用英语会话的服务人员。

五、旅游发展措施

1. 旅游产业政策措施

(1) 加大对经济欠发达地区的资金投入和政策倾斜

衢州在浙江省属于经济欠发达地区,目前处于工业化初期向中期转变阶段。充分利用衢州丰富的旅游资源,探索和建立旅游扶贫开发机制,制定切实可行的旅游开发扶贫规划,争取开发资金。支持和引导乡村旅游设施建设,大力发展生态农业、观光农业和乡村旅游服务业,加快当地农民脱贫致富。采取市场化运作,加大民营资本的投入,招商引资,创新旅游资源开发经营机制。要强化借力发展意识,深化旅游投资体制改革,按照旅游资源所有权、管理权与经营权分离的原则,以特许、转让、承包、租赁等方式,积极鼓励民间资本参与旅游项目的开发建设。

(2) 以生态环境保护为宗旨,建立"生态补偿机制"

衢州是浙江省两个地市级国家级生态示范区建设试点地区之一,除开化县已获得国家级生态示范区命名外,江山县、常山县、龙游县、柯城区、衢江区的生态示范区建设规划均已由当地人大通过并实施。建立一个稳定持续的生态效益补偿机制,不仅可以在某种程度上缓解资金紧缺的问题,而且可以成为社会运行环境成本降低的重要保证。在建立与完善衢州地区生态补偿机制时应该遵从:"谁污染、谁治理,谁破坏、谁恢复、谁受益、谁补偿"的基本原则,实施政府主导、市场推进的组织原则,从点到面、先易后难的操作原则,广泛参与、因地制宜的实施原则。

(3) 确保经济、社会、环境的和谐发展

采取切实有效措施,千方百计扩大旅游就业,实施"兴旅为民"、"旅游扶贫"的旅游富民工程。确立"旅游增长与就业增长同步"的战略思想,以产业规模推动就业规模,以产业结构完善就业结构,以产品体系建设就业体系,以旅游消费市场拉动就业市场,实现旅游经济与劳动就业的双重增长。认真贯彻国家计委、国家旅游局共同研究制定的《关于发展旅游,促进就业的若干意见》,营造宽松的就业环境,疏通旅游就业渠道,加强就业培训,增强就业能力。在旅游资源丰富奇特,邻近城市或交通干线,有条件直接开发经济效益好的旅游景区(点)的地方,指导、发动和帮助农民开发景区(点),开办旅馆、餐馆、商场和车队、船队,生产、加工、出售土特产品,培养一批"宜工宜旅"、"宜农宜旅"的旅游从业队伍;在旅游资源贫乏或目前交通条件不具备,暂时无法开发旅游景区(点)的地方,可组织当地劳动力利用本地的资源加

工生产旅游食品、工艺品、纪念品等,组织他们到其他旅游景区(点)打工,招收适龄青年到旅游院校培训;可选择民俗民风特色浓郁的乡村整体搬迁到旅游景区(点),成为展示民俗民风,体验农业市场、农家生活的旅游基地,村民可作为旅游职工参与服务接待等。

提高旅游资源保护意识。旅游资源是再生性较差的资源,特别是生态功能、结构脆弱的地区,一旦破坏很难恢复。因此切忌盲目上马,对景区建设应进行生态容量论证,以防止自然资源的破坏和重复建设;防止重开发轻保护、重建设轻管理,旺季游客数量失控、白色污染、文物古迹遭破坏等问题的发生。旅游部门要转变思想观念,广泛宣传、普及环境和资源保护知识,树立可持续发展观,培育旅游资源保护意识,实现人与自然的和谐发展。

(4) 支持衢州旅游发展倍增计划

改善旅游环境,政府要支持,财政要投入。设立旅游发展专项基金,由市财政拨款,逐年增加,主要用于衢州地区旅游经济软环境的建设,包括旅游整体形象策划和宣传以及主要旅游产品、重点旅游商品的开发等方面。各地市县根据自身情况拨款设立旅游发展专项基金,着重用于旅游市场推广。同时对一些旅游基础设施投入大的景区或项目包括道路建设、环保建设、市政配套建设等,由国债项目支持或财政直接投入资金进行开发并实行国家控股和管理,为旅游开发资金的进入创造良好的旅游经济硬环境。如重大旅游项目列入国债支持项目或财政直接投资控股等,体现政府对旅游发展的支持。

严格规划,整合开发,分步投入,滚动发展。政府要敢于拿出优势旅游资源对外招商,以进一步提升景区或项目的档次和竞争力。只要有利于资源的保护、景区的开发、旅游的发展,无论采取股份合作制、中外合作经营、中外合资经营、外商独资都应允许。还可以采取三位一体的融资模式,即货币—资源—知识产权三位一体的旅游资本的整合:以投资方控股,资源地以资源入股,旅游项目研发机构以项目策划或规划设计等知识产权参股,形成开发合力,实现政府、企业、个人利益同享,社会、经济、环境效益共存,以此推进旅游项目的高层次开发。

创新旅游资源开发经营机制。对一些已经开发出来的或具有一定旅游效益和较好开发前景的景区或项目,政府要参考工业引资经验制定招商引资优惠政策,按"谁投资谁受益"的原则,多层面、多渠道吸引资金。由分管领导带头的项目推进小组,对重大旅游项目实行"一事一议","一个项目、一个政策";对引进旅游项目给予奖励。对旅游投资业主给予减免税奖励,给予子女入托、入学等方面优惠。对新建景区(点)、新建旅游饭店给予税费补贴扶持。

加强旅游投入资金的审核与后续监督管理。在审核外来旅游投资主体时应加强管理监督,确保资金如实运用到旅游发展建设中,可通过法律、金融手段确保旅游资金的稳定投入。

(5) 创新旅游管理体制

强化地区的决策协调机构。衢州市旅游发展领导小组要加强对实施"旅游兴市"战略的工作领导,引导、协调解决旅游经济发展中的重大问题;建立有效机制,协调部门利益,树立大旅游观念,形成发展旅游业的合力;通过年度旅游工作会议,对旅游发展做出专题部署。

完善和加强政府的行业管理职能。市县旅游局处于行业管理的第一线,负有直接指导旅游资源保护和利用、组织旅游产品开发、市场营销、对旅游企业的指导与服务、规范与监督旅游市场秩序等职责,建议按照"风景与旅游一体、资源与市场结合、开发与保护统一"的原则,对各县(市、区)旅游管理机构进行调整和充实,加强行业管理职能,形成适应旅游经济要求的组织保障体系。

创新企业的经营管理机制。各类各级行政部门按相关法律法规受权管理的有关风景名胜、文物古迹、森林资源、水利工程等作为旅游资源开发时，可成立相应的行政管理机构作为国家资源所有者的代表依法实施管理权；经营权归国家控股的企业操作，可实行社会事业体制，企业化经营。原有政府部门投资建设的行、游、住、食、购、娱和其他服务设施的国有资产，应尽快通过出售、租让、兼并等多种形式实行资产重组，形成新的产权主体。实行所有权、管理权、经营权分离的同时，必须建立独立、完整的资源开发、项目建设、环境保护等的监督体系，其中包括社会公众和媒体的监督。重点旅游区、度假区的开发初期，为便于较快地打开工作局面，可实行管委会和开发总公司两块牌子一套班子的管理模式，但经营性项目必须实行招商引资，交给企业运作，最终实行政企分开，市场运作，企业经营。

2. 旅游市场推广措施

（1）国内市场营销

针对衢州市旅游市场知名度不高，游客接待总量偏少，但旅游潜力很大这一客观实际，衢州市国内旅游市场营销的近期目标是实施数量扩张和质量提高的双重目标。一是大力拓展市场、提高衢州市旅游的知名度，增加游客量。二是千方百计提高旅游效益，包括提高游客的平均停留时间、平均消费水平、减少季节性波动和增加重游率。国内旅游市场营销策略包括：① 国内远程旅游市场营销策略。远程市场包括广东、北京、天津、山东、湖北等省市。衢州很难作为远程市场的主要旅游目的地，而只能作为节点与相邻的黄山、杭州、三清山、婺源等构成省际旅游线路。所以针对远程市场，衢州应开发特色鲜明与周边旅游区互补性强的旅游产品，积极与周边旅游区融合。尽可能融入各条线路，并提高衢州在各条旅游线路中的份额。② 国内邻近省份旅游市场营销策略。包括上海、江苏、江西、安徽、福建等省市。提高知名度，提高停留时间和平均花费，提高重游率，减少季节波动。③ 省内旅游市场营销策略。提高市场份额，使之成为省内旅游的新热点。提高重游率。提高停留时间和平均花费。

国内旅游市场的阶段营销策略重点分三个阶段：

• 第一阶段：2007～2010 年

维持和巩固现有市场；在上海、杭州、南京等中心城市设立办事处，加大对长三角的促销力度，快速提高衢州旅游在长三角范围的知名度；根据衢州市旅游资源特点及市场趋势，继续大力发展观光产品，同时开发度假和特殊旅游产品；加大与周边地区合作的力度，与周边知名旅游区联合促销；提高旅游产品质量，实行渗透战略，扩大国内旅游市场份额；实行新产品开发战略，开发古田山、廿八都、仙霞关等新的旅游产品，给现有市场以新的刺激。

积极培育长三角各大城市的老年市场，开发符合银发市场的旅游产品；重视独生子女及其三口之家对旅游需求的影响，培育和开发家庭旅游市场；采用灵活的价格策略等淡季促销措施，开发淡季近程市场；逐步提高因特网在国内市场营销体系中的地位；开发既适合海外旅游者又适合国内旅游者的旅游产品，为国内旅游未来可能产生的新需求做好准备。

• 第二阶段：2011～2015 年

加大对一级客源市场的促销力度，提高市场占有率；进一步开发特色旅游新产品，保持衢州旅游在一级客源市场的新鲜度；加大对细分市场的研究，大力开发专项旅游产品；针对客源市场老年化程度的提高，继续大力开发适合银发市场的旅游产品；继续加大与周边地区合作的力度，与周边知名旅游区联合促销；继续提高因特网在国内旅游市场营销体系中的地位；针对度假旅游市场迅速发展的趋势，利用衢州市良好的自然和人文环境大力发展度假旅游产品，促进旅游产业由数量型向质量型的提高。

• 第三阶段：2016～2020 年

加大力度开发度假旅游和专项旅游产品,将市场营销的重点向高档次的国内市场转移;继续加大与周边地区合作的力度,与周边知名旅游区联合促销;继续重视中青年职业人士和家庭以及老年旅游市场,丰富产品类型;加大对二级客源市场的开发力度,提高衢州旅游的知名度;继续提高产品质量,提高衢州旅游的美誉度,提高客源市场的忠诚度,巩固原有市场。

(2) 国际旅游市场

从衢州市的旅游产品分析,衢州市国际旅游营销要注意实际效果,在营销战略上注重几个特殊细分市场的营销。

① 地质科考旅游者:对于这部分市场我们应该加强与国内大专院校、科研院所、地理研究机构的联系,通过它们向国外旅游者宣传衢州市地质旅游产品的价值,以此拉动国外市场。

② 孔庙朝圣旅游者:主要是受儒家文化影响的亚洲市场。首先,衢州孔庙应加强与曲阜孔庙的联系,以此扩大知名度。其次应加大在国内的营销力度,提高其在国内儒学界的地位,以期达到"墙内开花墙外香"的效果。再次要加大在省内的宣传,提高其在省内旅游界的影响和地位,把它作为浙江省的重要旅游产品对外统一宣传。

③ 体育文化交流旅游者:主要基于烂柯山的围棋文化和开化占旭刚体育馆。这部分市场也是要求要加强与业内人士的联系,通过他们来带动国际体育考察旅游市场。

(3) 旅游市场营销组织

作为旅游目的地,衢州市是一个整体,应该强调四省边际区域是一个整体,以增强该区域在全国市场的竞争力。为了便于集中、高效地进行衢州市旅游的整体营销,建议设立一个市级统管旅游市场营销的组织机构,由衢州市分管旅游的副市长主管。与此同时,设立全市旅游促销联合基金。市政府应该赋予该机构以一定的权力,包括负责营销规划和实施以及监控合作营销。该机构的董事应包括主管旅游的市领导、各级旅游局领导、旅游企业负责人等。

市级旅游营销机构的职能包括:制订全市旅游营销规划,监督营销规划的实施;组织协调饭店、旅行社、景区等旅游企业与地方旅游局在参加旅游交易会和其他促销方面的事务;从事营销调研,并将收集到的市场信息及时反馈到各旅游企业和旅游管理部门;邀请国内外旅游经营商和媒体代表来衢州市踏勘线路,推广衢州旅游;组织、协调与周边省市旅游部门、大型旅游区的合作;从事互联网促销,加强衢州旅游网的建设;协调旅游宣传材料的设计、印刷、发行工作,负责旅游公关和旅游咨询服务;负责国际国内各种会议、博览会、交易会等项目的投标,争取主办权。

第九章　舟山市旅游发展规划指引

一、现 状 概 述

舟山市地处我国东南沿海，长江口南侧。全市总面积2.22万平方公里，其中海域面积2.08万平方公里，陆域面积1 440平方公里。2005年年末市域总人口96.72万。舟山市辖二区二县，分别为定海区、普陀区、岱山县、嵊泗县。

1. 旅游产业现状规模

（1）海洋旅游经济总量增长显著

2006年舟山市共接待国内外游客1 152.84万人次，比2001年增长了1.1倍（图2-2-11）。其中，接待入境旅游者16.65万人次，接待国内旅游者1 136.19万人次。全年实现旅游收入73亿元，比2001年增长了1.5倍（图2-2-12）。2006年舟山市跻身中国旅游竞争力百强城市行列。

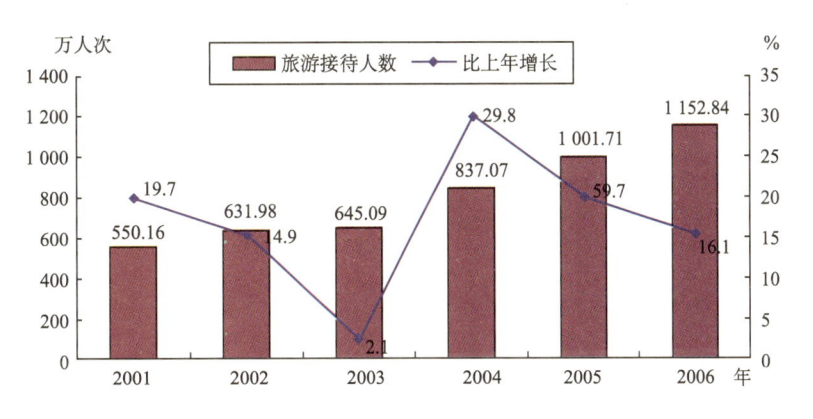

图2-2-11　2001～2006年舟山市旅游接待人数变化

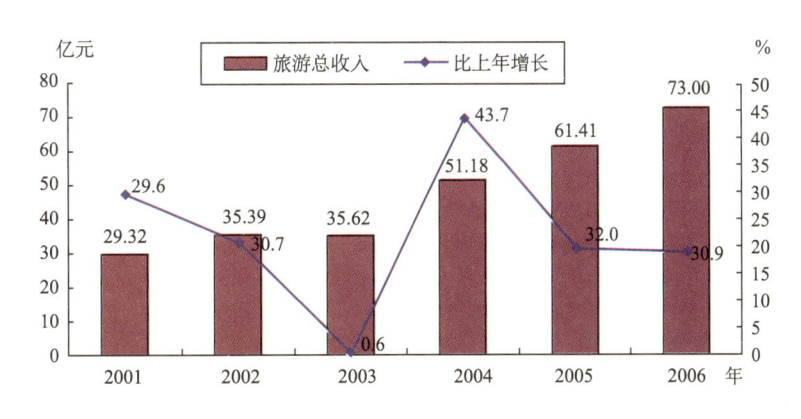

图2-2-12　2001～2006年舟山市旅游总收入变化

舟山是浙江旅游发展起步较早的地区之一，自1988年在省内地市中率先成立旅游局之后，旅游业保持了迅猛、快速的发展。旅游业成为舟山市最具活力和发展潜力的优势产业之一（表2-2-16）。

表2-2-16　舟山市旅游业与GDP的关联比较

年份	2001	2002	2003	2004	2005	2006
GDP（亿元）	134.38	157.30	186.62	231.27	280.16	333.20
比上年增长（%）		17.1	18.6	23.9	21.1	18.9
旅游总收入（亿元）	29.32	35.39	35.62	51.18	61.41	73.00
比上年增长（%）		20.7	0.6	43.7	20.0	18.9
旅游业相当于GDP（%）	21.8	17.0	20.7	24.1	22.6	21.9

备注：表中第三产业增加值数据按当年统计公报的三次产业比例数推出。
资料来源：中国舟山政府门户网站"统计数据"。

设施配套方面，近年来舟山市旅游设施日益完善（表2-2-17）。截至2006年年底，舟山全市已经拥有各类住宿设施床位约3万张，有星级饭店64家，旅行社92家。2005年9月启用旅游集散服务中心，筑起与上海、杭州旅游集散中心的对接平台。政府旅游主管部门、各主要旅游地、各主要旅游企业都建设了自己的网页，进行网上营销和信息发布。

表2-2-17　舟山市主要旅游服务设施发展情况

年份	2002	2003	2004	2005	2006
星级宾馆（家）	42	51	56	61	64
旅行社（家）	52	55	78	84	92

资料来源：中国舟山政府门户网站"2002～2006年国民经济和社会发展统计公报"。

2. 旅游产品结构现状

舟山市拥有多项国家级和省级旅游品牌，产品品牌建设成绩斐然。目前舟山市已拥有两个国家级风景名胜区，两个省级风景名胜区，一个省级历史文化名城，两个省级历史文化名镇。至2006年年底，已创建了4A、3A级旅游区各一处，A级景区共六处；有全国农业旅游示范点一个、省级休闲渔业示范基地八个、省级"农家乐"基地11个。

普陀观音文化朝拜游、海洋文化特色游、射雕文化探秘游、国际沙雕节精品游和海滨度假休闲游五大系列旅游产品已经初步成型。其中普陀山佛教文化的影响力、国际认可度越来越大，2006年成功承办了首届世界佛教论坛。

产品结构正在转型与升级。从旅游产品结构看，目前舟山的旅游产品正逐步实现由单一观光型产品为主向观光型、休闲度假以及康体、商务、生态、会展、乡村等专项旅游产品相结合的复合型产品结构转型，着力推出具有舟山海洋特色的休闲旅游产品，开发出了一批海味十足的观光休闲旅游产品，推出了整岛旅游、海上巡游、海钓旅游、邮轮旅游、游艇旅游等特色旅游项目。

3. 旅游发展的空间结构现状

围绕普陀山佛教文化、滨海休闲文化、海鲜美食三条海洋旅游主线，已初步形成了海天佛国普陀山、碧海金沙朱家尖、渔港海鲜沈家门、桃花传奇桃花岛、列岛风光嵊泗、蓬莱仙岛岱山、古城要塞定海、群岛之都新城、东极之光东极和东方大港港桥十大旅游区块。

4. 问题与挑战

(1) 海洋旅游的空间与环境受到重化工产业发展的严重挤压

舟山市海洋旅游业发展受临港大工业发展的影响明显。"十一五"时期舟山市大力发展石化、船舶、能源、大宗物资加工为重点的临港工业，加上水产品加工、机械与纺织业等传统优势产业以及高技术产业的提升与推进，作为海岛型的舟山在工业化大步前进的同时，也严重制约了休闲旅游业的成长空间和所需的良好环境。

(2) 大陆连岛工程的"效用化"对海岛环境特色的保持十分不利

作为海岛型的旅游目的地，交通一直是舟山旅游发展的主要瓶颈。虽然长三角地区快速交通网络已形成，但由于一海之隔，从杭州到舟山、上海到舟山仍需 4～6 小时。因此，大陆连岛工程的实施对舟山本岛旅游发展的意义重大。但应看到，如果将"连岛工程"不断延伸和放大，而又对海岛缺乏严格有效的管理机制和手段，将对海岛生态系统和生态承载力的平衡、海洋水环境和海岛旅游特色的保持带来不可逆转的后果，丧失可持续发展的重要基础。

(3) 旅游发展受环境容量和自然灾害制约

舟山群岛虽然属国内最大的海岛群，但特殊的地理环境毕竟限制了开发建设的规模和旅游活动的容量，相对于大陆而言，海岛旅游的成本（开发成本和消费成本）较高。季节性的台风、赤潮、风暴潮等自然灾害也是旅游成本增加的重要因素。

(4) 旅游接待设施与服务水平有待提高

舟山旅游业起步早，以吃、住、行、游、购、娱为核心的旅游接待设施已具备一定规模，但由于目前以普陀山佛教旅游为龙头的产品结构仍存在着发展不平衡、结构不合理、总体服务水平较低的问题。全市旅游接待设施主要集中在定海城区和"旅游金三角"地区，新城区（临城）将成为旅游饭店又一个比较集中的区域。除了朱家尖、凤凰山岛等地的少数几个小型度假村以外，几乎所有旅游饭店都是城市型的，缺乏配套游泳池、康乐健身中心等休闲娱乐设施，休闲度假环境营造较好的度假型酒店。此外，全行业管理水平不高，从业人员素质仍有待进一步提升；旅游管理和投诉、旅游统计信息的公开、及时、准确性不够；旅游集散中心和游客服务中心的信息窗口作用还未得到充分发挥。

二、旅游发展条件与潜力

1. 旅游发展条件

(1) 特色旅游资源与环境的依托

宗教文化旅游资源具垄断意义。舟山普陀山是中国四大佛教名山之一，在中国民间百姓中有着最为广泛的信众群体，是中国古代"海上丝路"的必经通道和停泊地。

海洋渔文化旅游资源在长三角地区独具魅力。舟山群岛开发历史悠久，舟山渔场是我国最大的近海渔场。从生产方式，到建筑、饮食、民俗、艺术等，舟山都具有浓郁的海岛渔文化特色。

岛海风光资源与环境具备开发海洋休闲旅游产品的巨大潜质。舟山群岛是中国第一大群岛，有岛屿 1 390 个、礁 3 306 座。良好的自然环境条件，优越的地理位置，非常利于开发以海洋生态、运动保健等为主题的休闲旅游产业。

国内第一大群岛的空间资源优势。舟山群岛南部大岛较多,最大的舟山本岛面积502.6平方公里,为我国第四大岛。

(2) 市场需求与消费能力的推动

近两年,随着长三角无障碍旅游区建设步伐的推进、长三角城际高速交通网络的完善、家庭小汽车拥有量的上升,会议、奖励、商务、休闲度假旅游持续升温,以家庭为单位的散客和自驾旅游持续显著增长,长三角区域性旅游市场发育日趋成熟。巨大的市场需求为舟山海洋休闲度假旅游产品的开发提供了驱动力,为旅游业的产业化发展奠定了基础。

(3) 城市综合实力的有力支撑

2006年,全市实现地区生产总值333亿元,增长速度连续三年位居全省第一;人均生产总值达到34 475元,全省排名居第5位。城市综合实力升至全国第84位。

2. 旅游发展潜力

(1) 区域性发展战略的强势带动

2005年浙江省政府制定了《浙江海洋经济强省建设规划纲要》,提出到2020年争取全面建成海洋经济强省的建设目标。规划确定重点发展港口海运业、临港工业、海洋渔业、滨海旅游业、海洋新兴产业等优势产业,形成以宁波和舟山为主体,以港口城市和主要大岛为依托,以"三大对接工程"(杭州湾大通道、舟山大陆连岛工程、温州洞头半岛工程)为纽带,海洋资源和区域优势紧密结合,海洋产业与陆域经济相互联动的布局体系。宁波、舟山海洋经济区的建设,宁波、舟山港口一体化的推进,舟山海洋旅游基地和浙东滨海旅游板块的构建,将带动舟山市海洋经济的整体提升。

(2) 上海国际航运中心(洋山港)开发建设的助动

上海国际航运中心已于2006年12月完成洋山深水港区的二期工程,规划至2012年,形成1 500万标准箱以上的集装箱吞吐能力。与此同时,总人口达83万人、富于滨海都市魅力和活力的现代化临港新城将在2020年规划建成;芦潮港将规划为"陆海旅游集散中心",成为舟山市海岛旅游新的主通道;加上总长32.5公里的东海大桥,上海洋山港城将成为辐射舟山海洋旅游的桥头堡,显著提升舟山北部岛屿的区位优势,促进舟山旅游的均衡发展。

三、旅游发展目标与方向

1. 旅游发展目标

(1) 总体目标

具国际影响力的宗教旅游目的地;长三角海洋休闲度假旅游目的地;我国高端休闲度假旅游重要的品牌区域之一。舟山市国民经济支柱产业,舟山市现代服务业的核心支撑。

(2) 品牌目标

- 海岛历史文化名城——定海市;
- 国家AAAAA旅游区——普陀山;
- 国家AAAA旅游区——朱家尖、桃花岛;

- 国家级生态公园——朱家尖岛。

2. 旅游发展方向

- 大力发展面向国际的宗教文化旅游,面向长三角大众化的海洋休闲度假旅游和面向高端消费人群的新"海"字系列旅游产品。
- 着力培育海洋观光、海上娱乐、休闲渔业、生态旅游、会展奖励旅游等。

四、旅游发展主要思路

1. 旅游产业优化发展的途径

(1) 着力优化旅游发展环境

协调旅游与城镇发展和产业布局的关系——树立全局观念,协调经济、社会和环境效益,注重生态的承载力和产业成长的群聚效应。

高度重视舟山群岛自然与文化遗产的保护——包括普陀山、嵊泗列岛两个国家级风景名胜区,岱山岛、桃花岛两个省级风景名胜区,各级文物保护单位、定海历史文化名城(省级)、马岙和东沙2个省级历史文化名镇,以及列入第一批国家级非物质文化遗产名录的舟山锣鼓,列入浙江省非物质文化遗产代表作名录的舟山渔民号子和跳蚤会(定海区)。

(2) 转变增长方式,创新旅游发展模式

从根本上转变旅游经济增长方式,推进旅游资源的深度利用、高效利用和可持续利用。同时,注重引导旅游业与文化、渔业等产业的融合,通过产业链的延伸实现效益的最大化。

将政府在旅游发展中的主导作用逐步向调控、协调、服务职能转变,重点强化对海洋自然生态和文化遗产保护等方面的有效干预和规制(包括严格旅游项目的准入制度),增加政府在必要的旅游公共基础服务设施方面的投入,加大人才队伍的培养和建设,为旅游产品的开发提供有序和健康的发展平台。

(3) 建立生态与高效的旅游服务体系

为实现海岛旅游的可持续发展目标,以生态化标准控制旅游住宿、旅游交通、旅游餐饮等服务设施是必要的前提;其次,实施生态化的旅游过程管理也是至关重要的内容。要建立健全立体化、无缝对接的旅游交通体系,重点强化海陆交通的换乘服务功能,岛屿之间交通以水路为主,岛上交通组织以公交为主体,适应散客日益增长的趋势。

(4) 深化以上海、宁波等为重点的区域旅游合作

要充分利用杭州湾跨海大桥、洋山东海大桥建设的契机,进行宁波—舟山滨海、海岛旅游功能区以及沪杭甬黄金旅游圈的整体打造。宁波、舟山两市在地理区位上属于环杭州湾地区,拥有丰富的历史文化、宗教文化、海洋、海岛旅游资源,旅游开发潜力巨大。杭州湾大桥建成通车后,宁波、舟山旅游发展的区位条件将发生重大改变,这一区域与上海的交通距离将大大缩短。比起浙北旅游区,这一地区以海滨、海岛、海洋为资源基础的休闲度假旅游开发潜力巨大。舟山应紧紧依托宁波和上海两大门户城市及其客源市场,在产品、线路和营销等方面进行联合开发,打造差异化、组合型的旅游目的地。

2. 旅游产品体系调整

- 突出以宗教文化和海洋休闲度假旅游为核心的产品体系构建

环杭州湾地区是浙江省三大文化资源富集区域之一,舟山的宗教文化和海洋文化是其中最具影响力和代表性的优势人文资源,舟山辖区的海域和岛屿风光则是浙江省三大自然生态环境优势区域中最具发展前景的自然旅游资源之一。因此,舟山的旅游产品体系应以这两大核心资源为主体进行构建,形成以宗教圣地观光、海岛休闲度假、海上体育竞技为主体的旅游产品系列,将舟山建设成为浙江省宗教旅游的核心旅游区和长三角区域性海洋运动休闲旅游度假中心。

- 着力打造以市场为导向的新"海"字系列高端旅游亮品

面向上海为核心的长三角高收入与高消费群体、商务旅游者,开发高端运动休闲型、高端度假型旅游产品以及商务会展旅游等,重点发展游艇、邮轮、海洋主题公园、海钓等新"海"字系列旅游产品,有序发展私人飞机、高尔夫、马术、滑翔等项目,建设豪华度假型酒店、保健疗养地、高尔夫度假地、游艇度假地、海岛度假等休闲度假综合体,积极发展和培育各种专业展会品牌,举办国际会议和论坛、国际性文化娱乐和体育赛事等活动,将海洋历史文化、海洋军事文化、海洋观光农(渔)业休闲旅游、海洋文化节庆活动等综合产品辅助于传统 3S 休闲度假,显著提升舟山旅游的核心竞争力。

- 提升和优化以资源、环境为基础的传统旅游产品

以海洋旅游资源和生态环境保护为前提,加强对观光旅游产品的精品化开发。通过参与性活动的策划和个性化设计,促进观光产品与文化、休闲、度假产品的结合。加强文化内涵的挖掘与拓展,物质文化与非物质文化旅游资源的综合利用,深层次、多主题地表现渔民俗文化旅游内容。强化普陀佛教文化氛围的营造,将佛教文化主题融入到景观设计和旅游要素的开发建设中,提升和创新宗教文化旅游品牌。充分利用丰富的滨海岸线和海岛资源,分区域、分档次开发包括滨海度假、休闲、水上娱乐、海岛观景、观鸟、海浴、沙浴、日光浴等旅游项目。加快旅游景点(景区)与农家乐和渔家乐项目的融合,将民俗、风情、文化、节庆活动等有机联系起来,形成复合型乡村旅游产品。加强城市功能与旅游功能的融合,建设集商务会展、文体中心、休闲娱乐、海上观光、海洋博览于一体的新城旅游社区。

- 建设主题化、特色化的各类海滨休闲度假项目

选择有较好沙滩岸线的地带建设大型海滨度假中心,提供各种类型的度假住宿、海滨康体娱乐设施和活动项目,满足不同类型游客的需要。选择私密性较好、环境良好、环境相对敏感、不适合大规模建设的海滩地带或无人小岛,建设高档私密型度假村。同时,结合新渔村建设,发展家庭型度假旅馆。各类海滨休闲度假项目应避免城市化的设计,要注重度假休闲氛围的营造,地方文化要素的借鉴利用,尤其是服务质量的品牌化和个性化。

3. 旅游发展空间结构优化

(1) 完善和强化普陀金三角核心旅游区

以普陀山佛教文化为中心的普陀金三角旅游区是舟山旅游的品牌和吸引力所在,汇集垄断性的佛教文化以及比较优势的渔民俗文化、海鲜美食文化、金庸武侠文化、沙雕文化和沙滩岸线,可综合开发高质量的海滨休闲度假、渔家风情体验、海上竞技、商务会议、邮轮码头、游艇、海钓、高尔夫运动、海岛影视拍摄基地、红色之旅等旅游产品。重点加强各岛屿板块的分工合作和主题塑造,进行度假产品和项目的布局引导、旅游服务要素的全方位配套,打造长三角休闲度假旅游的品牌区域。普陀山岛以宗教文化旅游为主,修学旅游和休闲度假为辅;朱家尖岛以海滨度假和现代娱乐为主;桃花岛以影视主题度假为主。

(2) 建设精品化的四大旅游区

- 定海主城文化休闲旅游区

以定海历史文化名城、临海新城为依托,深度挖掘古城文化和马岙古文化遗址群等文化遗产,发展现代时尚的旅游产品和项目,开发多样化的旅游吸引物体系,增强城市旅游功能区的服务功能,成为海岛文化特色突出的旅游城市。

• 岱山历史与民俗文化体验旅游区

强化岱山"东海蓬莱"的资源和环境特色,深度挖掘东沙古镇的文化内涵,形成融地方浓郁民俗文化、康体保健于一体的文化休闲体验旅游区。

• 洋山大港产业观光旅游区

依托岛屿的资源与环境优势,借上海国际航运中心(洋山港)建设之利,发展产业观光,建设旅游集散服务设施,形成舟山北部岛屿群的海上旅游交通服务中心。

• 嵊泗海岛生态休闲旅游区

以嵊泗国家级风景名胜区为依托,完善生态化的旅游服务设施配套,形成品牌型的生态休闲旅游示范区。

(3) 积极培育新"海"字系列旅游产品发展带

舟山本岛之外适合发展旅游的外岛重点发展游艇、海钓、海洋主题公园等新"海"字系列旅游项目,同时与休闲度假、生态旅游有机结合。

4. 中心城市旅游服务功能建设

• 主要旅游集散中心

作为游客参观周边岛屿的交通中转站、独立的都市旅游区、游客服务基地,包括定海、临城、沈家门、洋山。

• 景区型旅游集散中心

包括普陀山岛、朱家尖岛、桃花岛、岱山岛、泗礁山岛等。

五、旅游发展措施

1. 旅游产业政策措施

(1) 实施旅游交通畅通策略

改制国有交通企业,扶持海陆、海空一体化经营运输集团公司的组建和发展,鼓励旅游交通运输的合理竞争。鼓励酒店、公共场所设立地下停车场,支持和鼓励在本岛和朱家尖、桃花、泗礁、岱山等岛屿发展旅游观光巴士。制定黄金周、周末旅游旺季的旅游交通疏导和管制办法和措施。争取更多的境外包机航线和区域内中低空飞行权,积极发展航空交通。

(2) 旅游项目开发政策

建立旅游项目准入目录,制定准入审批制度,严格限制对海洋生态环境有严重影响的旅游项目开发。加大政府旅游专项资金的投放,并强化项目评审和资金使用监管程序。制定旅游投资优惠政策,积极吸引外来投资和民间投资,拓宽资金渠道,扶持立足舟山本地大型旅游开发企业的发展。

2. 旅游市场推广措施

• 以区域市场开拓为重点

近期内集中财力、人力,以长三角城市群客源市场开发为重点,以中心城市上海为核心,沿杭州湾向纵深推进,逐步推向整个华东地区和区外客源市场。

- 以产品品牌塑造为核心

品牌形象是旅游地核心竞争力的主要要素之一,舟山要构建旅游竞争力,应该从塑造产品品牌形象着手,重点打造宗教文化、海岛休闲和渔民俗体验三大品牌产品,并逐步向旅游服务品牌和旅游企业品牌方向延伸。

- 以整合营销为手段

通过整合舟山内外部的各种资源、要素和建立有效的机制,使舟山的对内、对外的沟通与传播机制完全建立在整合营销的思想之上,实现内部管理信息的整合和对外传播信息渠道的整合。发挥不同传播工具的优势,以较低的成本实现旅游产品、品牌形象等沟通效用的最大化。

- 以区域联动为提升

加强舟山与长三角城市群、杭甬台温等省内地市政府及企业之间的旅游协作,通过旅游线路的整体包装、统一促销,旅游服务的无缝对接等措施手段,彰显舟山的地域优势,做大做强舟山市的旅游业。

第十章　台州市旅游发展规划指引

一、现状概述

台州位于浙江省沿海中部,陆地面积 9 411 平方公里,浅海面积 8 万平方公里,2005 年年末市域人口 560 万。下辖椒江、黄岩、路桥三个市辖区,玉环、天台、仙居、三门四个县,代管临海、温岭两个县级市。

1. 旅游产业现状规模

近年来台州市旅游经济各项经济指标呈现出较快增长态势。2005 年台州共接待国内外游客 1 615.03 万人次,比 2001 年增长 1.51 倍,年均增长 21%(表 2-2-18);旅游总收入达 139.1 亿元,相当于全市 GDP 的 11.15%,比 2001 年增长了 4.65 个百分点。接待游客人次和旅游收入两项指标连续三年居浙江省第 3 位。

表 2-2-18　2002~2006 年台州市旅游产业经济规模变化

年份	国内旅游者人数（万人次）	入境旅游者人数（万人次）	国内旅游收入（亿元人民币）	旅游外汇收入（万美元）
2002	921.1	4.39	71.8	3 720
2003	1 063.86	4.78	—	3 855
2004	1 237.61	6.29	97.15	3 922.5
2005	1 607.5	7.53	134.79	5 304
2006	—	8.89	—	6 447.76

撤地建市以来,台州各级政府把大力发展旅游业提到了十分突出的位置,加大旅游投入力度,旅游资源开发步伐明显加快,旅游网络进一步扩大,旅游基础设施日臻完善,综合接待能力不断提高。到 2005 年年末,全市共有星级饭店 72 家,有各类旅行社 93 家。星级饭店数量规模在全省中比较依然处于中等偏下位置,高星级(三星级以上)饭店相对缺乏。

目前拥有国家 4A 级旅游区四处,国家重点风景名胜区三处,全国重点文保单位三处,世界地质公园一处,国家地质公园一处,国家级森林公园两处,国家级工业、农业旅游示范点五处。

1997 年至 2004 年全市共投入旅游开发资金 45 亿元,相继开发和完善了国清等一批具有山水风光、历史文化特色鲜明的旅游景区景点和一批宾馆饭店等旅游服务设施。

2. 旅游产品结构现状

近年来,台州旅游产品结构已由过去单一的观光型、度假型产品开始向观光、休闲、度假、文化、生态、修学、体验等多元化旅游产品转变。重点整合了"山、海、佛、城、洞"五大特色资源,策划包装了花园城区观光(以"新台州、新感受——市区新貌"为主打品牌)、山海风光组合、文化和宗教旅游、休闲游憩度假、工业旅游和商贸购物、节事活动组织等六类产品,产品档次逐步提升。拥有多项旅游品牌景区,成功举办了各种节庆活动。旅游线路开发方面,浙南奇山秀水游、唐诗之路寻踪之旅、浙东佛教朝拜之旅、济公故里朝拜游等四条线路进入浙江旅游大环线、小环线和专题产品行列,其中唐诗之路寻踪游、浙东佛教朝拜之旅两条文化观光性产品在国内外市场产生较大反响和较好效益。"新天仙配——长城作证"(新昌、天台、仙居、临海)风情游也走俏华东市场。

3. 旅游发展的空间结构现状

目前台州市旅游业发展存在着地域发展不平衡的问题,北部三县山水旅游产品开发较快,东部沿海海洋生态旅游发展相对较慢。

二、旅游发展条件与潜力

1. 旅游发展条件

(1) 资源条件

台州市旅游资源相当丰富,有五大类具有明显区域比较优势的旅游资源:山海旅游资源;休闲度假旅游资源;生态旅游资源;古代工程地质(洞石)旅游资源;名果旅游资源。五大旅游资源聚集一市的综合性资源,为台州打造"五都"——海山之都、休闲之都、生态之都、洞石之都、名果之都奠定了坚实的基础。此外还有宗教文化、古城古村文化、工业旅游、农业旅游、商贸购物、节庆节事等,但它们不是台州的拳头性和独占性资源。

(2) 市场条件

自2000年开始,台州的国内旅游人数、入境旅游人数、国内旅游收入、旅游创汇四个指标均呈现逐年递增趋势。根据台州2004年的国内游客调查统计,在国内客源构成中,台州本地游客(约占31%)、浙江省内其他地区游客(约占38%)以及浙江省外游客(约占31%)均占1/3左右。

台州入境旅游规模较小,2005年入境旅游者约为7.53万人次,占全市游客总量的1%不到,开拓空间还十分广阔。

2. 旅游发展潜力

台州位于中国黄金海岸线的浙江中部,位于长三角和珠三角的结合部位,与福建、珠三角、台湾的临近可以形成有别于长江三角洲其他旅游地的市场辐射区,不仅易于引入长江三角洲地区的游客,还可以南拓与东展,引入福建、台湾和珠三角地区的游客,也极易形成新的旅游目的地(从交通的通达性与空间距离分析)。杭州湾跨海大桥通车后,台州与长江三角洲主要城市,浙江省的杭州、宁波、湖州、嘉兴,以及江苏省的苏州等的距离在100公里到300公里之间,即在三小时车程范围内。

3. 主要问题解析

(1) 缺乏高知名度的龙头景点

台州市虽作为旅游资源大市,但缺乏特别有影响力的资源,资源量大且分散,加之没有精心规划和策划,没能打造出市场影响面广、牵引力大的拳头产品,旅游产品供给相对不足,更缺乏国家级、世界级拳头旅游产品支撑,因而没有一个县(市、区)成为独立的旅游目的地。

(2) 区位条件较好,但可进入性较差

台州虽然地处浙东沿海地区,但是陆路交通只有新近通车的甬台温高速和104国道等高等级公路,至今没有铁路交通。路桥的机场也是由军用机场改建,开辟的航线和航班较少,机场等级较低。东部众多的岛屿和大陆虽有客轮通航,但是尚未建立正式的旅游航线和码头。另外,进入景区的交通条件欠佳,制约了台州融入长三角区域旅游网络的能力。

(3) 主体旅游资源及产品与市场需求有一定的错位

根据WTO的预测,海洋、极地、沙漠和原始森林将成为21世纪的旅游热点地区。台州拥有1 660公里的海岸线和687个大小岛屿以及6 910平方公里的海域,尤其是海岛旅游,其人文和自然条件都具有区域比较优势和发展生态、度假旅游的潜力。但是台州对海岛和海洋旅游资源的开发比较滞后,资源潜力没有得到充分的发挥,与庞大的市场需求产生错位。

(4) 区域内部旅游发展不平衡,资源共享和客源共享度差

目前除了北部天台、仙居、临海与新昌形成了"新天仙配"这一较成熟的黄金旅游线路外,其他县(市、区)没能进行合理的游线组织和延伸,处于各自为政和相对封闭的状态,使得本已有限的客源市场没有得到充分的开发和利用。与区域外的游线联系不畅,尚没有完全进入浙江大旅游网络之中。

(5) 旅游产业内部要素结构不合理,整体效益不高

住宿、购物、娱乐的收入偏低,总体消费水平不高。在饭店结构中,中高档客房和度假客房不足,造成低档客房压价迎客、高档客房供不应求。产品结构不够合理,观光旅游产品单一,文化旅游产品偏少,度假旅游产品紧缺。局部地区特别是海上旅游交通不便。

(6) 旅游发展缺乏有力的产业政策支撑

长期以来台州对工业发展支持力度较大,工业发展迅速,第二产业成为台州市的支柱产业。对旅游业的发展缺乏明确的政策导向和政策支持。旅游企业经营机制不活、制度创新缓慢、组织结构松散、规模效益不高,导致旅游业的发展严重滞后于工业和其他产业,同时对旅游业的基础设施投入长期不足,成为旅游业发展的重要制约因素。

三、旅游发展目标与方向

1. 旅游发展目标

(1) 总体目标

我国著名的山水风景、文化旅游和海洋海岛生态度假旅游目的地;长江三角洲地区、珠江三角洲地区和福建市场的休闲度假、观光游览旅游胜地;长江三角洲与珠江三角洲之间沿海旅游带上的重要旅游节点。近期将旅游业作为全市现代服务业和第三产业的龙头加以发展,发挥其对第三产业乃至整个服务业的拉动作用;中远期,把旅游业培育成国民经济中的支柱产业,极大地发挥旅游业在促进全市产业结构调整,推动国民经济高度协调发展方面的作用。

(2) 旅游品牌目标

- 中国优秀旅游城市:台州市、临海市、温岭市;
- 国家生态园林城市:台州市;
- 世界地质公园:温岭长屿硐天—方山—南嵩岩国家地质公园;
- 国家地质公园:临海桃渚国家地质公园;
- 国家级旅游度假区:大陈岛国家旅游度假区;
- 国家级风景名胜区:天台山国家级风景名胜区、仙居国家级风景名胜区、黄岩划岩山国家风景名胜区、临海国家级风景名胜区、温岭长屿硐天—方山—南嵩岩国家级风景名胜区;
- 国家级历史文化名城:临海市;
- 国家级产业旅游示范点:飞跃集团、钱江摩托集团、吉利集团、中国柑橘博览园;
- 国家5A级特品景区:绿心休闲旅游区、中国吴子熊玻璃艺术馆、天台山风景区、神仙居风景区、江南长城、长屿硐天。

2. 旅游发展方向
- 山水风景与历史文化旅游产品的重点开发;
- 海洋、海岛、滨海生态旅游与度假旅游产品的培育;
- 绿心城市功能的旅游化与休闲旅游产品的策划;
- 台州民营经济产业旅游的开发;
- 红色旅游与历史文化旅游产品的开发。

四、旅游发展主要思路

1. 旅游产业优化发展的途径

(1) 着力打造以海韵绿城和活力之都为特色的旅游目的地城市

以艺术精品体系、海洋文化系列、休闲娱乐餐饮购物场所、广场公园绿地系统、民营经济产业观光为主题内容,以营造海滨绿心城市优质的旅游环境质量为重点,完善城区重点地段的景观环境设计,综合餐饮中心、城市高档酒店区、旅游客运交通体系、特色购物等配套建设,最终将台州打造成为以海韵绿城和活力之都为特色的商贸型旅游目的地城市。

(2) 主题型线路旅游产品发展战略

通过旅游资源的整合来提升台州旅游产品的价值,并通过主题型旅游产品形成著名的旅游目的地。以台州的资源特点选择的特定主题线路型旅游产品,最大限度地整合其重点旅游资源,开发出高价值的旅游产品。

(3) 空间过程:点(重点旅游区、点)轴(重点旅游线路)扩张模式

以绿心休闲旅游区为核心,向西北沿括苍山脉上溯,串联天台山、仙居、括苍山、临海古城、桃渚古城等山水名胜,形成西北部的"天仙配"风景旅游区;向东南沿海岸线拓展,从沿岸向大鹿岛、大陈岛、蛇蟠岛、扩塘山岛等海岛辐射,形成东部海洋海岛度假旅游区。以观光旅游为先导,休闲度假旅游、生态旅游等依次跟进。通过"天台山"、"神仙居"、"台州绿心"、"江南长城"和"吴子熊玻璃艺术馆"等旅游品牌带动台州市域的旅游发展。

（4）空间延伸：与长三角的区域联动

推动台州融入以上海为中心的长三角世界级旅游目的地，实现区域的联合和合作。充分发挥自身的资源优势，在浙江日趋激烈的旅游竞争发展中形成自己的品牌和特色，以具有区域比较优势的海岛旅游开发利用作为龙头，首先在甬台温滨海旅游带上占领优势地位，进而争取在浙江省和长三角地区的旅游市场中增加份额和比重。

2. 旅游产品体系调整

台州市旅游产品体系调整方向为：山海观光游览是最佳凸现点；专项旅游是最主要卖点；休闲度假旅游、商务会议会展旅游是最重要效益点。生态旅游、产业旅游、民俗风情、修学旅游配合发展。

（1）以绿心为代表的西部自然山水风光旅游产品

自然山水风光旅游产品是台州旅游产品发展的重点、目标和方向，利用台州独有的生态环境和自然文化景观组合优势，着力将其打造成为长三角、珠三角和福建市场的观光旅游胜地，突出台州市五大独特垄断性资源，重振"五都"之风。

长三角市场是台州最主要的国内客源地，抓住台州地区在自然和人文景观方面的特色，继续强化"浙东神山秀水游"、"活力甬台温"、"新天仙配——长城作证"等线路产品，推动"接轨大上海，融入长三角"营销方略，开发山水组合大项目，营造生态大环境，构筑山水大产业，打响奇山秀水台州牌。突出向上海输送台州特色生态休闲的旅游精品和名品，使这些特色线路和景点、项目融入长三角旅游圈，或成为上海和长三角旅游市场上热门的旅游产品，把台州打造成最适宜人类居住的旅游目的地。

（2）以海洋文化、工商业文化、宗教文化为特色的文化休闲旅游产品

地域文化内涵是旅游发展的生命力。面对台州文化旅游产品偏少，但是文化资源又相当丰富的特点，对台州文化的挖掘、浓缩，对民营经济进行文化提炼，形成台州文化的主线脉络。以台州历史文化名城为核心，以其海洋文化、工商业文化、宗教文化并存的特色为依据，以历史名城、文物古迹、战争遗址、古村镇遗址宗教寺庙等为载体，推动台州文化休闲旅游。

重点推出临海古城文化旅游、皤滩古镇文化旅游、仙居古文化游、神秘台州修学游、浙南奇山秀水游、唐诗之路寻踪之旅、浙东佛教朝拜之旅、济公故里朝拜游等文化观光性产品，此外还有"新天仙配——长城作证"（新昌、天台、仙居、临海）风情游。

（3）以大陈岛为核心的海洋生态旅游产品

台州东部沿海各县（市、区）连续分布着众多海岛、海岸带、海洋旅游资源，类型丰富多样。海洋生态旅游产品是台州市重点发展的旅游产品之一，因此要发展以大陈岛为核心，以北部三门—桃渚、南部路桥、温岭、玉环为两翼的完整海洋线路。培育海岛度假、滨海度假、文化旅游综合体，同时兼容游艇、海钓等休闲娱乐和商务会议等项目，打造旅游内容丰富、产品类型多样、档次齐全的海洋海岛生态度假旅游胜地。

（4）对一些老景区老产品，要注意更新换代，通过"内挖外延"手段，增加更多的组合产品

老景区"内挖"，主要是深挖其文化内涵，强化科学旅游氛围，把老产品更新换代作为开发新产品的重要思路。在台州绿心要策划丰富多彩、富有特色的生态旅游项目。天台山应尽快将石梁飞瀑景区和华顶景区组合在一起，形成两区游路组合网络；在神仙居要向两侧奇石雄峰延伸，营造从山顶看远景，走路看谷景，到边际观老林（原始森林），使山水内容更丰富，体验更深刻，既可不走回头路，又能延长游览时间。

3. 旅游发展空间结构优化

考虑台州对外旅游空间联系方向,旅游优势资源的空间分布情况以及旅游发展方向,确定台州"一核一区两带"的旅游发展空间格局。

(1) 一核

• 台州城市休闲旅游区

地域范围:以台州市区为核心和依托,包括绿心和椒江、黄岩、路桥三个城区。

性质定位:以都市旅游为主体,包括生态旅游(观光、休闲、运动、教育)、休闲旅游(娱乐、度假)、工业旅游的特色城市旅游区,台州市核心旅游区域。

发展思路:以营造海滨绿心城市优质的旅游环境质量为重点,配合城市规划建设的总体布局,完善城区重点地段的景观环境设计,形成绿心城市特有的与自然相融合的城市风貌。全力打造城市旅游吸引物的五大系列:以吴子熊玻璃艺术馆、章安古镇、中国柑橘博览园等为代表的富含地方特色的文化艺术精品旅游点;以飞跃集团、吉利集团为代表的台州民营风采产业旅游示范点;以市民广场、椒江城区山体景观带永宁公园和永宁江为代表的现代城市风光旅游带;以蟠龙洞、划岩山为代表的西部山水生态旅游区;选择十里长街、中国日用商品城等为代表的富有地方文化特色的商业街区进行旅游购物、娱乐、休闲等服务的综合开发,丰富城市观光休闲系列。

空间结构:以城市绿心为核心,三个城区呈三足鼎立之势,以艺术精品体系、休闲娱乐餐饮购物场所、广场公园绿地系统、西部山水生态旅游区、民营经济产业观光等五部分组成主题旅游城市的内容。建立台州市区综合接待中心。以葭芷海鲜一条街等现有餐饮区的改造提升为基础,形成城区综合餐饮中心,开发台州特色菜品和小吃系列,形成品牌效应。提升和改造现有涉外星级宾馆,建设以五星级饭店为龙头的城市高档酒店区。配合城区大环路的建设,加强市内三区之间的交通联系和旅游客运一体化建设,特别是长途汽车站、市内公共交通以及绿心对外交通的联系。营造城市游憩休闲购物氛围,开发各类旅游商品,对十里长街等特色购物街进行重点策划和开发。

(2) 一区

• 海岛生态休闲旅游区

地域范围:以大陈为核心的东部海岛区,包括大陈岛、东矶列岛、台州列岛等。

性质定位:长江三角洲地区的以海岛生态度假为重点,融休闲观光、疗养健身、科考修学、海钓基地为一体的海岛生态度假胜地。

发展思路:大力营造大陈岛的生态度假旅游环境,完善旅游产业要素的配备,尤其是特色化的旅游要素配套建设。重点开发海蚀地貌与台风、巨浪等自然现象与风景名胜旅游资源的观光游览,创造并强化大陈岛的旅游特色。重点发展红色旅游,凸现大陈岛有别于其他红色旅游区(点)的特色——迄今依然处在战争威胁中的环境氛围。加强海岛资源和环境保护,建立各海岛的旅游专用码头和旅游航线。发展海岛特色海鲜餐饮区和海岛度假酒店,加强海岛安全预警系统建设。

(3) 两带

• "天仙配"自然山水观光带

地域范围:天台县、仙居县、临海市。

性质定位:生态旅游和观光旅游为主体,包括宗教旅游、文化旅游的台州市特色综合旅游区(域),台州市近期重点观光旅游区域。

发展思路:充分利用"(新)天仙配"旅游线路的市场品牌效应,进一步加强天台、仙居、临海以及新昌的旅游资源与配套设施互补发展的合作伙伴关系。加快天台至仙居的高速公路建设,使"天仙配"形成合理的环线,节省交通成本。天台县要注意"天台山"品牌的整体包装,加强石梁—铜壶景区和华顶森林公园景区之间的一体化建设,使之形成与国清寺的人文特色相得益彰的自然生态旅游亮点,从而进一步带动赤城山、百丈琼台、寒岩—明岩—寒山湖龙川峡等景区的协同发展。仙居要在旅游资源产品化建设的同时,大力发展县城、白塔镇和神仙居省级旅游度假区的宾馆酒店、餐饮、旅游购物等配套服务,形成以白塔镇为旅游综合接待服务中心,向神仙居、景星岩、皤滩古镇、高迁古村、淡竹原始森林等几大景区辐射的旅游吸引物格局。临海市要着力打造江南长城、固山景区、灵江景观带组合而成的风景名胜区体系,推介括苍山"浙东南第一高峰"的旅游形象,完成牛头山省级旅游度假区的产品换代升级。

空间结构:天台、仙居和临海构成三角形旅游环线。以各县城(市区)为中心形成指状发展格局;将自然山水生态环境与宗教历史人文胜迹有机组合起来,形成以县(市、区)为单位的资源综合集聚体;建设临海综合接待中心,以及天台和仙居两个游客中心;在建的台金高速和诸永高速,将使仙居的白塔镇成为重要的交通枢纽和旅游集散地,也使天台、仙居、临海这条天仙配黄金旅游线形成真正的环线;充分利用神仙居省级旅游度假区的优势,形成旅游接待和住宿的服务中心,增加高档次旅游酒店和农家乐等特色生态住宿设施建设。发展临海综合餐饮中心和"天仙山珍"特色餐饮相结合的旅游餐饮格局。

- 台州滨海休闲游憩带

地域范围:椒江区、路桥区、临海市、温岭市、玉环县、三门县六个县(市、区)的海滨地区。

性质定位:长江三角洲地区知名的海滨休闲度假旅游区,以观光旅游、休闲度假、商务会议会展为重点的台州市特色旅游区,台州市旅游发展的潜力地区。

发展思路:三门—桃渚—椒江的沿海大通道建设,使得台州东部沿海旅游带的整合和游线延续成为可能,沿途各景点要充分融入这条主要游线之中。三门的海岛和临海的桃渚风景区主要发展海岛海滨风景旅游;椒江、路桥、温岭、玉环可以朝游艇俱乐部、海钓俱乐部等休闲娱乐旅游和商务会议会展等方向发展,使得整条滨海旅游带成为旅游内容丰富、产品类型多样、档次齐全的重点旅游发展地区。

空间结构:整个东部滨海旅游带形成北部三门海上运动休闲旅游区、中部台州城市休闲旅游区和南部玉环滨海旅游度假区三个不同特色的旅游区。

4. 中心城市旅游服务功能建设

(1) 综合接待中心

综合接待中心主要服务于各旅游功能区。台州的旅游资源比较丰富,城市功能齐全,因此,规划布局台州市区综合接待中心,对接待游客的游线组织、信息咨询、导游安排服务、预订购买往返交通票等提供各类服务,还可应游客要求统筹安排游客在其旅游功能区内的食、住、行、游、娱、购等各项活动。

台州市的综合接待中心包括服务于整个台州市域的旅游中心城市(台州市区)和旅游次中心城市(临海市、温岭市)。

(2) 游客中心

为方便游客的旅游活动,需要在综合接待中心的基础上,合理布局游客中心,安排相应的旅游接待设施。游客中心设置的目的主要是弥补综合接待中心的不足,为游客提供住宿、娱乐、美食等服务。规划建立各县(市、区)游客中心。

台州的游客中心主要建设在旅游城镇(天台、仙居、玉环、三门四个县城,大陈镇、桃渚镇、皤滩镇、白塔镇等)。

(3) 旅游服务点

设置在主要旅游景区或景点较集中的相邻地段,提供游人基本和必要的服务:信息咨询、小卖部、购物、摄影、导游、公厕等,景点的游客中心一般不设置住宿项目,以免资源浪费和对环境造成污染。

五、旅游发展措施

1. 旅游产业政策措施

• 加大区域旅游发展的宏观协调力度

建立台州和周边城市的协调机制,就旅游发展过程中出现的一些重大问题进行跨部门、跨地区及跨省的协调;积极消除体制障碍,为台州的旅游产品经营、旅游交通组织以及组建台州的大型旅游企业集团营建绿色通道;形成政府机构上下联动、社会广泛支持旅游业发展的宏观环境。

• 继续坚持导向性投资与社会筹资相结合,多渠道解决资金投入问题

各县(市、区)应积极筹建旅游发展基金,建立稳定、合理的导向性资金渠道,用于引导精品项目的建设;在积极争取旅游国债的同时,坚持社会化、市场化的旅游投资方针,制定鼓励旅游开发的优惠政策,扩大招商引资和吸引社会闲散资金的力度;贯彻"放水养鱼"的方针,比照高新技术开发区政策,在重点旅游区、生态旅游示范区、旅游度假区建设的起步阶段,给予相应的优惠政策和2～3年的资金封闭积累期;加强对旅游投资的管理,特别是旅游国债的合理利用与管理。对社会投资积极引导,防止低水平的重复建设。

• 重视对旅游基础设施建设的持续投入

在申报投资项目或自主安排投资项目上,尽可能将交通、通讯等基础设施建设、生态建设等专项资金的投放与旅游发展项目捆绑运作,最大程度地发挥投资的综合效益。

• 鼓励旅游业进入资本市场融资

支持符合条件的旅游企业上市融资;鼓励民营、集体、外资等其他经济实体参与旅游业发展,逐步形成多元化的旅游投资格局;积极探索建立规范的价格运行机制,支持重点旅游景区合理运用价格杠杆调节旅游市场需求,有序引导旅游淡旺季的游客流向、流量,并为旅游资源与生态环境保护、修复积累资金。

• 重视旅游资源与环境管理

台州旅游资源开发和旅游业的发展必须把旅游资源和生态环境保护置于优先地位,把可持续发展战略贯穿到旅游业发展的各个层面。注意加强与相关产业发展的协调,避免其他资源不合理开发对旅游资源的破坏,实现资源优化配置,经济、社会协调发展;注意对生态环境脆弱或敏感地区,包括生态湿地、历史文化遗迹等重点旅游景区的保护,划定旅游生态与景观环境保护范围,科学开发与管理。对暂不具备开发条件的旅游资源,要加强保护,避免盲目开发或无序开发;强化宣传引导,倡导科学文明旅游,促进旅游业的健康发展;注意挖掘、整理和保护地方文化遗产,保护文化多样性,避免地方特色文化(如民俗风尚、娱乐节庆活动)的退化。

• 建立规范的旅游市场运作规则,营造公平的市场竞争环境

针对旅游市场分割与地方保护问题,尽快出台相应的管理法规,并加大联合执法、监督力度;注意协调地方利益与外来企业的关系,保障外来企业获得公平的竞争环境和合理利益;重视对旅游统一市场的建立,在消除地域障碍的同时,要着力培育旅游客源市场、旅游产业供给市场和旅游要素市场(资金市场、技术市场、人才市场和信息市场)。

2. 旅游市场推广措施

促销台州入境旅游市场分为港澳台市场和外国人市场。在长江三角洲16个城市中,台州接待入境游客的规模比例处于中下游水平,在开发海外客源方面,台州还有很大的潜力,应大力培育和发展入境常规旅游市场,制定强有力的营销战略。促销战略近期以港澳台、日本、韩国等地区为主,中远期则开拓欧美、东南亚及澳大利亚市场,形成全方位、多元化、多层次的旅游客源市场体系,开发台州已经确定的市场潜力,并将潜在市场转化为预期的目标市场。对入境旅游市场可以采用展销团、博览会、庆典、网络、广告、出版推销,以及公众推销、媒体推销、组团来访等促销方式。

长期以来,台州在国内旅游市场的形象是自然山水和佛教文化,主要的是观光游客,要将其他丰富的资源,如生态环境、海岛度假、城市建设等在台州整体形象中充分表现出来,以吸引更多的游客。面向国内市场的营销措施包括树立整体促销的意识,细分市场,有的放矢,采取叠加促销、滚动发展的方式。

第十一章　丽水市旅游发展规划指引

一、现状概述

丽水市地处浙江省西南、浙闽两省结合部。总面积为1.73万平方公里，2005年年末总人口达到251.4万。下辖莲都、景宁、遂昌、云和、龙泉、松阳、青田、缙云、庆元九个县（市、区），其中景宁是全国唯一的畲族自治县。

1. 旅游产业现状规模

丽水市旅游产业规模近年来稳步增长（表2-2-19）。2005年丽水市接待国内外游客总量达到490万人次，旅游总收入达到28.8亿元，旅游总收入相当于地区生产总值的9.4%。除入境游客接待量和旅游外汇收入高于衢州市外，丽水市的主要旅游经济指标均位居全省末位，与其他10个地市存在十分明显的差距。旅游产业规模处于全省旅游发展的第三阶梯。

表2-2-19　丽水市旅游业发展统计

年份	国内游客（万人次）	国内旅游收入（亿元人民币）	海外游客（万人次）	旅游创汇（万美元）	旅游总收入（亿元人民币）
2000	132.7	4.9	0.79	1 510	5
2001	161.4	6.4	1.73	3 442	6.73
2002	215.3	8.86	1.73	4 175	9.28
2003	242.6	10.2	2.36	4 495	13.93
2004	376.9	13.5	3.07	5 213	18.66
2005	485.8	21.5	4.07	8 201	28.8

至2005年年末，全市已拥有星级旅游饭店47家，其数量位居全省第11；拥有旅行社29家。整体旅游接待能力不断增强，但在全省仍处于末位。

全市目前已有近50个旅游区（点）对游客开放，其中A级旅游景区（点）15个，包括一个4A级景区、一个3A级景区和13个2A级景区。其中缙云仙都2005年接待客量达到39.2万人次，在全省54个4A级旅游景区中居第44名。

2. 旅游产品结构现状

丽水市旅游产品开发尚处在起步阶段。目前全市已经初步形成四大产品体系，即以缙云鼎湖峰、青田石门洞、莲都东西岩、松阳箬寮岘为代表的山水观光产品；以缙云仙都、青田石门洞、市区南明山—东西岩、松阳箬寮岘、龙泉山旅游度假区为代表的山地休闲旅游产品；兼有以景宁畲族自治县为代表的畲乡文化旅游、以龙泉为代表的剑瓷文化旅游、以缙云仙都为代表的黄帝文化旅游多元文化在内的特色文化旅游；以缙云河阳村、潜明村小龙潭等为代表的乡村旅游。目前丽水市拥有国家级风景名胜区一个、国家级自然保护区两个、国家级文物保护单位五个、国家级森林公园两个。

3. 旅游发展的空间结构现状

旅游业地域发展不平衡。市域东部、北部旅游业发展相对成熟，西部、南部旅游开发相对缓慢。具体表现为：市域东部和北部的遂昌、松阳、莲都、缙云、青田五县（区）的旅游景区开发程度较高，产品相对成熟，尤其金丽温高速公路沿线所穿过的缙云西部、丽水东部和青田中部，是丽水旅游业发展最为成熟、高等级旅游区最为集中的地段；而市域西部和南部的龙泉、庆元、景宁、云和四县（市）旅游区呈点状分布，多数位于主要交通线附近，尚未形成较完整的旅游网络体系。

二、旅游发展条件与潜力

1. 旅游发展条件

（1）资源条件

丽水市旅游资源十分丰富，类型多样。其中旅游资源基本类型拥有量、旅游资源总储量和五级旅游资源单体数量均居全省前四位。丽水市优势旅游资源包括以缙云仙都为代表的风景名胜资源，以凤阳山—百山祖为代表的生态旅游资源，以剑瓷文化、黄帝文化为代表的特色文化旅游资源，以及以青瓷、宝剑、庆元香菇、青田石雕为代表的地方特色商品。

山水风景方面，丽水堪称整个长三角地区的"山之都、水之源"，是这一区域内山最高、发育河流最多的地区。

历史文化方面，丽水拥有"黄帝文化"、"剑瓷文化"、"廊桥文化"、"田鱼文化"（稻田养鱼已被联合国粮农组织列入全球农业文化遗产进行保护）等多种特色文化，其中"黄帝文化"和"剑瓷文化"在全国范围内具有一定的比较优势。

民族风情方面，景宁是全国唯一的畲族自治县，独特的畲族传统文化和畲乡风情成为旅游开发的重要吸引力。

传统旅游商品方面，丽水的香菇、青瓷、宝剑、木制玩具等土特产品和工艺品驰名中外，为具有市场垄断性的特色旅游商品的开发提供了资源基础。

（2）市场条件

丽水位于我国三大客源市场之一的长三角旅游客源市场内，居民出游需求强烈，市场需求巨大。丽水周边为金华、温州、台州等地市，这些地市在全省属于经济发达地区，经济实力雄厚，居民出游率高，而本市资源中缺少纯生态资源，丽水的山水生态资源对这个市场有很强吸引力，区域市场潜力广阔。

2. 旅游发展潜力

（1）生态环境优良，在全国具有明显的比较优势

丽水是全省的生态环境高地，并承担着全省经济社会可持续发展的生态屏障功能。丽水是浙江省首个国家级生态示范区建设的试点区，是全国四个国家级生态示范区之一，被誉为"浙江绿谷"。在浙江

省环境监测中心公布的2004年度浙江省生态环境质量评价报告中,丽水市的整体生态环境质量名列全省第一。据国家环保总局进行的全国首次生态环境质量调查结果,在全国2 348个县(市、区)评价单位中,丽水九县(市、区)生态环境质量均为优秀,全部进入全国前50位,其中庆元列第一位,景宁列第五位,龙泉列第八位,云和列第十位。丽水市拥有两个国家级自然保护区和一个省级自然保护区,两个国家级森林公园和八个省级森林公园。全市森林覆盖率高达79.1%,比全省平均高出19.7个百分点。

(2) 交通条件的改善增加了市场空间的拓展和投资合作机会

丽水位于金温铁路沿线带。丽水市到温州机场、港口的距离是130公里,距义乌机场102公里,距杭州萧山国际机场和宁波港280公里左右,高速公路直通均在3小时以内,距上海港和上海浦东国际机场480公里,高速直通仅需4.5个小时。优越的交通区位,为核心客源市场至丽水的出游提供了较高的可达性。

按照全省高速公路建设规划,2007年前金丽温高速、龙丽温(龙游—丽水—温州)高速、丽龙庆(丽水—龙泉—庆元)高速丽龙段、台缙高速均将建成开通。上述工程完成后,丽水市的全部九个区县(市)都将直接融入省域高速交通网络,丽水可以借助高速公路东接温台、西联金衢、北通杭州,并与沪苏闽赣的重要城市和旅游区相沟通,增加了市场空间的拓展半径。

3. 主要问题解析

(1) 经济与社会支撑条件薄弱,旅游投入低

丽水历史上由于交通不便、信息不灵、工业化进程缓慢,长期以来社会经济发展水平在全省相对落后,属于全省经济发展的低谷区,GDP总量和人均GDP都处在全省之末。由于经济与社会支撑条件薄弱,造成旅游投入低,从而产生了资源开发规模小、层次低、宣传促销力度不够、旅游基础设施和服务设施薄弱等一系列问题。与浙江省其他地市相比,丽水市多数旅游景区开发层次偏低,特色不够鲜明,景区规模较小,有竞争力的旅游精品项目相对较少。

(2) 发展重点偏差,优势资源没有得到重点开发

在丽水旅游投入不足的现实情况下,如何科学合理地选择发展重点,使有限的旅游资金发挥最大的旅游经济效益成为决定丽水旅游业发展的关键。但目前丽水市旅游发展重点有一定偏差,缙云仙都、凤阳山—百山祖等优势资源没有得到重点开发,旅游基础设施和服务设施等旅游发展的基础条件仍较落后。发展重点的不清晰使得丽水始终不能形成带动全市旅游发展的核心品牌和优良环境,旅游腾飞的引擎动力不足。

(3) 工业发展的要求对生态环境保护造成威胁

丽水属于全省工业化滞后区,加快推进工业化步伐,提高经济总量和人均收入,是今后经济社会发展的必然要求。生态特色突出是丽水相对于周边地区的最大优势,生态是带动丽水旅游发展的内动力和核心。因此,如何有效协调工业发展和生态环境保护利用的关系,能否真正走新型工业化道路,大力发展以循环经济为核心的生态工业,使优越的生态环境和人文环境得以保留,是决定丽水未来旅游产业是否能实现可持续发展的关键问题之一。

(4) 环境相对封闭,市场区位、交通区位劣势明显

丽水位于长江三角洲的边缘区,距离长三角核心客源市场相对较远。此外,丽水"九山半水半分田"的地形使得其地理环境相对封闭,区内外交通不够便捷。尤其一些品质优良的旅游资源分布于丽水的边界地区,由于山高路远长期以来开发缓慢。如何突破现有的市场、交通等方面的劣势,成为丽水旅游

业发展要解决的核心问题。

三、旅游发展目标与方向

1. 旅游发展目标

（1）总体目标

长江三角洲地区最有影响的生态休闲旅游目的地；"浙江绿谷"成为国内知名生态旅游品牌。根据丽水市旅游产业现状、国民经济与社会发展"十一五"规划，确定到规划期末，旅游业成为丽水市国民经济中的重点支柱产业。旅游产业对市域经济增长、社会发展和生态建设的综合贡献率将大大提高。

（2）品牌目标

- 中国优秀旅游城市——丽水、缙云、龙泉；
- 国家级旅游度假区——瓯江旅游度假区；
- 国家5A级旅游区——缙云仙都风景名胜区；
- 国家级生态旅游示范区——凤阳山—百山祖山地生态旅游区。

2. 旅游发展方向

丽水旅游以生态旅游和特色文化旅游为主导产品。主要开发方向包括：

- 以生态度假、康体养生、运动休闲为重点的生态旅游产品的系列开发；
- 特色文化资源的深入挖掘与旅游展示利用；
- 旅游设施和旅游环境的完善优化。

四、旅游发展主要思路

1. 旅游产业优化发展的途径

（1）选择优势旅游资源打造特色品牌，进行重点突破

在全市选择几个资源等级高、发展潜力大的优势资源系列，从品牌景区建设、品牌形象、品牌商品等方面打造丽水特色品牌，通过重点突破，最大程度地发挥丽水有限的旅游资金和人才的作用。依托丽水在全省突出的生态环境优势，重点打造凤阳山—百山祖生态旅游品牌。整合类型丰富的文化旅游资源，重点打造仙都黄帝文化、畲族文化、青瓷文化等特色文化品牌。加强旅游要素的利用，尤其是畲族服饰、龙泉宝剑、青瓷、青田石雕、香菇等特色旅游商品的开发利用。

（2）打造"山骨水形"的生态休闲型旅游目的地城市

仙都的柔秀、凤阳山的挺拔以及两者皆有的良好生态环境，浓聚于丽水的城市之中。通过山地观光、山地休闲、山地运动等项目策划，以及山地景观和文化景观、建筑景观的有机融合，全面营造以山为骨架的丽水山景风貌。通过仙都景区内水环境的营造、瓯江滨水休闲环境的整治以及水景节点、水景廊道、水景建筑、景观植被等细节的设计，全力构造以水为形的丽水水景风貌。以山水为空间脉络，将丽水打造成为"山骨水形"的生态休闲型旅游目的地城市。

(3) 注重生态环境和资源的保护利用，实现旅游业的可持续发展

良好的生态环境是丽水旅游业发展的基石，生态是丽水旅游的最大卖点和优势。因此，丽水旅游业发展必须协调好工业发展、旅游业发展和生态环境保护之间的关系，有效保护生态旅游资源和环境，实现旅游业的可持续发展。在对生态环境和资源进行有效保护的前提下，将体现这一卖点和优势的资源整合成生态系列旅游产品。

(4) 加强区域联动，带动边缘区域开发

以丽水、缙云、龙泉城区为全市旅游组织与集散中心，以景宁、遂昌、庆元、松阳、云和、青田为二级旅游组织中心，以各景区（点）为重要节点，构造辐射全市的旅游网络体系。加强丽水市与金华东南（方岩）、福建西北和东北（武夷山、宁德）、温州西南和西北（南雁荡、楠溪江）等周边市（区）的联动开发，以周边地区知名景区带动丽水边缘景区的开发，改变这些区域由于山高路远而长期以来形成的旅游发展落后局面。

(5) 加强中心城区和核心旅游景区的旅游设施建设，优化旅游发展环境

在中心城区和核心旅游景区等旅游重点发展地域，加强以交通为核心的旅游基础设施建设，以宾馆饭店为核心的旅游服务设施建设，以景观营造为核心的环境风貌建设，以旅游标识系统和安全系统建设为核心的旅游配套体系建设，以自驾游为核心的自驾车营地建设，全面优化旅游发展环境，突破丽水旅游发展的瓶颈。

2. 旅游产品体系调整

(1) 生态度假和运动休闲产品的大力开发

着力培育生态旅游产品系列。除重视传统的生态观光、生态科普产品的开发外，加大对生态度假和运动休闲等体验性、动感性生态旅游产品的开发，并作为丽水旅游的特色和亮点进行大力培育。主要开发地域类型包括：以凤阳山—百山祖为代表的自然保护区的实验区，以遂昌森林公园、卯山森林公园为代表的森林公园，以缙云仙都为代表的风景名胜区，以瓯江流域为代表的滨水地区等。

(2) 特色文化产品系列的开发

多元化开发特色文化旅游产品。在核心旅游项目的表现上，实现技术突破，利用现代科学技术，更新旅游产品的表现手段，并进行展示演示手段的活化，拓展成参与性、体验式的旅游产品的开发，将内涵深邃的文化旅游产品做"活"做"实"。将文化内涵融入餐饮、娱乐、住宿等旅游要素中，实现旅游要素的吸引物化开发。

精品化开发黄帝文化，开发畲族民俗风情体验、青田侨乡文化、龙泉剑瓷文化等特色产品。主要开发地域包括：缙云仙都风景名胜区、景宁畲族自治县中畲族集聚分布区、龙泉市、青田县。黄帝文化旅游产品开发措施包括：加强与陕西黄帝陵的联合营销，巩固并提升"北陵南祠"品牌，以知名度较高的陕西黄帝陵的品牌带动缙云仙都旅游区的市场知名度的提高；通过高科技展示、参与性活动设计等手段"活化"文化旅游产品；将文化要素融入到餐饮、娱乐、购物中，增加文化产品的附加值。畲族文化旅游产品开发除提升现有的畲族习俗表演和餐饮产品的档次和规模外，更要将畲族民俗风情与周边山水环境观光、生活方式体验、民俗节庆等资源进行整合开发。

3. 旅游发展空间结构优化

丽水由于"九山半水半分田"的自然条件，很多旅游区交通不便，对外通达程度成为决定这些区域旅

游发展潜力的重要因素。在这一发展条件下,根据丽水市旅游产业的发展阶段和发展条件,确定"一心一核一带三线"的市域旅游发展空间格局。

（1）一心

- 丽水城区旅游服务与休闲中心

以生态旅游城市为城市目标,强化丽水市区的旅游集散和旅游服务功能,发展城市生态休闲旅游,结合瓯江休闲度假旅游开发,建设成为丽水生态休闲旅游服务中心和客流集散中心。

（2）一核

- 仙都风景休闲旅游区

缙云仙都风景区山水风景层次丰富,景点独特,类型多样,文化内涵深厚,休闲度假环境优良。通过将现有水面提升0.5~1米,可极大改变景观和小气候环境,形成更好的休闲度假环境。将现有过境路外迁,路和江之间建设组群式度假村,开发成为具有自然山水和乡村特色的休闲度假地域。将以水为核心要素,山为辅助要素,文化为补充的休闲度假环境体验作为旅游产品的亮点和卖点,结合黄帝文化体验、风景名胜资源的观光游览与登山健身、休闲娱乐等活动,打造丽水旅游的核心景区。

（3）一带

- 缙丽青"浙江绿谷"休闲旅游经济带

沿线经过缙云、莲都和青田三县(区),既是全市经济实力最强、交通最为发达的地带,又是旅游开发条件较好、风景名胜资源较为集中的地带。以丽水城区为中心,以风景名胜资源的保护利用和文化内涵的挖掘展示为重点,重点打造缙云仙都风景区和青田侨乡旅游两大品牌,以此带动丽水市中部和东部旅游业发展。

（4）三线

- 丽水山水文化经典游线

从丽水市区,经松阳、遂昌,到龙泉、云和等地市,是一条高品质的山水风景和古村落文化资源集中分布的地带。龙丽公路贯通本区,随着龙丽温高速公路的开通,对外交通条件将得到进一步改善,成为丽水通往金华、衢州的主要通道。以独山古村、界首古村、上田古村等古村落,湖山、九龙山、浙南箬寮原始林等为旅游吸引物,构建以山水观光、特色文化体验为主,森林生态、山地避暑度假、温泉和竹炭养生为辅的旅游产品体系,改善部分景区的对外交通条件,加强品牌包装营销。

- 丽水南部生态旅游专线

从丽水市区,经云和、龙泉到庆元是一条以优良生态环境为优势的旅游资源带,沿途有瓯江市区段水域、云和湖、云和木制玩具城、龙泉青瓷宝剑园区、凤阳山(黄茅尖),以及庆元的百山祖、举水廊桥等。以生态为主导品牌,以龙泉剑瓷文化为辅助品牌,以凤阳山—百山祖和瓯江—云和湖为核心景区,打造丽水生态旅游品牌的精品路线,并带动丽水市西南部旅游业发展。以瓯江两岸、云和湖滨水地带为轴线,开发滨水休闲度假产品,建设一个以大面积水域为依托的滨水生态休闲旅游区,使之成为丽水生态休闲旅游的品牌产品。以凤阳山—百山祖生态旅游区为旅游产品品牌,开发度假、疗养、会议等山地休闲度假旅游产品,规划期末建设成为国家级生态旅游示范区。

- 丽水中部生态与民族风情专线

从丽水市区经云和至景宁是一条以生态与民族风情为特色的旅游带。重点开发景宁畲乡民族风情体验旅游产品,开发重点包括三方面内容,一是改善外部交通,加强现有环境整治;二是对体现畲乡地域特色的建筑、服饰等物质文化载体进行保护、局部恢复和多方展示利用;三是加强对节庆、风俗、生产生活方式等非物质文化的挖掘和体验性旅游活动的策划。

(5) 构建五条区域旅游通道

在全市范围内构建五条区域旅游通道,将区内外主要旅游城镇和旅游景区串联起来。

东北通道:莲都—缙云仙都—永康方岩;

东通道:青田—温州楠溪江;

东南通道:景宁畲族自治县—温州泰顺廊桥、南雁荡山;

南通道:庆元—福建宁德;

西通道:龙泉—福建武夷山。

4. 中心城市旅游服务功能建设

(1) 旅游服务体系

以丽水城区为中心,构建分级旅游服务体系,辐射各个县区和重点旅游区域。

一级服务中心(综合型):丽水城区。

二级服务中心(特色城镇型):缙云、龙泉、景宁、遂昌、庆元、松阳、云和、青田城区。

三级服务中心(景区型):凤阳山—百山祖、缙云仙都、瓯江旅游度假区等景区内的旅游服务集中地域。

(2) 旅游集散中心建设

近期在莲都建设丽水市旅游集散中心,中远期在龙泉市建设丽水市旅游集散次中心,并加强缙云—莲都—龙泉旅游通道建设。

(3) 重点旅游产业配套建设

大力加强旅游交通网络体系的建设。对外交通方面,加快建设丽龙庆高速公路、龙丽温高速公路丽水段和台缙高速公路丽水段、龙浦高速公路,提升330国道和各省道的等级与技术标准,进行瓯江航道温州江心渡口至丽水的规划建设。加强与周边县市区(包括福建省)旅游交通网的有效衔接,尤其是与温州、义乌等地机场的联系,建设丽水现代化立体旅游交通网络体系。对内交通方面,加强凤阳山—百山祖、景宁大漈、遂昌湖山等地处山区的重点旅游区和主干交通线之间的联系,改善其进入性,并加强旅游区内部合理游线的设计。

针对丽水旅游接待服务设施建设相对滞后,旅游区位置偏远、旅游交通不便、旅游接待能力不足的问题,发展自驾车旅游,争取将丽水建设成为适应自驾车旅游需求的旅游功能区。在主要旅游区建设各种类型的自驾车营地,开发满足市场需求的自驾车旅游产品。在缙云仙都、龙泉凤阳山(凤阳湖)、庆元百山祖、景宁大漈、云和湖等旅游区设立连锁经营的自驾车营地。

大力开发旅游商品,培育商品名牌,形成旅游商品品牌系列。重点培育三个系列的旅游商品:一是名牌工艺品系列,包括龙泉宝剑、龙泉青瓷、青田石雕、遂昌黄金制品、竹炭制品等,加大宣传力度,开展价格认证,培育成国家级品牌;二是传统手工艺品和旅游纪念品系列,包括畲族服饰和手工艺品、云和木制玩具、河阳剪纸等,结合旅游区建设开展旅游商品销售活动,丰富产品种类、规范市场价格;三是土特产品系列,包括遂昌菊米、庆元香菇、松阳的椪柑、田鱼干等特色农林土特产品。对青田中国石雕城、龙泉剑瓷专业市场、云和木制玩具城等专业购物市场,优化市场环境,加强市场管理,丰富商品种类,完善餐饮等配套服务。

五、旅游发展措施

1. 旅游产业政策措施

(1) 强化旅游产业政策支持

- 保障旅游建设用地

对重点项目确保用地,对近期重点建设项目确保优先供地。划入旅游区范围的用地分为公益性用地、经营性用地和配套设施用地三部分,在政策上应区别对待。公益性旅游用地纳入城市公园和绿地,并享受同等政策。经营性旅游用地分别以招标、拍卖、挂牌出让、租赁等方式取得土地使用权。对旅游区配套设施用地(道路、厕所、停车场等),按行政划拨方式取得土地使用权。

- 加大财政投入力度

积极申请国家及浙江省的旅游国债专项资金、生态环境建设专项资金。丽水市配套建设旅游基础设施,改善生态环境,以此引导和激励旅游企业进行旅游投资。设立全市和各区县(市)的旅游发展专项资金,确保财政投入逐年增长,主要用于旅游规划、整体形象策划、市场营销等方面。

- 加大对经济欠发达地区的资金投入和政策倾斜

落后地区大力发展特色产业,包括民族特色产业、特色林果业、生态农业等,尽快使资源优势转化为经济优势;进一步加大扶持力度,支持和引导乡村旅游设施建设,加强旅游交通、环境整治建设,改善基础设施,为旅游发展创造良好的环境条件。

(2) 将资源环境保护作为旅游发展之本

高度重视旅游资源和环境保护工作,将其作为丽水旅游发展之本。着重体现三个方面的内容:第一,强调分级保护与分类保护相结合、单体保护与整体保护相结合、政策保护与工程保护相结合等原则;第二,明确划定重点保护的地域范围,控制或禁止可能影响旅游资源永续利用的一切开发建设活动的进入;第三,授予政府旅游主管部门执法权,对旅游资源重点保护地域范围内的一切开发建设活动进行审查、监督和执法检查。

根据环境承载能力、发展潜力的不同,合理划分限制开发区、旅游开发引导区和旅游重点发展区域,对旅游发展进行有效的引导与控制。限制开发区包括自然保护区的核心区、河流源头、重要水源地等具有重大生态意义、生态环境较脆弱的区域。该类区域以保护自然环境原始风貌为前提,提供简单的休闲游憩功能,进行小规模的旅游开发,严格控制开发建设强度和密度。旅游开发引导区包括畲族集聚地区、自然保护区的缓冲区、风景名胜区的核心景区等环境原生性较强的重点旅游区域以及重点城镇,该类地区在控制总的建设规模和建设密度的前提下,注重保持原有的文化和生态特色,进行适当的旅游开发,建设特色化、生态型的旅游服务与接待设施。重点发展区包括城区、休闲度假区等一些可以进行大规模建设的重点旅游区域,该类区域采取优化整治开发的模式,提升旅游区的环境质量和景观风貌。

(3) 加强区域旅游合作

重点加强两个层次的区域旅游合作,建立和扩大区域旅游合作平台:一是温州、衢州、金华等周边区域,重点进行旅游线路共组,开发边界旅游产品,发挥丽水周边知名度较高的旅游品牌对丽水旅游品牌的带动作用;二是其他长三角市场,加快接轨上海、融入长三角的进程,重点开发自然生态旅游产品,宣传其生态形象和品牌,将丽水重点旅游区纳入长三角精品旅游线路网络体系中。

2. 旅游市场推广措施

将浙江在内的长三角地区及福建、江西作为丽水的重点客源市场,大力开发生态休闲、生态度假、特色文化观光旅游产品,大力宣传其生态特色和卖点。以龙泉青瓷、宝剑、青田石雕、畲乡文化为载体,大力开拓国内中远程旅游市场和入境旅游市场,特别是要进一步开发青田侨乡的"归国返乡游"市场。

增加旅游营销投入,制定包括年度营销计划与中长期营销规划在内的系统的营销规划,实现营销定位的长期性与分阶段实施。在丽水总的品牌框架下分时期、滚动性推出旅游子形象,即每年以各县的旅游资源特色推出一个促销主题,并针对不同的促销主题策划相应的配套活动和节事项目,推出相应的旅游线路。

重视生态专项市场的营销。参加生态旅游推进活动和其他以生态为主题的大型活动,大力宣传生态品牌和形象,加强与生态旅游协会、机构的横向联系,加强对生态专项市场的营销。

为自驾车游客提供便捷信息、停车住宿优惠、自驾精品线路、自驾车租赁等特色服务,加强与各种自驾车俱乐部、协会的联系开发自驾游市场。

充分发挥网络营销的作用。在丽水政府网现有网页的基础上,建立独立的旅游网站,发展旅游电子商务,实现网站的实时可视查询。远期建设丽水旅游目的地营销系统,并纳入中国目的地营销系统中,与各城市的旅游网站相互连接,实现旅游信息的共享和交换。

附件二 地市旅游发展规划指引 431

杭州市

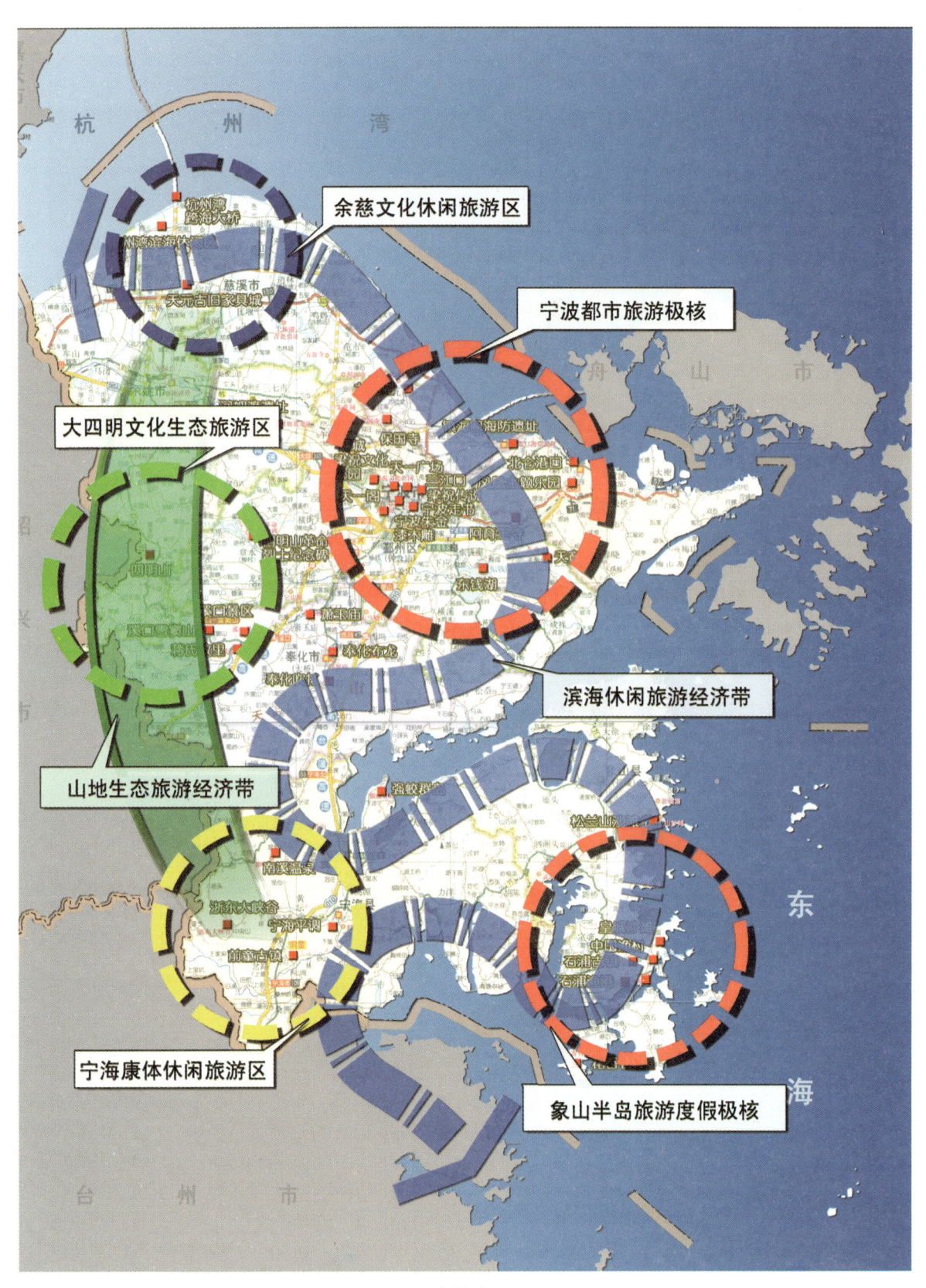

宁波市

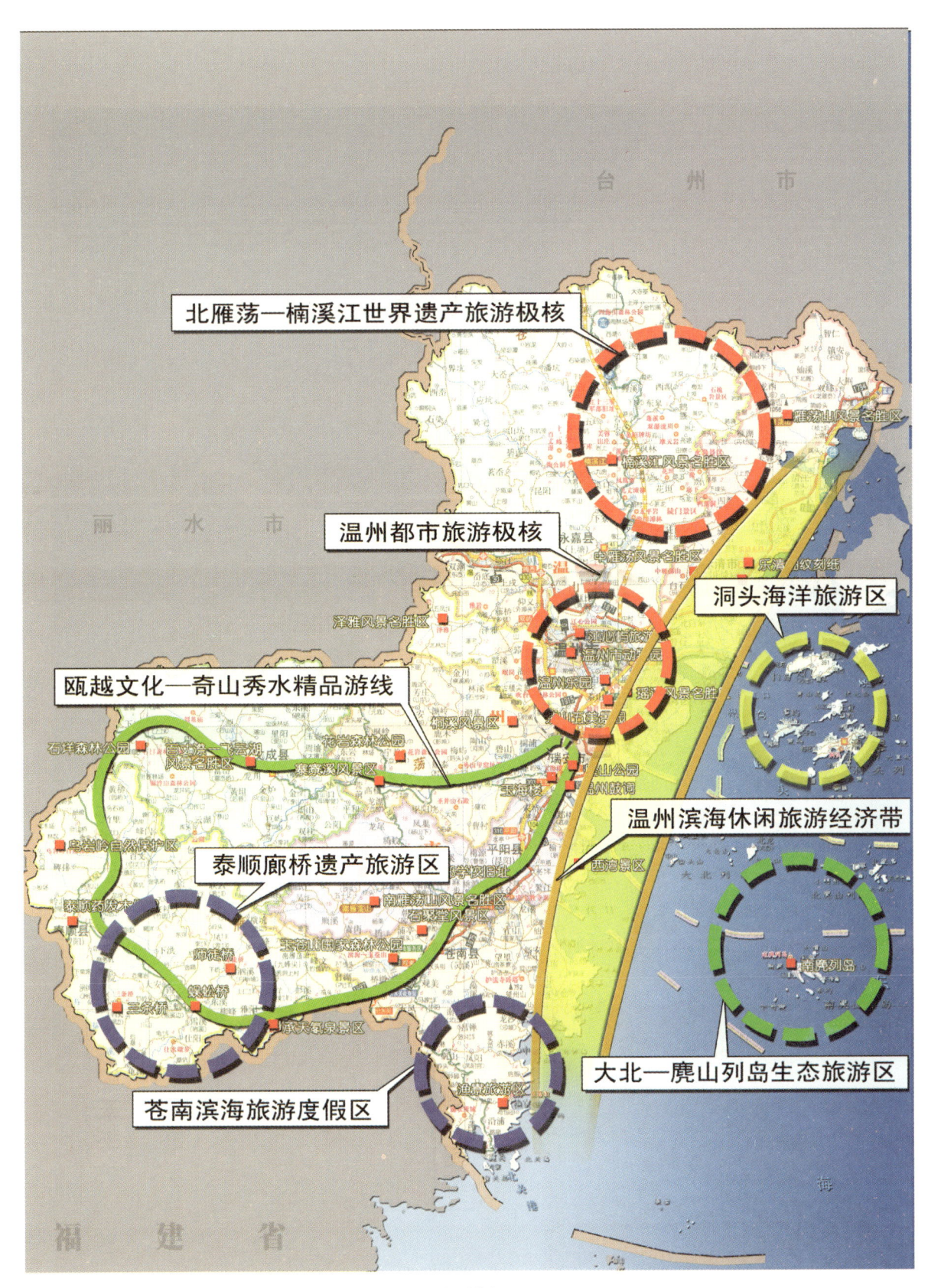

附件二 地市旅游发展规划指引 433

温州市

434　浙江省旅游发展规划

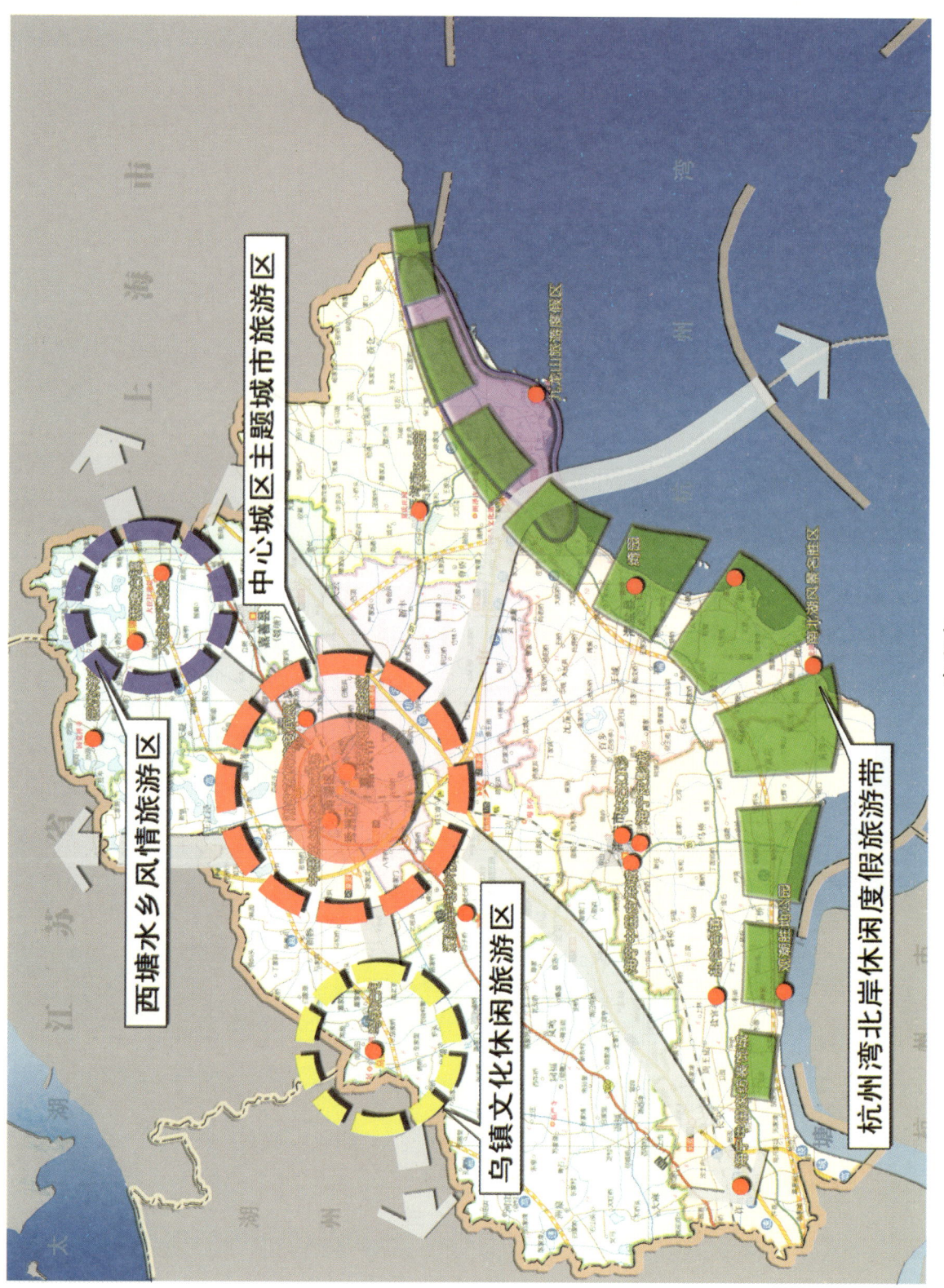

嘉兴市

中心城区主题城市旅游区

西塘水乡风情旅游区

乌镇文化休闲旅游区

杭州湾北岸休闲度假旅游带

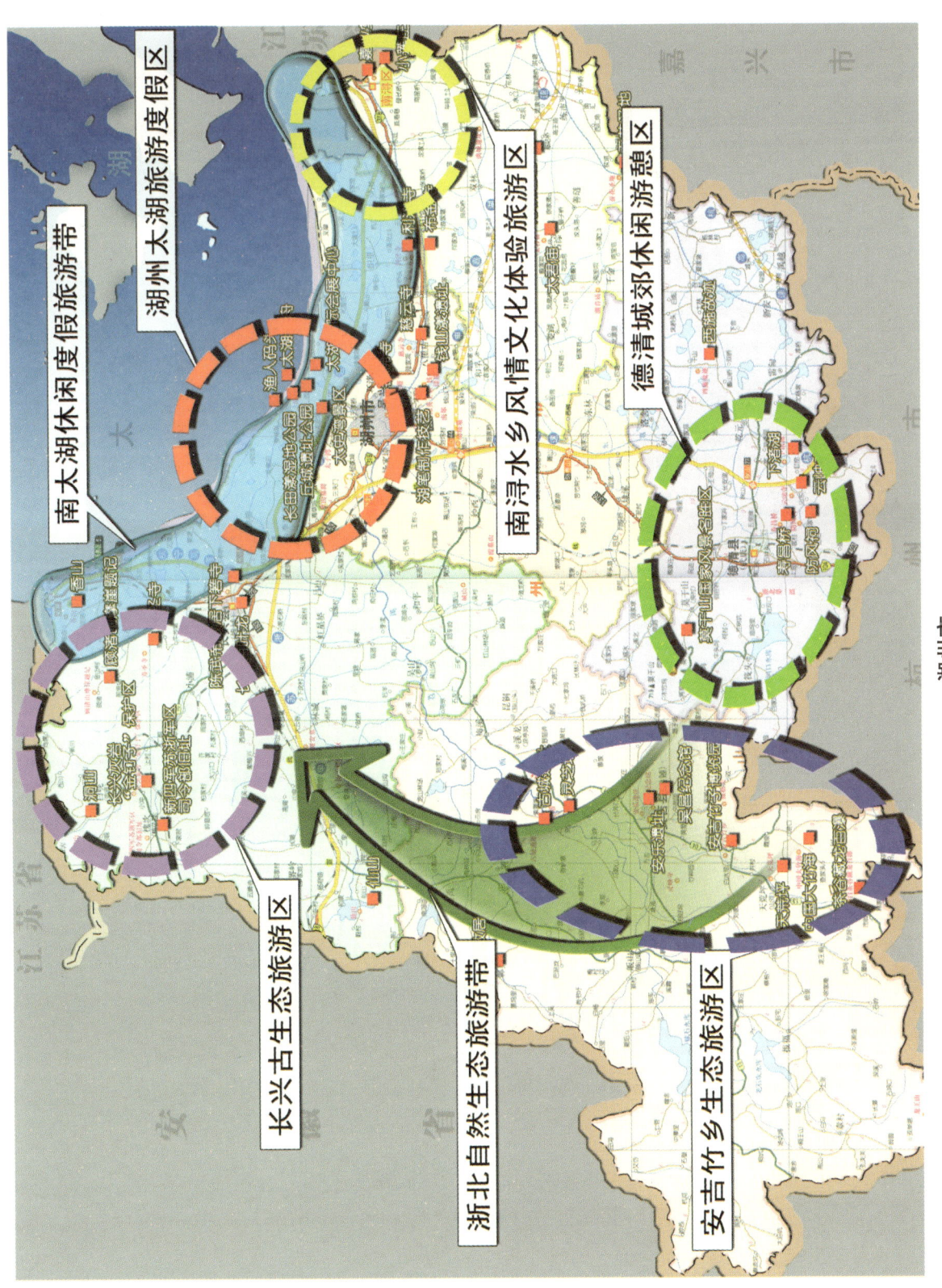

附件二 地市旅游发展规划指引 435

湖州市

绍兴市

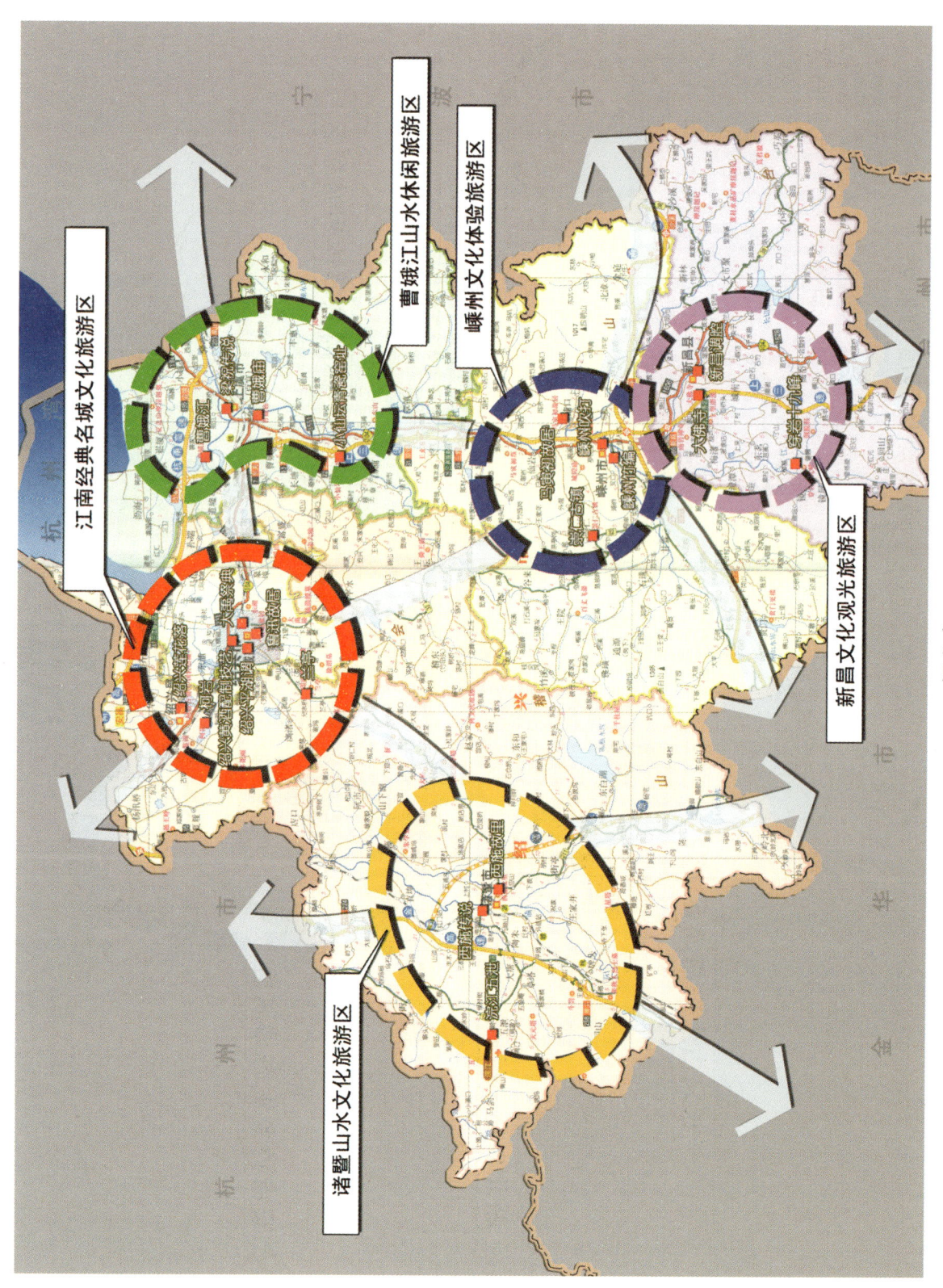

- 江南经典名城文化旅游区
- 曹娥江山水休闲旅游区
- 嵊州文化体验旅游区
- 新昌文化观光旅游区
- 诸暨山水文化旅游区

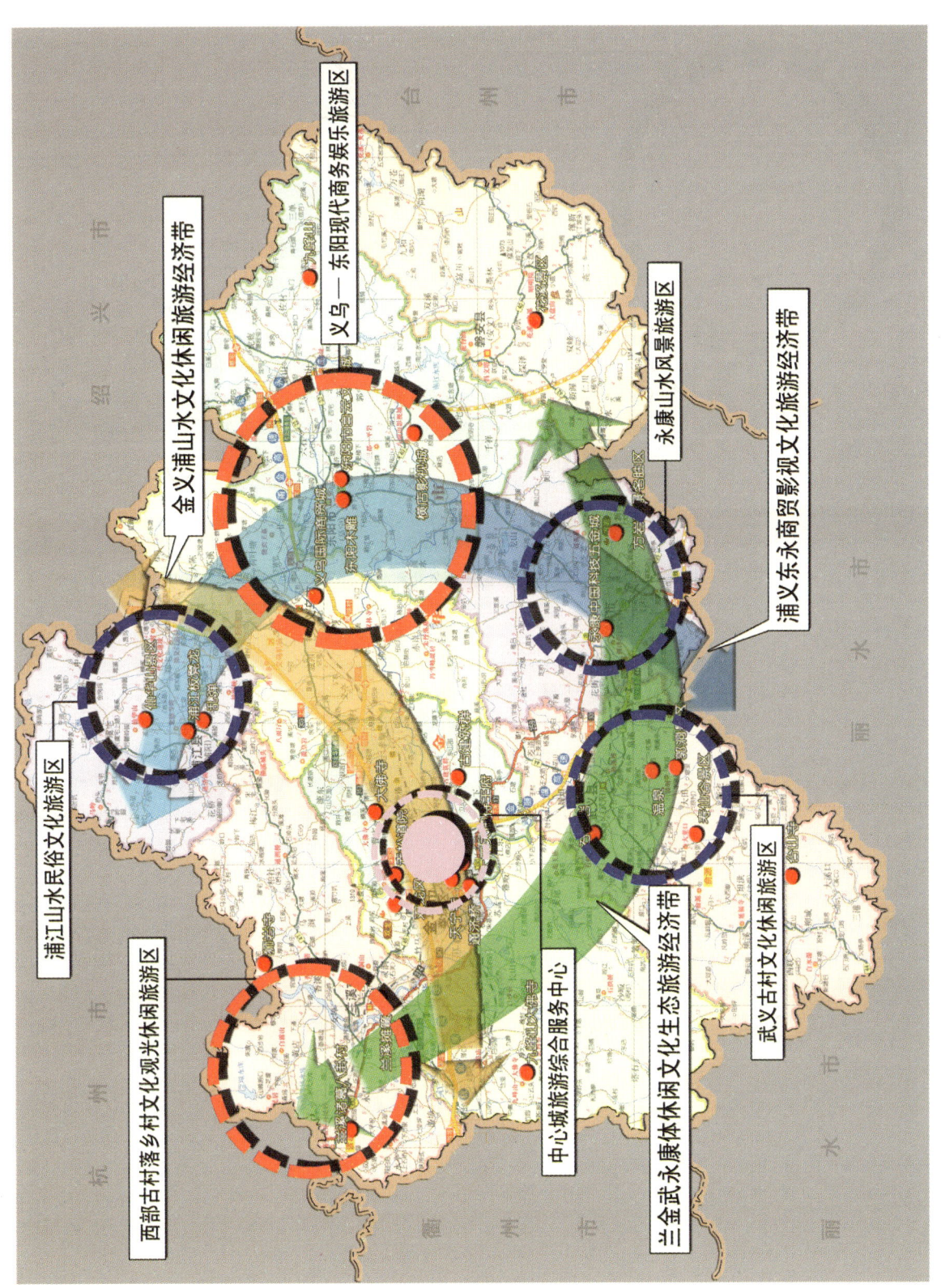

附件二 地市旅游发展规划指引 437

金华市

衢州市

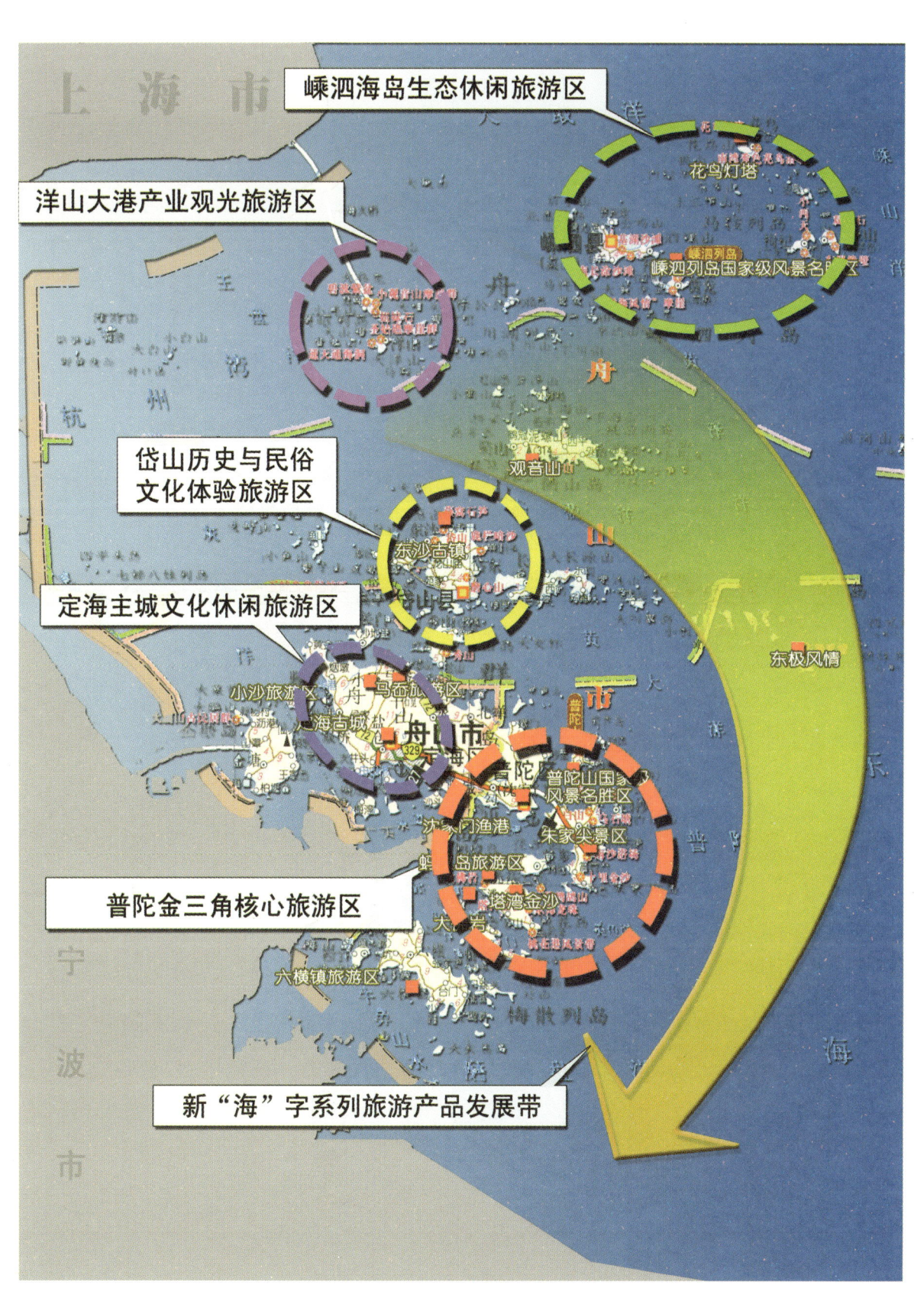

舟山市

台州市

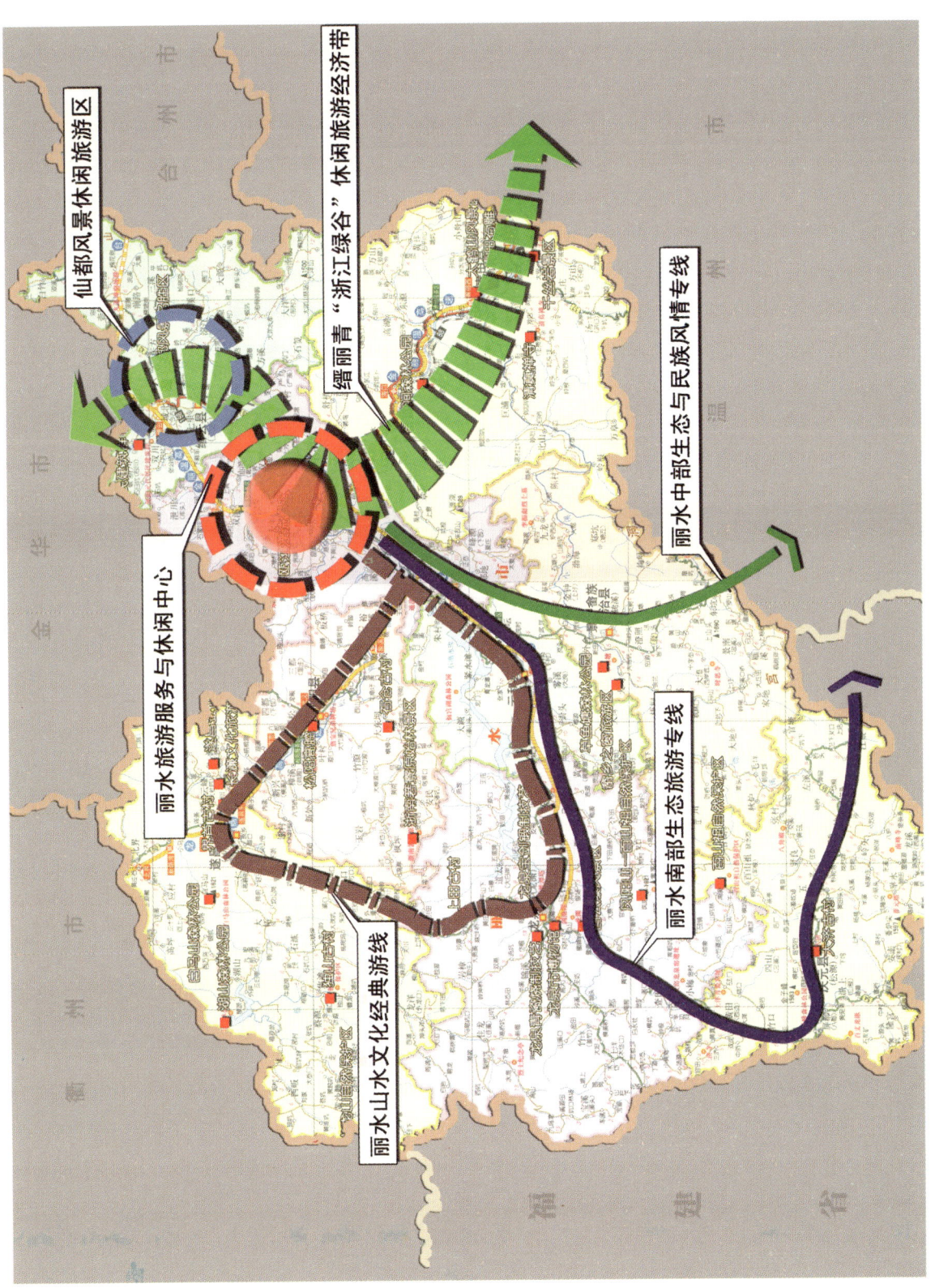

附件二 地市旅游发展规划指引 441

丽水市

附件三

专题报告

目　　录

专题一　浙江省旅游产业集群发展研究 …………………………………………………… 445
专题二　浙江省高端旅游产品开发研究 …………………………………………………… 476
专题三　浙江省民营经济与旅游业发展问题研究 ………………………………………… 484
专题四　浙江省乡村旅游发展研究 ………………………………………………………… 496
专题五　浙江省城镇特色风貌保护与景观规划 …………………………………………… 509
专题六　浙江省目的地品牌形象研究 ……………………………………………………… 532
专题七　浙江省城市旅游发展研究 ………………………………………………………… 545
专题八　浙江省生态旅游开发研究 ………………………………………………………… 554

专题一　浙江省旅游产业集群发展研究

一、产　业　集　群

巴尔夫(Barff)于1987年首次提出了产业集群现象,但直到1990年,才由波特(Porter)在《国家竞争优势》一书中正式提出"产业集群"的概念。此后,在各国研究文献以及有关集群战略的一些会议和政府文件中,对"产业集群"采用了多种称谓,例如"产业群(industrial cluster)"、"地方企业集群(local cluster of enterprises)"、"地方生产系统(local production system)"、"区域集群(regional cluster)"、"产业区(industrial district)"等,虽然称谓不同,但内涵一致。中国学者在20世纪90年代后期开始进行产业集群的研究。2002年年底中国软科学协会在宁波召开"产业集群与区域创新发展"会议,2003年5月地方产业集群研究网(www.clusterstudy.com)开通。

1. 概念

1990年,波特提出产业集群是在某一特定领域内互相联系的、在地理位置上集中的公司和机构集合,因此产业集群包括一批对竞争起重要作用的、相互联系的产业和其他实体。多年来,各国学者先后提出多种产业集群的概念,但总体来说,产业集群包含以下内容:① 产业集群针对某个特定领域;② 产业集群的地理位置集中;③ 产业集群由众多相互依赖的企业、知识生产机构(大学、研究院所、技术支撑机构)以及一些中介服务机构(经纪商、智囊团)和客户组成。

2. 基本特征

产业集群的基本特征为:

(1) 地理集中

产业集群是由生产(包括提供服务)相同或同类产品,或者生产(包括服务)同一价值链上的不同产品的关联企业及其支撑企业、相应支撑机构,如地方政府、行业协会、金融部门与教育培训机构在空间上集聚,是一种柔性生产综合体。

(2) 产权独立

产业集群的成员企业,都是独立的经济实体,它们自主经营,自负盈亏,按市场原则进行平等交易,是具有能够承担民事责任的独立法人。产业集群就是由具有这样特征的许多企业组成的群体,它既不同于通过产权为主要纽带而构成的企业集团,也不同于参股或控股公司。

(3) 产品"同一性"

产业集群是具有某种公共属性企业的集合。这种公共属性之一是生产(包括提供服务)相同或同类产品、生产(包括服务)同一价值链上的不同产品。这种"同一性"是产业集群整合增效的基础。

(4) 跨产业性

产业集群经常向下延伸至销售渠道和客户,并侧面扩展到辅助性产品的制造商,以及与技能技术或投入相关的产业公司。产业集群还包括提供专业化培训、教育、信息研究和技术支持的政府和其他机构。产业集群的跨产业性,是产业集群发展成熟的表现特征。

(5) 组织形态呈泛边界网络化

泛边界,意味着产业集群的边界,是动态和模糊的。网络化,表明产业集群内的成员企业,在保持产权独立性的前提下相互关联。

(6) 介于计划与市场之间的一种中间性的经济组织模式

产业集群,就其实质而言,是一个介于"计划"与"市场"之间的中间组织,它通过整合借力,集成区域企业经济及各种资源,突破企业经济的有形边界,在更大的范围内形成一个优势互补、能力最大化的集体,使得这种组织具有更强的抗风险能力和创新能力,可以集计划经济与市场经济的优势之大成,是协调区域开发秩序、调整区域经济结构、发展区域经济一种有效的组织模式。

二、旅游产业集群

旅游业是凭借自然优势实现企业集聚的产业之一。迈克尔·波特提出旅游业是集群效应最明显、最适合集群化发展的行业之一,并建议国家应把旅游企业集群作为重点培植对象。

1. 概念

旅游产业集群是以一个特定区域的旅游吸引物为核心,在业务上相互联系、相互竞争的旅游企业、相关企业、政府部门和非政府机构在空间上集聚,并由此形成旅游产业核心竞争力和持续优势的一种现象。其主体包括:为旅游业的食、住、行、游、购、娱等活动提供产品和服务的企业,如旅游饭店、交通运输、旅行社、游览娱乐、旅游物品经营等;为旅游企业提供物质、文化、信息、人力、智力、管理等服务和支持的企业,如邮电通信、金融、保险、教育事业、信息咨询服务、国家旅游相关的部门等。

2. 特征

旅游业作为国家大力扶持的新兴行业,已经在各地呈现出集聚发展的蓬勃态势,产业规模持续扩大。旅游业具备了产业集群的一般特征,具体表现为:

(1) 空间集聚明显

旅游业中的扎堆现象,在主题公园项目、环城游憩带、旅游度假区和著名景点周围都表现突出。众多相关联的行业、部门在同一个地理区域范围内集聚,共同服务于相似的消费者。

(2) 产业分工明确

一般来说,旅游企业围绕着核心吸引物集聚,为游客提供食、住、行、游、购、娱等需要,外围还围绕着对这些企业起支持作用的供应者和有关组织、团体、机构。不同层次、分工明确的旅游企业包括产品供应商、客户、销售渠道和专业化的基础设施提供者,并拓展到提供专业的培训、教育、信息、研究等支持的政府和其他机构、组织。

（3）经济联系密切

例如深圳华侨城控股公司对迪斯尼乐园以往的案例研究表明，主题公园的集聚可以强化主题公园的市场认知度，激发人们对主题公园或者主题娱乐产品的需求，用主题公园的手法开发经营主题景区景点，可以满足不同层次的市场需求并创造契机。

（4）产品功能互补

功能互补不仅表现为许多产品在满足顾客的需求方面相互补充，还表现为企业之间的相互协调可以使它们的集体生产能力得到进一步完善。例如，观光旅游者的旅游质量不仅取决于景观引人入胜的程度，还取决于互补性商业活动，如旅馆、餐馆、商店和交通设施的质量和效率。

（5）发展环境共享

旅游企业在一定地域内的高度集中，吸引了大量服务供应商和专业人才的存在，降低了使用专业性辅助性服务和信用机制的交易成本，而且专业人才的流动和知识外溢效应可以促进旅游企业的创新；同时由于大量旅游产品的区域整合集中，可以迅速扩大旅游目的地的影响，提高旅游目的地的区域竞争力，形成区域品牌。

3. 影响因素

旅游产业集群的初期主要是自发集聚，与资源优势和交通便利有相当大的关系。在当前各地交通都趋于完善、资源相对弱化的情况下，政府在促进集群的过程中发挥了重要的作用。

（1）资源禀赋

资源禀赋的差异造成了不同的吸引力，拥有全国甚至世界吸引力的核心资源可以吸引相关的旅游产业围绕，形成集群。

（2）客源市场

依托重要的客源市场地是发展旅游产业集群的原因之一。国外学者的研究表明，大型主题公园的区位选择需要依托经济发达、流动人口多的大城市和特大城市，对一级客源市场（80公里或1小时车程内）要求至少需要有200万人口，二级客源市场（240公里或3小时车程内）也要有200万人口以上。吴必虎认为大中城市周边地区200公里左右以内，是城市居民周末休闲度假的高频出游地区，在此区域可以形成休闲相关产业的集群。

（3）交通区位

交通区位指从客源地到旅游区的空间距离及可达程度。交通区位集聚主要指旅游产业沿着交通便利的地区聚集的现象。旅游产品不能迁移，旅游者必须亲自抵达旅游目的地才能实现旅游产品的价值，因此，旅游目的地的可进入性至关重要，成为影响旅游产业集群的又一重要因素。

（4）产业链作用

旅游产业集群通常以旅游吸引物为核心，在旅游吸引物外围聚集着旅行社、宾馆饭店、旅游区域内部交通、纪念品零售、娱乐设施等服务性产业，它们都服务于旅游者，是旅游企业在空间聚集的必要条件。在这些服务性产业外围，还需要一系列的支持产业，如金融、通信、园林、海关、保险、公安、卫生保健、建筑、房地产、媒体、绿化、环保等。

（5）政策作用

近年来，国家发布了一系列扩大内需、促进消费、发展假日旅游等政策措施，旅游业获得政府的高度重视。随着景区特许经营的引入，政府强力推进旅游开发中的"两权"分离，拓宽引资渠道，以经营权的出让最大限度地吸引、整合外部资金、人才、管理理念和市场需求等。民间资本的进入,有利于市场化的操作,有利于企业之间长短期的竞争与合作。

4. 旅游产业集群的度量

旅游产业集群的度量问题就是如何测定旅游业的聚集程度。市场集中度反映了特定市场的集中程度,一般采用绝对集中度(CR)、基尼系数、Herfindahl-Herschman 指数(HHI 指数)等指标来测量其集中程度。绝对集中度是旅游业中最大的 n 个旅游企业市场占有率的累计,如 CR_4、CR_8 等;基尼系数反映旅游业内企业的规模分布状况,系数越大,表明行业中企业规模分布差异越大,市场集中度越高;HHI 指数是市场中所有企业市场占有率的平方和,反映整个产业分布的集中与分散状况,HHI 越大,表明行业集中度越高。因为基尼系数存在缺陷,因此通常用绝对集中度与 HHI 指数配合使用来度量旅游产业集群。

(1) 绝对集中度(CR)

旅游业中最大的 n 个旅游企业市场占有率的累计如 CR_4,CR_8 等。

$$CR_n = \sum_{i=1}^{n} X_i / \sum_{i=1}^{N} X_i$$

其中:CR_n:旅游业中规模最大的前 n 位旅游企业的集中度;

X_i:旅游业中第 i 位企业的产值、产量、销售额、销售量、职工人数或资产总额等数值;

n: 旅游业内规模最大的企业的数量;

N:旅游业的企业总数。

(2) HHI 指数

市场中所有企业市场占有率的平方和,反映整个产业分布的集中与分散状况,HHI 越大,表明行业集中度越高,一般与集中度指标结合使用:

$$HHI = \sum_{i=1}^{n} S_i^2$$

其中:S_i——行业中第 i 企业的市场占有率;

n——旅游企业中企业总数。

三、浙江省旅游产业集群构成

根据旅游产业集群的概念,将浙江省旅游产业集群的构成分为三个层次:核心层、要素供应层与相关辅助层(图 2-3-1)。其中:核心层为旅游吸引物,即旅游景区(点)类企业群;要素供应层包括提供旅游者食、住、行、游、购、娱六大要素的企业群;相关辅助层包括对浙江省基础设施和前两个层次起支持作用的供应者和有关组织、团体、机构等。

1. 核心层——旅游景区(点)类企业

核心吸引物是旅游业赖以存在的基础,旅游集群的核心产品由吸引游客的目的地景观和事物组成,提供或经营旅游吸引物的企业构成了旅游产业集群的核心。

(1) 风景名胜区类

2005 年,浙江省共有国家级风景名胜区 17 个,省级风景名胜区 40 个。其中部分主要风景名胜区

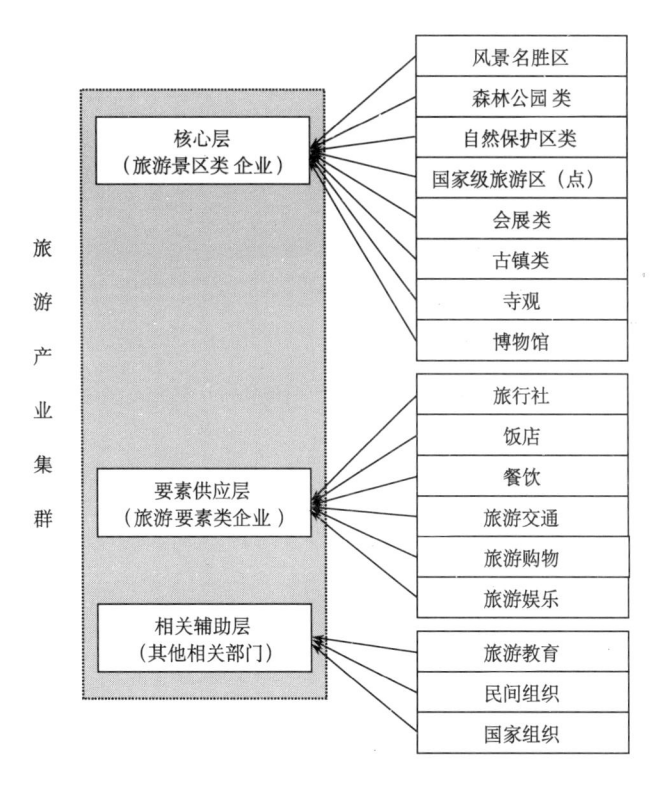

图 2-3-1　浙江省旅游产业集群构成

管理委员会概况如表 2-3-1 所示。从表中我们可以看出，浙江省的大部分风景名胜区都有专门的风景名胜区管理委员会负责管理，风景名胜区管理委员会隶属于政府、旅游局或文物局，其资产一般包括景区、酒店、山庄、饭店、旅行社等，涵盖了旅游产业链的食、住、行、游、购、娱六大要素。

表 2-3-1　2005 年度浙江省主要国家级风景名胜区管理机构概况

单位名称	成立时间(年)	隶属	员工(人)	单位性质	主要资产
西湖风景名胜区管理委员会	2002	市园林文物局	—	事业部门	杭州西湖风景名胜区、岳庙、灵隐寺、钱江、凤凰山、吴山景区、杭州少儿公园、杭州植物园、杭州动物园、杭州历史博物馆、中国茶叶博物馆、杭州名人纪念馆、杭州南宋官窑博物馆、杭州西湖博物馆、杭州市绿化管理站、杭州风景园林发展总公司、杭州市雕塑院、杭州园林旅游贸易公司、杭州园林机械厂、杭州楼外楼实业有限公司、杭州市西湖游船有限公司、杭州湖畔居茶楼等
楠溪江风景旅游管理局	1992		—	事业部门	楠溪江风景名胜区、龙湾潭山庄、狮子岩饭店、楠溪江旅行社等
莫干山管理局	1952	省事务管理局	272	事业部门	莫干山风景名胜区、莫干山风景区旅行社、莫干山别墅、酒店、山庄等

续表

单位名称	成立时间(年)	隶属	员工(人)	单位性质	主要资产
诸暨市旅游投资发展有限公司		诸暨市人民政府	—	企业	五泄风景管理局所属的资产(诸暨五泄风景区属国家重点风景名胜区、国家 AAAA 级旅游区、国家级森林公园)，西施故里景区资产，千佛山、汤江岩五指山景区的所属资产，其他资产
普陀区朱家尖风景旅游管理委员会	1998	舟山市旅游局	100 左右	舟山旅游行政管理部门	朱家尖国际沙雕艺术广场、观音文化苑、乌石砾滩景点、里沙生态园、梭子蟹养殖观光园五大景区，下设朱家尖旅行社
仙居县风景旅游管理局	1997	仙居县政府	—	行政管理部门	神仙居、永安溪漂流、景星岩、高迁古民居、皤滩古镇、桐江书院和响石山七个景区；共有大小宾馆200多家；十余家旅行社
缙云县仙都风景旅游区管理委员会	2006	缙云县委、县政府	—	—	主要管理国家重点风景名胜区——仙都、仙都旅游文化节等

(2) 森林公园类

2005 年，浙江省共有国家级森林公园 29 个，省级森林公园 58 个。其主要国家级森林公园类企业概况如表 2-3-2 所示。从表中我们可以看出，森林公园类一般由专门成立的公司来负责管理，公司虽然性质不同(有的为民营资本，有的为国有投资)，但其资产一般都包括了森林公园类景区、酒店、旅行社，涵盖了旅游产业链的食、住、游、购、娱五个要素。

表 2-3-2　2005 年度浙江省主要森林公园类企业概况

单位名称	成立时间(年)	隶属	员工(人)	单位性质(或注册资金)	主要资产	备注
杭州千岛湖发展有限公司	1998	由中国森林国际旅行社与淳安县新安江开发总公司共同投资	500	资产总额1.7亿元，净资产1.1亿元	千岛湖80万亩水面、60万亩山林经营权。公司资产涵盖千岛湖林、渔、旅三大产业，下辖9家分公司、6家控股公司和6家参股公司，集林、渔、旅为一体，科、工、贸于一身	2001年被评为杭州市科技创新50强重点企业，2002年评为杭州市农业龙头企业
浙江建德富春江国家森林公园旅游有限公司	1993	由建德林场和建德市旅游总公司两家股东出资	—		已有严陵问古、双塔凌云、胥江野渡、七里扬帆、葫芦飞瀑、江南古村6大景区	

续表

单位名称	成立时间（年）	隶属	员工（人）	单位性质（或注册资金）	主要资产	备注
溪口旅游集团有限公司	2001	奉化市直属的国有独资有限公司	—	公司下设办公室、市场营销部、景区管理部和武岭、故居、墓道、雪窦山、徐凫岩5大景区	溪口国家级风景名胜区（国家森林公园）、蒋氏故居（AAAA）、妙高台、博物馆等19个主要景点及溪口宾馆、奉化中国旅行社等相关资产	溪口旅游集团被宁波市旅游局评为2005年度宁波市旅游市场开发先进单位
雁荡山风景旅游总公司	1985	雁荡山风景旅游管理局	—	集旅游业务、车辆出租、餐饮住宿、度假娱乐、风景开发为一体的综合性、规范化旅游企业	龙湫酒家及灵峰古洞、卧龙谷两风景点	2006年获"全国青年文明号"荣誉称号

（3）自然保护区类

2005年，浙江省共有九个国家级自然保护区，七个省级自然保护区。其中浙江省主要自然保护区类企业概况见表2-3-3。从表中我们可以看出，自然保护区一般由自然保护区管理局来负责日常管理，大部分自然保护区管理局隶属于政府或林业局，属于事业单位，其资产一般只包括自然保护区。因为自然保护区的特殊性，所以其旅游的功能较弱。

表2-3-3　2005年度浙江省主要自然保护区类机构概况

单位名称	成立时间（年）	管理机构	员工（人）	单位性质（或注册资金）	备注
浙江天目山旅游建设有限公司	2004	大华集团下属企业	70	2 000万元	管理天目山国家级自然保护区、西关冰川石寨风景区
清凉峰国家级自然保护区管理局	1998	临安市经济发展局	—	公益性事业单位	管辖面积112平方公里
浙江乌岩岭国家级自然保护区管理局	1995	温州市泰顺县林业局	—	事业单位	黄腹角雉保护被世界自然保护联盟（IUCN）（1995～2000年）行动计划列为紧急研究项目之一，管理局已建成全国唯一的人工保种、繁殖基地
浙江省大盘山国家级自然保护区管理局	2002	磐安县人民政府	—	事业单位	大盘山国家级保护区管理局机关设四个职能处室，分别为办公室、管护处、建设处、科教处

续表

单位名称	成立时间（年）	管理机构	员工（人）	单位性质（或注册资金）	备注
开化古田山国家级自然保护区管理局	2002	衢州市林业局	39	国家单位	连续30年无火灾

(4) 国家级旅游区(点)类

2005年,浙江省共有各级旅游区(点)151个,其中浙江省及其各市的国家级旅游区(点)概况见表2-3-4,浙江省国家级旅游区(点)类企业见表2-3-5。从表中可以看出,浙江省国家级旅游区(点)一般由企业负责管理,企业的主导业务可能是旅游业,也可能是其他行业,但其业务都包含了旅游业。企业的资产包括旅游区(点)、酒店等,涵盖了旅游产业链的食、住、行、游、购、娱六大要素。

表 2-3-4　2005 年度浙江省及其各市的 A 级旅游区(点)概况　　　　单位:个

	总数	AAAA	AAA	AA	A
浙江省	151	54	24	68	5
杭州市	18	16	1	1	0
宁波市	16	9	5	2	0
温州市	19	3	9	6	1
嘉兴市	17	4	1	12	0
湖州市	6	3	0	3	0
绍兴市	18	6	4	8	0
金华市	13	5	2	6	0
衢州市	15	2	0	11	2
舟山市	6	1	1	2	2
台州市	7	4	0	3	0
丽水市	16	1	1	14	0

表 2-3-5　2005 年度浙江省部分 AAAA 级旅游区(类)企业概况

单位名称	成立时间(年)	员工	资产	单位性质	备注
杭州双溪旅游开发有限公司	1998	200余人	固定资产1 150万元	旅游公司	曾先后被《浙江日报》、《浙江法制报》、《杭州日报》等20多家新闻媒体作了200多次正式报道,被列为"杭州旅游西进战略十大重点项目之一"。全国人大常委会副委员长王光英亲笔题词——"江南第一漂"

续表

单位名称	成立时间(年)	员工	资产	单位性质	备注
临安浙西大峡谷旅游开发有限公司	1999	180余人	固定资产2 000万元	旅游公司	根据峡谷流向及景观特点,景区选取了120多个观光游览点,组合成柘林瀑、剑门关、老碓溪、白马崖四大游览区对外接待游人
浙江中强建工集团	1995	5 200余人	—	以建筑施工为龙头的综合性集团公司	拥有"杭州东方文化园景区"等近10家控股企业。省级"重合同、守信用"单位、信用等级"AAA"级企业等。现代企业试点单位。在全国建筑行业最大经营规模乡镇企业100家中名列第13位
余姚市大隐天下玉苑有限公司	2000	—	总资产1.88亿元	旅游公司	2002年天下玉苑旅游风景区被上海大世界吉尼斯总部评为大世界吉尼斯之最(规模最大的玉雕主题公园)
浙江柯岩风景区开发股份有限公司	1999	500人	注册资金6 856万元,总资产超5亿元	旅游公司	下辖绍兴景都房地产公司、绍兴柯岩旅游有限公司、绍兴香林景区开发公司、柯岩高尔夫练习场、绍兴柯岩酒店、绍兴镜外镜酒店等多家独资或控股子公司

(5) 会展类

随着现代服务业的加快发展,会展经济已成为各地经济增长的新亮点。据统计,2005年浙江省杭州、宁波、温州、义乌等地共举办各类展览430个,平均每天1.17个,其中冠有"国际"名称的67个,比上年增加11个,占15.6%;展览直接收入近3亿元人民币。其中杭州市共举办展览205个,各类会议3 255个,实现收入20 004.97万元,其中办展直接收入11 008.41万元,办会直接收入8 996.56万元。

浙江省主要会展类企业概况见表2-3-6。从表中我们可以看出,会展类企业一般由主导业务为非旅游业的综合集团企业负责管理,企业实力庞大。

表2-3-6　2005年度浙江省主要会展类企业概况

单位名称	成立时间(年)	员工(人)	注册资金	企业性质	经营项目	备注
上海中融置业发展有限公司	1992	—	2 600万元	以商业、住宅、会展、酒店地产为一体的综合性投资集团公司	在杭州、上海和北京投资开发了中融·国际商城、中融·恒瑞国际、中融·碧玉蓝天、杭州罗马公寓、杭州罗马花园、杭州西湖国际会议中心以及北京长安一号豪华别墅等项目	世界贸易中心协会(WTCA)会员、中国商业联合会常务理事单位、中国市场委员会副主任单位

续表

单位名称	成立时间（年）	员工（人）	注册资金	企业性质	经营项目	备注
杭州萧山城市建设发展有限公司	2001	11～50	1亿元	隶属萧山钱江世纪城管委会，主营业务为市政园林公共设施建设、城市建设、房地产开发的综合性公司	未来杭州新中心重要组成部分——钱江世纪城的开发建设主体、户外广告	公司一直把"现代城市，潜心经营"作为自己生存与发展的核心价值取向，并以此为实践标准
浙江世界贸易中心	—	—	2600万美元	从事国际国内贸易、房地产开发、园林绿化、饭店管理、知识经济交流、广告、卡丁车游乐等业务的中外合资企业	由香港华润集团有限公司、中国出口商品基地建设总公司、浙江省对外经济贸易开发公司、浙江省丝绸进出口公司、浙江省财务开发公司、杭州市财务开发公司等实力雄厚的企业投资兴建	1988年被世界贸易中心协会吸收为正式会员。1998年被评选为"杭州城市建设十大新景观"之首
浙江和平工贸集团公司	1994	960	总资产15亿元，年销售收入20亿元	涉及物流配送、房产开发、旅游服务、市场经营、会展贸易、货物仓储的跨行业、多种类的产业集团	旗下杭州物资城金属材料市场、和平家私博览中心、物资城建设发展总公司、和平国际会展中心、和平饭店以及正在全力打造中的和平广场等	走"以固定资产投入聚财富、以市场建设树品牌、以招商引资增效益、以资本运营促发展"的产业发展之路，大力发展钢材物流和会展商贸两条产业线

(6) 古镇类

浙江省古镇星罗棋布，分布很广，总数约500个。这些古镇主要集中在浙东北、浙南和浙江中西部三个区域。

浙江省主要古镇类旅游企业概况见表2-3-7。从表中可以看出，古镇一般由镇政府成立的公司来负责管理，主要靠门票收入。

表2-3-7　2005年度浙江省主要古镇类旅游企业概况

单位名称	成立时间（年）	员工（人）	注册资金	隶属	门票收入	经营模式	备注
桐乡市乌镇旅游发展有限公司	1999	400	2385万元	桐乡市乌镇古镇保护与旅游开发管理委员会	年收入6000万元	"保护与开发并重，以开发促进保护"的乌镇模式	乌镇是全国最快荣获国家AAAA级称号的景区

续表

单位名称	成立时间（年）	员工（人）	注册资金	隶属	门票收入	经营模式	备注
浙江南浔古镇旅游发展有限公司	2003	—	3 000万元	上海博大投资发展有限公司占注册资本的70%；南浔区人民政府占注册资本的30%	年收入1 200万元	在南浔古镇的保护性开发过程中，"严格保护"始终放在重中之重的位置	浙江南浔古镇旅游发展有限公司有偿独家拥有南浔古镇旅游保护区为期30年的旅游经营管理权和保护性开发权，负责具体组织实施
浙江西塘旅游文化发展有限公司	1996	—	—	浙江省嘉善县西塘镇政府	门票60元每人次		西塘古镇有"吴根越角"和"越角人家"之称
前童古镇旅游开发有限公司	2002	—	—	前童镇政府	门票40元每人次		前童古镇是江南明清时期的民居原版，是浙东地区保存至今的一座最具儒家文化古韵的小镇

（7）寺观

2005年，浙江省共有全国重点寺观14处。寺观多属于文物局，一般由寺观管理委员会来管理，主要靠门票、做法场以及捐赠等收入维持运营。浙江省主要寺观见表2-3-8。

表2-3-8　2005年度浙江省主要寺观概况

单位名称	建立时间	占地	门票	特色建筑	备注
普济寺	唐咸通年间	3.7万平方米	5元	10大殿、17堂、12露、4轩	我国东南地区规模最大的庙宇；普陀山佛教活动中心；首批对外开放的全国重点寺庙之一
灵隐寺	东晋（公元326年）		35元	9楼、18阁、72殿堂	我国佛教禅宗十刹之一
阿育王寺	西晋太康三年（公元282年）	8万多平方米	5元	阿耨莲池、天王殿、大雄宝殿、舍利殿、法堂、藏经楼	藏有释迦牟尼真身舍利。国务院确定的汉族地区佛教全国重点寺院。阿育王寺素有"东南佛国"之称，是佛教禅宗名寺，我国佛教"中华五山之一"

续表

单位名称	建立时间	占地	门票	特色建筑	备注
天童寺	西晋永康元年（公元300年）	近6万平方米	10元	外万工池、七塔，内万工池、天王殿、大雄宝殿、法堂（藏经楼）、先觉堂、罗汉室、钟楼、御书楼等建筑物720间	中华五山之一；素有"深径回松"、"凤岗修竹"、"双池印景"、"西涧分钟"、"平台铺月"、"东谷秋红"、"南山晚翠"、"清关喷雪"、"太白云云"、"玲珑天凿"十大胜景
保国寺	东汉		12元	唐（经幢）、宋（大殿）、明（厅堂）、清（天王殿、观音殿、钟楼、鼓楼）和民国（藏经楼）等	现存大殿是江南最古老、保存最完整的木结构建筑，是"营造法式"的实物教材

(8) 博物馆

2005年，浙江省共有博物馆183家，其中各级国办博物馆105家，主要由文化局、文物局管理。浙江省主要博物馆概况如表2-3-9所示。浙江省是全国最早尝试向社会公众免费开放博物馆的省份，其博物馆属于纯公益性的文化机构，由政府全力扶持。免费开放所带来的门票收入损失，将通过省政府财政的方式予以补贴。近年来，浙江省民营企业掀起了一股办博物馆的热潮。目前，浙江省非公有经济的博物馆已达29家。

表2-3-9 2005年度浙江省主要博物馆概况

单位名称	成立时间（年）	管理机构	经营方式	日参观（人次）	备注
浙江省博物馆	1929	浙江省文化厅	公众免费＋政府补贴	1万	浙江省内最大的集收藏、陈列、研究于一体的综合性人文科学博物馆
中国丝绸博物馆	1992	浙江省文化厅	公众免费＋政府补贴	1 000	展示中国5 000多年丝绸文化和发展成就的国家级博物馆
河姆渡遗址博物馆	1993	宁波市文化局	门票30元	100～500	为研究和保存河姆渡遗址文化而建成的遗址性博物馆
中国茶叶博物馆	1990	浙江省文化厅	公众免费＋政府补贴	—	我国唯一的以茶叶和茶文化为专题的国家级专业博物馆
南宋官窑博物馆	1990	浙江省文化厅	公众免费＋政府补贴	5 000	中国第一座陶瓷专题博物馆
胡庆余堂中药博物馆	1989	浙江省文化厅	门票10元；出售中成药产品和药膳	2 500	我国唯一的国家级中药专业博物馆
张小泉剪刀博物馆	1993	杭州市园林文物局	门票2元	—	我国首家以研究剪刀文化为主的专题性博物馆

续表

单位名称	成立时间（年）	管理机构	经营方式	日参观（人次）	备注
天一阁博物馆	1561~1566	私人藏书楼	门票20元	—	以藏书文化为特色,融社会历史、艺术于一体的综合性博物馆;我国现存历史最久的私家藏书楼
良渚文化博物馆	1994	杭州市文化厅	门票10元	—	综合反映良渚文化考古研究成果的专题性博物馆

2. 要素供应层——旅游要素类企业

旅游供给是产生经济价值的核心。其中满足旅游者的行、游、住、食、购、娱等需求的旅游企业,提供了旅游者在整个旅游过程中的直接消费。这些企业包括旅行社、饭店、宾馆、旅游交通运输供应者、旅游商店、休闲娱乐设施等,下面分别进行详细阐述。

（1）旅行社

截至2005年年底,浙江省共有旅行社1 104家,占全国总数的6.4%,其中国际旅行社56家,占全国总数的3.377%;国内旅行社1 048家,占全国总数的6.8%。

浙江省主要国际旅行社类企业概况见表2-3-10。从表中我们可以看出,浙江省国际旅行社主要为主导业务为旅游业的综合性企业,企业实力雄厚,员工众多,在我国的主要客源国以及国内各主要城市设立分部。

表 2-3-10　2005 年度浙江省主要国际旅行社类企业概况

单位名称	成立时间（年）	员工（人）	注册资金	企业性质	排名	备注
浙江省旅游集团有限责任公司	1956	—	3亿元,资产总值达16亿多元	国有独资的综合性旅游企业	浙江省中国旅行社在2005年度全国国际旅行社100强中位列第25;浙江天堂旅行社有限公司在2005年度全国国内旅行社100强中位列第21	杭州香格里拉饭店、望湖宾馆、浙江宾馆、花港饭店和东方龙大酒店;旅行社有浙江省海外旅游公司、浙江省中国国际旅行社、浙江天堂旅行社有限公司和浙江省康辉旅行社;其他如浙江省旅游总公司等
浙江国际旅游集团	1993	668	7 100万元,总资产1.8亿元	综合性旅游企业	下辖的浙江国际旅游集团有限公司在2005年度全国国际旅行社100强中位列第38	目前浙江省最大的综合性旅游集团企业

续表

单位名称	成立时间（年）	员工（人）	注册资金	企业性质	排名	备注
杭州市中国旅行社有限公司	1994	11~50	450万元	综合性旅游企业	2005年度全国国际旅行社100强中位列第53	中国旅行社协会会员、浙江省旅行社协会副会长单位、杭州市旅行社协会副会长单位
浙江省中青国际有限公司	1997	200余人	—	综合性旅游企业	2005年度全国国际旅行社100强中位列第61	我国旅行社行业首家A股上市公司
杭州海外旅游有限公司	1989	—	500万元	综合性旅游企业	2005年度全国国际旅行社100强中位列第67	PATA（太平洋亚洲旅游协会）成员
浙江省中国国际旅行社	1954	51~100	500万元	综合性旅游企业	2005年度全国国际旅行社100强中位列第78	美国运通休闲旅游服务网络的成员；年营业额1亿元以上
浙江海内外商务旅游有限公司	1995	227	500万元	综合性旅游企业	2005年度全国国际旅行社100强中位列第99	中国旅行社协会（CATS）正式会员，浙江省旅行社协会常务理事单位，杭州市旅游协会常务理事单位

浙江省主要国内旅行社类企业概况见表2-3-11。从表中我们可以看出，同浙江省国际旅行社情况类似，浙江省国内旅行社主要为主导业务为旅游业的综合性企业，或在全国多个地方设立分部，或是包含饭店、宾馆、旅行社、夜总会、茶餐厅等多项资产。

表2-3-11　2005年度浙江省主要国内旅行社类企业概况

单位名称	成立时间（年）	员工（人）	注册资金	企业性质	百强排名	资产	备注
杭州园林旅游贸易有限公司	1979	80	370万元	旅游企业	10	—	
湖州长运汽车运输有限公司	1949			主要经营客货运输、汽车销售旅游等	12	湖州客运总站、快乐旅游有限公司、汽车销售服务有限公司、祥瑞物流中心、客运出租公司和驾驶培训学校	浙北地区规模较大的专业道路运输企业

续表

单位名称	成立时间（年）	员工（人）	注册资金	企业性质	百强排名	资产	备注
杭州大厦有限公司	1988		1 600万元	集住宿、购物、餐饮、娱乐、旅游等为一体的综合性服务企业	16	杭州大厦购物中心、杭州大厦宾馆、杭州大厦旅行社，另外还有四家中餐厅、酒楼、新百乐宫夜总会、宝丽姿女子健身美容中心、幽兰美容中心、西街酒廊、星光吧茶座等多个娱乐场所	由杭州旅游集团有限公司与澳门南光(集团)有限公司合资成立
杭州新世界旅游有限公司	2001		30万元，年销售额逾亿元	旅游企业	18	上海中豪(新世界)旅行社，并设立福州、长沙、北京办事机构，新世界萧山、武林广场等营业中心和新世界夕阳红旅游俱乐部	2005年度杭州市导游大奖赛金牌导游员，全省首家导入标准化产品体系单位，全国首家全员持红十字会《应急救护证》旅行社
杭州市假日旅行社有限公司	1998	11～50	50万元，总资产上千万元	私营有限责任公司	23	5个营业部，在海南、北京、江西与同行企业联合设立了3家分公司	年营业额500～700万元
乐清市雁荡山仙乐旅行社	1986	150	300万元	综合性旅游企业	33	"贵阳仙乐旅游有限责任公司"、"贵大仙乐旅游分公司"、"玉环分公司"、"台州仙乐旅游有限公司"、仙乐海滨度假村、仙乐大酒店、仙乐山庄、大鹿岛导游服务中心、乐清营业部、柳市营业部、虹桥营业部、白象营业部等，并在北京、上海、广州、杭州等地设立了办事处	全国首家股份制旅游企业
杭州长运旅游有限公司	1979	188	731.88万元	旅游企业	37	旅行社、旅游车队、长运旅游饭店	

续表

单位名称	成立时间（年）	员工（人）	注册资金	企业性质	百强排名	资产	备注
兴合集团		2万多人	总资产69.1亿元	由浙江省供销社出资组建的营运本级经营性资产的大型集团化企业	50	现有省农资集团有限公司、省特产集团有限公司、新大集团有限公司、浙江省国际合作旅行社有限公司等10家成员企业，拥有各类经济实体100多家	2004年中国最大企业500强排名中荣登第91位

(2) 旅游星级饭店

截至2006年年底，浙江省共有星级饭店1 096家，总数仅随广东之后，居全国第二位。浙江省及其各市的旅游星级饭店统计概况见表2-3-12。

表2-3-12　2005年度浙江省及其各市的旅游星级饭店概况　　　　单位：家

	总数	五星	四星	三星
浙江省	1 002	16	88	300
杭州市	230	9	25	79
宁波市	178	4	14	41
温州市	73	9	38	23
嘉兴市	61	5	26	24
湖州市	54	3	13	33
绍兴市	82	3	5	33
金华市	104	11	23	61
衢州市	40	4	9	20
舟山市	61	3	14	43
台州市	72	8	15	42
丽水市	47	1	9	24

截至2006年年底，浙江省星级饭店共有140 039间房间，253 941个床位。其中客房数500间以上的仅有3个；客房数300～499间的有32个；客房数200～299间的有103个；客房数100～199间的较多，占1/4强（367个）；客房数99间以下的小规模饭店占半数以上（761个）。

浙江全省已有饭店管理公司12家，共管理着124家饭店。世界排名前10的国际饭店品牌已经有8家进入浙江。主要饭店类企业概况见表2-3-13。

表 2-3-13　2005 年度浙江省主要饭店类企业概况

单位名称	成立时间（年）	员工（人）	注册资金	企业性质	项目	备注
香格里拉酒店集团	1971	23 000	—	以投资、管理酒店及提供相关酒店服务为主的酒店集团	在亚洲主要城市及广受欢迎的度假胜地都建有豪华酒店和度假村。目前集团有47家酒店遍布于亚洲和中东地区的主要城市及大部分度假胜地	亚洲区最大的豪华酒店集团，且被视为世界最佳的酒店管理集团之一
宁波南苑集团股份有限公司	1992	—	总资产10多亿元	以酒店为主导产业，涉及房地产开发、酒店管理、物业管理、旅游景区开发和其他相关产业的民营企业集团	有南苑饭店（浙江省首家五星级酒店）、南苑温泉山庄、南苑置业有限公司、南苑商旅连锁酒店有限公司、南苑洗涤有限公司、南苑饭店管理有限公司、舟山南苑桃花岛旅游发展有限公司等众多企业	宁波市先进商贸企业、浙江省知名商号企业
浙江开元集团	1988	6 000余人	注册资金5 000万元，总资产45亿元	业务涉及酒店、房产和工业等领域，跨行业、跨地区的全国性大型民营企业集团	下辖开元国际酒店管理有限公司、杭州开元房地产集团有限公司和浙江开元工业控股有限公司三大产业公司，拥有下属企业30余家	中国民营企业500强，中国饭店业集团20强，中国房地产品牌企业50强之一
浙江吉利控股有限公司	1986	6 000	注册资金6.3亿元，总资产50亿元	以汽车及汽车零部件生产经营为主要产业的大型民营企业集团	汽车、摩托车、汽车发动机、高等教育、旅游和房地产等	2003年企业经营规模列全国500强第331位，列"浙江省百强企业"第25位，被评为"中国汽车工业50年发展速度最快成长最好"的企业之一，跻身中国国内汽车制造企业"3＋6"主流格局
雅戈尔集团	1979	25 000余人	注册资金1 300万美元，净资产50多亿元	以纺织、服装、房地产、国际贸易为主体的合资企业	雅戈尔集团业务主要可以分为五大板块：服装板块、纺织板块、外贸板块、房产板块、旅游酒店板块，下辖40余家企业	综合实力列全国大企业集团500强第144位，连续四年稳居中国服装行业销售和利润总额双百强排行榜首位

续表

单位名称	成立时间（年）	员工（人）	注册资金	企业性质	项目	备注
浙江国大集团	1985	—	注册资金2亿元，规模45亿元	由浙江省商业集团公司、中国中信集团公司为主组建的省属国有企业	拥有直接控股子公司12家，直接参股公司4家，间接控股子公司33家，间接参股公司14家	
传化集团有限公司	1986	2 000	注册资金1.7亿元，总资产8亿多元	以化工、农业、物流、投资四大领域为核心，资本运营与实业经营互动发展的民营现代企业集团	拥有多家子公司如浙江传化股份有限公司、杭州传化日用化工有限公司、杭州传化华洋化工有限公司、杭州传化涂料有限公司、浙江传化江南大地发展有限公司等	浙江省百强私营企业第二位，年销售额近9亿元
浙江华元建设置业有限公司	1985	500	注册资金3 966万元	集建筑业、旅游业、房地产业、金融投资为一体的综合性资产经营公司	杭州延安饭店有限公司、杭州梦梁楼餐饮连锁有限公司、杭州小吃连锁、西城广场等	荣获杭州市最佳外来投资企业
杭州滨江房产集团	1992	50	注册资金1 700万美元，总资产规模近20亿元	集房产开发、酒店业、物业管理于一体的综合性地产集团企业	目前集团公司下辖杭州金色家园房地产开发有限公司、杭州万家花城房地产开发有限公司、杭州千岛湖滨江房地产开发有限公司、杭州新城时代房地产开发有限公司、杭州滨江物业管理有限公司、杭州滨江置业有限公司、杭州友好饭店等10家子公司	中国城市运营商50强，浙江省房地产领军企业、全国民营企业500强。是集房产开发、酒店业、物业管理于一体的综合性地产集团企业。2005年营业收入达18.12亿元

浙江省旅游星级饭店的特点主要表现为：

- **区域发展不平衡**

浙江省的旅游星级饭店主要分布在杭州、宁波、温州、金华四个城市的旅游星级饭店数量占浙江省全部星级饭店数量的一半以上。而丽水市、湖州市等地旅游星级饭店数量相对较少。

- **民营企业等其他性质的企业多**

浙江省的旅游星级饭店民营企业包括私营企业、有限公司等类型的企业，如杭州索菲特西湖大酒店、杭州开元名都大酒店、杭州千岛湖开元度假村、南苑饭店、上虞国际大酒店等都是民营企业投资或参股建设经营的。民营企业浙江世贸已拓展了18家高星级酒店。浙江省星级饭店的企业性质见图2-3-2。

- 三星级及以上的星级饭店多

浙江省三星级及以上的饭店约占全部星级饭店的1/4,特别是杭州市、温州市、宁波市、金华市等地。其中五星级饭店以金华市为最多,四星级饭店以温州市最多,三星级饭店以杭州市为最多。

(3) 餐饮企业

截至2005年年底,浙江省共有超过16万家餐饮类企业,其中中华餐饮名店78家,浙江餐饮名店140家,2005年度中国餐饮百强企业10家。主要餐饮类企业概况见表2-3-14。浙江省餐饮企业中80%为民营企业,有的餐饮企业为连锁专业餐饮企业,在全国多个主要城市设立分部;有的餐饮企业是集餐饮、住宿、娱乐为一体的集团公司。

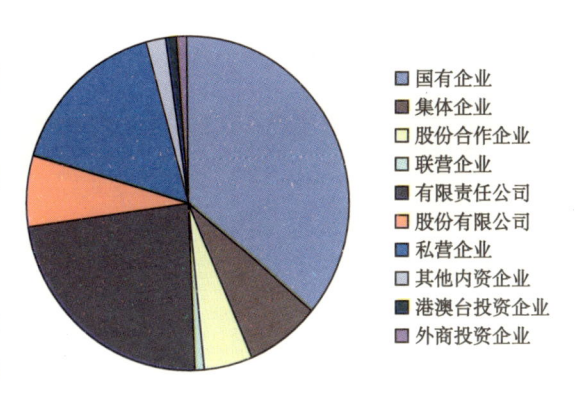

图2-3-2 2005年度浙江省星级饭店的企业性质

表2-3-14 2005年度浙江省主要餐饮类企业概况

单位名称	成立时间(年)	员工(人)	营业收入(万元)	排名(位)	企业性质	项目	备注
浙江向阳渔港投资有限公司	1999	630	45 490	37	连锁专业餐饮酒店	已在浙江、江苏等地拥有10余家连锁餐饮直营分店	中华餐饮名店
浙江省宁波市石浦酒店管理发展有限公司	1989	2 000	28 000	57	大型纯餐饮企业	宁波石浦大酒店(百丈店、天一店、镇海店)、宁波石浦海味饭店,石浦海味食品加工厂、石浦酒店配送中心、浙江商业技师学院石浦酒店分院	浙江省私营企业文明经营示范单位、中国餐饮百强企业、中华餐饮名店
杭州张生记酒店有限公司	1988	—	24 959	62	新型超大型纯餐饮酒店	除杭州张生记酒店外,又在上海、南京、北京、苏州、长春和香港开设分店	杭州市著名商标、杭州商贸特色企业品牌、中华餐饮名店、2005年中国十大特色餐饮品牌
宁波汉通餐饮发展有限公司	1990	2 500	22 600	66	以经营管理大型连锁酒店为主体的大型现代化餐饮企业	拥有宁波、上海两地8家大型餐饮酒店	特许连锁经营,中国餐饮百强
浙江杭州新开元大酒店有限公司	1995	101~500	24 959	62	集餐饮、住宿、娱乐为一体的集团公司	下属8家分店和投资公司,分别设在香港、杭州、上海、北京、义乌、常熟	

续表

单位名称	成立时间（年）	员工（人）	营业收入（万元）	排名（位）	企业性质	项目	备注
杭州饮食服务有限公司	2002	2 000	注册资金6 800	71	集餐饮、旅馆、照相、洗浴、旅游等为一体的饮食服务业专业公司	拥有知味观、太子楼等名店；环湖大酒店、延安饭店等8家饭店；杭州照相馆、南方大包有限公司等实力企业	杭州知味观是目前杭州档次最高、规模最大、设备最先进的餐饮企业

(4) 旅游购物企业

浙江省的旅游购物企业有以下几种形式：① 综合性集团企业，如成立于1989年的百大集团股份有限公司，集百货业、酒店业、旅游业、进出口贸易等为一体；② 专营企业。浙江省主要旅游购物企业概况见表2-3-15。

表2-3-15　2005年度浙江省主要旅游购物类企业概况

单位名称	成立时间（年）	员工（人）	注册资金	营业收入	企业性质	备注
百大集团股份有限公司	1989	—	—	9.63亿元	集百货业、酒店业、旅游业、进出口贸易等为一体的综合性集团公司	中国商业名牌企业，中国商业服务名牌企业，省级文明单位
浙江中国小商品城集团股份有限公司	1993	2 750	总资产48.56亿元	15.44亿元	国有控股规范化股份制企业	被全球竞争力组织评为"2005中国上市公司竞争力100强"第二名
邵芝岩笔庄	1862	—	—	—	精制各类毛笔，经营文房四宝的中华老字号企业	浙江省旅游涉外定点商场；在12次中外会展上获奖
观海堂艺术品有限公司	1997	—	—	—	以集设计、开发、生产、销售旅游工艺品及文化艺术收藏品为主体的艺术品公司	集旅游工艺品与名人书画为一体的旅游商品定点单位
温岭市东海商城服务有限公司	1998	8	10万元	—	集家用电器、高中档摩托车、服装鞋革、音像制品、保健品、化妆品、古玩收藏、珍珠玉器、石雕等旅游用品为一体的综合性商城	旅游涉外定点商城
东伊顺服务有限公司	1995	—	—	—	专门经营清真食品和开发清真食品的有限公司	已在宁波、上海、绍兴、义乌等地开办有10家连锁快餐店和2家东伊顺清真食品加工厂

(5) 旅游交通类企业

浙江省的旅游交通包括了航空、铁路、公路、水路等几种运输方式。2005年全省共完成旅客运输量16.06亿人次，旅客周转量848.35亿人公里。

- 航空公司

浙江省有杭州、宁波、温州、义乌、黄岩、衢州、舟山七个民用机场。浙江省主要航空公司概况见表2-3-16。

表2-3-16　2005年度浙江省主要航空公司概况

单位名称	成立时间(年)	飞机(架)	在飞航线	年输送旅客(万人)	备注
中国国际航空公司浙江分公司	1987	11	30余条	150	经营杭州—新加坡、吉隆坡等多条国际航线
中航浙江航空公司	1986	7	40余条	100	主要经营国内货、邮运输业务
浙江航空开发总公司	—	—	20余条	69	浙江省现代物流重点联系企业；中国国际货运代理空运五十强

- 铁路公司

浙江省主要铁路公司见表2-3-17。浙江省的铁路旅游公司一般为国有企业，拥有旅行社、宾馆、饭店、运输企业等资产。

表2-3-17　2005年度浙江省主要铁路公司概况

单位名称	成立时间(年)	员工(人)	注册资金(万元)	总资产	企业性质	组织结构	备注
中铁快运股份有限公司	2006	—	195 000	24.3亿元	铁道部直属专业运输企业	在全国18个铁路局(公司)所在地(青藏公司除外)和15个省会或主要大中城市设立32个分公司，拥有7个控股子公司和1个参股公司。公司总部下设10个部门和2个附属机构	开展包裹快递、快捷货运、合约物流、国际货代四项核心业务
上海铁路旅游(集团)有限公司	1999	30	10 214	3.5亿元	大型旅游服务企业	拥有上海铁路国际旅行社、上海铁路旅行社有限公司、上海铁道宾馆、上海假日列车有限公司、上海铁路旅游汽车服务有限公司、上海火车头旅馆、上海铁路局特快件运输公司、上海铁路局美术广告公司、上海天霞建筑工程有限公司等控股子公司和票务分公司	涉及旅游、票务、宾馆餐饮、广告、建筑装潢、行包快运以及旅游汽车服务、列车租赁等八大板块

续表

单位名称	成立时间(年)	员工(人)	注册资金(万元)	总资产	企业性质	组织结构	备注
浙江省铁路建设投资总公司	1992	—	38 000	超过10亿元	大型综合性国有独资公司	形成以铁路建设为中心和以投融资业务为主体的多元化综合经营	交通基础设施、房地产、金融、科研、设计、广告、精细化工、建材、商贸、娱乐、餐旅等多个领域

- 公路旅游公司

浙江省主要公路公司概况见表2-3-18。公路旅游公司一般为国有企业，如浙江省公路运务公司下辖轮胎供销分公司、交通物资分公司、技术咨询部、交通饭店、运输营业部、大楼房产租赁等业务经营单位。

表2-3-18　2005年度浙江省主要公路公司概况

单位名称	成立时间(年)	员工(人)	注册资金(万元)	总资产	企业性质	组织结构	备注
浙江省交通投资集团有限公司	2001	14 000	500 000	649亿元	省级交通类国有资产营运机构	目前下辖浙江沪杭甬高速公路股份有限公司、浙江杭金衢高速公路有限公司、浙江温州甬台温高速公路有限公司、浙江台州甬台温高速公路有限公司、浙江宁波甬台温高速公路有限公司、浙江金丽温高速公路有限公司等24个全资控股子公司	主要经营高速公路投资、经营、维护、收费管理，交通工程建设和物资经营，远洋、沿海运输和高速公路客运等业务
浙江省公路运务公司	—	—	100～500	—	省属国有企业	下辖轮胎供销分公司、交通物资分公司、技术咨询部、交通饭店、运输营业部、大楼房产租赁等业务经营单位	省市信用等级3A企业，省级物价信得过单位和98消费者满意企业
浙江大舜公路建设有限公司	1977	2 900	5 000	近3亿元	以公路工程施工为主体，兼营航务、基础打桩、建筑安装为补充的一家公路工程专业施工企业	下设4个分公司和2个直属施工队	连续10年被浙江省建行评为"信用等级AAA级"企业，合格率达100%，优良率为90%以上
浙江八咏公路工程有限公司	1993	369	8 800	1.3亿元	国家公路工程施工总承包二级企业	公司下辖4个控股公司，涉足市政施工、旅游、工程检测、物流、广告等多个行业	连续6年被评为"重合同、守信用"单位，近五年均为AAA信誉等级

(6) 旅游娱乐类企业

浙江省的旅游娱乐主要包括游乐园、主题公园等。浙江省主要旅游娱乐企业概况见表2-3-19。浙江省大部分旅游娱乐类企业为民营企业等其他性质的企业，如1999年成立的宋城集团，1975年成立的横店集团。

表2-3-19 2005年度浙江省主要旅游娱乐类企业概况

单位名称	成立时间(年)	员工(人)	注册资金(万元)	总资产	企业性质	组织结构	备注
宋城集团	1999	—	—	超过60亿元	民营企业	下属30家控股、参股公司	中国最大的民营旅游投资集团
未来世界游乐公司	1996	—	—	—	马来西亚外商独资企业	在中国地区下辖有杭州未来世界游乐有限公司、杭州金马房地产有限公司、杭州梦湖山庄服务有限公司、杭州未来世界度假村有限公司等子公司	"重合同、守信用"单位；未来世界游乐公园是目前亚洲最大规模的室内外组合性主题公园
横店集团	1975	46 000	—	166.68亿元	以工业企业为主体，第三产业和高科农业协调发展的特大型民营企业	目前集团下辖17家全资或控股子公司和205家紧密型骨干企业，并在国内各主要城市建有30多个生产基地和贸易窗口，此外还拥有1 000多家半紧密型和松散型企业	位列"全国十强民营企业"第三名，位列"2006全球华人企业500强"
杭州之江国家旅游度假区管委会	2001	—	45	—	隶属于杭州市委、市政府	主要建成有宋城、未来世界、杭州西湖国际高尔夫球场三大主题项目和九溪玫瑰园等一批度假单元	负责度假区的开发、建设与管理

3. 相关辅助层——其他相关部门

相关辅助层包括对目的地基础设施和前两个层次起支持作用的供应者和有关组织、团体、机构，如旅游教育、卫生安全、金融、电信、保险等。它们对旅游者顺利完成游览过程和旅游产业集群稳定发展提供了保障，是旅游产业集群的重要参与者。集群中的这一层次在促进区域旅游发展方面具有巨大的潜力。这一层次产业的发展依赖于旅游者和核心层、要素供应者的需求增长。

• 旅游教育

截至2005年年底，浙江省的旅游教育院校共有86所。浙江省主要旅游教育单位包括浙江大学旅游学院、浙江师范大学旅游与资源管理学院、宁波大学旅游管理专业、浙江旅游职业学院、杭州市旅游职业学校等。

• 民间组织

浙江人通过商会、行业协会等组织，群体合作组成了一个无所不在的商业网络。据了解，目前全国20多个省份已成立了浙江企业联合会。

浙江省工商业联合会是中国工商业联合会的省级地方组织,简称浙江省商会,成立于1952年,截至2004年年底,全省共有县级以上工商联组织101个;基层商会698个,其中异地商会83个;同业公会、行业商会194个;共有会员64 088个,其中非公有制经济会员49 705个,占会员总数的77.56%。

行业协会。据浙江省民政厅民间组织管理局统计,到2006年初,全省经批准成立的行业协会共有2 500余个。浙江省主要行业协会概况见表2-3-20。

表2-3-20　2005年度浙江省主要旅游行业协会概况

单位名称	成立时间(年)	主管部门	组成	会员	备注
浙江省旅游协会	—	浙江省旅游局和浙江省民政厅	旅游主管部门、旅游企事业单位和旅游业相关的单位、人士组成	—	协会有饭店业、旅行社、游船三个专业协会,下设旅游经济、旅游文化、未来研究、旅游教育、景点、自驾车和正在筹备的旅游商品、旅游记者、旅游餐饮九个分支机构
杭州市休闲运动协会	2006		全民参与	300多名个体会员	规范行业,正确引导参与者,打造休闲运动品牌
浙江省自行车行业协会	—	浙江省经济贸易委员会		209家	办有《浙江自行车》(月刊)杂志,2001年6月开通"中国浙江自行车网",已成功举办了24届交易会
浙江省租赁业协会	1995	浙江省物资局	浙江省融资性租赁企业、经营性租赁企业和社会各界专业人士自愿参加的行业组织	—	全国首家建立的省级集融资性和经营性租赁企业为一体的行业协会
浙江省果品流通协会	2004	浙江省经济贸易委员会	由从事果品流通、果品生产、专业合作社、科研等部门的单位会员和个人会员组成	—	2004年6月创刊的《浙江果品资讯》,每月一期
浙江省通信行业协会	2005	浙江省通信管理局	由浙江省内的通信运营企业、通信产品制造企业、监理单位、成立专用通信网等单位自愿组	32	—
温州市鞋革行业协会	1991	中国轻工业联合会	以制鞋、制革行业为主,结合皮件、箱包;皮革机械、鞋机等地区性行业中介组织,以跨行业、跨所有制的民营经济为主体	近300家	设立了鞋样设计、鞋楦、童鞋、鞋模和鞋类出口等个专业委员会。下设办公室、展览部、事务部及宣传信息部等办事机构

- **国家组织**

浙江省旅游产业集群还包括银行、海关等国家组织。浙江省在全省市、县、区、镇分设1 200多个分支机构,在广大农村还有3 000多个农村集体金融组织——信用合作社。浙江省的海关主要包括杭州海关、宁波海关。

四、浙江省旅游产业集群分析

浙江省旅游产业集群的分析包括集群的测度、发展现状、存在问题以及优化发展的对策与建议四个方面。

1. 浙江省旅游产业集群的测度

一般采用绝对集中度与 HHI 指数配合使用来测度旅游产业集群。贝恩依据产业内前四位和前八位的行业集中度指标,对不同垄断、竞争结合程度的产业的市场结构进行了如下分类(表2-3-21):

表 2-3-21　贝恩的市场结构分类

集中度 市场结构	C_4 值(%)	C_8 值(%)
寡占Ⅰ型	85≤C_4	——
寡占Ⅱ型	75<C_4≤85	85≤C_8
寡占Ⅲ型	50≤C_4<75	75≤C_8<85
寡占Ⅳ型	35≤C_4<50	45≤C_8<75
寡占Ⅴ型	30≤C_4<35	40≤C_8<45
竞争型	C_4<30	C_8<40

(1) 旅行社

2005年,浙江省共有旅行社1 104家,其中国际旅行社56家。2005年,浙江省国际旅行社有组织接待入境旅游者达88.99万人次;接待外来入境旅游者50.65万人次。接待入境旅游者人数和外来入境旅游者人数排在前18位的国际旅行社见表2-3-22。

表 2-3-22　2005年浙江省国际旅行社概况

单位名称	接待入境人数 (人)	排名	单位名称	外联入境人数 (人)
杭州市中国旅行社有限公司	131 276	1	浙江中山国际旅行社有限责任公司	59 556
浙江东方海外旅游有限公司	76 002	2	浙江省中国旅行社	44 650
浙江省国际合作旅行社有限公司	59 531	3	杭州市中国旅行社有限公司	40 200
浙江省中国旅行社	58 074	4	浙江海内外商务旅游有限公司	26 515
浙江省中国国际旅行社	56 368	5	浙江省国际合作旅行社有限公司	26 374
杭州春光国际旅行社	50 439	6	浙江省中国国际旅行社	26 264
浙江建设国际旅行社	48 008	7	浙江海峡旅行社有限公司	24 834
浙江海峡旅行社有限公司	37 774	8	浙江省中青国际旅游公司	22 527

续表

单位名称	接待入境人数（人）	排名	单位名称	外联入境人数（人）
浙江中山国际旅行社有限责任公司	37 073	9	浙江国际旅游（旅行社）有限公司	20 197
宁波中国国际旅行社	31 087	10	浙江航空国际旅行社	18 616
浙江省中青国际旅游公司	26 971	11	杭州海外旅游有限公司	18 070
杭州海外旅游有限公司	25 981	12	浙江海外旅游公司	17 949
浙江光大国旅有限公司	22 624	13	宁波中国国际旅行社	17 844
浙江海外旅游公司	21 083	14	浙江东方海外旅游有限公司	16 121
普陀中国国际旅行社有限公司	18 002	15	宁波浙仑海外旅游有限公司	13 399
浙江省中旅宁波分社	16 634	16	浙江康辉国际旅行社有限公司	11 295
宁波浙仑海外旅游有限公司	16 463	17	浙江光大国旅有限公司	10 208
浙江海内外商务旅游有限公司	14 461	18	浙江省中旅宁波分社	9 768

由上可知，$N=1104$，$\sum_{i=1}^{N} X_i(J) = 88.99$ 万 $= 889\,900$，$\sum_{i=1}^{N} X_i(W) = 50.65$ 万 $= 506\,500$。根据公式，分别取 $n=4$ 和 $n=8$，再由国际旅行社接待入境旅游人数（J）和外联入境旅游人数（W）来分别计算 CR_4 指数、CR_8 指数与 HHI 指数：

$$CR_4(J) = \sum_{i=1}^{4} X_i(J) / \sum_{i=1}^{1104} X_i(J) = (131\,276 + 76\,002 + 59\,351 + 58\,074)/889\,900 = 36.49\%$$

$$CR_4(W) = \sum_{i=1}^{4} X_i(W) / \sum_{i=1}^{1104} X_i(W) = (59\,556 + 44\,650 + 40\,220 + 26\,515)/506\,500 = 33.75\%$$

$$CR_8(J) = \sum_{i=1}^{8} X_i(J) / \sum_{i=1}^{1104} X_i(J)$$
$$= (131\,276 + 76\,002 + 59\,351 + 58\,074 + 56\,368 + 50\,439 + 48\,008 + 37\,774)/889\,900 = 58.13\%$$

$$CR_8(W) = \sum_{i=1}^{8} X_i(W) / \sum_{i=1}^{1104} X_i(W)$$
$$= (59\,556 + 44\,650 + 40\,220 + 26\,515 + 26\,374 + 26\,264 + 24\,834 + 22\,527)/506\,500 = 53.49\%$$

$$HHI(J) = \sum_{i=1}^{n} S_i(J)^2$$
$$= (131\,276/889\,900)^2 + (76\,002/889\,900)^2 + (59\,351/889\,900)^2 + (58\,074/889\,900)^2$$
$$+ (56\,368/889\,900)^2 + (50\,439/889\,900)^2 + (48\,008/889\,900)^2 + (37\,774/889\,900)^2 + \cdots \approx 5.70\%$$

$$HHI(W) = \sum_{i=1}^{n} S_i(W)^2$$
$$= (59\,556/506\,500)^2 + (44\,650/506\,500)^2 + (40\,220/506\,500)^2 + (26\,515/506\,500)^2 + (26\,374/506\,500)^2$$
$$+ (26\,264/506\,500)^2 + (24\,834/506\,500)^2 + (22\,527/506\,500)^2 + \cdots \approx 5.02\%$$

浙江省国际旅行社的 $CR_4(J)$ 与 $CR_4(W)$ 均处于 35～50 之间，$CR_8(J)$ 与 $CR_8(W)$ 均处于 45～75 之间，HHI 值较小。结合贝恩市场结构分类来看，浙江省国际旅行社属于寡占Ⅳ型，是中下集中寡占型企业，其企业数目较多，市场集中度处于中下水平。

(2) 饭店

2005年,浙江省旅游星级饭店达1 002家,营业收入145.13亿元,比上年增长9.1%。营业收入排在前18位的旅游饭店见表2-3-23。

表2-3-23 2005年浙江省前18位旅游饭店的营业收入

排名	旅游饭店名称	营业收入总额(万元)
1	杭州大厦	188 595.4
2	宁波南苑饭店	21 221.6
3	浙江世界贸易中心大饭店	19 061.5
4	杭州香格里拉饭店	17 515.5
5	杭州国际大厦雷迪森广场酒店	12 536.0
6	宁波开元大酒店	11 703.5
7	杭州望湖宾馆	11 694.6
8	温州华侨饭店	11 338.1
9	慈溪杭州湾大酒店	11 188.7
10	嘉善东方大厦	10 176.7
11	余姚太平洋大酒店	9 523.0
12	萧山宾馆	9 510.1
13	温州王朝大酒店	9 024.3
14	浙江金马饭店有限公司	8 932.2
15	杭州西湖国宾馆	8 117.0
16	中信宁波国际大酒店	7 759.6
17	绍兴咸亨大酒店	7 620.7
18	杭州西子宾馆	7 558.5

由上可知,$N=1\ 002$,$\sum_{i=1}^{N} X_i = 145.13$万$=1\ 451\ 300$。根据公式,分别取$n=4$和$n=8$,再由旅游星级饭店的营业收入来计算$CR_4$指数、$CR_8$指数与$HHI$指数:

$$CR_4 = \sum_{i=1}^{4} X_i / \sum_{i=1}^{1002} X_i = (188\ 595.4 + 21\ 221.6 + 19\ 061.5 + 17\ 515.5)/1\ 451\ 300 = 16.98\%$$

$$CR_8 = \sum_{i=1}^{8} X_i / \sum_{i=1}^{1002} X_i$$

$$= (188\ 595.4 + 21\ 221.6 + 19\ 061.5 + 17\ 515.5 + 12\ 536.0 + 11\ 703.5 + 11\ 694.6 + 11\ 338.1)/1\ 451\ 300$$

$$= 20.23\%$$

$$HHI = \sum_{i=1}^{1\ 002} S_i^2$$

$$= (188\ 595.4/1\ 451\ 300)^2 + (21\ 221.6/1\ 451\ 300)^2 + (19\ 061.5/1\ 451\ 300)^2 + (17\ 515.5/1\ 451\ 300)^2 +$$
$$(12\ 536.0/1\ 451\ 300)^2 + (11\ 703.5/1\ 451\ 300)^2 + (11\ 694.6/1\ 451\ 300)^2 + (11\ 338.1/1\ 451\ 300)^2 + \cdots\cdots$$

$$\approx 1.81\%$$

浙江省旅游星级饭店的 CR_4 指数小于 30，CR_8 指数小于 40，HHI 指数极小。结合贝恩市场结构分类来看，浙江省旅游星级饭店属于完全竞争型企业，其企业数目极多，不存在集中现象。

（3）国家级旅游区（点）

2005 年，浙江省共有国家级旅游区（点）151 家，其中 AAAA 级旅游区（点）54 个，占全国 AAAA 级旅游区（点）总量的 8%，总数居全国第二。

2005 年，浙江省 151 个旅游区（点）共接待旅游者 5 699 万人次，实现门票收入 135 209 万元。其中接待人数排在前 18 位的旅游区（点）见表 2-3-24。

表 2-3-24　2005 年浙江省前 18 位的旅游区（点）

排名	名称	接待人数（万人次）
1	杭州西湖风景名胜区	2303.90
2	千岛湖风景名胜区	575.90
3	溪口风景名胜区	335.72
4	横店影视城	306.66
5	天台山风景名胜区	263.90
6	普陀山风景名胜区	247.28
7	乌镇古镇景区	225.00
8	杭州宋城旅游区	218.0
9	义乌国际商贸城	180.50
10	杭州雷峰塔景区	131.0
11	温州雁荡山风景名胜区	130.21
12	南浔古镇旅游区	129.0
13	绍兴柯岩风景区	118.86
14	湖州太湖旅游度假区	109.22
15	嘉善西塘景区	106.0
16	嘉兴南湖景区	103.01
17	新昌大佛寺旅游区	94.81
18	绍兴鲁迅故里	85.94

由上可知，$N=151$，$\sum_{i=1}^{N} X_i = 5\ 699$ 万。根据公式，分别取 $n=4$ 和 $n=8$，再由国家级旅游区（点）的年接待人数来计算 CR_4 指数、CR_8 指数与 HHI 指数：

$$CR_4 = \sum_{i=1}^{4} X_i / \sum_{i=1}^{151} X_i = (2\ 303.90+575.90+335.72+306.66)/5\ 699 = 61.80\%$$

$$CR_8 = \sum_{i=1}^{8} X_i / \sum_{i=1}^{151} X_i = (2\ 303.90+575.90+335.72+306.66+263.90+247.28+225.00 \\ +180.5)/5\ 699 = 77.89\%$$

$$HHI = \sum_{i=1}^{151} S_i^{\ 2}$$

$$=(2\,303.90/5\,699)^2+(575.90/5\,699)^2+(335.72/5\,699)^2+(306.66/5\,699)^2+(263.90/5\,699)^2+$$
$$(247.28/5\,699)^2+(225.00/5\,699)^2+(180.50/5\,699)^2+\cdots\approx 19.16\%$$

浙江省国家级旅游区(点)的 CR_4 处于 50～65 之间，CR_8 处于 75～85 之间，HHI 指数较大。结合贝恩市场结构分类来看，浙江省国家级旅游区(点)属于寡占Ⅲ型，是中上集中寡占型企业，企业数较多，市场集中度比较高。

2. 浙江省旅游产业集群的发展现状

(1) 浙江省旅游产业集群的企业类型分析

根据表 2-3-5～24 的分析，浙江省旅游产业集群内企业主要有以下几种类型：

- 单纯旅游企业

浙江省旅游产业集群内的部分企业属于单纯的旅游企业，包括旅行社、旅游饭店、旅游餐饮、旅游开发等各种类型的企业，但其业务都与旅游直接相关。

- 主导业务为旅游业的综合性集团企业

浙江省旅游产业集群内的部分企业属于主导业务为旅游业的综合性集团企业，如宋城集团、开元旅业集团、宁波南苑集团、浙江国际旅游集团等。

- 主导业务为其他产业的综合性集团企业

浙江省旅游产业集群内的部分企业属于主导业务为其他产业的综合性集团企业，如以建筑施工为龙头的浙江中强建工集团，以轻纺针织、磁性材料、医药化工等为主导产业的浙江横店集团，以房地产业为主导产业的杭州滨江房产集团有限公司等。

(2) 浙江省旅游产业集群的特点分析

- 旅游经济总量较大、竞争优势明显

2005 年，浙江省共接待内外游客 1.310 6 亿人次，实现旅游总收入 1 378.82 亿元，相当于全省 GDP 的 10.32%，在全国排名第五位。

- 旅游区(点)市场集中度高

到 2005 年年底，浙江省旅游景区(点)属于中上集中寡占型企业，企业数较多，市场集中度比较高。

- 旅游企业集聚度不高

浙江省旅行社属于中下集中寡占型企业，企业数目很多，市场集中度不高；旅游星级饭店属于完全竞争型企业，其企业数目极多，不存在集中现象。

- 旅游产业集群处于成长期

浙江省的旅游线路或旅游项目的开发经营需要依赖上面所述的众多相关企业来实现，而旅游产品的综合性与旅游行业的关联性是旅游企业产业集群产生与发展的催化剂。根据浙江省产业集群发展现状及周期理论，浙江省的旅游产业集群还处于成长期。

3. 浙江省旅游产业集群存在的问题

- 旅游企业的低水平竞争和无序竞争

旅游企业的低水平竞争和无序竞争主要表现在盲目跟风，简单模仿已有成功项目等方面。导致这种现象的主要原因在于：

第一，旅游企业群的产品档次不高，差异性不大。旅游企业之间的产品同构现象严重，各企业经营

的方向和特色不明显,致使企业之间在争夺人才资源、客户资源以及产品定价等方面无序竞争现象普遍;

第二,部分旅游企业经营行为出现短期化,以次充好、质价不符、压价竞争,最终导致低品质产品驱逐高品质产品的"柠檬市场"现象的出现,严重影响了浙江省旅游企业整体的持续发展能力。

- 旅游企业间合作度低,竞合关系不畅

浙江省各旅游企业表现为竞争有余,合作不足,没有很好地发挥整体的组合优势。主要表现在:

第一,缺乏有效的信息沟通与协调机制。虽然浙江省有"浙江旅游网"对浙江省的信息进行搜集并整理,但是仍难以做到及时有效地将有价值的信息发送到浙江省内的所有旅游企业,也不能把浙江省内的信息迅速准确地传达到市场,因而各企业各自为政现象普遍,不能有效地对资源进行整合。

第二,缺乏旅游品牌培育的合作意识。目前,浙江省的一些旅游企业对联合打造旅游品牌的认识不足,把旅游品牌的构建当作政府的事。事实上,构建旅游品牌更重要的是依靠旅游企业的广泛合作,尤其是依赖于核心企业以及大量的具有良好形象的旅游企业品牌的支撑。只有集群内的企业互相合作,优势互补,才能打造旅游品牌,使旅游企业的整体经济效益得以实现,从而最终提升群内企业的竞争力。

- 集群创新能力较弱

具体表现在三个方面:

第一,新产品开发能力弱。往往是老产品多,新产品少;模仿产品多,自主创新产品少,一旦有新产品开发成功,便一哄而上,进行恶性竞争;

第二,旅游企业制度缺乏创新。浙江省的民营企业多,大多还没有建立起产权清晰、管理科学的现代企业管理制度;

第三,现代化的管理手段和技术水平不高,信息技术在经营管理的应用中还处于较低水准,旅游企业之间信息资源共享程度低。

- 集群内企业间的相互信任度不高

浙江省各旅游企业之间缺乏信任,主要表现在:

第一,还没有建立能够防范集群内企业机会主义的约束机制和鼓励诚信、守约等集体理性的激励机制;

第二,还没有建立旅游企业的诚信评价体系,无法客观全面记录企业是否诚信经营的情况,从而让交易伙伴有判断旅游企业是否诚信经营的充足信息;

第三,还没有形成规范企业行为的质量标准中心和行业自律组织;

总之,浙江省旅游产业缺乏用制度来拒绝"失信"行为。

4. 浙江省旅游产业集群优化发展的对策与建议

浙江省旅游业在集群化发展过程中存在的问题严重制约了旅游产业集群的进程。为了优化发展浙江省的旅游产业集群,本文提出以下对策和建议:

- 优化集群内旅游产品结构

旅游产业集群最重要的特征是因地理空间上的高度密集而导致的产业互动关系。这要求集群内部每个旅游企业找准自己的定位点,做出自己的特色,并把它做专、做精、做大、做强,从而避免目前浙江省旅游产业集群化发展中出现的恶意竞争、产业雷同、"大而全、小而全"等问题。

- 增强集群内旅游企业的持续创新能力

旅游企业间的互相依赖在早期阶段是旅游产业集群形成和增长的力量源头。但同类企业集聚产生的竞争也是残酷的。由于模仿和标准的相似性,将会导致旅游产品退化,吸引力减弱。只有差异化才能避免这一不利的因素并产生互补性。而旅游企业的差异化经营形成的关键是企业要不断地进行创新,只有集群具有较强的创新能力,才会形成新的集群竞争优势。因此,创新是集群发展的不竭动力,创新能力的高低是衡量旅游产业集群是否具有竞争力的重要指标。集聚区内企业创新能力培养的关键在于区域创新系统的形成。科技、经济、金融、法律、文化以及政府行为等因素都是影响创新的重要变量,其中在建立创新系统中政府发挥了重要的整合、组织、引导、服务、支持作用,因此,构建一个由各有关部门和机构组成的创新推动网络非常重要,它对集聚区内企业拥有和保持创新能力、促进区内产业结构的优化和升级起着至关重要的作用。

- 发挥政府在旅游产业集群化发展中的支持和推动作用

制度环境是旅游产业集群发展和竞争力提高的产业环境,政府不仅要为旅游产业集群化发展创造良好的硬件环境,更要为集聚区内企业提供良好的制度环境。主要内容包括:一是取消各种不合理收费、简化手续,提供优良的公共服务;二是要发挥政府经常性服务职能,给中小企业提供信用评级、贷款担保等服务;三是对群内企业的技术创新提供资金人才、税收服务等方面的支持;四是加强对集聚区的支撑服务体系建设,包括教育培训机构、信息服务机构的建设;五是创造宽松的人才流动政策,吸引高素质人才到集聚区内创业和工作。

- 加强浙江省旅游品牌建设

浙江省旅游产业集群竞争力的提升与区域旅游品牌树立是相辅相成的。区域旅游品牌与单个旅游企业品牌相比,更形象、更直接,更具有广泛和持续的品牌效应。因此,要提升浙江省旅游产业集群竞争力,必须加强浙江省旅游品牌建设,提升浙江省的旅游形象。推进浙江省旅游产业集群文化的建设。

浙江省旅游产业的集群化发展需要集群文化来支撑。集群文化主要包括诚信文化、创新文化、合作文化。诚信文化是集群文化的基石。企业间的信任问题是集群形成和成长的关键因素。信任对群内企业的作用主要体现在以下三方面:一是相互信任提高了产业集群的敏捷性;二是相互信任减少了集群内企业间的交易成本;三是相互信任提高了集群的创新效率。创新文化是集群文化的根本。浙江省旅游产业没有形成真正意义的产业集群,原因在于群体的创新意识缺乏和具有创新精神的企业家群体的缺乏。合作文化是集群文化的核心。在日益激烈和复杂的竞争环境中,群内企业需要通过合作和资源共享来寻求竞争优势。

专题二　浙江省高端旅游产品开发研究

一、概念描述

关于什么是高端旅游,下面是一些比较有代表性的观点:
- 有特定的内涵

第一,消费水平或产品档次比较高;

第二,品质要求比较高;

第三,个性比较突出。

高端产品是非标准化产品,主要竞争的不是价格,而是特色。高端旅游目前尚处于摸索阶段,只是初级的高端、不平衡的高端。
- 具有高端市场和高端产品的旅游形态

面向高端市场的产品,是区别于一般消费标准的产品,包括公务、商务、会议、展览、奖励、特色、专项、调研、考察等。
- 高端旅游产品不一定是高消费产品。高端产品是多样化发展的,有文化、体育、商务等品种,要量体定做。
- 高端旅游不是奢侈、炫耀,而是一种品质、品位的提升,一种个性实现,不一定要花很多钱。

综合以上观点,我们认为,高端旅游是以较高的旅游花费为基础,在追求时尚的名片下,极力展示旅游者个性的旅游方式。

二、高端旅游市场分析

1. 国内外中产阶层市场

我国对于中产阶层目前还没有统一的定义,但我们可以这样描述他们"受过良好的教育,拥有一份体面而又收入较高的工作,年收入限定在6万～50万元,拥有中级轿车、高档住宅、知名品牌用品、经常进行休闲旅游等"。有报告预计,未来五年内中国将有两亿人口进入中产。细分目前中国的中产阶级,基本分属五大类型:白领阶层,中、小规模企业的商业精英阶层,一定层次的政府官员,专业人士,新型文化人。

(1) 国外中产阶层市场特征

对于国外中产阶级市场,有机构总结了该市场的旅游者具有以下一些特点:

受过良好的教育,有较高的文化素养;

收入较高,消费水平高,注重精神享受,不属于价格敏感型旅游者;

个性化要求突出,有很高的旅游期望值;

旅游经验丰富;

对于某一主题(建筑、探险等)有浓厚且执着的兴趣,在出行之前往往会做大量的准备工作,有较强的旅行资讯的收集、整理和分析能力。

(2) 国内中产阶层市场特征

对于我国中产阶层的旅游需求特征可以概括为以下几个方面:

- 旅游动机以休闲、放松身心为主
- 在产品偏好方面,追求时尚、新潮的旅游项目

据雅虎调查,在月收入5 000元以上的被调查者中选择东南亚、欧美、南美及非洲游线路的占25%。选择穿过藏北无人区旅游的人数,超过了选择东南亚休闲游、拉斯维加斯幸运之旅以及纽约、米兰购物之旅的人数。

- 出游方式上,以散客自驾车游为主

一方面,中产阶层消费前卫,追求个性和时尚;另一方面,"有房有车"在很大程度上是中产阶层"有产"的标志,私家车在中产阶层中会以较快的速度普及,未来中产阶层的出游以自驾车为主,尤其是短期旅游。

- 追求旅游的便利性和决策的迅速性

对中产阶层而言旅游已成为一种基本生活需要,因此会在旅游购买时表现出冲动性、即时性,特别是在短途旅游中这种特征尤为明显。

- 旅游需求呈现价格刚性

因为中产阶层有稳定的职业和较高的收入,他们在消费上又比较前卫,依靠消费来体现他们的身份和地位。所以,在旅游产品消费上,他们对价格不会太敏感。

中国目前的中产阶层生活方式出现这样一些倾向:时尚消费、品牌消费、文化消费、品位消费、休闲消费与享受型消费,他们的这些消费倾向和旅游需求特征给高端旅游提供了广阔的市场空间。

2. 国内外富豪市场

2006年中国的富裕人士(超过100万美元金融资产)达到23.6万人,中国目前有50万的千万富翁人群,更有远远超过百万的人群有能力接受豪华旅游计划。在高端旅游开发中,这一部分人群将是一个巨大的潜在市场。

富豪们的生活休闲方式,可以从以下描述窥见一斑:

- 在纽约,每到周末,城市上空经常有热气球经过,那是最时髦的运动休闲方式之一,还有登山、跳伞、滑翔、滑雪、潜水、冲浪等冒险旅游活动,都是国际上流行的运动;
- 乘坐头等舱或者私人飞机,到属于自己的私人小岛上度假休闲;
- 入住世界上最顶级的酒店或度假地,享受SPA带来的宁静和彻底放松;
- 乘坐豪华邮轮环球旅行;
- 约上朋友驾驶私家游艇出海享受"碧海蓝天"的惬意;
- 去苏格兰顶级的老球场打一场高尔夫;
- 到非洲狩猎。

归纳起来,富豪们的旅游休闲方式直观的表现,就是耗费大笔的金钱去享受一种相对稀缺的资源,这种和财富拥有共生关系的旅游方式被称之为"顶级奢华旅游"。

3. 现代商务旅游市场

胡润在上海发布的"2006富豪之选——中国千万富豪品牌倾向调查"的结果中指出:中国的富豪去国外旅游,多是带有商务目的。另外,由于商务旅游者有公司(政府)的资金支持,对价格不敏感,因此属于高端旅游市场中的一部分。

商务旅游者多表现出以下特征:

- 消费结构集中

在商务旅游者所有的消费项目中,住宿、会议、宴会、通信等方面的支出往往居于主导地位,而用在观光游览中的比例则相对较低。

- 对服务设施及交通要求较高

对于商务旅游者来说,一旦他们决定了此次旅行的目的地,能够满足他们的第一愿望的心理要求就是迅速地到达目的地,交通工具的首选是飞机。而且对于入住酒店的设施和服务要求比较高。

另外,举办大型的商业活动要求的是聚人气、讲规模、重品牌,因此,对于举办地的要求是经济实力强大、基础设施良好、商业环境优越、文化氛围浓郁、信息辐射迅速、进出交通便利。

三、高端旅游市场潜力分析

近年来,浙江省经济实力进一步增强(表2-3-25),人民生活水平不断提高,在城市中产生了一批生活富裕的中产阶层。2005年浙江的城镇居民人均可支配收入排名位于全国各大省市的第三位(紧随上海、北京之后),可见在浙江省产生了大量的中等收入人群,这为面向中产阶层市场的产品开发奠定了的良好基础。

表2-3-25 浙江省主要社会经济指标

年份	GDP(亿元人民币)	总人口(万人)	人均GDP(美元)	全年城镇居民人均可支配收入(元)
2000	6 030	4 677	1 612	9 279
2001	6 700	4 613	1 815	10 465
2002	7 670	4 647	2 063	11 716
2003	9 200	4 680	2 457	13 180
2004	11 243	4 720	2 978	14 546
2005	13 365	4 898	3 411	16 294

注:数据来源于逐年浙江省国民经济和社会发展统计公报,人均GDP(美元)按(人民币/美元)8/1的比例计算。

根据《新财富》公布的2005年500富人榜,在上榜的506位富豪中,共有105位富豪出身于浙江,占富豪榜总数的20.71%,他们的资产从3.5亿~75亿元不等,平均拥有资产额为8.24亿元人民币。

从浙江商人的胡润百富榜上榜情况看,2003~2005年基本呈现增加的趋势,并且上榜人数的总排名在2005年第一次超过了广东,成为胡润百富榜的中国第一大富豪省份(表2-3-26)。另外,上榜企业总部在浙江的数量排名也于 2005 年达到全国所有省份之首,达到 63 家,说明浙江依托其良好的投资环境,吸引了大批的优秀企业家在此聚集,为高端旅游富豪市场的发展提供了良好的高端客源。

表 2-3-26　2003~2005 年浙江商人胡润百富榜上榜情况

年份	2003 年	2004 年	2005 年
入选人数(人)	17	13	84
占总人数比例(%)	17	13	21
全国排名(位)	并列第一	第二	第一
资产过 100 亿人数(人)	—	1	5
企业总部在浙江数(个)	8	7	63
占总数比例(%)	8	7	16
全国排名(位)	第四	第五	第一

四、高端旅游产品体系构建

浙江各大旅行社针对浙江的高端旅游市场推出一系列的"奢侈旅游"产品,比如:顶级邮轮畅游地中海、"非洲之傲"世界豪华列车、顶级高尔夫游、健康之旅、香港房产投资旅游。这些项目的推出,反映了浙江的高端旅游富豪市场正在形成,并且产品格局呈现多样化的趋势。

面向国内外富豪市场、中产阶层市场、商务市场等高端市场,以浙江省资源环境为基础,构建由高端度假、高端专项、高端运动、高端置业等高端旅游产品为主导的高端旅游产品。

1. 高端度假旅游产品

据报道,首届"国际奢华旅游展",参展的主要奢华旅游提供者多是大型国际连锁豪华酒店集团、独立豪华酒店、高尔夫度假地、保健疗养地、航空公司头等舱、私人飞机以及豪华邮轮公司等。浙江省主要的高端度假型产品包括:温泉 SPA 度假、滑雪度假、禅居度假、豪华度假型酒店、保健疗养地、高尔夫度假地、私人飞机俱乐部、邮轮度假、游艇度假等。

2. 高端专项旅游产品

浙江省主要的高端专项旅游产品包括:文化之旅(包括饮食文化之旅、音乐文化之旅、茶文化之旅、宗教文化之旅、建筑文化之旅、民俗文化之旅等)、摄影旅游、探险旅游、购物之旅、美食之旅等。

3. 高端运动型旅游产品

胡润百富榜的调查结果显示,旅游、游泳、高尔夫成为中国富豪们最为青睐的三种休闲方式。这主要是因为对于终日里忙于商务的中国富豪来说,旅游能让其远离尘嚣,游泳能让其全方位放松身心,而高尔夫能让其在休闲、运动的同时结交好友。由此可见"运动型旅游产品"对中国当今的富豪来说具有很大的吸引力。主要的高端运动型旅游产品包括高尔夫、马术、汽车赛事、赛艇、摩托艇、帆船、滑水、狩猎、跳伞等。

4. 高端置业型度假产品

这类产品主要依托优秀的旅游资源而建,或在著名的风景区,或在温泉度假区,或在海滨度假区。主要的产品类型包括时权酒店、投资型酒店公寓、养老型酒店、退休住宅、度假别墅等。

5. 现代商务会展旅游产品

传统商务旅游产品主要指狭义的公务旅游和商务洽谈、投资考察、商务考察和贸易展览等一般商业活动;现代商务旅游产品主要指会议旅游、奖励旅游和由大型国际博览会或交易会、大型国际体育比赛活动、大型纪念或庆祝活动等大型商业活动引发的旅游活动。现代商务旅游市场中,传统商务旅游产品和现代商务旅游产品往往是交织在一起的:传统商务旅游产品构成了整个商旅市场的基础产品,奖励旅游构成商务旅游市场的高端产品,会展旅游构成商务旅游市场的核心产品,由大型商业活动引发的旅游活动构成商务旅游市场不可忽视的潜力产品。

针对浙江现代商务旅游市场,将重点开发奖励旅游、大型国际博览会或交易会、大型国际体育比赛活动、大型纪念或庆祝活动等产品。

浙江省高端产品开发方向和开发建议见表 2-3-27。

表 2-3-27　浙江高端旅游产品开发建议

产品组团	具体产品类	开发建议
现代商务会展旅游产品	奖励旅游	提供优惠措施,鼓励商旅公司发展奖励旅游团
		中心城市杭州、港口城市宁波周边的高档度假酒店、主题宾馆以及成熟的风景区作为奖励旅游的首选地
		策划多种奖励旅游特色线路产品,为组团提供参考
	大型活动	推动三个层次的大型活动:①依托中心城市的区位优势,如西湖博览会、"浙洽会"、义乌国际小商品博览会、温州国际轻工博览会。②依托当地特色资源,如钱江观潮节、国际沙雕艺术节、国际茶花暨园艺博览会、象山开渔节。③其他区域性、专业化博览会
		优化"3L"环境,即:会展活动必备的学术氛围(Learning);下榻环境(Living);活动相呼应的休闲环境(Leisure)
		设立"展览会议局"组织,在海外一些大城市设置联络处,争取大型会议的举办权
		举办年度商务颁奖会议、Fortune 经济论坛
高端运动旅游产品	汽车赛事	争取进行全国汽车拉力锦标赛(CRC)以龙游站为依托的整体策划,加强与达喀尔拉力赛的相关链接
		争取全国场地赛的举办权
		申请国际汽联(FIA)举办的其他国际赛事:国际房车大师赛等、F3000 亚洲赛等
		练习场地的启用;自驾旅游方案的制订
	高尔夫	富春山居球场、绍兴鉴湖高尔夫球场的赛事引进
		产品结构、档次多样化,练习场的建设和完善
		高尔夫度假旅游线的组织包装推广
		杭州等地举办高尔夫用品博览会

续表

产品组团	具体产品类	开发建议
高端运动旅游产品	赛艇、摩托艇、帆船	争取成为 VOLVO 环球帆船赛的亚洲赛点 参照 VOLVO 环球帆船赛制定比赛规则,吸引帆船赛事高手前来比赛,增强比赛的可看性
	滑水	考虑引进水上大型活动赛事:世界杯滑水赛、世界第三区(亚澳)滑水锦标赛、花样滑水、极限滑水、滑水冲浪
	马术	开展马匹领养,推出牧马人产品线
		马术俱乐部
		赛马比赛
	极限运动	以湖州全国极限运动会为依托,促成承办国际赛事,如 ESPN 世界极限运动会(X-Games)
		利用举办全国极限运动会的优势,向中心城市杭州、宁波、温州进行品牌输入和技术输入
		通过举办多种休闲活动加强与目标群沟通
高端度假旅游产品	邮轮旅游	利用中国最长海岸线的优势,将浙江重点港口城市纳入亚洲度假邮轮产品线
		自建宁波—厦门—海南—香港等航线,采用四、五星豪华游轮,诗意化命名,面对海外市场进行推介
	游艇旅游	建立游艇俱乐部;发展游艇度假;统一游艇管理
	温泉疗养度假	SPA 疗养,特色冬泉项目开发
		温泉美食
		与 GOLF、商务等项目的联合经营
	婚庆旅游	依托杭州西湖、宁波外滩、海天佛国等地的爱情氛围和优美外景,建设成为中国高档蜜月度假首选地和日韩蜜月度假的新选择
		进行浙江蜜月度假酒店排名,提升酒店婚庆专业能力
		与度假游轮合作开发蜜月游轮产品线
	禅居度假	依托普陀山的宗教文化氛围,营造"禅茶一味"的悠然境界
		禅师进行茶道论经
	湖滨度假	利用千岛湖的天然优势,开发建设带停机坪的超星级酒店
高端置业产品	时权酒店	在城乡结合部范围内开发,并在有升值潜力的地区开发
	第二居所	在城市度假带(离城市中心区 30 公里左右),环境优美区域分布配套设施高档化,保证私密性
	退休别苑	在城市度假带周围分布,配套设施齐全、交通便利
	度假庄园	分布于大城市的郊区,依托良好的区位和优美的田园风光,建设生态化乡村景观别墅富人俱乐部

续表

产品组团	具体产品类	开发建议
高端专项旅游产品	购物旅游	营造良好环境:成立越窑、龙泉窑民间协会,从政策层面鼓励优秀民间艺人、设计师成立直接面向市场的,体现设计风格的工作室
		精致购物环境的营造:店面、商品包装设计精致、时尚
		旅游商品设计(丝绸制品、工艺扇、蓝印花、玩具)融入时尚、可爱元素,吸引 kidult 一代
		在西湖沿岸、宁波打造中国的圣·莫里茨(以景区地价高、奢侈品牌集聚著称)
		奢侈品牌的时尚 party 和新品发布会,邀请明星、富商作为嘉宾出席
	探险旅游	依托良好的荒岛生态环境和滨海环境,与区域内知名消费品牌(农夫集团)共同策划无人岛探险活动,体验激情"尖叫"
		专业洞穴探险产品的资源整合
		开展生存训练以及海洋探险活动,注意安全设备的引进
	背包徒步	开展生存训练、游客教育体系完善化
		野营设施的设计考虑方便和环保
	摄影之旅	与国际知名图片公司(gettyimages、corbis)共同举办浙江摄影展
		与国内摄影器材公司、时尚杂志、旅游杂志共同举办同类活动
		搭建 Lomo 交流展示平台
	美食之旅	特色美食狂欢节
		以访谈美食家为主线,做浙江饮食专题
		在中外饮食节目中,介绍浙菜的做法
		以饮食文化为主题介绍浙江各地特色餐馆,如地道浙菜、典雅舒适的中西结合餐馆等
		去法国、意大利、日本、韩国参加料理比赛,在当地配合旅游宣传浙江美食周
	影视音乐之旅	争取国内最高规格的影视音乐颁奖会的举办权
		邀请国际华裔导演来浙江拍摄影片,并适时推出外景旅游线
		横店影视基地旅游产品丰富化
		创作精品动漫游戏,延长影视产业链
	文化遗产之旅	茶文化:以中国茶叶博物馆和各大名茶产区为主要基地,展示中国的茶叶、茶具、茶习俗、制茶工艺;鼓励茶庄钻研输出茶艺文化;邀请禅师进行茶道论经;名馆名师指点茶艺,论茶、品茶 丝绸织造体验:在丝绸手工坊内学习纺织和刺绣 瓷器:自己设计、制作青花瓷工艺品 国学:以天一阁为依托,开展国学论道

五、高端旅游产品开发的政策支持

在《浙江省旅游业"十一五"发展规划》中，明确提出了发展"高端旅游产品"的战略。目前浙江的高端旅游市场正处于形成阶段，政府应对高端旅游的发展给予大力支持，提供相关的优惠政策，主要涉及到投资、土地、税收与环境建设四个方面。

1. 投资政策建议

建立政府引导、市场运作的投资机制，按照建成大旅游、大产业、大市场的目标，遵循市场经济规律，多渠道、多形式地增加对高端旅游开发的投入。

对于重点打造的高尔夫、游艇俱乐部、高端旅游置业项目应提高市场的准入门槛，防止出现遍地开花的局面，建议高尔夫球场投资额不低于1.5亿元人民币，游艇俱乐部投资额不低于3亿元人民币。

2. 土地政策建议

对规划范围内的高端旅游建设项目用地，各级政府和土地主管部门应大力支持，并给予优先供地。

旅游建设项目应以招标、拍卖、挂牌出让或租赁等方式取得土地使用权。以出让方式取得土地使用权的，可以依法转让、出租和抵押。以租赁方式取得土地使用权的，土地租金可以按年度缴纳。

对利用荒山、荒坡、荒滩进行旅游开发的，经县级以上人民政府批准，可以确定给开发单位或者个人最高30年的使用期，并免缴土地使用费。

高端旅游项目在保护自然生态环境的前提下，应允许由集体土地所有者以农用地承包租赁方式直接供地，其中用作宾馆、饭店等基本建设的，按有关规定办理农用地转用、挂牌出让及其他报建手续。

3. 税收政策建议

旅游企业广告促销费税前列支比例按规定的上限执行。

对外商投资建设的高端旅游项目、特别重大的高端旅游项目（投资额在3 000万元人民币以上，经营期10年以上）应采取减免企业所得税的优惠政策，同时应免征城市维护建设税、固定资产投资方向调节税和耕地占用税。

4. 建设环境政策建议

对新投资开发的高端旅游项目，优先办理立项、土地使用及各项审批手续，优先组织招标。对投标企业免收各种手续办理费用；在项目建设期间，除质量监督和消防安全监督外，其他任何部门只服务不收费。

开发建设高端旅游产品及配套基础设施项目，免收水土保持费和水资源管理费，免收电力架设工程管理费和劳务费，免收项目建设初期的电话初装费和同一线路图文传真机进网费，免费提供水、电、路等基础工程的勘测设计和技术服务。

创造良好的建设与经营环境，对影响高端旅游产品开发建设与经营的不法行为依法从重、从严、从快处理，切实保障中外投资者的合法权益不受侵害。

专题三　浙江省民营经济与旅游业发展问题研究

中华全国工商联有关民营经济形势的分析报告中将民营经济定义分为三个层次:广义的民营经济是指除国有和国有控股企业以外的多种所有制经济的统称,包括内资民营经济(含个体户、私营企业、集体企业)、港澳台和外商投资企业;狭义民营经济也称"内资民营经济",是广义民营经济减去港澳台和外商投资企业;而第三个层次的民营经济则指个体和私营经济,不包括集体企业在内。如果不作特别说明,本专题研究中所出现的民营经济一般都是指第三个层次的民营经济。

作为经济大省和沿海开放省份,浙江的一大优势是民营经济发达,社会资金雄厚,市场化程度和接受新思想、新观念的能力强。与此同时,民营经济经过20多年的发展,已经完成了资本的原始积累,需要寻找新的投资方向和利润增长点,随着浙江省产业结构的调整和升级,进入符合国家产业政策主导方向的旅游业领域投资是民营资本的必然选择。一方面,旅游行业具有进入门槛比较低、行业壁垒比较少、技术要求不高、投资回报较为丰厚等特点,使其成为诸多行业中资本逐利的热点。另一方面,随着旅游业迅猛发展,旅游业对资本的渴求急剧膨胀,仅仅依靠政府这种单一的投资主体模式已远远不够,因此寻求资金来源的多元化已成当务之急。

省政府领导曾对民营经济投资旅游业专门作过批示:"民营企业已经成为建设旅游经济强省的一支重要力量,对民营企业投资旅游业的积极性要引导好,发挥好,维护好。为建设旅游经济强省做出新的贡献。"浙江省省委、浙江省人民政府在《关于建设旅游经济强省的若干意见》中强调"国有旅游企业要以产权制度改革为重点,鼓励民资、外资通过收购、兼并、参股等形式实现产权多元化"、"按照旅游资源所有权、管理权与经营权分离的原则,以特许、转让、承包、租赁等方式,积极吸引社会资金参与竞争性旅游项目的开发与建设"。省政府2006年对外公布的"一号文件"——《浙江省人民政府关于鼓励支持和引导个体私营等非公有制经济发展的实施意见》中强调"鼓励非公有资本投资商贸、物流、信息、会展、旅游等现代服务业"。

一、浙江省民营经济与旅游投资概况

1. 浙江省民营经济发展现状

2005年,浙江省民营经济继续保持增长,全省有个体工商户172.67万户,从业人员320.08万人,资金数额601.55亿元;私营企业35.9万户,投资者81.98万人,雇工452.84万人,注册资金5 166.91亿元。全省个私企业全年实现总产值11 530.16亿元,销售总额(或营业收入)9 054.74亿元,社会消费品零售额3 902.3亿元,出口交货值2 070.34亿元。

浙江省公布的首次全国经济普查数据显示,民营经济已成为促进浙江省国民经济发展的极其重要的组成部分。全省共有企业法人30.93万个,其中私营企业法人为21.85万个,占总数的70.7%,比2001年增加8.06万个,增长58.4%。而国有企业和集体企业则分别减少了0.62万个和3.38万个,减幅为48.1%和47.6%。全省私营企业数量前四名的地市分别是杭州市(24.7%)、宁波市(19.7%)、温州市(11.3%)、台州市(9.1%)。

"2005年度浙江百强民营企业排序"榜显示,销售额过百亿的民营企业从2004年的11家增至14家,而进入百强的"门槛"也从2004年的18.2亿元跃增到2005年的22.5亿元,提高了4.3亿元。

从申报情况来看,全省共有202家企业申报,其中杭州55家,绍兴56家,两地申报数超过全省申报数的一半。202家企业2005年度销售总额超过10亿元,其中超过20亿元的有115家,超过15亿元的有154家。

从地区分布来看,百强民营企业的分布并不平衡,杭宁温绍四市共有80家企业入围,占总数的80%,其中绍兴37家高居榜首,这已是绍兴连续四年领跑全省;杭州19家(2004年度杭州为26家)、宁波16家、温州8家、嘉兴3家、湖州3家、金华5家、台州5家、丽水1家。

根据企业的主营行业划分,入围的100家企业中有63家制造业企业,27家建筑施工房地产企业和10家批零贸易企业,制造业企业的占有率远远超过其他企业。入围的企业大部分都是多元化公司,很多企业除了一个主营行业外,跨行业、跨产业经营现象比较普遍。浙江传统的优势产业——化纤纺织服装、机械电器、化工塑料原料生产、电子通信产品的企业实力在"百强榜"内得到了进一步凸现。

从年度销售总额(或营业收入)看,入围企业户均达53.18亿元。前十名企业户均达158.78亿元,超过100亿元的企业有14户。

此次上榜的企业还有一个特点,就是入围企业大部分为集团公司、控股公司等,其中集团公司占82家。

2006年上半年民营经济的发展情况也同样证实了浙江省民企发展规模的迅速扩张,截至6月底,全省私营企业达到38.58万家,投资者88.98万人,雇工475.19万人,注册资金6 147.86亿元;个体工商户176.94万户,从业人员348.52万人,资金数额580.85亿元;上半年个私总产值合计达5 845.25亿元,销售总额或营业收入达4 729.15亿元,社会消费品零售额为2 375.09亿元。上半年有1.57万户个私经营户实现出口创汇折合人民币869.35亿元。

从已有的数据来看,浙江省个私经济运行情况总体较好,总量再创新高,实力继续扩张,资金潜力递增。

2. 浙江省民营经济旅游投资概况

据浙江有关政府部门对旅游产业投入情况的统计分析,1985～1990年旅游产业投入基本依靠政府投入,民间资本占总投资的比重不到2%;1990～1995年外向型经济大发展,外资对旅游产业投入比重占到2/3,民间资本占6.9%;1996～1999年,民间资本大量涌入,4年内政府投入13亿元,民资投入达42亿多元,占到总投入的近一半。可以说,1995年以后浙江出现的新的旅游景区和项目,基本没有再花政府的钱。据浙江省旅游局的不完全统计,"九五"期间,浙江省新开发旅游项目总投资约115.6亿元,其中民营企业投资占了53%以上;2001和2002两年,全省各地到位的民间资本近30亿元。

"首届中国旅游投资洽谈会——浙商·2005旅游投资高峰论坛"公布了首份浙商旅游投资排行榜,前10名浙商(表2-3-28)在旅游产业上的投资额已超过百亿元,其中横店集团以33亿元的投资额排名第一位。手握大量民间资本的中国第一商人群体——浙江商人素有"投资风向标"之誉,如今在这个风向标的"目录"中又增添了一个新指向:旅游产业。排行榜制作者表示,该榜单不仅披露了浙江商人在旅游投资上的主流力量,也是目前浙江商人在旅游产业投资趋势的最好注脚。

表 2-3-28 2005 年中国旅游投资十大杰出浙商一览表

姓名	企业名称	总部所在区域	主营业务	总资产(亿元)	主要旅游开发项目
徐文荣	横店集团	金华东阳市	磁性材料、医药化工、影视旅游等	166.68	横店影视城、华夏文化城、红军长征博览城、明清民居博览城
陈妙林	开元旅业集团	杭州市萧山区	酒店业房地产	40	杭州开元名都大酒店、千岛湖开元度假村、开元萧山宾馆、开元之江度假村、开元城市酒店、宁波开元大酒店、台州开元大酒店等
黄巧灵	宋城集团	杭州市	旅游休闲房地产	60	宋城景区、杭州乐园、山里人家、龙泉山国家森林公园、云和湖旅游度假区、宁波"中国渔村"、杭州世界休闲博览园等
乐志明	宁波南苑集团	宁波市	酒店业	10	南苑饭店、南苑温泉山庄、宁波明州花园酒店、舟山市桃花岛桃花岙景区等
陈志樟	五洋建设集团	绍兴上虞市	房屋建筑工程等	62.6	五洋假日酒店
戚金兴	杭州滨江房产集团	杭州市	房地产	20	杭州友好饭店、索菲特千岛湖滨江度假酒店
朱宝良	红楼集团	杭州市	商贸旅游房地产	14.78	杭州环北小商品市场、瑶琳仙境、天目溪竹筏漂流、大奇山国家森林公园、红灯笼外婆家、桐庐宾馆、富春江大酒店、大奇山蒙古村、桐庐中国旅行社、浙江红楼国际饭店等
俞锦方	金洲集团	湖州市	管道制造	18.7	西双版纳原始森林公园、云南野生动物园、西双版纳野象谷景区等
徐洪涛	浙江绿客水务旅游投资有限公司	宁波市	风景旅游开发	—	宁波天河生态风景区、台州蛇蟠岛风景区、宁波伍山石窟风景区、天台山龙穿峡风景区、黄岩富山大裂谷风景区、丽水神龙谷风景区、临海桃江十三渚风景区等
施永强	浙江天松集团	杭州市	化工、管业、旅游、房地产等	8	临安大明山省级风景名胜区

资料来源:作者根据各企业网站及相关网页资料整理。

截至 2004 年年底,浙江投入旅游业的民营资本已经超过 200 亿元;80% 以上的休闲旅游项目、娱乐项目和社会餐馆由民营资本参与操作;大多数的旅游出租公司、大型游乐场、主题公园和旅游商品店等属于股份制或私营性质。在全省 17 个工农业旅游示范点中,民营企业占了 70%。

在全省新确定的总投资超过 800 亿元的 300 多个重点旅游项目中,民营资本占了 60% 以上。目前,民营经济投资旅游的类型也已实现了从单纯的观光旅游向综合性休闲度假旅游的重大跨越,投资领域覆盖了"吃、住、行、游、购、娱"各个环节,包括旅行社、宾馆饭店、休闲娱乐、旅游景区(点)、旅游车船公司、旅游商店、旅游院校等。涌现出了宋城集团、开元旅业集团、宁波南苑集团、浙江绿客水务旅游投资有限公司、浙江国旅集团、浙江白云伟业控股集团有限公司等一批以旅游为主导行业的大型和特大型民营投资商，旅游投资规模逐步增大，品牌经营理念逐步深入，旅游产品质量和售后服务质量迅速提升。

此外，目前全省共有农户家庭或合股经营的小型"农家乐"、"渔家乐"1500余户，投资总额达1.4亿元；以企业法人和私人资本投资为主的大中型乡村休闲旅游项目近400个，投资规模达24.45亿元。"农家乐"休闲旅游业的广阔市场前景，吸引了多种投资主体的介入，除了大量的农户个体投资或合股投资经营"农家乐"外，乡村集体经济、农业龙头企业、工商企业和个私经营户等也开始投资"农家乐"休闲旅游业，并获取了丰厚的收益。从目前浙江省"农家乐"休闲旅游业的投资构成来看，农民家庭投资约占6%，民间私人资本和工商资本投资约占94%。

二、浙江民营经济旅游投资现状分析

1. 民营经济介入旅游业的方式和途径

浙江民营经济介入旅游的方式和途径与国家的产业政策和国有企业改制紧密相关。1985年以前，民营经济介入旅游业主要以投资个体餐馆、旅馆、个体运输车辆等形式出现。1985～1995年，民营经济开始在餐饮、住宿、旅行社、娱乐、旅游商品生产和运输等领域投资，但投资规模均较小。1995年以后，民营经济旅游投资迅速崛起，投资领域涉及旅游所有行业，并成为浙江旅游投资的最主要推动力。浙江民营经济介入旅游的方式和途径主要有以下几种。

（1）以住宿餐饮等中小型旅游服务业为切入点

这是民营经济介入旅游业最为普遍的做法，其中以个体经营户经营形式为主。个体工商户一般投资较少，投资几百元钱，取得了合法营业执照，就可以开业经营。具体包括开办旅馆、餐馆、饭店、旅行社、商场和车队、船队，生产、加工、出售土特产品等。在完成最初的资本积累后，有的继续加大对旅游业的投资，扩大规模；有的开始转向于资本投入高，利润率也较高的行业。

据浙江省旅游局政策法规处2005年的不完全统计，浙江省拥有各种形式的"农家乐"2 000余家，其中专门从事餐饮的有900余家，从事餐饮并提供住宿的有900余家，提供休闲度假综合服务的有200余家。从投资模式上来看，小型"农家乐"、"渔家乐"以农户家庭或合股经营为主；大中型"农家乐"旅游项目主要以企业法人投资为主。从经营模式上看，有农户自主经营的，如杭州梅家坞茶文化村、兰溪市兰花村，还有企业投资自主经营如湖州的中南百草园，形成了养殖、种植、休闲、娱乐、住宿、餐饮等系列服务。从目前浙江省"农家乐"休闲旅游业的投资构成来看，农民家庭投资约占6%，民间私人资本和工商资本投资约占94%。正是由于民营资本的大量进入，"农家乐"休闲旅游产业得到了快速发展。

目前，浙江省内一些大型民营旅游企业集团也是从投资住宿餐饮等中小型旅游服务业发展起来的。还有一些民营企业通过投资住宿业来推进企业的产业结构调整或为企业其他业务发展提供便利。

（2）以大中型休闲观光农业为切入点

休闲观光农业包括以广泛利用农业资源和景观、乡村民俗风情及乡村文化的条件，以农家乐为代表的、具有乡村特色的观光旅游业。这里一般是指规模较大的休闲观光农业园区、度假村等，平均投资额都在数百万元以上。浙江省有许多的民营企业开始以大中型休闲观光农业为切入点进入旅游业。

据不完全统计,目前全省以企业法人和私人资本投资为主的大中型乡村休闲旅游项目近400个,投资规模达24.45亿元。

据浙江省农业厅课题组的调查,至2005年5月,浙江省共有422个休闲观光农业区,已投资金36.49亿元(表2-3-29)。其中由各级财政投入的只有5.72亿元(省级为1.33亿元、市级1.56亿元、县级2.38亿元),仅占已投资金的14.44%。而这些资金是各级财政对休闲观光农业区前身(如农业园区、农产品基地等)的投入,而不是针对休闲观光农业区项目的。建设用的绝大部分资金投入来自社会各界和工商业主,总计达29.67亿元,占81.31%。

表2-3-29　浙江省422个休闲观光农业区各级资金投入情况　　　　　　　　单位:万元

地市	规划投入资金	已投资金	省财政	市财政	县财政	业　主
杭州	277 787	150 950.8	5 369	8 808	5 710	139 460.8
宁波	96 911	38 889	3	2 345	11 872	25 417
温州	149 835	25 882	65	506	627	16 054
嘉兴	48 648	29 325	3 460	405	2 915	21 889
湖州	45 000	19 450	0	0	1 000	16 650
绍兴	112 067	35 890.9	245	35	198	32 667.9
金华	44 893	26 984	3 215	3 138	299	18 932
衢州	57 120	3 950	70	0	207	3 403
台州	23 337	7 583	390	70	542	4 781
丽水	39 825.88	17 407	425	200	385	9 645
舟山	24 592	8 585	50	55	71.5	7 808.5
全省合计	920 015.88	364 896.7	13 292	15 562	23 826.5	296 708.2

注:表中各级财政投入为休闲观光农业区建设前,各种农业专项基金的投入。
资料来源:浙江省农业厅课题组:"浙江休闲观光农业现状与对策研究",2005年。

(3) 以文化旅游业为切入点

投资文化旅游业的基础是对文化资源的开发。这里所说的文化资源包括自然资源,也包括人文资源。文化资源开发的目的是实现文化资源商品化,也就是使潜在的文化资源成为可供大众消费的文化产品。而要达到这一目的,关键在于用产业化的思路对文化资源进行有效的商品开发。通常的做法是建立大型人文主题公园或社区,它一般要求投资者必须具有雄厚的资本实力。投资者多是在本行业或其他行业中积累了一定的资本以后才进入文化旅游业的。如宋城集团的旅游开发,始于杭州宋城景区。"建筑为形、文化为魂"是宋城集团开发项目的宗旨。宋城景区是浙江省第一家主题公园和中国最大的宋文化主题公园。目前,宋城集团已发展成为中国最大的民营旅游投资集团,是中国先进休闲理念的倡导者和大型休闲社区开发的实践者。宋城集团以"创建中国旅游休闲第一品牌"和打造大型城市休闲社区为目标,形成了以旅游休闲和房地产为两大主业,以文化教育为新的增长点的产业格局,总资产超过60亿元。

浙江横店集团是以文化旅游业为切入点进入旅游产业的典型代表。横店集团起步于工业产业,由于科技含量高和规模化经营,创造了巨大的经济效益。集团于1995创建文化村、娱乐村、度假村等文化娱乐设施,为发展文化旅游产业奠定基础。1996以建造影视拍摄基地为契机,迅速带动并形成以影视为龙头的文化旅游产业。2005年横店接待游客逾300万人次。

浙江省其他民营企业集团也开始以文化旅游业为切入点进入旅游业。如浙江大普集团有限公司和浙江亚厦集团有限公司联手开发建设的以梁祝故事为主题、以山水风光为依托的"英台故里——祝家庄风情旅游区";浙江南都房产集团开发建造的中国良渚文化村,依傍良渚文化遗址和绿地水网的生态环境,将建成一个集生态、观光、休闲、娱乐、文化交流等多元的泛旅游卫星城镇。

(4)以自然旅游资源产品为切入点

目前,以自然旅游资源为切入点进入旅游业是大型民营企业普遍的做法。此种方式的选择类型最多,资金来源最复杂,投资规模的差异也最大。投资方式上有股份制、合作制、独资和引资,不一而足。早期的浙江民营企业投资此类旅游景区(点)时,采取的方式多是部分参与、入股、合资等,而且仅仅依靠旅游景点的门票收入回收投资。如今民营企业对旅游业的投资力度日益增大,旅游景区(点)通常都由单个民营企业控股或独立开发。如浙江天松集团于2001年8月成立杭州大明山风景旅游有限公司,开发经营临安大明山省级风景名胜区,2002年5月开业至今,大明山已成为华东地区的一颗旅游新星,成为临安民营企业涉足旅游产业的典范。

与此同时,为避免力量分散、资金不足,也出现了多个企业或自然人联合投资的现象。如1999年4月,47家法人单位和1名自然人出资组建了浙江柯岩风景区开发股份有限公司,具体负责柯岩风景区的投资开发和经营管理。近年来,临安市的浙西大峡谷、白水涧等景区均由民营企业联合投资开发。

2. 介入旅游业的民营企业类型

浙江省既是旅游业大省,又是我国市场化程度较高、旅游民营资本较发达的地区,通过对民营旅游投资企业类型的分析,有利于政府部门制定有效的招商引资政策。目前,浙江投资旅游业的民营企业主要有以下三种类型。

(1)合作开发型

这主要是因为单个企业在进行景区开发时资金不足,往往组建以个体、私营经济为主要成分的股份制公司或股份合作制企业,集社会散资为整资,共同开发旅游。如浙江柯岩风景区开发股份有限公司由47家法人单位和1名自然人出资组建而成。浙西大峡谷旅游开发有限公司现由五个自然人股东组成,是为开发经营浙西大峡谷而组建起来的全民营资本旅游企业。桐乡市乌镇旅游开发有限公司,隶属于桐乡乌镇古镇保护与旅游开发管理委员会,是由桐乡市多家经济实力雄厚的部门和单位,按照规范化股份公司章程组建而成的有限责任公司。

(2)主导业务型

民营企业从一开始就以旅游业为主导产业,成为旅游企业集团,并在其主导产业上积累了相当的实力。企业规模的扩大使其有实力进行扩张投资,开始寻找产业中新的高效投资项目。如杭州宋城集团、开元旅业集团、宁波南苑集团、浙江绿客水务旅游投资有限公司、浙江国际旅游集团、浙江白云伟业控股集团有限公司等。

例如,开元旅业集团以酒店业为主导产业,房地产业为支柱产业,建材业和其他相关产业为新兴产业,跨行业、跨地区的全国性大型企业集团,下辖开元国际酒店管理有限公司、杭州开元房地产集团有限公司和浙江开元工业控股有限公司三大产业公司,拥有下属企业30余家,为中国民营企业500强,中国饭店业集团20强,中国房地产品牌企业50强之一。浙江国际旅游集团以旅行社经营管理、风景区开发经营为主导,涉及旅游企业投资、航空票务、旅游汽车出租、会议商务、大型(庆典)活动组织策划等为一体的大型民营企业集团。

(3) 产业转移型

这是比较普遍的民营旅游投资企业类型。民营企业在其他行业积累了大量资本,为产业转移奠定了基础。为了规避风险,谋求跨行业的多元化发展,在原有产业的基础上,企业开始将剩余资本投入到旅游产业中,以形成新的利润增长点,实现产业的横向扩张和资本增值,降低资本收益的风险。随着企业的不断投入,旅游逐渐发展成为了企业经营范围或产品应用领域的一部分,甚至发展成为企业的主导产业。如浙江横店集团、杭州滨江房产集团、浙江经发集团等。

浙江横店集团原来以轻纺针织、磁性材料、医药化工等为主导产业,1995年以后集团开始涉足文化旅游业,先后投入了近40亿元,建起了横店影视城。目前,集团下属的浙江横店影视城有限公司专业从事影视旅游经营,总资产30亿元,其中固定资产20余亿元,公司下属影视拍摄基地、旅游景区、饭店、旅游营销、制景装修等20家子公司,影视旅游从业人员2 000多人。

3. 浙江民营经济旅游投资主要领域分析

浙江民营经济投入旅游业已从单纯涉足宾馆、饭店经营、景点景区开发,发展到覆盖全省11个市旅游的"吃、住、行、游、购、娱"各个环节。

(1) 住宿餐饮业

近年来,浙江省民营资本大量涌入饭店业、餐饮业。随着民营经济大量投资于饭店业,民营企业在饭店住宿业已占据了半壁江山。从餐饮业来看,全省80%的餐馆属私营企业。

随着浙江省民营资本大量涌入饭店业,浙江的饭店住宿业发展迅速(表2-3-30),至2005年年底,全省星级饭店达到1002家,比上年净增97家。在其中的16个五星级饭店中,杭州索菲特西湖大酒店、杭州开元名都大酒店、杭州千岛湖开元度假村等都是民营企业投资或参股建设经营的。

表2-3-30 2000～2005年浙江省旅游星级宾馆发展情况　　　　　　　　　　单位:家

年份	2000	2001	2002	2003	2004	2005
五星	3	4	7	8	9	16
四星	25	38	46	57	74	88
三星	127	168	199	230	252	300
二星	221	329	381	436	489	514
一星	31	77	97	99	81	84
合计	407	616	730	830	905	1002

资料来源:浙江省旅游局:《2005年浙江省旅游概览》。

据浙江省旅游局行业管理处2004年年底的不完全统计,饭店所有制中,国有企业占39.5%,集体企业占6.27%,民营企业占32.38%,股份制企业占21.35%,外商独资企业占0.4%。随着企业转制的推进及投资主体的变化,民营和股份制比例都有进一步的上升。近年来,随着经济体制改革步伐的加快,私有民营饭店日益增多,饭店产权交易活跃,改变了以往上规模饭店大多由国有部门所有或控股的比例。

（2）景区景点

近几年来,通过吸引社会资金投入旅游业,浙江的旅游景区(点)快速发展(表2-3-31),已建成了一大批上档次、上规模的旅游项目,并迅速成长为旅游的热点和亮点(表2-3-32)。如桐乡的乌镇、绍兴的柯岩、杭州的宋城、东方文化园、余姚的天下玉苑、象山中国渔村等。目前还有一批重点旅游项目正在开发建设中,如杭州世界休闲博览园(宋城集团)、世界休闲风情园(宋城集团)、中国良渚文化村(南都房产集团)、杭州天都城(广厦集团)、宁波东钱湖、慈城古县城保护开发、温州乐园、乌镇保护改造二期工程、南浔保护改造工程等。

表2-3-31 2000～2005年浙江省旅游区(点)发展情况　　　　　　　　　　　　　单位:个

年份	2000	2001	2002	2003	2004	2005
AAAA		10	25	31	38	54
AAA		6	8	7	23	24
AA		28	44	56	59	68
A		2	3	4	7	5
合计		46	80	98	127	151

资料来源:浙江省旅游局:《2005年浙江省旅游概览》。

表2-3-32 2005年浙江省民营资本投资的AAAA级景区(点)接待经营情况

景区(点)名称	总投资(亿元)	投资主体	接待人数(万人次)	门票收入(万元)
杭州宋城旅游区	1.6	宋城集团	218	13 861.0
杭州乐园	3.6	宋城集团	未营业	未营业
桐庐瑶琳仙境旅游区	—	红楼集团	85.21	2 512.6
桐庐垂云通天河景区	0.14	浙江国旅集团	35.0	977.0
临安浙西大峡谷	—	—	17.46	524.1
杭州野生动物世界	3.5	黑龙江雄鹰集团	62.9	1 993.6
杭州东方文化园	5	浙江中强建工集团	36.42	1 075.9
临安大明山旅游区	2	浙江天松集团	22.15	1 220.5
余杭双溪竹海漂流旅游区	—	杭州高新塑料厂	75.12	2 410.4
富阳富春桃源风景区	—	金义集团	47.32	612.1
宁波雅戈尔动物园	5.4	雅戈尔集团	53.8	2 056.1
余姚天下玉苑景区	6.5	—	64.02	1 624.7
余姚丹山赤水风景区	0.2	宁波江南山水投资公司	53.24	1 377.6
象山中国渔村景区	5	宋城集团	76.04	2 038.5
绍兴柯岩风景名胜区	—		118.86	4 372.3
东阳中国横店影视城	30	横店集团	306.66	6 935.74

资料来源:浙江省旅游局:《2005年浙江省旅游概览》,以及相关网页整理。

全省80%以上的休闲娱乐项目都由民营资本参与操作。在国家旅游局公布的103家首批"全国工业旅游示范点"中,浙江有11家企业入选,其中8家是民营企业,数量居全国之最。在全省17个工农业旅游示范点中,民营企业占了70%强。

民营经济在浙江旅游产业发展中已经发挥了巨大作用,一系列民营企业集团先后介入旅游领域是浙江旅游业源源不断的发展动力。如坚持市场化运作,政府推动,社会参与,广泛吸纳民间资本办旅游,是临安市旅游业发展最显著的特点,也是民营经济迅速成长的典型。各旅游企业产权清晰,利益明确,经营自主,活力充沛。2001年浙西大峡谷、天目石谷、白水涧等13个民营生态旅游景点相继面市,临安"生态游"在沪、宁、杭市场被誉为最受欢迎的旅游产品。

(3) 旅行社

据浙江省2005年旅行社年检通报显示,2005年浙江省旅行社体制发生了较大的变化。填报企业性质的1 027家旅行社(含国际社和国内社)中,国有企业69家,占总量的6.72%;集体所有制企业29家,占总量的2.82%;股份合作制企业50家,占总量的4.87%;联营企业2家,占总量的0.19%;有限责任企业730家,占总量的71.08%;股份有限企业48家,占总量的4.67%;私营企业95家,占总量的9.25%;其他性质的企业2家,占总量的0.19%;港澳台商合资经营企业1家,港澳台独资企业1家,分别占总量的0.1%。

从数据中可以看出,国有企业和集体所有制企业的比重继续下降,均比上年降低了1.51个百分点。同时有限责任企业、私营企业分别比上年增加了4个百分点和0.5个百分点,说明了浙江省旅行社企业的改制还在不断的继续中,企业性质继续保持多元化经营的方式。其中,占有比例最高的有限责任企业中,80%以上的企业为自然人控股,而私营企业的数量与实际有差距,很多旅行社不愿填报私企,原因是怕旅游者不选择它,这与社会上对旅行社的偏见有关。从这组数字上看,浙江省旅行社的性质已呈多元化,比较符合旅行社行业的发展趋势。

民营经济投资旅行社,是浙江近年来旅行社迅速发展原因之一(表2-3-33)。目前浙江一般三类旅行社基本上都是民营资本,而在这样的形势下,浙江所有的国有旅行社也都在紧锣密鼓地进行改制,旅行社的民营化将越来越明显。

表2-3-33 2000~2005年浙江省国际、国内旅行社发展情况　　　　　　　　　　单位:家

年份	2000	2001	2002	2003	2004	2005
国内	494	617	645	810	944	1048
国际	46	46	46	46	51	56
合计	540	663	691	856	995	1104

资料来源:《2005年浙江省旅游概览》。

(4) 旅游交通等基础设施

近年来,浙江省因势利导,提出了"政府主导,市场运作"的资金运作方针,同时放宽准入限制,为民间资本投入基础设施产业创造了较为宽松的政策和体制环境。浙江还在全国率先运作财政贴息政策,通过对建设项目银行贷款给予财政贴息补助的方式,带动了民间资本投向基础设施产业。

在浙江,民间资本进入基础设施投资领域并不是件新鲜事。2006年2月底,均瑶集团控股的奥凯航空是中国第一家批准运营的民营公共航空运输企业。2006年7月28日,由浙江中江控股集团和东华通用航空公司两家民营企业控股的建德市千岛湖通用机场竣工试飞,成为浙江省首个由民营资本投资控股的通用机场。2005年11月30日,由绍兴市民营企业中国光宇集团参股建设的铁路项目——衢

(州)常(山)铁路正式开工建设。2003年,投资118亿元的杭州湾跨海大桥建设之初,17家参股民营企业累加股份达50.25%。2005年1月1日,目前国内最长的绕城高速公路——杭州绕城高速公路25年的收费经营权,被上海祥融投资公司的两家子公司以82亿元的价格买断。这个数字创下了迄今为止民企收购国内公路经营权的最高价格。"十五"期间,在新增的码头中,其中个体民营投资码头41座,占新增数的71%,民营资金投入近3亿元。过去五年,温州市共完成交通基础建设投资137亿元,其中100亿元来自民间资本。绍兴市近几年共投入180亿元,建成了一大批城市基础设施,政府财政性资金投入仅占10%,其他资金都通过市场化运作手段获取,其中民间资金占了很大部分。

三、浙江省民营经济旅游投资中存在的问题

尽管浙江民营企业投资旅游势头很猛,热情很高,并从中涌现了一批实绩突出的优秀企业,但也不可否认投资者中鱼龙混杂,其中跟风者有,投机者有,再加上一些民营企业本身素质上的缺陷,导致民营投资旅游业虽然时间很短,然而却已经出现了盲目投资、资源浪费、过度竞争等现象。

1. 投资的盲目性

一些民营企业尽管经商有道,但对开发旅游如何把握经济规律、市场规律和生态规律却很陌生,开发经营的随意性很大,出现了盲目投资。这种盲目性首先表现在进入旅游业的莽撞,在缺乏专业人才和对旅游业不了解的情况下,盲目跟风;其次表现在对具体投资项目的选择上。由于对旅游资源价值的理解和把握存在偏差,对旅游资源的评价有失科学客观,导致投资的项目不能产生预想的市场反应。更有人简单模仿已有景点,造成资源的低水平配置,而且往往还是近距离的雷同。如临安市,自从民营企业投资太湖源风景区和浙西大峡谷成功以后,不少人看到:不大的投资,围一个峡谷,短时间就能收回成本。于是效仿者不断,一两年时间冒出了天目石谷、白水涧生态峡谷、马啸"浙皖石长城"等一系列以石景、峡谷风貌为特色的旅游景区,都是投资几百万元的民营景点。旅游以粗放式经营起步,景点数量在短期内骤然增加,且投资规模不大,以数百万元的投资额居多。这种发展模式对于临安旅游的启动有着直接的推动作用,但不可否认的是,"散、小、弱、同"等问题也日益暴露。重复建设,景观雷同,客源竞争激烈,有些景点已面临生存的危机。旅游景区(点)的开发与包装,是一项极为复杂的系统工程。规模小、实力弱的民营企业自然难免捉襟见肘。

2. 实力相对不足

此处实力不仅是指资金实力,还包括管理和执行的能力。民营企业一般规模不大,即使大型民营企业,也是从小企业逐步发展起来的,它们当中的大多数管理体制不完善,存在封建家长式的管理。

民企投资存在若干"软肋":一是资金链问题。中国的民间资本不少,但作为单一民企的投资实力还有限。过去多家民企一参与运作大项目,立刻就暴露出资金链的问题;二是管理和执行的能力,中国的民企虽然已有很大的进步,但面对大型项目,则明显暴露出其不足;三是显示出市场准入的迫切性。

3. 地区投资不均衡

目前,浙江省各地市在民营经济投资旅游业上存在不平衡现象,这与民营经济本身的发展程度、地市所处的区位、旅游资源的品位等有关,同时与地方政府的政策有关。

在全省11个地市中,杭州、宁波、绍兴、金华等市民营经济投资旅游业的情况比较普遍;而丽水、衢州,甚至民营经济比较发达的台州、温州等市民营经济投资旅游业的情况相对较少。2005年,全省共有AAAA级景区(点)54个,其中民营经济投资的约有16个,杭州占了10个,宁波占了4个,绍兴、金华各占1个(表2-3-32)。在"首届中国旅游投资洽谈会——浙商·2005旅游投资高峰论坛"上公布的10大旅游投资民企中,杭州市占了一半,宁波有2个,绍兴、金华、湖州各1个。

4. 旅游景观房产开发中的圈地行为

旅游景观房产开发项目多选在都市郊区或城市周边风景区或旅游度假区或旅游城镇,是目前浙江旅游投资中民营资本投资规模最大和最集中的普遍模式。项目占地通常都在数百至数千亩之间,投资总规模在数亿元至数十亿元不等,具有明显的圈地性质。这种圈地性质可能引发的问题包括:未来城市土地利用规划和城市规划调整的社会成本大大增加;国家土地收入流失到开发商和房地产购买者手中,给政府带来相应的政治风险;更多非专业投资商的进入,将导致旅游投资重复建设和盲目建设,区域内部旅游经营竞争不断加剧,给经营者自身在产品市场定位、品牌经营等方面带来众多难题的同时,使国家极为稀缺的旅游资源和旅游土地资源造成严重浪费。

四、浙江省民营经济参与旅游开发的政策支持

1. 浙江民营资本旅游投资重点支持领域项目

《浙江省旅游业"十一五"发展规划》提出,按照"区域联动、优势互补、资源共享"的原则,以城市为中心,以资源为依托,以项目为支撑,整合全省旅游资源,重点建设十大旅游区。根据《浙江旅游资源整合方案提纲(讨论稿)》的要求,全省十大旅游区规划投资建设的旅游项目300余项,总投资超过800亿元。

2. 浙江省民营资本旅游投资支持政策内容

由于现代旅游开发投资较大,投资与经营风险较高,不论发达国家还是发展中国家大都采取支持政策,以支持旅游投资商获得相应利润,尤其是旅游投资项目启动和运营初期阶段。对投资十大旅游区重点旅游建设项目的民营企业,应在政策上给予重点支持。考虑配套以下民营资本旅游投资发展政策:

(1) 减轻民营企业税收负担

随着企业的不断发展,民营企业的竞争优势逐渐弱化,在税收上应按照国家法律法规给予民营企业与外企、国企的同等待遇:如合资合作企业的资产重新评估后,减免因资产升值而要上缴的税收;借鉴上海、天津的做法,根据现有经济水平,调整企业计税工资的标准;调整上规模企业的缴税的基数,不要按营业额交税;取消行业管理费;调节企业因高薪招聘人才所要多缴的个人所得税等,实现真正意义上的国民待遇;建议按上缴税收的数额给予企业不同程度的优惠,上缴多少税收享受什么政策。

(2) 加快民营企业的投融资体制改革

加快旅游业发展的投融资体制改革,要与招商局等部门积极合作,研究和探索出新型的旅游投融资体制,积极引导旅游投资主体多元化、融资领域多向化、筹措方式多样化。可在宏观上对政府给予中小民企的融资额限定一个范围,便于各地实际操作;大力促进金融机构信贷产品的创新,拓宽企业融资渠道,并加强企业和银行间的沟通和业务往来;积极支持中小企业信用担保机构发挥作用:为公司反担保

政策的落实提供优惠、高效的措施;落实民企经营资本,成立只贷不存的机构,缓解民企融资难。除了中小企业融资担保的机构外,还应该有针对上规模企业提供大额融资服务的机构。

充分利用资本市场。采取措施鼓励和引导民营企业发行股票和债券的规模,开拓直接融资渠道,赋予少数大型民营旅游企业集团使其资本和收益比例相适应的海外直接融资权,尽快建立适应旅游产业发展的投融资体系和规范化的企业直接融资机制。通过企业上市、项目融资、资产重组、联合投资、发行债券等多种形式增加旅游投资。

(3) 抓好政策落实,做好引导规范

制定吸引民营资本参与投资旅游业的其他优惠措施,鼓励它们以协作、参股、合作、独资等多种形式参与旅游开发建设。切实贯彻落实已出台的政策,严格执行现有法律法规,如《行政许可法》等;对无法落实的政策要积极向上反映情况,使各项优惠政策有可操作性,让企业真正享受到实实在在的优惠。建议政府要加快浙江省酒店业、旅行社体制改革,实行饭店、旅行社民营化等。为鼓励民营企业参与发展旅游业,省旅游主管部门要积极支持社会各界利用荒山、荒滩、荒岛开发旅游项目,积极争取国债、旅游专项资金,多渠道筹措资金,帮助启动骨干项目。

旅游业没有民营资本介入,很难搞活。可是对民营资本如不加强引导、管理、筛选,也很容易步入"小打小闹"的误区。景点开发切忌东打一枪,西放一炮,遍地开花是对生态环境毁灭性的打击。要引导民营企业树立科学发展观,以实现经济社会协调发展,构建社会主义和谐社会。

对于一个具体的旅游开发项目或工程,无论是关系旅游发展的基础设施配套建设项目,还是旅游景区或景点、旅游项目的开发,都应当根据该项目在整个旅游发展规划中的地位来确定它是属于政府投资项目还是企业或个人投资项目。对项目或工程的开发建设,应进行全面的可行性分析,作出严格的评估。

(4) 完善政府服务体系,切实转变政府职能

对民营企业投资旅游业,特别是旅游重点开发项目,要简化审批手续,降低审批成本;要细化宏观政策,明确具体政策形式;在政策出台前,召开民企听证会,听取民企意见建议;清理现有法律法规,公开相关政策,为民企创造良好发展环境。政府要降低门槛,取消贸易壁垒,放宽市场准入;完善非公经济协调机制,畅通上行信息渠道。

专题四 浙江省乡村旅游发展研究

2006年,国家旅游局又将年度旅游主题定为"中国乡村旅游年",确定了乡村游的宣传口号"新农村、新旅游、新体验、新风尚"。大力发展乡村旅游业,意义非同小可。它不仅能带动产业自身发展,而且可能带动"三农"全面发展,是全面建设小康社会,建设社会主义新农村的重要内容,贯彻落实统筹城乡发展的有效抓手。它能有力地推动农业和旅游两大传统产业的加速转型,是加速发展农村经济和旅游经济的一个最佳结合点,有利于建立以工促农、以城带乡的长效机制,促进农业发展、农民富裕和农村进步。

目前,乡村旅游作为旅游业一个新的领域在浙江省范围内已经显示出了它强大的生命力,发展势头良好,已具备相当的基础。

把握乡村旅游发展的趋势、摸清浙江省乡村旅游目前总体现状和所处的开发阶段,确定进一步发展的思路、提出存在的问题并给出对策,意义重大,本专题正是在这一背景下进行的。

一、国内外乡村旅游发展现状及趋势

1. 国内外乡村旅游发展现状

在国外很多国家,乡村旅游都被认为是一种阻止农业经济衰退和增加农村收入的有效手段,实践也确切证明了其对当地社区经济和就业的积极意义。新西兰、爱尔兰、法国等国的政府把乡村旅游作为稳定农村、避免农村人口向城市流动的重要手段,产品、管理和市场开发都比较成熟。可以说,欧洲、美国、日本等发达国家,乡村旅游已相当成熟,已经走上了规范化发展的轨道。1997年美国有1 800万人到乡村、农场度假;1998年法国国内游客当中有33%的游人选择乡村度假,仅次于海滨度假。仅乡村旅游内容之一的休闲观光农业,就已经在世界各国形成了传统休闲观光农业、都市型休闲观光农业、科技型休闲观光农业、奇异型休闲观光农业等多种经营模式。在我国台湾,观光果园、观光农场等休闲观光农业始于20世纪70年代,经过单一果园、多类农园、主题式农园和整合式农园四个阶段的发展,目前已拥有1 000多家休闲农园,已成为一种新兴的农旅结合的产业发展形态。

近年来,我国的乡村旅游接轨国际,发展迅猛。1998年国家旅游局以"华夏城乡游"作为主题旅游年,掀起了"吃农家饭、住农家屋、做农家活、看农家景"为主的乡村旅游发展的高潮。全国各地涌现出了大大小小各具特色的休闲观光农业区,如福建漳州的花卉、水果大观园、东山县鲍鱼观赏村,广西柳州水乡观光农业区,山东枣庄石榴园,上海浦东"孙桥现代农业开发区",四川成都市郊区的"小农庄度假村"等。目前我国观光农业旅游项目主要分布在北京、上海和广州等大城市的近郊,其中以珠江三角洲地区最为发达。乡村旅游不仅为人们拓展了更为广阔的休闲空间,而且为现代农业的发展和农民致富开辟了新的途径。

关于乡村旅游在我国的成长模式,有学者进行了分类。其中最主要的一是客源地依托模式,即借助于紧邻城市的区位优势开发的城市居民旅游,以"农家乐"、"渔家乐"、"山里人家"等产品为代表;二是目的地依托模式,即借助于与该乡村自己的(如特色村寨或民居群落)或者相邻的原有名胜地(著名自然景观或历史文化景观)的引力优势所开发的多样客源的城乡居民旅游。前者即通常所说的"农家乐",这一模式是与现今我国乡村旅游发展水平相适应的,发展比较普遍,发展速度也较快。

2. 发展趋势

(1) 乡村旅游向着"大旅游"的方向发展

随着各种乡村旅游资源不断被发现和开发,乡村旅游的吸引物和产品类型将逐渐增多,涉及的行业面更广,游客范围更大,活动类型更加多样。乡村旅游将以其广泛性、多样性和经济性满足人们日益增长的旅游需求。

(2) 乡村旅游向着高文化含量的方向发展

浙江省乡村除自然旅游资源以外,更多的能吸引旅游者的则是淳朴的人文旅游资源。它们包括乡村民俗文化、乡村文化遗迹等。

(3) 乡村旅游向着多样化方向发展

乡村旅游类型的选择趋向多样化,旅行方式趋向自助化、散客化、个性化;产品体系也将趋向完善,由普遍的大众化旅游产品逐渐转变为大众化产品和高端产品并存。

(4) 观光休闲农业是其中最重要的发展方向之一

众多有利条件之中,最主要的是观光农业投入少、收益高;观光农业项目可以就地取材,建设费用相对较小,而且由于项目的分期投资和开发,使得启动资金较小;并且,观光农业项目建设周期较短,能迅速产生经济效益,包括农业收入和旅游收入,两者结合效益优于传统农业。

(5) 客源市场从区域性向跨区域、国际化方向转化

尽管目前我国乡村旅游的客源市场主要局限于城市居民,但从长远来看,除了把城市居民作为目标市场外,乡村居民本身及入境旅游者也都应成为目标客源。我国各地乡村文化差异性以及富裕起来的农民日益增长的旅游需求将吸引大量的乡村旅游客源在乡村之间流动。随着乡村旅游产业规模的扩大,乡村旅游目的地品牌建设的加强,也将会吸引更多的中远程国内游客以及境外旅游客源国际客源流向乡村。

(6) 空间联合成为一种趋势

我国乡村旅游将不再是一种限于单独某一村、一镇的小范围的旅游,它要求各村、各镇甚至各县之间跨地区的大联合,彼此之间扬长避短,开发各自的优势资源,最终形成整体优势。

二、浙江省乡村旅游发展的支撑条件

1. 乡村旅游发展的支撑条件

(1) 自然地理和农业资源状况

浙江属亚热带季风气候,气温适中,四季分明,光照充足,雨量充沛。全省多年平均水资源总量为937亿立方米,按单位面积计算居全国第四位,是我国高产综合性农业区,农林牧渔等传统农业内容丰

富,农业生产类型多样。近年来,农业产业化经营和生态特色农业发展快速,成效显著,已有各类农业产业化经营组织 8 000 多个,有中国特色之乡 50 多个,水产品、茧丝绸、竹木、茶叶、食用菌、柑橘类、花卉等具有优势和特色,在全国占有重要地位。

(2) 类型多样的自然和人文资源

乡村旅游的发展所依托的资源类型多样。既有天然的山水景观,又有历史传承的文化底蕴;既有传统农耕文明的印记,又有现代工业文明的结晶;既有当代社会主义新农村建设的新风貌,又有特定历史人文积淀的古村落风情。这种自然与人文、传统与现代等多种资源的有机融合,不仅使地方特色旅游资源得到了充分的开发和利用,而且极大地增添了乡村休闲旅游的魅力。

传统手工技艺、乡村民俗节庆、民间文化等非物质文化遗产随着乡村旅游的开发被挖掘出来,融入到旅游产品中去,构成了乡村旅游极为重要的吸引要素。如旅游者对酿酒、宝剑制作以及少数民族畲族文化等的观赏、体验、参与等。利用传统民间文化整合成节庆,典型的如宁波讴歌传统美德的鄞州梁祝爱情节,继承与创新渔文化的象山中国开渔节,文化与生态结合的宁海中国开游节。

(3) 强劲的市场需求

城市居民消费能力强,需求量大,为城市依托型乡村旅游的发展提供了稳定的客源市场。浙江省的乡村旅游业不仅面向本省的中心城市,而且面向整个长三角区域的城市。长三角区域经济繁荣,人民富裕,城市化水平较高,城乡居民的出游能力随经济发展和收入提高而不断增强,已形成年出游人数达 2 亿人次的客源市场。由于生活节奏的加快,使得城市居民十分向往乡村田园环境,到乡村地域去休闲、度假的需求旺盛。

(4) 政策扶持

在政府文件方面,2005 年,在浙江省委、省政府关于鼓励发展"农家乐"、"渔家乐"等休闲观光农业和森林、海洋旅游业的精神的指导下,省旅游局组织力量对全省各市"农家乐"的发展情况开展了专题调研,在充分了解"农家乐"发展现状的基础上,指出了发展"农家乐"的优势、特点和存在的问题,提出了要在加强政府引导、提高政府部门的管理和服务水平等方面继续支持乡村旅游发展。

在招商引资方面,浙江省也采取了多种合作形式和优惠条件促进乡村旅游发展。一些标准和规章制度的建立也保障了乡村旅游的顺利进行,如《乡村旅游点服务质量等级划分与评定》就起到了规范和促进乡村旅游发展的作用;2000 年浙江省质量技术监督局为解决黄金周旅游住宿问题、积极有序地发展假日经济颁布的家庭旅馆管理条例,同样传达了规范家庭旅馆、鼓励发展乡村旅游的信息。

在规划方面,2004 年 9 月,《浙江省旅游发展规划思路暨五年行动纲要(2003~2007)》中提出,因地制宜地开发各类休闲度假产品,重点扶持以自然山水与聚落风貌为特色的乡村度假旅游;进一步挖掘各地民间资源,不断丰富旅游购物品的品种和类型;建设十个旅游扶贫示范区着力解决农民增收、农业转型和农村就业问题;建设十个生态旅游示范区,探索以旅游业为龙头,改善生态环境、发展生态经济、建设生态家园和培育生态文化相结合,经济社会全面发展、协调发展和可持续发展的发展模式。

(5) 农村基础设施的不断完善

浙江省乡村旅游发展已有十多年的历史,已逐渐在形成富有自身特色的乡村旅游发展道路;同时十几年的乡村旅游发展促进了农村基础设施建设的发展,带动了农村居民综合素质的提高。同时奠定了长三角旅游者对浙江省优质生态环境的感知、认知储备,以及在接待、营销、服务、形象上形成综合发展条件。

总之,得天独厚的自然资源条件、丰富的农业自然资源、众多的名优新产品、深厚的人文历史内涵、宝贵的人才优势,加上地处长三角的区位优势、雄厚的资金优势、充满活力的机制优势和发达的交通服务设施,都为浙江省加快发展休闲观光农业创造了良好的基础条件。

2. 总体评价

- 优越的资源条件和农业经济现状,十分有利于浙江省发展休闲观光农业,从而为乡村旅游的进一步发展奠定了坚实的产业支撑,是乡村旅游发展的主要依托。
- 发达的交通网络,保障了游客参与乡村休闲旅游活动,为自驾车旅行市场的开拓奠定了基础。
- 浙江省发展乡村休闲旅游的市场条件优越。作为上海等长三角大城市居民的"后花园",适合开发城乡居民一日游、周末游等短途休闲游。
- 各种大型活动,将为浙江省休闲观光农业发展带来极好机遇。
- 应大力发展休闲观光农业。观光农业投入少、收益高,浙江省农业生态空间景观各异,具备发展观光农业的天然优势,能够体现各地迥异的文化特色。浙江省各个地区的农业生产方式和习俗有着明显的差异,文化资源极为丰富,为观光农业增强了吸引力。

三、浙江省乡村旅游发展现状及问题

1. 现状特点

浙江省的乡村休闲旅游业起步于20世纪90年代。总体上看,目前浙江省乡村休闲旅游业发展势头良好,已成为带动农村经济、促进农民增收新的增长点,乡村旅游产品及服务也正向着规范化方向迈进,农业旅游示范点不断涌现,乡村旅游产品不断升级。

(1) 初具规模

浙江发展乡村旅游已具备相当的基础,从最初一些城郊农户创办农家餐馆,为城市消费者提供吃农家菜、住农家屋等简单服务起步,逐步向利用田园景观和农业资源,提供观赏、采摘、垂钓、游乐等体验性休闲活动拓展。据浙江省农办2005年11月初对浙江省34个相关县的最新调查统计显示,目前浙江省已有各种类型的农家乐经营户1 500余户;此外还有各类休闲观光农渔业园区近400个。农家乐乡村休闲旅游业从业人员达13 070人,共接待游客1 385万人次,营业总额达7.34亿元。此外,一批农业旅游示范点的兴起,已初步形成了浙江乡村游的拳头产品。

(2) 类型多样

首先,从经营形态来看,乡村旅游的发展模式多种多样。比较典型的模式包括:一是依托各类农(林、牧、渔)业园区和特色农产品基地,兼顾农业生产、科技示范与农民培训等功能,为游客提供农事参与、体验和休闲活动的农渔业休闲观光园区,如萧山浙江农业高科技示范园区、安吉中南百草园;二是凭借农村深厚的历史文化和人文积淀,通过挖掘民俗风情、农耕文化,开展访古、探幽、赏景等休闲活动的特色村落,如武义县的国家历史文化名村郭洞村、俞源村,兰溪市的诸葛八卦村等。这些各具特色的休闲旅游经营形态相互补充、相互促进,大大丰富了浙江省"农家乐"休闲旅游业的服务内容。

其次,从投入主体来看,乡村休闲旅游业的广阔市场前景,吸引了多种投资主体,除了大量的农户个体投资或合股投资经营"农家乐"乡村旅游业之外,乡村集体经济、农业龙头企业、工商企业和个体经营户等也积极投入乡村旅游业,工商资本的大量进入,乡村旅游业得以规模化地快速发展。

(3) 空间格局

总体上说,乡村旅游发展遍及浙江省。仅湖州市就已发展各种类型的"农家乐"3 000多家,其中,达到吃农家饭、住农家屋,并能为游客提供一些参与性农事活动的"农家乐"超过500家。通过重点抓有规模、有品位的"农家乐"板块,典型示范,以点带面,逐步形成了安吉大溪村、德清莫干山碧坞村、长兴县水口顾渚村等一批"农家乐"发展特色村。

首先,从浙江省星级乡村旅游点和全国农业旅游示范点的分布状况来分析浙江省乡村旅游发展的空间特点。从表2-3-34中可以看出,杭州、宁波两地的乡村旅游发展明显领先于省内其他地区,两地的星级乡村旅游点和全国农业旅游示范点的数量总和占到了全省总数的一半以上,仅在杭州,这一比例就超过1/3;仅次于杭州、宁波的是湖州、金华、台州等地;而衢州、丽水乡村旅游发展则相对其他地区较为落后。可见,浙江省乡村旅游发展的空间格局呈现出三个发展的梯次:环杭州湾地区发展较为成熟,其次是浙东沿海区域,最后是浙西南山水生态区域。

表 2-3-34 不同等级乡村旅游点在浙江省的空间分布状况

级别	杭州	宁波	湖州	嘉兴	舟山	台州	金华	衢州	丽水	合计
省三星级	2	4	1				2			9
省二星级	3	1						1		5
省一星级	3					1			1	5
全国农业旅游示范点	4	2	2	1	1	2	1		1	14
合计	12	7	3	1	1	3	3	1	2	33

其次,浙江省乡村旅游发展的另一地域特点是,乡村旅游项目广布全境,但主要分布在城市周边地区。从目前开展的乡村旅游活动的地域分布看,浙江省大部分的乡村旅游项目都依托城市居民客源市场,与开展城市周边游等项目活动相结合,旅游形式也多为一日游、二日游等具有城市周边游性质的活动,并以城市为中心逐渐形成环城市旅游带。

(4) 发展效益及成果

社会主义新农村建设富有成果。乡村旅游有效地促进了乡村面貌的改善、经济的发展、社区的进步,农民素质的提高,同时也成为欠发达地区脱贫致富的途径,出现了一批类似宁波滕头村的农业新村,无论是新村社区景观的美化、农民生活水平的提高,还是社区功能和管理的完善都成为社会主义新农村建设的典范。

旅游功能和其他社会功能相互促进。很多乡村旅游点除了具备旅游观光的功能以外,还具有生产基地、技术开发、市场交易、培训基地等多种功能。旅游功能是在作物生产和研发等基础上发展起来的,它所带来的乘数效应反过来巩固和促进了其他功能。促进了传统农业向观光农业、休闲农业转化,带动了乡村旅游点及乡村社区的进步。可以说是源出于农,造福于农。

2. 乡村旅游升级需解决的关键问题

目前浙江省的乡村旅游业还处于起步阶段,整体发展水平还比较低,一些制约因素,限制了乡村旅游业的进一步发展和提升,只有调动各方面的积极因素,突破这些限制,才能实现乡村旅游业的升级发展。

(1) 思想认识问题

- 思想认识有待于进一步统一

一般来说，乡村旅游的认识直接影响乡村旅游的发展。乡村旅游发展较好的地区，政府都比较重视，把它作为帮助农民增收致富的一条重要途径，甚至作为重要产业来发展，从而带动了当地农业的发展。而有的地方却对乡村旅游重要性认识不足，乡村旅游自发发展，缺乏指导和支持。

- 避免陷入"乡村都市化"的开发误区

乡村旅游开发必须注重乡土环境保护和营造，要尽量保持旅游资源的原始性和真实性，保持大自然的原生韵味，保护当地特有的传统文化，避免因开发造成文化污染，避免把城市现代化建筑、设施移植到乡村。原汁原味的"真品"和"精品"，是乡村旅游的核心吸引力。

(2) 乡村旅游发展区域不平衡问题

地域空间上的不平衡。乡村旅游在各市间的发展不平衡。如丽水、衢州等地同省内其他地区相比，由于交通、形象不鲜明以及经济基础较薄弱等原因，乡村旅游发展差距明显；乡村旅游在各市内部发展也不平衡。旅游业整体发展水平较高的杭州、宁波等地区，乡村旅游发展也较快；而其他地区，特别是浙西南乡村旅游比重很小，其发展明显尚未跟上旅游业整体的发展水平。

(3) 产品和服务问题

- 乡村旅游产品面临特色化、精品化升级的挑战

乡村旅游产品精品缺乏，乡村目的地形象不够鲜明，认知度不足，市场竞争力得不到很大提升。尤其是"农家乐"乡村旅游的经营模式同质化趋势严重。建筑样式与旅游产品的趋同抹杀了经营户自有资源的优势，缺乏市场吸引力，游客回头率低。

- 产品缺乏创新

乡村资源是原生的、潜在的、日常的、分散的，而乡村旅游产品则是集中的、强烈的、展示性的。要解决这个矛盾，必须不拘泥于某种固定的资源开发及产品设计模式，大胆创新，设计和创造出游客接受的旅游产品。将各类乡村资源整合利用，注重挖掘乡村资源内涵，提升乡村旅游产品的层次。

- 文化内涵仍然需要深入挖掘

以农家乐为代表的乡村旅游提供的服务不应停留在纯粹的观光游览上，应加强对乡村原生文化，包括生态文化、乡村民俗文化以及农业文化、地区文化的挖掘，创造出以"农产、乡土、民情"为卖点，体现乡村文化，满足游客观光、休闲、娱乐、求知、教育、怀古等旅游消费需求的产品和服务。

- 经营者和服务人员素质和管理理念有待提升

乡村旅游从业人员普遍文化素质低、缺乏专业培训，经营管理、服务水平以及服务技能水平较低，距离旅游业从业人员的标准相差较远，跟不上发展要求，难以适应现代消费需求。

(4) 环境影响问题

旅游活动对自然生态产生影响，有些中小型经营者疏于旅游开发的环境保护等问题，用于景区建设、资源维护投入较少，对周边的自然环境产生一定负面影响。而乡村旅游之所以吸引游客，重要原因就在于它优美的自然环境和农业景观。开发时必须注意环保，防止环境破坏或乡村景观都市化。

(5) 规模化、规范化问题

总体上，乡村旅游在规模经营上尚有待突破。非规模化发展的乡村旅游缺乏统一的组织和约束，容易造成恶性竞争，不利于乡村旅游整体形象的树立。由于缺乏统一组织来整合，资源难以得到充分利用

和发挥,无法整体对外宣传。不利于乡村旅游产品和服务的标准化和规范化。因此,整合乡村旅游资源,形成规模,实施合理有效的监督和指导,是关系乡村旅游发展的重要问题。

四、发展思路及对策

1. 总体目标

在社会主义新农村建设和乡村旅游发展统一的基础上,以浙江省优越的乡村自然环境和乡村文化为依托,以回归自然、体验农趣和休闲观光为特色,以旅游引力强、开发潜力大的景区为基点,充分发挥地理区位优势,构建集观光、休闲、科普、体验、生产、购物于一体的现代乡村旅游体系。抓住北京2008奥运会和上海2010世博会的机遇,优化、提升浙江省乡村旅游产品,加强宣传促销,使浙江省成为长三角地区高知名度、高市场占有率,以休闲度假功能为主,内容丰富、形式多样的乡村旅游目的地。

2. 发展原则

(1) 以农业生产活动为基础的原则

必须以农业生产为基础进行旅游开发和发展,绝不能偏离农业而去建设过多的人文景观。大力发展能直接将农业和旅游业相结合的观光农业和休闲农业,包括传统观光农业和融合高科技的现代观光农业。其他形式的乡村旅游也应将开发重点放在农业生产资源上。

(2) 以资源为基础,以市场为导向原则

以乡村资源为基础,找准开发基点,确定开发方向,坚持市场作为资源配置的基础,积极培育旅游产业的市场体系,按照市场的需求开发和经营旅游产品,按照市场的规律计划、组织市场营销。

(3) 开发与保护相结合的原则

以可持续发展理论为指导,避免大众旅游的粗放型开发和经营,避免开发中的破坏性行为,避免低水平管理带来的破坏,将开发与保护、开发与扶贫结合起来,创造一个环境优美、市场规范、品位高雅、生态文明的乡村旅游度假区,实现社会、经济、环境协调、永续发展。

3. 从典型案例看成功经验

2006年初,浙江省质量技术监督局颁布了《乡村旅游点服务质量等级划分与评定》标准,依据硬件设施、功能布局、安全卫生、环境保护和服务管理等水平评定旅游点的服务质量等级,全省19个单位通过1~3星级评定。在此,选取其中8个三星级乡村旅游点作为研究对象,综合分析(表2-3-35)。

表2-3-35　浙江省部分三星级乡村旅游点特色及经验分析

名称	区位及交通	主要特色及成功经验
杭州龙门古镇乡村旅游点	为"富春江—新安江—千岛湖"旅游线上国家一级景点,位于杭州市西南52公里的富春江南岸,有320国道与之相连,交通便捷	龙门作为千年古镇,保存了完整的明清建筑群和独特的宗族文化。古镇建筑以两座孙氏宗祠为中心,共建有孙氏厅堂40多座,砖砌牌楼3座和1座古塔1座寺庙。镇内屋舍房廊相连,长街曲巷连贯相通,镇外的人进入镇里,如入迷宫。乡村旅游的开发,注重深度挖掘、包装和宣传当地的历史传承和独特文化(孙权文化),使其充分体现了孙权故里的特色,提高了知名度和美誉度

续表

名称	区位及交通	主要特色及成功经验
杭州山沟沟乡村旅游点	地处杭州西北40公里的"浙江省蜜梨之乡"余杭区鸬鸟镇	动植物资源丰富,种类繁多,生态环境优良,森林覆盖率达85.5%,2004年被列为国家生物保护区,景区注重挖掘当地人文景观,弘扬乡村文化,推出"打年糕、磨豆腐、酿米酒、编竹篮"等特色活动。乡村旅游机构完善、制度完备、管理规范,重视市场营销,取得较好的经济和社会效益
奉化滕头村乡村旅游点	位于宁波南30公里	突出规划的龙头作用,整改环境,合理布局,不断开发策划新产品,走"人无我有、人有我精、突出地方特色"的发展道路。注重景区旅游基础设施建设。注重营销。主动出击市场。坚持生态旅游、参观考察和学生实践"三管齐下"战略
宁波天宫庄园休闲乡村旅游点	地处宁波市南郊、鄞州区下应湾底村,距离宁波市区仅5公里,与宁波高教园区相连	拥有全国最大的蚕桑基地;整个区域分五个功能区,目前建成15个参观点,三条旅游线,以蚕桑文化、红酒文化、乡村民俗文化和社会主义新农村建设为特色,集农林观光、科普教育、乡村体验和休闲娱乐为一体。 依据优越的区位优势,将打造都市近郊型乡村旅游作为阶段性发展目标;按照"一新"(社会主义新农村建设)、"一绿"(景区绿化)、"一古"(怀古建筑及村落群),打造乡村大景区;坚持以人为本,按游客心理设计项目,突出人性化设计;坚持品牌化战略,在提高形象上下功夫
宁波大桥生态农庄乡村旅游点	位于慈溪市杭州湾跨海大桥工程指挥部西侧1公里处	以保护自然、利用自然、美化自然为准则,结合园林艺术和东南沿海浓厚的传统文化,体现特色慈溪围垦文化、移民文化,集农业观光、采摘、垂钓、住宿、餐饮、科教于一体。 以民营为主体,吸引工商企业投资;严把建设质量关;打造精品项目;深度开发旅游产品,提高游客参与程度;加强组织管理;加强宣传营销,积极拓展旅游市场
慈溪江北绿野农庄乡村旅游点	地处宁波市江北区慈城镇五星村;东临慈城古县城,北靠风景秀丽的云湖,在建的杭州湾大通道挨村而过	集农业观光、休闲、运动、会议为一体的综合性、都市型乡村旅游点。 提高认识,强化领导;立足基础,完善旅游基础设施和接待设施建设坚持市场导向,企业运作,规范管理,不断提高服务质量
兰溪兰花村乡村旅游点	位于浙西兰溪市兰荫山北麓	以4 000公顷的四大兰花基地为背景,结合兰花村独特的建筑风格、村落布局和园林意境,集兰花的种、养、采、玩、赏、游、品、画、唱、颂于一村,形成良好的兰花文化氛围,将开发兰花产业与挖掘兰花文化相结合。具有兰花生产基地、市场交易、旅游观光、主题公园等功能
兰溪诸葛八卦村乡村旅游点	位于浙江省兰溪市境内、市区偏西17.5公里,330国道从村的东侧通过,通往龙游、衢州的省道从北侧通过	村内现保存完好的明清古建筑有200多座;村落布局结构清楚,厅堂、民居型制多、质量高,宗祠的规模宏大、结构独特,各种建筑的木雕、砖雕、石雕工艺精湛,建筑豪华,结构丰富,古建筑总面积达6万多平方米,布局合理,村内地形跌宕起伏。村落景观多样而优美,既有鳞次栉比的古建筑群,又有环水塘而建的古商业中心,全村形成了一个变化丰富而统一的整体。专家学者们称其为"江南传统古村落、古民居典范",是目前全国保护得最好,群体最大,型制最齐,文化内涵很深厚的一个古村落

4. 乡村旅游发展思路及策略

(1) 因地制宜,突出特色

特色是乡村旅游的生命所在。发展乡村旅游必须立足当地乡情,因地、因时制宜,突出区域特色避免不合理重复建设,走各具特色的乡村旅游发展道路。个性特征较强的乡村社区应进一步强化形象,个性特征不强的乡村社区应该找出具有个性且符合社区实际的旅游形象。特色主要体现在文化背景、产品类型和管理体制等方面,乡村旅游应围绕当地特色资源和市场需求,积极探索各类乡村旅游发展模式。

(2) 依托文化背景

在发展乡村旅游过程中要注意科学合理区分乡村旅游商品消费的活动与乡村风情的文化体验活动。各地应从自身客观实际出发,尽最大努力挖掘乡村历史、民俗、民族风情以及其他传统文化的丰富内涵,搜集当地风俗节庆活动的资料,整理和编排内容丰富、形式多样、尊重乡村原生文化并符合游客消费心理的乡村旅游活动,推出更多的特色乡村旅游产品。

(3) 科学规划

浙江省现有的乡村旅游大多是在市场需求的拉动作用下,自发发展起来的,尤其是各地的农家乐旅游项目,经营主体多为一家一户的农民,经营方式和经营内容基本相似,无序竞争的情况比较严重,迫切需要通过统一的规划来整合资源,形成规模,打出品牌。浙江省各地应根据土地利用总体规划、村镇建设规划和旅游发展总体规划,按照"因地制宜,合理布局,突出特色,和谐发展"的原则,编制乡村旅游发展规划。规划应充分考虑生态环境的承载能力,促进经济、社会、生态协调发展。

(4) 科学管理

政府在乡村旅游不同发展阶段应发挥不同的作用。乡村旅游发展初期,要建立"政府引导、企业带动、农民参与"的三位一体的发展模式,政府通过政策引导,鼓励企业建立与农民利益相联系的经济利益共同体,在保护农民合法权益和利益的前提下,投资开发乡村旅游资源,使企业和农民成为乡村旅游经营的主体。发展中后期,则主要是加强管理和引导乡村旅游发展方向,包括规范市场行为和对企业经营活动的管理等。

实现政府和行业协会的协同管理。政府职能部门对乡村旅游的服务管理,涉及工商、税务、旅游、环保、公安、食品卫生、土地规划、农业、林业等众多部门,要实现便民的服务和管理,要有一个统一协调指挥的工作机构,需要研究制订一套有效政策措施。规范管理既包括了政府部门的直接管理,也包括了行业协会组织的间接服务和管理,只有直接管理和间接管理有机地结合起来,共同发挥作用,才能走上有序发展之路。从直接管理的角度看,开展农业旅游项目必须取得旅游、工商、卫生、安全等相关部门的许可,具备相应的条件才能接待游客;间接管理则是通过行业协会组织制定统一的服务规范和标准,并通过业务指导、会员培训、活动安排等工作,达到整合现有资源,提升产品品质,实现集约化经营的目标。行业协会的间接管理可以有效弥补政府直接管理的盲点。

建立统一的管理规范和标准。浙江省已经出台了《乡村旅游点服务质量等级划分与评定》的文件,各个地区也出台了适合于地方的规范性文件,这些为服务质量较好的乡村旅游点打造品牌战略提供了条件,也在一定程度上规范了"农家乐"市场,但是随着乡村旅游的进一步发展,一些深层次的矛盾会逐渐暴露出来,因而仍然需要进一步细化和量化,制定适应不断变化的规范和标准。这将解决很多地方开展乡村旅游项目服务存在的设施不健全、卫生不合格、安全有隐患、服务无标准、管理混乱无序等问题,从而促进乡村旅游的持续健康发展。

加强人才的培养和管理。乡村旅游的从业人员大多是农民,文化素质较低,年龄偏大,与城市居民所要求的服务质量有较大的差距。必须加强培训,培训内容主要包括:农业知识的培训,使农民掌握基本的农业生产知识和动植物知识,能回答游客提出的常见问题;烹饪技术的培训,指导农民在做好家常菜的基础上,努力增加菜式品种,使农家菜肴既独具地方风味,又适合大众口味;旅游管理和服务知识的培训,把先进的旅游服务理念引入到乡村旅游经营管理中,增强从业人员的服务意识、卫生意识和安全意识,教育从业人员掌握规范的服务技能,不断提高乡村旅游的服务质量和规范化运作水平;诚信意识的培训,教育农民树立诚信经营的理念,自觉抵制制假售假、欺客宰客、胁迫消费、恶性竞争等扰乱市场秩序的行为,共同维护乡村旅游市场的健康发展;风土人情知识的培训,深度挖掘乡村旅游的丰富文化内涵,帮助农民加深对当地人文历史、民俗风情的认识和理解,增强农民对乡土文化的认同感,提高他们保护、宣传、开发和利用当地人文资源的积极性。

加强参与主体的管理。参与主体主要是政府、企业、协会和农民等,政府要代表农民的利益,明确乡村旅游使农民增收的发展目标,因此在乡村旅游项目的审批上,对经营主体要有一定的要求,否则,会被一些资金雄厚的外地商人所垄断,农民的现状没有改观。政府在发展初期的引导阶段,应多考虑农村剩余劳动力的就业问题,使当地农民加入到乡村旅游项目中来,提高农民的知识水平和素质,调整农业产业结构,改善当地的社会文化环境。对投资商的进入应明晰产权关系,从长远的角度考虑当地居民的利益。

(5) 创新产品

乡村旅游要充分利用农业特色资源,培育特色旅游产品;形成旅游产品体系,延伸旅游产业链条。借助旅游平台,宣传特色农产品,提升旅游和农产品的品牌价值;调整农业结构,变特色农产品为旅游商品;挖掘传统手工业,开发旅游纪念品;发掘传统农家乐美食商品,发展特色农家餐饮。举办农事节会是实现两者的完美结合,营造乡村旅游气氛,培植乡村旅游和特色农产品品牌的有效形式之一。在举办特色会展旅游方面,进一步体现地域性农业生产的特色和文化,营造浓厚的旅游气氛,延伸农业和旅游的产业链条。

营造乡村旅游品牌。要实现浙江省乡村旅游可持续发展,需要培植一批具有自身特色的乡村旅游产品。现在已经形成了如浙江省农业高科技示范园区、浙江(中国)花木城、奉化市滕头村、舟山沈家门渔港、兰溪市兰华村等十多个特色乡村旅游地。还要继续结合社会主义新农村建设,营造一批旅游专业村。对具有旅游特色资源的村,按"企业或农民合作经济组织+村庄"等多种灵活的经营模式,使乡村旅游成为农民致富的主导产业之一,带动乡村旅游的持续发展,结合优势农产品正规化基地建设和农业科技园区,培植一批乡村旅游特色产品,如水产基地、绿色蔬菜基地、绿色生态长廊等。

5. 重点发展区域

目前,以行政区划为区域单位,浙江省乡村旅游地的发展大体可分为:一是成熟型区域,具有一定的规模、产品和服务等已基本成型的地区;如杭州、宁波等。该类型乡村旅游地发展目标及方向:主要是在区域范围内逐步建立起不同层次、不同规模,能满足不同消费群体需求的,类型比较齐全的乡村旅游体系,真正实现农业功能的拓展和农业经济增长方式的转变。二是发展型区域,包括正处于开发过程的乡村旅游地,以及具备发展潜力但尚未进行开发的区域。该区域的开发,关键在于政府的引导和扶持。该区域乡村旅游地发展起来,将会极大地带动整个浙江省乡村旅游的发展和升级。三是后备型区域,是指目前资源、市场均无优势的地区，以及基础设施条件落后、开发难度大、成本高的一些区域。对于目前浙江省乡村旅游的重点发展区域，主要是集中于前两种。未来，浙江省相同村旅游重点发展区域包括杭州都市乡村观光休闲圈、浙东沿海乡村旅游带、浙西南山水生态乡村旅游区。

杭州都市乡村观光休闲圈。杭州市乡村观光休闲旅游起步较早，条件优越，拥有得天独厚的区位、资源和客源市场优势，近年来发展较快，形成了农业观光游、乡村休闲游、自然生态游、农家度假游、民俗文化游等产品类型。据杭州市134个具有一定经营规模的乡村观光休闲旅游点的不完全统计，年接待游客量近400万人次，乡村旅游收入达1.66亿元。充分发挥消费市场广、交通便利优势，充分发挥设施园艺、应时鲜蔬、特色蔬菜、特种养殖、水产等基础好、水平高的农业优势，重点发展以高档特色种养业为基础的农业科技主题园。重点发展体验、参与性较强的乡村项目。结合乡村民俗文化，推出不同季节、特色各异、乡土气息浓郁的民俗文化节日。有针对性地进行产品设计和营销，开发各类型的乡村旅游产品，如现代高科技农业园、新鲜果蔬园、特色蔬菜观赏园、奇花异卉观赏园、酿酒文化园、茶文化园，以及配套的休闲茶吧、农家饭庄和农耕历史博览馆等。政府统筹规划、制定政策，指导和引导乡村旅游有序发展，对一些发展过度的地区加以政策限制，而对一些发展不足的区域给予促进和激励，努力营造农旅携手、互动发展、以旅促农、强农兴旅的共赢局面。加大资金投入，形成规模和品牌。协调有关部门开展对乡村旅游产品开发的专业指导，深度开发乡村旅游产品。

浙东沿海乡村旅游带。以浙东沿海为主线，包括舟山、宁波、台州和温州等地区。充分利用浙江省2 000多公里海岸线的辽阔地域以及可观的海洋、渔业资源，在沿海一带发展融休闲度假、观赏海边风情、海边垂钓、体验农事和渔事劳作等为一体，辅以发展沿海特色观光农业，如异域奇花观光园、渔趣园、钓鱼山庄、海水蔬菜园、百药园、船只渔具博物园等。

浙西南山水生态乡村旅游区，包括了丽水和衢州等地。浙西南乡村旅游开发要善于利用资源"富矿"，把开发旅游"富矿"作为欠发达乡镇的一个主要经济增长点和重要战略支撑点来抓。积极鼓励扶持欠发达地区发展以"农家乐"为代表的乡村旅游业。投资建设较大规模的乡村度假基地和乡村旅游项目，逐步建成浙江省大规模的集生态、休闲、健身等于一体的度假旅游目的地群。

五、乡村旅游产品规划

1. 乡村旅游产品规划原则

（1）体现产业特色

将乡村旅游产品开发与农业生产、农村生活相结合，重视乡村旅游生产性的特征，以乡村旅游资源为基础，依托农业生产、生活和乡村企业，将提供特色农产品与旅游消费结合起来，强调当地社区参与，将社区资源有效转化为旅游产品。

（2）尊重地方文化，强调区域特色

首先，乡村文化区别于都市文化；其次，各地乡村之间既在自然条件上存在着差异，体现出不同的乡村特色，如水乡、渔村、牧区等，也在地方文化和民俗习惯上相互区别。这些差异都是进行产品开发的先决条件。因此，在产品项目的设计和开发中，应在民族性、历史性和地域性上做文章，使产品饱含地方文化品位和艺术特色。

(3) 结合邻近景区联合开发产品

因地制宜地结合一定知名度的旅游区开发乡村旅游产品,是乡村旅游主要开发模式之一,可以丰富旅游产品内容,增强吸引力、体现特色化。在旅游旺季缓解景区的接待压力,互补不足。

(4) 市场导向与引导市场相结合

一方面,乡村旅游产品开发必须从市场需求出发,开发适销对路的旅游产品;另一方面,由于产品开发又要以地方自然资源及文化特征为前提,乡村旅游产品开发也不能盲目受控于市场,一味追随旅游市场,否则就会在实际开发中出现因刻意迎合市场而造成乡村旅游产品原真性丢失、产品趋同等不良现象。因此,开发的同时也应借助宣传、教育对乡村旅游市场加强引导。

2. 乡村旅游产品重点开发方向

(1) 田园风光类旅游产品

开发"风"字系列绿色景观旅游产品,如"农场风光游"、"渔港风姿游"、"茶园风情游"、"花圃风貌游"和"果园风物游"等,将各类农作物生产情景同大自然优美生态环境相结合,塑造"人在乡村、心归田园"的旅游主题形象。其目标客源市场以自然生态观光旅游市场为主,一般圈定在城市近郊,所吸引的客源主体是城市居民。具体说来,细分目标市场包括少年修学游市场、追求生态环保潮流的青年旅游市场以及寻根怀旧、回归自然的中老年旅游市场等。

(2) 务农采摘类参与性旅游产品

可利用湖泊、鱼池、蔬菜园、果园和茶园等农村资源开展各种参与性农事活动,结合农时,开发如种菜、植树、采茶、瓜果采摘、垂钓休闲等农事体验乡村旅游项目,让游客在亲身参与中深切体验乡村劳作之趣,满足不同消费水平,不同消费群体对乡村旅游产品的需求。这类乡村旅游产品是田园观光类乡村旅游产品内涵的延伸,在原有观光游览的基础上着重强调了游客的参与性和娱乐性,使其在旅游活动中能够满足游客日益增长的参与和体验需求。主要客源市场定位应以所依托的城市居民或是所依托的风景名胜区的游客为主,具体目标市场包括:青少年修学旅游市场,注重体验和参与以及渴望体验新鲜淳朴乡村生活的青年旅游市场,寻根怀旧、回归自然的中老年旅游市场,以及追寻绿色健康食品的都市居民旅游市场。

(3) 民俗风情类旅游产品

开发能够展现乡村独具特色的民族风情、传统文化、乡土文化、生产生活方式以及当地土特产品、传统手工艺等为主题的旅游产品。开发类型多样,如通过建立民俗文化生态村、民俗风情园、开展民俗节庆歌舞表演来展示民俗文化;通过博物馆、主题园、民俗街等展示地方民族工艺、服务饮食文化等。客源市场定位应该是以体验城乡文化差异、品味风俗民情为主要旅游动机的城市文化旅游者。开发具有典型民俗风情的乡村旅游地以吸引中远程文化旅游者,乃至境外对异域文化感兴趣的旅游者。

(4) 历史文化、民居建筑类旅游产品

借助乡村悠久的历史文化,开发"古民居"、"古建筑"为代表的反映乡村独特古文化的旅游产品。开发类型包括名人故居、传统民居、历史建筑、古代村落、古遗址遗迹、古代文物等。目标客源市场主要为教育程度较高的中、老年旅游者以及对建筑及历史有兴趣的境外游客市场。这类旅游产品易于在一定地区范围内形成垄断优势,市场半径覆盖范围较大,对于中、远程旅游者甚至境外旅游者都能够产生强大的吸引力。

(5) 乡村休闲度假类旅游产品

在森林、牧场、果园、湖滨等环境宜人之处,开辟综合性的度假村,融健身、休闲、观光等各类活动于一体,采用分时度假、置业度假、乡村会所等形式,为旅游者提供休闲度假服务。目标客源市场主要为中高收入的城市中青年阶层以及中高收入的家庭。另外,老年市场的医疗保健旅游由于逗留期一般较长,在旅游者行为等方面具有度假性质,因此也可以纳入这一类度假旅游产品。

(6) 现代高科技农业技术类旅游产品

有条件的农业科技园区和优势农产品生产基地可以完善配套旅游基础设施,开发旅游功能,打造农业科普、观光农业旅游产品。较典型的产品如教育农园、现代观光农业园等,这类产品兼顾农业生产与科普教育功能的农业经营形态,即利用农园中所栽种的作物,饲养的动物以及配备的设施,如特色植物、热带植物、水培设施、传统农具展示及现代栽培技术等,进行农业科技示范、生态农业示范,传授农业知识。目标客源市场主要是青少年修学旅游市场以及其他地区的观摩、考察以及经验学习类旅游者。

(7) 自然生态类旅游产品

以"回归山水,享受天然"为主要目的,充分利用乡村生态旅游资源,将乡村旅游同森林资源、山地资源、水体资源等自然资源相结合。客源市场定位为:追寻生态旅游潮流的中青年旅游市场、渴望在天然宜人的环境中寻求身心放松的都市群体以及崇尚自然、追寻在大自然中"天人合一"境界的市场群体。

(8) 乡村度假型旅游产品

都市近郊富有浓郁乡村气息的旅游目的地适宜作为中高收入阶层的度假基地进行开拓。针对这一阶层市场开发中高档度假产品。打破以乡村居民为经营主体的发展模式,大量引入外来资金,以企业体制进行市场运作,从整体上打造依托自然生态,而又不会对乡村原生环境造成破坏的乡村旅游度假区。由于中高档乡村旅游客人商务活动较为频繁,因此,相应配套设施需充分考虑商务等功能。可以采用建设综合性的度假村、度假酒店、乡村主题俱乐部、乡村主题公园以及分时度假、乡村会所、置业度假等形式。

专题五　浙江省城镇特色风貌保护与景观规划

城镇记载着历史的传承和信息，蕴含着深邃的文化遗产精华，对于发展旅游业来说具有得天独厚的优势，它们一般都保留了某一时代或几个时期的历史风貌和地域特色，随着旅游业的进一步发展，城镇的资源和价值被进一步挖掘，有的已成为重要的旅游资源和旅游集散地。

在社会经济发达、城镇建设速度飞快的浙江，城镇特色风貌的保护显得十分必要。如何在社会经济和旅游业发展的浪潮中保持城镇的特色，更好地体现浙江的地域文化，更好地延续城镇的深厚文脉，更好地帮助人们改善和提高生活品质，同时避免因盲目的旅游开发而导致遗产遭到破坏，具有更重要的现实意义。

本专题在浙江省特色风貌城镇的特征、形成的条件、分布的特点进行分析的基础上，提出城镇景观特色保护的思路及措施，对城镇的景观特色应向何处去提出发展思路，同时对旅游城镇今后的发展提出规划建设思路。

自从改革开放以来，浙江乡镇企业异军突起，随着乡镇企业的发展，家庭小作坊式的加工厂越来越多，过量、污染严重的垃圾、污水任意堆积排放，极大地破坏了当地的自然环境。人们原本在故里长期熟悉与习惯的充满情趣、丰富多彩的景观被破坏，满眼所见的是毫无特色或不协调的"灰色"空间与一排排类似的高大住房，原有的良田、绿树（自然资源斑块、残余斑块、自然资源走廊和残余走廊）大量消失，田园风光被高楼阻挡；各自为政的公寓式住房缺少邻里间的交往等等此类枯燥、单调的生活环境使居民精神空虚、疲惫。

面对这样的一些现象，正值《浙江省旅游发展总体规划》编制之时，将城镇的特色风貌保护、建设和旅游城镇规划加以研究，显得颇具现实意义。

本专题从城镇的历史沿革、形成条件、分布特点、典型特征入手，对城镇特色风貌的保护和发展提出建议，并对旅游城镇规划建设的途径进行了探讨。从而得出城镇特色风貌的营建要重视以下几个方面：

第一，景观的营建要考虑物质形态和非物质形态两个方面；

第二，利用历史文化、自然山水、地域特征等塑造城镇特色；

第三，在旅游城镇规划中，要根据旅游的特点，反映旅游要求，形成旅游特色。

一、他山之石

1. 国外小城镇经典案例

（1）日本的"造乡运动"

20世纪60年代以来，日本着力进行村镇改造，利用当地已有的资源，保留并提升文化面貌，使传统文化进入现代生活，有关人士称为"造乡运动"。位于福岛县大沼郡的三岛町，每年冬天大雪封门，人烟稀少。1974年兴起的"造乡运动"(build the country sport),居住在城市的人们只要交纳一定费用,全家都被视为特别町民。他们可以自由出入,让村民们呼朋引伴在小溪中捕虾,到山上采蘑菇,有一个在城市无法想象也不能具备的成长空间。位于深山贫瘠偏僻的三岛町,以丰富的人情味,活跃自然资源,渐渐以观光产业扬名。三岛町成立了生活工艺馆,馆内设手工、陶艺、编织、涂装等工房设备亲手体验器物的制作。

他们通过对雪、山、水景等生产资源和景观资源的当地要素,进行评价、开发和创新,创造出一个富有地域特色的传统文化环境。告诉人们只要根据本地的特色和居民的日常生活,就能营造出适合大多数人的有价值的景观。

(2) 瑞士村镇的美学营造

在瑞士乡村中,小木屋"chalet"是构成村落的"母体"。在山间的许多小村庄里,你无法找到一座异样风格的房屋,有些村落房屋的布局分散而无序,但是小屋相近的造型、体量和风格,避免了整体杂乱元素。

从总体上看,瑞士的小城镇形态丰富多样,但当你走进它们时又觉得似曾相识。它们一般都具备欧洲传统性小城镇的基本要素如雕塑、广场、教堂、街巷等,如果按照凯文·林奇的分析法来说,它们具有相似的城镇图像的骨架,即道路、区、边缘、标志、中心点组成的结构。它的骨架越清晰、明确,就越容易想象,这有助于把分散的形式统一成整体,形成个性。

2. 国内小城镇经典案例

(1) 传统乡土聚落的旅游转型

安徽省巢湖市的中庙镇,镇区依山傍水,临湖而设,具有丰富的自然和人文景观,是省级的风景名胜区。

当地领导、设计者对其建筑景观和自然景观作统筹的考虑,结合当地现状历史文化内涵和民俗风情,将这一地区分为三个部分:中庙半边街旧城保护区、渔家饮食文化街和环船塘传统文化休闲区。

并与附近的姥山岛自然风景资源及周边的孤山、鞋山等旅游景点联系紧密,形成一片景区,尽可能地集文化、趣味、娱乐、休闲于一体,动静结合,传统与现代结合,充分利用资源,成为一个旅游点(touristy point),给当地人们带来经济利益,推动了城乡经济的发展。

(2) 传统古镇的保护

周庄——中国第一水乡,因河成镇,依水成街,户户人家尽枕河,条条小河清水流,座座古桥现古韵。"小桥、流水、人家",江南水乡古镇的风采尽显,保存完好,颇具历史价值,不仅是中国历史文化名镇、全国小城镇建设示范镇,而且还荣获迪拜国际改善居住环境最佳范例奖,并且是不可多得的世界文化遗产,向世人展示着周庄"人与自然"和谐相处的优美画卷。

(3) 地域特色与传统文化的创新

绍兴是我国具有水乡特色的历史文化名城之一,历史悠久,人杰地灵。东浦是典型的江南集镇,河道纵横,湖泊星布。具有"水乡"、"桥乡"之称。

经过设计者调研、计算,将水街开发的指导思想定为:以人为主体,寻找人与自然的结合;以酒为代表,寻求历史文脉的延伸;以水为载体,求得民俗风情的融合,使古镇既能体现水乡风情,又能反映桥文化、茶文化、酒文化内涵的民俗特色,把弘扬"酒文化"作为古镇开发的基础,突出自身特色。

二、浙江省特色城镇形成的自然和历史背景

1. 自然山水对城镇特色的影响

浙江全省大部分地区是丘陵和山地,平原面积不及1/3,而且河渠纵横、湖塘密布、可耕之地不多。山水结合的自然环境,造就了依山就水的城镇建设形态。在人口多、耕地少的情况下,人们在建造房屋时不得不设法少占耕地,向"天"、向"水"、向"山"争取居住空间。

浙江地势多为山地和丘陵,即使是全省最大的浙北平原也时有山峦侵入,孤峰突起,因而也必有山峦入城,如杭州的孤山、吴山,绍兴的蕺山、塔山等都成为城镇景观特征。因此浙江多山村,农民把山坡开辟成梯田,并在近水源、地势适宜的山坡或山坳里建造自己的住宅。水源和交通方便是山村选址的重要条件。

浙江水系发育,河网密布于山峦平原之间,加之浙江春雨秋霜,冬雪夏云,四季景观的变幻使处于山水之间的聚落更增添其魅力。浙江亦多水乡村镇,即使是同都大邑如杭州,宁波,温州,绍兴,滨河建筑也随处可见。

一般水乡的村镇,从选址到具体设计都与水道密切结合。在过去公路铁路还不发达的时代,交通运输主要靠水运。从现有城镇村落的位置与水道的关系上看,大城市多在大河流的沿岸,一般城镇临次要的河流,村落则临小支流。

为了运输和日常生活用水的便利,无论是商店、住房还是住宅都力争临水。所以很多村镇都自然形成了沿河的带状,有的在河的一岸,有的夹河而建,也有的围绕渠道的端点形成马蹄形。房屋相互毗邻,朝向多依河道的走向而定。每隔一定距离,设有公用码头一处。住宅也多用私用码头(船坞)。杭州、嘉兴、湖州一带,水乡村镇常做成骑楼式的河街,而宁波、绍兴一带,则多直接濒水建筑。

2. 城镇形成的历史脉络

古代,浙江经过历朝历代持续发展,百业兴旺,财源茂盛,人才辈出,诗书传家,反映到自己家园的营造和人文环境的建设中。浙江民居,江南园林,庙宇寺院,街巷市陌,小桥流水,河网水系,集市都会处处洋溢着千百年来物质文化与非物质文化的积累,展示着民族文化的精华。城镇乡村融于山水自然环境之中,显示出秀逸与钟灵。

近百年来,西方势力入侵,五口通商江浙首当其冲,由上海宁波迅速蔓延扩大以至全国。这种入侵还改变着国人的思想意识。在此影响下,在江浙地区一般居民中更多地倾向于西方文明,不少人追求西方的生活享受。这股风潮不仅影响到城镇风貌,也渗入到风景园林名胜、居民民宅,医院学校,商场店铺,贸易商行等,城镇景观逐渐改变。这种思想在外力强力的入侵和灌输下,不能正确地被吸收形成有益的观念而出现了城镇的第一次破坏。但在帝国主义入侵的近百年间,由于国力衰弱,内忧外患城乡建设进展很小,也很少去拆除古建,所以,在城镇景观风貌上还是以传统景观占主导地位。

解放后,城市建设和建筑设计创作是作为上层建筑思想意识形态与政治形势的斗争,与唯物唯心两种世界观的争斗联系在一起。建国初期梁思成先生积极热情而勇敢地在建筑设计,艺术创作上提出"民族形式社会主义内容"的主题,被作为"复古主义"遭到批判。在"实用、经济、在可能条件下讲究美观"的建设方针指导下,讳避了建筑形式与艺术。在当时,呆板的建筑形式成为最保险、最明哲保身的形式。在这段时期不计其数的名园、府邸、庙宇被占用,被改造,被拆除,是为第二次破坏。

"十年动乱"期间,文物遭到空前浩劫。但建筑因为有实用价值而尚不足以成为拆除、毁灭的对象,但是因管理上的混乱不力,年久失修倒塌,多数以红砖板瓦作为代替。简易之风补充了倒塌损坏的传统风格是第三次破坏。

改革开放以来,城镇建设高速增长,人民生活水平迅速提高,建设规模越来越大,速度越来越快,范围越来越广,遍及城乡,铺展全国,凶猛地改变着城镇乡村面貌。疯狂地蚕食着我们原有的传统建筑。在浙江,杭州、宁波、绍兴、温州这些城市的古城风貌不复存在。古镇古村损失更大,是劫后余生,硕果仅存,寥寥无几。古建古宅可说是"十室九空",短短的十余年间造成了第四次大破坏。

三、浙江省旅游城镇分类及特征

浙江的许多中小城镇各具有自身独特的职能,按其特色加以分类,共分为如下几类:

1. 历史文化名城

目前,浙江省内拥有国家级历史文化名城五座,分别是杭州、绍兴、宁波、衢州、临海。另外有十座省级历史文化名城:天台、松阳、瑞安、龙泉、兰溪、温州、余姚、湖州、舟山、嘉兴。

2. 历史古镇(村)

(1) 古镇

在经济、文化、交通一直较为发达的浙北杭嘉湖地区,河湖交错、水网纵横、小桥流水、古镇小城、田园村舍、如诗如画。拥有一些繁华而具有城镇功能的古镇,与古村落不同,这些古镇不再有朴素的古村概念和形式存在。古镇大多都有近千年的历史,保存有大量的古民居,是典型的"小桥流水人家"的格局。对于旅游者来说,是欣赏江南水乡风情和古民居的极好场所,对于摄影者来说,是拍摄老房子和拍摄水乡风光极好的创作基地。

(2) 古村落

浙江古村落星罗棋布,总数约500个。浙江现存的古村落,最早建于晚唐和五代。随着宋室南迁,许多北方大族迁徙到浙江,在南宋时期有一个建村的高潮,所以在浙江偏僻的山水之间,建于南宋的古村落比比皆是。目前存世最多,保存最完好的,还是明清两代的古村落。由于经济文化发展的不平衡和地理交通的关系,基本集中在浙东、浙南和浙江中西部三个区域。

浙东古村落主要分布在宁海、鄞县和仙居等地,浙江境内的各大山脉在这里趋于平缓,向东海延伸。这些地方大都属于丘陵和平原相间的地区,居民世代都以农耕为主,村落的构建大多和水系有着亲密的关系,村中多有科学的水利系统,集生活、灌溉和消防等功能于一体,自宁波向南,止于仙居,浙东古村落呈线状分布。其中以鄞县走马塘村、韩岭村、宁海前童、清潭村和仙居蟠滩村为代表。

浙南古村落主要分布在永嘉、泰顺、苍南、庆元等地,这里峰峦陡峭,沟壑纵横,山清水秀,风光迤逦。民居大都依山傍水,规模相对较小。因受永嘉文化影响,这里古老的耕读文化特别浓郁,村落构建简约而古朴。以永嘉和泰顺为核心,浙南古村落呈带状分布。其中永嘉尤为集中,芙蓉、苍坡、林坑、岩头、鹤盛、溪口、蓬溪、岩坦、枫林等十个古村落集中于一县之中,为世所罕见。泰顺古村落遗存也较多,集中在新浦、筱村、三魁、碗窑、顺溪等地。

浙江中西部古村落主要分布于兰溪、浦江、建德、武义、东阳、江山、永康等地,这里地处要冲,历代兵患频繁,村落对防卫功能比较注重。同时,这里又是政治文化人才辈出的地方,所以村落规模都比较大,较为强调生态理念和风水概念。以金华为中心,浙江中西部古村落呈放射状分布,有武义的郭洞、俞源,兰溪的诸葛村和长乐,建德的新叶村,开化的霞山,江山的廿八都,东阳的卢宅,永康的厚吴。

(3) 国家历史文化名镇、名村

浙江省拥有国家历史文化名镇(名村)八个,分别如下:

首批国家历史文化名镇(名村):西塘、乌镇、俞源(村)、郭洞(村)。

第二批国家历史文化名镇(名村):湖州市南浔区南浔镇、绍兴县安昌镇、宁波市江北区慈城镇、象山县石浦镇。

(4) 古村镇特点

古村镇一般具有以下特点:

- 小巧精致的水乡古村落群

主要密布于浙北靠近太湖流域水网之中,属于典型的江南水乡风格,以南浔、西塘和乌镇为代表,大多兴盛于明清时期,依靠当地优越的地理环境和气候发展成为当时远近闻名的工商业中心城镇。

特点:文化底蕴比较深厚,镇中建筑也多豪门巨宅。建筑风格以朴素恬淡为主,表现为借景为虚、造景为实的建筑风格,强调空间的开阔明朗。镇中大多铺设比较便于行走的道路、架设桥梁,建有书院、牌坊、祠堂、风水阁楼等公用建筑,力图使整个镇区的环境布局更为合理,功能更加齐全。同时古建筑与周围环境和谐地搭配在一起,成为风格细腻、气韵流畅、生活安逸的水乡古镇。

- 大家风范的徽派古建筑群

如浙西山中的诸葛村、新叶村以及武义县的俞源、郭洞村等受到徽派古村落的影响,整个建筑群布局严谨合理,建筑风格内向,强调深宅大院、含蓄深沉。在素雅古淡之中见繁华和门第的显赫。同时,这些村落不赶时髦、笃信古制、信守传统,对儒家文化的推崇表现在重视子弟的教育和家族本身的凝聚力上。

- 淳朴自然的浙南山中古村落

以浙南温州、永嘉、楠溪江一带的古村落为代表。

特点:因地制宜,大多聚族而居,村落的布局有统一合理的规划。为了防止贼寇的进攻,村落一般都不很大,是事先规划好地盘,建筑寨墙,等发展到一定程度会产生若干的子村落。村民大多拥有共同的祖先,因此宗族文化根深蒂固,村中普遍设有祠堂,如今仍然祭祀不绝。与徽派古村落最大的不同是,这

些村落的民居大多为开放性建筑,不讲究深宅大院和房屋上的精雕细刻,而是在自然天成之中显示与天地泥土的无限接近。

(5) 古村镇开发现状

目前浙江古镇古村落的发展状况可以分为如下三种情况:

情况一:旅游开发意识较强,同时保存较完好,不仅仅在形式上保存较好,还保存着完好的古镇精神世界的平衡。这类古镇是古镇开发与保护结合较好的,在所有的古镇中属于少数。如:西塘古镇、前童古镇、诸葛村。

情况二:旅游开发意识刚刚萌芽,村民比较朴实,但是村中的古建筑由于从前缺乏保护而受到较大的破坏。这种古镇让人既惋惜又无奈。因为村庄的破坏有很多是村民们无法抗拒的原因。如:新叶、廿八都、俞源,以及楠溪江边的许多古村落。

情况三:旅游开发较早,当地旅游业发达,古镇看上去保存完好,但是其实已经少了古镇最特殊的味道。这些古镇大多商业过度开发,人满为患,商店林立,古建筑变形等。这类古镇如:乌镇、溪口。

3. 特色产业城镇

由于块状经济的发展,浙江首先出现了一批具有特色产业的城镇,在一镇一业的引导下,城镇规模不断壮大,同时知名度也由此得到提升。如苍南是南方最大的参茸集聚地,而县内的金乡镇是全国最大的徽章生产基地,龙港镇是全国最大的腈纶纺织市场和省内最大的印刷业基地,钱库镇的家庭纺织业和宜山镇的再生纺织业都是省内或全国为数不多的几个集散地之一。此外,濮院、山下湖、桥头、诸暨的大唐、店口、枫桥,义乌的大陈,慈溪的周巷,湖州的织里,乐清的柳市,永嘉的瓯北,平阳的水头,瑞安的塘下,苍南的金乡、宜山、钱库,嘉善的陶庄等,均有其特色产业。这些城镇的发展与知名度的上升都与它们那种知名度极强的特色产业息息相关。

4. 生态城镇

伴随着一批城镇建设"山水城市"、"生态城市"口号的提出，浙江出现了一批生态城镇。平阳南麂镇因作为联合国确定的"人与生物圈"自然遗产而闻名于世。2003年初，首批14个全国环境优秀乡镇评出时，临安太湖源镇便名列其中。奉化溪口、普陀东极、德清莫干山、天台石梁等一批乡镇，因为有知名的自然景区相伴，生态建设成效突出，实质上也是一个个典型的生态城镇。

5. 港口城镇

浙江是个有着曲折海岸的海洋大省，除了宁波、台州、温州、舟山等大港外，因小城镇建立的港口也不计其数，象山石浦、温岭石塘、海盐澉浦、平湖乍浦都是名甲一方的港镇，港口特色相当浓重。此外，三门健跳、定海岑港、北仑白峰都是一方地域重要的港镇，港口产业仍是镇域经济的一大主导性产业。北仑大榭虽已改为区属街道，但其新兴的港口产业使之更具有一定的港镇特色。

6. 海岛城镇

浙江全省共有定海、普陀、岱山、嵊泗、洞头这五个全境都位于海岛上的区县，迄今省内著名的海岛城镇有椒江大陈、洞头大门、普陀朱家尖、桃花、象山鹤浦等，2001年，舟山市的一次政区大调整，新成立了六横、金塘、衢山、洋山等镇，这些镇既是岛镇又是港镇。以一岛立镇，镇名与岛名一定程度上达到统一，成为海岛城镇发挥知名度的重要方式。

四、存在的问题

目前在城镇建设和发展中,普遍存在以下问题:

1. 生态环境的恶化

浙江省城镇建设对生态环境的影响日益突出,主要表现在以下三个方面:第一,相当数量的小城镇由于受各种条件的限制,发展过程中盲目性较大,总体上缺乏科学的规划和指导,特别是在维护城镇生态平衡、保持可持续发展方面重视不足。

第二,大量乡镇企业的建立虽然为小城镇的繁荣创造了条件,但其中也有许多企业对小城镇的生态环境起到了破坏作用,对人民生活产生了不良甚至有害的影响。

第三,城镇中用于生态环境建设的资金投入明显不足,使得城镇的环境质量不容乐观。

2. 历史文化的消融

在一些人文城镇中问题更为突出。一是古镇失去了淳朴的民风;二是古镇的商业无节制发展;三是在古镇上建造了不少"假古董"。

同时,现在一些古镇的开发偏重于古镇的镇容镇貌,忘却了古镇的神韵所在——民风。古镇不是公园,也不是文物保护区,失去了民风的古镇,只有一个"外壳",缺乏吸引力。

3. 生活原真性的破坏

随着古镇旅游的进一步发展以及受强势城市文化的影响,古镇人文发生了很大的变迁:

一是古镇原住居民大量外迁,使古镇旅游人文环境的原真性面临丧失的危险;二是古镇的优秀文化传统没有得到深刻挖掘和发扬光大,面临失传的危险;三是古镇的保护,特别是古镇作为历史村镇环境原真性丧失(包括自然和人文环境的原真性)问题日益凸现;四是古镇正面临过度商业化的危险。

4. 城镇建设的粗制滥造

缺少城镇建设系统规划,不重视特色设计。许多城镇的街景设计、重要地段和重要建筑物的设计都十分单调,品位不高。

五、城镇特色风貌保护

1. 保护思路

坚持"严格保护、统一管理、合理开发、永续利用"的十六字方针,城镇景观的保护要从城镇全局和城镇的整体发展来做好保护和规划工作,而不是单纯地考虑保护一些历史遗迹和历史建筑。

从社会进步、经济发展和生活环境改善方面,协调好保护与发展的关系。

在充分尊重历史环境,在保护文化遗存的前提下,对一些历史文化遗存进行合理的开发和利用。

保护维修、整治和修复中,要"整旧如故","以存其真",文物古迹和历史建筑的保护应使其"延年益寿",而不是"返老还童"。

2. 保护内容

城镇保护的内容可以分为两大方面:物质形态方面和非物质形态方面。

(1) 物质形态的保护

- 城市所根植的自然环境

城市的自然地理环境是形成城市文化景观的重要组成部分,各种不同的地理环境形成了不同特色的文化景观,历代人类对自然的改造使环境又具有人文和历史的内涵。文物古迹脱离了它所植根的历史环境,其价值就会受到损害。

- 城市独特的形态

主要指有形要素的空间布置形式,如城市与自然环境的关系、城市的几何形状、城市的格局、城市的交通组织功能分区、城市历代的形态演变,等等。这些形态的形成,一方面受城市所在地理环境的制约和影响,另一方面受不同的社会文化模式、历史发展进程的影响,形成城市文化景观上的差异。

- 城市的物质组成要素

建筑是构成城市实体的主要要素,由它们构成的城市旧街区、古迹点和现代城市生活发生密切联系,形成了城市文化景观特色中最重要的部分。一些主要体现实证价值的文物点,如一些小型文物建筑和地下文物,则是全面反映历史信息,描绘历史发展过程的重要补充。

(2) 非物质形态的保护

城市的生活方式和文化观念所形成的精神文明面貌,如审美、饮食习惯、娱乐方式、节日活动、礼仪、信仰、习俗、道德、伦理等。

3. 历史文化名城的保护

历史文化名城保护涉及物质实体范畴和社会文化范畴两方面内容,可以具体化为以下四部分内容:

(1) 文物古迹的保护

文物古迹包括类别众多,零星分布的古建筑、古园林、历史遗迹、遗址以及古代或近现代杰出人物的纪念地,还包括古木、古桥等历史构筑物等。

(2) 历史地段的保护

历史地段包括文物古迹地段和历史街区,文物古迹地段即由文物古迹(包括遗迹)集中的地区及其周围的环境组成的地段;历史街区是指保存有一定数量和规模的历史建筑物且风貌相对完整的生活地区。

(3) 古城风貌特色的保持与延续

包括古城空间格局、自然环境及建筑风格三方面的内容。

古城空间格局:包括古城的平面形状、方位轴线以及与之相关联的道路骨架、河网水系等,它一方面反映城市受地理环境的制约结果,一方面也反映出社会文化模式、历史发展进程和城市文化景观上的差异、特点。

古城自然环境:城市及其郊区的景观特征和生态环境方面的内容,包括重要地形、地貌和重要历史内容和有关的山川、树木、原野特征。

城市建筑风格:建筑风格应包括建筑的式样、高度、体量、材料、色彩、平面设计乃至与周围建筑的关系处理等。建筑风格直接影响城市风貌特色,在名城中如何处理新旧建筑的关系,尤其是在文物建筑、历史地段周围新建建筑风格的处理与控制是有必要深入探讨和研究的。另一方面也包括城市新区的建设如何继承传统、创造城市特色的内容。

(4) 传统文化的继承和发扬

在历史文化名城中除了有形的文物古迹之外,还拥有丰富的传统文化内容,如传统艺术、民间工艺、民俗精华、名人逸事、传统产业等,它们和有形的文物相互依存相互烘托,共同反映着城市的历史文化积淀,共同构成城市珍贵的历史文化遗产。

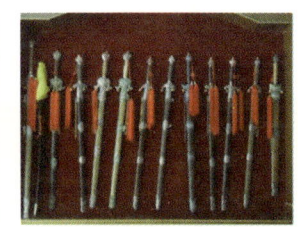

4. 古村镇保护

古村镇保护包括建筑类型、建筑风格和布局、周边环境、民风民俗、生活方式等多种建筑景观和人文景观元素的保护。

(1) 建筑类型

古村镇很好地保存了明清时期的建筑风貌,众多的建筑形式使很多古镇成为建筑艺术的博物馆,每一类型的建筑都是在特定的历史文化时期发展形成的,承载着生活在其中的人们的不同的需求,以下建筑元素需要加以特别保护:民居(如西塘民居)、祠堂(如诸葛村大公堂)、亭(如芙蓉村的芙蓉亭)、戏台(如宗祠内的戏台)、寨墙(如花坦的寨墙)、桥(如西坞镇的居敬桥)、庙(如岩头村的塔湖庙)、过街楼(如西塘的过街楼)、塔(如新叶村的抟云塔)、牌坊(如南浔两座牌坊)。

(2) 建筑风格和布局

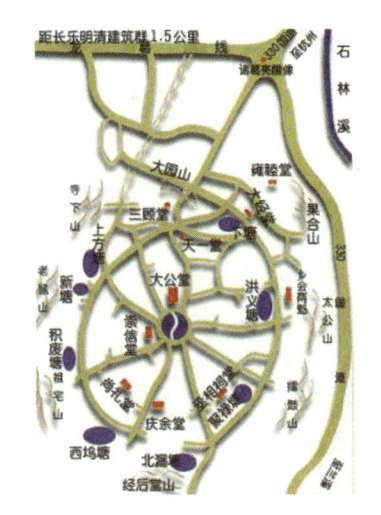

保护古村镇传统的建筑风格和布局,如江南天井院独特的民居建筑布局。江南的天井院有典型的徽派建筑风格,通常是由四合院变形成为合院式建筑。四周房屋连接在一起,中间围成一个小天井。由于江南一带冬冷夏热、梅雨绵绵,人口密集,因而房屋多建成两到三层,中间留有狭小的天井,既可以通风透气,又可以降温防寒。

(3) "负阴抱阳"的古村镇环境布局

总体而言,不论何种地形,古镇在选址与布局上多以负阴抱阳、背山面水为最佳选择。所谓"负阴抱阳",即古镇基址后面有主峰"来龙山",左右有次峰或冈阜的"左辅右弼山",山上要保持植被丰茂,前面有月牙形的池塘(宅、村的情况下)或弯曲的水流(村寨、城镇的情况下),水的对面还应有一个对景山——"案山",轴线方向最好是坐北朝南。古镇基址处于山环水抱的中央,地势平坦而具有一定的坡度,这就是中国风水中所指"左青龙、右白虎、前朱雀、后玄武"的理想格局。由于地形多样,各地古镇的布局也因地形地貌的不同而有所区别,浙江虽地处水乡,但是境内多山,特别是那些保存较好的古镇更是分布在一些经济发展比较缓慢的山区地带,这些古镇多依山而建,"负阴抱阳"的格局特点比较明显。

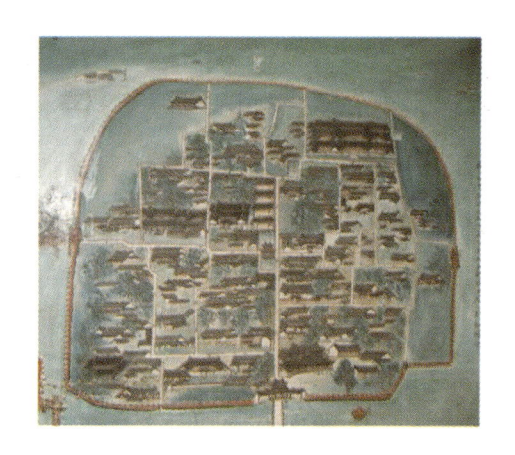

(4) 民风民俗

古村镇中保留着的大量的民风民俗,蕴含着深厚的文化底蕴。如:古老戏剧(昆剧、婺剧、越剧等)、重要节日风俗、放河灯、轧蚕花、剪纸艺术、乌篷船、蓝印花布等。

(5) 遗存的生活状态

村落是人们生活居住的聚落空间,无论村落的大小,分布的区域和年代的远近,和古村落一起遗存下来的,总是原汁原味的中国乡村文化和人们的生活方式。如:堆满了墙角的柴火、鸡鸭相逐、扇动蒲扇的老人、担着农具暮归的村人、围聚闲谈的村民、河边敲打洗衣的村姑等乡村文化生活和村民的生活方式。

(6) 栖居的诗意

在浙江的众多古村落之中,一些随遇而安、朴实自然的村落就像一幅水墨画般诗意盎然。诞生在归隐情绪下的村落,天生就有一种诗意,与生具备一种诗人的性情,因此村落规模均非鸿篇巨制,大多小巧玲珑,清新可人,构建也如吟诗作词一般,开阖自然,起承转合灵动自如。单从村落的名字上也可读出诗意,"枫林、苍坡、芙蓉、花坦、溪口……"。"小桥、流水、人家"、"近涧清密石,远山映疏水"、"桑叶隐村户,芦花映钓船"等均是对古村镇的诗意写照。

(7) 厚重的文化积淀

"江南子弟多才俊",千百年来浓郁的文化氛围和无数的文人学者,使浙江每个古村落都烙印着深刻的文化痕迹,充满着迷人的文化气息。每一个古村落就是一段区域文化发展史和一个极富价值的文化标本。受中国传统儒学思想影响,浙江古村落文化景观极多,几乎每个古村落都有书院、私塾,都有"程朱理学"大师播下的种子。

5. 保护措施

(1) 国家应加大保护资金的投入

首先要加深对古村落遗产保护利用的意义认识,文化遗产一旦被毁,就无法重新拥有。尤其在许多偏远、贫穷的地区,古村落保护面临的最大问题就是资金问题。国家应加大保护资金的投入。同时通过多渠道解决资金来源,基金立项管理,确保保护与维护力度。

(2) 制定和完善相应的政策法规

尽快制定和完善相应的政策法规,加强文化遗产保护的法制建设,使古村落整个历史环境的保护有法可依。建立公示制度,设立常年的展示与咨询机构,广泛征求民意,接受群众监督。

(3) 全面深刻认识对象,谨慎从事

对分布在各处的古村落应进行全面普查和整理。避免急功近利的短期破坏行为。

(4) 制定科学合理的规划,指导古村落的保护和开发

配置训练有素的规划管理者,对古村落开展全面、系统的调查,建立完整的保护管理档案,科学地编制城镇特色风貌保护规划、古村落保护和发展规划以及新村的建设规划。

制定当地的保护风貌特色管理条例,特别是历史文化名城或是旅游城镇,提出管理办法,明确管理责任并有奖惩方法。"条例"应由当地人大审议通过,具有法律效力,并由人大、政府实施监督。关注组织城市景观与建筑艺术的研究,统一当地的设计思想,提出正确的设计原则与方针,评选优秀设计,树立建筑与规划样板。

(5) 规划设计管理方面注意古今结合

城镇特色应古、今分区,切忌混杂。新区应表现文化、科技、经济等的进步,不宜复古,不宜照抄古人

的形式与风格,应表现时尚、健康与进取的精神。但特色主题应该是民族的大众的,与过去传统协调而有联系。

依山傍水与自然结合是浙江城镇特色风貌的精粹与灵魂,是浙江特色风貌的传统,必须选择、创造与恢复具备这种条件,延续这种历史,发展新区,使古今城镇共有这种环境,建筑形式,市容市貌古今各有千秋,而古今意境的融合是可以追求的。在小城市和村镇的建设中,空间体量的控制,尺度新、老区域保持一致是完全可以做到的,这也是古今结合的主要途径。

(6) 建立管理国家遗产的专门机构

建立管理国家遗产的专门机构,解决古村落的管理权问题,同时,赋予市镇在对其古村落管理开发过程中积极的作用和责任。从而结束政出多门、管理混乱、保护不力、利用低下的局面,与世界管理方法接轨。组建高水平的设计队伍和维护修缮队伍,明确规定其职责。进行维护必须经设计和施工两道程序,因设计或施工而发生的破坏,必定追究其责任,赔偿、惩罚,取消设计施工资质等。

(7) 大力宣传,加强教育

通过各种宣传媒体,采取多种方式宣传保护古村落遗产的重要意义,提高全民意识,提高村民热爱家园、珍惜文物、保护环境的意识,引导其积极参与村落的保护和管理。

(8) 发展旅游要适度

古村落的旅游发展始终要以古村落历史文化遗产保护为先,严格控制环境容量,避免过多的游人对古村落造成极大的破坏。

六、城镇景观规划

1. 规划原则

(1) 历史延续性原则

历史延续性原则指理清历史文脉(Traditional Culture)的主流,重视景观资源的继承,合理保护和利用,把握特定环境的本土特征,适合当地景观形态的设计与创新。

• 自然要素的利用和保护

如今,人们在十分痛心地看到城市特色在逐渐失去,一大批"国际版"的城市蜂拥而至,让人感到混乱和迷茫,过多地追求新、奇,很少重视继承和发展,很少研究历史与文脉,故而在城镇景观地发展中应首先考虑其地域自然要素和历史文脉,这是城镇赖以生存的基本特征。保护自然资源,维护自然的过程是利用自然和改造自然的前提,尤其要重视水系、河道、山体环境的保护和利用。

• 特色建筑物的保护和利用

特色建筑包括历史街区、民居建筑。历史街区(地段)——完整体现古镇的历史、文化传统,对于一些保护范围不能包含整个小镇的情况下,可保护其中的一些有代表性的历史街区(地段)。民居建筑的保护,新旧居住的和谐,保留旧建筑中有价值和代表性的单体或群体,新建筑在高度和尺度上应有所控制,保证城镇整体格局的合理性。

(2) 地方性原则

• 强调城镇水乡环境的建设

水是浙江城镇的灵魂,尤其在浙北地区的水乡小镇更是如此。街道景观是水乡城镇的景观特色之一。街道大多循河道的曲折而曲折,街市呈现出江南的繁荣气息。

街廊景观是街道景观的一个重要组成部分,街廊空间构成及街廊系统控制着街道的景观,在景观的发展中还应侧重于街廊整体的组织形态、空间效果、建筑底层功能和活动延展要求的探讨,而完整的街道景观控制还应包括对建筑色彩、体量、高度等方面的控制,以及对街廊中间特殊点、街道交叉口的控制。

- 强调城镇水乡结构的特色

处在河道纵横的浙江城镇,大多在河道两岸发展形成,街市也傍河而起。相当一部分的城镇处在两条河流的交叉处,形成所谓"十字港"的形式,其四周即为繁华的街市中心。也有"一河两街"型的,即河道贯镇而过,两岸为绵延的街市。大多都具备河道、街市及相应的桥、水埠等,并在长期的商业经济发展中形成的特殊商业场所,建筑风格,小镇结构布局等,安排、布置,都有它的独特性。

- 营建有序的空间形态

任何一个城镇都是在特定的环境中发展起来的,每个城镇或多或少都具有独特的空间特征。在景观营建时要充分利用其特有的空间要素,塑造强烈的空间特征。

以自然因素组织城镇空间,自然要素如水域、绿地、山丘等是形成城镇特征空间的重要因素。

以人工因素组织城镇空间。人工因素中道路、建筑物等亦是形成城镇特征空间的重要因素。公共建筑由于功能集中,中心感强,使用率高,其风格往往为城镇景观定下了基调。

以历史因素组织城镇空间。城镇的历史因素包括传统街区、居住形态、居民生活方式、建筑形式、文物古迹等,历史因素使城镇形成特有的地域文化特征。

(3) 人性化原则

一方面建筑形式和空间应具有亲切宜人的尺度和风格,体现对使用者的关怀;另一方面要满足不同年龄层次的活动需要。通过植物配置和人工景观创建等方面体现人性化原则。

(4) 可持续性原则

可持续发展的观点,不仅体现在物质资源与自然资源的永续利用和可持续发展上,更重要的应体现在人类精神文明与文化知识的可持续发展上。主要表现在:

- 文化氛围,以时代性、地方风格、个性特色为出发点,发掘本身文化传统;
- 创造有精神寄托和感情维系的景观环境。

2. 规划目标

- 创造良好的景观生态格局。
- 完善绿色开放空间体系。
- 提高浙江城镇景观视觉空间品质。
- 维护地方历史文化风貌。
- 营造城镇"山水"美学意境。

3. 规划思路

- 利用历史文化塑造特色。
- 利用自然山水塑造城镇特色。

滨水城镇、水乡城镇以水为题,因水得景,以水为境,不同风格的水环境小城镇,如江、河、湖、泊、溪、潭、池、塘、库等,均可根据不同的水型和岸型,创造出不同特色的水域环境。

- 丘陵、平原小城镇特色塑造

这类城镇地形平坦,山丘却起伏不大,城镇多采用集中紧凑的布局方式,道路呈棋盘式,而这类城镇四周往往无天然绿色屏障,一般化的建筑与绿化很容易形成雷同的城镇形态。

- 旅游小城镇特色塑造

对这类小城镇除城镇本身要体现浓厚的本土文化及乡土气息,风土人情外,其景区、景点布局、建设重点在准确把握其独特性的原则上。

4. 不同类型城镇景观规划重点

(1) 历史文化名城

- 制定历史文化名城保护框架

保护框架是指历史文化名城中要保护的实体对象和通过保护规划的实施而预期达到的目标。将城市历史传统空间中那些真正具有稳定性、积极意义的东西组织连接起来,并将历史发展的因素及未来发展的可能性结合进来,形成一个以保护传统文化为目的的城市空间框架。同时挖掘历史文化名城的深厚内涵,突出特色。

- 确定保护分区

对于重要的文物古迹、风景名胜、历史街区乃至整个城市范围内需要重点控制的古城区都要划定明确的自身保护范围以及周围环境影响范围,以便对区内的建筑采取必要的保护、控制及管理措施。一般分为:绝对保护区、建设控制区、环境协调区。

- 建筑高度的控制

控制建筑高度,保持原有优美的历史传统风貌,依据两个方面:一是根据保护总体要求及名城现状的具体情况及大范围内名城的空间轮廓的要求,提出高度的空间层次。二是视线上满足各个保护对象对周围环境的要求,使景区与周围环境协调统一。

(2) 古(村)镇

- 切实加强资源保护,充分挖掘原生价值

古镇旅游资源原始程度越高,原真性越突出,就越具有不可替代性和不可复制性,其开发价值也越大。古镇旅游资源的开发中将资源保护放在首位,充分利用其人文旅游资源稀有性、历史久远性的优势,展现古镇悠久的历史,促进旅游业可持续发展。具体做法有:

① 保持古镇风貌完好无损。保护和优化其生态环境,维护生态平衡。在旅游设施的建设中,要合理布局,统筹安排,防止旅游污染和建设性破坏。

② 利用科学的旅游规划来促进人文和经济的协调发展。通过深入研究、精心调控,合理分区,综合开发,使古建筑、古民居等历史文化遗址得到有效的保护和利用。

③ 加强分区控制,实现综合协调发展。对古镇区域内实行分区控制手段,依据景源评价,将古镇旅游、风景旅游、设施建设、农业生产和自然生态等不同主体职能,在用地上明确分区,制定各种不同的保护、利用、开发、管理的政策和制度,保证古镇有序运转,使旅游资源得到永续利用。

- 加强对规划管理者、游客及当地居民的管理

具体做法有:

① 对景区进行科学规划的同时，还要不断提高管理者的素质，加强对开发经营人员、村民的生态教育，使他们在开发与经营中自觉树立科学发展观，促进生态环境、人文环境和自然景观与环境保护协调发展。

② 采用各种有效的方法与措施，加快景区承载量研究，确定合理的游客容量，加强游客管理。

③ 鼓励村民积极参与风景区旅游的保护事业。通过当地居民的积极主动参与，发挥地方特长和传统，增加旅游地的吸引力，维护风景区的可持续发展，同时要把握参与的适当程度。

- 控制建筑物的高度，加强古镇的天际轮廓线保护

严加控制和整治与传统街区风貌相悖的建筑，一方面对影响天际线轮廓的，在现有高度上进行减层，并按照传统民居风格进行整饰，保持新建建筑要与景区风貌整体相协调；另一方面控制建筑层数、尺度、体量和建筑色彩，控制古镇山体绿化用地，以免形成绿色屏障，影响天际轮廓线，保持古镇风貌协调融洽，过渡自然，使得天际线层次分明，变化丰富。

- 加强镇区山系、水系保护

自然山水是古镇区的重要组成部分，应重点保护其完整和稳定。一方面分层次保护山地，另一方面加强水系保护，溪河两岸严禁砍伐树木，加强植被保护；对溪岸进行形象整治，疏浚泥沙淤塞，严禁开采溪中奇石，恢复原有自然生态状况。

- 加强社会文化风貌保护

社会文化风貌是古镇人文景区的重要组成部分，保护社会文化风貌，既可发扬民族文化传统，又可将其发展成为旅游服务和社会服务的一项新内容。因此，可考虑建立民风民俗研究的组织活动机构，对包括传统节庆、民间工艺、戏曲歌谣进行及时收集、整理，并结合时代要求和旅游事业发展，适时开展社会文化活动。

- 制定可持续发展的旅游发展规划及有关政策法规

旅游业的可持续发展，必须有明确的发展规划作支撑。按照可持续发展的原则，最大限度地实现旅游业潜在环境和经济利益，同时使可能发生的环境或文化破坏降低到最低程度。通过制定一个长期与短期相结合的旅游发展规划，使旅游规模适度，环境保护得力，促进旅游持续、稳定、健康地发展。因此需要政府加紧制定有关法律、法规，避免在旅游景点之间各自为政、盲目恶性竞争、重复建设的现象发生，使旅游投资项目符合国家旅游产业政策和地方旅游业的长期规划。

(3) 特色产业城镇

以产业为特色的城镇，其在遵循一般城镇景观营建方面的措施以外，应注重突出其产业特色，主要从建筑形制、产业特色、文字街饰、镇容镇貌等方面来体现。如桥头的纽扣、塘下的汽摩配、龙港的印刷业、金乡的徽章、大唐的袜子、店口的五金、崧厦的伞业、山下湖的珍珠、濮院的羊毛衫、大陈的衬衫、织里的童装等均是这些城镇的特色，应在景观营建中加以突出，借以吸引游人。

(4) 生态城镇

如奉化溪口、普陀东极、德清莫干山、天台石梁等生态城镇，这些城镇都是与风景区相伴，生态环境建设良好，具有得天独厚的生态景观优势，在景观营建的过程中，应当充分发挥这些生态景观资源优势，突出其生态特色。

(5) 港口城镇

如象山石浦、温岭石塘、海盐澉浦、平湖乍浦等城镇，港口特色十分浓重，具有鲜明的港镇特色，它们拥有丰富多变的岸线、优越的区域位置、雄厚的经济基础。景观的营建方面除延续古老的港口城镇布局

特点外,要注重形成良好的泊位和临水风景线。同时加强对历史上遗留的具有民间风俗和地方特色的建筑遗产的保护。

(6) 海岛城镇

海岛城镇也成了浙江城镇体系的重要组成部分。浙江全省共有定海、普陀、岱山、嵊泗、洞头这5个全境都位于海岛上的区县,以岛立镇是这些城镇的特色。海岛是这些城镇赖以生长的基础,保护海岛资源是城镇发展的首要任务,在景观的营建方面应突出海岛特色,要跟陆地景观区别对待,形成不同主题的海岛城镇形象。

七、旅游城镇开发建设主要思路

浙江旅游遍及城镇乡村,规模大,范围广,资金充足,而且各有特色。在新的经济形势,未来新的交通条件下所发生的区位变化,自然生态环境保护和产业布局,城镇布局不断调整、变化的情况下,城镇规划,特别是旅游城镇的规划关系到今后经济建设的各个方面,十分迫切。

在旅游城镇规划中,如何根据旅游的特点,反映旅游的要求,形成旅游特色,以及如何衔接总体规划,确立城镇发展方向、规模、布局、景观,都是旅游城镇规划建设研究的重点内容,另外旅游城镇规划还需要考虑原汁原味的民风民俗、周边山水环境、文化底蕴、生活方式、景观特色、旅游条件、旅游配套设施等条件。

浙江省旅游城镇开发建设主要思路包括以下方面。

1. 突出地域特色

旅游城镇规划和建设要突出本地的建筑文化特色,这既要求城镇的建筑风貌、外观形象、外部装饰是本地的,又要求建筑物的建筑材料、内部装饰是本地的。

2. 处理好与环境的关系

城镇与环境关系的处理十分重要,它会从总体上展示出一个城镇的建筑文化特色。旅游城镇的规划和建设要求建筑物不能遮挡和破坏城镇周边的风景轮廓线,建筑物的层高、体量和建筑物之间的间距都应得到合理的控制。另外,城镇的街道走向、建筑物的走向,与周围山体、河流的关系都应得到恰如其分的处理。

3. 突出城镇的旅游功能

旅游城镇是游客的主要聚散地,是区域旅游产业的中心。其一是旅游的吃、住、行、游、娱、购六大要素的合理布局。这实际上是城镇的旅游产业布局,在根本上还涉及到城镇的功能分区。既要将城镇的文化娱乐区、餐饮购物区、游客住宿区和城镇的其他功能区分开,在游客的聚集区要展现出浓郁的乡土文化氛围,同时还要考虑到宾馆床位和街道等的容量。其二是城镇的布局在展示地区旅游形象之时,要充分考虑到游客的休闲游憩空间和文化展示的空间。

4. 改变政府观念

旅游城镇的规划和建设最重要的还是当地政府和规划师的观念。这要求当地政府和规划者既要有本地文化的保护意识,又要深刻地理解旅游经济的内涵,同时更为重要的是在规划实施过程中对规划的管理和控制。

5. 与上层规划相衔接

旅游城镇规划除应根据本地区和上一层次区域规划、城镇体系规划、风景名胜区规划外,还应着眼更广阔的领域来确定本城镇的发展前景。城镇的旅游规划是旅游发展规划的深入和具体化,是由行业规划、经济规划转向旅游建设的关键转折点。

6. 与其他产业相协调

城镇旅游在其产业定位上不应排斥城镇的其他产业,而是与其他产业相协调,相辅相成,促进城乡经济发展,这也是旅游发展的目的。旅游内容非常广泛,其他产业经济的发展也同样可以促进旅游业的兴旺发达。

7. 旅游产品多元化

开发多样化的旅游产品,可以利用一切资源,甚至矿山、冶金、石油、化工、港口等,哪怕是对生态环境有影响的工业项目,但必须确定能永久存在,长期发展的主导产品,围绕这一产品开展有特色的旅游城镇规划与建设。

8. 坚持保护为主的方针

旅游必须依靠对自然生态环境、历史文化古迹、风景名胜保护来发展,它们之间不是相互制约,相互对立,而是相辅相成的,在当前的社会条件和经济条件下是相互依存的。应该按国务院关于城乡规划监督的通知中提出的"严格保护、统一管理、合理开发、永续利用"的十六字方针,不可偏颇。

9. 严格规划的权威性

旅游城镇总体规划,应确立其总体规划的权威与主导作用,应按照建设部颁发的《城市规划编制办法》进行编制和审定,并具有法律效力。发挥其应有作用,一切总体规划层次的专项规划,包括名城(镇)保护、风景名胜区、环保、交通、能源、市政以及旅游均应纳入城镇总体规划,以保证其规划与建设的实施。

10. 综合技术人员的配备

为了以科学、严谨的工作态度编制出具有特色的城镇旅游规划。承担的规划人员除了要具备城市规划的专业技术条件外,还应当在历史、文化、考古、生态环境、建筑与园林艺术等方面具有广泛的知识和修养,并且要具有较强的创新能力和组织协调能力。这样的人才能出色地完成城镇旅游规划的编制。因此,城镇旅游规划是由多专业、多工种的配合作业,共同完成的。

11. 满足旅游需求

旅游城镇的旅游需求可归纳为三个方面:一是旅游活动本身,包括旅游资源、特色、分布、重点、性质、路线等;二是旅游服务,包括交通、餐饮、住宿、休闲娱乐、购物、通信信息等;三是环保、环卫、市政、安全、供应等保障体系。因此在规划中需要把旅游城镇作为一个景区来对待,充分体现三个方面的要求。

12. 保持旅游城镇的原真性

旅游城镇风貌需分清古今中外,不宜混杂。古应修复如故,维持原貌与氛围,对此应有依据,有研究论证。今则应推陈出新,这是创造,在新的风格面貌环境中体现地方特色、民族文化特色,在浙江应尽情展现其精致、小巧、细腻,不宜有大量的宏伟场面。

专题六 浙江省目的地品牌形象研究

一、目标市场研究

1. 入境旅游市场现状

分析浙江省近五年来的入境旅游人数和旅游外汇收入,可以发现其入境旅游市场呈现出不断增长的趋势。

与全国主要省市的入境旅游人数相比(图2-3-3),2006年浙江省首次超过北京居于全国第四位,次于广东、上海和江苏。旅游外汇收入方面,2006年浙江省超越福建省位于第五位。

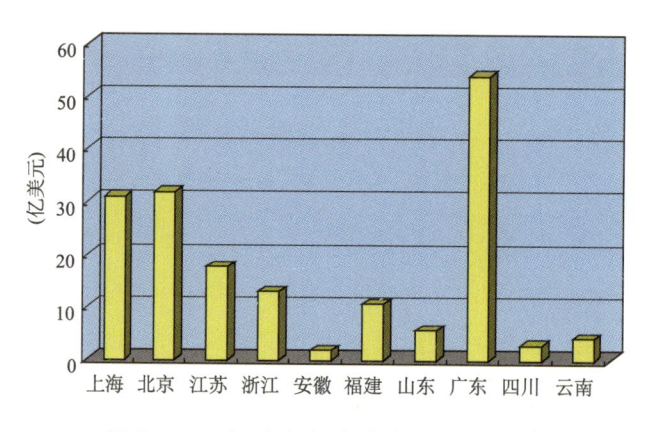

图 2-3-3 主要省市旅游外汇收入比较

从浙江省的旅游相对优势指数看(表2-3-36),浙江省旅游的发展在全国来说是占有一定竞争优势的,总的来说高于全国平均水平。但同时应该看到,这种优势正在逐步下降。究其原因,一方面是旅游产业的发展在全国范围内得到了全面的重视,加速了全国旅游整体发展,提升了国际旅游收入在外汇出口总额中的比重。另一方面,浙江省本身民营企业活跃,近年来外贸出口增幅很大,旅游外汇在出口总额中所占的份额有所下降。

表 2-3-36 浙江省入境旅游相对优势系数分析

年份	全国 旅游外汇（亿美元）	全国 出口总额（亿美元）	浙江 旅游外汇（亿美元）	浙江 出口总额（亿美元）	旅游相对优势指数
1997	120.7	1 827.9	3.5	101.1	0.52
1998	126.0	1 838.1	3.6	108.7	0.48

续表

年份	全国 旅游外汇（亿美元）	全国 出口总额（亿美元）	浙江 旅游外汇（亿美元）	浙江 出口总额（亿美元）	旅游相对优势指数
1999	141.0	1 949.3	4.1	128.7	0.44
2000	162.2	2 042.5	5.1	194.4	0.33
2001	177.9	2 661.6	7.0	229.8	0.46
2002	203.9	3 256.0	9.3	294.0	0.51

资料来源：《浙江省旅游发展规划思路暨五年行动纲要》。

从入境旅游市场的结构来看（表 2-3-37），1995～2006 年浙江省接待海外旅游者的构成没有显著的变化。与全国入境旅游市场结构不同的是，浙江省的入境旅游市场中外国人数量高于港澳台地区的数量。1995～2006 年，浙江省接待的人数的增长率均高于全国平均水平，发展势头良好。

表 2-3-37 浙江省入境旅游市场结构分析　　　　　　　　单位：人

年份	华侨	港澳	台湾	外国人	合计
1995	22 873	132 822	150 531	366 491	672 717
1998	41 268	165 016	199 058	414 273	819 615
1999	32 684	183 579	224 875	506 650	947 786
2000	—	210 890	271 168	643 840	1 125 898
2001	—	251 159	399 657	818 686	1 469 502
2002	—	302 949	524 177	1 214 635	2 041 761
2003	—	279 800	427 100	1 069 300	1 808 300
2004	—	990 000	1 776 000	2 767 000	

浙江的外国人市场中，排名前十位的国家包括韩国、日本、马来西亚、美国、新加坡、德国、泰国、意大利、澳大利亚、法国。

从消费方式来看，入境游客平均停留时间变长，购物花费稳占第一，占总花费的 38.7%，超过第二的长途交通 22 个百分点。

2. 国内旅游市场现状

从市场总量来看，国内旅游市场仍然处于稳定而持续的增长状态，但总体增长速度低于入境市场。

国内旅游市场在结构上表现出如下特征：

- 近距离的出游者占主导。排在客源地前三位的浙江、上海和江苏均为相邻地区。
- 主要市场是全国主要客源产生地。
- 从出游目的来看（图 2-3-4、2-3-5），国内游客出游仍然以观光游览为主要目的，其次为休闲度假和商务会议。

3. 趋势预判

浙江的旅游市场规模将保持继续增长的总体态势，并可能在较长一段时间延续这一增长态势。

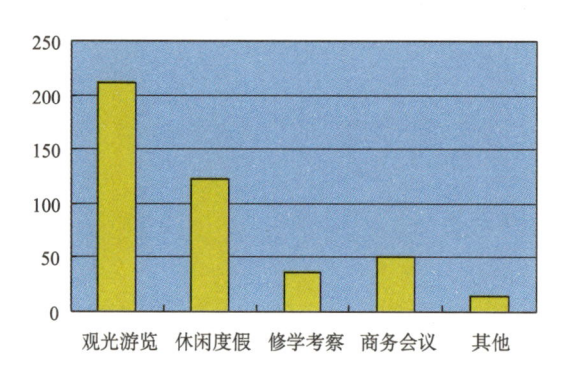

图 2-3-4 国内旅游市场出游目的

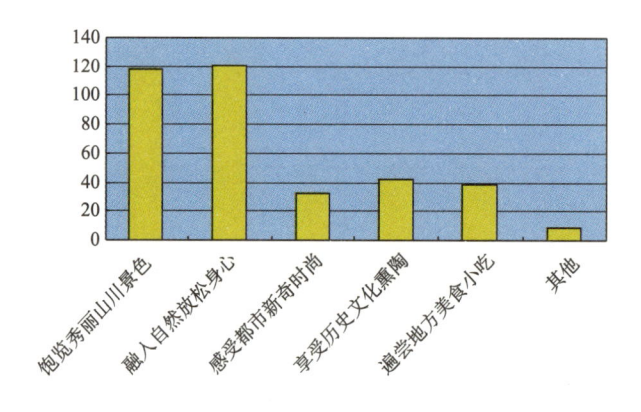

图 2-3-5 国内旅游市场消费心理(据课题组市场调查)

(1) 旅游市场趋势预判

• 潜在区域客源构成方面,对浙江省认知度最高的是长三角地区,其次是东南沿海、环渤海地区和中部地区。

潜在客源省份构成方面,上海市所在的比重最大,为 28.37%,其次为浙江和江苏,分别为 21.33% 和 11.82%,除长三角省市外,广东省、北京市、福建省、湖北省、陕西省所占的比重相对较高(图 2-3-6);

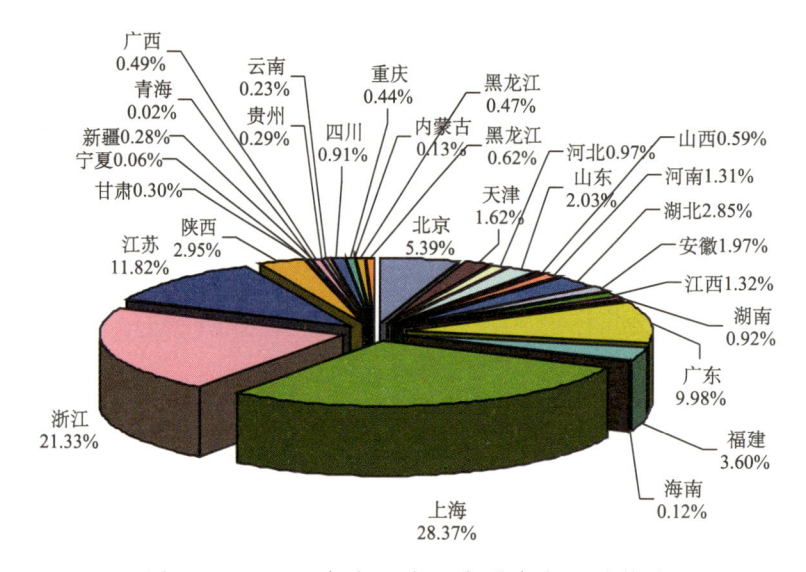

图 2-3-6 2004 年浙江省国内潜在客源地构成

- 旅游构成趋向多样化、均衡化,浙江省内市场旅游人数比重不断缩小,江苏、上海比重延续上升的趋势;
- 整个区域内客源城市还将逐步向二级、三级城市发展;消费趋势将向休闲、度假、会议、会展等转变;在城市或都市圈周边地区的周末旺季现象可能会更加明显,自驾车客源会呈明显上升态势;
- 珠三角、京津两大都市圈的客源人数继续保持增长,后期会放缓增长速度;
- 东南沿海的福建省以及华中地区的客源市场将可能弥补省内旅游人次增长率减少的比例,甚至超过这一比例;
- 国内其他地区的游客数量虽然保持增长,但客源城市可能出现由中心城市向二级城市转变的势头,形成中心城市与二级城市共同发展的态势。

(2) 总体旅游消费趋势

- 人均消费能力进一步提高,购物花费比例继续增长;
- 游客对舟山、嘉兴、湖州、金华等旅游城市和景点的认知度提高(表2-3-38和表2-3-39);
- 游客集中消费的瓶颈现象将得到缓解;
- 以山水景区为目的地的旅游仍然占主导地位;
- 对文化的诉求明显提高;
- 水乡生活型(乌镇、西塘)作为浙江新的拳头型景点,得到更大青睐;
- 生态型、遗产型景区及精品景区成为新亮点。

表2-3-38 2004年浙江省内主要地市排名

名次	主要城市	认知度占浙江省的比例(%)
1	杭州	42.14
9	舟山	12.12
3	嘉兴	10.27
5	温州	7.35
4	绍兴	7.03
2	宁波	6.82
10	湖州	4.11
8	台州	3.1
7	丽水	2.81
6	金华	2.76
11	衢州	1.49

表2-3-39 2004年浙江省内景区排名

名次	地理名称
1	普陀山
2	乌镇水乡古镇旅游区
3	西湖风景区

续表

名次	地理名称
4	雁荡山
5	嵊泗列岛
6	富春江—新安江—千岛湖
7	西塘水乡风情旅游区
8	天台山
9	南浔水乡古镇旅游区
10	天目山旅游区
11	仙都方岩景区
12	横店影视城
13	浙西大峡谷
14	溪口雪窦山风景区
15	莫干山
16	楠溪江景区
17	之江国家旅游度假区
18	江郎山景区
19	安昌古镇
20	仙居景区

二、品牌形象设计

1. 品牌现状

（1）浙江省旅游品牌

"诗画江南，山水浙江"旅游品牌形象是对浙江核心旅游资源的精到概括，构成了江南水乡、文化之邦、名山名湖、海天佛国浙江旅游总体形象的理念基础。

（2）省内主要城市旅游品牌

① 杭州——东方休闲之都·人间幸福天堂

根据城市品牌价值的分析以及"最具幸福感和中国江南个性的国际风景旅游城市与东方休闲之都"的总体定位，确定旅游品牌，该品牌有效提升了城市品位，树立了城市形象，也获得了丰厚的经济效益，促进杭州实现从一个"旅游城市"向"城市旅游"的转化。

② 宁波——东方商埠，时尚水都

"东方商埠，时尚水都"的旅游品牌形象展现了宁波既深沉厚重又朝气蓬勃、既古老又年轻的历史风貌和城市形态。内涵有二：一是宁波以港为媒，因商立市，商业文化底蕴深厚；二是宁波以水为魂，依河衍生。该品牌深度展示出宁波"文化为魂、海洋为魄、山水为形、时尚为媒、生态为体、都市为依、夜色为魅"的丰富多彩的旅游特色。

③ 温州——流金海岸·忘情山水

温州在商务会展、海洋旅游、休闲度假、山水观光、瓯越文化、红色旅游六大品牌的基础上，塑造推广"温州：流金海岸·忘情山水"的总体形象，力争把温州打造成为以"文化为魂、海洋为魄、山水为形、时尚为媒、都市为依、夜色为魅"的独具山水情怀的国际商务旅游城市。在品牌形象的指引下，众多景区逐步整合旅游资源，形成合力，品牌效应逐步提升。

④ 绍兴——江南风情看绍兴、江南古城看绍兴、江南文化看绍兴

"江南风情看绍兴、江南古城看绍兴、江南文化看绍兴"的城市旅游形象口号点出了绍兴的旅游主题，形象也切合绍兴实际，反映出了绍兴丰富的旅游资源、深厚的文化底蕴和个性鲜明的旅游产品，得到了社会各界和旅游业同人的广泛赞同和认可，不断提高了绍兴旅游的知名度和影响力。

⑤ 舟山——海天佛国·渔都港城

"海天佛国·渔都港城——中国舟山群岛"的旅游品牌形象紧紧围绕以普陀山为依托的佛教文化、以海洋海岛风光为依托的滨海休闲文化、以海鲜美食为依托的饮食文化三条海洋旅游主线，随着这一品牌形象的打响，舟山逐步实现由旅游资源大市到旅游经济强市的从量到质的转变。

⑥ 金华——仙乡文化名城，休闲购物天堂

"仙乡文化名城，休闲购物天堂"是对金华旅游资源的概括，旨在打造浙江旅游副中心地位，把金华建设成为浙江中西部旅游中心，闽浙赣皖四省九地市乃至华东重要的游客集散地。这一品牌形象定位，已初显成效，已初步形成山水观光游、宗教朝圣游、古婺文化游和温泉养生游等子品牌。

2. 品牌定位

（1）品牌理念核心构思

旅游品牌是旅游者及社会公众对于旅游地的资源特色以及游客心理、生理的，综合性的肯定性感受和评价的综合体。它应来源于旅游资源，能够浓缩其中精华，升华旅游地在游客认知中的整体印象，又需要超越资源，以更富表现力的传达方式来吸引和触动游客的旅游愿望。

因此，应考虑东西方文化差异和对旅游资源认知的差异，分别设计针对性的旅游宣传口号。

浙江旅游最主要的竞争者是邻近的上海和江苏，以及国内其他几个旅游业最发达的省市，如北京、广东和云南等。这些竞争对手分别都具有自身独特的旅游竞争力，如现代化城市和商务环境、世界自然文化遗产地、世界级的自然风光等。浙江在自然、文化或商务的单项比较中，难以取得绝对优势，从而缺乏以单项的旅游特色吸引潜在旅游者，尤其是欧美远程旅游者的足够能力。但是，浙江在其综合较量中无疑是很优秀的，不存在任何一方面的明显缺失。这一特性决定了浙江旅游品牌的定位，应当从游客整体旅游活动，而非自身资源着手进行。

未来的游客消费趋势，越来越趋于个性化和多样化，散客游逐渐取代团队游的主体地位，以文化、休闲、特殊兴趣等为多种目的的旅游逐渐取代传统的单一观光旅游。浙江旅游品牌定位也应当打破以观光旅游资源作为宣传思路的桎梏，在传播上更贴近现实的消费需求。

（2）资源本体分析——品牌元素提炼

① 千古流传的"天堂"美誉

浙江历来以风景秀丽著称于世，自然神秀，山水旖旎，省会杭州更有"人间天堂"之美誉。浙江是国人心目中的温柔富贵乡，人文荟萃，繁花似锦，代表着中国的精致文化。

有"人间天堂"之称的西湖,中国最美五大湖之一:西湖是一个湖泊型的国家级风景名胜区,一千年前,苏东坡漫步在苏堤上,曾留下这样的诗句:"水光潋滟晴方好,山色空蒙雨亦奇。欲把西湖比西子,淡妆浓抹总相宜。"

"鱼米之乡":浙江地处长江中下游平原,冬夏季受季风影响,降水丰富,气候湿润,东临东海,北部水网成道,有发展农林渔业综合农业经济的优良条件,是我国的"鱼米之乡"。

"文化之邦":浙江悠久的历史创造了辉煌的吴越文化,浙江大地上文物古迹比比皆是,更有历代卓越人才,思想家、诗人、科学家、戏剧家百家齐放,形成了浙江特有的文化底蕴。

"丝茶之府":浙江丝绸历史悠久,距今已有4 700多年历史。浙江全省盛产绿茶,出口量占全国绿茶出口量的二分之一。浙北杭嘉湖地区,至今一直是丝绸的主要产地,有关种桑养蚕的风俗活动丰富多彩,许多习俗仍保留至今。

帝王寻梦的理想之域:杭州是我国的七大古都之一,在南宋成为政治、商业与文化活动的中心。浙江浓缩了吴越古文化的积淀,吴越争霸的恩怨,西施入吴、卧薪尝胆、子胥弄潮的传说,吴越帝国的兴衰在这片大地上演绎。南宋王朝建都临安(今杭州),历时150年。

② 宜人的江南景致

浙江山川秀丽,人文荟萃。境内山陵绵延起伏,平原阡陌纵横,江河滔滔不绝,海岛星罗棋布,山、河、湖、海、滩、林、洞、泉构成了一幅幅美丽的画卷。

秀丽柔美的自然山水:浙江山水相依,风光秀丽,杭州西湖,浙江富春江等有水之柔美,温州雁荡山等有着山之灵秀。

中国最典型的水乡风貌:无论是江南十大著名水乡,还是江南六大古镇,都能找到浙江的乌镇、南浔、西塘。浙江具有中国最典型的江南水乡古镇风貌,玲珑而纤秀,细腻而含蓄,蕴含独特的情怀和境界。

③ 海韵渔情

浙江省是个海洋大省,大陆海岸线和海岛岸线长达6 500公里,占全国海岸线总长的20.3%,是中国岛屿最多的一个省份。浙江海域是我国海洋渔业资源蕴藏量较为丰富、渔业生产力较高的渔场。

中国最美十大海岛:南麂岛、普陀山岛。南麂岛和普陀山岛被评为中国最美的十大海岛。

中国最长海岸线:浙江省大陆海岸线和海岛海岸线长达6 500公里,占全国海岸线总长的20.3%。每年夏天,浙江的海岸线都吸引着大量游人玩海、尝海鲜、领略海岛风情。

丰富的海洋文化:浙江有着独特的海洋自然条件、优厚的海洋资源和悠久的地域文化传统,它影响着浙江海洋文化特色的形成,也因此造就了浙江丰富的海洋文化。

精品海产:浙江东临东海,北部水网成道,沿海渔场密布,海洋资源富庶,拥有独具特色的精品海产。如著名的舟山渔场的黄鱼、带鱼、石斑鱼、锦绣龙虾,还有象山青蟹、温州蝤蛑等。

④ 文化大观

丰富的文化积淀和人文背景:浙江气候宜人,山清水秀,集各类文化景观于一体,具有丰富的文化积淀和人文背景,是我国旅游资源最为丰富的省份之一。

代表性人类历史文化:河姆渡文化、良渚文化。7 000多年前的浙江河姆渡文化,是中华文明的源头之一,同时,河姆渡还是世界水稻栽培的发祥地。良渚文化距今约4 200~5 300年,主要分布在太湖流域和钱塘江两岸,丝的发明和玉器雕刻是良渚先民对人类的最主要贡献。

江南士大夫文化：明清时期形成的特殊的士大夫群体，注重文采，注重书卷气，生活特别细腻。浙江自古才俊辈出，以"坚持、自省、和谦恭让"为核心的明清时期形成的士大夫文化代代传承。这种文化影响下的浙江人注重文采，注重书卷气，追求细腻而不张扬的生活。

⑤ 人才荟萃

哲学：浙江人文荟萃，英杰辈出，浙江的文人们留给浙江历史的一脉相承的价值观念和行为取向，给"浙江精神"的产生奠定了深层次的文化精神底蕴。

美学：浙江山水如诗如画，江南特有的水乡风韵培养了浙江人独特的美学眼光。清新，淡雅，带点闲适的审美标准下，出现了众多的美学宗师。如宗白华的《美学散步》独领一帜。

绘画：浙江的书画艺术流派纷呈，曾是全国美术活动中心之一，在中国书画史上占有重要地位。19世纪以来，浙江书画更是独放异彩。历史上浙江曾出现王羲之、俞世南、褚遂良等书画大家，现当代又出现了黄宾虹、潘天寿、马一浮等知名书画家。

山水诗：浙江历来以风景秀丽著称于世，自然神秀，山水旖旎，并具有典型的江南水乡美景，引来了无数的文人墨客来此抒发情怀，留下了很多经典的山水诗篇。

⑥ 东方精致生活·衣装礼品篇

质地细腻的丝绸：杭州素有"丝绸之府"之称，它是中国丝绸历史文化的象征。我国具有5 000年的丝绸服饰文明史，有着深厚的文化内涵，丝绸质地细腻，能给人以华贵美丽和柔美精致的感觉。

真丝工艺画：真丝工艺画是丝绸工艺品的一种，丝绸制作的真丝工艺画别有一番味道，款式特别，做工灵活。

蓝印花布：蓝印花布是一种古老的手工印花织物，它以蓝白两色相配，色调清新，图案淳朴，因为工艺简单，取材方便，美观大方，耐洗耐用，在浙江杭嘉湖民间广为流传。

⑦ 东方精致生活·佳饮篇

中国古茶道的精髓《茶经》：陆羽曾先后到过浙西、浙东、苏南等23个州县，广泛搜集资料，最后在湖州的苕溪草堂完成了《茶经》的撰写。《茶经》是中国茶叶生产、茶叶文化历史的里程碑，是中国古茶道的精髓。

名茶荟萃：浙江名茶荟萃，浙江省内评出的十大名茶，均是茶中精品，各有特色。

沏茶之水：浙江山川秀丽，泉水资源也丰富，杭州虎跑泉是全国三大名泉。虎跑泉，水醇清澈，最宜沏茶，"龙井茶虎跑水"更被誉为双绝。

现代茶叶博物馆：中国茶叶博物馆是中国唯一的茶专题博物馆，坐落在杭州西湖西侧龙井茶乡，陈列大楼设有茶史、茶萃、茶事、茶具、茶俗、茶缘六个展厅，形象勾勒中国数千年茶叶文明的历史轨迹，细致生动地反映了源远流长、丰富多彩的中华茶文化。

茶中生活真味：生活如茶，用品茶的心情去品味生活，会发现有很多类似之处，品茶的艺术，也是生活的艺术，更是人生的艺术。

⑧ 东方精致生活·美食篇

"八大菜系"之浙菜：浙菜特点是清、香、脆、嫩、爽、鲜。浙江盛产鱼虾，又是著名的风景旅游胜地，湖山清秀，山光水色，淡雅宜人，故其菜如景，不少名菜，来自民间，制作精细，变化较多。浙菜历史悠久，它的风味主要包括杭州、宁波和绍兴三个地方的菜点特色。浙菜的烹饪原料极为丰富，菜式小巧玲珑，清俊秀丽。

⑨ 东方精致生活·瓷器篇

两座"中国五大官窑":在宋代瓷器派系中,汝窑、钧窑、哥窑、官窑、定窑名声最著,南宋官窑所出瓷器被后人视为珍品。据记载,南宋定都临安(今杭州)以后,共建造了修内司官窑、郊坛下官窑两座官窑。

青瓷的故乡:越窑青瓷和龙泉青瓷。

⑩ 东方精致生活·古镇篇

乌镇——江南水乡六大古镇之一:乌镇地处江南六大古镇的中心位置,虽历经2 000多年沧桑,仍完整地保存着原有的水乡古镇的风貌和格局。全镇河网成道,依河筑屋,水镇一体,呈现一派古朴、明洁的幽静,是典型"小桥、流水、人家"风貌的江南水乡。

梦里水乡西塘:古镇西塘位于浙江省嘉兴市嘉善县,西塘是一座已有千年历史文化的古镇,有"吴根越角"和"越角人家"之称。西塘与其他水乡古镇最大的不同在于古镇中临河的街道都有廊棚。

纯正水乡——旧时江南的历史缩影:六大江南水乡古镇中有三处位于浙江,纯正的水乡,有着小桥、流水、古宅的江南古镇风韵,是旧时江南的历史缩影,也是文人、士大夫生活文化的历史见证。

古镇生活节奏:淳朴的古镇人在这乌顶白墙与雕花门扇间过着恬静、悠然的生活,时间仿佛定格在几百年前。

⑪ 现代时尚的体验地

最具活力的现代商会中心:浙江经济发达,有着中国近代史上最为富庶最为庞大最为成功的商帮——"宁波帮",以及精明能干的温州商,加之省会城市杭州的对外发展的深入,使得浙江具有最具活力的商会中心。

高档运动休闲:经济的快速发展,人民生活水平的提高,让浙江的市民更加注重生活质量的提高,高档的运动休闲也逐渐成为他们所追求的时尚活动。

(3) 国内外市场对浙江旅游的认知

在国内及受中国文化影响至深的东亚市场,浙江具有以下的核心资源和印象:

<u>风景大观荟萃、经典江南水乡、雅致文化之邦、商务经济交流、现代休闲胜地、世外海天佛国、钱江涌潮奇观。</u>

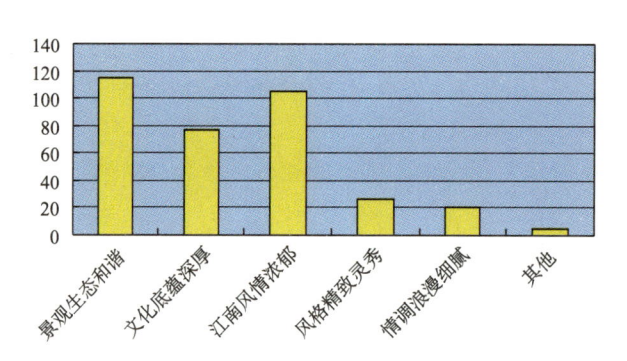

图2-3-7 国内游客对浙江旅游形象的感知(据课题组问卷调查)

浙江风景资源丰富,山、江、湖、海各具魅力,拥有的国家级风景名胜区数量居全国第一,浙江的风景,区别于北国的粗犷广阔或南陲的热烈自然,秀丽柔美的自然山水造化无穷,在游人的集体记忆中是纤秾合度的温柔愉悦。

浙江是极具中国江南个性和古典韵致的一个地方，山水文化缘起于斯，渐至精彩纷呈，温婉雅致的东方艺术和文化在这里得到了最广阔的发挥空间。千年以来，一直成为中国和东方闲适品位生活的代表，甚至成为帝王寻梦的理想之域。

浙江经济鼎盛，自古以来，江南就是富商云集之地，孕育了最具传奇色彩的东方商业文明。从重商学派到新经济模式，今天的浙江更具商务活力和潜力。

正因如此，浙江也将成为现代人休闲游憩的胜地，千古流传的美名——"人间天堂"名副其实，人们对浙江的赞誉和口口相传的故事传说，使浙江在国内、港澳台以及受中国文化影响至深的东亚、东南亚都具有极高的知名度。

此外，宗教旅游、钱塘江潮、古镇等也都是具有一定吸引力的核心资源。

在以欧美为主的入境市场，浙江具有以下的核心资源和印象：

<u>东方典雅生活和文化、神秘东方的想象、自然山水风景、中国经济代表</u>

浙江的江南韵致和东方古典生活，对西方游客同样具有相当的吸引力。东方对于外国人，始终具有一种异域的神秘感，古越东瓯，晋、宋、明、清，借助丰富的历史和文化的遗存，传奇中和流传下来的文化艺术，将构成对东方历史的绝佳诠释。浙江的生活和文化，相较于以北京为代表的帝王大气、以云南为代表的民族风情，是一种符合东方精神的和谐自然。

浙江的自然山水风景与商业经济融为一体，与同为江南典型代表的江苏相比，山、水、城的结合更为融洽，山水环城，城市将成为一处山形水脉的自然园林和鎏金之城。丝绸、茶叶、音乐、书画、戏剧、诗歌，将营造一种最具东方风情的典雅生活，还原在马可·波罗记忆中的天堂。谈笑商务山水间的畅意情怀将随着中国经济的发展走向国际，被更多的西方游客所认同。

（4）品牌形象定位

浙江旅游品牌形象定位应注重以下原则：

① 突出浙江旅游的整体性优势

山水见长，文化多彩，商旅并重；江南山水与文化相互交融，相得益彰。

② 表达出浙江自然人文最具魅力的特质

一种于山水间畅享东方典雅生活的自然境界。

③ 荟萃东方生活情趣

注重对中国元素的渲染，表明浙江是非常符合中国人传统理想的地方，充满了追求和想象。

④ 高档生活方式的集中体验

满足个性化的旅游需求，将浙江旅游多样化的旅游供给、最便捷的旅游目的地、完善便捷的设施、价值独具的旅游商品以及国内领先的旅游服务，用价值承诺的方式传达给潜在旅游者。

东方的生活艺术

中国，世界神秘的东方

浙江，中国富庶的东部

诗化的山水、丰富的物产以及深厚的文化积淀造就了生活的精致、优雅和艺术化的特征

⑤ 浙江是中国最具典雅东方情趣的生活与艺术目的地，从中国江南在中西方游客中的认知出发，符合中西方旅游者的差异化需求。

⑥ 强调山水风景与人文的融合，以可想象、可体验、可享受、可回味的生活与艺术旅游产品为核心卖点。

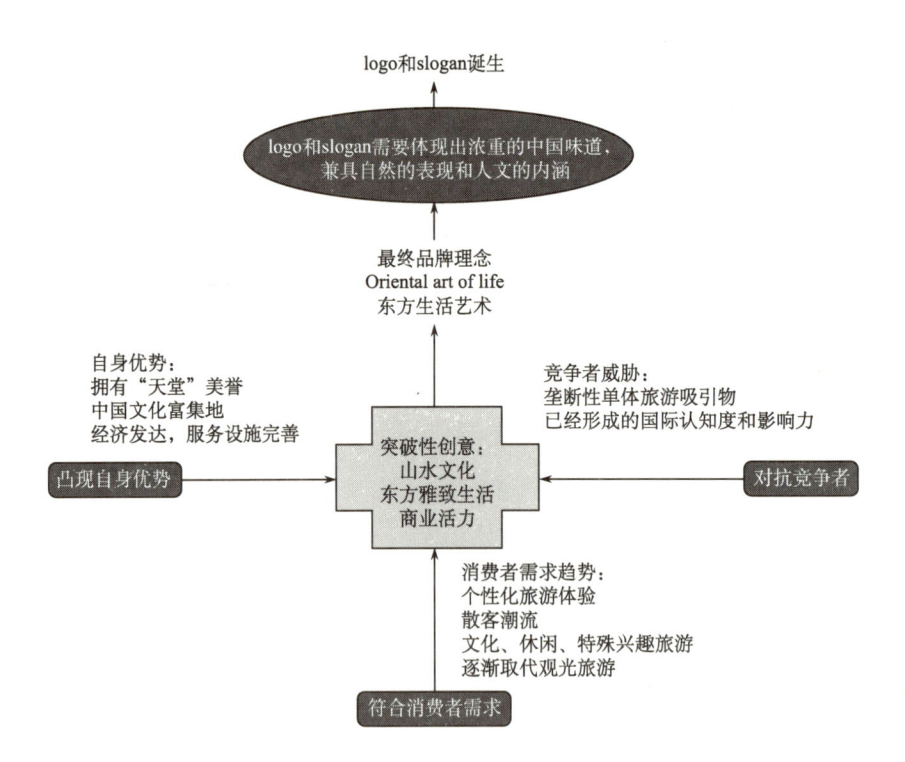

```
                    logo和slogan诞生
                          ↑
            ┌─────────────────────────────┐
            │ logo和slogan需要体现出浓重的中国味道, │
            │   兼具自然的表现和人文的内涵      │
            └─────────────────────────────┘
                          ↑
                    最终品牌理念
                  Oriental art of life
                    东方生活艺术
                          ↑
自身优势:                                  竞争者威胁:
拥有"天堂"美誉                              垄断性单体旅游吸引物
中国文化富集地                              已经形成的国际认知度和影响力
经济发达,服务设施完善
                    突破性创意:
  [凸现自身优势] →    山水文化     ← [对抗竞争者]
                    东方雅致生活
                    商业活力
                          ↑
                 消费者需求趋势:
                 个性化旅游体验
                 散客潮流
                 文化、休闲、特殊兴趣旅游
                 逐渐取代观光旅游
                    [符合消费者需求]
```

⑦ 强调浙江能够提供的整体旅游产品和环境,展现浙江是在中国的大文化背景下,旅游产品丰富、旅游设施便利、旅游服务完善的理想旅游目的地。

⑧ 在此,可以追寻神秘的东方文化,踏访传奇帝王梦想中的自然山水,享受典雅闲适的传统与现代的生活和艺术。

3. 旅游品牌形象

浙江省旅游品牌支撑体系由四部分构成:面向国内、国际目标市场的旅游品牌形象系统、旅游城市品牌、旅游产品品牌及企业品牌。

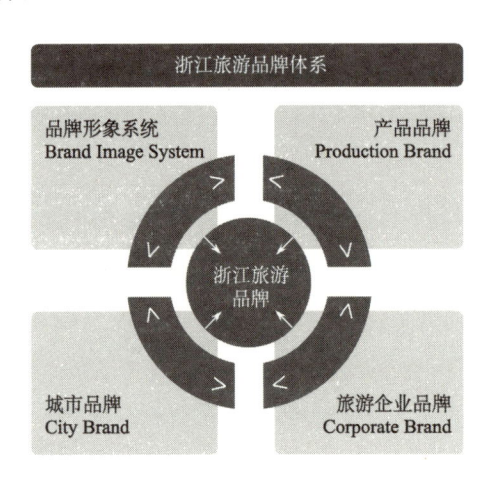

```
            浙江旅游品牌体系
   ┌──────────────┬──────────────┐
   │ 品牌形象系统    │   产品品牌      │
   │ Brand Image   │  Production    │
   │   System      │    Brand       │
   ├──────────────┼──────────────┤
   │              浙江旅游           │
   │               品牌             │
   ├──────────────┼──────────────┤
   │  城市品牌     │  旅游企业品牌    │
   │  City Brand  │ Corporate Brand │
   └──────────────┴──────────────┘
```

(1) 国内及东亚市场旅游品牌形象

• 近期

诗画江南,山水浙江

该形象具有广泛的认知度,是浙江核心旅游资源的精彩概括,符合当今汉文化区游客的需求特点。该形象精炼地概括了浙江拥有的风景名胜区总量居全国之冠的旅游资源特点,以诗画江南升华了山水浙江,对浙江"自然和人文完美结合"的特性进行了较好的描述,符合受到中国传统文化熏陶和影响的亚洲旅游者的审美意趣和人文情怀。山水、诗画与江南在游人中的印象符合,具有深远的想象空间,易于引发游客共鸣。

- 远期

雅致江南

对生活质量、细节的追求已成为趋势。以观光市场为主要诉求的品牌形象已不能满足未来消费主张。浙江应继承并发展"山水浙江·诗画江南"中生活艺术化的趋势,明确提出以"雅致江南"为主题的新品牌形象计划,并且侧重于生活型、艺术体验产品的丰富化。

(2) 西方入境旅游品牌形象

入境市场构建明确的品牌形象:

方案一:

Picturesque Zhejiang, Legendry Land

Picturesque Zhejiang 与诗画江南相对应,勾勒了浙江如诗如画的山水景观,Legendry Land 则包含了浙江悠远神奇的文化传说以及浙商创造的现代商业奇迹,并以此为窗口概括了浙江文化的神奇魅力。

方案二:

Zhejiang, Elegant China

三、品牌推广策略

1. 近期推广策略

由于浙江省旅游品牌形象在国内市场已经具有较高的认知度,因此近期主要侧重在国际市场的推广,主要采取"推拉式"推广策略。

"推"策略——带着针对细分市场设计的旅游宣传材料参加旅游贸易会和交易会:

- 参加贸易会和交易会之前确定详细的、可以达到的目标;
- 提前三个月确定目标客户范围,制定详细的会谈方案;
- 制订联合销售的方案与计划;
- 确定目标市场合作伙伴(如旅游零售商等);
- 拜访旅游代理商和重要的旅游经营商,并让他们代为派发旅游宣传册。

"拉"策略——在目标市场对杭州旅游的直接宣传:

- 宣传有特色的传统节日;
- 在浙江省出境旅游者或出境进行文化、艺术、体育、科技等外事交流活动的人群中选择部分人员作为浙江省的"民间大使",对担任"民间大使"的浙江省出境者进行培训、奖励和发送纪念品;
- 树立浙江省居民对家乡的自豪感;
- 与外事交流活动比较多的部门和机构,如浙江省内各大院校、教育局、对外经贸合作局等建立合作伙伴关系;
- 旅游宣传资料、旅游纪念品在以上部门和机构免费发放。

2. 中远期推广策略

由于在中远期将推出新的品牌形象,因此在该阶段,浙江省品牌形象在国内市场的推广也将成为重点。但由于国内市场认知、旅游消费特点以及运营方式与国际市场均存在差异,因此在国内、国际市场所采取的推广策略也有所差异。

在国内市场推广的策略主要包括:

- 政府渠道的宣传;
- 媒体广告的传播;
- 与旅行社的合作;
- 网站的建设与网络传播;
- 旅游节庆活动。

由于未来的旅游竞争将更加激烈,因此,要综合一切可以利用的力量,将营销、公关、广告整合为一体。在新旅游品牌形象推出之际,主要以新闻发布会的形式,通过政府媒体向外发布信息。

在媒体广告方面的宣传则以区域形象电视片为主,以互动广告形式加大消费者的参与热情,让部分消费者在广告促销的同时得到额外的利益回报。

与旅行社合作方面,主要考虑与全国各地旅行社合作,通过旅行社的途径达到吸引目标受众的目的。

另外,浙江省旅游网站也要进行全部的更新,并发布所有与新品牌形象相关的信息。

旅游节庆活动的举办能为新品牌形象的推广起到推波助澜的作用,在新品牌形象推出时也举办大型节庆活动,加深新品牌形象在消费者心中的印象,并拉动旅游消费。

在国际市场的推广策略依然以"推拉式"策略为主,可加大对浙江省传统旅游节庆活动的宣传力度。

专题七　浙江省城市旅游发展研究

20世纪80年代以来,城市在现代旅游中的地位和作用日益突出,城市作为进出国家的门户,国家或区域政治、经济、商贸、文化和信息的中心,日渐成为广大旅游者向往的旅游目的地。城市旅游功能的增强使城市职能不断拓展,除兼具其他诸多中心职能之外,也逐渐成为地区、国家及区域的旅游活动中心。例如,近年来巴黎年游客量达到7 000万人次,旅游收入占到GDP的60%以上。新加坡在2000年共接待国际旅游者760万人,几乎是国内人口总数的两倍。威尼斯年接待海外游客近2 000万人次。在国内,以广东为例,近年来广州、深圳、珠海三个城市的旅游外汇收入占全省80%以上;1998年我国首批参加创建"中国优秀旅游城市"的75个城市,其旅游经济总量占全国的近90%。

改革开放以来,浙江省经济快速发展,杭州、宁波等城市的经济总量在全国居于前列,经济活力强劲,带来各种商务、贸易、会议、展览等经济活动,城市成为日益庞大的人流、物流、资金流、信息流的集散地和中转地,而区域居民收入水平的显著提高,则激发出更加强烈的出游动机,中心城市由于交通可达性好、各项功能与设施完备,且部分城市如杭州等本身就是著名的风景旅游城市,故往往成为重要的旅游目的地。因此,这些中心城市发展城市旅游不仅成为可能而且非常必要。

一、城市旅游的概念、类型、特征

1. 城市旅游的概念

目前,城市旅游还没有一个学术界公认的概念。国内学者一般认为,城市旅游是指以现代化的城市设施为依托,以该城市丰富的自然和人文景观以及周到的服务为吸引要素而发展起来的一种独特的旅游方式。城市旅游的实质是人类对现代城市文明的向往和追求。

2. 城市旅游的类型

(1) 国际大都市型

这类城市旅游的典型代表是伦敦、巴黎、纽约等国际大都市。其主要特点包括以下几个方面:

• 强大的经济活力。城市本身是国际性的经济、金融、贸易中心,综合经济实力强大,对外经济交流活跃。例如,纽约、东京、伦敦等均是世界著名的经济和金融中心。

• 综合性的旅游吸引。城市的旅游吸引力不仅是都市景观风貌和休闲娱乐设施,更重要的是由强大的经济活力和商贸交流所带动的商务、会展、大型事件旅游。

• 完善的设施与服务。城市拥有非常完善的服务设施、优良的服务能力与水平,能够举办各类国际性的会议、展览和节事活动,拥有强大的集散功能和接待能力。

(2) 主题城市型

这类城市旅游以日内瓦、奥兰多、拉斯维加斯为典型,一般具有以下特点:

- 国际性的主题旅游产品。城市一般具有某些具有很高知名度或占据国际垄断地位的主题性旅游产品。例如,日内瓦拥有200多个国际机构,每年举办700多个顶级的国际会议,具有很高的国际知名度和影响力,且从中得到的收入是其总外汇收入的1/5。
- 鲜明独特的城市形象。例如,奥兰多以市内众多著名的主题公园而闻名于世。福特·朗岱尔(Fort Lauderdale)城市人口仅30万,但每年通过举办世界规模最大、价值最高的水上游艇展览,吸引世界各地数十万参观访问者,成为世界著名的以游艇展览为城市主题形象的旅游城市。
- 集聚型的开发方式。城市的旅游吸引、旅游设施或项目往往以某一主题进行集聚型开发,在空间上形成特色鲜明、集中体现城市旅游主题和核心吸引力的地段和区域。例如,拉斯维加斯集聚了250家大轮盘赌场,6.7万具"吃角子老虎机",昼夜开局。

(3) 资源型

这类城市旅游以夏威夷、威尼斯、坎昆等为典型代表,一般具有以下特点:

- 具有国际性、垄断性的旅游吸引物,或者针对某些国际市场具有特殊吸引力的旅游产品,包括独一无二的城市景观、得天独厚的自然风光、世界罕见的历史文化遗产等。
- 城市本身是旅游目的地。城市本身即拥有核心的旅游吸引物,作为独立的旅游目的地,而不仅仅承担旅游集散和组织功能。
- 除了少数新兴的度假地以外,一般都具有比较深厚的文化底蕴,城市历史悠久,文化遗存众多,如威尼斯、罗马、麦加等。

3. 城市旅游的特征

城市的性质和特点决定了城市旅游具有不同于传统旅游的特性:

(1) 城市旅游吸引的整体性

城市的旅游吸引,并非仅仅是城市的几个旅游点,而是城市整体。城市旅游吸引的整体性表现为城市旅游景观的多样性和景观吸引的综合性。这是因为城市对旅游者的吸引不同于风景区以某一方面的资源优势为主要吸引要素,而是以整个城市的综合吸引为特征。

(2) 城市旅游功能的多元性

城市是高度复杂的、综合性的有机体,政治、经济、科技、文化、教育等多方面发展,城市博大精深,其内涵极其丰富,这就使得城市旅游不同于单纯的海滨度假旅游或山地湖泊旅游,而在旅游功能上表现出多元化的特征,除了传统的观光旅游,城市还可满足多种旅游需求,提供包括商务、购物、会议、度假、修学、美食、生态等在内的多种旅游功能。

(3) 城市旅游活动的参与性

城市旅游景观的多样性和整体性,以及旅游城市本身的开放性特点决定了城市旅游活动更多的是以一种参与性的形式表现出来的。从某种意义上说,旅游者的参与过程也就是城市旅游景观最终成型的过程。

(4) 城市旅游的辐射性

城市是交通的枢纽,是旅游者和信息的集散地,加之城市在现代社会经济中所处的核心地位,使城市旅游具有极强的辐射带动功能。城市往往是区域或国家旅游发展的中心,是旅游向外扩散和辐射的集合,城市旅游发展的成就在区域或国家旅游发展中往往具有增长极的作用,对区域整个旅游业和旅游经济的发展会起到巨大的带动和推进作用。因此,发展城市旅游必须注意内外联动,同区内其他地区及周边地区联合开发,整体促销,形成以城市为中心的大旅游区。

(5) 城市旅游的对立统一性

城市旅游的对立统一性主要表现在两个方面:一是城市旅游主体的统一性,即城市居民既是城市游憩者,又是城市旅游接待者;二是旅游客体的统一性,即作为城市旅游对象的旅游城市既是城市旅游的目的地,又是其他旅游城市的重要客源产出地,是旅游目的地和客源地的统一。

二、我国城市旅游的发展现状与潜力

目前,中国的城市,特别是"中国优秀旅游城市"已经成为中国旅游产业的重要生产力。从1995年开始,国家旅游局以优化城市旅游环境、提升城市旅游功能、促进城市现代化和国际化为目标,积极倡导和推动在全国范围内开展创建"中国优秀旅游城市"活动,得到了各省、自治区、直辖市和旅游城市的积极响应。至2006年年底,全国先后共有七批271个城市被命名为中国优秀旅游城市,占我国城市总数(657个)的41.25%。这些城市通过"创优",在城市旅游功能、旅游环境、旅游开发、旅游管理等方面都有了明显改观,极大地提高了中国城市旅游业的整体发展水平,使中国的城市从接待设施到服务质量都得到了很大提高。2005年,全国入境旅游人数12 029.23万人次,其中全国28个主要城市[①]接待入境旅游者3 526.44万人次,占全国入境旅游人数的29.32%;2006年,全国入境旅游人数12 494.21万人次,其中全国28个主要城市[①]接待入境旅游者3 978万人次,占全国入境旅游人数的31.84%。由此可见,城市旅游已成为带动我国旅游业发展的核心和龙头。

20世纪后期,我国城市化进程得到了空前的发展,形成了以长江三角洲、珠江三角洲、环渤海经济圈为代表的高度城市化地带,并以此为核心向整个流域和周边地带进行辐射,带动周边地区城市化的发展。与此同时,城市旅游也得到迅速的发展,稍有特色的城市都把发展城市旅游作为经济发展的增长点,尤其是上海、深圳、大连等城市,走在了城市旅游发展的前列。

据专家预测,到2030年,我国设市城市数将接近1万个,市区非农业人口将增至5亿,城市化水平可达到55%,人们的生产和生活方式会发生巨大的变化。加强城市综合实力,改善城市生态环境,提高城市文化内涵将是城市建设的核心。随着我国城市进入飞速发展时期,城市旅游也势必会得到进一步的发展。

三、浙江城市旅游的现状

2007年浙江省各主要城市接待入境旅游者首次突破500万人次,达到509万人次,实现旅游总收入2 016亿元。除了入境旅客数、旅游总收入两项指标保持19%的增长速度外,旅游外汇收入、接待国内旅客数、国内旅游收入三项指标分别同比增长21%、19%、20%,分别达到25.8亿美元、1.91亿人次

---

① 这28个主要城市是北京、天津、沈阳、大连、长春、哈尔滨、上海、南京、无锡、苏州、杭州、宁波、黄山、厦门、济南、青岛、武汉、广州、深圳、珠海、中山、桂林、海口、三亚、重庆、成都、昆明、西安。

和1820亿元。这些数据说明,浙江城市旅游已全面进入提速增质阶段,为建设旅游经济强省奠定了坚实的基础。

2007年,各级城市政府加大了对旅游业的主导力度,省政府也出台实施意见,启动旅游"十百千"工程创建,着力提升县域旅游产业发展水平;各级政府加大对旅游的财政投入,全省旅游发展资金和旅游宣传经费两项合计达到8.69亿元,增长24.9%。旅游项目建设强势推进,加速了"三带十区"城市旅游经济格局的形成。目前全省在建和已建的旅游重点项目300多个,总投资999亿元。市场开拓力度进一步加大,成功举办了第六届浙江省旅游交易会、第三届浙江山水旅游节和第10届浙台"心手相连"旅游业高峰论坛,组合启动了沪苏浙九大精品旅游线,组合推出了"世博之旅"精品旅游线。产业品质明显提升,杭州、宁波两市加快了旅游国际化进程,淳安县率先成为中国旅游强县,义乌、余姚、乐清三城市加入中国优秀旅游城市行列,西湖、普陀山、雁荡山成为国家首批5A级旅游景区,并新增4A级旅游景区十家。中国旅游城市和5A、4A级旅游景区数量位居全国第一。2006年,杭州被评为中国最佳旅游城市,台州、江山两个城市通过"中国优秀旅游城市"评审工作,使浙江省的"中国优秀旅游城市"数量增加到23个,总数在全国排名第一(表2-3-40)。城市已成为带动浙江旅游业发展的核心和龙头。

表2-3-40　浙江省的"中国优秀旅游城市"

时间	批次	数量	城市
1998年	一	3	杭州市、宁波市、绍兴市
2000年	二	4	金华市、诸暨市、临安市、建德市
2001年	三	3	温州市、东阳市、桐乡市
2003年	四	4	湖州市、嘉兴市、温岭市、临海市
2004年	五	2	富阳市、海宁市
2005年	六	5	舟山市、衢州市、兰溪市、瑞安市、奉化市
2006年	七	2	台州市、江山市

四、浙江城市旅游的发展条件

1. 区位优势

长三角地区是中国经济发展速度最快、规模最大、活力最强的地区之一。浙江省杭州、宁波、绍兴、嘉兴、湖州、舟山市都是长三角大都市圈的核心城市。紧邻长三角的区位优势是浙江省城市旅游发展的优势条件,将为浙江各城市带来大量的观光、商务、政务、会议会展、休闲旅游者。

2. 资源优势

浙江省拥有风景名胜、商务会展、非物质文化遗产、名人盛事、海洋等类型丰富的自然资源与人文资源,拥有数量众多的国家级风景名胜区,历史文化名城、名镇、名村,国家级自然保护区等国家品牌。

3. 交通优势

截至2005年年底,浙江省乡道以上公路总里程达到48 600公里,公路网密度达到47.7公里/百平方公里,其中高速公路 1 866 公里,申嘉湖杭、甬台温、上三线、乍嘉苏、杭宁、金丽温、杭金衢等高速公路的使得省内高速公路网已和上海、江苏、江西、福建等周边省市的高速公路网相接,浙江省主动接轨大上海、融入"长三角"经济圈的态势已经形成。高速公路的网络效应初步显现;沿海主要港口吞吐能力达到 2.93 亿吨,万吨级以上深水泊位达 81 个(不含洋山港区)。

杭州、宁波、温州三大机场是全省的航空枢纽,已有通往香港、澳门的地区航班和到首尔、吉隆坡、曼谷等地的包机航线。

4. 市场与品牌优势

长三角城市群及其所辖的 82 个县市,总面积 10.02 万平方公里,约占全国国土面积的 1%,人口超过 7 560 万(2002 年),约占全国总人口的 6%。2003 年经济状况如表 2-3-41 所示:

表 2-3-41　2003 年长三角城市群经济状况

经济指标	实现值	占全国比重	同比增长
GDP	22 775 亿元	19.5%	0.8%
人均 GDP	3 056 美元	为全国平均水平的 316.36%	
工业产值	3 337 亿美元	25%	
出口	923 亿美元	30%	
实际利用外资	178 亿美元	37%	
社会零售额	755 亿美元	15.5%	

在未来旅游需求进入急剧扩张时期,长三角城市群所具有的市场能量可想而知。目前,浙江省在旅游产品开发、旅游市场开发、旅游目的地建设等方面的品牌优势已在长三角中逐渐凸显出来。

五、浙江城市旅游的发展目标与思路

1. 浙江城市旅游总体目标

到 2010 年,建成 2～3 个旅游产业发达、旅游设施完善、旅游产品丰富、旅游服务优良、开放程度较高、市场竞争力位居全国前列,能够举办各类国际性的会议、展览和节事活动,拥有强大的集散功能和接待能力的国际旅游城市;建成 3～5 个旅游产业发达、旅游设施完善、旅游产品丰富、旅游服务优良的区域性旅游城市;建成 3～5 个旅游产业比较发达、旅游设施相对完善、旅游服务优良的特色旅游城市;争取"中国最佳旅游城市"达到 2～4 个,"中国优秀旅游城市"数量继续在全国保持领先地位。

2. 浙江城市旅游发展思路

坚持旅游开发与城市建设一体化,积极培育城市综合活力与区域性中心的服务能力,增强城市的整体吸引力、区域凝聚力和对外辐射能力,突出浙江民营经济发达优势,强化商务、会议会展与休闲旅游功能,实现城市功能的旅游化、休闲化,从服务浙江市民和服务外来旅游者出发,努力营造城市环境,美化城市景观,建设生态城市,在硬件和软件两方面创造旅游发展的大环境,实现旅游与城市整体的共同可持续发展。

六、浙江城市旅游的产品开发

参照旅游产品分类的一般原则,将浙江城市旅游产品按照文化、观光旅游,商务、事件旅游,专项旅游,休闲度假旅游四大类产品标准进行系统归类如图 2-3-8 所示。

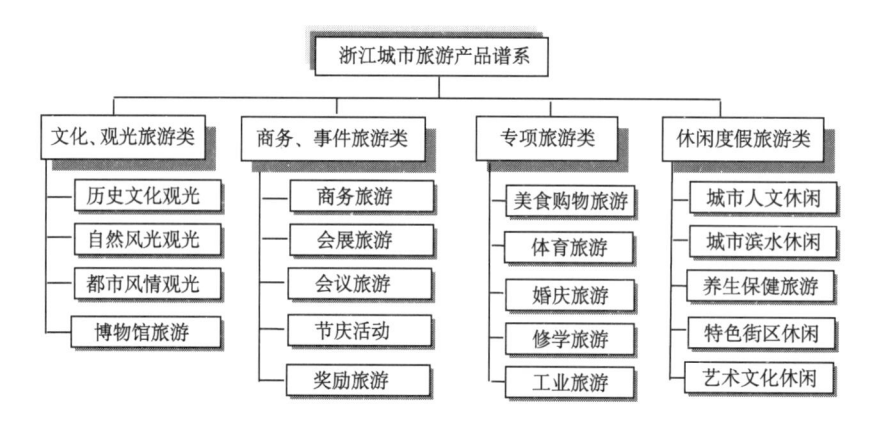

图 2-3-8 浙江省城市旅游产品谱系

1. 文化、观光类旅游产品系列

主要包括与城市的历史、艺术、科学和文化遗产有关的旅游活动,文化旅游被认为是改善城市的形象和提高城市知名度的有效途径。以加拿大多伦多为例,多伦多艺术展览馆、多伦多皇家博物馆的扩建、罗尔托马森大厅和北约克表演艺术中心、多伦多科学中心的建成,是促使多伦多城市旅游快速发展的主要原因。就浙江而言,浙江博物馆、中国茶叶博物馆、中国丝绸博物馆、中国南宋官窑博物馆、中国湖笔博物馆等景点就是典型的文化类的旅游和游憩设施。要着力开发浙江省丰富多彩的历史文化资源,以历史人物、史料、民间故事和众多的博物馆为载体,努力展示浙江历史人物及其史迹,展示吴越文化、西湖文化、良渚文化、运河文化、丝绸文化、茶文化、中药文化、佛教文化等精髓,以浙江历史文化特有的韵味吸引海内外游客。

观光类旅游产品主要是指以观光游览为主要目的的旅游产品。旅游者通过对城市自然风光、人文景观的欣赏来增进对城市的外观以及城市文化的了解。从观光的内容上看,城市观光旅游也可以涉及自然、文化、城市景观等许多领域。

2. 商务、事件类旅游产品系列

商务旅游产品开发对于浙江打造国际性城市旅游品牌具有重要作用。浙江与外界的商务交流活动十分频繁,每年不仅有大批浙江人往来于国内乃至世界各地之间,更有大量的国内外商务人员、公务人员前来浙江进行会议展览、商务洽谈、学习考察及信息交流。相对于旺盛的商务旅游需求,浙江的商务旅游产品尚有待完善。开发商务会展、商务探秘、商务游憩、商务度假等产品体系,对于完善城市商务和旅游功能,凸现浙江国际旅游城市形象具有重要意义。

通过策划、举办旅游事件可以促进旅游业的发展,增加旅游地知名度已得到旅游业界的广泛认同。旅游事件在具体的形式上可以有多种形式,如会展旅游、体育赛事、节事活动等。会展参与者的高消费行为模式已引起了城市旅游开发者的关注。此外,申办大型体育比赛成为当前许多城市旅游和经济发展的竞争战略措施。为成功举办赛事,往往会使城市的基础设施得到极大改善、使城市形象得到强化。体育旅游的经济收益与赛事的规模、档次和持续时间长短有密切关系。奥运会和世界杯等大型体育赛事的举办在给城市带来丰厚经济效益的同时,也使城市在国际上的形象和声望迅速提升。上海成功申办2010年世界综合性博览会、北京成功申办2008年奥运会都大大提高了在国际上的城市形象。浙江的事件类旅游产品较多,如中国杭州西湖博览会、世界休闲博览会、中国普陀山南海观音文化节、中国·桐乡菊花节、中国金华·黄大仙国际文化旅游节、中国宁波国际服装节、中国义乌国际小商品博览会、中国舟山国际沙雕节、中国国际钱江观潮节,等等。

3. 专项旅游类产品系列

根据"优化结构、充实内涵、丰富特色、全面发展"的原则,大力开发浙江城市专项旅游产品,逐步形成美食购物旅游、体育旅游、婚庆旅游、修学旅游、工业旅游等旅游系列。

重点抓好浙江旅游购物市场网络的建设,依托宁波家电与服装、温州皮鞋服装、绍兴纺织、义乌小商品、永康五金制品、乐清低压电器、安吉竹制品、诸暨珍珠、嵊州领带、海宁皮革、大唐袜业、枫桥衬衫、东阳木雕、浦江水晶工艺品等特色产业,推进中心城市商贸街区、步行街区、传统特色街区建设,发展城市购物旅游。

利用黄龙体育中心、杭州奥体中心、省体育运动训练中心、各高校体育运动场馆等体育设施,在现有国际体育交流基础上,积极开展马拉松长跑、赛艇、摩托车、跳伞、航模、拳击、围棋、钓鱼、自行车、龙舟、武术、徒步、旅游等专项体育旅游活动。加强保龄球馆、健身房、羽毛球馆、网球场、攀岩、人工滑雪场、卡丁车等体育设施项目建设,大力发展城市体育健身旅游,改善城市居民的亚健康状况,增强城市旅游的吸引力。

利用浙江省,特别是杭州市丰富的文化科学资源与教育场所,针对国内外大、中、小学生修学旅游的市场特点,配合建立大、中、小学旅游基地,努力开拓日本、韩国、港澳等国家和地区的修学旅游市场,同时兼顾国内修学旅游市场的需求。

4. 休闲度假类旅游

随着生活水平的提高,城市居民对闲暇时间的活动也提出了更高的要求。更多人开始追求户外高层次、科技含量较高的休闲活动。走进自然,亲近淳朴的生态环境依然是后工业时代城市旅游和城市游憩产品的重要组成部分。把城市建设成为人类最适宜居住的空间也成为许多城市建设和追求的目标。为此而建立起来的森林公园、城市大型景观绿地、生态农园都是城市旅游和游憩活动的重要目的地。如之江国家旅游度假区、西溪国家湿地公园、环湘湖旅游度假区等城市近郊休闲度假地。但从总体而言,浙江城市休闲产品的供给水平远远不能满足人们的需求,还需进一步的提高。

七、浙江城市旅游的空间格局

在省域范围,根据资源条件和不同的目标客源市场,划分为不同的城市旅游等级体系,每一个等级的城市要求具备不同的旅游功能。以"一主三副"为基础,进一步优化全省旅游目的地体系,着力推动国际化旅游目的地、区域性旅游目的地城市、特色专项旅游目的地城市和特色旅游目的地城镇的建设。

建设四个国际化旅游目的地城市。在全省范围内,着力推动形成杭州、宁波、温州、金华—义乌四个国际化旅游目的地城市,使之成为全省的国际和国内旅游吸引中心和旅游客流集散中心、都市旅游中心。

建设三个区域性旅游目的地城市。重点建设绍兴、衢州、丽水三个二级旅游中心城市,作为区域性的旅游集散和组织中心。

建设四个特色专项旅游目的地城市。积极培育嘉兴、湖州、舟山、台州四个特色专项旅游目的地城市。

建设四类特色城(乡)镇型旅游目的地。充分发挥浙江拥有大量特色城镇的优势,以民俗文化为基础,建设以乌镇—西塘—南浔古镇群、永康、横店、溪口为代表的四类(文化观光—休闲—民俗体验类、商贸购物类、影视文化类、特殊主题类)特色旅游目的地城镇,形成旅游目的地的多个支点。

八、浙江城市旅游发展的政策建议

1. 实施政府主导的城市旅游功能建设

实施浙江省各地方政府主导的城市旅游功能建设,就是要让地方政府在确定城市的功能和发展方向时起主导作用。一旦决策层确定了城市旅游业的产业发展目标,就应在政策和资金投入方面给予大力支持,使之成为具有法律效力的文件和城市建设的主导;同时,政府在协调旅游、城建、文化等相关部门之间的关系方面应发挥积极作用。

从城市景观设计和旅游氛围营造两方面加强浙江城市的旅游功能建设。在城市景观设计上,在城市绿地、道路、水系、广场、公园、建筑物风格、林地等方面做文章,突出其旅游功能。进一步加强和规范城市管理,完善城市旅游公共信息标志标识、旅游公厕等旅游基础设施建设,提升城市旅游功能。在城市旅游氛围营造上,结合实施城市形象工程,突出浙江地域文化,在沿街建筑装修、店铺门面、园林绿化、环境卫生、广告标识、交通工具等城市综合风貌上透射文化品位;同时制定城市理念和市民行为规范,强化社会治安、交通秩序、居民好客度、服务质量等综合治理。

2. 旅游与城市可持续发展的融合

城市旅游的开发迫切需要解决旅游与城市、旅游与景区景点之间的协调发展问题,在这一背景下,必须融合旅游可持续发展和城市可持续发展的思路。应根据旅游和城市整体发展的需要,积极探索旅游与城市协调发展的合理模式,促进浙江在产业、市场、规划与建设、生态环境、体制与政策等方面协调发展。城市旅游是使城市功能多元化而不是使城市单向发展,旅游并不是单独对城市发展起作用,城市的社会经济发展也不能完全依赖于城市旅游的作用,城市通过旅游使城市功能多元化,增强城市生命力,同时还应重视其他城市功能的建设,合理安排城市经济结构,使城市平衡协调发展。城市旅游开发的理念还要求浙江省各地方政府重视城市规划与旅游规划两者的结合与协调。城市规划要重视旅游在城市中的地位和作用,在城市功能分区和用地布局上重视旅游业发展的需要;旅游规划必须依赖权威性的城市规划,在城市功能和用地上与其保持一致性。

3. 塑造城市整体旅游形象，加强城市营销

城市如果缺乏鲜明、独特、整体性的旅游形象，是难以长久吸引旅游者的，旅游形象的建设势必成为城市旅游发展的战略武器。值得关注的是，对城市的旅游形象，既不要说得虚无缥缈，也不要说成包罗万象；城市整体形象定位一经确定，就必须加强对城市空间形象的关注。城市空间形象是城市内在素质和文化在城市外部形态上最直观、具体的反映，最能对旅游者产生直观的影响。因此，城市旅游形象的设计必须要考虑城市布局形态、空间形象和景观、历史文化基点、标志性建筑与标志性地段、地方民族传统特色等城市空间形象要素。

提升城市旅游竞争力不仅需要加强城市旅游企业的市场营销，其关键在于形成城市营销主体之间的互动网络。这些主体包括地方政府、城市公众、旅游（及其相关）产业界、旅游教育培训机构和媒体。浙江省地方政府应该在其中发挥主导作用，要促进城市旅游竞争力的继续提升，就必须使各个营销主体有机地联系在一起，发挥它们之间的网络互动作用，激发各自的竞争优势并共同实现营销城市的目标，即吸引城市之外的各类旅游投资商、跨国航空公司、跨国企业总部、专业人才、流动人口和旅游者。

4. 加大旅游投入力度，促进投资多元化

旅游业的发展需要投入足够的资金和人力储备，特别是旅游城市的建设，政府的财政投入是旅游城市基础设施建设资金的重要来源。作为经济大省和沿海开放省份，浙江的一大优势是民营企业发达，社会资金雄厚，市场化程度和接受新思想、新观念的能力也很强。与此同时，民营企业经过20多年的发展，已经完成了资本的原始积累，需要寻找新的投资方向和利润增长点，随着浙江省产业结构的调整和升级，进入符合国家产业政策主导方向的领域投资将是民营资本的必然选择。政府要在引资、贷款、税收、土地利用方面对旅游业提供政策性支持，加大招商引资力度，优化旅游投资环境，促进旅游投资经营的多元化，更多地吸引外资、侨资和民间资本投向旅游业，以提高全省旅游业的竞争力。

5. 创造良好的城市旅游环境

城市旅游开发要求在城市规划和建设上，要充分体现出浓郁的人文气氛和人文关怀，充分展示出旅游城市应有的人文精神。软件方面，政府要加强城市精神文明建设，提高当地居民人口素质，加强宣传培训，使他们支持旅游，培养他们欢迎游客、善待游客的友好态度。硬件方面，建立比较完备的城市解说系统，在城市道路、城市公共设施、宾馆饭店、购物中心及景区设立中英文或多语种解说牌和标志牌，方便游客游、住、行等活动，创造良好的交互式环境；政府还要积极创造条件，为市民和游客提供足够的休闲和娱乐空间。

6. 加快信息化建设步伐

信息化建设有两个基本思路，一是基于旅游者先验性信息需求的满足而构建旅游咨询系统；二是基于旅游者对于旅游服务信息化的要求而增加信息化手段在旅游接待服务中的应用。浙江省各级地方政府要加强"城市旅游信息咨询中心"的建设，通过信息中心向旅游者提供旅游产品特色介绍、服务保障系统、娱乐休闲设施、天气等各类信息，以满足旅游的先验性信息需求，促成旅游决策的形成。建设这样的城市旅游信息中心必须考虑布局科学、数量适当、规模合理、标识统一、手段先进等问题，务必使信息中心同时具有旅游导向、咨询服务、宣传促销、市场调研、形象传播等多种功能。另外，还要加快城市旅游接待服务中的信息化手段的利用。如旅游结算中的电子货币、航空公司的机票预订系统、风景区的电子触摸屏、公共区域的IC卡电话、旅游酒店内部的互联网接驳插口，等等。

专题八　浙江省生态旅游开发研究

一、基本概念

1. 生态旅游基本内涵与标准

从生态旅游概念产生以来,国内外相关的学科领域和国际组织机构从不同角度阐述了生态旅游的本质和内涵,给出不同的定义。综合有关生态旅游的定义与概念,可以归纳出生态旅游概念的基本内涵为:旅游者在生态系统保持较为完整的自然与人文区域开展以自身完善与环境保护为目的的旅游活动,并且所从事的旅游活动直接或间接地有利于促进当地生态系统的良性发展,维护社区综合利益。据此,生态旅游必须遵循如下四个基本标准:

(1) 原生性(primitive)

生态旅游的对象是"原始"的自然,是具有原生、和谐特征的自然和文化系统。原生性不仅包括原生的自然生态系统,还应该包括原生的人文生态系统,包括原生的民俗文化、建筑文化等。

(2) 保护性(protection)

生态旅游以生态环境和文化传统的保护为前提,生态旅游的参与者与组织者和当地居民必须具有保护自然环境和优良文化传统的意识,同时也要承担保护职责。

(3) 参与性(participation)

生态旅游强调公众的参与性。公众的参与性不仅包含旅游者的参与,还包括社区居民的参与、旅游经营者和科研人员的广泛参与。

(4) 专业性(profession)

生态旅游的资源趋向于具有生态原始性的自然景观和人文景观,生态旅游产品的开发与管理则注重于具有专业特性和生态性原则,主要目标人群是具有较高文化层次的专业旅游者和具有较高自然环境保护意识的人群。

2. 生态旅游构成

生态旅游系统作为旅游系统的一种特殊类型,具有一般旅游系统所具有的共同组成特征,由四要素构成(图 2-3-9):

(1) 生态旅游者

生态旅游者是生态旅游系统中的主体,主要体现在生态旅游者具有很强的环保意识,有强烈的责任感去保护生态环境,并且尊重人与自然的和谐规律,所以真正意义上的生态旅游必须由有责任感的生态旅游者去完成。

(2) 生态旅游产品

生态旅游产品是生态旅游系统中的客体。生态旅游产品根据其结构要素可以分为三类:一是生态旅游资源,即生态旅游吸引物,包括自然生态资源、人文生态资源两大类。生态旅游资源的特性在于原始性,所以要求自然和人文旅游资源都要具有原生性和自然性。二是旅游基础设施和娱乐设施,包括餐饮设施、服务设施、住宿设施和娱乐设施等,与一般设施不同,标准的生态旅游区的设施要符合生态性,具有节能、环保的特点。三是旅游服务和消费要具有生态性,导游、服务人员要具有基本的生态保护常识,能够给游客提供具有生态意识的服务。

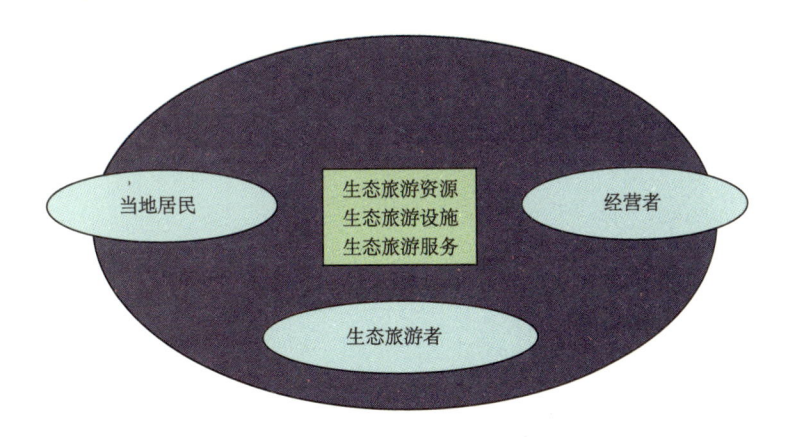

图 2-3-9　生态旅游系统构成

（3）生态旅游的经营者

生态旅游经营者要具有较强的生态保护意识,将生态环境的保护放在第一位,经济利益的获取要服从生态环境保护的要求,通过合理的开发和管理,在改善生态系统,促进生态系统良性发展,改善当地社区居民生活条件的同时,获得一定的经济收益。

（4）当地居民

生态旅游开发要致力于使得当地居民成为生态旅游的直接受益者,并且要使得当地居民自觉成为生态旅游资源保护的监管者。注重当地居民的参与权,充分保障其利益,激发保护生态环境的自觉性,是生态旅游开发的重要内容。

3. 生态旅游开发原则

（1）生态优先原则

生态旅游的发展既要获取最佳经济效益,更要考虑资源的永续利用和环境的保护。为实现生态旅游的上述目标,在开发时就要求任何生态旅游的规划和发展行为都必须在生态环境的保护的前提下实施。

（2）真实性原则

生态旅游的开发要以当地环境的生态承载力的要求为依据,尽量保持周围生态旅游资源与环境的原生性和野趣性。这就要求生态旅游的开发不仅要与周围的自然生态环境相协调,而且要传承和保护当地特色传统文化,从而展示给生态旅游者一个真实的自然与人文环境。

（3）社区参与原则

社区参与生态旅游是生态旅游利益相关者利益均分的有效途径,它不但要求开发商和管理部门从中受益,而且要求生态旅游者和社区居民的充分获益。

（4）宣传教育原则

生态旅游开发的重要原则是增强生态旅游管理者、当地居民和生态旅游者的环保知识教育和环保意识，因此，在开发过程中，一要重视生态旅游产品内容的宣传教育，二要通过生态解说系统、活动设置来达到生态宣传和教育的目的。

二、生态旅游开发环境分析

1. 自然生态环境特征

（1）自然环境多样性特征突出

浙江省地处亚热带中部，气候温暖湿润，四季分明，雨量充沛，是我国江南山水文化的典型代表区域，兼具海洋、平原、山地、丘陵等多样化的自然环境条件。自然地貌以山岳、平原和海滨湿地三大类型为主。

浙江省湖泊、河网发达，海岸线漫长，有6万多公里长的河道，拥有富春江、新安江、千岛湖、楠溪江等河湖水体资源，拥有漫长的海岸线和众多的岛屿和岛群，为开展生态旅游提供了良好的水环境条件。

2005年，浙江省林地面积667.97万公顷，森林面积584.42万公顷，其中天然林面积316.98万公顷，占森林面积的54.24%。全省森林覆盖率60.5%，森林覆盖率居全国前列。根据森林生态因子调查，森林生态系统的多样性总体属中等偏上水平，森林植被类型、森林类型、乔木林龄组类型较丰富。

（2）部分区域生态环境质量在全国居于前列

浙江在2004年中国可持续发展战略报告中，环境支持能力排在西藏、海南之后，居全国第三位。环境支持能力主要根据区域环境水平、区域生态水平、区域抗逆水平三个指标体系科学设定。截至2004年年底，浙江省创建国家级生态示范区的市、县（市、区）39个，生态乡镇24个，环境优美乡镇10个；杭州、宁波、绍兴等城市建成了国家环保模范城市。在全国各县（市）生态环境质量排序中，浙江省有15个县排在了全国前五十名，其中庆元县更是夺得了全国生态环境质量第一的美誉。

根据浙江省区域环境水平、区域生态水平、区域抗逆水平较高的特点，选取自然生态旅游环境和人文生态旅游环境两个评价要素从生态旅游开发的角度出发，对全省的环境质量进行评价。按照自然生态旅游环境和人文生态旅游环境的基本组成，分别选取了大气环境、水环境和社会治安、经济水平等多个评价因子，并采用德尔菲专家咨询法赋予评价因子相应的权重，计算出浙江省环境质量综合评价分数为78.83分，属于优良级。

综合比较浙江省自然生态旅游环境和人文生态旅游环境，从表2-3-42中可看出人文生态旅游环境的优势更大，其得分在所有评价因子中均在78分以上，可以看出由于改革开放后浙江省经济的带动作用使得浙江人文生态旅游环境不断提升，但也造成了对自然生态旅游环境一定的负面影响。但总体上说，浙江省的生态旅游环境优良，为开展生态旅游奠定了基础。

（3）区域内部生态环境的原生性差异巨大

由于浙江省受到人类活动的干扰较大，按照时间序列与历史上的浙江纵向比较，总体生态环境质量恶化程度较高。但是如果按照区域间横向比较，由于浙江省良好的自然本底和优良的气候环境，自然生态环境的自我恢复能力较强，自然生态环境质量在全国仍然属于较佳的区域。

表 2-3-42　浙江省生态旅游环境质量评价

评价要素	评价因子	权重	等级 100～81	80～61	60～41	40～21	20～0
自然生态旅游环境 0.6	大气环境	0.12		73			
	声环境	0.03		75			
	水环境	0.18		69			
	空气细菌含量	0.15	82				
	自然灾害	0.03			52		
	动植物与生态	0.09	82				
人文生态旅游环境 0.4	经济水平	0.12	91				
	社会治安	0.04	85				
	交通条件	0.08	87				
	卫生状况	0.10	82				
	居民态度	0.06		78			

由于开发的强度不同,全省不同区域的生态环境条件具有较大差异。浙西南部地区以山地为主,地势较高,平均海拔 800 米,1 500 米以上的山峰也大都集中在南部,人类开发程度较低,生态环境的原生状态保存相对良好,具有开发生态旅游的基本环境条件。浙中地区以丘陵地貌为主,大小盆地错落分布于丘陵山地之间,人口密集,土地开发强度较大,自然和人文生态的原生程度较低。浙东北部为冲积平原,地势平坦,人口高度密集,人类活动强度大,自然与人文环境的原生性受到较大的改造和破坏,发展生态旅游的资源环境条件相对较差。

(4) 与周边地区相比,生态环境具有一定的相似性

浙江省北与江苏及上海接壤,西连江西省,南与福建省为邻。浙江生态环境与周边省市相比,具有一定的相似性,同时也具有独有的优势。在生态旅游开发方面,强化与周围省、直辖市的联动效应和区位效应,发挥浙江省的生态环境优势,是浙江省生态旅游开发的基本前提。

表 2-3-43　浙江省生态环境与周边地区生态环境对比

地区	主要生态类型	优势
浙江省	山水生态 滨海生态 湖泊生态 湿地生态	类型多样,利于开展 海岸线漫长、海岛众多 生态环境优良 浙西南的森林生态旅游资源具有原始的特征 位于长三角,交通便捷
江苏省	园林 人文文化 滨海生态 湖泊生态	古典园林知名度高,质量高 人文生态旅游资源丰富 生态环境较好 有较好的发展海洋生态旅游的条件

续表

地区	主要生态类型	优势
安徽省	山水生态 古村落文化	山水型生态旅游资源数量多,且有一定的知名度 古村落生态旅游资源有极高的质量 黄山作为世界自然、文化遗产的龙头带动作用
江西省	山水生态 文化生态	文化型生态旅游资源的数量较多 生态旅游环境较好 原生态的生态旅游资源较为丰富
福建省	山水生态 人文文化生态 滨海生态	良好的生态环境 侨胞资源是客源市场的重要部分 林业资源丰富,树种丰富且多样

2. 生态旅游资源分析

浙江省生态旅游资源包括四大类:以自然保护区为核心的珍稀生态系统和珍稀动植物旅游资源;以国家森林公园为核心的森林旅游资源;以风景名胜区为核心的山岳生态景观旅游资源;以海滨、湖泊为核心的湿地生态旅游资源。

(1) 自然保护区——珍稀动植物旅游资源

自然保护区珍稀动植物的主要生长和栖息地,是浙江省生态旅游资源的精华,是发展生态旅游的主要资源基础。目前浙江全省共有49个自然保护区,其中,国家级自然保护区八处,省级自然保护区八处,县级自然保护区处33处,保护区总面积262 477公顷(截至2003年)。自然保护区主要集中在省域的西部和南部山区。

浙江省的自然保护区内分布着大量的珍稀濒危植物和古树名木。野生动物资源也十分丰富,有兽类、鸟类、爬行类、两栖类野生动物105科,675种,被列为国家一级保护动物的有16种、二级保护动物的有123种。浙江省还分布着80万公顷竹林。

(2) 森林生态旅游资源

浙江森林资源丰富,有着众多的自然植被群落,有59.4%的森林覆盖率,554万公顷的茫茫森林,为浙江森林生态旅游产品的开发奠定了坚实的基础。浙江的森林生态旅游系统最为优良的地区是浙江西南部,其中尤以庆元、景宁、泰顺等地的森林覆盖率高。森林公园是浙江省森林生态旅游资源的核心所在。浙江全省有省级以上森林公园73处,以及多处市县级森林公园,其中国家级森林公园24处,宁波的天童山国家森林公园是浙江省第一个设立的国家森林公园。

(3) 山岳景观生态旅游资源

浙江70.4%的面积为山地和丘陵,山岳生态旅游景观以其清秀、人文气息浓重而闻名。山地分布在浙江地势的六个划分区(即浙北平原区、浙西中山丘陵区、浙东盆地低山区、浙中丘陵盆地区、浙南中山区、沿海丘陵平原区)中,即便是地势较为平坦的沿海地区,也有突兀耸立的秀美奇峰。其中,天目山、雁荡山、普陀山、莫干山具有较高的景观价值、生态价值和旅游价值,此外,会稽山、四明山、天台山、古田山、洞宫山、仙霞岭等山脉自然生态环境优良,具有开发生态旅游的良好条件。

(4) 湿地生态旅游资源

浙江拥有类型多样的湿地生态旅游资源,可划分为沼泽和沼泽化草甸湿地、河流湿地、湖泊湿地、近海与海岸湿地、库塘湿地五大类,18 种类型。目前浙江省已经建有湿地及与湿地有关的保护区八个,其中两个国家级、一个省级及两个县级,总面积近 28 000 公顷。

浙江的湿地生物物种丰富,是多种水禽的越冬地和候鸟迁徙的停息地。浙江省的湿地是生物多样性丰富的生态系统,生长、栖息着众多的植物、动物和微生物,其中的沿海滩涂是多种水鸟栖息、越冬及繁殖的重要场所,比如每年在浙江越冬的黑咀鸥数量达 3 100 余只,占全球总量的六成以上。

浙江的海岸湿地分布集中、广泛。浙江省是一个海洋大省,拥有达 6 488 公里的海岸线,也拥有杭州湾慈溪三北湿地、乐清湾滩涂湿地和瓯海温州湾滩涂湿地鸟区等海岸湿地 14 处。

(5) 海洋生态旅游资源

浙江是海洋大省,有着 6 488 公里漫长而曲折的海岸线、其中大陆岸线 1 840 公里。浙江省还是我国海岛最多的省份,在近岸海域内,陆域面积大于 500 平方米的海岛 3 061 个,占全国的 40% 强,其中海岛县 6 个,是全国的一半,蕴藏着丰富而高质的海洋旅游资源。

浙江的海洋旅游资源在全国的海洋旅游业当中起步较早,已经有普陀山、朱家尖、嵊泗列岛、松兰山、南麂列岛等著名景区和舟山的沙滩节等节事活动。

三、生态旅游开发与建设规划

1. 现状与问题

基于浙江省大部分区域的生态环境不同程度地受到人类活动干扰的现状,真正意义上的保持原生的自然环境和人文环境的区域很少,所以广义的浙江省生态旅游开发应该侧重在生态性的旅游开发方式和生态性的旅游开发理念。

浙江省生态旅游资源与环境质量的等级为浙江省开展生态旅游奠定了雄厚的基础,但浙江省生态旅游的真正启动也是最近几年的事,所以无论是生态旅游设施还是对于生态旅游景区的建设都处于起步的阶段。

(1) 浙北经济发达区域生态旅游资源贫乏

浙江省旅游开发存在显著的地域差别,以杭州、宁波、温州为代表的经济发达的浙东北地区以经济带动旅游的发展,在旅游热的大潮中,生态景点城镇化的现象愈演愈烈。由于浙东北地区民营经济发达,以民营经济投资为主的旅游开发模式所产生的弊端之一就是旅游景点的开发的生态理念淡薄,旅游景点开发模式多为普通的观光景点模式的发展,景区公园化、时尚化、城市化已经成为旅游景区发展的典型特点。这些区域的环境,以及旅游景区的建设与生态旅游开发的要求相距甚远。

(2) 浙西、浙南地区生态旅游开发的后发优势正在显现

而在浙西、浙南区域,由于自然环境为山地环境,人口较为稀少,经济欠发达地区,旅游开发相对滞后,原生的生态环境保持较好,是生态旅游开发的理想地区。包括凤阳山—百山祖、龙泉山等山地区域,由于旅游开发刚刚起步,基础设施和服务设施的建设较为滞后,生态旅游开发的后发优势正在显现。

（3）生态旅游开发理念和操作方法仍有待加强和推广

虽然在2005年，浙江省已经进行了全省的生态旅游规划，但由于受多方面限制，真正落实到地方的操作性和约束性并不强，所以一些以生态旅游为主题的开发项目并未将生态旅游开发的内涵真正融入到旅游区的开发建设中去，有些区域甚至盲目地滥建宾馆，乱修道路，劈山砍树，使得一些旅游区的原生态环境遭到了破坏，生态系统遭到了严重干扰，景区城市化现象严重。

旅游区缺乏基本的环境教育功能。凤阳山—百山祖等国家级自然保护区类型的旅游区，采取生态旅游开发模式应该是旅游区开发的基本模式，但是目前这些自然保护区的旅游开发采用的开发方式基本上是常规开发方式，没有建立起生态旅游所要求的环境保护、环境教育和社区发展功能。大部分旅游区甚至没有一个标准的游客中心，向游客介绍旅游区（保护区）自然生态特征，讲解旅游区内游览的基本要求。

（4）社区参与程度低

由于浙江省生态旅游的开发以民营经济带动为主，政府直接管理为辅，这就使得当地居民参与旅游开发的机会有限。一些民营资本承包的生态旅游区，往往会使得当地老百姓一是参与到生态旅游开发从而直接受益的机会减少；二是即使当地百姓参与到旅游企业中，他们所从事的也多是些地位较低的基础性工作，收益的均分也不太容易实现，这些都限制了百姓生活真正意义上的提高。另外，政府直接管理的生态旅游资源往往保护程度高，但开发利用程度低，社区居民参与的机会也是有限的。

（5）生态旅游开发的制度性管理体制不完善

浙江省生态旅游由于起步较晚，其产业化程度低，专业化的生态旅游开发体制、经营体制、管理体制缺少。由于生态旅游所带来的直接经济效益并不明显，而生态旅游的社会效益、环境效益又往往被当地政府所忽视，所以生态旅游的专业机构并未真正成立。另外，由于相关政策和法律法规不够健全，浙江省生态旅游发展的管理体制尚处于摸索探路阶段，这些都极大地制约了浙江省生态旅游的产业化发展。

（6）生态旅游意识不强，人才缺乏

在旅游管理和经营方面的人才构成中，更多的是经济、管理方面的人才，而缺乏真正受过生态旅游训练的生态旅游区管理人才。无论是政府管理部门还是民众对生态旅游的内涵、意义还认识不足，缺乏真正意义上的生态旅游人才。对于政府管理部门来说，生态旅游开发所带来的良好的社会效益和环境效益往往被忽视，所以生态旅游的潜在前景并未从战略高度上被认识。对于生态旅游企业来说，懂得生态旅游专业知识的管理人才、规划人才、导游人才非常缺乏，这些都不能满足浙江省生态旅游的长远发展要求。

（7）抗御自然灾害能力不足

浙江省由于地理位置的影响，自然灾害频繁，山体滑坡、崩塌、泥石流、台风和洪涝等自然灾害频发。频繁的台风使得每年的雨季成为海洋型旅游产品开发的重要制约因素。另外，浙江省水环境问题较为突出，在一定程度上削弱了河流、湖泊等水资源的吸引力，降低了生态旅游开发价值。

2. 生态旅游开发目的

浙江省建设文化大省、生态大省，生态旅游在生态大省的建设中具有重要作用。浙江省旅游发展已经进入提升和转型阶段，在未来的旅游发展中，不断提升生态旅游开发的深度和范围，建立一个标准化的操作规程，在为生态旅游者提供高质量的体验的同时使得生态环境得到有效的保护。具体目标包括：

（1）为有效保护自然区域的生态资源和生态环境提供一个合理途径

虽然浙江省很多区域生态环境质量相对较好，但是由于浙江经济的快速发展，生态环境的人为破坏日益严重，生态环境的原生性、自然性日益降低，而生态环境的脆弱性日益增加。

随着旅游开发深度从浙北地区向浙西、浙南地区快速扩展，很多稀有的、珍贵的原生态环境区域已经开始了大规模开发的准备，招商引资、基础设施建设都已经渗透到自然保护区的核心区域，如果对这些区域的旅游开发不进行合理的引导，浙江省将失去最后的几片净土。

（2）为旅游者提供高质量的自然体验的同时，实现环境教育目标

生态旅游者体验质量的高低直接影响着旅游目的地对旅游需求的满足程度，也是生态旅游开发的主要目标。高质量的体验表现在旅游者对旅游产品的新颖性、特色性、科学性、文化性、保护性和旅游服务的认同上。以满足生态旅游者需求为目标的生态旅游产品和服务是实现这一目标的核心，通过科学规划和精心设计营造一种能使游客融入其中的自然与文化氛围，使游客在与生态旅游环境的交流中能够感受、欣赏、学习和参与，从而满足其需求。

（3）提高相对落后地区人民生活水平和质量

浙江省经济发展具有很大的区域不平衡特征，提高社区人民生活水平是浙江省开展生态旅游的首要目标，包括生活水平的改善、区域经济的增长、特色文化的昌盛、道德水平的提高、生存发展能力的增强、社会秩序的和谐以及居民素质的改善等。实现这一目标的关键是使社区居民正确认识本地生态旅游资源的特色和价值，认识到处理好保护与开发的关系对可持续发展旅游业的重要性，切实在规划和发展中真正地实现社区参与，并且从中受益。

3. 生态旅游产品类型

根据生态旅游产品开展的场所的不同，浙江省生态旅游产品主要可以分为森林生态、山岳生态、湿地生态、海洋生态和农业生态五种类型的产品。根据生态旅游者潜在需求的由浅入深，在不同种类的生态旅游产品中又可以细分为观光型生态旅游产品、认知型生态旅游产品、体验型生态旅游产品三类（表2-3-44）。

表 2-3-44 浙江省生态旅游产品分类

亚主	森林生态旅游产品	山岳生态旅游产品	湿地生态旅游产品	海洋生态旅游产品	农业生态旅游产品
观光型	森林观光类旅游产品 人文观光类旅游产品 林产业观光类旅游产品	自然观光类旅游产品 人文观光类旅游产品 产业观光类旅游产品	湿地观光类旅游产品 人文观光类旅游产品 水产业观光类旅游产品	海洋观光类旅游产品 人文观光类旅游产品 海产业观光类旅游产品	农业观光类旅游产品 民俗农庄观光类旅游产品 文化类观光旅游产品
认知型	动植物认知类旅游产品 夏令营类旅游产品 度假疗养类旅游产品 商务会议类旅游产品	文化认知类旅游产品 动植物认知类旅游产品 夏令营类旅游产品 度假疗养类旅游产品 商务会议类旅游产品	自然认知类旅游产品 夏令营类旅游产品 度假疗养类旅游产品 商务会议类旅游产品	海洋生物认知类旅游产品 科普类旅游产品 度假疗养类旅游产品 夏令营类旅游产品	科普类旅游产品 度假疗养类旅游产品 农业公园类旅游产品 夏令营类旅游产品

续表

主亚	森林生态旅游产品	山岳生态旅游产品	湿地生态旅游产品	海洋生态旅游产品	农业生态旅游产品
体验型	森林探险类旅游产品 森林露营类旅游产品 科考类旅游产品 特种交通类旅游产品 原生态文化体验类旅游产品 户外运动类旅游产品	山地运动类旅游产品 探险类旅游产品 科考类旅游产品 特种交通类旅游产品 原生态文化体验类旅游产品	漂流类旅游产品 水上运动类旅游产品 探险类旅游产品 科考类旅游产品 艺术体验类旅游产品	水上运动类旅游产品 潜水类旅游产品 科考类旅游产品 探险类旅游产品	科考类旅游产品 农事节庆类旅游产品 农产品制造类旅游产品 农家乐类旅游产品

4. 生态旅游区和生态旅游服务基地建设

根据全省生态环境特点和生态旅游产品开发条件，重点建设庆元香菇文化旅游区、龙泉剑瓷文化旅游区、泰顺廊桥古村旅游区和临安中药文化旅游区。

浙江省生态旅游产品的开发以生态旅游基地的接待、集散、中转、信息建设为主要内容。重点建设生态旅游景区的依托基地，以求缓解生态旅游者对生态旅游区的压力，对资源和环境起到良好的保护作用。浙江省生态旅游重点建设基地如下：永嘉生态旅游基地（楠溪江）、缙云生态旅游基地（仙都）、南麂山列岛生态旅游基地、庆元、龙泉市生态旅游基地（凤阳山—百山祖）。各服务基地主要功能如下（表2-3-45）。

表2-3-45 浙江省生态旅游服务基地

项目名称	永嘉楠溪江休闲生态旅游基地	龙泉、庆元凤阳山、百山祖动植物科普森林生态旅游基地	南麂山列岛海洋科普、度假生态旅游基地	温州雁荡山科考森林生态旅游基地
功能定位	1. 生态旅游景观的展览功能 2. 具备生态性、舒适性的休闲功能 3. 沿江村落文化的展示功能 4. 生态旅游资源环境的体验功能 5. 科研考察功能	1. 珍稀古老物种的科研考察功能 2. 森林生态植物的科普教育功能 3. 森林生态环境的休闲功能 4. 森林生态资源的体验功能 5. 森林生态资源的健身功能	1. 海洋生物多样性科考、科普功能 2. 海洋生态旅游资源的体验功能 3. 海洋生态环境下的休闲功能 4. 人文生态旅游资源的展示功能	1. 特殊地质地貌的科考、科普功能 2. 生态旅游资源的健身功能 3. 生态旅游资源的休闲功能 4. 生态旅游景观的景观展览功能

5. 生态旅游产品分类开发

（1）森林生态旅游产品

浙江的森林旅游主要依托森林景观资源，主要载体是森林公园和自然保护区。未来要着力开发森林观光、森林避暑、森林度假、野生动植物观赏、森林修学、森林生态考察、森林体育旅游为主要内容的森林生态旅游。根据浙江省森林旅游资源的分布特征、地理地貌、市场需求、客源市场，重点开发以下几种形式：

森林度假旅游产品：随着浙江省旅游趋势的整体转变，生态度假旅游产品必然会成为继观光游之后的又一热点旅游形式。而森林的独特小气候、清新的空气非常适宜开展森林度假游。游客来到森林，沐浴在蓝天、森林中，不仅能够调节情绪、解除疲劳，而且可以结合森林独特的保健功能，呼吸负氧离子，增进身心健康。要在保持环境质量的前提下，完善度假接待设施，并引进参与性、体验性的娱乐设施。

野营旅游产品：目前浙江省开展的野营旅游产品种类和数量均不多，而野营旅游产品作为生态旅游的一种有效形式正在逐渐流行起来。生态旅游者可以暂时地离开所居住的人口密集区，利用帐篷等简易住宿设施，充分和大自然接触，并开展娱乐、保健等活动。

森林观光旅游产品：浙江省可以开展的森林观光旅游产品的种类非常丰富，地貌、水文、气象、生物均具备极高的观赏性，尤其是动植物资源。比如安吉竹乡国家森林公园的竹种园，是目前亚洲最大的竹子主题公园，全园收集了世界各地竹子300余种，通过观赏竹子的过程不仅可以观赏到竹子的景观风貌，而且可以满足生态旅游者的求知欲，从中获取许多相关的知识。

森林体育类旅游产品：森林生态旅游的一个重要目的就是使游客在森林中体验自然，并且增强体质。通过徒步游、山地车游、登山、漂流等丰富多彩的体育类活动可以实现生态旅游体验的原始性、真实性的原则，并且不易对环境产生破坏和污染。

近期重点开发的浙江省森林生态旅游项目包括扩建富春江国家森林公园等七大项目的建设（表2-3-46）。

表2-3-46 浙江省森林生态旅游近期重点项目规划

名称	主要景观	建设思路	建设内容
富春江国家森林公园	中亚热带常绿阔叶林景观，以峡谷、山岳、溪瀑等自然景观为主	打造森林科考、江上休闲相结合的生态旅游区	1. 万松林森林观光设施的建设、多种类型游道的建设、生态解说系统的建设 2. 沿江休闲景观带的建设 3. 接待设施的生态化建设 4. 实施生态旅游形象营销计划
千岛湖国家森林公园	水体、岛屿、森林、洞穴等要素组成的景观系统	丰富千岛湖水上生态旅游项目，加强森林与水体生态旅游项目的结合	1. 水上生态旅游项目的建设 2. 观鸟设施的建设 3. 森林生态景观带的建设 4. 多类型主题的游线设计 5. 生态容量科学测算与控制
兰亭国家森林公园	森林、山水自然景观、文化景观等要素组成的景观系统	打造文化型的休闲型国家森林公园	1. 名人文化、书法文化等文化景观廊道的建设 2. 王羲之书法主题博物馆的建设 3. 休闲服务设施的建设 4. 文化生态旅游主题的营销建设
大奇山国家森林公园	以森林资源为主体的自然生态景观系统	丰富森林生态旅游项目，打造森林游憩、休闲型国家森林公园	1. 建设足疗游道、探险游道等森林运动类项目 2. 露营地、补给、食品等自助生态游设施的建设 3. 游客服务中心、生态厕所等基础设施的建设 4. 野生动植物科普考察项目的建设

续表

名称	主要景观	建设思路	建设内容
溪口国家森林公园	风景资源林、以天然和人工马尾松为主的森林生态景观系统	打造以森林科考、森林游憩为主的国家森林公园	1. 生态旅游环境建设 2. 生态探险项目的建设 3. 生态游憩项目的建设 4. 游客中心、露营地、水源等基础设施的建设
天童山国家森林公园	亚热带常绿阔叶林构成的植被景观和景观带	以森林植物科考、观光为主的生态旅游区	1. 青少年生态夏令营产品的建设 2. 科普型线路的建设 3. 科普生态解说系统的建设 4. 亚热带植物馆的建设
钱江源国家森林公园	以水体、森林景观为主的自然景观	以森林游憩、休闲为主的森林生态公园	1. 生态旅游基础设施的建设 2. 绿色接待设施的建设 3. 与千岛湖、黄山、三清山之间绿色道路景观走廊的建设 4. 生态解说系统的建设

(2) 山岳生态旅游产品

山岳生态旅游产品是浙江省开发较早的旅游资源，它以其丰富多样的景观层次、浓郁的人文氛围而成为浙江省旅游产品的重要组成部分，但目前的开发形式也多是以观光为主的旅游开发形式，需要进一步挖深生态旅游的开发层次，丰富文化生态休闲产品的格局，着力培养六大产品体系，即山岳休闲观光游、山岳文化生态旅游、山岳科考旅游、体育旅游、体验旅游、生态度假旅游。

依照浙江省山脉的西南—东北主要走向，分别重点建设三大山岳型生态旅游带。

天目山脉、里岗山脉生态旅游带：该区自浙赣交界的怀玉山，向东延伸，具备发展以山岳度假、动植物观光、文化旅游的资源条件。未来生态旅游开发重点应侧重于度假休闲、文化旅游、动植物科考观光。在接待设施和基础设施建设上重点面向自驾车游客和背包游客，包括野营住宿地、绿色饭店等。在娱乐设施上要依条件建设动物观景点、露天舞会、篝火晚会、露天剧场、生态美食广场等。在产品的营销上也要注重对中青年生态旅游者、家庭旅游者的营销侧重。

天台山、四明山和会稽山脉生态旅游带：该区具备山岳文化生态旅游、体育旅游、度假旅游的资源条件。目前的旅游开发的最大障碍是旅游形象的定位和宣传，即如何在生态旅游资源不是特别突出的前提下扩大知名度，找出生态旅游发展的途径。根据资源和区位条件，未来旅游开发的重点应侧重于山岳文化生态游、山岳体育游和度假旅游。近期的重点是丰富生态旅游区的项目种类，在文化观光的基础上增加其他娱乐、度假设施。另外，景区内部的生态旅游景观和旅游城镇的景观改造也是旅游建设的重点。

洞宫山脉、雁荡山脉和括苍山脉生态旅游带：该区位于浙江的南部，具备良好的生态旅游资源和环境。该区的山脉生态旅游资源的差异较大。浙东南的雁荡山脉已经形成了较为成熟的旅游景区，而浙南的洞宫山脉由于区位的限制，生态旅游资源虽然优良却没有得到有效的开发。对于南、北雁荡山的生态旅游改造，应该把科考旅游、体验旅游、休闲度假旅游作为重点。在景区的开发模式上，要从以往的以观光讲解的形式为主逐渐转变为体验型、教育型的生态旅游形式。对于浙南的洞宫山脉、括苍山脉的生态旅游景点开发首先要改善区域交通条件，通过外部交通条件和景区游径的改善带动生态旅游的发展。

浙江省近期重点山岳型生态旅游项目的规划包括五大项目的建设（表 2-3-47）。

表 2-3-47　浙江省近期重点山岳生态旅游项目规划

名称	主要景观	建设思路	建设内容
天目山	亚热带落叶常绿阔叶混交林构成的植被景观、其他自然景观、人文景观	打造生态观光、拓展运动、科考、休闲等全方位产品的生态旅游区	1. 登山、划船、越野、速降等生态运动产品的开发 2. 亚热带植物考察专线的建设 3. 露营地、停车场、绿色饭店等绿色接待设施的建设 4. 打造绿色交通廊道 5. 绿色产品营销的建设
莫干山	竹林、泉水构成的自然景观体系、名人故居、石刻等人文景观体系	打造休闲度假、生态观光为主的山岳型生态旅游区	1. 竹林景观道的设计、美化 2. 生态休闲设施的建设 3. 加强竹林生态科考线路、解说系统的开发 4. 文化景观廊道的建设 5. 建设竹文化博物馆
雪窦山	文化景观、自然景观等要素组成的景观系统	打造文化型、休闲型的山岳型生态旅游区	1. 溪口镇文化景观廊道的建设 2. 生态旅游接待设施的建设 3. 生态旅游环境保护的建设 4. 文化生态旅游主题的营销建设
雁荡山	以山水景观、地质景观、人文景观为主体的自然生态景观系统	丰富生态科考、休闲观光旅游项目，打造世界级生态旅游景区	1. 景区内基础设施生态化建设 2. 地质科考、地质夏令营等专项旅游产品建设 3. 整合现有生态旅游资源，重新进行生态旅游产品建设 4. 解说系统的多样化、专业化建设 5. 生态旅游产品形象建设
玉苍山	山水、地质、植被及云海等自然景观、人文景观	打造高品质以生态科考、生态游憩、生态探险、生态运动为内容的生态旅游景区	1. 生态科考项目的建设 2. 休闲、游憩类项目的建设 3. 露营地、停车场、游客中心等生态基础设施的建设

（3）湿地生态旅游产品

湿地生态旅游产品开发要最大限度地保持生态原貌，并且注重生态效益，任何开发行为都要保证服从于湿地的可持续发展。湿地生态旅游产品的开发还要起到科普宣传的作用，通过采取生态解说、宣传的途径让游客从中获得关于湿地动植物知识、环保知识的学习机会。浙江的重点湿地生态旅游产品如下：

湿地观鸟旅游产品：观鸟是湿地生态旅游产品的重要形式。千岛湖湿地、南麂列岛国家自然保护区等湿地均拥有大量的鸟类资源，是多种水鸟栖息、越冬及繁殖的重要场所。在南麂列岛等鸟类栖息较多的岛屿首先开发观鸟旅游,建设观鸟旅游区,配备专业导游讲解观鸟相关知识,在观鸟区外建立鸟类鉴赏和观鸟知识标识牌。

湿地生态文化体验旅游产品:浙江的大部分湿地开发历史悠久,形成了深厚的人文底蕴,从而为开展乡俗体验、文化参观等人文生态游提供了良好的素材。舟山市秀山岛湿地公园、下渚湖湿地公园、西溪国家湿地公园、慈溪杭州湾湿地公园都具有深厚的文化底蕴。如杭州西溪国家湿地公园就历经了汉晋初兴、唐宋发展、明清全盛、民国衰落的演变阶段,成为次生态湿地。温州城市湿地自然和人文环境相融,形成其他地区所没有的都市湿地文化景观。通过在湿地边缘开展民俗特色的农家乐、民俗农庄等文化体验游,让游客体验到江南水乡浓郁的乡土风情和历史的沧桑。

湿地科学考察游:浙江省海洋性湿地生态系统生物多样性极为丰富,无论是对于科学工作者的科研还是对于青少年的教育都具有重要的科考和科普价值。通过开展海洋湿地科考旅游和青少年夏令营,举办"浙江湿地观鸟节"和承办"世界鸟类科学研究大会"等多种形式的鸟类节事活动来树立浙江"湿地生态旅游"品牌。

浙江省近期重点湿地生态旅游项目包括四大项目(表2-3-48)。

表2-3-48　浙江近期重点湿地生态旅游项目规划

名称	主要景观	建设思路	建设内容
舟山市秀山岛	沙滩、滩涂等海滨景观,森林、湿地等自然景观,宗教与民俗文化景观	主要功能有湿地生态游、海滨风光、休闲养生等。突出海滨湿地的特色	1. 湿地保护区内容 2. 生态接待区园林建设 3. 海滨游憩设施的建设 4. 垂钓型游乐水景游项目建设
下渚湖湿地公园	自然湿地景观、人文古迹景观、农耕文化景观	突出天然湖泊湿地变幻多端并与人文景观有机结合的特点	1. 湿地生态旅游基础接待设施的建设 2. 游船旅游等生态游憩项目的建设 3. 水鸟观察设施的建设 4. 自然、人文生态景观的游线设计
西溪国家湿地公园	湿地景观、文化景观等要素组成的景观系统	打造文化休闲、科普教育型的国家知名湿地公园	1. 观鸟设施的建设 2. 湿地生态系统景观廊道的建设 3. 湿地人文历史景观廊道的建设 4. 农耕湿地游客参与性项目的开发
慈溪杭州湾湿地公园	海岸湿地景观、动植物景观、"盐"文化景观组成的景观系统	本区域的最重要功能是湿地保护,打造湿地环保教育型湿地公园	1. 湿地公园生态旅游开发规划的编制 2. 盐文化产品的开发,包括盐浴、盐制作工艺展示等 3. 动植物生态解说系统的建设;专项旅游产品的建设 4. 湿地环保教育基地的建设

(4) 海洋生态旅游产品

浙江的海洋旅游资源在全国的海洋旅游业当中起步较早,已经有普陀山、朱家尖、嵊泗列岛、松兰山、南麂列岛等著名景区,但除了海洋观光游,海洋生态游、休闲度假游、海上运动游等才刚刚起步。浙江未来的海洋生态旅游产品开发要重点建设六大产品体系。

海洋生态观光：浙江的海洋生态旅游资源不仅有迤逦的自然风光，而且有千姿百态的海洋动植物和丰富的人文资源。目前海洋生态观光的内容和形式都需要有所提升，进行产品类型细分，重点开发海洋植物观光、海底观光、海滩地貌观光等。

海上运动游：浙江拥有漫长的海岸线和广阔的海域，通过在海边浅海处开展游泳、划艇、帆船、海上跳伞、水上打靶、水上单车、冲浪等海上运动，使游客在海滨世界的游憩中感受到与陆地运动截然不同的刺激和愉悦。建设海上运动服务中心，承办一些海上运动的赛事，以此来提高浙江海洋生态旅游产品的知名度。

海洋医疗保健：利用海水、海岸独特的地理地貌特征，按照高标准、多功能、现代化的规划方案设计海水浴、沙疗、日光浴、沙浴等海滨浴场，从而增加海洋的医疗保健功效，吸引国内外的生态休闲旅游者。

海底运动探险游：通过开展潜水旅游、海底世界、海底博物馆等丰富多彩的海底运动探险游可以丰富游客的直观体验和感受。

海洋地质科考游：浙江的海洋具备海洋地质调查、海岸带研究、海洋油气勘查、海底矿产勘查等多方面的海洋地质科考价值。通过对地质科考游的开发，一方面吸引专业科学工作者的参与，另一方面也通过开展丰富多彩的青少年海洋地质夏令营活动，从而达到宣传教育的目的。

海洋动植物科考游：浙江的许多海岸湿地生物物种丰富，是多种水禽的越冬地和候鸟迁徙的停息地，海洋中还分布着许多珍贵的动植物资源，通过海洋动植物科考旅游的开发，提高游客对海洋动植物保护的意识，丰富生态旅游者的相关知识。

海岸休闲度假游：由于地质结构的不同，浙江的海岸呈现出不同的形态，如岩石、沙滩等。这些具有不同形态和价值的海岸也可以开展不同形式的海岸休闲度假游。

浙江省近期需要改建和新建的重点海洋型生态旅游项目包括：嵊泗列岛、韭山列岛、南麂列岛、大陈岛（表 2-3-49）。

表 2-3-49　浙江省近期重点海洋生态旅游项目规划

名称	主要景观	建设思路	建设内容
嵊泗列岛	沙滩、海礁、奇洞、悬崖、险峰等自然景观	打造海洋观光、运动休闲相结合的海洋生态旅游区	1. 沙疗、日光疗等休闲养身设施的建设 2. 沙滩排球、沙滩足球等竞技类沙滩活动的开展 3. 接待设施的生态化建设 4. 生态旅游服务设施的生态化建设
韭山列岛自然保护区	海域生物类群景观	丰富韭山列岛生态旅游项目，强调海洋生物多样性的宣传教育	1. 保护区生态旅游规划的编制 2. 观鸟设施的建设，包括观鸟台、屏蔽设施等 3. 实验区生态旅游接待设施的建设 4. 生物多样性监测的建设 5. 国家、省重点保护海洋动物的宣传景观廊道的建设

续表

名称	主要景观	建设思路	建设内容
南麂列岛	贝藻类、海洋性鸟类、野生水仙花以及名贵海洋鱼类等被保护的自然景观	强调生态科考旅游,海洋生物多样性、奇特性的宣传教育	1. 实验区海洋生态系统多样性的景观廊道的建设 2. 贝藻类展览馆的建设 3. 海生动植物保护特色的生态解说系统的建设 4. 海洋植物、动物的观察点的建设 5. 保护区海洋动植物保护状况监测系统的建设
大陈岛	海蚀和海积等海岸地貌景观,海洋渔业景观	作为南麂列岛海洋生态旅游的有效补充,突出海岸地貌的科学教育价值	1. 海岸地貌解说系统的建设 2. 海岸地貌展览馆的建设 3. 游客服务中心、生态厕所等基础设施的建设 4. 海洋渔业景观的改造 5. 海上垂钓等休闲设施的改造
建设思路	1. 生态休闲设施改造 绿色酒店的建设,楠溪江的江上游憩设施改造,游道与普通道路的分离改造,农家乐的建设,汽车旅游的建设 2. 生态文化景观改造 沿江古村落文化景观的整治;民俗文化的建设;古村落文化专项游线的建设 3. 生态服务功能改造 包括露营地、补给、药品等服务功能的建设;游客中心的建设;生态环保设施的建设	1. 生态服务功能建设 包括青少年度假中心的建设、汽车旅馆、游客中心的建设和改造;科考大本营的建设;提供向导、露营地、药品、食品、补给、信息等各项生态旅游服务功能 2. 生态科普设施建设 包括建立珍稀濒危植物展示、侵蚀地貌展示和解说、生物多样性博物馆的建设(以声、光、电等高科技的手段展示生物多样性) 3. 生态环境建设 包括入口处景观大道、森林观景台、步行廊道的建设等	1. 生态科普设施的建设 包括观鸟设施的建设、海洋生物展板的建设、贝藻类生物展馆的建设、海滨海滩地貌廊道的建设 2. 海洋生态休闲设施的建设 包括沙浴、海水浴、日光浴等保健医疗设施的建设、绿色酒店的建设、海滨度假地的建设、民俗旅馆的建设 3. 生态文化设施的建设 包括海洋文化景观廊道的建设、民俗文化景观的建设等 4. 海洋运动设施的建设 包括水上运动基地的建设、潜水运动基地的建设等

四、生态旅游区建设规划

1. 生态旅游区设施建设原则

浙江省生态旅游景区设施的建设要在和生态旅游环境、景观、生物群落相协调的基础上,充分满足生态旅游者的心理需求、生理需求以及游憩需求。

(1) 强调与生态旅游环境的协调性

浙江生态旅游设施的选址、风格都要尽可能地贴近当地的自然环境。生态旅游设施的选址应避让生态敏感区,在选址前要严格考察生态旅游区地形、地貌、生态系统,以便做到生态旅游设施布局的合理化和生态化,在与总体环境相协调的基础上满足为生态旅游者服务的功能。

实施旅游建设的环境评价制度,严格管理建设项目,防止为了满足投资方的要求,盲目地修建一些与周围环境氛围相悖的设施,从而破坏了环境,损害了景观的完整性和连贯性,也干扰了生态系统的正常秩序。

(2) 强调材料选择上的生态化

在生态旅游设施的材料选择上要因地制宜、就地取材,并做到材料的清洁化、节约化、环保化。材料选择的生态化要求其从设计开始到建成使用都必须符合生态化的要求,通过采用重复使用材料、材料的再加工、降低材料的消耗量等方法消除一些不必要的浪费,实现经济效益和环境效益的双重目标。充分利用现有条件,尽可能保持自然景观的完整性。

(3) 强调布局上的整体性

在设施的总体布局中,要充分协调好生态游憩景观与设施的统一性,保证生态景观的游憩性与生态设施的服务性的价值均得到实现。

2. 生态旅游接待服务设施规划

(1) 住宿设施的生态化——绿色饭店建设

目前,浙江省的旅游住宿业形成了以中心城镇的星级饭店为龙头,以旅游景区附近的一般宾馆、度假村、农家乐为补充的住宿接待设施。然而生态旅游业中的旅游饭店必须是具有生态保护理念的绿色饭店,要充分体现环保、健康、安全理念,倡导绿色消费,保护生态,合理使用资源。以可持续发展的原则为核心,以对环境影响最小为目标,为顾客提供舒适、安全、有利于人体健康要求的绿色客房和绿色餐饮,并且在生产经营过程中加强对环境的保护和资源的合理利用。

基本要求为:

将对环境的影响降到最低。对绿色饭店的建设进行科学缜密的设计,并且根据环保技术规划布局,从而使得饭店的建设对周围环境的影响降到最低。在运营过程中以能耗最小,污染最少为原则充分利用现代环境保护的技术,如太阳能技术、废弃物最小化和循环利用技术、利用自然风通风的技术、食品自给、采用当地可利用的建筑材料、本土或当地技术。

为游客提供健康的产品与服务。客房服务从服务本身到产品都必须符合生态要求,提供各种绿色产品,包括无公害、无污染、安全优质的食品。旅游区与当地农村社区挂钩,以"有机农业"的农作物栽培方式生产各种有机食品,为生态旅游者提供绿色的服务,通过开设绿色客房、绿色餐饮为客人创造良好的生态空间。

建立社会责任感。绿色饭店除了要符合国家绿色饭店标准上规定的各项环保要求,还要积极地承担起保护社区环境的责任,并且主动地配合政府进行各项环境整治工作。通过绿色饭店评比活动,增强饭店经营者的社会责任感。

浙江省重要生态旅游区的中心城市应当在未来几年内逐渐配备相当数量和不同层次的绿色饭店来满足生态旅游者的住宿要求,通过将绿色饭店的绿色技术应用于星级宾馆和度假村来逐渐将星级宾馆和度假村改造为绿色饭店(表2-3-50)。从而改变目前以宾馆为主的单一的非环保型住宿接待类型,大力发展以绿色技术为特征的度假类、休闲类、娱乐类的绿色饭店。

表 2-3-50　浙江省绿色饭店要求

设计因素	设计方法
材料的无污染化	使用不危害人体健康和生态环境的材料
	使用可重复利用原料,不用一次性的材料,比如不用一次性筷子
	少用贵重或稀有原料,以免加速该资源的锐减,比如不用珍惜濒危物种做菜
能源的可持续化	太阳能、地热能的利用
	水的循环使用
	废物再生利用
	自然风通风的利用
	风能的利用
	能源的多层次使用
	使用高效的能源利用设备
	推广使用节能灶
融入地方的气息	体现当地的历史文化特色
	材料的本地化使用
	与周围环境相协调的外观
	选址要避让珍稀动植物资源
	合适的体例
健康的环境	高质量的空气环境
	高质量的声环境
	高质量的视觉景观
强烈的社会责任感	积极参与保护社区环境的活动
	严格控制污染物排放
	主动地配合政府进行环境整治工作

(2) 住宿设施的乡土化——农家乐

除建设绿色饭店外,大力发展其他生态化的住宿设施,包括生态旅游区内的各种露营地,以及生态旅游区外的农家乐和绿色饭店。绿色饭店因为体量较大,主要在生态旅游区所依托的中心城市以及生态旅游区外围发展;而农家乐对周围环境的影响小,重点在生态旅游区内及周边村落发展。

在生态旅游区附近开辟特色农园、茶园、竹园、花圃等,提供了解农民生活、享受农家乐趣、体验乡土风情的旅游产品。利用生态旅游区附近的地理优势,建设小型分散的农家乐基地,为游客提供一部分新鲜的农产品供应以及住宿,又具有农村特有的乡土景观,还位于环生态旅游区的优势地带,这些足以使当地农民、生态旅游者、生态旅游区三方均受益。

浙江省重点建设的农家乐生态旅游接待设施基地为:

森林生态旅游农家乐基地　以仙霞国家森林公园等大型森林公园为依托的景区外围农家乐基地。建设成为森林生态为特色的森林生态旅游农家乐基地。

湿地生态旅游农家乐基地　以南麂列岛国家级海洋自然保护区等大型湿地保护区为特色的景区外

围农家乐基地。建设成为以湿地休闲生态游为基础的农家乐基地。

山岳生态旅游农家乐基地 以天目山国家森林公园等山岳型生态旅游区为特色的农家乐基地，以满足生态旅游者感受乡土文化和自然风光的需要。

农业生态旅游农家乐基地 把农业生产、消费场所和休闲农业旅游相结合的农家乐基地。这些基地位于环中心城市的郊区带，本身即是可供游憩的农业生态乐园。

（3）住宿设施的自然化——露营地建设

露营作为户外运动的典型项目之一已经逐渐成为生态旅游不可缺少的项目之一。露营地的选点和规划设计既要考虑生态环境保护，又要能为生态旅游游客提供基本的和人性化的使用与服务设施，同时保证安全和便于维护。

汽车营地：针对自驾车游客，建设具有自然体验特色的生态型的自驾车营地，提供停车场、出入口道路、供水、供电、排污、管理服务中心、信息中心、住宿餐饮等服务设施。以及保障、供应设施，包括加油站、加油车、汽车修理站、维修车等。辅以露天营地、农家乐等生活服务。挖掘自驾车旅游主题，成立车友俱乐部，以营地为中心地组织"自驾车生态行"等主题活动。

房车营地：房车作为一种前卫的户外旅游方式，在我国刚刚起步，相应的营地建设也处在初级阶段。浙江省作为我国经济发达省份，已经具备发展房车营地的初步条件。根据省内生态型旅游景点的特色，建设不同星级的房车营地和相应的服务设施，形成集景区、娱乐、服务为一体的综合生态型旅游度假基地。同时考虑发展房车装备和制造业，迎接我国房车旅游市场的兴起。

3. 生态旅游交通设施建设

（1）车行道路的生态化建设

浙江省生态旅游区的车行道路和游览线路的建设既要满足不同生态旅游者游憩、观光、体验的目标，又要达到融入周围自然环境的目的（表 2-3-51）。景区车行道路的建设要从生态学、植物配置以及与自然的关系的角度精心设计、合理布局、科学配置，体现人与自然高度和谐统一，路线要尽量避绕开森林、湿地；减少对自然和人文环境的负面影响。

表 2-3-51 浙江省生态旅游区车行道路设计

原则		拟建的道路规模宜小不宜大，宜简单不宜复杂
		拟建的车行路和原有的生态旅游地形、地貌、生态环境相协调
		拟建的车行路要尽量远离珍稀动植物资源，影响最小化
措施	材质	尽量少地建造沥青路面
	颜色	路面要避免太亮的颜色或其他和周围环境不协调的颜色
		停车场的设计要合理，把对地形、植被和视觉的影响降至最小
	指示系统	生态指示系统既要介绍自然生态美景又要提醒游人行为准则
	限速	景区内的道路要起到限速的作用，可建限速物并有标志物提醒
		要配套设计公共交通系统
		要配套规划中途游客服务中心

(2) 生态旅游区内人行小径的生态化建设

生态旅游区的步行小径是其开展生态旅游的重要设施。将人行小径的修建作为一项综合工程，配合游客休息处、露营区、眺望台、野餐区、生态厕所等其他设施，向游客提供人性化的服务，使得游客融入生态旅游环境中，获得良好的体验和感受，人行小径的设计遵循以下原则和措施（表2-3-52）。

表2-3-52 浙江省生态旅游区内的人行小径设计

原则		拟建的小径为生态景观质量良好的景观廊道
		拟建的小径对生态旅游地形、地貌、生态环境破坏最小
		拟建的小径能够较多地闭合生态旅游景点，但要富于变化，避免直线
		拟建的小径需要较少的管理成本
		拟建的小径的起点应与生态旅游区的入口较近
		拟建的小径能够避让开容易发生事故的地区，以保证游客的安全
措施	野生动物	小径的修建要尽量不影响生态旅游区内动植物的活动规律
	时间	人行小径的长度要合理，步行时间在半小时至一小时内
	土壤与排水	小径应建在稳固的土壤上，避免悬崖或积水池；控制坡度，以使挖掘量、水土冲刷量均最小，且易排水；当穿越某些特殊地形时，可以选择其他材料代替
	服务设施	休息处要有简易长凳，小溪交汇处或峡谷处要搭桥，岩石上可凿台阶，倒掉的树木可作为过道
	标示牌	休憩点、垃圾箱、标示牌、排水渠、栈桥、野餐地、公共卫生设施、安全防护栏等应一一标出
	环保设施	人行小径要干净、维修良好，小径进出口和休息处可设垃圾桶，但最好鼓励人将垃圾带出来
	安全	避免经过陡坡、泥石流、雪崩区或其他不安全的区域；避免穿越太茂密的丛林，如要经过时要将路边的树枝清除

（3）交通工具的生态化

生态旅游区的交通工具具有运输与游憩的双重功能，在运输功能方面，要满足清洁性、环保性、生态性的要求；在游憩参与的功能方面，要具有本地性与娱乐性。在考虑到游客交通需求的前提下，尽量采用生态型的交通工具，从而最大限度地保护环境，同时满足生态旅游者的交通要求（表2-3-53）。

表2-3-53 浙江省生态旅游区内交通工具规划

生态交通工具	陆上交通工具	水上交通工具	空中交通工具
使用原则	对于机动车辆，生态旅游区原则上不应使用，若使用则遵循以下原则： 1. 严格禁止在公路以外使用机动车辆（观光车除外）； 2. 推广使用无铅汽油，以防止化学污染，用电力作动力，减少尾气；	对于水上绿色交通工具，使用时应遵循以下原则： 1. 水上交通工具的动力设备必须保证清洁无污染； 2. 其外形，格调不能太艳丽，应该与周围的生态旅游环境协调一致；	空中生态旅游交通工具的使用应遵循以下原则： 1. 空中生态旅游交通工具的使用要有利于生态环境的保护和维持，不能破坏；

续表

生态交通工具	陆上交通工具	水上交通工具	空中交通工具
使用原则	3. 保持发动机过滤器的清洁干净,确保其高效工作; 4. 景区内的公路要设置弯道和起伏来限速; 5. 线路设计上要考虑生物生境,不靠近和干扰生物物种的正常生存 对于畜力车要遵循以下原则: 1. 畜力车行车道要与游道分开; 2. 畜力车的使用要保持清洁无污染; 3. 畜力车的使用要注意游人安全	3. 水上交通工具的游线要保证安全性; 4. 船只的体积宜小不宜大,体积小的船只占用较小的泊船空间,并且对周围的生态环境破坏较小; 5. 水上交通工具的数量使用上限以生态旅游区的生态环境容量和游客的安全保障为依据	2. 空中生态旅游交通工具要保证安全性; 3. 推广使用无铅汽油,减少尾气排放

4. 生态解说系统规划

(1) 浙江生态旅游区解说系统现状与问题

浙江省当前生态旅游景区的解说系统仍停留在生态观光解说的层次,解说系统缺乏生态旅游所应具备的生态保护知识、社区参与、科普教育等内容,形式上也较为单调,大部分的形式为导游解说与说明性的标牌,难以体现生态旅游的特色。

当前生态旅游解说系统存在的主要问题有:

导游解说系统的缺陷。目前,浙江省绝大多数生态旅游区都配备了向导式解说系统——导游解说系统。但一方面由于景区管理者的经营思路仍然局限在观光旅游上,另一方面由于导游员自身素质的参差不齐,导游员讲解的信息的准确性和科学性就不能得到保证。比如当前在许多山岳型生态旅游景区的解说内容中,传说和形象想象几乎占据了垄断地位,而关于景区的生态知识、地质知识等科普内容则相当薄弱,而且对于生态伦理方面的宣传讲解也很不足。另外景区解说系统缺乏更新,解说内容刻板陈旧,缺少更新变化,一个景区的景物解说往往在该景区建设初期确定以后就一成不变。这种模式下的解说系统已经不适应当前生态旅游发展的要求,在客观上限制了解说系统的教育、环境保护等功能。

自导式解说系统不完善。自导式解说系统是由书面材料、图形符号、语音等无生命设施、设备向游客提供静态的、被动的信息服务。它的形式多样,包括牌示、解说手册,其中解说牌示是最主要的表达方式。浙江省的生态旅游景区的自导式解说系统从形式上有解说牌示、宣传册、手册等,但专门为生态旅游所设计的自导式旅游解说形式并不多。从内容上来看,大多为指示性、规定性的解说,对于动植物资源、生态环境、地理地质等生态知识的解释、介绍并不多;另外,宣传环保口号,营造人与自然和谐相处等的宣传性的标示物也欠缺,从外观与材质上来看,许多的解说标识牌在选材、样式、颜色、内容等方面存在诸多与生态环境保护相悖的因素,有的样式风格和生态旅游的主题不协调,有的标示牌选择的材料本身就是污染物,这些问题使得解说系统难以展现出生态保护与教育的功能。

接待设施生态解说功能薄弱。对浙江省一些旅游景区的调查表明,当前许多生态旅游区的接待设施的旅游接待、集散等功能较为完善,而作为全局性的解说功能非常不完善,对于生态旅游和环保的解说就更是少之又少,部分景区甚至不设接待设施的解说系统。这导致游客到达景区后缺乏对景区的全局性了解,直接影响游客的旅游质量。

当前旅游解说系统的许多问题已经限制了浙江省生态旅游景区的进一步发展,对其生态旅游解说系统进行改造迫在眉睫。

(2) 主要建设内容

浙江省生态旅游景区应该在现有解说系统基础上,应用生态的方法和技术将生态旅游的功能通过生态旅游解说系统传播到旅游者,为旅游者提供环境解释、自然保护和教育机会,其核心内容是教育和自然保护。

交通导引解说系统:浙江省大多数的旅游景点对外交通畅通,但在主要干道上对生态旅游景点的交通导引标志还很少,极大地限制了生态旅游的便捷性,这就需要在与生态旅游景区相邻的主要城市的交通要道设立大型景区交通导引标志牌,内容和形式都要体现生态化、绿色的原则,可从生态旅游游客需要的角度加以设计。机场和车站是游客的集散地,游客在这里感知到对目的地的第一印象。可以在机场、火车站的出入口处建立旅游咨询和服务中心,并提供中文或英文解说的 VCD 和 DVD 生态旅游宣传片销售。

景区标示牌解说系统:标示牌属于生态旅游解说系统的组成部分。它在野外生态旅游过程中的解说和指示作用,对于指导和规范生态旅游者的旅游活动起着十分关键的作用。浙江省生态旅游景区的标示牌解说系统要做到简明扼要、生动形象、科学合理、与环境协调、突出当地特色,起到为游客提供各种信息,帮助游客更好地理解和完成生态旅游过程的作用。按标示牌的不同作用,设计时有不同的要点(表 2-3-54)。

表 2-3-54　浙江省生态旅游景区解说系统设计

种类	功能	设计要点
指示性标牌	提供路线指南、各种设施位置指南	各车行道、步行道口、转弯处设置指示牌,在沿途水、陆路交叉口设立方向指示; 票房、停车场、各摊位摊点、商品出售处都要公开收费服务项目,实行明码标价; 设置服务设施标牌来指示饮水间、卫生间、餐厅、码头、垃圾箱以及其他设施的位置; 制作材料要与周围环境相协调
规定性标牌	揭示规章制度,规范游客行为	设置在休息点与主要出入口等生态旅游者集中的地方,以提醒游客注意自己的责任; 措词应是暗示性的,不能让游客感到压抑
说明性标牌	说明景点的相关情况	可在各景区停车场处设立生态旅游景区平面图或导游图; 在游径沿途分别设置若干处景区导示示意图; 营地中可设立解说棚,入营前,露营者可通过阅读解说牌的规定,办理事宜和自觉遵守营地使用规则
解释性标牌	对景区内的生态系统与生态环境因子进行科学解释、介绍	国家地质公园应该介绍地质地貌的成因、典型特点等; 国家森林公园应该介绍动植物资源的特点和识别; 湿地自然保护区应该介绍湿地的成因、典型特点等

续表

种类	功能	设计要点
宣传性标牌	宣传生态旅游环保口号,体现解说系统的教育功能,提高生态旅游者环保意识	设置地点主要在景区景点出入口、休息点及森林、草甸、水体等生态系统内; 语言要贴切、生动、形象

接待设施解说系统:根据浙江省生态旅游景区的位置和规模,在景区外建立公交、的士车载解说系统,旅游者入住和到访的各类绿色饭店、旅馆、餐饮设施、旅游购物等场所,建立不同类别的接待设施中的解说系统;在景区内的游客中心,可向游客提供宣传画册、生态旅游手册等来宣传生态旅游区的基本旅游资源信息,对游客起到解说效果和导引意义。

附件四

旅游资源管理信息系统建设

目 录

第一章　浙江省旅游资源管理信息系统 …………………………………………… 579
第二章　浙江省旅游资源与统计地图网络发布系统 …………………………………… 603

第一章　浙江省旅游资源管理信息系统

一、浙江省旅游资源管理信息系统设计

旅游信息管理信息系统是在计算机软硬件系统支持下，对旅游资源及其相关信息进行采集、存储、管理、分析、显示和描述的技术系统。旅游资源管理信息系统处理、管理的对象是多种旅游资源以及相关设施的空间实体数据及其关系，包括空间定位数据、图形图片数据、属性数据等，用于分析在一定旅游区域内旅游资源和旅游服务设施的分布状况，解决复杂的规划、决策和管理问题。

浙江省旅游资源管理信息系统采用地图、文字、图表、数字、影像等多媒体信息集成，将旅游资源及其相关信息进行输入、储存、查询、检索、分析、管理、统计、制图和输出，多形式、多介质、多功能、全方位、动态地反映和揭示浙江省旅游资源的区域分布特征、结构、地域组合、资源品质、开发条件和发展前景。该系统将为浙江省旅游管理和研究部门分析和掌握浙江省旅游资源开发、旅游业发展现状，及时制定长远规划等提供科学管理和决策分析工具。

浙江省作为我国著名的旅游大省，在全国旅游资源体系中占据重要地位。建立旅游资源系统可全面地掌握整个区域旅游资源的情况，利用现代信息技术，特别是地理信息系统技术（GIS）与旅游资源普查紧密结合，实现旅游资源管理的信息化。信息技术在 21 世纪将成为旅游业发展的重要推动力量，信息技术已经对旅游管理模式的现代化、行业竞争规范化产生重要作用，应用水平成为了旅游业管理和经营现代化水平的重要标志之一。

1. 设计原则

(1) 综合性和突出性

系统是针对浙江省旅游资源的特征来设计的，要适合浙江省旅游资源管理、旅游业发展的规律，确实能够解决传统浙江省旅游资源管理中存在的问题。

(2) 开放性与规范性

浙江省旅游信息管理系统应提供与其他应用软件的数据接口，具备对运行环境升级换代的能力，并能实现与其他软件元素的协调工作。从系统的设计到系统的开发都是规范化的管理和操作，从数据的收集、分类、处理、管理到成果的可视化表达都依照国家的有关标准进行，要符合规范化和标准化设计。

(3) 实用性与可操作性

系统功能必须完善，满足用户的要求，界面必须做到美观友好、方便操作。

(4) 经济性与可延续性

系统的设计能够支持旅游市场的不断发展变化，便于增加新的功能，即系统应具有良好的可扩充性、升级性。

2. 设计目标

对浙江省旅游资源及其相关信息进行输入、储存、查询、检索、分析、管理、统计、制图和输出；

浙江省旅游资源管理系统采用地图、文字、图表、数字、影像等多媒体信息集成，多形式、多介质、多功能、全方位和动态地反映浙江省旅游资源开发基本现状；

反映和揭示浙江省旅游资源的区域分布特征、结构、地域组合、资源品质、开发条件和发展前景；

为浙江省旅游管理和研究部门分析和掌握浙江省旅游资源开发、旅游业发展现状，及时制定长远规划等提供科学管理和决策分析工具。

3. 系统结构

面向浙江省旅游的管理信息系统框架(图 2-4-1)，系统有四个层次，采用自下而上的设计，最底层的数据层是由旅游信息数据库组成，空间数据引擎包括地图的显示、数据库的管理、数据的查询、空间分析等部分，旅游信息管理模块则通过空间数据引擎来调用旅游信息数据库，最顶层是用户界面层。

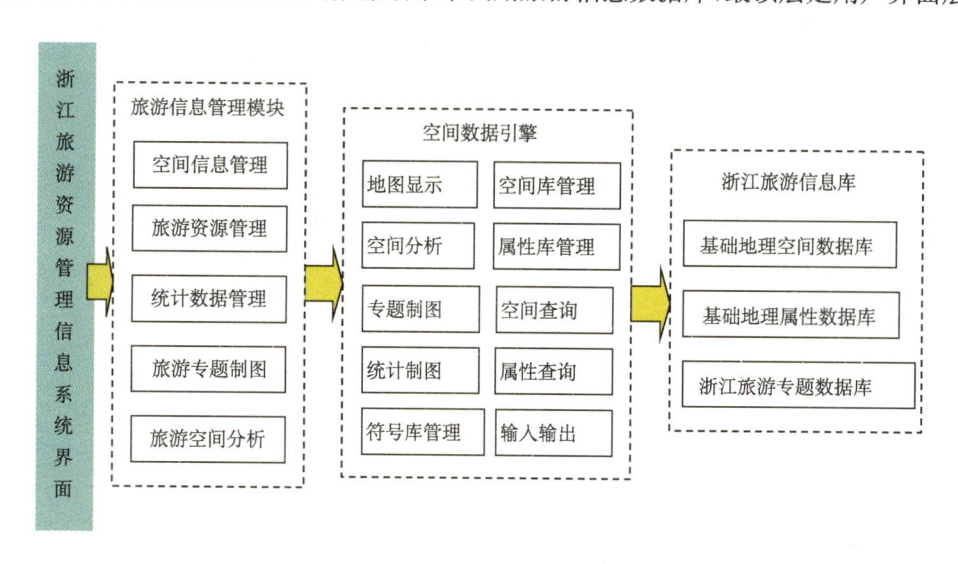

图 2-4-1　浙江省旅游管理信息系统的框架结构

系统以 GIS 软件为核心，采用地图、文字、图表、数字、影像等多媒体信息集成。在旅游资源普查评价与旅游资源开发规划的基础上，完成旅游资源单体、旅游景区、旅游资源开发条件、旅游市场、旅游管理等多方面的空间分析、空间评价、空间管理。实现可视化的地理空间与各类旅游信息的有机链接，反映和揭示旅游资源及其相关信息的分布特征、结构、地域组合及旅游环境、服务设施等相关信息。

该系统采用面向对象的设计原理，是从底层开发，并具有自主版权的旅游资源管理系统。在设计上，采用了相关国家标准，如国家旅游资源分类标准、国家信息系统设计标准、国家基础地理信息标准等。

4. 技术路线

桌面浙江省旅游资源管理信息系统在拥有自主版权的地理信息系统软件平台上进行开发，采用 C++ 开发语言和 Access 数据库管理系统，在 Windows XP 系列操作系统上集成。系统主要针对旅游资源管理、旅游信息分析等进行开发改造，增设新的功能和智能化设计，以面向浙江省旅游信息和其相关信息的管理与分析为对象进行设计和功能模块划分。

空间数据库的基本比例尺为 1∶1 000 000,包括道路、街区、公路、河流、湖泊、地名、行政界线等内容。通过与相应级别的旅游属性数据库对应,快速地进行旅游信息空间查询、检索和分析,来揭示旅游资源的地域差异,区域非均衡性以及在地域上的分布特点。

旅游资源信息数据库按照国标建立了规范化分类指标体系及其标准编码体系,确立了五级分类框架结构,其中包括 6 个一级指标,N 个二级指标,M 个末级指标。在浙江省旅游信息系统设计中,考虑了用户的数据接口和应用平台,使用了规范化、标准化的属性和图形数据库,以有利于开放数据平台,实现数据共享。旅游属性数据库使用的是通用 N1NF 关系型数据库。在 Access 数据库平台支持下,可输入各项指标和对数据库进行编辑处理。考虑到动态管理,增加时空数据模型的概念,该模型由基于时间划分的属性数据表、带时间版本的空间数据库以及时空对应关系表组成。

5. 系统总界面

系统总界面如图 2-4-2 所示。

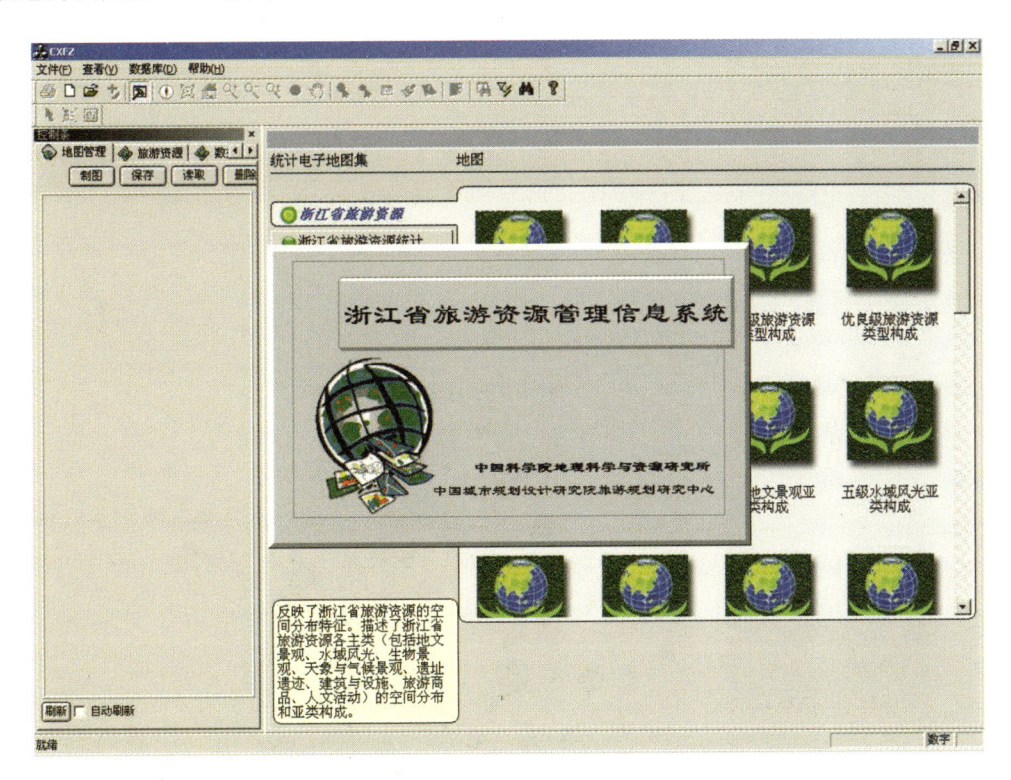

图 2-4-2　浙江省旅游资源管理信息系统主界面

二、浙江省旅游资源管理信息系统数据库内容

1. 数据库组成

浙江省旅游信息管理系统数据库由三大部分组成(图 2-4-3)。

(1) 基础地理空间数据库

空间数据库包括浙江省的地理区位、行政区划、地形地貌、水系、卫星影像等基础地理空间数据(图 2-4-4)。空间数据库内容主要是浙江省的点状、面状行政区划图,包括浙江省点状、面状行政区划图,分

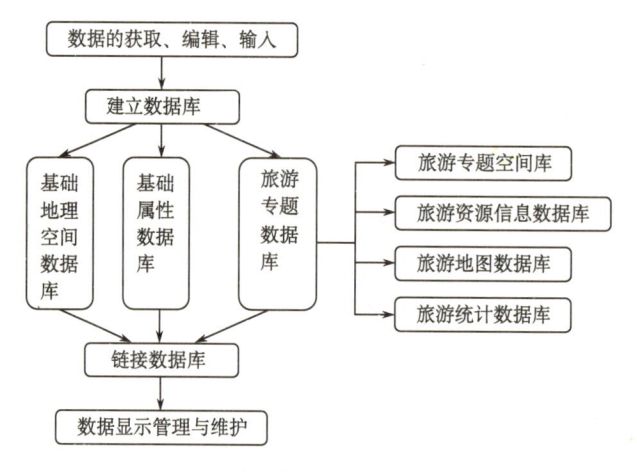

图 2-4-3　系统的数据库结构

县点状、面状行政区划图,分地区点状、面状行政区划图,并相应建立了各级空间数据库的地名属性数据库。本系统设计了地图管理器对空间数据库进行管理。在地图管理器中,系统可对不同图层进行管理:显示或隐藏图层,激活或不激活有关图层,跨图或不跨图的图层查询以及对点(如城市)、线(如铁路)、面(如各级行政区)进行管理。在系统中,设计了空间数据库的符号和色彩库及其编辑器,可对点、线、面进行分级配色和修改。

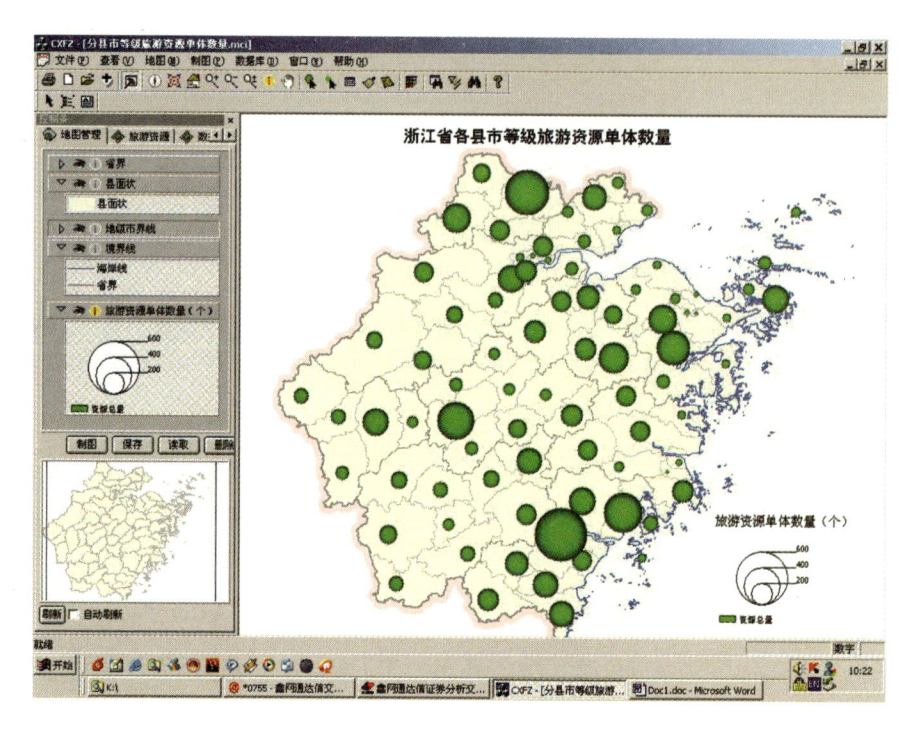

图 2-4-4　空间数据库的管理界面

(2) 基础属性数据库

浙江省旅游信息管理系统的基础属性数据库是指该地区的社会经济信息数据库和自然环境信息数据库。社会经济信息数据库主要反映该地区各个行政单元的人口数量、设施水平、旅游条件、国内生产总值、国民收入、经济结构、交通运输业、邮电通信及其他与旅游业相关的内容,为旅游规划、旅游资源管理提供基本的社会经济方面的信息；自然环境信息数据库主要反映该地区旅游环境的自然要素，为旅游规划、旅游业发展提供基本的自然环境信息。

上述的社会经济信息和自然环境信息都是以各级行政单元为载体来统计的，具有多层次、多特征的特点。因此对于属性数据，本系统采用 ADO 数据接口读取 Access 数据库中的信息。ADO（ActiveX Data Object, ActiveX 数据对象）是 Microsoft 提供的一种面向对象、与语言无关的数据访问应用编程接口。这样在系统用户界面中，用户看到的数据库内容将更简洁、更易于用户操作。

（3）旅游专题数据库

浙江省旅游专题数据库包括旅游专题空间库、旅游资源信息数据库、旅游地图数据库以及旅游统计数据库（图 2-4-5）。

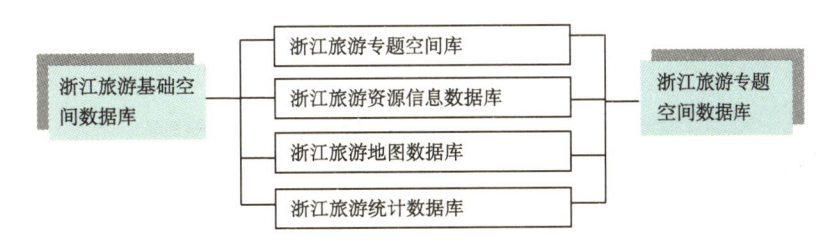

图 2-4-5　浙江省旅游专题数据库组织

- 旅游专题空间数据库

描述的是旅游专题的空间分布和关系特征，是旅游专题信息可视化的基础数据。例如旅游资源的分布图，旅游服务设施的分布图等。把旅游专题空间库和基础空间数据库有机结合起来，就可以揭示旅游专题信息的分布规律、发展特征以及与其他旅游专题之间的关系。如图 2-4-6 即反映了旅游资源单体数量等级构成。

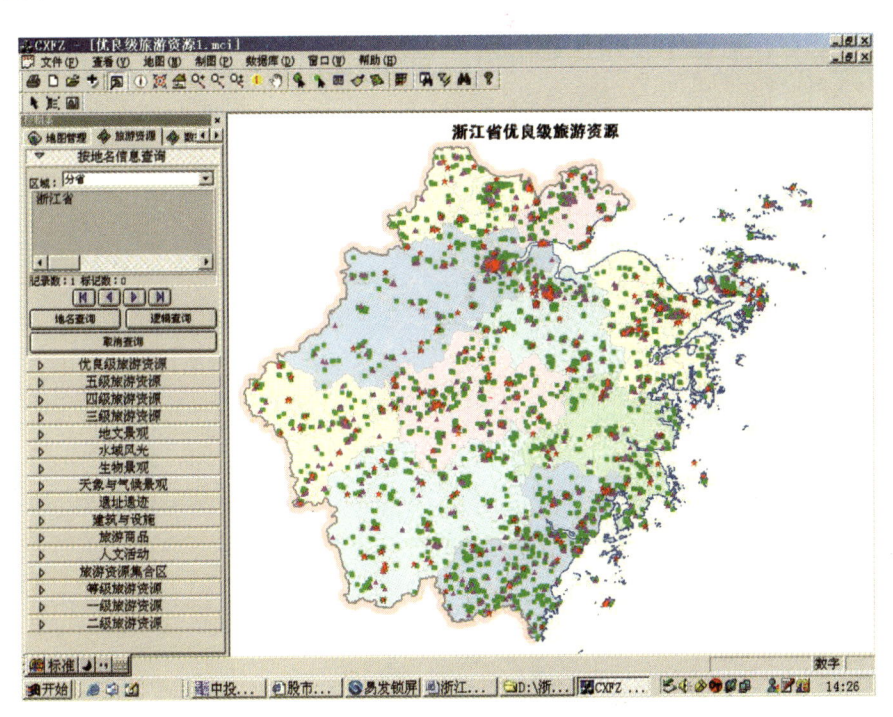

图 2-4-6　浙江省优良级旅游资源

- 旅游资源信息数据库

包括旅游单体资源数据库和旅游景区数据库(图 2-4-7)。旅游资源单体是指可作为独立观赏或利用的旅游资源基本类型的单独个体,该数据库内容主要为旅游资源单体的名称、单体代号、地市名称、县名称、地理位置、主类名称、亚类名称、基本类型、景点介绍、景点级别、景点照片等信息。旅游资源单体信息数据库以中华人民共和国国家标准 GB/T 18972-2003《旅游资源分类、调查与评价》为标准。该标准依据旅游资源的性状,即现存状况、形态、特性、特征将旅游资源划分为"主类"、"亚类"和"基本类型"三个层次,主类为地文景观、水域风光、生物景观、天象与气候、遗址遗迹、建筑与设施、旅游商品和人文活动 8 个主类,31 个亚类,155 个基本类型。旅游区是指由一个或若干个景点组成,具有一定经济结构和形态的旅游对象的地域组合。

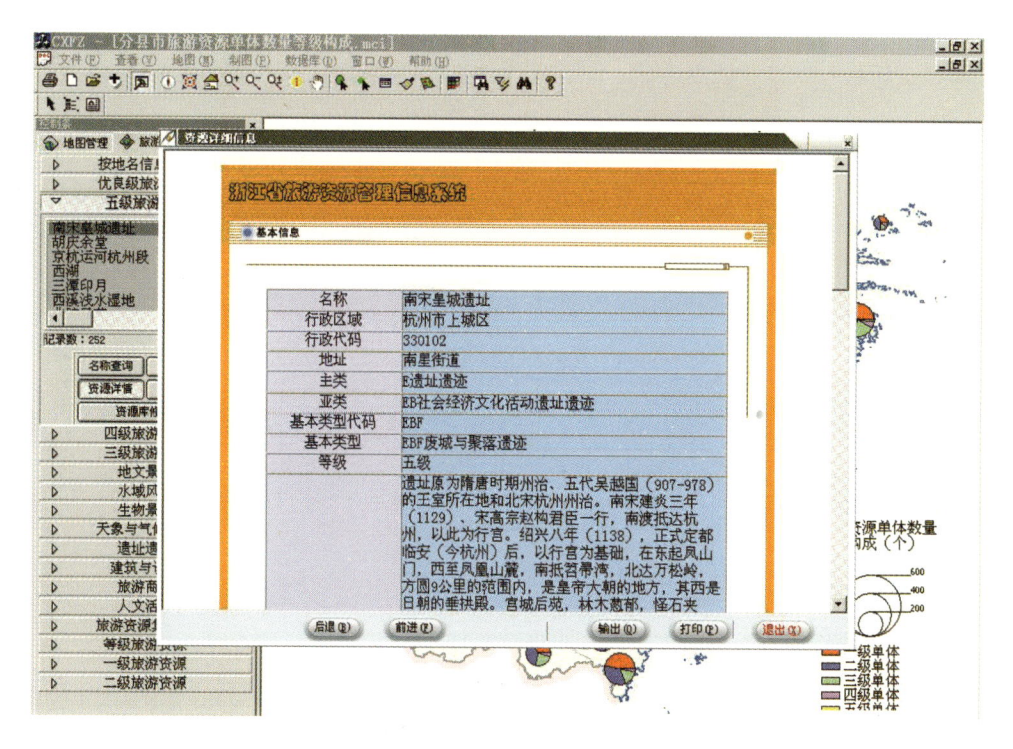

图 2-4-7 旅游资源信息数据库

- 旅游地图数据库

包括浙江概况、旅游资源、旅游资源统计、旅游业发展、旅游规划、社会经济发展六大部分。统计电子地图的制作是通过综合集成基础地理底图数据与统计数据库进行组织的。通过关键 ID 进行链接,在此基础上进行数据集成、专题地图制作、查询、管理、分析等。

地图编辑管理:系统提供对图层点、线、面数据的颜色编辑和修改功能;可对图形数据(各类点、线、面)的符号进行编辑与修改;对注记进行字形、大小、颜色的编辑修改;对图层进行名称、图名、图例的编辑、修改。

分级制图功能:用户可以增加、删除、修改可用于制图的统计指标,可以修改地图中底图的分级数据、填充样式和颜色编辑功能。

专题统计制图:选择数据库有关统计指标,使用系统提供的数量分级方法及相关的空间统计制图技术,按空间位置生成如下几类统计地图(图 2-4-8):

分类分级统计图:按区域普染底色的统计地图;

圆、方、三角形统计图:按区域或点形成的圆、方和三角形统计地图;

柱状统计图:按区域或点形成的柱状统计图,内含百分比结构;

饼状统计图:按区域或点形成饼状的统计地图,内含百分比结构;

环状统计图:按区域或点形成的环状统计图,内含百分比结构;

百分比结构图:按区域形成的具有内部结构的百分比统计图;

金字塔形图:按区域形成的具有比较特性的金字塔形式的统计图;

点状图:按点状分布形成的反映一定数量程度的统计图;

组合地图:将上述类型地图进行各种方式的组合,形成组合型地图。

此功能模块,提供给用户向导式的符号库和颜色库、指标组成结构等,下图是展开的柱状图统计符号选择列表。

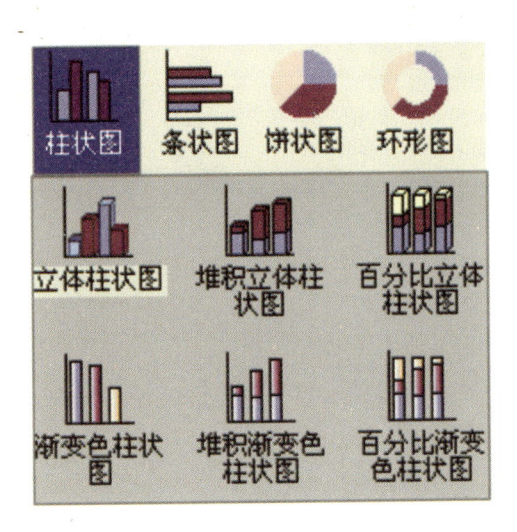

图 2-4-8　专题统计制图符号

- 旅游统计数据库

包括各项旅游统计指标数据,在旅游统计数据库基础上可以对资源数量、各主类、亚类、基本类型资源数量、面积、游客数、区域内景点数、居民数、服务设施数量等进行综合统计、按行政区划统计、按区域统计。用户也可以新建、修改、导入新的统计指标。浙江省旅游统计数据库分为全省旅游统计数据、分地区旅游统计数据、分县旅游统计数据三个层次。用户也可以新建、修改、导入新的统计指标。例如记录每年该地区接待的来自全国以及国际不同客源市场的旅游者人次及其旅游收入,为进行浙江省旅游市场定位及市场开拓提供依据。

按照区域内的行政级别分层次、分类型建立资源统计数据库,以反映各个行政区的旅游资源类型结构。资源统计数据库中各行政级别的旅游资源类型构成按以下方式组织:

地文景观类:包括××亚类××基本类型××处资源单体的空间分布、资源品质及其相关信息;

水域风光类:包括××亚类××基本类型××处资源单体的空间分布、资源品质及其相关信息;

生物景观类:包括××亚类××基本类型××处资源单体的空间分布、资源品质及其相关信息;

天象与气候类:包括××亚类××基本类型××处资源单体的空间分布、资源品质及其相关信息;

遗址遗迹类：包括××亚类××基本类型××处资源单体的空间分布、资源品质及其相关信息；
建筑与设施类：包括××亚类××基本类型××处资源单体的空间分布、资源品质及其相关信息；
旅游商品类：包括××亚类××基本类型××处资源单体的空间分布、资源品质及其相关信息；
人文活动类：包括××亚类××基本类型××处资源单体的空间分布、资源品质及其相关信息。

2. 数据库的组织管理

(1) 数据库组织

按旅游资源空间数据库与旅游资源属性数据库进行组织，通过关键 ID 进行链接，在此基础上进行查询、检索、管理、分析。其结构如图 2-4-9 所示。

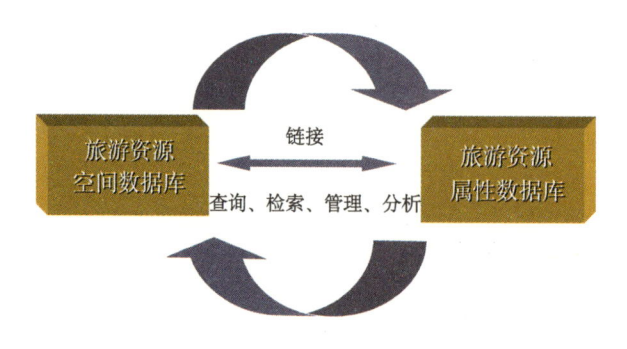

图 2-4-9 数据库组织结构

浙江省旅游资源数据库按旅游资源分类国家标准进行指标体系的构建，包括主类名称、亚类名称、基本类型名称三级结构以及具体旅游单体信息。在此基础上，按分景区、分城镇、分县、分旅游大区等进行区域统计(图 2-4-10)。包括以下分类：

- 按旅游资源分类：地文、水域、生物……；
- 按区域或地域：分地区，分城镇，分县及其他地域；
- 按时空一体：将区域或地域与年代结合，反映动态变化；
- 按组成结构：将区域与各类旅游资源组成要素结合，反映其各类分类指标的区域分异规律；
- 按相交要素：对影响旅游发展的相关要素，按关联度大小进行组织和分析。

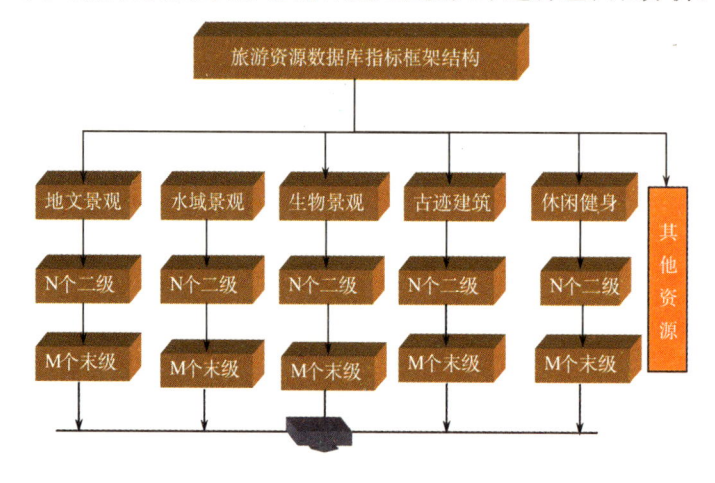

图 2-4-10 旅游资源管理系统数据库组织结构

（2）数据库管理

旅游资源按树状结构管理，分旅游资源单体与旅游景区分别进行登记、入库、管理、查询、分析。

三、系统功能与主要模块构成

1. 系统功能

- 浙江省旅游资源的基础空间数据库管理，提供对建立的浙江省行政区划、居民地、交通、旅游等地图库浏览、智能缩放、查询检索、目录导航、地图与旅游信息的双向检索查询等功能。
- 浙江省旅游资源数据库及相关信息库的管理，可以对旅游资源库及其相关信息进行输入、编辑、查询、检索、制图与统计分析，系统将提供旅游资源指标的全文检索、关键字检索、逻辑表达式检索、模糊检索等功能，迅速筛选出用户关心的旅游资源并集成文字、照片、声像等多媒体信息，可以比较翔实地了解每个旅游资源的详细特征。
- 浙江省旅游统计指标树状管理功能，包括浙江省旅游统计指标数据库以及树状旅游统计指标目录的管理功能。可以对旅游统计数据库进行一般查询、逻辑表达式查询以及十多种二维和三维图表统计等。
- 在浙江省空间数据库、属性数据库、旅游资源数据库、旅游统计数据库等数据基础上，系统提供类型丰富的旅游资源空间分析与统计指标专题制图功能，通过对旅游资源和统计数据库的空间分析来发现浙江省旅游资源的空间分布规律，为旅游规划、设计、管理提供科学的定量分析依据。

2. 系统功能模块总体设计

系统功能是整个旅游资源信息管理系统的核心。为了对旅游资源信息进行全面的空间可视化表达和分析，系统功能分为四个层次进行设计（图2-4-11）：系统数据库、资源与工具模块、系统功能模块、应用界面模块。

资源与工具模块

最底层的系统资源和工具是支持系统各种功能的基础，如地图符号库、颜色库及专题地图符号库是用地图符号语言对旅游资源数据进行空间描述的必需要素，空间分析模型是进行空间分析时的数学基础。系统将这些模块进行内部封装，用户在使用某个功能时直接调用。包括地图符号库、地图颜色库、专题统计符号库、空间分析模型库四个子模块。

① 地图符号库

地图符号是表示地图信息各要素空间位置、大小和数量质量特征，具有不同颜色的特定的点、线、面和几何图形等的图解语言。地图符号是直观、形象、概括地表现地理事物的重要形式，它具有一定的空间位置，因此提供了可量测性，通过符号可以把旅游资源数据形象、直观地表达出来，以供人们获取信息。

系统的符号库按照符号的空间特征将符号分为点、线、面符号，符号库设置了大量的点、线、面符号图形及符号编辑和设置功能，用于对形状、尺寸和颜色这三个地图符号的基本要素进行设置。

② 地图颜色库

色彩对提高地图的表现力和制图效果等方面都有很大的作用，系统颜色库选用RGB色制，用户可

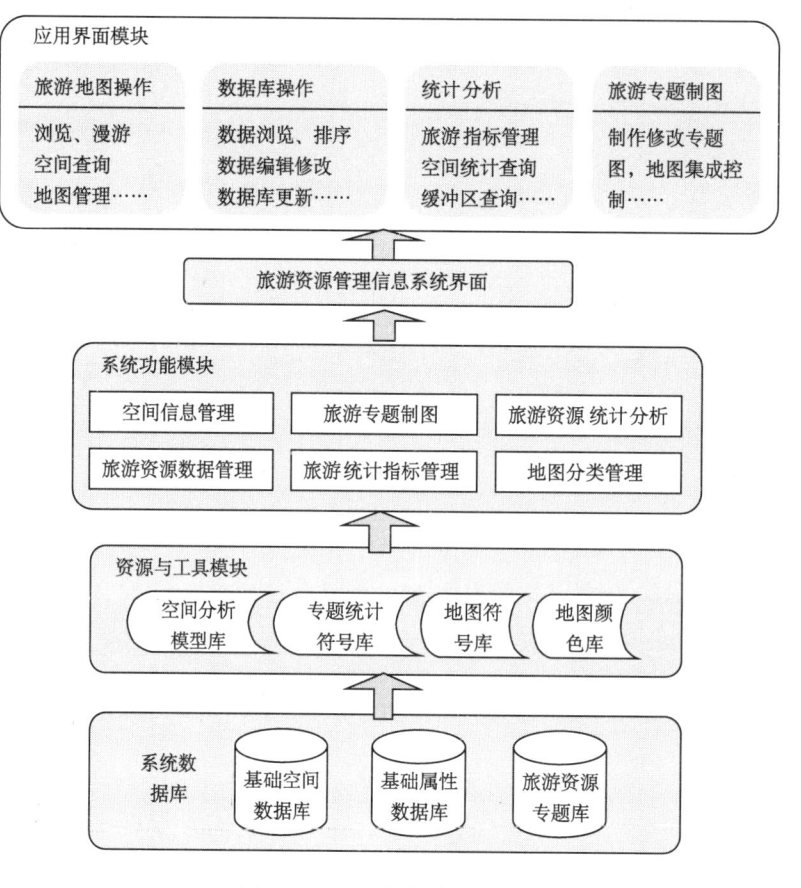

图 2-4-11 系统功能结构

以选用颜色库中已有的颜色为地图设色,也可手动设置RGB值编辑颜色。为了便于制作旅游资源分级专题图,系统预装入了不同色调的按饱和度递增的渐变色带。

③ 专题统计符号库

旅游资源数据有很多的统计数据,在空间上的分布是抽象的、无法直接观察到。为了反映旅游资源统计数据在空间上的分布规律,往往就需要借助地图学中的专题地图来进行表示。

专题地图主要由地理底图和专题符号内容构成。在计算机制图环境下,专题符号的大小由专门的数学模型来计算,复杂符号的绘制也由计算机来完成,因此专题地图的制作要比纸质地图环境下快捷得多。

系统充分考虑区域统计的特点及相互间的关系,从准确实用美观的角度出发,设计了丰富的专题制图符号体系。

3. 主要模块构成

系统由输入模块、资源模块、旅游地图模块、旅游信息模块、管理模块、统计分析模块、空间分析模块和输出模块构成。系统考虑采用三级模块结构,即基本模块、子模块和次一级模块,通过弹出方式进行动态链接。

输入模块:可读入和转换各种常用GIS空间数据(地图)格式,如Arc/Info coverage、Arcview SHP、Mapinfo MIF、Autocad DXF等矢量格式和BMP、TIF、JPEG、GIF、PCX等栅格数据格式,并可读入和转换成各类常用数据库格式,实现不同应用环境下数据的互操作,为今后网络数据共享奠定基础。

旅游资源模块:包括旅游资源单体和重点旅游景区在内的模块。在设计上,考虑采用面向对象的设计原则。

旅游空间数据库管理模块:包括河流、地貌、交通、行政区划、地名等在内的模块。

旅游统计信息模块:包括旅游客流量、旅游收入等在内的社会经济模块,建立各图间、各图层间和子图层间的管理系统。

旅游统计分析模块:包括各类旅游信息的统计图表和统计分析等子模块和次一级模块。

旅游空间分析与专题制图模块:包括旅游资源与旅游信息的专题制图、空间分析、评价、旅游决策分析等子模块与次一级模块。

输出模块:可打印输出文档、图表和图形文件并生成通用的GIS空间数据格式和通用数据库格式。

(1) 输入/输出模块

- 地图输入模块

支持导入Arcview.shp等常用GIS空间数据格式(矢量);

支持不同数据库格式的相互转换。

- 旅游资源与其他旅游信息输入模块

旅游资源信息的输入;

旅游市场信息和其他旅游统计信息的输入。

- 地图输出模块

可以把制作好的地图以及用户设置的分级、符号等信息按照地图当前状态保存成文件,以便将来再次调用。

(2) 旅游资源模块

主要包括旅游资源及其相关信息的登录、编辑、建库、检索、查询、浏览与分析,系统提供全文检索、关键字检索、逻辑表达式(表2-4-1)。

表2-4-1 旅游资源信息数据库

资源信息名称	资源信息内容
优良级旅游资源	浙江省内优良级旅游资源描述,包括旅游资源的名称、所在行政区域及其代码、所属主类、亚类、基本类型代码、资源等级及资源图片等。
五级旅游资源	浙江省内五级旅游资源描述,包括旅游资源的名称、所在行政区域及其代码、所属主类、亚类、基本类型代码、资源等级及资源图片等。
四级旅游资源	浙江省内四级旅游资源描述,包括旅游资源的名称、所在行政区域及其代码、所属主类、亚类、基本类型代码、资源等级及资源图片等。
三级旅游资源	浙江省内三级旅游资源描述,包括旅游资源的名称、所在行政区域及其代码、所属主类、亚类、基本类型代码、资源等级及资源图片等。
二级旅游资源	浙江省内二级旅游资源描述,包括旅游资源的名称、所在行政区域及其代码、所属主类、亚类、基本类型代码、资源等级及资源图片等。

续表

资源信息名称	资源信息内容
一级旅游资源	浙江省内一级旅游资源描述，包括旅游资源的名称、所在行政区域及其代码、所属主类、亚类、基本类型代码、资源等级及资源图片等。
未获等级旅游资源	浙江省内未获等级旅游资源描述，包括旅游资源的名称、所在行政区域及其代码、所属主类、亚类、基本类型代码、资源等级及资源图片等。
地文景观	浙江省内地文景观类旅游资源描述，包括旅游资源的名称、所在行政区域及其代码、所属主类、亚类、基本类型代码、资源等级及资源图片等。
水域风光	浙江省内水域风光类旅游资源描述，包括旅游资源的名称、所在行政区域及其代码、所属主类、亚类、基本类型代码、资源等级及资源图片等。
生物景观	浙江省内生物景观旅游资源描述，包括旅游资源的名称、所在行政区域及其代码、所属主类、亚类、基本类型代码、资源等级及资源图片等。
天象与气候景观	浙江省内天象与气候景观旅游资源描述，包括旅游资源的名称、所在行政区域及其代码、所属主类、亚类、基本类型代码、资源等级及资源图片等。
遗址遗迹	浙江省内遗址遗迹景观旅游资源描述，包括旅游资源的名称、所在行政区域及其代码、所属主类、亚类、基本类型代码、资源等级及资源图片等。
建筑与设施	浙江省内建筑设施景观旅游资源描述，包括旅游资源的名称、所在行政区域及其代码、所属主类、亚类、基本类型代码、资源等级及资源图片等。
旅游商品	浙江省内旅游商品景观旅游资源描述，包括旅游资源的名称、所在行政区域及其代码、所属主类、亚类、基本类型代码、资源等级及资源图片等。
人文活动	浙江省内人文活动景观旅游资源描述，包括旅游资源的名称、所在行政区域及其代码、所属主类、亚类、基本类型代码、资源等级及资源图片等。
旅游资源集合区	浙江省旅游资源集合区描述，包括集合区名称、行政区域、地级市名称及相关图片。

• 检索、模糊检索等功能

输入旅游资源及其相关信息名称，系统可显示其相关信息并提示（图2-4-12）；

输入旅游资源及其相关信息名称的任何一个字或音节，显示任何含有此字或音节的旅游内容及其属性信息；

可满足多重表达式（"<"、"="、">"、"≠"、"≤"、"≥"、"or"、"not"、"and"等简单或组合表达方式）的旅游及其相关信息查询；

可按区域进行查询，如进行分县逐区查询等；

可按类型进行查询，如进行建筑物查询或公园查询等。

（3）旅游空间数据库管理模块

以方便的树状图层管理方式对点、线、面数据进行管理，用户可以控制图层的显示、查询、图层名称设置等功能；

• 空间数据以浙江省地图作为空间分布载体，为旅游资源信息结构导航；
• 提供地图的放大、缩小、漫游、查询功能；

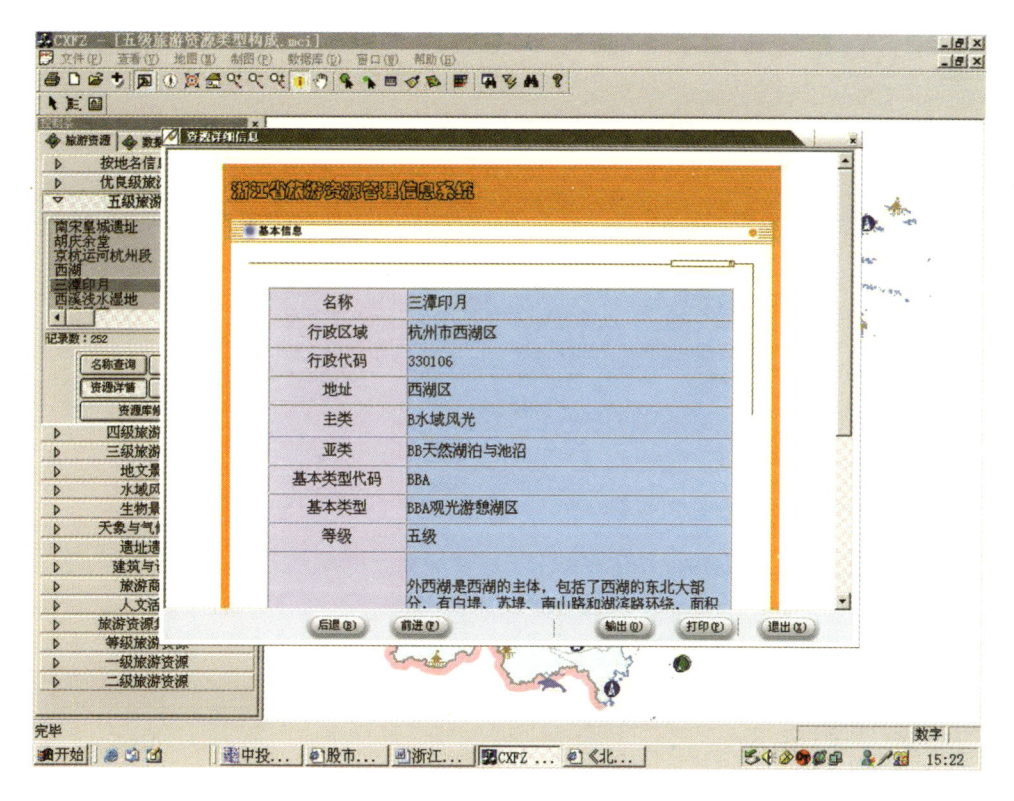

图 2-4-12　旅游资源详细信息界面

- 提供用户符号库、颜色库、图层及图例编辑器,用于地图的编辑和管理;
- 提供空间位置与逻辑表达式等多类查询功能;
- 提供多边形、圆形空间查询功能。

功能:

- 地图阅读

采用图层管理模式,可提供放大缩小、漫游等常规功能,以及地图注记(点、线、面状地物注记,线状可实现流动注记)、单图与多图显示,地图自动综合取舍显示(可控制地图显示比例尺,放大或缩小地图,详细显示或简略显示图形内容和注记)与目录导航等功能。

- 查询检索浏览

鼠标接触当前图层内任何一旅游热点或其环境服务设施等(点、线、面),选中对象闪烁或变色提示并实时弹出相关名称及其信息,若单击鼠标,可获取其详细的多媒体信息(超链接技术);

无须激活当前图层的条件下,可检索非激活图层的旅游信息;

分区旅游信息查询,可按区域线路进行查询检索;

可进行旅游资源信息及相关信息的空间位置查询,包括空间位置(点状对象)和空间分布(线状和面状,如景区、城市街区等);

逻辑表达式查询可实现满足条件的旅游信息的空间定位。

- 地图编辑功能

可对每一图层点、线、面数据的颜色进行编辑和修改;

可对图形数据的符号进行编辑与修改;

可实现图层删除与增加(图 2-4-13),用户在制作一幅地图或修改地图时,可添加图层。在系统中预装入的系统有省级、地区级、县级的点状、面状图形数据以及道路、河流、国界省界等基础图形数据供用户选择;

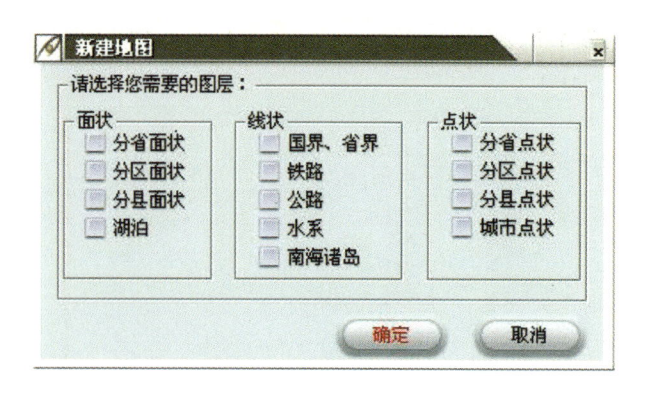

图 2-4-13 添加图层

可对图层名称、图名、图例进行编辑与修改,可对注记进行字形、大小、颜色的编辑修改;通过属性设置对话框,可以添加地图名称,改变图层显示的比例尺,地图的背景颜色,图层名称等属性值,点状图层还可以配置注记,及改变注记大小、颜色等属性;

可实现对空间数据的符号标注(各类点、线、面)。

(4) 旅游统计管理模块

系统提供下述功能:

关系型数据库管理与树状旅游统计指标管理;

数据库建立、编辑与树状旅游统计指标管理;

匹配查询、模糊查询、逻辑表达式查询、空间与属性数据库的双向查询等多类查询;

各类统计和分析结果的图形表达(图 2-4-14)。

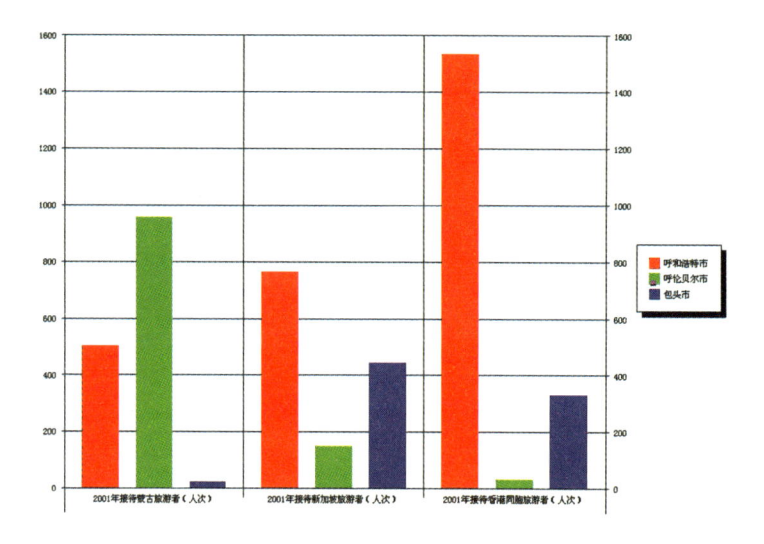

图 2-4-14 浙江省旅游资源管理系统旅游市场统计图表

(5) 旅游空间分析与专题制图模块

• 旅游空间分析

针对旅游资源的特征和用户需求,系统设计一些空间分析功能,使用户可以通过界面模块调用,对旅游资源进行一系列的分析,以辅助决策。

叠加分析(多边形查询):用地图编辑工具在图上画多边形或圆形,选择要查询的某图层或多个图层,选择全部包含和部分包含,系统可查询出落在该多边形里的信息,空间信息用黄色高亮显示,属性信息用表格列出。

缓冲区分析:选择某一点状、线状、面状地物进行缓冲区分析,计算出缓冲区内部有哪些景点和旅游基础设施及其详细的信息。

• 属性数据的统计分析

相关分析:分析计算地理要素之间相互关系的密切程度,通过计算相关系数 R 来完成。

线性回归分析:系统设计了线性回归分析功能,回归分析包括一元、二元和多元回归模型,建立变量 $X_1, X_2, X_3\cdots\cdots$ 与变量 Y 的线性方程关系式,并且绘出线性图。

主成分分析:系统实现了主成分分析功能,可以用来对旅游资源相关共有评价因子进行分析,计算出各个系数,实现量化的旅游资源评价。

专家打分模型分析:主要用来对旅游资源进行评价。

在旅游资源管理和开发的过程中,需要对一些旅游数据进行空间可视化处理以便于进行分析,辅助于决策。旅游资源专题电子地图制作模块是系统的重要功能,制作地图不仅是绘图过程,而且是将旅游资源相关数据在空间再现的过程。

制图模块读取外部数据(空间数据、属性数据),调用系统的地图符号库、颜色库等,将属性数据转化为可视化的地图图形,生成图层体,并能对其编辑修改,自动生成图例和进行地图整饰,最后设置图层控制信息和其他电子地图的功能。系统中采用"模板"方法绘制不同的普通地图或专题地图。包括:

分类分级统计图,主要是以点状、线状、面状符号库中的符号类型、大小、颜色来区分不同类型数据。

柱状与条状统计图,该类及以下图都是结构化的专题统计图,使用结构化的统计符号来表达。此类是用不同柱状和条状符号,符号的高度有数值度量意义。

饼状与环状统计图,使用饼状与环状统计符号,各种指标使用饼或环分别显示。

百分比结构图,使用百分比矩形统计符号。

金字塔形结构图,使用金字塔符号。

组合地图,包括散点图等。

• 旅游资源专题图的制作

系统可根据旅游资源管理所需指标内容制作各类旅游专题图(图 2-4-15),针对某个旅游专题的空间数据,选择旅游专题符号,在控制图层里显示、查询、设置图层名称。如对生物景观类的旅游资源的点状图层进行专题制图,选择"树状"的点符号来代表景点,从而形象地表达出生物景观类景点的分布状况。

• 专题统计地图的制作

可以将属性数据库有关统计指标(即某一字段或若干字段),按空间位置生成各个区域的统计图,以

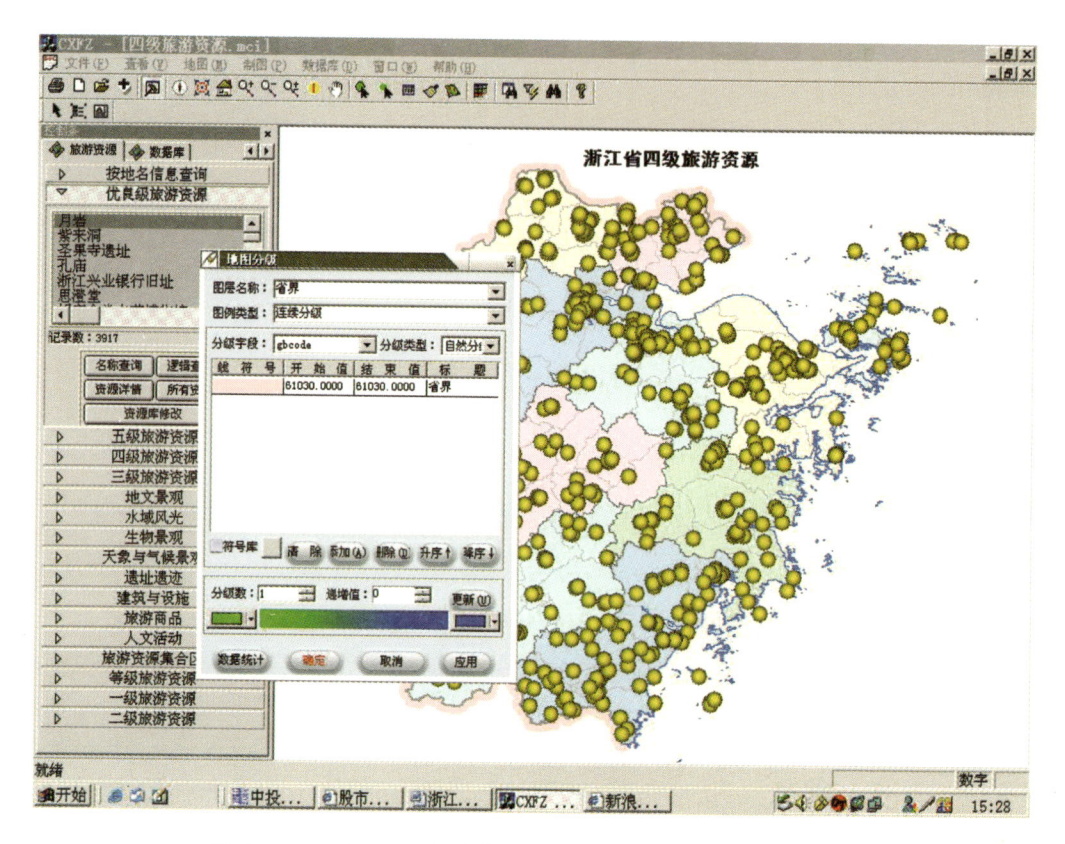

图 2-4-15　浙江省旅游资源管理信息系统旅游资源地图

反映区域内各类旅游统计指标的空间差异。专题统计制图主要用于区域内旅游统计数据的分析,系统中的制图模块设计了"专题制图向导",内设制图方法,为用户提供符号库、颜色库和地图比例尺编辑器,使不了解地图制图原理的用户也能通过简单的步骤制图。

专题统计地图包括两种模式:分级统计图和分类专题图。

分级统计图:按区域普染底色的统计地图。分级统计图法是一种依据一定区域单元(通常是行政区划单元)的统计资料(如各地区年游客量数据),将其数据划分等级,依级别的高低,在地图上各区划范围内填绘不同深浅的颜色或面状符号,以反映各区划单元之间的数量差异及整个制图区域状况规律的表示方法。

系统通过制图向导——"分级制图对话框"在点/线/面图层上制作分级统计地图。用户可以在分级制图对话框中设置图层名称、分级所用的字段,通过"分级制图对话框"可以调用系统的符号库和颜色库,设置分级使用的符号(点符号、线符号、面符号)类型和颜色等。

在对话框中,用户可以在"分级字段"下拉框中选择制图字段,并制定分级数和分级方式,系统会自动对字段进行分级。系统中的分级类型包括自然分级、平均分级、聚类分级三种,其中默认的类型为自然分级。按照分级制图向导制作的"旅游资源分布图",分级结束后可对分级方式自行调整。

分类专题图:将统计结果以统计图的形式在图层上表示出来。系统设计有柱状统计图、饼状统计图、环状统计图、金字塔形图、球状图等 9 大类 30 余小类的统计符号可供选择。和分级制图一样,用户可以通过"统计制图向导"制作分区统计图。可从系统提供的结构图类型中选取希望制作的统计图形的类型。选定图表的基本类型,如柱状图、条状图、饼状图等,在右边列表框中再选择子图表类型,有三维效果或渐变色效果等。

- 地图图例制作功能

图例将图中所用的各种符号列在地图的适当位置上，以方便读图。

系统默认的地图图例显示方式是在系统控制栏里进行显示，也允许用户自己将图例添加到地图窗口中。点击插入图例按钮，可在弹出的对话框中选择待插入图例的图层，并设置图例的图式。在地图窗口画一个框，图例就会显示在窗口中。并可对已制成的图例背景色、字体等进行编辑。另外根据图例内容的多少及地图整体配置，可以将图例设置为"竖排"或"横排"方式排列。

- 地图文本框编辑功能

在地图中添加图名等文本信息或对文本信息进行字体、大小、颜色的编辑修改。

- 旅游地图集成子模块

为了便于用户管理地图，此功能可以将已经制成的电子地图进行有机整合，形成清晰有序的地图目录。图集管理使每个图组中包含多幅地图，并使用形象直观的图标来链接；用户可以通过此模块编辑、管理地图目录，对图组和地图进行添加、删除和修改；并可以按照传统纸质地图集的习惯方式，给每个图组及地图配以说明，在浏览地图集时，可以随鼠标的位置实时显示地图目录说明和地图说明。

本系统中，主要包括浙江省概况、浙江省旅游资源、浙江省旅游资源统计、浙江省旅游业发展、环杭州湾旅游区地图、温台沿海旅游区地图、金衢丽旅游区地图、浙江省旅游规划图八个图组（表 2-4-2）。

表 2-4-2　专题地图图组构成

图组名称	电子地图内容
浙江省概况	包括浙江省行政区划、交通、区位、水系、土地利用现状、城镇体系空间结构及旅游资源概况。
浙江省旅游资源	反映浙江省旅游资源的类型、等级构成和空间分布特征，涵盖了浙江省旅游资源各主类、亚类和基本类型。
浙江省旅游资源统计	对浙江省旅游资源进行分类统计，揭示了浙江省旅游资源的分布特征和区域旅游资源构成。
浙江省旅游业发展	描述了不同年份浙江省旅游收入、旅游人数、旅游企业及从业人员状况，反映了浙江省旅游业的发展趋势。
环杭州湾旅游区地图	环杭州湾旅游区，包括杭州、宁波、嘉兴、湖州、绍兴、舟山市的旅游资源。
温台沿海旅游区地图	温台沿海旅游区，包括温州、台州市的旅游资源。
金衢丽旅游区地图	金衢丽旅游区，包括金华、衢州、丽水市的旅游资源。
浙江省旅游规划图	包括浙江省旅游规划及现状描述、分析评价。

4. 信息系统窗口接口及工具简介

位于界面左侧显示地图的区域为地图窗口，系统的图形部分都显示在此窗口中。本系统预装入的地图资料有浙江省行政区划图和旅游专题地图。这些不同的地图都由相应图层来控制，既可以分层显示，也可以借助不同颜色显示在同一层图上。

(1) 颜色和符号

所有地图的显示颜色、符号都是通过图层的分级来设置的。系统缺省的地图已建立好了所有图层的分级,但高级用户可以通过激活"工具条"中的"分级制图"来进行重新分级配色。

(2) 地图属性

地图的显示有比例尺限制。用户可以设定各个图层的最大和最小显示比例,这样可以在地图放大或缩小的过程中逐步显示不同内容,达到更好的显示效果。关于地图属性的设置参见"工具条"中的"地图属性"。

(3) 地图操作

地图的常规操作隐藏在鼠标右键的快捷菜单中。如图 2-4-16 所示:

快捷菜单包含了全屏、漫游、智能缩放、放大、缩小、空间搜索、刷新地图、属性设置、分级制图、专题制图等工具,它集中了系统工具条和系统菜单中地图常用的工具。各工具的具体描述可在"工具条"中获得。

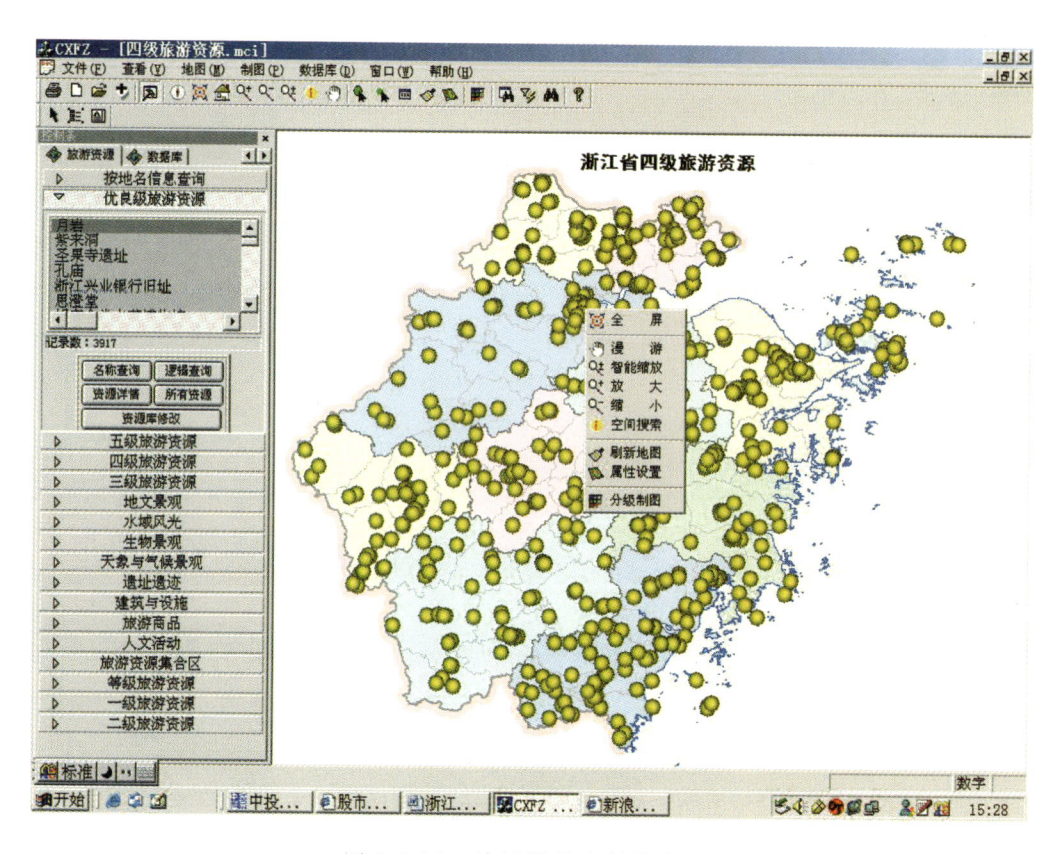

图 2-4-16　地图操作中快捷接口

四、工具条功能简介

1. 打印地图

点击按钮,进行打印设置。

2. 新建地图窗口

地图窗口为多文件窗口,用户可以创建多个地图窗口,在不同窗口中打开多个地图文件,并在窗口间切换。

3. 打开地图文件

点击此工具,出现文件选择对话框,在对话框中选择 MLB 地图文件,系统将显示地图内容。

4. 添加新图层

5. 隐藏控制窗

如果需要显示更大的地图窗口,可以选择此"隐藏控制窗"按钮,屏幕将隐藏控制栏窗口。

6. 显隐地图图组目录

7. 全屏显示地图

以最大的比例尺将地图完全显示在窗口内,此工具可以恢复地图显示到最初全图状态。

8/9. 放大地图/缩小地图

使用工具可对地图比例尺进行缩放,每个工具的使用有两种方式:一种是用鼠标在选定区域周围拉出一个矩形,地图便会将指定区域全屏显示在地图窗口内;另一种是用鼠标点击要放大的区域,地图会按固定比例逐步放大点击区域。缩小工具的操作方法类似。在系统的缺省地图文件中,某地区的地区级和县市级地图、浙江省街区级图等都是根据地图比例尺从小到大逐步显示的。所以,随着地图放大,信息会逐步详细,反之亦然。

10. 智能缩放地图

智能缩放工具是对放大/缩小地图工具的补充,它用一种工具实现两种功能,用户需要按住鼠标左键,此时系统将监测用户移动鼠标的方向。鼠标向下移动时,系统执行连续放大操作;鼠标向上移动时,系统则执行连续缩小操作。这种连续缩放功能提高了地图的显示效果,也大大方便了用户的操作。

11. 空间搜索

空间搜索功能是一种简单、实用的查询方式。用户选择此功能后,鼠标在地图中移动时将会引起鼠标所在的地图元素的高亮显示,并且出现提示条显示该地图元素的名称。用户只需要移动鼠标到指定位置,系统将自动显示该地图元素的名称,双击查询点,系统还将显示查询结果框。用户操作起来非常简单。

12. 地图移动

地图移动工具的使用同样也有两种方式:一种是直接使用鼠标拖动地图,用户可以移动鼠标到任何位置,地图随之进行实时移动刷新;另一种是漫游方式,用户只需向一个方向轻轻移动鼠标,系统就会检测出来,并使地图自动向指定方向运动,系统指定了八个方向,可以满足用户漫游全图的需要。

13. 多边形查询

点击此按钮,在当前显示的地图中,画多边形区域,弹出如下对话框:

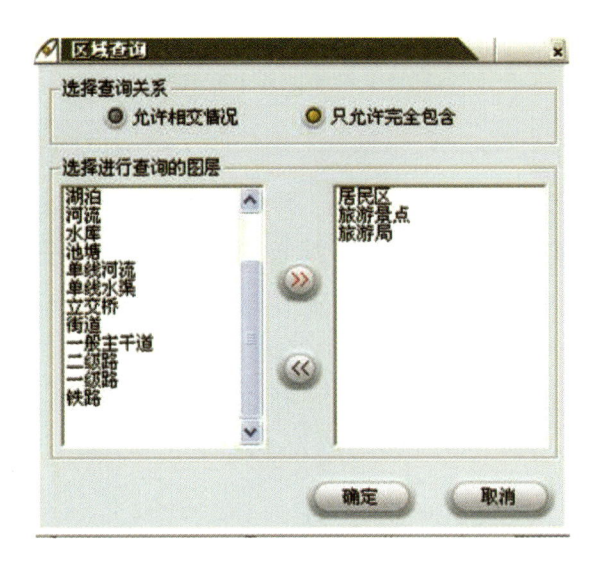

图 2-4-17　多边形查询字段选择

选择需要查询的字段,点击确定,落在多边形内部的图形要素会以黄色显示,表中将列出所有查询到的信息。

14. 圆形查询

与多边形查询操作类似。

15. 显示空间查询结果

16. 刷新地图

在地图刷新显示有延迟的情况下,由用户手动更新显示。

17. 地图属性设置

出现属性设置对话框,可以添加地图名称,改变显示比例尺、地图的背景颜色、图层名称等属性值。

18. 专题制图

分级制图工具将通过分级制图对话框对地图中图层的颜色、符号等进行设置。如图 2-4-18 和图 2-4-19所示(注意:分级制图对话框中显示的是地图管理页面中的激活图层,用户只需在地图管理页面中点击图层名,该图层名显示为凹入状态即为激活图层,图标请参见"地图管理页面"中激活图层与非激活图层区分)。

用户可以在分级制图对话框中设置图层名称、分级所用的字段、分级使用的符号(点符号、线符号、面符号)类型颜色等。选中一种分级记录,双击符号栏或点击"符号库"按钮,会出现符号库对话框,并显示该分级的符号设置,用户可以在此基础上进行修改。

19. 编辑数据库

进入数据库编辑对话框。

20. 表达式查询

点击此按钮,进入表达式查询对话框。

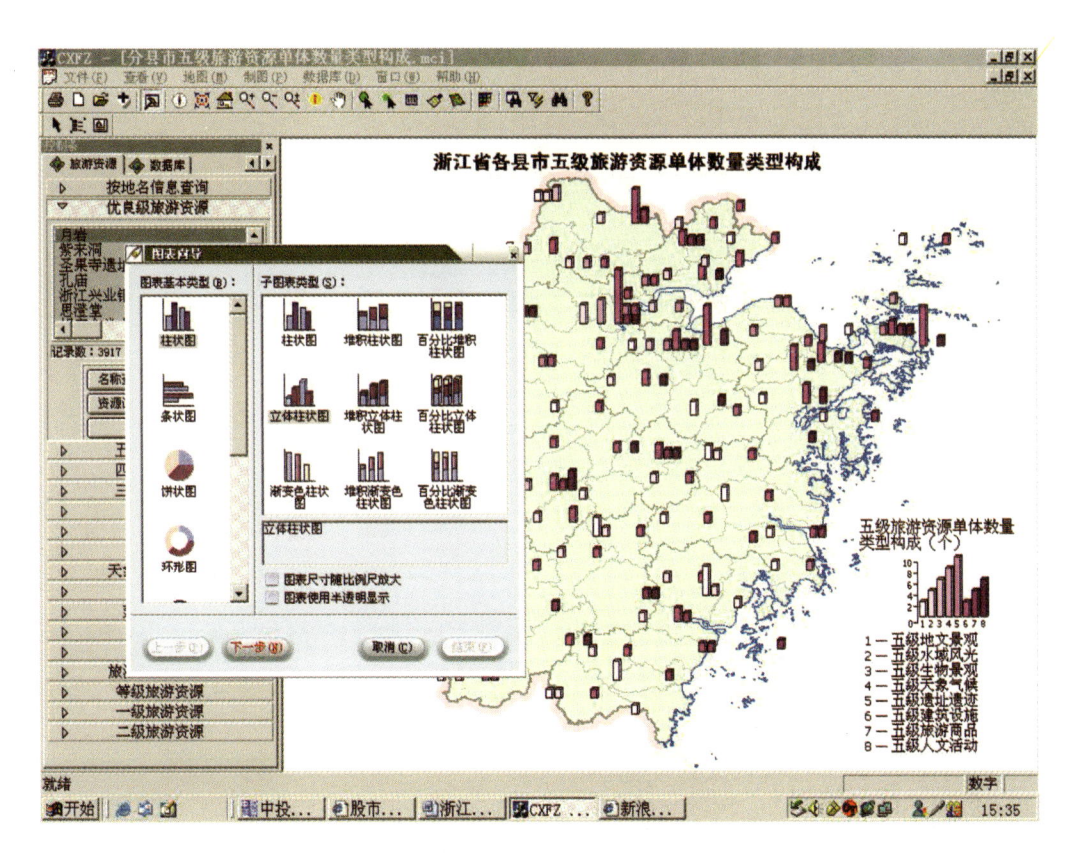

图 2-4-18　激活图层分级图

21. 查询设置

22. 普通查询

进入普通地名查询对话框。

23. 三维显示

24. 插入图例工具

点击工具栏里的插入图例按钮,在地图窗口画一个框,图例就会显示在窗口中,在图例中点击鼠标右键"属性"选项,可对图例进行编辑。

25. 插入文本框

点击工具栏里的插入文本框按钮,在地图窗口里画一个框,然后输入文字。点击鼠标右键"属性"选项,可对文本进行编辑操作,如字体式样、颜色、大小,文本框的背景颜色、边框的颜色、粗细等。

五、控制条功能简介

控制条位于系统右侧,由三个主要的页面组成,分别为:地图管理、旅游资源、统计分析。如图 2-4-19 所示:

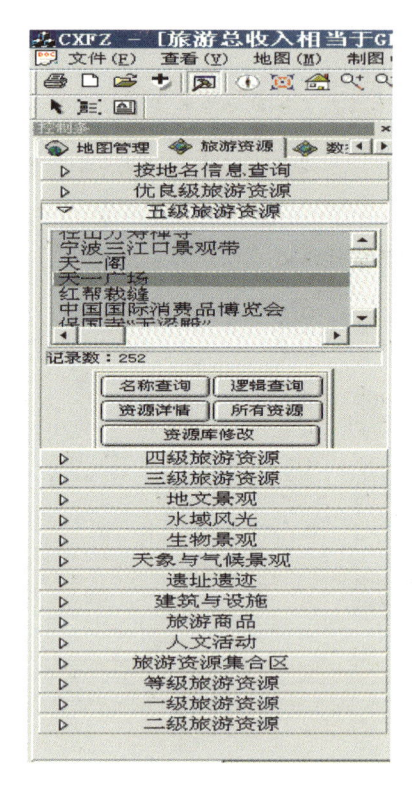

图 2-4-19　控制条

1. 图集管理

图集管理主要是用于管理浙江省旅游信息的各类专题图。主要有添加、删除、修改图组和添加、删除、修改地图功能(图 2-4-20)。

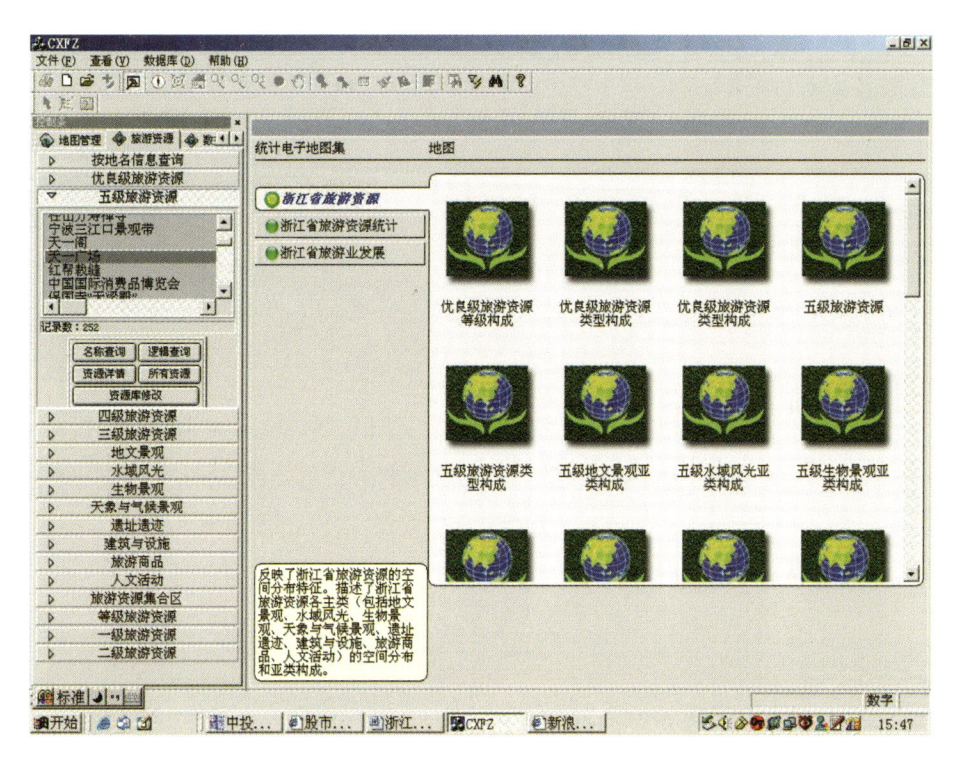

图 2-4-20　图集管理

2. 地图管理

地图管理分为分地区面状、分县面状、国道省道、分地区点状、分县点状、街区、绿地、铁路等图层,图层主要有打开/关闭图层、空间搜索及显示/隐藏按钮,如点击分县图层中的空间搜索按钮,使其被选中,当鼠标移动到图上的相应点时,就会显示该点的信息。地图管理窗口下面有制图、保存、读取三个按钮(图 2-4-21)。

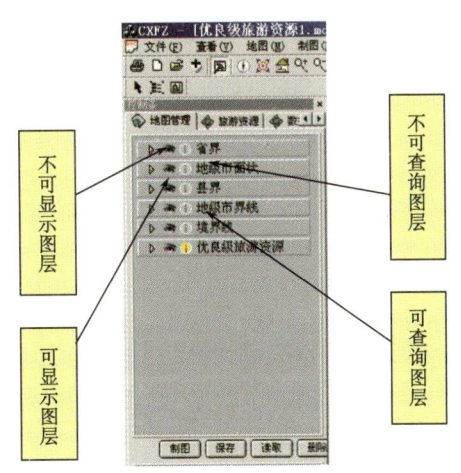

图 2-4-21　地图管理窗口

3. 制图

点击地图管理下面的制图按钮可进行相应图层的制图操作,进行分级制图和统计制图。制图操作步骤和过程与工具栏里的分级制图和统计制图操作相同。

4. 读取

读取按钮的作用相当于打开工具栏(图 2-4-22)。

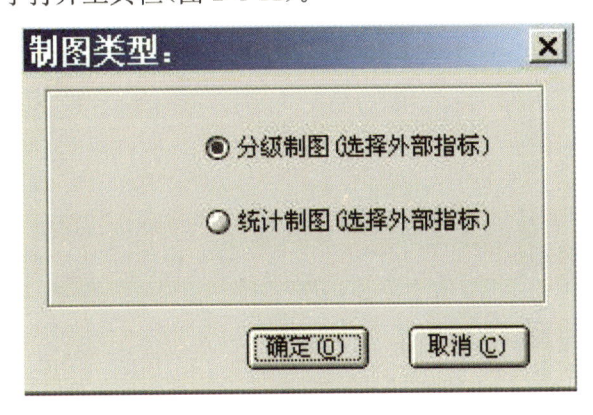

图 2-4-22　地图管理的制图操作

5. 按地名信息查询

地名查询按照浙江省旅游专题信息分为很多种,点击显示/隐藏按钮,在区域下拉菜单里选择要查询的级别,所有的信息将出现在下面窗口中。

鼠标在窗口里选中某一景点,在图上就会高亮地显示该景点,点击图上某一位置,则相应景点的名字就会在窗口里以选中的状态出现,即图和窗口可以交互显示(空间和属性的双向查询)。

6. 逻辑查询

逻辑查询就是按照一定的逻辑条件进行查询。在逻辑查询表中,先选择需要查询的字段,然后选择查询条件和字段值,如查找主类名称为地文景观的资源单体,在字段列表中双击"主类名称"这一字段,在条件选项中,双击"等于",然后在字段值中选择"地文景观"。点击查询按钮,系统将所有属于地文景观的资源单体查询出来,在资源单体查询表中列出,共有162项符合条件的记录。

7. 数据修改

点击数据修改按钮后,将出现一个新窗口。在新窗口中显示了旅游资源表的所有内容,用户可以根据需要添加、删除字段,改字段名,添加、删除记录,修改记录,实现字段间的简单运算、赋值以及设置链接文件。

8. 资源详情

点击旅游资源单体查询窗口中的资源详情按钮,使其凹下处于选中状态,在旅游资源中,点击某一旅游景点,就会出现一个新的窗口,此窗口显示了旅游景点的详细信息,其内容主要包括基本信息、资源简介、资源图片三部分。

9. 所有资源

点击所有资源按钮,在查询框中将列出全省的所有旅游资源单体。

10. 统计分析

统计分析由两个页面组成,分别是旅游资源统计数据库结构和用户自定义表。

11. 旅游资源统计数据库结构

旅游资源统计数据库由三大数据库组成,包括浙江省旅游资源统计数据库、分地区旅游资源统计数据库以及分县旅游资源统计数据库。

用户双击窗口中的资料,就可以看到资料的属性表,并可对表进行查询分析、统计制图分析等操作。

第二章 浙江省旅游资源与统计地图网络发布系统

基于 Web 的浙江省旅游资源与统计地图网络发布系统分为两部分（图 2-4-23）：服务器端和用户端。服务器端是整个基于 Web 的旅游信息空间可视化系统的核心，该层由资源与工具模块、系统主要功能模块两大模块组成。用户端是将所有功能可视化集成为应用界面模块，提供给用户一个方便的浏览和查询电子地图及统计数据的平台。

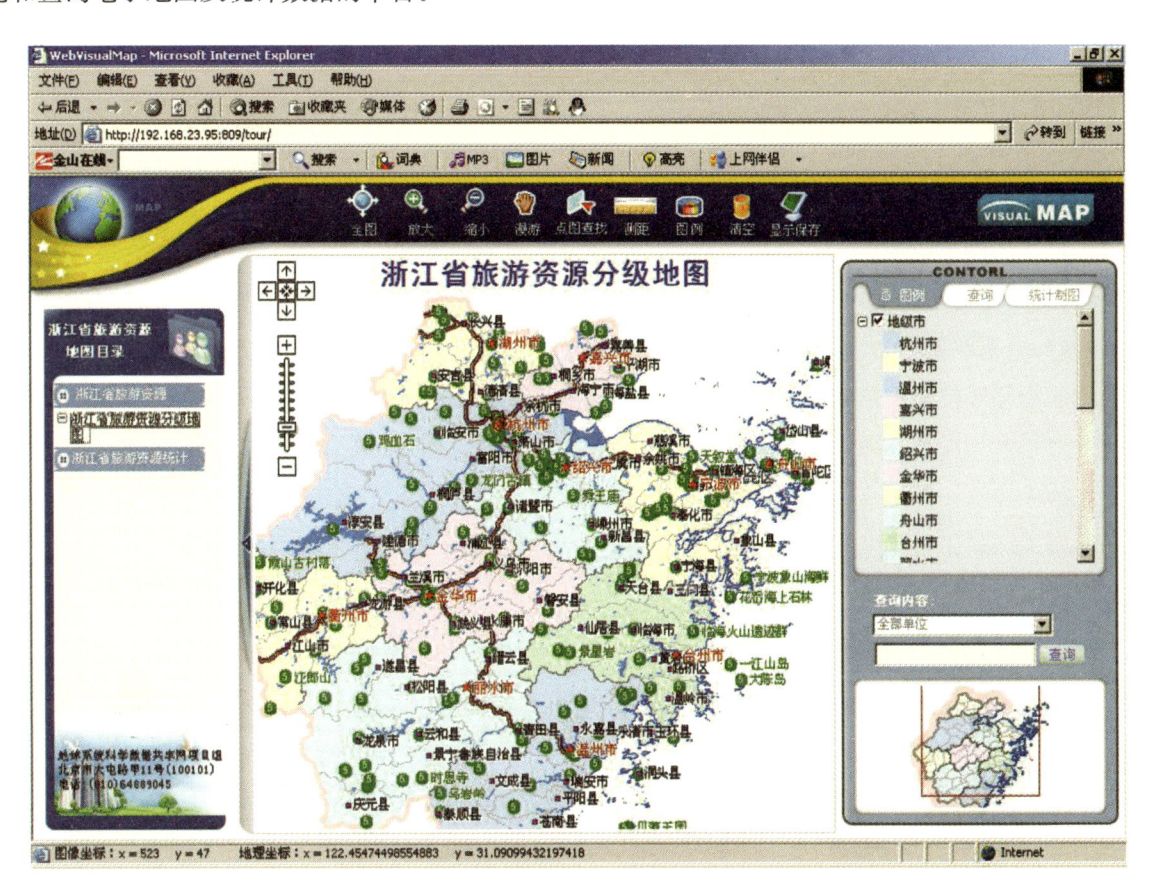

图 2-4-23　基于 Web 的统计信息空间管理系统主界面

一、系统功能设计

为了对旅游资源信息、旅游统计信息进行初步的空间可视化表达和分析，建立基于 Web 的可满足部门级应用的旅游信息空间可视化应用系统框架。系统分为三个模块进行设计：资源与工具模块、功能模块、应用界面模块。

• 资源与工具模块

最底层的系统资源和工具是支持系统各种功能的基础,如地图符号库、颜色库及专题地图符号库是用地图符号语言对地理数据及统计数据进行空间描述的要素。系统将这些模块进行内部封装,用户在使用某个功能时可直接调用。

• 功能模块

系统的功能设计不仅包括旅游地理数据的可视化空间表达,还包括对旅游统计数据本身的分析挖掘。系统根据统计数据制作统计图,显示专题电子地图。

• 应用界面模块

除了丰富的功能模块以外,系统还应该具有友好的交互界面,用户可以根据需要进行应用。

系统资源与工具模块和应用界面模块与系统功能模块密切相关,也是功能模块的重要组成部分。本部分主要介绍资源与工具模块,功能模块和用户界面将会在功能模块介绍和示例等部分中有所介绍。资源与工具模块包括地图符号库、专题统计符号库和颜色库三个子模块。

1. 地图符号库

地图符号是表示地图信息各要素空间位置、大小和数量质量特征,具有不同颜色的特定的点、线、面和几何图形等的图解语言。地图符号是直观、形象、概括地表现地理事物的重要形式,它具有一定的空间位置,因此具有可量测性,通过符号可以把旅游数据这样抽象的现象在空间上予以表示,以供量算、比较,进行各种分析和研究。

系统的符号库按照符号的空间特征将符号分为点、线、面符号,符号库设置了大量的点、线、面符号图形及符号编辑和设置功能,用于对形状、尺寸和颜色这三个地图符号的基本要素进行设置。

(1)点状符号

系统主要包括了自定义的绘图符号,可以设置从简单到复杂的点状符号。如图 2-4-24 和图 2-4-25 所示。

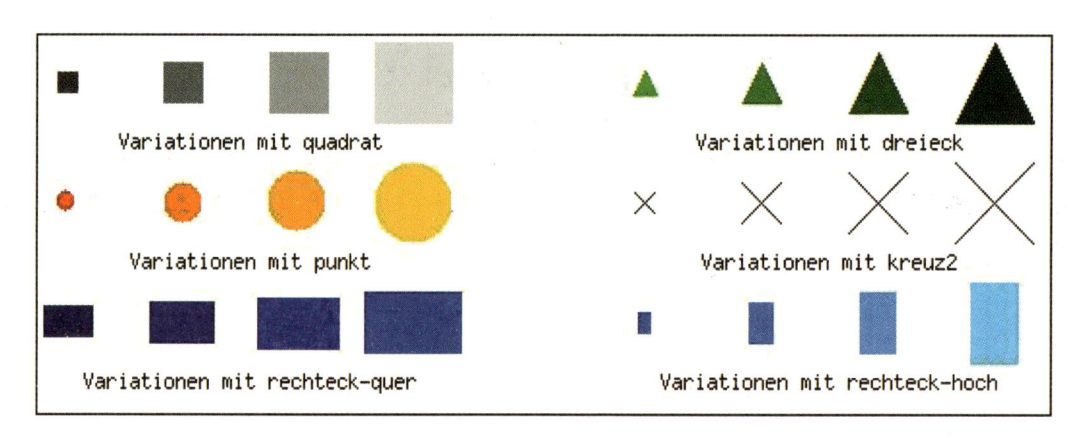

图 2-4-24 简单点状符号

(2)线状符号

设置线状地物中心线和边框线的线型,包括线条的颜色、宽度等参数。可以设置从简单到复杂的线状符号。如图 2-4-26 和图 2-4-27 所示。

图 2-4-25　复杂点状符号

图 2-4-26　简单线状符号

（3）面状符号

设置不同的面状填充方式，包括边框颜色、边框线划粗细、填充颜色等。可以设置从简单到复杂的面状填充方式。如图 2-4-28 和图 2-4-29 所示。

2. 专题统计符号库

专题地图主要由地理底图和专题符号内容构成。系统充分考虑区域统计的特点及相互间的关系，从准确、实用、美观的角度出发，设计了丰富的专题统计制图符号体系。如表 2-4-3。

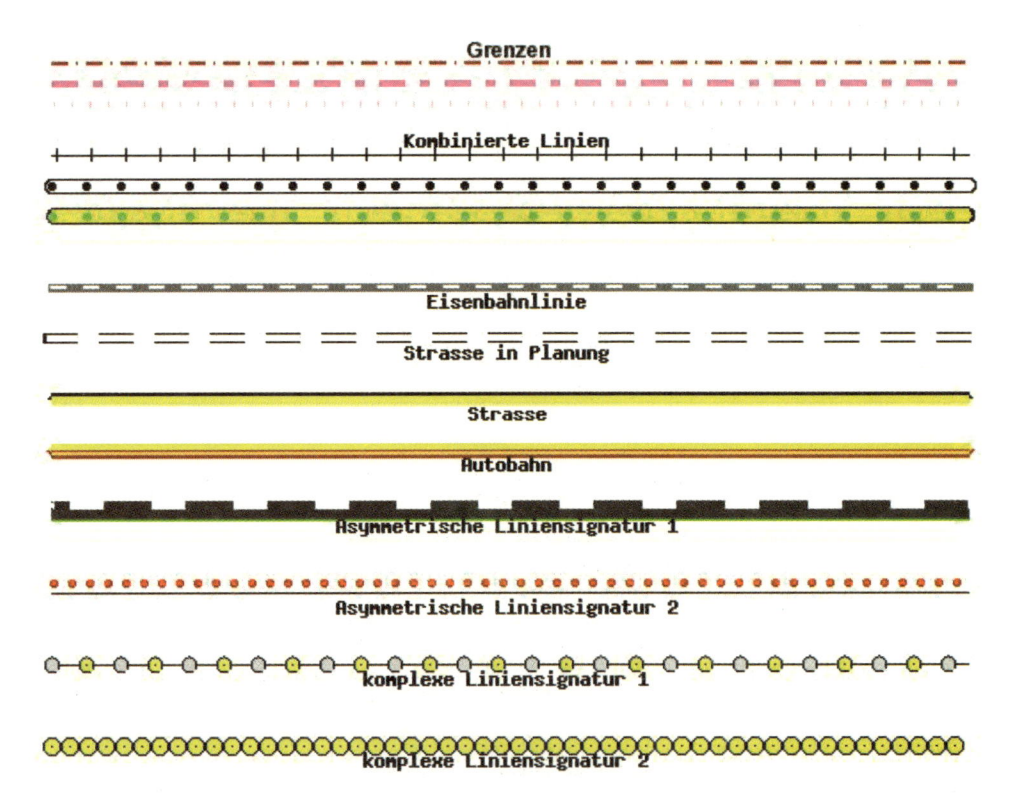

图 2-4-27 复杂线状符号

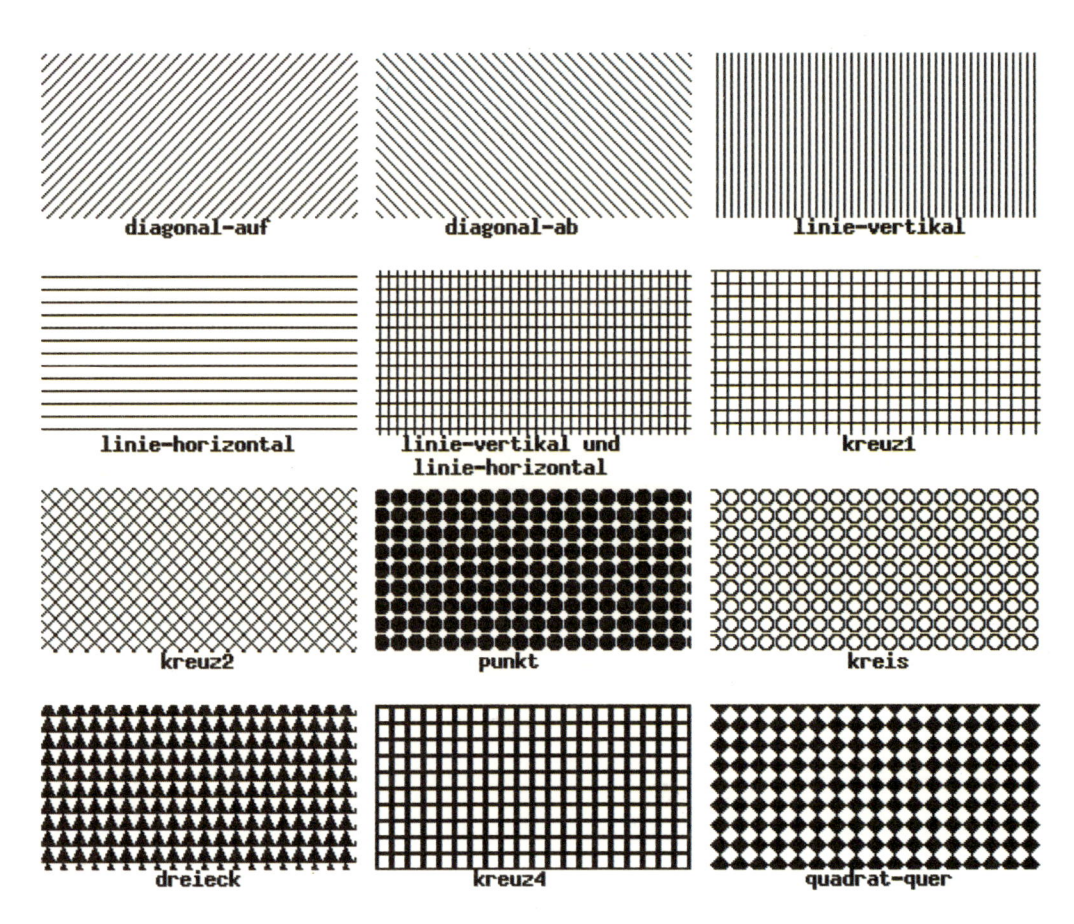

图 2-4-28 简单面状填充

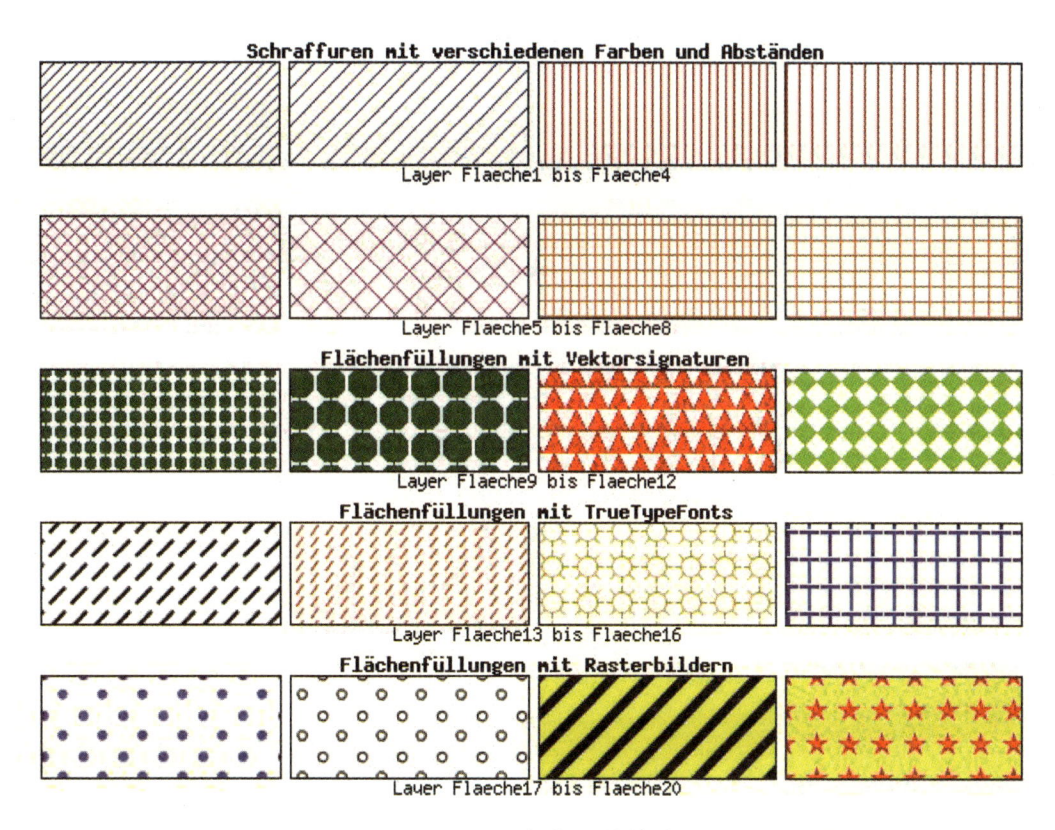

图 2-4-29 复杂面状填充

表 2-4-3 专题制图符号

图表基本类型	子图表类型	说明	图例
饼状图	饼状图	使用统一半径的圆,半径大则总量大;用扇形角度来区分指标大小,扇面的填充颜色代表各指标	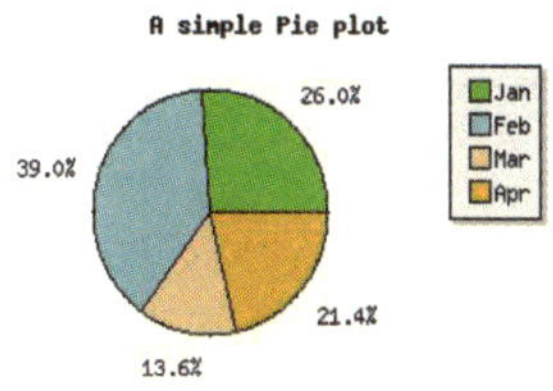
	三维饼状图	使用饼状图的立体效果	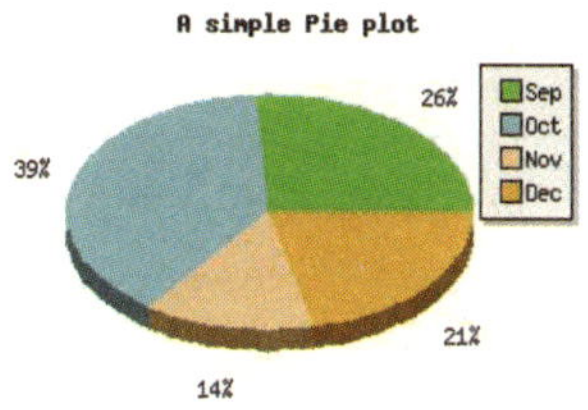
环状图	环状图	使用统一半径的圆环,半径大则总量大;用环扇形角度来区分指标大小,扇面的填充颜色代表各指标	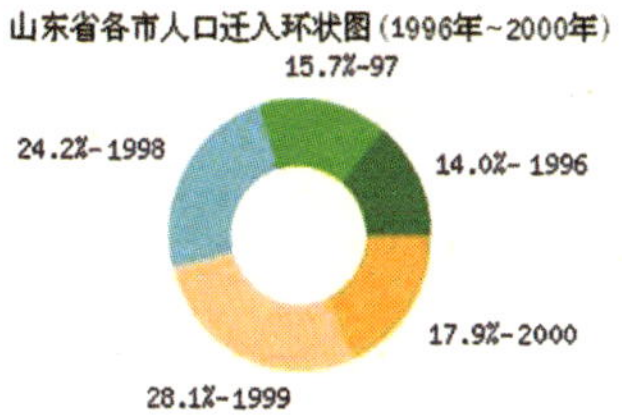

续表

图表基本类型	子图表类型	说明	图例
趋势图	折线图	用坐标轴中的折线表示各指标的变化趋势	
柱状图	柱状图	利用分组、分柱定义指标,用不同颜色区分各柱子含义	
	柱状渐变图	利用分组、分柱定义指标,用渐变颜色渲染柱子	
组合图	叠加图	趋势图和柱状图的综合	

3. 地图颜色库

色彩对提高地图的表现力和制图效果等方面都有很大的作用。本系统颜色库分为两大部分:第一个部分为地图符号颜色,它通过设置地图符号文件 SYMBOL 中 COLOR 字段的 RGB 值来确定地图符号颜色;第二部分为专题统计符号颜色,可以在 PHP 程序里选用颜色库中已有的颜色字段为统计图设色,也可以手动设置 RGB 值编辑颜色。

二、主要功能模块介绍

1. 基本功能模块

基本功能有"全图"、"放大"、"缩小"、"漫游"、"点图查找"、"测距"。

(1) 全图显示

• 功能简介

使地图全部显示在地图窗口中并且居中。
- 操作步骤

在上图的工具栏中,点击"全图"选项。

(2) 缩放

- 功能简介

使当前地图窗口中地图光标变为放大/缩小光标,用于放大/缩小显示当前地图。
- 操作步骤

在上图的工具栏中,点击"放大/缩小"选项。当用鼠标单击地图,以鼠标单击点进行放大/缩小。按住鼠标左键在地图上拖动,会看到起点和目前点之间画出了一个方框,当鼠标释放后,将会以该方框为范围进行放大/缩小。如图2-4-30。

图 2-4-30 缩放演示界面

(3) 漫游

- 功能简介

使当前地图窗口中地图光标变为漫游光标,用于拖动地图并重新定位地图的中心。
- 操作步骤

在上图的工具栏中,在菜单中点击"漫游"选项,在地图窗口中按住鼠标并移动。

(4) 点图查找

- 功能简介

使当前地图窗口中地图光标变为查找光标,用于查找地图中的图元。

- 操作步骤

在上图的工具栏中,在菜单中点击"点图查找"选项,在地图窗口中点击查找位置。查找结果会在查询属性窗口中显示(图 2-4-31)。

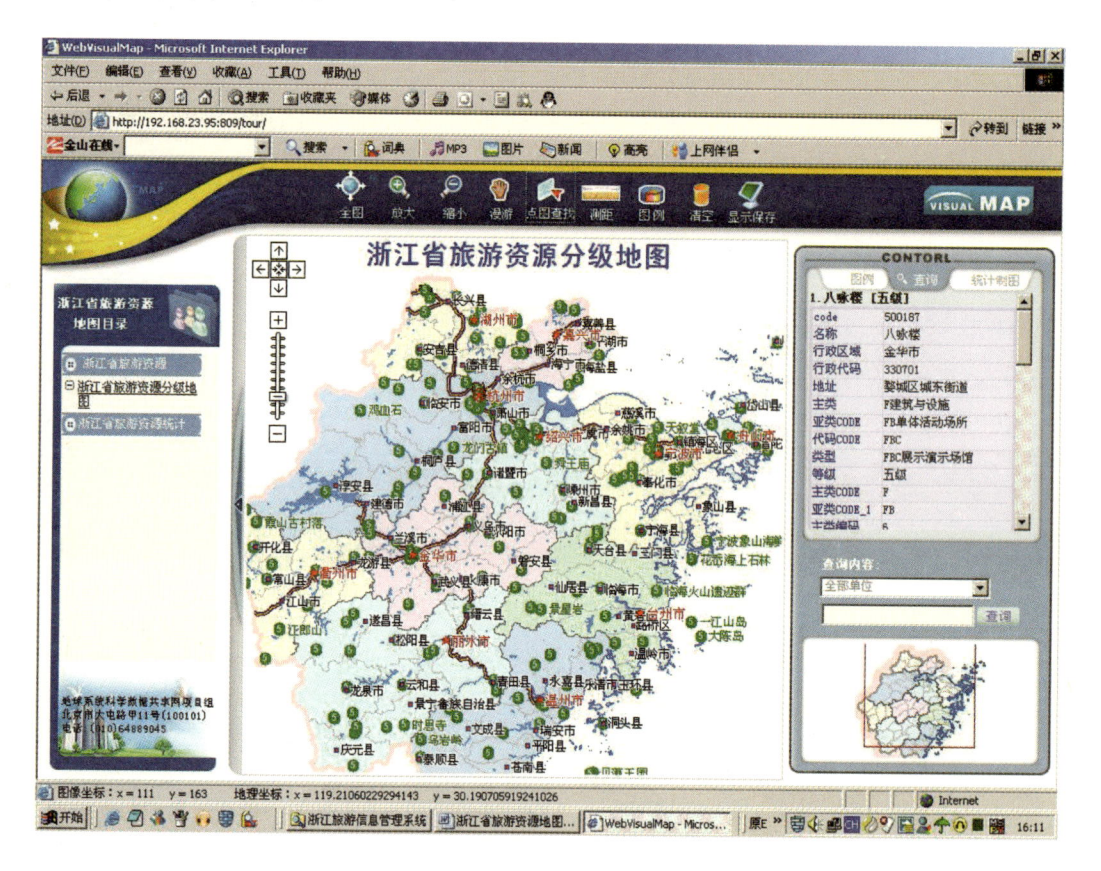

图 2-4-31　点图查询界面

(5) 测距

- 功能简介

使当前地图窗口中地图光标变为测距光标,用于测量当前地图两个选择点之间的直线距离,或者几个选择点之间折线距离的总和。

- 操作步骤

在上图的工具栏中,在菜单中点击"测量"选项。测量的结果会显示在弹出对话框窗口中。

2. 高级功能模块

(1) 属性查找

- 功能简介

对选定图层中的名称进行查找。

- 操作步骤

在"查询内容"中选定要查询的图层,输入想要查询的地名,点击"查询"按钮进行查询。查询结果会显示在查询属性窗口中。如图 2-4-32。

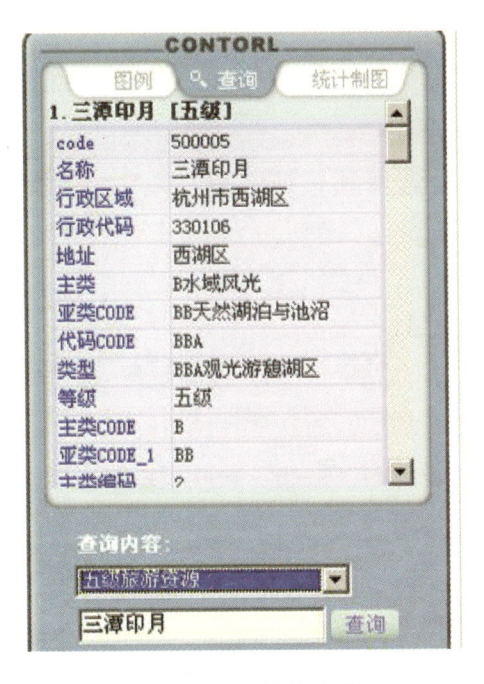

图 2-4-32　属性查询

点击查询结果"更多详细信息",便可得到相关景点的详细介绍,包括资源名称、所处行政区域、行政代码、地址、资源所属主类、亚类、基本类型、等级及相关图片等信息。如图 2-4-33。

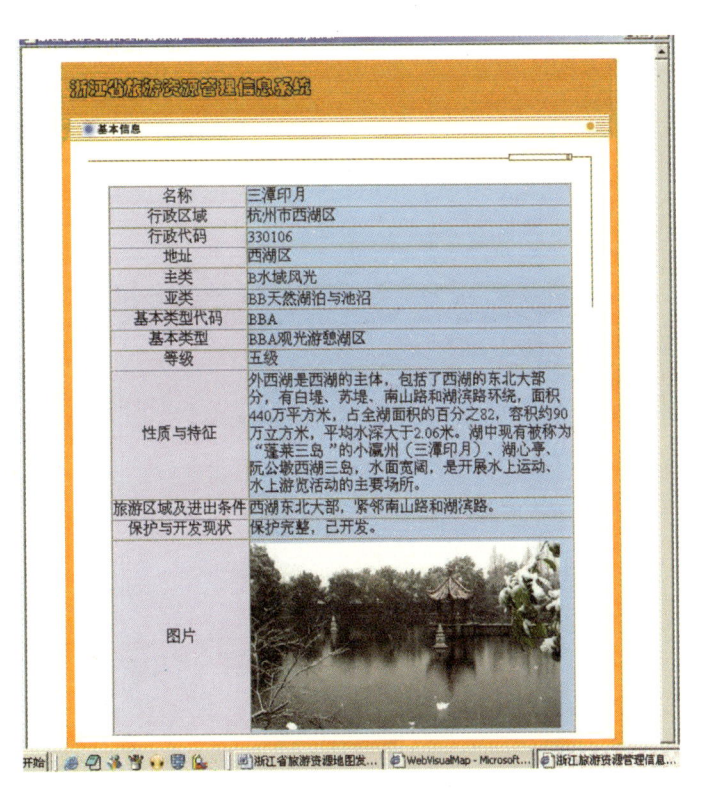

图 2-4-33　资源详细信息

(2)点选查询

- 功能简介

对鼠标选定对象进行查询。

- 操作步骤

在地图窗口中,直接用鼠标点取所要查询的对象信息。

图 2-4-34　点选查询

(3)区域查找

- 功能简介

对选定区域中的对象进行查找。

- 操作步骤

点击"区域查找",用鼠标拉出欲查询范围,如图 2-4-35 所示。

图 2-4-35　框选查询区域

在右边查询界面中,显示查询区域内的对象信息,如图 2-4-36 所示。

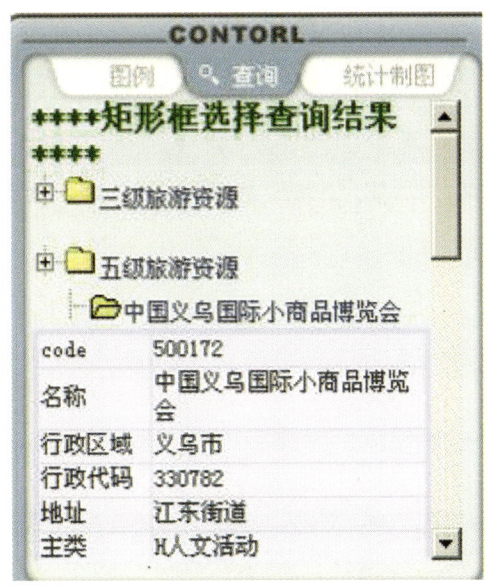

图 2-4-36　框选查询结果

(4) 图层控制

• 功能简介

一幅地图由多个图层组成,在地图窗口中,每个含有图形对象的数据表都可以显示为一个图层。图层信息指的就是图层的属性。

• 操作步骤

在图层控制窗口中选择设定可见或不可见的图层后,点击"确定"按钮,便对图层进行了筛选。如图 2-4-37。

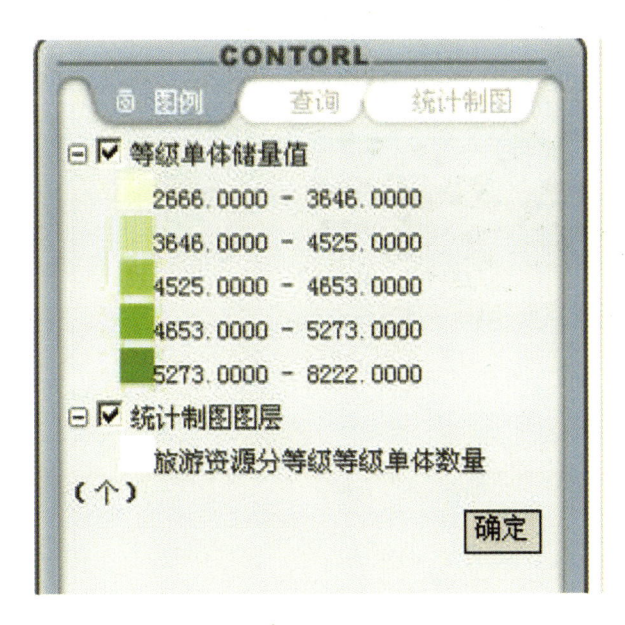

图 2-4-37　图层控制界面

3. 统计制图模块

浙江省旅游资源信息管理系统可以对各种旅游资源进行专题制图,并通过桌面系统的统计图转换工具,将生成的统计专题图发布到网络上。

三、专题图示例

应用浙江省旅游资源信息、旅游统计信息进行分类和表达。数据包括三个专题内容:浙江省旅游资源专题,浙江省旅游资源统计专题以及浙江省旅游业发展专题。

1. 浙江省旅游资源专题

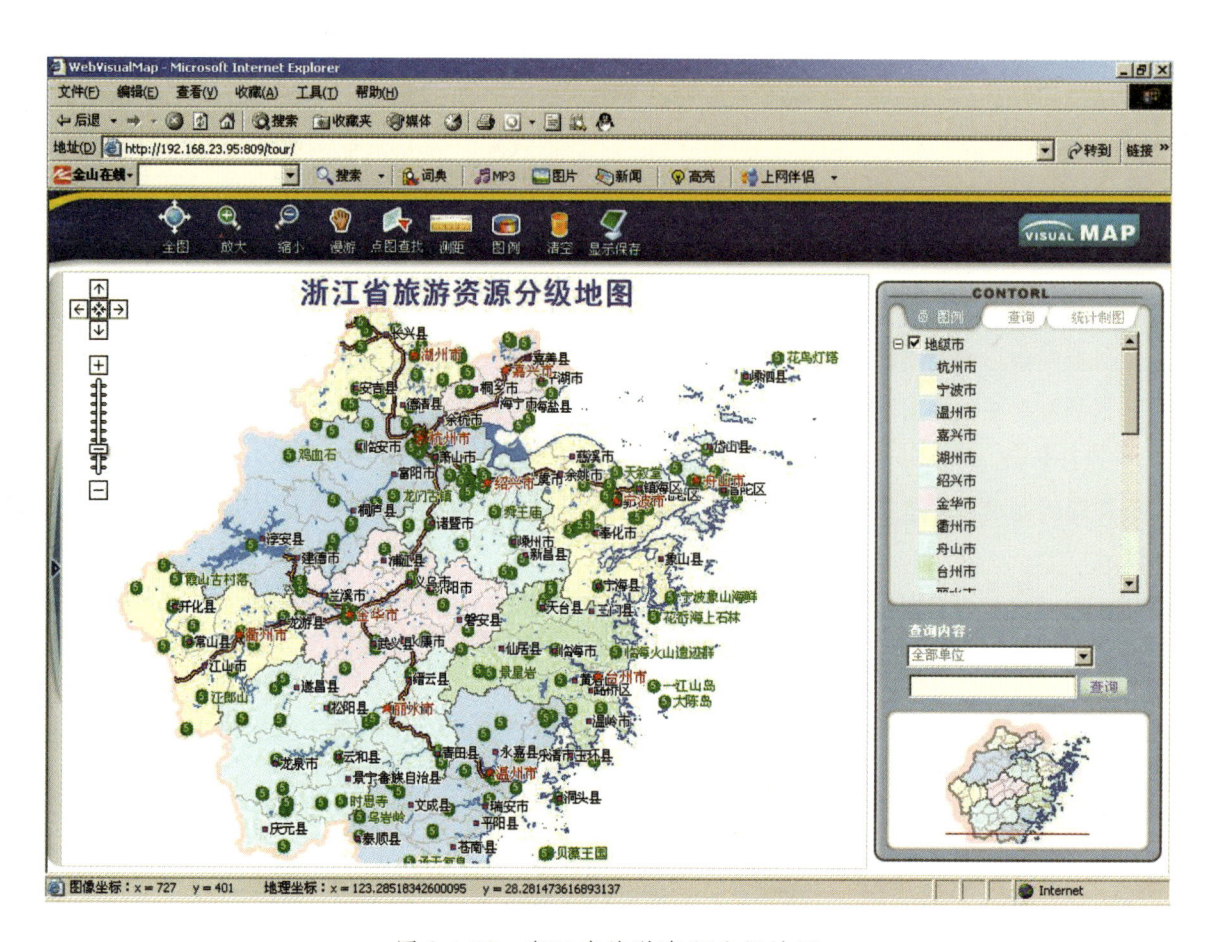

图 2-4-38　浙江省旅游资源分级地图

2. 浙江省旅游资源统计专题

图 2-4-39　浙江省各地市旅游资源单体数量类型构成及地文景观储值地图

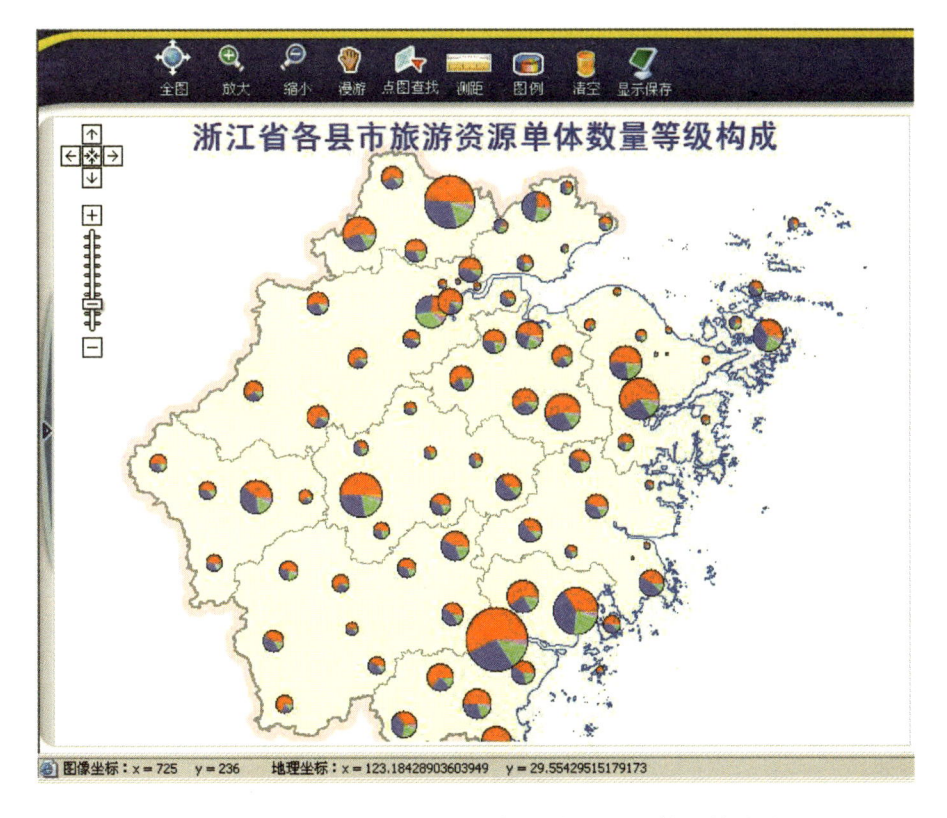

图 2-4-40　浙江省各县市旅游资源单体数量等级构成地图

616 浙江省旅游发展规划

图 2-4-41 浙江省分地市地文景观类旅游单体基本类型分布地图

3. 浙江省旅游业发展专题

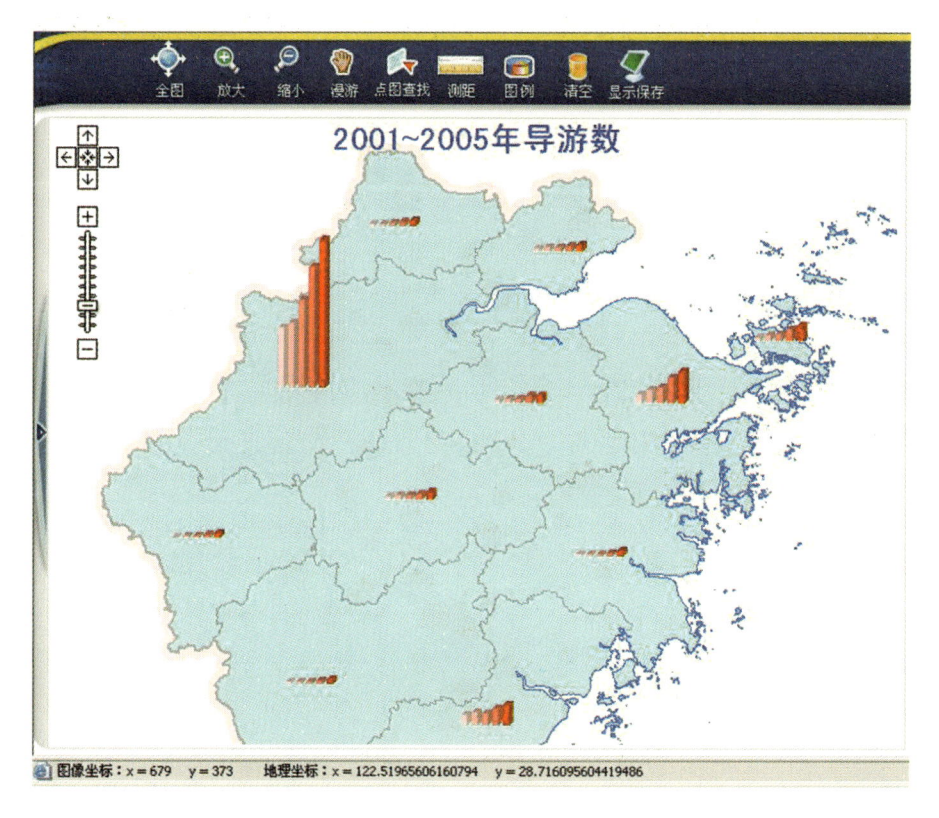

图 2-4-42 浙江省 2001～2005 年导游数地图

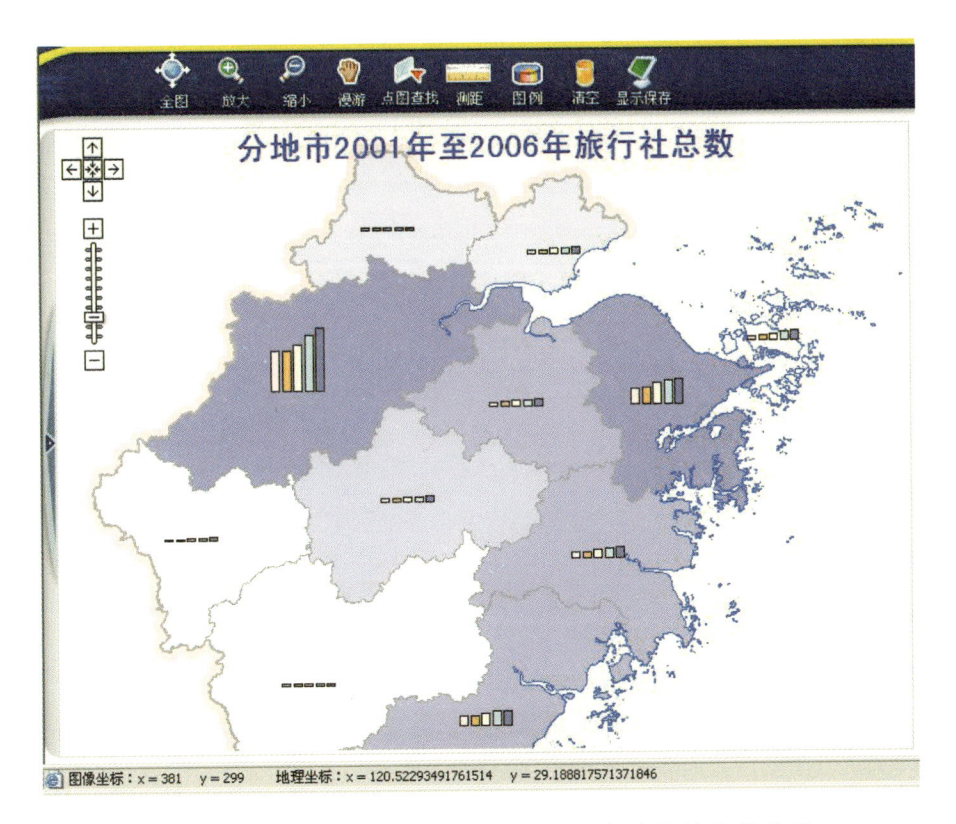

附件四 旅游资源管理信息系统建设 617

图 2-4-43 浙江省分地市 2001～2006 年旅行社总数地图

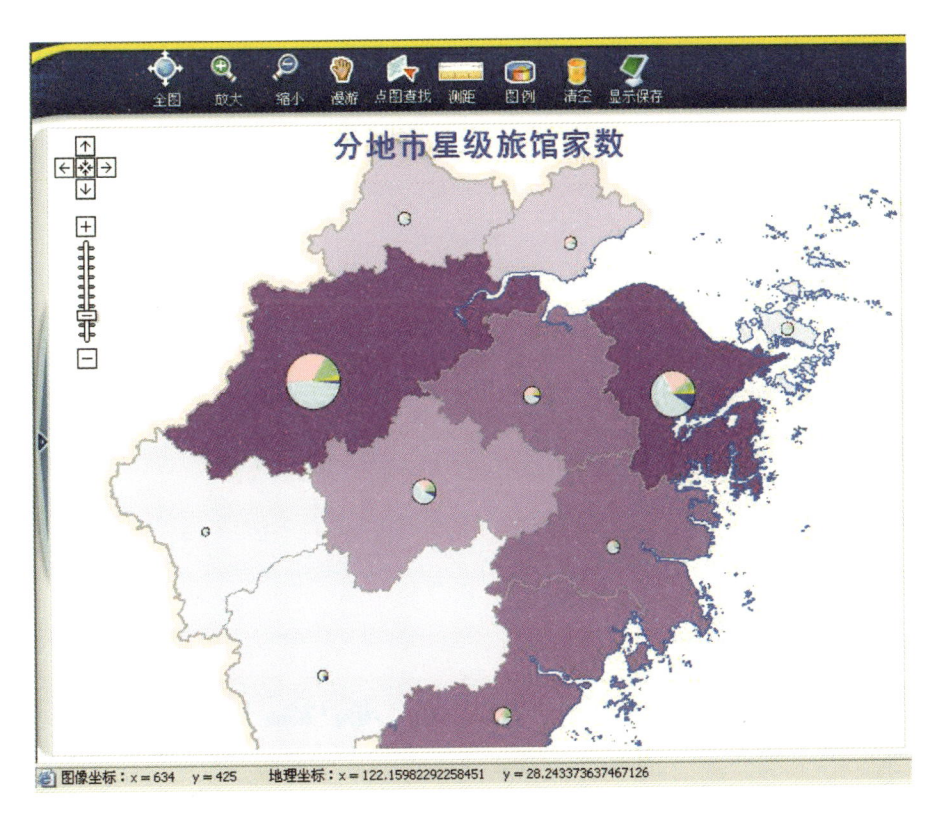

图 2-4-44 浙江省分地市星级旅馆家数地图